# HISTOIRE
## DES
# INSTITUTIONS POLITIQUES
## DE L'ANCIENNE FRANCE

PAR

FUSTEL DE COULANGES
Membre de l'Institut

## LA MONARCHIE FRANQUE

DEUXIÈME ÉDITION

PARIS
LIBRAIRIE HACHETTE ET C<sup>ie</sup>
79, BOULEVARD SAINT-GERMAIN, 79

1905

Droits de traduction et de reproduction réservés.

Le⁴
111
C (III)

# HISTOIRE

DES

# INSTITUTIONS POLITIQUES

## DE L'ANCIENNE FRANCE

## LA MONARCHIE FRANQUE

## OUVRAGES DU MÊME AUTEUR

### PUBLIÉS PAR LA LIBRAIRIE HACHETTE ET Cⁱᵉ

**Histoire des Institutions politiques de l'ancienne France.** Six volumes in-8, brochés. . . . . . . . . . . . . . . . . . . . . . . . . 45 fr. »

*La Gaule romaine*, édition revue et complétée par M. C. Jullian. 7 fr. 50
*L'Invasion germanique et la fin de l'Empire*, édition revue et complétée par M. C. Jullian . . . . . . . . . . . . . . . . . 7 fr. 50
*La Monarchie franque.* . . . . . . . . . . . . . . . . . . . . . 7 fr. 50
*L'Alleu et le domaine rural pendant l'époque mérovingienne.* 7 fr. 50
*Les Origines du système féodal : le Bénéfice et le Patronat pendant l'époque mérovingienne*, édition revue et complétée par M. C. Jullian . . . . . . . . . . . . . . . . . . . . . . . . 7 fr. 50
*Les Transformations de la royauté pendant l'époque carolingienne*, édition revue et complétée par M. C. Jullian . . . 7 fr. 50

**Recherches sur quelques problèmes d'histoire.** Un vol. gr. in-8, broché . . . . . . . . . . . . . . . . . . . . . . . . . . . 10 fr. »

**Nouvelles recherches sur quelques problèmes d'histoire.** Un vol. gr. in-8, broché. . . . . . . . . . . . . . . . . . . . . 10 fr. »

**Questions historiques.** Un vol. gr. in-8, broché . . . . . . 10 fr. »

**La Cité antique;** 18ᵉ édition. Un vol. in-16, broché . . . . 3 fr. 50
(Ouvrage couronné par l'Académie française.)

Imp. F. Schmidt, Montrouge (Seine)

# HISTOIRE
## DES
# INSTITUTIONS POLITIQUES
## DE L'ANCIENNE FRANCE

PAR

**FUSTEL DE COULANGES**
Membre de l'Institut (Académie des sciences morales)

III

## LA MONARCHIE FRANQUE

DEUXIÈME ÉDITION

PARIS
LIBRAIRIE HACHETTE ET Cⁱᵉ
79, BOULEVARD SAINT-GERMAIN, 79

1905

Droits de traduction et de reproduction réservés.

# PRÉFACE

Nous nous proposons dans ce volume d'exposer comment les populations de la Gaule ont été gouvernées par les rois Francs de la famille mérovingienne. Notre étude ne s'étendra pas depuis l'origine de cette famille au cinquième siècle jusqu'à son extinction en 754. D'une part, on ne peut pas dire qu'elle ait régné sur toute la Gaule avant l'année 506; d'autre part, elle ne règne plus sur elle que de nom à partir de 687. C'est entre ces deux dates que se trouve le terrain de notre étude.

Le présent volume ne contient d'ailleurs que les institutions d'ordre politique et tout ce qui se rattache à la vie publique. Les institutions d'ordre privé, telles que l'alleu et le bénéfice, feront l'objet d'un autre volume. Ce n'est pas que, dans la réalité des choses, ces deux séries d'institutions ne soient étroitement liées; mais l'esprit humain, dans les études qu'il fait, ne peut procéder que par l'analyse. Il sépare les organes pour les mieux observer, quitte à les réunir quand il les a tous étudiés.

L'étude du gouvernement des Mérovingiens a son intérêt par elle-même. Placé entre le régime romain et le régime féodal, nous devrons chercher s'il tient de l'un, s'il prépare l'autre. Les érudits modernes se préoccupent fort de savoir si cet organisme politique a été apporté de la Germanie, ou s'il a été emprunté à l'empire romain, ou si, suivant une théorie assez légèrement émise depuis peu, il a été inventé et créé de toutes pièces par un roi Franc. Il n'y a que l'observation exacte des faits, de *tous* les faits, qui puisse résoudre cette question. Nous touchons aussi au grand problème de la genèse du régime féodal. S'il était vrai que le principe du gouvernement féodal fût venu de la Germanie, et s'il était contenu dans les invasions, il semble que nous devrions déjà en constater l'existence dans le gouvernement mérovingien.

Dans ces recherches, je suivrai la même méthode que j'ai pratiquée depuis trente-cinq ans. Elle se résume en ces trois règles : étudier directement et uniquement les textes dans le plus minutieux détail, ne croire que ce qu'ils démontrent, enfin écarter résolument de l'histoire du passé les idées modernes qu'une fausse méthode y a portées. Pas plus dans ce nouveau volume que dans la *Cité antique*, je n'éprouverai de scrupule à me trouver en désaccord avec quelques opinions régnantes, pourvu que je sois d'accord avec les documents. Je n'ignore pas à quelles hostilités cette méthode m'expose. J'irrite, sans le vouloir, tous ceux dont mes recherches dérangent les systèmes. J'offense, sans y penser, tous ceux dont mon travail déconcerte la demi-érudition traditionnelle. Ce sont hommes qui ne pardonnent guère. J'attends d'eux, cette fois encore, un mélange d'attaques violentes et d'insinuations doucereuses. Mais ils m'y ont si bien accoutumé depuis vingt-cinq ans, que je ne dois plus m'en émouvoir. L'âge d'ailleurs et la maladie m'avertissent de ne plus regarder à ces ronces du chemin, et de tenir les yeux uniquement fixés sur la science.

Juin 1888.

# LA
# MONARCHIE FRANQUE

## CHAPITRE PREMIER

### Les documents.

Quand nous voulons connaître une société ancienne, nous devons tout d'abord nous poser cette question : avons-nous les moyens de la connaître? L'histoire est une science : elle n'imagine pas; elle voit seulement; et pour qu'elle puisse voir juste, il lui faut des documents certains. Elle ne peut trouver la vérité sur une société disparue que si cette société lui a laissé des renseignements sur elle-même. Il faut donc nous demander si la Gaule du sixième et du septième siècle nous a laissé assez de témoignages de ce qu'elle fut pour que nous puissions nous faire d'elle une idée exacte. Nous allons passer en revue, rapidement, les trois catégories de textes qui nous viennent d'elle : les histoires, les lois, les chartes.

#### 1° LES ŒUVRES HISTORIQUES.

Il faut signaler d'abord une chronique qui a été rédigée au sixième siècle par Marius, évêque d'Aventicum. On y trouve la série des dates et des événements jusqu'en 581, et l'on en a une continuation jusqu'en 624. On en tire peu de chose pour les institutions et pour la vie de la société. Le principal fait qui s'en dégage est que la Gaule du sixième siècle ne séparait pas encore son histoire de celle de l'Espagne, de l'Italie, de Constantinople, et de tout ce vaste ensemble qu'on appelle *respublica*, c'est-à-dire l'empire romain[1].

Grégoire de Tours n'est pas un chroniqueur; il est un historien. Il raconte et décrit; il marque la conduite et les pensées des hommes. Il nous faut connaître un peu sa personne pour juger de la valeur historique de ses écrits. Né vers 540, il appartenait à une famille noble et riche de l'Auvergne qui ne s'était jamais mêlée à des Francs. Il était donc un pur Romain. Il avait reçu une instruction toute romaine, celle des sept arts libéraux[2], qui se donnait encore aux familles riches. Il connaît et cite volontiers Virgile et Salluste[3]. Il cite même Pline et Aulu-Gelle[4]. Il connaît les lettres de Sidoine Apollinaire, les vers de Sédulius, Orose, le Code théodosien[5]. Il connaît l'histoire, non seulement celle de l'Église, mais celle de Rome, et il sait la série des empereurs, depuis Auguste et y compris ceux de Constantinople jusqu'à son temps. Qu'il ait eu une instruction très littéraire, comme tous les jeunes gens des grandes familles de son temps, on s'en aperçoit dans ses ouvrages. Ceux qui se le sont figuré « ignorant » et

---

[1] *Marii Aventici ep. Chronicon*, édition Arndt. Cf. Monod, à la suite de son étude sur Grégoire de Tours, et Wattenbach, *Geschichtsquellen*, 4ᵉ édition, t. Iᵉʳ, p. 87.

[2] Voyez ce qu'il en dit lui-même à la fin de son Histoire, X, 31.

[3] Grégoire, *Hist.*, IV, 30; IV, 47 (46); IV, 13; VII, 1; *Vitæ patrum*, IV; voyez surtout la curieuse préface de ses *Miracula martyrum*, édit. Arndt et Krusch, p. 487.

[4] *Vitæ Patrum*, præfatio, ibid., p. 662.

[5] Grégoire, *Hist.*, VI, 7; V, 45; VI, 46; I, 37; IV, 47.

« rustique » ont été dupes de ses affectations de modestie et d'un artifice de langage fort usité de son temps[1], et ils n'ont pas observé ses livres d'assez près. Ils y auraient reconnu une langue très étudiée, quoiqu'elle ne soit plus celle de Cicéron; ils y auraient vu la préoccupation constante de bien écrire, des tours de phrase très savants, la recherche des épithètes, enfin un style rarement simple et souvent prétentieux[2].

Ce qui fait que Grégoire de Tours est infiniment précieux pour nous, ce n'est pas cette prétendue naïveté que quelques modernes lui ont attribuée, c'est qu'il a parfaitement connu la société de son temps. Il était évêque de Tours, en un temps où les évêques ne vivaient pas dans la retraite. Administrateur de beaucoup d'intérêts religieux et laïques, moraux et matériels, il était en relations incessantes avec les grands du pays, avec les comtes, avec les rois. Nous le voyons maintes fois à la cour de Chilpéric, de Childebert ou de Gontran. Les rois le chargent de missions diplomatiques. Grégoire a donc beaucoup voyagé, beaucoup vu, pénétré beaucoup de secrets. Il a connu une foule de personnages romains comme lui; il a tout aussi bien connu les Francs. Habitudes, mœurs, caractères, institutions, rien n'a pu lui échapper. S'il n'a pu parler aux Francs dans leur langue, ces Francs pouvaient s'entretenir avec lui en langue latine. Il a su de leur ancienne histoire tout ce que ces

---

[1] Souvenons-nous que Sidoine Apollinaire lui-même s'excusait de la rusticité de son style. *Lettre à Græcus*, VII, 2. Voyez aussi les préfaces de Fortunatus en tête de ses Vies de saints.

[2] Ceux qui reprochent à Grégoire de Tours ses solécismes ne font pas attention qu'une langue n'est pas chose immuable et que la génération de Grégoire avait d'autres règles grammaticales que celle de Cicéron. Lui-même s'accuse de ne plus écrire dans la vieille langue classique; voyez la préface de son *De gloria confessorum*. La vérité est qu'il écrit le latin tel que le parlait, non le bas peuple, mais la haute société de son temps.

Francs en savaient. Quant à leur gouvernement actuel, à l'organisation du palais des rois, à l'administration des comtes, à la justice royale ou locale, il est trop évident qu'il a vu de près tout cela et qu'il n'a pas pu s'y tromper.

Il a écrit « dix livres d'histoires ». C'est sous ce titre qu'il désigne lui-même son principal ouvrage[1]. Il est fort douteux que le titre *Historia ecclesiastica Francorum*, par lequel on a désigné cet ouvrage, soit de lui[2]. En tout cas, s'il a mis le mot *Francorum* dans son titre, il a voulu dire « histoire du royaume des Francs », et non pas « histoire de la race franque ». Car il est facile de voir dans son livre qu'il s'occupe beaucoup plus des Romains que des Francs; ou plutôt il s'occupe de toute la population de la Gaule, sans distinction de races. Il n'a personnellement, tout Romain qu'il est, aucune antipathie pour les Francs. Son impartialité n'est d'ailleurs ni prudence, ni servilité; il dit les crimes et les vices des uns et des autres[3].

[1] Grégoire, *ibidem*, X, 31, *in fine* : *Decem libros Historiarum*.
[2] Le manuscrit de Corbie, du septième siècle, porte, en tête de la *capitulatio* du premier livre, *Historia ecclesiastica*; mais, en tête du premier livre, il y a seulement *Liber Historiarum* (édition Omont, p. 2 et 4). Des manuscrits postérieurs portent *Historia Francorum*, *Historia regum Francorum*, *Gesta Francorum*, ou simplement *Historia*, *Chronica*. Tous ces titres, assez arbitraires, sont l'œuvre des copistes. Le titre *Historia ecclesiastica* ne convient guère à un livre où il n'est pas même fait mention des conciles. Celui de *Historia Francorum* ne sied pas mieux à un ouvrage où il ne se trouve pas un seul chapitre sur les mœurs des Francs, où les Francs sont appelés aussi souvent *barbari* que *Franci*, et dans lequel, si l'on fait le compte des personnages présentés par l'auteur, on trouvera 510 Romains, 171 Francs, et 245 dont il est impossible de discerner la race. Enfin le titre *Historia regum Francorum* irait mal à un livre où les rois francs ne tiennent pas beaucoup plus de place que les empereurs de Constantinople, et en tiennent beaucoup moins que les évêques. Nous croyons donc qu'il faut s'en tenir au seul titre que donne Grégoire de Tours, X, 31, *in fine*, c'est-à-dire à celui de *Libri historiarum* ou *Historiæ*.
[3] Les meilleures éditions de cet ouvrage sont celles de Guadet et

Nous avons aussi de Grégoire de Tours huit livres de miracles[1]. Or chacun de ces miracles est pour l'historien un récit qui lui met sous les yeux un personnage réel et vivant. Le livre intitulé *Vies des Pères* est l'histoire de vingt-deux évêques ou religieux du cinquième et du sixième siècle.

Les livres de miracles et les livres d'histoires sont bien du même homme. L'auteur s'y propose le même objet, qui est l'édification des fidèles. Il écrit en évêque. Il n'est pas un historien dans le sens moderne du mot; il ne décrit pas l'organisme social et ne disserte pas sur le gouvernement. Mais, en revanche, il nous met sous les yeux un nombre incalculable de faits; il ne se contente pas de les mentionner, il les décrit. Il se plaît aux menus détails et aux anecdotes; or ce sont justement ces détails qui nous instruisent le plus. Rien de général ni d'abstrait. Ce sont trois ou quatre cents personnages, de toute race et de toute condition, dont il nous fait voir le caractère, la physionomie, la conduite, les sentiments les plus intimes. Par eux, nous savons quelle était l'existence, très complexe assurément, des hommes de cette époque, et nous voyons surtout au milieu de quelles institutions ils vivaient[2]. On peut se défier de

---

Taranne, 1838, pour la Société de l'Histoire de France; celle de Arndt, 1884, avec les innombrables variantes; celle de H. Omont, d'après le manuscrit dit de Corbie, Bibl. nat., 17 655.

[1] Il y a deux livres de *Miracula martyrum*, un *De gloria confessorum*, quatre *De miraculis* ou *De virtutibus S. Martini*; un intitulé *Vitæ Patrum*. — Les éditions principales, sans parler de celle de Ruinart, sont celles de Guadet et Taranne, 4 volumes, et celle de Krusch, qui fait suite à celle de Arndt.

[2] Pour les quatre-vingts années qui précèdent ce qu'il a vu, Grégoire se sert d'écrits aujourd'hui perdus; il a surtout à sa disposition les archives de sa propre église, celles de quelques autres et les *Vies* de saints, qui étaient déjà nombreuses de son temps. Il cite souvent ses sources. Quand les sources manquent, il se contente des traditions et des souvenirs, et il

ses jugements; car Grégoire a une âme ardente et un caractère très personnel. Il juge d'après les intérêts de la foi qu'il enseigne ou d'après ses impressions propres. Il dit toutes choses comme il les voit et les sent. D'autant plus sincères sont ses récits; et si tel ou tel portrait peut se trouver altéré, le tableau général de l'époque est incontestablement vrai[1].

Il faut placer à côté de Grégoire de Tours un homme qui fut son contemporain, son ami, et qui fut comme lui évêque, Venantius Fortunatus. Il a eu, comme Grégoire, l'avantage de voir les Francs de près; il a vécu à la cour, il a connu les rois, les reines, les grands dignitaires, les ducs des provinces. Il charmait les Francs par ses petits vers; or ces petits vers nous montrent les traits de leur caractère, leurs goûts, leurs habitudes, et la manière dont ils aimaient à être loués. Que ces Francs aient trouvé plaisir à être loués en vers latins, à être comparés à Trajan ou aux Scipions, n'est-ce pas là un fait historique d'une grande portée? Outre ses

nous en avertit par un mot tel que *fertur* ou *tradunt*. Il fait entendre clairement que les Francs lui ont appris peu de chose sur leur ancienne histoire. Quelques modernes ont prétendu, notamment Junghans et M. Monod, qu'il avait dû se servir de chants germaniques à la louange de Clovis et des Francs; c'est une pure hypothèse, sans aucun fondement. Le seul motif qu'ils donnent, c'est qu'il y a chez lui quelques phrases d'un tour très poétique; mais ceux qui sont familiers avec les écrivains de cette époque savent bien que ce qui caractérisait justement la prose, c'était l'abus des formes poétiques, tandis que, par une interversion singulière, la poésie adoptait les formes les plus prosaïques. Quelques épithètes brillantes ne prouvent donc aucunement, ainsi qu'on l'a soutenu, que Grégoire ait connu et employé des poèmes, et aussi n'en parle-t-il jamais.

[1] Les travaux à signaler sur Grégoire de Tours sont : les préfaces de Bordier et de Guadet en tête de leurs éditions; Kries, *De Gregorii... scriptis*, 1859; Lecoy de la Marche, *De l'autorité de Grégoire de Tours*, 1861; Löbell, *Gregor und seine Zeit*, 2ᵉ édition, 1868; G. Monod, *Grégoire de Tours et Marius d'Avenches*, 1872. D'ailleurs, les travaux modernes n'ajoutent que peu de chose à la magistrale étude de Ruinart, 1699.

vers, Fortunatus a écrit des biographies, celle de saint Germain de Paris et de Radegonde qu'il a connus personnellement, celle d'Albinus, évêque d'Angers, celle de saint Hilaire et de saint Paterne de Poitiers[1].

Pour le demi-siècle qui suit, nous avons le livre qu'on est convenu d'appeler la Chronique de Frédégaire[2]. Personne ne peut dire le vrai nom de l'auteur. Il est certain qu'il vivait dans la région appelée alors Burgundie, puisqu'il date toujours par les années des rois de cette partie de la Gaule. C'est d'ailleurs tout ce qu'on peut dire d'assuré sur lui. On a prétendu récemment qu'il devait être un moine du couvent de Saint-Marcel[3]; mais on l'a affirmé pour ce seul motif qu'il parle de ce couvent en quelques lignes. Cette raison n'est pas suffisante. Sans doute il n'est pas impossible qu'il ait été moine, et même à Saint-Marcel; mais ce qui nous importe beaucoup plus et ce qu'on aurait dû remarquer, c'est qu'il n'écrit pas en moine. Il s'occupe de toute autre chose que de l'histoire d'un couvent, ou même de l'histoire de l'Église. Les faits intéressant l'Église sont fort rares chez lui, et ceux qu'il mentionne sont toujours en rapport avec l'histoire de l'État. Il est visible que ce sont les affaires publiques qui intéressent cet écrivain. Ce

---

[1] *Venantii Fortunati opera*, édition Fréd. Leo et Krusch, 1881-1885.

[2] Les deux principaux manuscrits sont, à Paris, Bibliothèque nationale, fonds latin, n° 10 910, et à Berne, celui-ci fort postérieur et incomplet.
La Chronique proprement dite remplit dans le manuscrit de Paris les feuillets 121 à 170. Elle est précédée par l'*Historia epitomata*, extraite des six premiers livres de Grégoire de Tours, mais avec des changements et des additions qui ne sont pas à négliger. — La chronique et l'*epitomata* ont été publiées par Ruinart, par Bouquet et par Migne. M. Monod a rendu service à la science en publiant littéralement le manuscrit de Paris; on regrette seulement qu'il n'ait pas encore abordé les questions graves que soulève ce texte.

[3] Monod, *Le lieu d'origine de la Chronique de Frédégaire*, dans les *Mémoires de la Société d'Histoire suisse*.

qu'il décrit, c'est la société laïque. Il en connaît les intérêts, les habitudes, les passions, les combats. Il connaît aussi les États étrangers, et aime à parler des Wisigoths, des Lombards, surtout des empereurs de Constantinople. Ajoutons que sa langue et son style ne sont pas ceux d'un moine. Comparez à tous les écrits sortis des monastères : nulle ressemblance. Les moines qui écrivaient avaient une langue moins incorrecte et un style plus prétentieux[1]. A supposer que l'auteur fût moine au moment où il écrivait, il faut croire qu'il s'était fait moine sur le tard et qu'il avait été longtemps un guerrier ou un homme de cour. Ce sont ses souvenirs de laïque qu'il aura mis en écrit. Il raconte les événements tels qu'il les a vus et tels qu'il les a compris étant laïque[2]. C'est par là qu'il est pour nous un historien précieux. Son livre n'a ni l'étendue ni la valeur de ceux de Grégoire; mais il est un peu de même nature. Ce n'est pas à proprement parler une chronique, bien que la suite des années soit scrupuleusement observée; c'est une suite de récits assez circonstanciés où se montrent les habitudes et le caractère des hommes. Voyez, par exemple, les portraits qu'il trace des maires du palais Bertoald, Protadius, Æga; la querelle de Brunehaut et de Blichilde; l'expulsion de Columban; l'histoire de Samo; la persécution du fils de Warnachaire; le partage du trésor de Dagobert entre ses fils, tant d'autres faits

[1] Je ne puis partager l'opinion exprimée par Wattenbach, p. 91. Ce n'est pas seulement la confusion de toutes les désinences qui caractérise l'œuvre de Frédégaire; s'il n'y avait que cela, il ressemblerait à d'autres écrivains du septième siècle; c'est surtout par l'emploi des termes, par le tour de phrase et la couleur générale du récit qu'il diffère de tous les autres.

[2] Il dit dans sa préface : *Acta regum et bella gentium, legendo simul et audiendo et videndo cuncta quæ certificatus cognovi.*

curieusement décrits, et le tableau très vivant de deux plaids en 627 et 642.

Grégoire de Tours, Fortunatus et Frédégaire sont de véritables témoins. Ils nous font voir ce qu'ils ont vu eux-mêmes. La société qu'ils nous mettent sous les yeux, ils la connaissent complètement[1].

Nous ne pouvons en dire autant de deux ouvrages anonymes qui sont intitulés : *Gesta regum Francorum* et *Gesta Dagoberti*. Le premier est du huitième siècle, le second du neuvième. Ni l'un ni l'autre n'est tout à fait à négliger, parce que les deux auteurs avaient quelques documents sous les yeux. Mais ils ne sont pas des témoins. Ils ont écrit peut-être dans des cloîtres. Le second surtout manque de critique et mêle les légendes aux faits. Il écrit l'histoire du septième siècle avec les idées du neuvième.

Les Vies de saints sont aussi de l'histoire. Il s'est produit un grand nombre de saints en Gaule pendant les deux siècles qui nous occupent. A cette époque, les règles de la canonisation n'étaient pas bien déterminées; le diocèse canonisait volontiers son évêque, le couvent son abbé. On avait grand soin d'écrire la biographie de chaque saint. Il est bien certain que ces biographies n'étaient pas rédigées en vue de faire œuvre historique. Dire qu'elles l'étaient pour l'édification des fidèles n'est pas tout à fait exact. Elles l'étaient plutôt en vue de démontrer la sainteté du personnage et de faire ressortir sa valeur comme saint, dans l'intérêt de l'église

---

[1] Il existe quelques courtes chroniques que l'on est convenu d'appeler les continuations de Frédégaire, parce que dans plusieurs manuscrits du neuvième siècle on les a trouvées à la suite de la chronique primitive; mais elles en diffèrent autant par l'esprit et les sentiments de leurs auteurs que par la langue. Elles ne sont intéressantes que pour les commencements de la famille carolingienne

ou du couvent qui le prenait pour patron. La biographie était comme la légende explicative des reliques que le couvent possédait et qui faisaient sa fortune. Aussi cette biographie s'allongeait-elle de tous les miracles que le saint avait faits pendant sa vie, et de tous ceux qu'il produisait après sa mort. Ces Vies de saints que chaque église conservait comme des titres de propriété, nous sont parvenues en grand nombre[1]. Il est regrettable qu'elles n'aient pas encore été, sauf de rares exceptions, étudiées au point de vue de la critique du texte et de l'authenticité. On peut dire d'une manière générale que la Vie de chaque saint a été écrite par un de ses disciples ou un homme qui l'a connu, ou tout au moins sur les témoignages d'hommes qui avaient été ses familiers, mais que ce n'est presque jamais cette rédaction primitive qui nous est parvenue. Comme la biographie du personnage était lue de siècle en siècle, chaque siècle aussi la recopiait en y faisant des remaniements et des additions. Les rédactions faites avant les invasions des Normans et l'incendie des monastères ont toujours quelque valeur, parce que le rédacteur a eu sous les yeux le texte primitif. Mais encore est-il fort difficile de discerner dans une Vie de saint ce qui appartient à ce premier texte de ce qui y a été ajouté cent ou deux cents ans plus tard[2].

---

[1] La principale collection de Vies de saints est celle des Bollandistes, *Acta sanctorum quotquot toto orbe coluntur*, 1643-1794, 1845-1886, 62 volumes in-folio. — Que les auteurs de ce recueil aient rangé les saints d'après l'ordre du calendrier, cela se comprend de leur part. Ce qui se comprend moins, c'est que les auteurs modernes de la seconde édition, 1860-1887, se soient résignés à suivre ce même ordre antihistorique. — Mabillon avait donné le modèle à suivre dans ses *Acta sanctorum ordinis S. Benedicti*, 1668-1701, 9 volumes.

[2] Mabillon et les Bollandistes paraissent avoir adopté une règle qui n'est pas très sûre. Dans beaucoup de ces Vies de saints, il se trouve un ou

C'est ce qui fait que l'emploi de cette catégorie de documents demande une certaine prudence. Mais, à cela près, ils ont une très grande valeur. Quoique l'hagiographe n'ait songé qu'à faire un panégyrique, il n'en est pas moins vrai qu'il a décrit toute la vie d'un homme, et par la réunion de ces biographies nous voyons avec une grande sûreté ce qu'était la vie des hommes. Soyons certains que l'auteur n'a pas pu tout inventer; s'il a ajouté quelques vertus à son personnage, il n'a pas imaginé les petits détails de sa vie; il a dépeint des habitudes et des mœurs qui étaient vraies. Dans chaque miracle qu'il raconte, ce qui nous intéresse n'est pas le miracle, ce sont les détails qui l'entourent, c'est l'homme pour qui le miracle a été fait, c'est la physionomie de cet homme, son état civil, sa condition sociale, sa conduite.

Ce qu'il y a surtout de remarquable chez les saints du sixième et du septième siècle, c'est qu'ils n'étaient pas des solitaires. Ils n'ont pas vécu en reclus et loin du monde. Ils furent, au contraire, sauf quelques exceptions, fort mêlés à la vie du monde. On peut compter que plus de la moitié de ces saints sortaient des plus grandes familles, ont été élevés à la cour des rois, et ont exercé des fonctions civiles. Beaucoup ont été comtes avant d'être évêques. Il en est même plusieurs qui, en devenant évêques, n'ont pas cessé d'être assidus au palais des rois. Plusieurs se signalèrent comme administrateurs et hommes d'État. Ainsi une vie de saint n'est pas du tout la vie d'un moine; c'est presque toujours

---

deux chapitres où l'auteur parle de lui-même et où l'on voit qu'il est contemporain. Mais il se peut que ces chapitres aient été conservés avec soin par l'interpolateur; ils ne prouvent pas pour l'ensemble du texte et ne sont tout au plus qu'une présomption favorable.

la vie d'un homme qui s'est occupé des affaires publiques et a été en relations incessantes avec les rois et les grands de la terre.

On voit par là combien la biographie de tels personnages fournit de lumières sur les institutions du pays. Qu'il s'y trouve souvent des erreurs de date, des transpositions de noms propres, que nombre de faits y soient altérés par les idées préconçues de l'hagiographe, cela importe assez peu. Ce qu'il y faut chercher, ce sont les habitudes, les faits généraux et permanents, et l'hagiographe n'avait aucun intérêt à les altérer. Il peut inventer un miracle, il n'en invente pas les circonstances. Je puis douter, par exemple, que saint Amand ait opéré un miracle pour sauver du supplice un condamné à mort; mais je suis assuré par ce récit qu'une condamnation à mort a été prononcée, et je crois à la procédure qui y est décrite. L'auteur était tenu d'être exact sur ces points-là; autrement ses contemporains n'auraient pas cru à son miracle. C'est ainsi que les Vies des saints nous instruisent sur les mœurs des hommes, sur le courant de la vie du temps, sur les pratiques judiciaires, sur l'administration même et le gouvernement[1].

---

[1] Sans énumérer toutes ces Vies de saints — il y en a plus de cent cinquante pour ces deux siècles — nous devons signaler les principales. *Vita Johannis abb. Reomaensis*, dans Mabillon. *Acta sanctorum ord. S. Bened.*, I, 633. *Vita Maximini Miciacensis*, dans Mabillon, I, 580. *Vita Remigii*; on a deux textes de la vie de saint Remi, l'un qu'on attribue à Fortunat, l'autre qui est d'Hincmar, tous les deux dérivant d'un texte que Grégoire de Tours paraît avoir connu. *Vita Aredii*, dans Mabillon, I, 349. *Vita Galli*; cette vie de saint Gall, évêque d'Auvergne, a été écrite par Grégoire de Tours, ainsi que celle de Nicétius, évêque de Lyon, dans les *Vitæ Patrum*, VI et VIII. *Vita Mauri*, écrite primitivement par Faustus, remaniée au neuvième siècle, dans Mabillon, I, 283. *Vita Albini* et *Vita Germani Parisiensis*, écrites par Fortunat. *Vita Ebrulfi*, dans Mabillon, I, 354. *Vita Consortiæ*, ibid., p. 250. *Vita Austregisili*, ibid., II, 95. *Vita Colum*

## 2° LES LOIS.

Il nous est parvenu de l'époque mérovingienne un grand nombre d'actes législatifs, de diverse nature.

Nous avons d'abord les capitulaires édictés par les rois eux-mêmes[1]. Ils se trouvent dans des manuscrits qui sont pour la plupart du neuvième siècle. Il y en a un de Childebert I*er*, et de Clotaire I*er*, qui est connu sous le nom de *Pactus pro tenore pacis*, convention en vue de l'ordre public. C'est un règlement de droit pénal et de police en dix-huit articles[2]. Il y a, en outre, une loi spéciale de Childebert I*er*, supprimant les idoles

---

*bani* et *Vita Eustasii*, l'une et l'autre par un contemporain, Jonas de Bobbio. *Vita Desiderii Viennensis*, dans les Bollandistes, 23 mai. *Vita Licinii Andegavensis*, ibid., 13 février. *Vita Walarici*, dans Mabillon, II, 77. *Vita Romarici*, dans Mabillon, II, 416. *Vita Faronis*, fort curieuse, mais écrite seulement au neuvième siècle. *Vita Arnulfi Mettensis*, Mabillon, II, 150. *Vita Sulpicii Bituricensis*, ibid., II, 168. *Vita Goaris*, ibid., II, 276. *Vita Agili*, ibid., II, 316. *Vita Desiderii Caturcensis ep.*, dans Bouquet, III, 527. *Vita Amandi*, Mabillon, II, 712. *Vita Sigiranni*, ibid., II, 432. *Vita Geremari*, ibid., II, 475. *Vita Austreberta*, ibid., III, 29. *Vita Eligii*, Bouquet, III, 552, et *Patrologie latine*, t. LXXXVII. *Vita Wandregisili*, Mabillon, II, 534. *Vita Bathildis*, ibid., II, 776. *Vita Bertila*, ibid., III, 21. *Vita Prajecti Arvernensis ep.*, Mabillon, II, 640. *Vita Leodegarii ab Ursino*, Mabillon, II, 608; une autre vie de saint Léger, ab anonymo, ibid., II, 680. *Vita Lantberti*, ibid., III, 69. *Vita Salabergæ*, ibid., II, 423. *Vita Filiberti*, ibid., II, 818. *Vita Ansberti*, ibid., II, 1048. *Vita Boniti*, ibid., III, 90. *Vita Hermenlandi*, ibid., III, 383. Nous laissons pour une étude ultérieure les saints du huitième siècle.

[1] Le terme *capitula*, dans sa signification la plus générale, désignait toute espèce d'ouvrage divisé en articles; dans un sens spécial, il s'appliquait particulièrement aux actes législatifs; il est employé ainsi maintes fois dans les lois des Wisigoths et des Lombards.

[2] *Capitularia*, édition Borétius, p. 4-5. Les manuscrits portent seulement *Childeberti... Chlotarii*; mais à l'article 16 les deux rois auteurs de la loi ont écrit: *inter nos germanitatis caritas*; il s'agit donc de deux rois qui étaient frères; cela ne peut se rapporter qu'à Childebert I*er* et Clotaire I*er*. Nous ne pouvons partager l'opinion de Pardessus, qui attribue l'acte à Childebert II et Clotaire II, lesquels n'étaient pas frères.

et proscrivant le repos du dimanche. Une *constitution* fort importante est d'un roi nommé Clotaire, sans que les manuscrits nous fassent savoir si c'est Clotaire I<sup>er</sup> ou Clotaire II[1]. Nous avons encore un édit de Chilpéric, qui malheureusement ne se trouve que dans un seul manuscrit fort incorrect, et il faut reconnaître qu'il est en beaucoup de points inintelligible. Enfin nous en possédons deux, de la plus grande importance, de Childebert II et de Clotaire II, l'un daté de 595, l'autre de 614.

Plusieurs codes de lois ont été écrits pendant l'époque qui nous occupe. Nous n'entreprendrons pas ici d'en faire une étude : le volume entier n'y suffirait pas. Nous nous bornerons à les énumérer. Nommons d'abord la Loi salique. C'est une sorte de code, d'ailleurs fort incomplet, en soixante-cinq, soixante-douze ou quatre-vingt-dix-neuf articles, suivant les divers ma-

---

[1] Baluze, Bouquet, Pertz, l'attribuent à Clotaire I<sup>er</sup>; Borétius et Fahlbeck à Clotaire II. — A notre avis, l'article 11 tranche la question en faveur du premier. Le roi y rappelle que des églises ont obtenu l'immunité *avi et genitoris et germani nostri*. L'auteur a donc eu un frère qui a régné avant lui. Or, des trois Clotaire, il n'y a que le premier qui remplisse cette condition; il a succédé à son frère Childebert pour le tiers du royaume. On a été embarrassé par le mot *avi*; le grand-père de ce Clotaire I<sup>er</sup> était Childéric, qui n'était pas chrétien; mais on aurait dû réfléchir que ce Childéric a été en relations amicales avec une grande partie de la Gaule du nord, et qu'il a pu, sans être chrétien lui-même, donner des terres et des immunités à quelques églises chrétiennes. Ceux qui attribuent le décret à Clotaire II disent que *germani* peut s'appliquer à Childebert d'Austrasie, qui était son cousin; sur quoi je ferai observer : 1° que *germanus*, dans toute la langue du sixième siècle, signifie frère, et non pas cousin; 2° que Clotaire II n'a pas hérité de Childebert, mais de ses deux fils Théodebert et Thierry; alors il aurait dû écrire *germanorum*. M. Fahlbeck imagine que *germani* signifie la fraternité morale; c'est une erreur : la fraternité chrétienne et morale est maintes fois exprimée par le mot *frater*; elle ne l'est jamais, à cette époque, par le mot *germanus*. Les mots *germani nostri* de l'article 11 sont un texte dont on ne peut pas se débarrasser par les raisonnements les plus ingénieux; ils sont probants, et ils obligent à attribuer le décret à Clotaire I<sup>er</sup>.

nuscrits qui nous l'ont transmis. Ces manuscrits sont au nombre de soixante-six, presque tous du neuvième ou du dixième siècle. Aucun d'eux n'est antérieur au règne de Charlemagne et à la revision que ce prince a faite de la loi. Qu'il y ait eu, ainsi qu'on l'a dit, un double texte de la Loi salique, l'un très antique et l'autre relativement récent, c'est ce qui ne ressort nullement de la comparaison des manuscrits. Les variantes portent sur des expressions, non pas sur le fond de la loi.

Aucun manuscrit ne nous fait savoir à quelle époque cette loi a été composée[1]. Quelques érudits en font remonter la rédaction au cinquième siècle, bien avant Clovis. Cette idée est chère à beaucoup d'esprits, parce qu'elle favorise un système[2]. L'observation du texte ne nous permet pas de la partager. D'ailleurs, à quelque époque que la Loi salique ait été rédigée, une chose est certaine, c'est qu'elle a été appliquée dans les jugements jusqu'à la fin de la période mérovingienne et même au delà. Elle est donc un document pour le sixième et le septième siècle; on y trouve tout un côté de l'histoire du droit, de l'administration et des mœurs[3].

Un autre code, qui nous est parvenu par trente-quatre manuscrits, porte le titre de Loi ripuaire, *Lex ripuaria*

---

[1] Les prologues ne nous fournissent pas non plus ce renseignement. Ils sont une œuvre postérieure; ils ne font pas corps avec la loi; aussi ne se trouvent-ils que dans le plus petit nombre des manuscrits; ils méritent peu de créance.

[2] On peut voir ce système exposé très témérairement par Sohm, traduction Thévenin, par Thonissen, par Fahlbeck.

[3] Les principaux manuscrits sont celui de Wolfenbuttel, celui de Munich, ceux de Paris 4404, 4628 et 9653. Les principales éditions sont celles de Pardessus, 1843; celle de Holder, 1879-1880; celle de Hessels, 1880; joignez-y les éditions commodes, mais peu exactes et très systématiques, de Merkel, 1850, et de Behrend, 1874.

ou *Lex Ripuariorum*. Il s'appliquait sans nul doute à la partie orientale du royaume des Francs. Il est impossible d'en établir la date précise, parce que, comme la Loi salique, la Loi ripuaire ne contient pas de formule de promulgation. L'opinion des derniers érudits, qui en placent la rédaction au septième siècle seulement, nous paraît fondée[1].

La loi des Burgondes est plus ancienne. Nous en connaissons les auteurs. Le principal est le roi Gondebaud, contemporain de Clovis, qui d'ailleurs se réfère plusieurs fois à des lois de ses prédécesseurs les plus proches. Un supplément a été ajouté par son fils, le roi Sigismond. Ce code n'a pas été abrogé lors de la conquête du pays par les Francs[2].

En même temps deux autres codes, mais d'un caractère tout romain, ont été rédigés en pays burgonde et wisigoth. L'un s'appelle *Lex romana Burgundionum*[3]; l'autre est la *Lex romana Wisigothorum*[4]. L'un et l'autre code ont été écrits par l'ordre des rois germains et promulgués par eux; mais il est clair qu'ils ont été rédigés par des juristes romains. Aussi est-ce un pur droit romain qui y est contenu. Ils sont extraits du Code Théodosien, des Novelles ou des écrits des grands jurisconsultes. Les légères modifications qu'on y rencontre sont de celles que le temps devait apporter dans les rapports

---

[1] La meilleure édition est celle de Sohm, au tome V des *Leges* de Pertz.

[2] Toutes ces législations se trouvent réunies dans le recueil commode de Walter, Berlin, 1824; elles sont aussi dans les recueils de dom Bouquet et de Canciani. La seule édition vraiment critique de la *Lex Burgundionum* est celle que Bluhme a donnée dans le t. III des *Leges*. Voyez d'ailleurs les objections qui ont été présentées par M. Hubé, dans le tome XIII de la *Revue hist. du droit*.

[3] *Lex romana Burgundionum*, dans le t. III des *Leges* de Pertz.

[4] *Lex romana Wisigothorum*, édition Hænel, 1849.

sociaux, non pas de celles que les rois germains auraient imposées à des vaincus. Or ces codes ont continué d'être appliqués dans le royaume des Francs. Surtout la *Lex romana Wisigothorum* est restée loi vivante après l'expulsion des Wisigoths et s'est même étendue au delà des limites qu'avait eues leur domination. Elle a été la législation des populations romaines des deux tiers de la Gaule. Aussi la trouve-t-on maintes fois citée dans les documents mérovingiens. Nous ne pouvons que mentionner quelques résumés de droit romain qui ont été composés par des praticiens vers la fin de la période mérovingienne, l'*Epitome Ægidii*, l'*Epitome Monachi*, l'*Epitome S. Galli* ou *Lex romana Utinensis*[1].

Ce qui est très digne d'attention, c'est que tous ces codes, ou germains, ou romains, sont le produit des mêmes époques, de la même société, et qu'ils ont été appliqués à la fois pendant toute la période de temps dont nous nous occupons. C'est aussi dans tous ces codes à la fois qu'il faut chercher quel était le Droit de l'État mérovingien.

Plusieurs législations étrangères sont utiles à étudier comme termes de comparaison. Nous avons l'Édit de Théodoric en Italie, qui est tout romain, la Loi des Wisigoths d'Espagne, les Lois des Bavarois, des Alamans, des Lombards. Elles ne sont que du septième siècle. Le titre de Lois barbares, que leur ont donné les éditeurs modernes, prête à une illusion. Ce ne sont pas des législations vraiment germaniques, c'est-à-dire qu'elles ne sont pas de vieilles coutumes de Germanie qui auraient été mises en écrit au septième siècle. Elles sont l'œuvre propre de l'époque même où elles ont été écrites;

[1] On les trouvera dans l'édition de la *Lex romana Wisigothorum* de Hænel.

elles subissent l'influence du pays et du temps où elles sont rédigées ; l'esprit de l'Église chrétienne y règne. Loin qu'elles soient œuvre traditionnelle et populaire, ce sont les rois du septième siècle qui en sont les auteurs.

Il est encore une législation que l'historien des Mérovingiens ne doit pas négliger : c'est celle qui est contenue dans les Actes des conciles. Il s'est tenu en Gaule, sous les rois germains et par leur ordre, vingt-quatre conciles dont nous avons les Actes : ceux d'Agde en 506, d'Orléans en 511, d'Epaone en 517, de Lyon la même année, d'Orange en 529, d'Orléans en 533, d'Auvergne en 535, d'Orléans en 538, 541, 549, d'Auvergne en 549, d'Arles en 554, de Paris en 553 et 557, de Lyon et de Tours en 567, de Paris en 573, d'Auxerre en 578, de Chalon en 579, de Mâcon en 581 et 585, de Paris en 614, de Reims en 625, de Chalon vers 650[1]. Or ces conciles, bien que les intérêts religieux y tiennent la plus grande place, se sont pourtant occupés aussi des affaires civiles. Ils ont touché d'une certaine façon au gouvernement, à l'administration, à la justice. Leurs Actes sont des documents pour l'histoire politique presque autant que pour l'histoire de l'Église[2].

---

[1] On les trouve dans le Iᵉʳ volume des *Concilia antiqua Galliæ* de Sirmond, 1629, ou dans les recueils généraux de Labbe, 1671, et de Mansi, 1757-1798.

[2] Ajoutons les lettres de plusieurs rois et de quelques évêques, et celles des papes adressées aux évêques de Gaule ou aux rois. On les trouvera dans Sirmond et dans Bouquet, t. IV. Il s'en prépare une édition critique pour les *Monumenta Germaniæ*; voyez *Neues Archiv*, t. XII, p. 251, et t. XIII, p. 365-587. — Un autre document curieux est une *Exhortatio ad Francorum regem*, dont l'auteur est inconnu, mais qui fut certainement adressée à l'un des fils de Dagobert Iᵉʳ, c'est-à-dire à Clovis II ou à Sigebert d'Austrasie; elle a été publiée par Mai, *Nova scriptorum veterum collectio*, t. II, p. 1144, et dans la *Patrologie latine*, t. LXXXVII, p. 653.

#### 5° LES CHARTES.

Une série de documents qui manque à l'historien de Rome ou de la Grèce, abonde au contraire pour l'historien de l'époque mérovingienne : ce sont les diplômes et les chartes. On écrivit beaucoup durant cette époque, les Francs aussi bien que les Romains. Du palais des rois sortaient incessamment, non seulement des édits d'un caractère général, mais une foule de diplômes d'intérêt purement privé. Chaque donation de terre, chaque concession de privilège, chaque nomination de fonctionnaire, chaque jugement, donnait lieu à un acte écrit. De même chez les particuliers. Les ventes se faisaient par charte le plus souvent[1], les donations toujours, les affranchissements d'esclaves presque toujours. On conservait tous ces actes le mieux qu'on pouvait. Le palais des rois avait ses archives, et une série d'agents pour les garder[2]. Chaque diocèse, chaque monastère avait aussi les siennes[3], comme chaque ville avait ses regis-

---

[1] *Lex Ripuaria*, 59 : *Si quis alteri aliquid vendiderit et emptor testamentum vendilionis accipere voluerit,... testamentum publice conscribatur.* — De même pour la constitution de dot, *ibidem*, 37 ; de même pour l'institution d'héritier, *ibidem*, 48 ; de même pour la donation, 59, 7 ; de même encore pour les arrêts de jugement, 59, 7 : *qui in causa victor exstiterit, judicium conscriptum accipiat, aut testes.*

[2] Grégoire de Tours, *Historiæ*, X, 19. — *Gesta Dagoberti*, 39. — *Vita Bercharii*, c. 5, dans Mabillon, *Acta SS.*, II, 834. Diplôme de 695, dans Pardessus n° 433, *in fine*, dans Pertz n° 67.

[3] Sur les *Instrumenta* ou *Documenta Ecclesiæ*, voir concile d'Agde, a. 506, art. 26. — *Vita Frodoberti*, c. 11, Mabillon, *Acta SS.*, II, 651 *Quod privilegium, quia in archivis coenobii nostri usque hodie continetur, hic inserere superfluum duximus, quoniam legere cuique volenti adest.* — Diplôme de 695, Tardif n° 34 : *Duas præceptiones uno tenore conscriptas fieri jussimus, una in arca basilicæ S. Dionysii resideat....* — Flodoard, *Hist. Rem. Eccl.*, II, 11 : *Quarum adhuc regalium præceptionum monumenta in archivo hujus ecclesiæ conservantur.* — Cf. Grégoire le Grand, *Lettres*, IX, 40.

tres municipaux[1]. Il existait aussi des milliers d'archives domestiques où chaque famille enfermait ses titres de propriété, ses actes de vente ou de partage, ses titres de créances, les jugements qui la concernaient, en un mot toutes les pièces qui constataient ses droits ou garantissaient ses intérêts[2].

Il ne nous a été conservé de ces innombrables chartes qu'une partie infiniment petite. Mais c'est assez pour que nous sachions ce qu'était alors une vente, une donation, une *précaire*, un testament, un partage de succession, une créance, une sentence de jugement. Dans ces diplômes et ces chartes figurent de nombreux personnages, à commencer par le roi, que nous voyons dans ses actes les plus ordinaires; nous y pouvons juger aussi ce que c'était qu'un grand, un comte, un simple propriétaire. Nous y voyons ce qu'était l'administration, ce qu'était la justice. Nous y discernons surtout le régime de la propriété et l'état des personnes.

Parmi ces diplômes, il en est que nous possédons en original, et dont l'authenticité est certaine. Ce sont deux diplômes de Clotaire II, de 625 et 627; des actes de donation de Dagobert I<sup>er</sup>, de Clovis II, de Clotaire III, de Thierri III; quatre diplômes relatifs aux impôts; trois concessions d'immunité; dix-sept arrêts de jugement du tribunal royal; un diplôme concernant un partage de succession entre frères; puis, parmi les

---

[1] Les *Gesta municipalia, arcivia* ou *Codices publici* sont souvent mentionnés dans les recueils de formules; Marculfe, II, 37 et 38; *Formulæ Turonenses*, 20; *Andegavenses*, 32; *Arvernenses*, 1; *Bituricenses*, 3, 6, 15; *Senonicæ*, 39, 40. Cf. *Diplomata*, Pardessus, n°* 358 et 544; *Testamentum Bertramni*, in fine, ibid., t. I, p. 215 : *Hoc testamentum gestis municipalibus faciat alligari*.

[2] Cet usage est constaté par les *Formulæ Andegavenses*, 31, 32, 33, Marculfe, I, 34; *Turonenses*, 28; *Senonicæ*, 38.

actes privés, un acte de donation de terres, deux testaments, deux actes d'échange de terres, une charte de fondation d'un couvent par un particulier[1].

Un plus grand nombre de chartes nous sont parvenues par des copies sensiblement postérieures aux actes, ou par des cartulaires qui ont été composés du dixième au quatorzième siècle[2]. Rejeter ces copies serait un grand défaut de méthode. Une copie n'est pas nécessairement un faux. La raison principale qui a fait faire ces copies était la fragilité de la matière sur laquelle les actes originaux avaient été écrits, c'est-à-dire le papyrus. Après deux ou trois siècles il a fallu renouveler les actes. Que ces copies aient été faites avec une exactitude bien scrupuleuse, nul ne le prétend. Beaucoup d'erreurs ont pu être commises, ne fût-ce qu'à cause de la difficulté de l'écriture, des déchirures du papyrus, des lacunes qu'il a fallu remplir. Si je trouve dans une copie une date fausse, un nom mis pour un autre, je n'en conclurai pas tout de suite que la charte soit fausse, ainsi que font quelques érudits trop pressés; j'en conclurai plus prudemment que l'original était en mauvais état et que le copiste a mal lu. Beaucoup de ces copies portent des formules qui n'étaient pas usitées au sixième siècle; est-ce une raison pour dire que ces chartes ont été fabriquées par des faussaires? Il a pu arriver tout simplement que le copiste du neuvième siècle ait remplacé des phrases tombées en désuétude par celles

---

[1] Tous ces diplômes sont aux Archives nationales; ils ont été édités par Tardif, *Cartons des rois*, 1866. On les trouvera aussi dans le recueil de Pardessus, et, pour la plupart, dans celui de Pertz.

[2] Les diplômes royaux ont été publiés par Karl Pertz dans les *Monumenta Germaniæ*, 1872. Les *Diplomata* de Pardessus, 1843-1849, contiennent à la fois les diplômes des rois et les chartes des particuliers.

qu'il voyait employer de son temps. En cela il ne croyait pas être inexact. Il l'est pour nous, il ne l'était pas pour ses contemporains. D'autres fois il est arrivé que les archives d'un couvent fussent détruites par un incendie; les moines se sont hâtés de copier de mémoire leurs chartes perdues. Ici, la copie n'offre plus aucune certitude quant à la forme; elle peut être encore vraie pour le fond. Une erreur plus grave a été commise quand des moines, en recopiant les chartes de donation, ont grossi la liste des terres données, ou encore quand ils ont intercalé dans la copie d'une charte ancienne la concession d'un privilège qu'ils n'ont obtenu que plus tard. Ici, la copie est fausse pour une moitié. Enfin, il n'est pas sans exemple que des moines ou des évêques, engagés dans de longs procès au sujet de leurs droits, ou de ce qu'ils croyaient leurs droits, aient cru faire œuvre pie en fabriquant de toutes pièces des chartes fausses; mais elles ne sont pas fort difficiles à reconnaître au milieu des autres. Toutes ces observations font voir de quelles précautions on doit user dans la lecture des chartes; il ne faut pourtant rien exagérer. Nous oserons dire surtout qu'il ne faut pas tracer de règles absolues en cette matière. C'est à l'historien à discerner dans chaque charte le vrai du faux, non d'après une date ou une formule de chancellerie, mais d'après l'ensemble de la charte et son contenu. Songeons surtout que l'historien peut se servir de chartes interpolées et altérées; il peut même tirer quelque profit des chartes fausses. En effet, ce qui nous importe dans une charte, ce n'est pas l'objet même pour lequel elle est faite, c'est l'usage ou la règle de droit qu'elle révèle. Une fausse donation, un faux testament, un faux partage de succession, un faux affranchissement, une fausse *précaire*, nous éclairent presque autant que si ces actes étaient vrais, car ils nous montrent les règles de droit qui étaient suivies en ces matières et auxquelles le faussaire a eu bien soin de se conformer. Les démêlés des hommes sur les questions litigieuses nous sont aussi bien révélés par les chartes fausses que par les chartes authentiques. Pour citer un exemple, nous possédons une série de diplômes du monastère de Saint-Calais et de l'église du Mans; si altérés et si faux que puissent être plusieurs d'entre eux, ils pourraient être d'une singulière instruction à celui qui, les rapprochant d'autres documents, voudrait étudier les rapports des évêques et des abbés dans l'époque mérovingienne[1].

A côté des actes eux-mêmes, nous avons des séries de formules d'actes. Les *notarii* de cette époque avaient,

[1] Citons parmi les diplômes qu'on peut admettre comme vrais pour le fond : la donation de Gontran au couvent de Saint-Marcel (Pardessus, n° 191), celle de Chilpéric à une église de Beauvais (n° 190) ; le traité d'Andelot, dont Grégoire de Tours a pris copie sur un exemplaire du roi Gontran ; la création du marché de Saint-Denis par Dagobert (n° 247) ; plusieurs donations du même prince à des églises ou à des *matriculæ* (n°° 260, 268, 270, 271, 284) ; deux lettres royales par lesquelles le roi nomme un évêque et ordonne au métropolitain de le sacrer (n°° 246, 251), et, un peu plus tard, une lettre du roi Sigebert interdisant la tenue d'un concile ; enfin, un très grand nombre de donations ou de concessions d'immunités. — Parmi les chartes des particuliers, citons : les testaments de saint Remi (n° 118), de saint Césaire (n° 139), d'Arédius (n° 180), de Radegonde (n° 192), de Bertramn, grand propriétaire de biens-fonds et évêque du Mans (n° 230), de Burgundofara, d'Hadoindus, de Vigilius, d'Ansebert, d'Irmina (n°° 257, 300, 303, 437, 448) ; les chartes de donation d'Ansemund et de sa femme Ansleubane, de Godin et de sa femme Lantrude, de Girart et de sa femme Gimberge, de Théodetrude, d'Eligius ou saint Éloi en faveur du monastère de Solignac, d'Ermembert en faveur de Saint-Bénigne de Dijon, d'Adroald pour la fondation du monastère de de Saint-Bertin, de Hunibert, de Berchaire, de Wulfoald, de Nicétius et de sa femme Ermentrude, d'Amalfrid. Joignons-y un acte de partage de biens entre Theudilane et Maurinus (n° 253), et un acte d'échange de terres entre deux abbés (n° 421).

comme les notaires d'aujourd'hui, des formulaires. Ils y trouvaient tout préparés, sans autre besoin que d'y ajouter les noms propres et la date, tous les actes pour la vente, la donation, l'échange, le testament, le partage de succession, la constitution de dot, l'affranchissement d'esclave, les arrêts judiciaires, les obligations et créances. De même dans les bureaux du palais des rois on avait des formules toutes faites pour la nomination des fonctionnaires, pour la donation d'un domaine, pour la concession d'un privilège, pour les instructions à donner aux agents royaux. On comprend sans peine combien toutes ces formules, qui n'ont pas été rédigées pour l'histoire, sont pourtant utiles à l'histoire. Elles nous mettent devant les yeux le régime de la propriété, l'état des personnes, le droit privé, la procédure, les règles de l'administration, les usages du Palais.

Ces formulaires furent assez nombreux; presque chaque province avait le sien. Plusieurs d'entre eux nous sont parvenus. Nous avons celui d'Angers, celui de Tours, celui de la région de Paris qui a été transcrit par le moine Marculfe, une partie de celui de Bourges et de celui d'Auvergne, celui de Sens et deux autres dont on ne peut fixer le lieu d'origine. Aucun d'eux ne porte sa date. Marculfe écrivait le sien entre 650 et 656[1]. Notons d'ailleurs que, si nous savions la date de chaque recueil, cela ne nous donnerait pas la date de chaque formule, celle-ci pouvant être beaucoup plus ancienne[2]. Tout ce qu'on peut affirmer, c'est que ces

[1] M. Zeumer a attaqué cette opinion, page 32, mais par de très faibles raisons, qu'a réfutées M. Tardif dans la *Revue historique du droit*, 1884.
[2] Nous avons quelques formules qui sont empruntées à des actes datés; ainsi la première du recueil d'Angers porte la date de la quatrième

formules ont été usitées dans toute la période mérovingienne et que chacune d'elles a servi de modèle à des centaines d'actes. Deux éditions en ont été faites récemment, l'une par M. de Rozière, qui range les formules suivant l'ordre des matières de façon à nous mettre sous les yeux à la fois toutes celles qui traitent du même objet, l'autre par M. Zeumer, qui place les formulaires à la suite les uns des autres[1].

Aux chartes on peut ajouter les inscriptions. N'espérons pourtant pas que les inscriptions mérovingiennes aient autant d'importance, comme documents sur la société, que les inscriptions grecques ou romaines. Elles se réduisent à des épitaphes et à des dédicaces; elles expriment presque exclusivement le sentiment religieux, toujours dans les mêmes termes et en ce style vague et ampoulé qui était celui de l'époque. Sur l'état social des hommes, elles disent fort peu de chose et ne révèlent aucune institution[2]. Il nous est parvenu un grand nombre de monnaies du temps; mais, par une particularité singulière, elles sont plus utiles pour la géographie que pour l'histoire. L'observation la plus importante que l'historien puisse en tirer est que les monétaires de la Gaule ont longtemps reproduit ou imité les types impériaux de Constantinople[3].

année du règne de Childebert, c'est-à-dire 515; voyez E. de Rozière, à la suite de Giraud, *Droit français au moyen âge*, p. 429.

[1] E. de Rozière, *Recueil général des formules usitées dans l'empire des Francs*, 1859, 3 volumes. — Zeumer, *Formulæ ævi merovingici et karolini*, 1882. Les opinions personnelles que l'éditeur a exprimées dans les diverses préfaces ne peuvent être acceptées qu'avec quelques réserves.

[2] Le Blant, *Inscriptions chrétiennes de la Gaule antérieures au huitième siècle*, 1856-1865. — Les inscriptions mérovingiennes sont fort rares dans le grand recueil des *Inscriptions de la France* de MM. de Guilhermy et de Lasteyrie.

[3] A. de Barthélemy, *Manuel de numismatique*. Idem, *Liste des noms de lieux inscrits sur les monnaies mérovingiennes*. Idem, *Étude sur les*

On s'étonne d'abord que, parmi tant de documents, il n'y en ait aucun en langue franque[1]. Livres, lois, chartes, formules, inscriptions, monnaies, tout est en latin. On aurait tort de conclure de là, comme cela se fait trop souvent, que nous ne connaissons cette histoire que par l'une des deux races qui composaient la population. Le latin était la langue officielle de toutes les deux, leur seule langue écrite. De ce qu'un document est écrit en latin, cela ne prouve en aucune façon que l'auteur fût un Romain. Il est impossible de dire à quelle race appartenait celui que l'on appelle Frédégaire, ou celui qui a écrit les *Gesta Francorum*. Toutes les Vies de saints sont en latin; mais un tiers de ces saints étaient de race germanique; et quant aux auteurs de ces biographies, nous ignorons absolument s'ils étaient Francs ou Romains. Que l'hagiographe ait été un moine, cela ne préjuge nullement la question de race; car nous verrons bientôt que beaucoup de Francs étaient moines, comme beaucoup de Romains étaient guerriers. Regardez les inscriptions : Francs et Romains faisaient écrire leurs épitaphes dans la même langue. Les lois franques furent écrites en latin; quelques érudits ont induit de là que des Romains s'en étaient faits les rédacteurs ou les traducteurs. Cela est tout à fait erroné. Se figure-t-on le peuple franc rédi-

---

*monnayers*, 1865. — Ponton d'Amécourt, *Essai sur la numismatique mérovingienne*, 1864. Idem, *Les monnaies du Palais et de l'École*, 1862. — Duchalais, divers mémoires dans la *Bibliothèque de l'École des chartes* et dans les *Mémoires des antiquaires*. — Guérard, *Polyptyque de l'abbé Irminon*, prolégomènes, ch. IV.

[1] Il nous est parvenu quelques fragments de poésies populaires; l'un est relatif à l'expédition de Childebert Ier en Espagne (*Bibliothèque de l'École des chartes*, I, 1, 521); l'autre à la campagne de Clotaire II contre les Saxons (*Vita Faronis*, c. 78, dans Mabillon, *Acta SS. ord. S. Bened.*, II, 617). Tous les deux sont en latin.

geant ses lois en langue franque, les faisant traduire par un Romain, et détruisant immédiatement le texte franc, afin de se faire juger et régir par une simple traduction? Si les lois franques ont été écrites en latin, c'est que les Francs ne savaient écrire qu'en latin. Toutes nos chartes sont en langue latine; mais ceux qui faisaient ces donations ou ces testaments étaient aussi bien des Francs que des Romains; et quant aux *notarii* qui les écrivaient, il est impossible de savoir à quelle race ils appartenaient. Qui peut dire si le *notarius* Ebbo, à qui Bertramn a dicté son testament, était Franc ou Romain? Quant aux diplômes royaux, il est visible que les originaux que nous avons, et qui sont signés, ne sont pas une traduction; ces diplômes étaient pourtant l'œuvre de rois francs et avaient été préparés dans des conseils où les Francs étaient apparemment les plus nombreux. Ces Francs formaient aussi la majorité dans le tribunal du roi, dont les arrêts étaient pourtant écrits en latin. Toutes ces observations montrent que nos documents, bien qu'écrits en une seule langue, n'appartiennent pas à une seule race; ils sont l'œuvre des deux races indistinctement, et ils nous présentent les institutions, le droit, les habitudes, les mœurs et les pensées de toutes les deux.

Cet aperçu que nous venons de donner des documents divers d'âge mérovingien, si court et si réduit que nous ayons dû le faire, montre au moins que nous ne manquons pas de ressources pour connaître la vérité sur cette époque. Cette société nous a laissé assez de soi pour que nous puissions retracer sa vie publique. Ne disons donc pas, comme on le fait quelquefois, que nous ne connaissons les Francs que par Grégoire de Tours, qui était un Romain et qui « n'a pas pu connaître les Francs ».

D'abord Grégoire connaissait les Francs ; ensuite nous possédons beaucoup d'autres sources que les livres de Grégoire. Ne disons pas non plus que cette histoire « ne nous a été transmise que par des moines ». Car les moines sont ceux qui y ont le moins écrit. S'ils ont écrit une forte moitié des Vies des saints, ils n'ont écrit ni les livres historiques, ni les lois, ni les chartes.

On peut regretter sans doute que nos textes ne soient pas encore plus nombreux. La grande perte est celle des archives du palais, et aussi celle des archives de famille des particuliers laïques. A cause de cela, plusieurs points resteront toujours obscurs. Une autre perte sensible est celle des registres municipaux ; elle nous condamne à ignorer presque complètement l'état de la population urbaine, et c'est peut-être pour cela que plusieurs historiens modernes ont écrit cette histoire comme si les villes n'existaient pas.

Il faut aussi faire une distinction entre l'histoire des événements et celle des institutions. Les documents mérovingiens sont par leur nature plutôt favorables à la seconde qu'à la première. La série des événements qui nous sont connus est fort incomplète. Nous ignorons souvent la date de la mort d'un roi, et la série même des rois ne peut pas être établie avec une pleine sûreté. Il en est de même pour beaucoup de guerres au dedans ou au dehors. Des faits auxquels les contemporains ont peut-être attribué une importance capitale, sont absolument perdus pour nous. D'autres faits nous sont signalés sans nulle explication. D'autres paraissent nettement décrits, mais ils le sont par l'une des parties intéressées ; nous ne connaissons l'histoire de Brunehaut que par ses ennemis ; de la longue lutte entre saint Léger et Ébroin, nous ne savons que ce qu'en disent les amis de saint Léger. Il en est autrement pour les institutions. Elles se dégagent très bien de tant de sources diverses, de récits où l'auteur décrit les choses tout naturellement et presque sans y penser, de lois qui étaient faites pour l'application, de chartes qui sont l'expression d'usages réels et de pratiques vivantes. Sur la nature de la royauté, sur les pouvoirs qu'elle exerçait, sur l'organisation de son palais, sur son système d'administration, sur les impôts, sur la procédure judiciaire et la pénalité, sur les rapports de l'Église et de l'État, nos renseignements sont nombreux et suffisamment clairs[1].

Lois, chartes, formules, chroniques et histoires, il faut avoir lu toutes ces catégories de documents sans en avoir omis une seule. Car aucune d'elles, prise isolément, ne donne une idée exacte de la société. Elles se complètent ou se rectifient l'une l'autre. Celui qui croirait connaître l'époque mérovingienne d'après ses lois seules ou ses chartes, commettrait une erreur aussi grave que celui qui ne la connaîtrait que par les récits

---

[1] A mesure que nous présenterons les faits, nous aurons soin de citer tous les textes importants. Il est vrai que ces citations de phrases du septième siècle pourront troubler d'abord quelques lecteurs plus familiers avec le latin classique qu'avec le latin mérovingien. Celui-ci est une langue qu'il faut connaître avec exactitude, et l'on n'y parvient que par un long usage des textes. Le sens des mots a souvent changé; par exemple, *intentio* signifie un procès, *suffragium* signifie protection ou recommandation, *solatium* appui ou concours, *scandalum* querelle, *hostis* armée, *electio* choix, et non pas élection, à moins qu'il n'y ait *a populo*; un *testamentum* est un acte écrit quelconque aussi bien qu'un testament, *auctoritas* un diplôme royal, *plebs* une paroisse, *sacerdos* un évêque, *parochia* un évêché, etc. La grammaire s'est modifiée aussi; la déclinaison n'est plus celle de l'époque cicéronienne. Quand vous voyez des terminaisons insolites, ne dites pas d'abord que ce sont des solécismes d'ignorants; cela tient à la manière de parler du temps et surtout à la manière d'accentuer les syllabes. Les conjonctions et les prépositions ont quelquefois changé de sens; *vel* signifie *et*, *cum* signifie *ab* ou quelquefois *coram*, *apud* signifie *cum*. Deux négations ne s'annulent plus, mais se fortifient.

de Grégoire de Tours. Il faut avoir étudié tout avec une égale attention; car l'historien doit être en état de dire en toute sûreté, non seulement quelles choses sont dans les textes, mais encore quelles choses n'y sont pas; et c'est surtout cette seconde obligation qui le force à avoir tout étudié. Nous rencontrerons dans le cours de ces études plusieurs opinions modernes qui ne s'appuient pas sur les documents; nous devrons être en état d'affirmer qu'elles ne sont conformes à aucun texte, et pour cette raison nous ne nous croirons pas le droit d'y adhérer.

La lecture même des documents ne servirait à rien si on la faisait avec des idées préconçues; et voilà le mal le plus ordinaire de notre époque. C'est particulièrement sur cette partie de l'histoire, c'est-à-dire sur les origines de la France, que les idées préconçues et les partis pris se sont donné carrière. Les anciens érudits voulaient y trouver les titres de la monarchie, Boulainvilliers y voulait voir ceux de la noblesse, et Montesquieu ceux de la liberté. Les amis du régime parlementaire ont cru très sincèrement y trouver un système d'assemblées nationales et presque toute la pratique du parlementarisme. D'autres ont voulu y voir les origines du jury moderne ou quelque chose de plus démocratique encore. C'est que l'on porte dans l'étude des faits les idées qu'on a en soi-même. Il y a surtout une idée qui depuis cent cinquante ans s'est insensiblement enracinée dans les esprits et a faussé l'histoire: c'est celle qui représente l'empire romain comme un despotisme pur et la vieille Germanie comme la pure liberté. De ces deux propositions, la première est à moitié inexacte, la seconde n'a jamais été démontrée. Toutes les deux ont pourtant la force d'axiomes et sont maîtresses des esprits. De là vient que l'érudition française ne parle guère de l'empire romain qu'avec une certaine répugnance, loue au contraire la Germanie, exalte et grossit l'invasion, et suppose volontiers que le régime de l'État Franc a dû être fort libéral. L'érudition allemande a eu aussi ses préventions; c'est le patriotisme allemand qui lui a donné sa marque. On sait que la devise des *Monumenta Germaniæ* est *Sanctus amor patriæ dat animum*. La devise est belle, mais ce n'est peut-être pas celle qui convient à la science. Sans doute le sentiment qu'elle exprime n'est pas dangereux quand il ne s'agit que d'éditer d'anciens textes; mais il le devient pour l'historien qui les interprète. Regardez les historiens allemands depuis un demi-siècle, et vous serez frappé de voir à quel point leurs théories historiques sont en parfait accord avec leur patriotisme. Vous serez alors amené à vous demander si leurs systèmes ont été engendrés par la lecture des textes, ou s'ils ne l'ont pas été plutôt par ce sentiment inné qui était antérieur chez eux à la lecture des textes. Ainsi, pendant que les érudits français portaient surtout dans cette histoire leur esprit de parti, les Allemands y ont surtout porté leur amour de leur patrie et de leur race, ce qui vaut peut-être mieux moralement, mais ce qui altère autant la vérité. Le patriotisme est une vertu, l'histoire est une science; il ne faut pas les confondre.

Quelques érudits commencent par se faire une opinion, soit qu'ils l'empruntent hâtivement à des ouvrages de seconde main, soit qu'ils la tirent de leur imagination ou de leur raisonnement, et ce n'est qu'après cela qu'ils lisent les textes. Ils risquent fort de ne pas les comprendre, ou de les comprendre à faux. C'est qu'en effet entre le texte et l'esprit prévenu qui le lit il s'établit une sorte de conflit inavoué; l'esprit se refuse à saisir ce qui est contraire à son idée; et le résultat ordinaire de ce conflit n'est pas que l'esprit se rende à l'évidence du texte, mais plutôt que le texte cède, plie, s'accommode à l'opinion préconçue par l'esprit. Peut-être serait-il trop facile d'être érudit, si l'érudition ne présentait cette suprême difficulté d'exiger un esprit absolument indépendant et libre surtout à l'égard de soi-même. Mettre ses idées personnelles dans l'étude des textes, c'est la méthode subjective. On croit regarder un objet, et c'est sa propre idée que l'on regarde. On croit observer un fait, et ce fait prend tout de suite la couleur et le sens que l'esprit veut qu'il ait. On croit lire un texte, et les phrases de ce texte prennent une signification particulière suivant l'opinion antérieure qu'on s'en était faite. Cette méthode subjective est ce qui a jeté le plus de trouble dans l'histoire de l'époque mérovingienne. Elle a produit ces singulières divergences que l'on remarque entre des historiens également érudits, également sincères, mais diversement prévenus. C'est qu'il ne suffisait pas de lire les textes, il fallait les lire avant d'avoir arrêté sa conviction.

Plusieurs pensent pourtant qu'il est utile et bon pour l'historien d'avoir des préférences, des « idées maîtresses », des conceptions supérieures. Cela, dit-on, donne à son œuvre plus de vie et plus de charme; c'est le sel qui corrige l'insipidité des faits. Penser ainsi, c'est se tromper beaucoup sur la nature de l'histoire. Elle n'est pas un art, elle est une science pure. Elle ne consiste pas à raconter avec agrément ou à disserter avec profondeur. Elle consiste, comme toute science, à constater des faits, à les analyser, à les rapprocher, à en marquer le lien. Il se peut sans doute qu'une certaine philosophie se dégage de cette histoire scientifique ; mais il faut qu'elle s'en dégage naturellement, d'elle-même, presque en dehors de la volonté de l'historien. Il n'a, lui, d'autre ambition que de bien voir les faits et de les comprendre avec exactitude. Ce n'est pas dans son imagination ou dans sa logique qu'il les cherche ; il les cherche et les atteint par l'observation minutieuse des textes, comme le chimiste trouve les siens dans des expériences minutieusement conduites. Son unique habileté consiste à tirer des documents tout ce qu'ils contiennent et à n'y rien ajouter de ce qu'ils ne contiennent pas. Le meilleur des historiens est celui qui se tient le plus près des textes, qui les interprète avec le plus de justesse, qui n'écrit et même ne pense que d'après eux.

---

## CHAPITRE II

### La royauté.

#### 1° LA ROYAUTÉ ÉTAIT-ELLE ÉLECTIVE ?

Pour savoir la nature de la royauté mérovingienne, il faut d'abord se demander si elle était élective ou purement héréditaire. Nous n'avons pas d'ailleurs à chercher s'il y avait eu, en un âge lointain, une élection originelle en faveur de la famille « aux longs cheveux ». Une phrase de Grégoire de Tours le donne à penser, et cela était sans doute dans les souvenirs ou les légendes

des Francs[1]. Mais nous nous plaçons au sixième et au septième siècle, après l'établissement complet de cette monarchie, et avant sa décadence, et nous cherchons si, dans cette période de temps, le peuple franc élisait de quelque façon ses rois. Il faut passer en revue tous les documents.

Si nous prenons la Loi salique, c'est-à-dire le code du peuple franc, qui semblerait devoir contenir tous les droits de ce peuple, nous n'y trouvons pas un seul mot sur l'élection des rois. Si nous faisons la même recherche dans la Loi des Francs Ripuaires, ou dans les Capitulaires des rois mérovingiens, nous n'y trouvons pas davantage la règle en vertu de laquelle les rois auraient été élus par le peuple franc. Ainsi, les documents officiels et de source franque ne signalent jamais d'élection. Vous n'y trouvez même pas la moindre allusion à cet usage.

Cherchons maintenant dans les écrivains, et regardons en quels termes ils rapportent l'avénement de chaque nouveau roi. Grégoire de Tours nous dit comment Clovis est devenu roi, ou au moins comment il croit qu'il l'est devenu, et comment la tradition rapportait son avénement : « Childéric étant mort, son fils Clovis régna à sa place[2]. » Aucune idée d'élection ne

---

[1] Grégoire de Tours, *Hist.*, II, 9 : *Tradunt multi eos.. in Thoringia... juxta pagos vel civitates reges crinitos super se creavisse, de prima et ut ita dicam nobiliori suorum familia.* — Il est certain que la longue chevelure resta la marque distinctive de cette famille; voy. Grégoire de Tours, VIII, 10 : *A cæsarie prolixa cognovi Chlodoveum esse.* Ibid., II, 42 : *Vinctos totondit.* Ibid., VI, 24 : *Hic diligenti cura nutritus, ut regum istorum mos est, crinium flagellis per terga demissis, litteris eruditus....* — On peut voir encore *Vita Leodegarii ab anonymo*, c. 3 (Mabillon, II, 682); *Gesta Francorum*, c. 41 et 52; cf. Priscus, *Fragmenta*, édit. Didot, p. 99, fr. 16, et *Agathias*, I, 3.

[2] Grégoire de Tours, II, 27 : *Mortuo Childerico, regnavit Chlodovechus filius ejus pro eo*

perce sous ces simples mots; Clovis succède comme un fils à son père. Un peu plus loin, il parle du petit royaume franc de Cologne. Si la royauté est élective quelque part, c'est bien là qu'elle le sera. L'historien rapporte que Clovis fait dire au fils du roi Sigebert : « Tu vois, ton père se fait vieux; s'il venait à mourir, le royaume te reviendrait de droit[1]. » Si cette parole a été réellement prononcée, Clovis ne pensait pas qu'il y eût lieu à élection. Si elle est légendaire, les hommes qui l'ont imaginée et transmise à Grégoire de Tours ne voyaient pas que la royauté fût élective.

En effet, Sigebert mort, son fils prend possession, sans nulle élection, du royaume aussi bien que du trésor paternel[2]. Il est tué à son tour, et c'est seulement alors, c'est-à-dire quand il n'y a plus d'héritier, que les Francs de Cologne prennent Clovis pour roi. Encore remarque-t-on qu'il y a ici, non une élection régulière par une nation, mais un bruyant assentiment des guerriers[3]. Clovis fait de même pour les Francs de Chararic et de Ragnachaire. Il tue les fils et les frères du roi mort, et c'est parce qu'il n'y a plus personne pour régner sur ces Francs qu'il se présente comme roi et est accepté[4]. Tous ces exemples tendent à prouver que, dès cette époque, l'élection n'avait lieu qu'à défaut d'hérédité[5].

---

[1] Grégoire de Tours, II, 40 : *Ecce pater tuus senuit; si moreretur, recte tibi regnum illius redderetur.*

[2] Ibidem : *Pater meus mortuus est, et ego thesauros cum regno ejus penes me habeo.*

[3] Ibidem : *Plaudentes tam parmis quam vocibus.*

[4] Ibidem, c. 41 et 42.

[5] Junghans, *Childerich et Chlodovech*, page 124 de la traduction Monod, exagère et fausse tous ces faits pour arriver à conclure « qu'il voit clairement dans ses sources que la royauté est conférée par l'élection du peuple ». Il le voit parce qu'il le veut voir; c'est l'effet ordinaire de la méthode subjective. La vérité est que les sources n'indiquent jamais une élection,

Quelques érudits, ayant dans l'esprit que la royauté franque avait dû être élective, et ne pouvant pas méconnaître qu'elle avait toujours été héréditaire chez les Mérovingiens, ont imaginé que les Francs n'avaient le droit d'élire leurs rois qu'à la condition de les élire toujours dans la même famille. Cette théorie est ingénieuse. Mais, outre qu'on ne peut pas citer un seul texte qui l'appuie, elle est démentie par les faits. Car, à la mort de chaque roi, nous voyons succéder, non pas un parent quelconque, mais toujours son fils, et, s'il y en a plusieurs, tous ses fils, ou bien, à défaut de fils, son frère. Un ordre si régulier ne permet pas d'admettre qu'il y ait eu chaque fois une élection.

Clovis laissa quatre fils. Si le peuple franc avait possédé un droit d'élection, nous le verrions se réunir et choisir un des quatre. Rien de pareil. Grégoire ne parle d'aucune assemblée. Il ne prononce même pas le nom d'un peuple franc : « Clovis étant mort, ses quatre fils prennent le royaume et se le partagent entre eux[1]. »

tant qu'il existe un fils du roi défunt. M. Junghans avait dans l'esprit l'idée préconçue d'une royauté élective, et il regardait les textes à travers son idée. Voyez comme il interprète l'histoire de Ragnachaire : « ses sujets, dit-il, se croient en droit de l'expulser ». Or il n'y a rien de semblable dans Grégoire de Tours, II, 42; l'historien dit simplement que quelques hommes ont été « gagnés par les cadeaux de Clovis » pour « trahir » celui qui était « leur maître ». M. Junghans mettait ses impressions personnelles à la place des textes.

[1] Grégoire de Tours, III, 1 : *Defuncto Chlodovecho, quatuor filii ejus regnum ejus accipiunt, et inter se æqua lance dividunt.* — Quelques esprits peu attentifs prendront tout de suite *accipiunt* dans le sens de reçoivent, c'est-à-dire reçoivent du peuple. Le mot n'a pas cette signification; outre qu'il faudrait *accipiunt a populo*, *accipiunt a Francis*, le mot *accipere*, synonyme de *capere*, signifie prendre, occuper. C'est ainsi que Grégoire, voulant dire que Chilpéric met la main sur les trésors en devançant ses frères, dit : *thesauros accepit*, il prit les trésors, IV, 22. Ailleurs, VIII, 21, il parle de gens qui dérobent des objets précieux et s'enfuient, *acceptis rebus, fugere cœperunt*, où il est visible que *acceptis* signifie *captis*. Le roi abandonna Ingoberge et prit Merofléde, *Merofledem*

Ils se le partagent « par parts égales », *æqua lance*. Voilà des mots qui excluent toute idée d'élection[1]. Il est visible que, dans cet acte si grave du partage, le peuple franc n'est pas consulté et n'intervient pas. Ce n'est pas lui qui a décidé s'il serait ou non partagé. Ce n'est pas lui qui a fait les parts. Ce n'est pas chaque groupe de population franque qui a choisi son roi.

L'un des quatre frères meurt. Le peuple de son royaume n'élit pas le successeur. Il est tellement certain que le royaume revient de droit à ses deux fils, que les oncles de ces enfants les égorgent pour s'emparer de leur héritage et « se le partager[2] ». Childebert meurt sans enfants; son frère « prend son royaume et ses trésors[3] ». Dans le royaume de l'Est, qui est plus germanique, nous ne voyons pas qu'il y ait d'élection à la mort de Théodoric. Ses deux frères, à la vérité, essayent d'écarter son fils du trône; mais « celui-ci est défendu par ses hommes et maintenu dans la royauté[4] ». Cette lutte même prouve l'absence du droit d'élection. Les Austrasiens soutiennent ici le principe d'hérédité.

« Théodebert mourut, et son fils Théodebald régna à

---

*accepit* (IV, 26). Même sens du mot *accipere*, synonyme de *capere*, dans beaucoup d'autres textes : *Vita Remigii*, 31 : *Accepit rex franciscam ejus et projecit in terram.* Ibidem, 68 : *Accepit cervisiam in vasculis..., accipiens pulverem. Vita Araulfi a coævo*, c. 7 : *Annulum quem secum gerebat accepit et in fluvium projecit.* On trouve *accipere latronem*, prendre un voleur (Capit. de Charles le Chauve, 853, éd. Walter, p. 52).

[2] Dans *æqua lance*, *lanx* signifie le plateau d'une balance. *Æqua lance* était une expression fort usitée chez les Romains, particulièrement dans le droit. On la retrouve plusieurs fois chez Grégoire de Tours et dans les formules mérovingiennes. Elle s'applique tout particulièrement aux partages de succession en droit privé.

[2] Grégoire de Tours, III, 18 : *Regnum Chlodomeris inter se æqua lance dividunt.*

[3] Ibidem, IV, 20 : *Cujus regnum et thesauros Chlotacharius accepit.*

[4] Ibidem, III, 23.

sa place¹. » Ici, il est à remarquer que le nouveau roi n'était qu'un enfant². Il ne paraît pas qu'on ait songé à lui contester l'héritage. Il mourut sans laisser d'héritier. Même alors, nous ne voyons pas que le peuple austrasien ait procédé à une élection. Le royaume revint au plus proche parent, c'est-à-dire à Clotaire I⁰ʳ et l'Austrasie obéit sans conteste au roi neustrien³.

Clotaire Iᵉʳ meurt. Voyons-nous un peuple s'assembler, et choisir entre les quatre fils qu'il laisse? Nullement. Aucun peuple ne se réunit. Les quatre frères « se partagent le royaume, et tirent les parts au sort⁴ ». Ce tirage au sort est tout ce qu'il y a de plus opposé à l'élection. Comme le sort a déterminé les parts, il est visible que pour chacun des Francs c'est le sort qui a déterminé à quel roi il obéirait.

Il y a ici un point curieux à noter : « Les quatre frères, dit Grégoire de Tours, firent le partage conformément à la loi⁵. » Ne passons pas à côté de ces mots

---

¹ Grégoire de Tours, III, 37 : *Mortuo Theudeberto, regnavit Theodobaldus filius ejus pro eo*. — Cf. Marius d'Avenches : *Theudebertus rex obiit et sedit in regno ejus Theodobaldus filius ipsius*. — *Vita Mauri*, c. 57 (Mabillon, *Acta SS.*, I, 293) : *Theudebertus Theudebaldo filio suo sedem regni post se dereliquit*.

² Grégoire, IV, 6 : *Rex vero parvulus est*.

³ Grégoire, IV, 9 : *Regnum ejus Chlotacharius accepit*. — Marius d'Avenches : *Theudobaldus obiit, et obtinuit regnum ejus Chlotacharius patruus patris ejus*. Est-il nécessaire de dire qu'en latin *obtinere*, synonyme de *tenere*, n'a pas le sens particulier de notre mot obtenir, et signifie simplement tenir, occuper? Grégoire dit dans le même sens *regnum tenere*, V, 1.

⁴ Grégoire, IV, 22 : *Divisionem legitimam faciunt, deditque sors Cariberto regnum Childeberti*, etc.

⁵ Sur le sens du mot *legitimus*, voyez Gaius, II, 35-36; Ulpien, XIX, 13; *Code Théodosien*, II, 6, 4. Le mot conserve le même sens après les invasions et reste synonyme de *secundum legem*. Exemples : *Lex Salica, emendata*, XIV, 16 : *legitimi heredes*; cf. ibid., L, 2 et 6 : *legitimum debitum... secundum legem debitum*. *Lex Ripuaria*, LVI : *legitimo termino noctium; legitimus numerus testium*. Voyez aussi les formules, Mar-

sans y faire attention. De quelle loi s'agit-il ici? Est-ce une loi politique? Nous n'en connaissons aucune sur ce point. Parmi tous les documents de l'époque mérovingienne, il n'en est aucun qui mentionne une loi, écrite ou non écrite, qui règle la transmission de la royauté. Quand Grégoire de Tours dit que les quatre frères partagent le royaume suivant la loi, il pense à une loi d'ordre civil, à une loi de droit privé, à la loi qui règle la succession entre particuliers.

Ouvrons en effet les deux codes qui contiennent le droit privé des Francs, la Loi salique et la Loi ripuaire. La Loi salique a un chapitre « Des successions[1] », chapitre trop court, trop abrégé, mais où nous pouvons saisir les règles du droit successoral des Francs : « Si un homme meurt et qu'il ne laisse pas de fils, sa mère héritera, et, si sa mère est morte, son frère, sa sœur, puis ses collatéraux suivant le degré de parenté[2]. » Nous voyons bien ici que c'est le fils qui hérite avant tout autre[3]. Et même comme la Loi emploie le pluriel *filios*, nous pouvons croire que ce sont tous les fils qui héritent, sans nul droit d'aînesse; et cela est confirmé, en effet, par un grand nombre de chartes mérovingiennes et de formules d'actes où nous voyons les fils se partager la succession, et se la partager également[4].

---

culfe, II, 1: *legitima successio*; Senonicæ, app. 1: *legitima hereditas*; Andegavenses, 47: *legitimus auctor*; Turonenses, 2: *legitima instrumenta*.

[1] *Lex Salica*, édit. Behrend, tit. 59; édit Hessels, col. 379-386 : *De alodis*. — *Emendata* : *De alode*. — On sait que ce mot, d'où est venu alleu, ne signifiait pas autre chose, au sixième et au septième siècle, que succession; non succession testamentaire, mais succession légitime. — Cf. *Lex Ripuaria* (*Codices* B), tit. 58 : *De alodibus*.

[2] Ibidem : *Si quis mortuus fuerit et filios non dimiserit*....

[3] Cf. *Edictum Chilperici*, 3 (Behrend, p. 106) : *Quamdiu filii advixerint, terram habeant, sicut lex salica habet*.

[4] Voyez, par exemple, dans les *Formules*, recueil de Rozière, les

C'est seulement à défaut de fils que la succession va aux collatéraux. Mais le dernier paragraphe du même titre énonce une réserve : la terre n'échoit jamais aux femmes et ne passe qu'aux mâles [1]. Ainsi la fille du défunt, sa mère, sa sœur, tous ses collatéraux du sexe féminin sont exclus de la partie de l'héritage qui comprend la terre, et ne peuvent succéder qu'aux meubles. La Loi ripuaire présente les mêmes dispositions [2].

Or ces lois appartiennent au droit privé. Ce ne sont pas des lois politiques. Il n'y est pas question nommément du royaume. La royauté n'est mentionnée ni dans ces deux titres, ni dans ceux qui les précèdent ou qui les suivent. Enfin, les mots *si quis* par lesquels ces deux titres commencent, marquent assez qu'il s'agit d'un particulier quelconque et non d'un roi.

Mais il est facile de reconnaître que ces règles du droit privé étaient appliquées à la royauté. Le royaume était considéré comme une terre patrimoniale. On en hérita donc suivant les mêmes règles qui faisaient hériter d'un immeuble. S'il n'y avait qu'un fils, il prenait de plein droit le royaume. S'il y en avait plusieurs, ils se le partageaient en lots égaux. S'il y avait des filles, elles étaient exclues. Telle est, en effet, la *divisio legitima* dont parle Grégoire de Tours. Clotaire Ier laissait

---

n°* 123 à 126, et, dans les *Diplomata*, le *testamentum Bertramni* et la *charta Burgundofarae*.

[1] *Lex Salica*, LIX, 5 : *De terra vero nulla in muliere hereditas non pertinebit, sed ad virilem sexum tota terra pertineat.* — Plusieurs textes portent *terra salica*; nous reviendrons sur ce sujet.

[2] *Lex Ripuaria*, LVI, 4 : *Dum virilis sexus exstiterit, femina in hereditatem aviaticam non succedat.* — Les termes ne sont pas tout à fait les mêmes que dans la Loi salique ; la *terra* ou *terra salica* de la Loi salique est remplacée dans la Loi ripuaire par *hereditas aviatica*. Il est vraisemblable que les deux expressions désignaient la même chose, c'est-à-dire la terre patrimoniale.

quatre fils et une fille. La fille n'eut aucune part dans les immeubles, c'est-à-dire dans le royaume; mais les quatre fils se le partagèrent, et pour plus d'égalité tirèrent les parts au sort.

« Après la mort de Sigebert, son fils Childebert régna à sa place[1]. » C'était un enfant de cinq ans; mais il était l'héritier naturel. De même, Clotaire II, qui n'avait que quatre mois, succéda sans conteste à son père Chilpéric. Childebert étant mort, ses deux fils Théodebert et Thierry, qui étaient deux enfants, héritèrent de son royaume. Le peuple ne se réunit pas. Ce royaume comprenait la Burgundie et l'Austrasie; les enfants tirèrent au sort. Ce ne fut pas chacun des deux pays qui choisit son roi; ce fut le sort qui fit que la Burgundie appartint à Thierry, l'Austrasie à Théodebert[2].

Tous ces faits nous sont rapportés par des hommes qui les ont bien connus. Nous pourrions craindre que Grégoire de Tours, qui était d'une famille romaine de

---

[1] Grégoire, IV, 52 : *Mortuo Sigiberto, regnavit filius ejus Childebertus pro eo.* — Marius d'Avenches : *Sigibertus interfectus est, et suscepit regnum ejus Childebertus.* — Grégoire raconte plus loin que, Childebert se trouvant en ce moment dans les mains de Chilpéric, un sujet de son père l'enleva secrètement, le conduisit en Austrasie et, rassemblant les gens du pays, « l'établit roi », V, 1. Il n'y a rien dans ces termes qui implique une élection. Nous verrons bientôt quelle était la cérémonie par laquelle on « établissait » un roi. Notons seulement que Childebert est roi (IV, 52) avant la cérémonie (V, 1). — Ailleurs, Grégoire raconte que « les principaux personnages » de Soissons et de Meaux s'adressèrent à Childebert et lui dirent : « Donne-nous l'un de tes fils pour roi, afin que nous le servions » (Grég., IX, 36). Voilà quelque chose qui n'est pas une élection, qui en est même l'opposé : *da nobis unum de filiis tuis.* Or Grégoire qui raconte cela était un contemporain, et fort au courant de ce qui se passait à la cour de Childebert.

[2] *Fredegarii Chronicon,* c. 16 : *Childebertus defunctus est; regnum ejus filii sui Teudebertus et Teudericus adsumunt. Teudebertus sortitus est Auster.*

l'Auvergne, ne fût pas assez au courant des coutumes franques. Mais Grégoire, évêque de Tours, était très mêlé aux affaires publiques; il était en contact avec beaucoup de Francs, et il était souvent à la cour des rois. Si la royauté était élective, il ne pouvait pas l'ignorer, et même chaque élection aurait eu pour lui un tel intérêt, qu'il n'aurait pas manqué d'y être attentif et qu'il en aurait parlé. Il a connu personnellement plusieurs de ces rois dont il parle; il savait bien comment ils étaient devenus rois. Frédégaire, ou l'homme qu'on est convenu d'appeler de ce nom, était fort bien renseigné sur ce qui se passait en Burgundie. Le premier auteur de la Vie de saint Éloi, Audoenus, avait vécu à la cour de Dagobert Ier; il ne pouvait pas ignorer comment ce prince était parvenu au trône; il ne mentionne aucune élection [1].

Ainsi, durant tout le sixième siècle, on ne voit jamais un peuple franc intervenir par l'élection dans le choix de ses rois. Les érudits modernes, qui ont l'esprit dominé par l'idée préconçue de grandes libertés populaires, peuvent faire toutes les suppositions qu'ils veulent: elles n'ont aucune valeur scientifique. Les textes ne parlent jamais ni d'une assemblée réunie pour élire un roi, ni d'un roi qui ait été élu. Toujours la royauté se transmet comme tout autre héritage et suivant les règles du droit privé. Qu'un roi meure, les choses se passent comme s'il s'agissait d'un particulier. La succession est là, trésors et royaume, comme s'il s'agissait d'un domaine. Elle est dévolue, sans nulle discussion, au fils, quand même le fils serait un enfant en bas âge.

---

[1] *Vita Eligii*, I, 9.

On rencontre dans les écrits du temps une foule de traits où l'on peut saisir, non seulement les faits matériels, mais les pensées des hommes. L'idée qu'ils crussent avoir le droit d'élire leurs rois n'est exprimée nulle part. C'est l'idée contraire qui est exprimée souvent. Voici un certain Mundéric qui aspire à devenir roi ; il ne réclame pas une élection ; il dit : « Je suis de la famille royale, donc le trône m'est dû, et je suis tout aussi bien roi que le roi Thierri[1]. » Ce qui est plus curieux, c'est qu'il ne semble pas que le roi Thierri ait eu rien à objecter à cette argumentation. Il fit dire à Mundéric : Prouve seulement que tu es de la famille royale, et tu auras la part du royaume qui t'est due[2]. On voit bien ici que ni Mundéric ni le roi Thierri ne pensaient que la royauté fût élective. Plus tard, un autre usurpateur, Gundovald, se dit fils de Clotaire et réclama « la part du royaume qui lui est due[3] ». Il ne dit pas : Je vais réunir le peuple pour qu'il m'élise. Il dit : Puisque je suis fils de roi, je suis aussi bien roi que mon frère Gontran[4]. Et les hommes à qui il se présente ne contestent pas ce principe. Ils lui demandent seulement de prouver qu'il est fils de Clotaire[5].

---

[1] Grégoire de Tours, III, 14 : *Mundericus, qui se parentem regum adserebat, ait : Sic mihi solium regni debetur ut Theodorico.... rex sum ego sicut et ille.* — La suite du passage montre Mundéric se faisant reconnaître et suivre par quelques paysans ; ce n'est pas une élection.

[2] *Si tibi aliqua de dominatione regni nostri portio debetur, accipe.*

[3] Grégoire, VII, 32 : *Dicit se filium esse Chlotacharii..., ut debitam portionem regni sui recipiat....* — VII, 27 : *Ego sum filius Clotacharii et partem regni sum præcepturus.*

[4] Grégoire, VII, 27 et 36 : *Ego sum filius Chlotacharii.... Ego sum rex sicut et frater meus Guntramnus.*

[5] Grégoire, VII, 27 : *Filium te esse asseris Chlotacharii regis ; sed utrum sit verum annon, ignoramus.* — Il faut prendre garde à certaines apparences qui peuvent induire en erreur Vous lisez dans Grégoire, VII, 34, que Gundovald dit : *Noveritis me cum omnibus qui in regno Childeberti habentur electum esse regem.* Il semblerait d'abord que Gundovald

Nous possédons le texte du traité d'Andelot, c'est-à-dire de la convention qui fut conclue en 585 entre les trois souverains Gontran, Childebert et Brunehaut[1]. Or, par l'une des clauses de cette convention, Gontran promet que, si Childebert vient à mourir, « il maintiendra ses deux fils en possession de tout le royaume de leur père. » Il ne dit pas : si le peuple les élit rois. Il entend que, le père mort, il va de soi que les deux fils succéderont. Mieux que cela. On prévoit le cas où un troisième fils naîtrait, et Gontran promet qu'il aura part au royaume[2]. Le droit au trône est ainsi reconnu même pour le fils qui n'est pas encore né.

Bertramn rappelle dans son testament que « sa cité devait suivant la loi revenir à Clotaire », non en vertu d'une élection, mais « comme part de l'héritage paternel[3] ». Or ce Bertramn avait été beaucoup trop mêlé aux affaires publiques pour pouvoir ignorer quelles étaient les règles en vigueur chez les Francs.

dise qu'il a été *élu* par le peuple d'Austrasie ; mais regardez le texte de près ; deux choses s'opposent à cette interprétation : d'abord, si vous relisez les chapitres précédents, vous voyez bien qu'il n'y a eu aucune assemblée ni aucune élection ; ensuite, Gundovald n'a jamais été reconnu roi par les Austrasiens ; le roi d'Austrasie, au contraire, le lançait contre Gontran, roi de Burgundie. Gundovald veut dire que son allié Childebert et tous les grands de Childebert l'ont reconnu, non pas comme leur roi, mais comme roi de Burgundie. — Nous reviendrons plus loin sur le sens du mot *eligere* dans la langue du temps.

[1] On ne peut mettre en doute l'authenticité de ce document, au moins quant au fond ; c'est Gontran lui-même qui l'a mis dans les mains de Grégoire de Tours. Grégoire, IX, 20 : *Hæc nobis loquentibus, rex pactionem ipsam relegi coram adstantibus jubet. Exemplar pactionis.*

[2] Ibidem, IX, 20 : *Si contigerit Childebertum de hac luce migrare, filios suos Theodobertum et Theodoricum reges, vel si adhuc alios ipsi Deus dare voluerit, sub sua tuitione recipiat, ita ut regnum patris eorum sub omni soliditate possideant.*

[3] *Testamentum Bertramni*, dans les *Diplomata*, éd. Pardessus, n° 230, t. I, p. 201 : *Civitas Cenomanis* LEGITIMO ORDINE *domno Chlotario* EX HEREDITATE *patris sui debuit pervenire*

Il est bon de noter qu'il n'y a pas de règles spéciales pour le nord et pour le midi, pour l'est et pour l'ouest. Bertramn parle de la cité du Mans, comme Gontran parlait de l'Austrasie. Les Francs de Tournai n'ont pas non plus un droit particulier; ils n'élisent pas, ils ne se partagent pas; ils sont à celui des frères que le sort a désigné pour régner à Tournai[1].

La dignité de roi était à tel point héréditaire, que tout fils de roi en prenait le titre dès sa naissance. Tout enfant royal était roi, sans qu'on attendît ni la vacance du trône ni l'expression d'une volonté populaire[2].

Non seulement la royauté était un patrimoine qui se transmettait suivant les règles ordinaires; mais on pouvait même la léguer par testament ou par simple déclaration de volonté, ainsi qu'on aurait fait d'un domaine. « Le roi Gontran manda son neveu Childebert et lui dit : Je te donne tout mon royaume; mes provinces seront à toi comme un bien propre; prends-les sous ta puissance; c'est toi seul qui seras mon héritier;

---

[1] Cela résulte du rapprochement de Grégoire de Tours, III, 1, et IV, 22: *Dedit sors Chilperico regnum Chlotacharii patris ejus.* — Qu'un certain nombre de Francs aient, plus tard, abandonné Chilpéric pour Sigebert, c'est là un fait particulier qui n'implique pas un droit national régulier; encore ces Francs, dont Grégoire parle, IV, 52, ne sont-ils pas les Francs de Tournai : ils étaient du royaume de Childebert l'ancien, c'est-à-dire du royaume de Paris (comparez III, 1; IV, 22; IV, 52). Les Francs de Tournai obéirent jusqu'au bout à Chilpéric, à qui le sort les avait donnés.

[2] C'est ce qui ressort de nombreux exemples. Grégoire de Tours appelle *reges* les fils de rois avant qu'ils règnent : II, 42; III, 22; IV, 13; V, 50; IX, 20; IX, 40. — Le titre de *regina* était même donné à toute fille de roi; c'est pour cette raison que nous voyons Chrodielde, fille de Caribert, et Basina, fille de Chilpéric, qui n'ont été mariées ni l'une ni l'autre, qui n'ont jamais régné, qui de bonne heure se sont faites religieuses, se qualifier pourtant de reines : *reginæ sumus* (Grégoire, IX, 40, t. II, p. 195). De même Fortunatus donne le titre de reine à Chrodosinthe (*Vita Germani*, 21).

je déshérite tous les autres. » Et il lui mit dans les mains une lance, pour signe de la tradition qu'il lui faisait du royaume[1]. Or Gontran n'avait pas à l'avance consulté son peuple. C'est seulement un peu plus tard qu'il convoqua les guerriers, et ce ne fut que pour leur dire en leur présentant son neveu : « Voici le roi à qui vous devez désormais obéir[2]. »

Le roi pouvait partager le royaume de son vivant, ainsi qu'un père de famille partageait à l'avance sa succession. « Clotaire associa son fils Dagobert à la royauté, et l'établit roi sur les Austrasiens[3]. » Pas un mot n'indique d'ailleurs que les Austrasiens l'aient demandé pour roi, ni qu'ils l'aient élu, ni même qu'ils aient été consultés.

Dagobert, à son tour, « éleva son fils Sigebert comme roi des Austrasiens ». Le chroniqueur ajoute qu'il fit cet acte avec une grande solennité, dans une réunion des évêques et des grands, qui lui donnèrent leur assentiment. Nous verrons ailleurs ce qu'étaient ces grands. En tout cas, le chroniqueur ne signale pas un peuple qui ait manifesté sa volonté[4].

Jamais les documents ne nous montrent une assemblée de la nation procédant à l'élection d'un roi. Qu'on cherche une réunion qui délibère, qui vote, qui choisisse, on ne la trouvera pas. On voit quelquefois des

---

[1] Grégoire de Tours, *Hist.*, VII, 33 : *Rex Guntchramnus, data in manu regis Childeberti hasta, ait : « Hoc est indicium quod tibi omne regnum meum tradidi. Omnes civitates meas, tanquam tuas proprias, sub tui juris dominationem subjice.... Tu enim heres in omni regno meo succede, ceteris exheredibus factis. »*

[2] *Ibidem : Rex est cui vos nunc deservire debetis.*

[3] *Fredegarii Chronicon*, 47 : *Dagobertum filium suum consortem regni fecit eumque super Austrasios regem instituit.*

[4] *Fredegarii Chronicon*, ibidem : *Cum consilio pontificum seu et procerum, omnibusque primatibus regni sui consentientibus.*

frères se disputer le royaume au lieu de se le partager ; mais même alors ils n'en appellent pas à une décision du peuple. Ils gagnent à eux le plus de guerriers qu'ils peuvent ; mais ces guerriers ne sont jamais le peuple franc qui délibère.

Quelques innovations se produisirent au septième siècle. Il y eut des essais en vue de faire disparaître le partage entre les frères. D'autre part, il arriva plusieurs fois que dans des guerres civiles les diverses factions remplacèrent un roi par un autre. Mais personne ne pensa encore ni à supprimer l'hérédité, ni à établir des élections régulières.

La Chronique dite de Frédégaire rapporte comment, à la mort de Clotaire II, Dagobert, qui était déjà roi d'Austrasie, réussit à priver son frère de l'héritage de la Neustrie. « Il ordonna d'abord à tous ses guerriers de prendre les armes ; il envoya des hommes en Neustrie et en Burgundie pour amener ces pays à préférer son autorité à celle de son frère[1]. Il arriva bientôt à Soissons ;

---

[1] Ibidem, 56 : *Missos in Burgundia et Neuster direxit ut suum deberent regimen eligere.* — Voici un mot, *eligere*, qui a trompé quelques esprits ; il semble à première vue qu'il indique une élection. Mais quiconque a quelque connaissance de la langue latine sait bien que *eligere* n'a jamais signifié élire, même au temps de la république romaine. L'idée d'élection ne s'y attachait pas ; ce n'est pas lui qu'on employait au sujet de l'élection des magistrats. Il indiquait un simple choix, souvent fait par une seule personne. Aucune pensée de vote ni de calcul de suffrages n'y était contenue. Le mot avait conservé son ancienne signification au septième siècle et ne présentait pas à l'esprit l'idée que nous mettons aujourd'hui dans le mot élire. Citons quelques exemples. Nous voyons dans la *Vie de S. Gaudentius*, c. 16 (*Acta SS*, janvier, III, p. 33), qu'un évêque près de mourir choisit seul et spontanément son successeur, et l'écrivain désigne cet acte par les mots *sua electio*, son choix. L'auteur de la *Vie de saint Bonitus*, c. 4 (*Ibidem*, janvier, II, 352), dit que ce personnage fut nommé par le roi préfet de Marseille, *electus est*. Dans la *præceptio Chlotarii*, c. 2, Borétius, p. 21, nous lisons : *Ut nullus episcoporum se vivente eligat successorem.* Pareils exemples sont innombrables ; ils marquent que

tous les évêques et les guerriers de Burgundie, la plupart des évêques et des grands de Neustrie se donnèrent à lui ; il s'empara ainsi de tout le royaume de Clotaire ; toutefois, mû de compassion, il concéda à son frère les pays au sud de la Loire[1]. » Remarquons combien ce récit est l'opposé d'une élection régulière qui serait faite par une assemblée nationale. Ce sont les grands qui marquent individuellement leur préférence, qui individuellement « se donnent » au nouveau roi. Notons que celui-ci n'aurait même pas besoin de faire toutes ces démarches s'il était fils unique ou s'il ne prétendait pas évincer un frère de sa part d'héritage. C'est pour appuyer son usurpation qu'il s'est adressé aux grands. Avec leur connivence il a exclu son frère de la Neustrie ; mais on ne peut pas dire que la Neustrie l'ait élu.

*eligere* a une signification un peu flottante, sans avoir précisément celle que nous attachons aujourd'hui au mot élection, sauf le cas où il serait suivi de *a populo, a civibus*. Grégoire de Tours, parlant de l'avènement de l'empereur Tibère à Constantinople, dit, V, 20 : *Populi Tiberium Cæsarem elegerunt*. Or il ne veut pas dire que le peuple de Byzance ait procédé à une élection régulière, ni que la dignité impériale fût élective. Que des érudits modernes, à la seule vue du mot *eligere*, se soient figuré une élection par une assemblée populaire, c'est un des contre-sens les plus antihistoriques qui aient été faits. — La phrase de Frédégaire veut dire que Dagobert envoie des agents en Neustrie et en Bourgogne, « pour que les hommes le préfèrent à son frère. » Mais il faut noter qu'il ne s'adresse pas à une assemblée, ni à un peuple ; rien de semblable dans le chapitre ; il s'adresse à des individus. Ceux-ci sont surtout les évêques et les grands.

[1] Ibidem : *Suessionas accedens, omnes pontifices ac leudes de regno Burgundiæ inibi se tradidisse noscuntur, et Neustrasii pontifices et proceres plurima pars regnum Dagoberti visi sunt expelisse. Charibertus nitebatur si potuisset regnum adsumere, sed ejus voluntas pro simplicitate parum sortitur effectum. Cumque regnum Chlotarii a Dagoberto fuisset præoccupatum, misericordia motus, citra Ligerim civitates fratri suo noscitur concessisse.* — Quelques historiens modernes interprètent les mots *pro simplicitate* comme s'ils voulaient dire qu'un peuple franc jugeât Caribert indigne du trône ; le chroniqueur ne dit rien de pareil ; il dit que Caribert essaya de s'emparer du royaume, mais qu'il ne fut pas assez habile pour y réussir, *pro simplicitate parum sortitur effectum*. On ne voit pas qu'il ait convoqué ou consulté un peuple.

Durant le septième siècle, nous avons plusieurs exemples de rois déposés et d'autres rois mis à leur place ; mais si l'on observe le détail et les circonstances de chacun de ces changements, on n'y trouvera jamais la réunion régulière et légale d'un peuple ; on n'y trouvera même pas l'expression d'un principe de droit national[1]. Ce qu'on y trouvera seulement, c'est la victoire d'un parti armé. Ces actes sont des faits de guerre civile ; aucun chroniqueur ne les présente comme l'application d'anciennes règles de droit public.

L'idée que la royauté dépendît d'une élection populaire n'est exprimée nulle part. Au contraire, ces rois mérovingiens disent volontiers que c'est Dieu qui les a faits rois. Gontran indique à la fois la source de son autorité et la nature de ses devoirs quand il dit dans une ordonnance que « c'est le Très-haut qui lui a confié le pouvoir de régner, et qu'il encourt la colère de Dieu s'il n'a pas soin du peuple qui lui est soumis[2] ». « C'est

---

[1] Dès le sixième siècle, nous voyons une partie des Francs abandonner Chilpéric pour Sigebert ; mais il s'agit d'une guerre civile. Grégoire, IV, 52 : *Franci qui quondam ad Childebertum seniorem aspexerant, ad Sigibertum legationem mittunt ut ad eos veniens, derelicto Chilperico, super se regem stabilirent.* Grégoire parle là de Francs qui avaient obéi à Childebert l'ancien ; ce ne sont pas tous les Francs de Chilpéric. Le royaume de Childebert Ier n'avait pas compris la partie septentrionale de la Gaule ; ni Arras, ni Thérouenne, ni Tournai n'en avaient fait partie (Longnon, p. 115-116). Grégoire ne dit pas qu'il y ait eu une assemblée nationale ; il ne dit pas « le peuple des Francs ». Il montre des Francs qui transportent leur fidélité d'un chef à un autre, et non pas une nation qui exerce un droit de déposer ses rois. — Quelques historiens modernes ont cru que le droit public des Francs autorisait chacun d'eux individuellement à choisir son roi ; mais c'est là une assertion qui n'a jamais été appuyée d'aucun texte. Pareil choix se voit quelquefois en pratique ; mais que cela ait été un droit, c'est ce dont il n'y a pas d'indice.

[2] *Præceptio Guntramni*, 585, Baluze, I, 10 ; Borétius, p. 11 : *Nec nos quibus facultatem regnandi Superni Regis commisit auctoritas, iram ejus evadere possumus si de subjecto populo sollicitudinem non habemus.* Cf. Grégoire, IX, 42.

Dieu, écrit Dagobert Ier, qui nous a donné les provinces et les royaumes¹. » Clotaire III, Thierri III écrivent dans leurs diplômes que c'est Dieu qui les a fait monter sur le trône². Phraséologie de convention, si l'on veut, et qu'il ne faut pas prendre pour une doctrine bien arrêtée du droit divin. Encore devons-nous noter que, même dans les actes officiels, la volonté de Dieu paraît seule, et que la volonté d'un peuple n'est pas une seule fois mentionnée.

C'était le clergé peut-être qui dictait aux rois ces expressions; mais le haut clergé comprenait des hommes de race franque. Si la règle d'élection avait existé, il ne l'aurait pas ignorée. Je ne suis même pas bien sûr qu'il eût été défavorable à cette règle. Peut-être eût-il volontiers pris part à l'élection, et il était assez fort pour que personne ne l'en empêchât. Si les documents de l'époque ne portent aucun indice d'une élection régulière des rois, nous sommes bien obligés de penser que cette élection n'existait pas.

#### 2° DE L'ÉLÉVATION SUR LE PAVOIS ET DU SERMENT DE FIDÉLITÉ.

Si nous ne trouvons nulle part l'élection des rois par une assemblée nationale, encore devons-nous faire attention à deux usages qui sont attestés par les documents et qui n'ont pas été sans importance. L'un était la cérémonie de l'installation, l'autre était le serment des sujets.

---

¹ *Diplomata*, édit. Pertz n° 13; édit. Pardessus n° 246. *Dum nobis regiones et regna largiente Domino noscuntur esse donata.*

² *Diplomata*, édit. Pertz n° 41; Pardessus n° 351. *Solium quod ipse Deus nobis commisit.* — Ibid., n° 57, n° 410 : *Dum nos Divina pietas fecit in solium parentum nostrorum succedere.* — Marculfe, I, 16 : *Quem Divina pietas sublimat in regnum.*

La cérémonie de l'installation avait son origine première en Germanie. Ce qui en faisait la partie principale, c'est que le nouveau roi était hissé sur un bouclier et porté sur les épaules de quelques hommes, en public. Tacite signale déjà cet usage : « Brinno fut placé sur un bouclier et balancé sur les épaules de quelques guerriers; tel est l'usage du pays[1]. » Il est vrai que dans l'ancienne Germanie l'usage s'appliquait plutôt aux chefs de guerre qu'aux rois. Nous le retrouvons sous les Mérovingiens. Quand Clovis se fait accepter pour roi par les Francs de Cologne, ces Francs, qui sont peut-être moins un peuple qu'une troupe de guerriers, « l'élèvent sur le bouclier », et c'est leur manière de le reconnaître pour roi[2]. De même plus tard, quelques Francs ayant abandonné Chilpéric pour Sigebert « l'élèvent sur un bouclier et l'établissent roi sur eux[3] ». L'historien décrit mieux encore cette cérémonie quand il raconte l'histoire de l'usurpateur Gondovald : « Dans le bourg de Brives, il fut placé sur un bouclier et porté comme roi; mais au troisième tour qu'on lui fit faire, il tomba[4]. »

Le plus souvent, l'historien se contente d'indiquer la cérémonie sans la décrire. Quand les frères de Clodomir veulent tuer leurs neveux, ils disent à la reine Clotilde : « Donne-nous ces enfants, afin qu'ils soient établis

---

[1] Tacite, *Histoires*, IV, 15 : *Brinno... impositus scuto, more gentis, et sustinentium humeris vibratus, dux deligitur.*

[2] Grégoire de Tours, II, 40 : *At illi, plaudentes tam parmis quam vocibus, eum clypeo evectum super se regem constituunt.* — L'usage est-il particulier à la race germanique, ou ne serait-il pas commun à toute armée élisant un roi? On peut remarquer que Julien, nommé empereur par ses soldats, fut élevé sur un bouclier, *impositus scuto*. Ammien Marcellin, XX, 4, 17.

[3] Grégoire, IV, 52 : *Impositum super clypeo regem sibi statuunt.*

[4] Grégoire, VII, 10 : *Parmæ superpositus, rex est levatus. Sed cum tertio cum eodem gyrarent, cecidisse fertur.*

comme rois¹. » Ces mots ne désignent pas une élection, pour laquelle la présence des deux enfants ne serait pas nécessaire ; on veut arracher les enfants à Clotilde en prétextant une cérémonie où leur présence est obligatoire. Ailleurs, Grégoire de Tours nous dit que, Sigebert ayant été assassiné, son fils Childebert régna à sa place en Austrasie² ; mais le roi enfant se trouvait alors à Paris, dans les États de son ennemi : « Gondobald l'enleva secrètement, le porta en Austrasie, et, rassemblant les populations sur lesquelles son père avait régné, il l'établit roi³. » Pas un mot ici d'une élection ; c'est d'une cérémonie solennelle et publique qu'il s'agit. De même Frédégaire montre Clovis II prenant d'abord possession de la royauté, puis les leudes de Neustrie et de Burgundie se réunissant dans la villa Massolacus « pour l'élever en roi⁴ ».

Cette cérémonie était ordinairement désignée par le mot *sublimare*. Le même terme était employé pour l'intronisation des évêques, c'est-à-dire pour la cérémonie où l'évêque, après toutes les formalités de la nomination, était placé sur son siège épiscopal⁵. Pour ce qui est des rois, une chronique nous montre que la cérémonie pouvait n'avoir lieu que longtemps après la prise de possession du pouvoir. Dagobert I⁽ᵉʳ⁾ fut roi d'Austrasie

---

¹ Grégoire, III, 18 : *Dirige parvulos ad nos ut sublimentur in regno.*
² Grégoire, IV, 51, *in fine.*
³ Grégoire, V, 1 : *Gundobaldus apprehensum parvulum Childebertum furtim abstulit, collectisque gentibus super quas pater ejus regnum tenuerat, regem instituit.*
⁴ Fredegarii Chron., 79 : *Post Dagoberti discessum filius suus Chlodoveus sub tenera ætate regnum patris adscivit, omnesque leudes de Neuster et de Burgundia eum Massolaco villa* (Maslay, près de Sens) *sublimant in regnum.*
⁵ Vita Præjecti, 22 : *Præjectus sublimatus est in cathedra.* — On employait aussi *sublimare* en parlant d'une reine : *Dagobertus reginam sublimavit* (Fredegarii Chron., 58).

dès 622; mais son installation par les Austrasions n'eut lieu qu'en 625[1]. La cérémonie était donc indépendante de l'avènement et ne venait qu'après lui. Aussi n'avait-elle aucun rapport avec une élection.

Voyez ce qui se passe à l'avènement de Thierri III. Un écrivain contemporain rapporte d'abord que le maire Ebroin le fit roi; puis il ajoute que les grands du pays, ayant appris que Thierri était roi, se portèrent vers l'endroit où il résidait, voulant assister à la cérémon... En effet, dit-il, Ebroin aurait « dû procéder solennellement à l'installation du roi et convoquer pour cela les grands du royaume; tel était l'usage ». Mais Ebroin décida que la cérémonie n'aurait pas lieu, et ceux qui étaient venus spontanément pour y assister reçurent l'ordre de retourner chez eux. L'écrivain ajoute que les grands furent fort irrités. Et ils l'étaient, suivant lui, non pas parce qu'un maire du palais avait fait un roi sans les consulter, mais parce qu'il les privait de la cérémonie solennelle « qu'il aurait dû accomplir pour l'éclat de la royauté et du pays[2] ».

Ces brillantes réunions n'avaient pas pour objet d'élire le roi, puisque le roi était déjà roi avant elles. Elles

---

[1] *Gesta Dagoberti,* 12, 13, 14 : *Anno 39 regni sui* (622) *Chlotarius Dagobertum super Austrasios regem statuit.... Anno 42 regni sui* (625) *Dagobertus in Austrasia regnaturus dirigitur; Austrasii vero congregati in unum Dagobertum super se regem statuunt.*

[2] *Vita Leodegarii ab anonymo,* c. 3, dans Mabillon, *Acta SS,* II, 680 : *Cum, convocatis optimatibus solemniter, ut mos est, debuisset sublimare in regnum... eos noluit convocare... Regem quem ad gloriam patriæ publice debuerat sublimare.... Cum multitudo nobilium qui ad regis novi properabant occursum, itineris accepissent repudium.* Ces grands refusèrent de reconnaître Thierri, non pas parce qu'il n'avait pas été élu par eux, mais parce qu'ils ne voulaient pas que le roi restât dans les mains d'Ebroin : *Cœperunt metuere quod regem dum post se retineret pro nomine, cui malum cupierat ille audenter valeret inferre.* Telle est du moins la pensée de l'écrivain contemporain.

avaient pour objet de le reconnaître. Que s'y passait-il donc? Nous n'avons aucune description qui nous permette de le dire avec certitude. Les grands faisaient-ils leurs conditions? On est tenté d'abord de le supposer; mais il n'y a pas le moindre indice de cela dans les textes, et jamais il n'y est fait la moindre allusion. L'unique trait que nous connaissions est que ces hommes élevaient le roi sur un bouclier et le portaient sur leurs épaules en lui faisant faire le tour de l'assemblée. Or cette formalité ne peut avoir qu'un sens : porter un homme sur ses épaules ne peut être qu'une marque de sujétion. C'est le placer au-dessus de soi, *super se statuere*, ainsi que disent les historiens. La cérémonie était donc l'acte solennel d'obéissance des sujets. Les rois y devaient tenir; probablement ils ne se sentaient bien affermis que quand ce témoignage public de sujétion leur avait été donné.

Mais, en même temps, cette cérémonie pouvait présenter aux hommes quelque idée de liberté. Dans l'antiquité germanique, elle avait peut-être accompagné une élection; et, l'élection ayant disparu, elle était restée comme un vieux rite, et apparemment on tenait à la conserver. C'était quelque chose pour ces hommes que de marquer leur volonté d'obéir; c'était presque déclarer que leur obéissance était volontaire. Que serait-il arrivé s'ils l'avaient refusée? Nous n'en avons pas d'exemple; mais il est clair qu'un tel usage leur en offrait un moyen. L'élévation sur un bouclier n'équivalait pas à une élection, mais équivalait à un assentiment librement donné[1].

---

[1] Un curieux point de comparaison se trouve dans l'empire byzantin à la même époque. Pour chaque nouvel empereur, il y avait une installation solennelle, que l'on appelait ἀναγόρευσις, *sublimatio*, et même χειροτονία,

La coutume du serment de fidélité au souverain existait dans l'empire romain, et elle datait de loin[1]. Peut-être était-elle germaine aussi, surtout parmi les guerriers. Les rois francs en usèrent en Gaule. Le premier acte de chaque nouveau roi était de se faire jurer fidélité. Il appelait les uns auprès de lui ; il parcourait les provinces pour aller chercher le serment des autres, ou enfin il ordonnait à ses fonctionnaires de recevoir le serment en son nom.

Ce serment était exigé, non seulement des grands et des guerriers, mais de la population civile ; non seulement des hommes de race franque, mais aussi des hommes de race romaine.

Clotaire II n'est qu'un enfant de quatre mois ; nous voyons ses fonctionnaires parcourir les cités et obliger chacune d'elles « à jurer d'être fidèle au roi et à son tuteur[2] ». Les usurpateurs font de même. Mundéric, Gundovald, dans les cantons où ils sont les maîtres, se hâtent de se faire prêter serment « par la plèbe rustique[3] ».

*electio*. Elle est décrite en détail dans le livre des *Cérémonies* de Constantin Porphyrogénète, liv. I, c. 43 et 92. Nul ne prétendra pourtant que l'empire fût électif. Tant il est vrai qu'il faut se garder de prendre des expressions convenues pour des faits historiques.

[1] Sur cet usage romain, voyez Tacite, *Annales*, I, 7 : *In verba principis juravere senatus, miles, et populus.* Tacite, *Ann.*, I, 34 : *Germanicus Belgarum civitates in verba Tiberii adegit.* Cf. Tacite, *Ann.*, XVI, 22 ; *Hist.*, I, 55 ; Suétone, *Caligula*, 15. — Pline écrit à Trajan, X, 52 édit. Keil : *Præivimus et commilitonibus more solemni, eadem provincialibus certante pietate jurantibus.* — Voyez encore Pline, *Panégyrique*, 68, Dion Cassius, XLVII, 18 ; LIX, 3 ; Julius Capitolinus, *Maximini duo*, c. 24 : *Omnes in Maximi et Balbini verba juraverunt.*

[2] Grégoire de Tours, VII, 7 : *Exigentes sacramenta per civitates ut fideles esse debeant Guntramno regi et nepoti suo Chlotachario.*

[3] Grégoire, III, 14 : *Mundericus ait : Colligam populum meum atque exigam sacramentum ab eis.... Sequebatur eum rustica multitudo, dantes sacramentum fidelitatis.* — VII, 26 : *Gundovaldus... in civita-*

Au milieu des guerres civiles, chaque cité, passant d'un roi à l'autre, prêtait serment au nouveau maître[1]. Le serment n'était pas collectif et vague; il était individuel. « J'ai prêté serment au roi Clotaire, écrit Bertramn dans son testament, comme à l'héritier légitime du roi Chilpéric; » et il ajoute, comme une chose assez rare pour qu'on la note, qu'il n'a jamais violé son serment[2]. On remarquera que ce serment n'a nullement le caractère féodal; il n'est ni spontané ni volontaire : il est obligatoire; il s'adresse, ainsi que le dit Bertramn, au roi que l'hérédité a désigné. C'est un serment monarchique.

La formule de serment usitée sous les Mérovingiens ne nous a pas été conservée; mais nous trouvons dans le Formulaire de Marculfe l'instruction qui était envoyée aux fonctionnaires pour faire procéder à cette grande opération. Elle est conçue ainsi : « Tel roi à tel comte. Comme nous avons prescrit, de concert avec nos grands, que notre glorieux fils fût roi avec nous dans notre royaume, nous vous ordonnons que vous convoquiez tous les hommes de votre ressort, Francs, Romains, hommes de toute race, et que vous fassiez en sorte

---

*tibus quæ aut Guntramni aut Chilperici fuerant, nomine suo, quod fidem servarent, jurabant.... Egolismam accessit, susceptis sacramentis.*

[1] Grégoire, IV, 30 : *Ingressi urbem Arelatensem, sacramenta pro parte Sigiberti regis exegerunt.* — IV, 46 : *Pictavos accedens, sacramenta exigit.* — VI, 31 : *Ingredimini Bituricum et sacramenta fidelitatis exigite de nomine nostro.* — VII, 13 : *Pictavi sacramenta Guntchramno regi dederunt... non longo tempore custodientes.* — VII, 24 : *Pictavi excesserant de fide quam regi promiserant.* — IX, 30 : *Post mortem Chlotacharii regis Chariberto regi populus hic* (le peuple de la cité de Tours) *sacramentum dedit.*

[2] *Testamentum Bertramni*, dans les *Diplomata* de Pardessus, n° 230, t. I, p. 204 : *Sacramentum insolubile domno meo Chlotario dedi, propter quod civitas Cenomanensis legitimo ordine ex hereditate genitoris sui debuit provenire. .. Me sacramentum meum in integrum constrinxit ut eum nullatenus dimittere deberem.*

qu'ils se réunissent en lieux convenables, dans les cités ou bourgs, afin que, en présence de notre envoyé à qui nous avons confié cette mission spéciale, ils soient tenus de promettre et jurer fidélité et hommage à notre fils, près des lieux saints, et sur les reliques que nous faisons transporter à cet effet[1]. »

Nous avons là, à défaut de la formule elle-même, tous les traits caractéristiques de l'opération : le délégué royal, parti du palais, *a latere regis*, parcourt les provinces ; il porte avec lui des reliques, afin que le serment ait la plus grande valeur possible ; les gouverneurs des provinces sont avertis ; au jour fixé, toute la population libre du canton est réunie sur une place, ou dans une église, et, en présence du fonctionnaire, chacun jure bon gré mal gré d'être et de rester fidèle au nouveau roi qu'on lui donne. Visiblement, ce serment n'est pas un serment libre.

Quelques historiens modernes ont pensé que le serment était réciproque, c'est-à-dire que le roi s'engageait envers la population, comme la population envers le roi. Mais cette opinion s'appuie sur un texte unique, et il serait déjà assez singulier que le serment au roi fût mentionné dans plus de vingt passages et que le serment du roi ne le fût que dans un seul. Mais on va voir que ce passage lui-même ne mérite pas une entière confiance. Le voici : Grégoire, évêque de Tours, vers l'année

---

[1] Marculfe, I, 40 ; Rozière, n° 1 ; Zeumer, p. 68 : *Dum nos una cum consensu procerum nostrorum in regno nostro glorioso filio nostro regnare præcepimus, jubemus ut omnes pagenses vestros, tam Francos, Romanos, vel reliqua natione degentibus, bannire et locis congruis per civitates, vicos et castella, congregare faciatis, quatenus, præsente misso nostro illo quem ex nostro latere illuc pro hoc direximus, fidelitatem filio nostro vel nobis et leode et samio per loca sanctorum vel pignora quæ illuc per eumdem direximus, debeant promittere et conjurare.*

589, voit arriver dans sa ville épiscopale des fonctionnaires de Childebert chargés d'établir un nouveau cadastre et de nouvelles contributions. Il prend en mains les intérêts de sa ville et, s'adressant à ces fonctionnaires, il leur dit : « Le registre des impôts pour la cité de Tours a été jeté au feu par le roi Clotaire, par crainte de saint Martin ; puis, après la mort de Clotaire, cette cité a prêté serment à Caribert, et *celui-ci de même a promis avec serment qu'il n'infligerait à la cité aucune loi ni coutume nouvelle*[1]. » Voilà ce que prétendit l'évêque de Tours, alléguant un fait qu'il disait s'être passé vingt-sept ans auparavant, mais n'en donnant aucune preuve. Aussi son affirmation ne fut-elle pas admise par les fonctionnaires royaux, qui, sans en tenir compte, persistèrent à vouloir lever les contributions. En admettant que cette affirmation fût exacte, il est visible que ce ne serait là qu'un fait exceptionnel, particulier à Tours, particulier à saint Martin, et en tous cas d'un effet passager. Car si Caribert fit ce serment en 561, il ne fut pas renouvelé par Sigebert, par Chilpéric, par Childebert, qui possédèrent Tours successivement ; Grégoire n'attribue un tel serment qu'à l'ancien roi Caribert. Que l'on observe de près la formule de Marculfe que nous avons citée tout à l'heure, on verra bien qu'elle ne contient aucune allusion à un serment que le roi prêterait. Elle n'implique et n'autorise aucune réciprocité entre le roi et les sujets. Nous devons donc croire que le serment était prêté par les populations au roi, non pas par le roi aux peuples, et qu'il n'était pas autre chose qu'un acte de sujétion[2].

[1] Grégoire, *Hist.*, IX. 30.
[2] Grégoire, IX, 31 : *Austrovaldus dux Carcassonem accedens, sacramenta susceperat ipsosque populos ditioni subegerat regis.*

En résumé, nous ne voyons jamais, dans ces deux siècles, une nation se réunir régulièrement pour choisir et élire son roi. D'après tous les documents, chaque prince règne en vertu de l'ordre naturel de succession, ou quelquefois par le succès d'une guerre civile. Seulement, deux choses sont nécessaires : d'abord, l'acte de reconnaissance et d'installation ; ensuite, la prestation du serment de fidélité par la population entière.

Je ne saurais dire si ces deux coutumes étaient les restes et les souvenirs d'un vieux droit populaire, ou si elles furent seulement deux procédés imaginés pour assurer l'obéissance des hommes. Les deux suppositions peuvent également se soutenir, et aucune ne peut se prouver. Je remarquerai seulement que cette double coutume ne donna aux institutions monarchiques qu'une force apparente. L'absence d'un droit régulier d'élection, et pourtant l'intervention si directe des hommes dans l'avènement de chaque nouveau roi, présentaient une contradiction qui ne pouvait manquer de jeter quelque trouble. L'acte solennel d'installation pouvait devenir et devint en effet une occasion de discorde. Quant au serment de fidélité, avec l'abus qu'on en faisait, avec l'extrême instabilité dont il était l'objet, il devait peu à peu substituer dans les esprits, à l'idée d'une sujétion naturelle et générale, l'idée d'une obéissance personnelle, volontaire, conditionnelle.

---

Pour se faire une idée juste de l'État mérovingien, il ne faut pas l'étudier trop isolément. Il est utile de jeter les yeux sur d'autres États qui, à la même époque, se sont trouvés dans les mêmes conditions que lui. Plusieurs États se sont fondés, comme lui, sur l'ancien territoire romain ; ils ont été composés, comme lui, d'une famille germaine régnante et d'une double population germanique et romaine. Il importe de savoir si les institutions de ces États ont été les mêmes que celles de l'État mérovingien, ou si elles en ont différé. La méthode comparative, si dangereuse pour ceux qui s'en servent mal, est pourtant nécessaire à l'historien. Après l'analyse des textes francs, la comparaison des autres États germains donnera plus de sûreté à notre étude.

Au quatrième siècle, chez les Alamans, la royauté était héréditaire et les frères se la partageaient[1]. La même hérédité et le même partage se retrouvent chez les Burgundes établis dans l'empire[2]. Chez les Goths, Jordanès donne la suite des rois jusqu'au sixième siècle, sans mentionner aucune élection. Si nous voyons une élection après la mort d'Alaric, c'est parce qu'Alaric ne laisse pas d'enfants. Pour ce qui est du royaume des Ostrogoths d'Italie, les actes officiels recueillis par Cassiodore montrent comment s'opérait, en temps normal, la transmission des pouvoirs[3]. Le nouveau roi Athalaric n'eut qu'à écrire une lettre circulaire « à tous les Goths établis en Italie », pour leur notifier que son grand-père, « par la volonté de Dieu, l'avait établi son héritier[4] ». Chez les Vandales la royauté était héréditaire[5]. A l'origine, elle se partageait entre frères ; Genséric

[1] Ammien Marcellin, XIV, 10, 1 ; XVIII, 2, 15.
[2] Grégoire de Tours, *Hist.*, II, 28-32.
[3] Cassiodore, *Lettres*, VIII, 2-7. A la mort de Théodoric, son petit-fils lui succède, et il écrit : *Avus noster magnitudinem dominationis suæ tanta celeritate in nos transfudit, ut non tam regnum quam vestem crederes esse mutatam.*
[4] Cassiodore, *Lettres*, VIII, 5 : *Avus noster nos heredes regni sui, Deo sibi imperante, constituit.*
[5] Jordanes, *De rebus geticis*, 33 ; Procope, *Bellum vandalicum*, I, 7.

décida que ses fils ne se la partageraient pas, et il régla l'ordre de succession au trône d'une manière qui impliquait formellement toute absence d'intervention du peuple[1]. Chez les Lombards, la royauté fut d'abord héréditaire, et c'est par suite de déshérence ou par l'effet des troubles civils qu'on en vint plusieurs fois à employer l'élection[2].

La cérémonie d'installation solennelle que nous avons vue chez les Francs se retrouve chez les autres peuples. Nous voyons qu'elle eut lieu en Italie pour Athalaric et pour Vitigès[3]. La Loi des Wisigoths fait allusion à cet usage ; elle enjoint, non pas à tous les hommes, mais au moins à tous ceux qui sont dans les dignités, de se rendre auprès du nouveau roi, dès qu'ils ont appris son avènement, pour lui faire acte de soumission[4]. C'est exactement le même usage que l'auteur de la Vie de saint Léger nous a montré chez les Francs. L'historien des Lombards signale aussi la cérémonie d'inauguration ; il montre bien qu'elle ne précède pas l'avènement, mais qu'elle le suit ; le roi Agilulf prit la royauté au mois de novembre, et ce fut six mois plus tard, en mai, qu'il accomplit la cérémonie[5].

---

[1] Jordanes, *ibidem*; Procope, *ibidem*.

[2] Procope, *De bello gothico*, III, 35. Paul Diacre, *Historia Langobardorum*, I, 18, 20, 21, 27 ; III, 16 ; IV, 30, 41, 47, 51 ; V, 33, 35. *Leges Langobardorum*, Rotharis, *prologus*. — Il n'y a élection que si le roi mort ne laisse pas d'enfants, ou parfois en cas de guerre civile.

[3] Athalaric n'y fait qu'une faible allusion, lettres 2 et 6 du livre VIII du recueil de Cassiodore. Vitigès, pour lequel il y a eu une véritable élection par une armée, insiste plus vivement ; *ibidem*, XI, 31 : *More majorum, scuto supposito*. Il est vrai que ce texte même montre qu'il n'a pas été élu par une assemblée générale de la nation, puisqu'il notifie le fait *universis Gothis*.

[4] *Lex Wisigothorum*, V, 7, 19 : *Non levi culpa constringitur qui, si ex palatino officio fuerit, ad novi Principis præsentiam venire distulerit... qui minime regis obtutibus se præsentandum injecerit*.

[5] Paul Diacre, *Historia Langobardorum*, III, 34.

Quant au serment de fidélité prêté au nouveau roi, nous le retrouvons ailleurs qu'en Gaule. Athalaric, roi des Ostrogoths, a reçu d'abord le serment des grands[1]; il envoie ensuite des lettres circulaires et des agents dans toute l'Italie pour exiger le serment de tous; et il l'exige indistinctement des Romains et des Goths[2]. Un peu plus tard, à une époque où Rome faisait partie de l'empire d'Orient, les Romains prêtaient serment à chaque nouvel empereur[3]. Dans l'Espagne Wisigothique le serment était de règle. Le roi, aussitôt après son avènement, envoyait dans toutes les parties du royaume quelques délégués qui recevaient le serment en son nom; on les appelait *discussores juramenti*. Ils ressemblent fort à ces *missi* que le roi franc envoyait pour le même objet. La loi dit que tous les hommes doivent jurer fidélité; si quelqu'un se cache « afin de ne pas se lier par ce serment », sa personne et ses biens sont à la discrétion du roi. Il est visible qu'un tel serment n'est pas volontaire, il est obligatoire[4].

Ainsi, tous les États germaniques qui étaient, par leur origine et leur nature, analogues à l'État Franc, ont eu au sujet de la royauté les mêmes règles que cet État. Dans tous elle a été héréditaire, et l'élection ne s'est présentée que comme un fait exceptionnel.

---

[1] Cassiodore, *Lettres*, VIII, 2 : *Tot proceres manu consilioque gloriosi nullum murmur miscuerunt, sed cum magno gaudio seculi sunt principis sui judicia..., ut voluntatem suam juris etiam jurandi religione firmarent.*

[2] Lettre d'Athalaric au peuple romain, dans Cassiodore, VIII, 3; autre lettre, *universis Romanis per Italiam constitutis*, ibid., VIII, 4; autre lettre, *universis Gothis per Italiam constitutis*, ibid., VIII, 5.

[3] *Liber Pontificalis*, édit. de l'abbé Duchesne, p. 331 et 408.

[4] *Lex Wisigothorum*, V, 7, 19 : *Non levi culpa constringitur... si jurasse differat. Si quis ingenuorum, dum discussor juramenti in territorio illo accesserit, se fraudulenter distulerit in eo ut se pro fide regia conservanda juramenti se vinculo alliget, quidquid de eo vel de suis rebus principalis auctoritas facere voluerit, sui sit arbitrii.*

## CHAPITRE III

### Existait-il des assemblées du peuple franc?

Durant l'époque précédente, c'est-à-dire dans la Gaule romaine, nous avons vu deux sortes d'assemblées : celles qu'on appelait *concilia*, qui étaient la réunion des grands personnages d'une province, et qui émettaient des vœux, des avis, ou des réclamations, sans jamais prendre part elles-mêmes au gouvernement[1]; et celles qu'on appelait *conventus*, où venait toute la population d'une contrée, mais qui ne délibéraient sur rien, n'avaient aucune action, et ne faisaient que recevoir les ordres du gouverneur rendant la justice au milieu d'elles[2].

Il y avait eu dans l'ancienne Germanie d'autres assemblées véritablement nationales et souveraines qui avaient discuté et décidé sur tous les intérêts généraux[3].

Les assemblées romaines, surtout les *concilia*, qui avaient déjà perdu leur vigueur dans les derniers temps de l'empire et qui n'étaient plus qu'une institution morte, disparurent tout à fait à l'époque des invasions. Les rois francs ne les firent pas renaître. Quant aux assemblées germaniques, nous avons à chercher si les Francs en ont apporté l'usage avec eux, et s'ils les ont conservées dans la période mérovingienne. C'est une recherche qui ne doit pas être faite par des raisonnements, mais par les textes exactement observés.

---

[1] Voyez Paul Guiraud, *les Assemblées provinciales dans l'empire romain*, 1888.
[2] Voyez plus haut, tome Ier, 3ᵉ édition, liv. II, c. 11, § 3.
[3] Tacite, *Germanie*, c. 11.

Il faut éviter toute équivoque. Nous rencontrerons beaucoup de grandes réunions d'hommes ; mais toute réunion d'hommes n'est pas une assemblée nationale On entend par assemblée nationale la réunion régulière d'un peuple organisé ou de ses représentants, réunion qui se forme légalement, qui a des attributions déterminées par les lois ou par des usages traditionnels, réunion qui délibère, qui discute, qui décide des intérêts de ce peuple. Quelque chose de semblable existait-il chez les Francs au temps de Clovis et dans le siècle qui a suivi ? Plusieurs historiens modernes l'ont pensé. L'un des plus récents, Junghans professe « qu'au temps de Clovis le peuple franc prenait une assez grande part aux affaires politiques et qu'il exerçait ce droit dans des assemblées populaires[1] ». Il importe de vérifier l'exactitude de cette opinion.

Grégoire de Tours fait le récit d'une réunion de Francs sous Clovis ; mais ce qu'il montre n'est pas un peuple, c'est une troupe de soldats. Nous traduisons littéralement : « Le roi ordonna à toute la phalange de venir près de lui en tenue de guerre, pour montrer en champ de Mars si ses armes étaient en bon état[2] ; il passa les hommes en revue, et, arrivé près de l'un d'eux, il lui dit : « Personne n'a ses armes aussi mal tenues que les tiennes ; ni ta lance ni ton épée ni ta hache ne sont en état de servir. » Il lui prit sa hache et la jeta à terre ; puis, tandis que l'homme se baissait pour la ramasser, il leva sa hache et lui fracassa la tête. » Il n'y a assurément dans ce récit aucun trait qui convienne à une as-

---

[1] Junghans, *Histoire de Childérich et de Chlodovech*, traduction Monod, p. 124. — C'est aussi l'opinion de Sohm, *Reichs und Gerichts Verfassung*, p. 38, 53, 55, 295.

[2] Grégoire, II, 27 : *Jussit omnem cum armorum apparatu advenire phalangem, ostensuram in campo Martio suorum armorum nitorem....*

semblée nationale. Nulle question d'intérêt public n'est posée ni discutée. C'est une simple revue des armes. Nous n'avons là que « la phalange », et non pas un peuple. Même, ce qui est bien significatif, c'est que ces soldats, que l'imagination moderne se représente comme des caractères fiers et farouches, laissent égorger l'un des leurs sans aucune forme de procès, sans aucune faute commise, et ne font entendre aucune protestation. « Le roi leur donne l'ordre de s'en aller, et ils se retirent saisis de crainte[1]. » Se peut-il voir soldats plus soumis, et cela ressemble-t-il à un peuple libre?

Voici un autre récit, qui se rapporte à l'année précédente. Ces mêmes soldats, après une victoire et le pillage de plusieurs églises, s'étaient réunis à Soissons pour partager le butin[2]. Car, suivant un usage commun aux Germains, aux Romains, et à beaucoup d'anciens peuples, le butin devait être distribué entre tous, et les lots devaient être assignés par le sort entre les chefs et les soldats[3]. Le roi dit aux siens : « Je vous prie, vail-

---

[1] Ibidem : *Quo mortuo, reliquos abscedere jubet, magnum sibi per hanc causam timorem statuens.* — Le récit de Grégoire a été reproduit avec tous ses traits essentiels dans l'*Historia epitomata*, c. 16, dans les *Gesta regum Francorum*, dans la *Vita Remigii*, par Flodoard, *Hist. Rem. Eccl.*, I, 13. — Nul ne peut affirmer que ce récit soit d'une vérité absolue; il montre au moins que c'est ainsi que les hommes se sont figuré une réunion de l'armée franque.

[2] Grégoire, II, 27 : *Sequere nos usque Suessionas, quia ibi cuncta quæ acquisita sunt, dividenda erunt. Cumque mihi vas illud sors mihi dederit....*

[3] Junghans commet ici plusieurs inexactitudes graves (page 126 de la traduction Monod) : « Dans cette réunion du *peuple* frank, dit-il, le roi se trouve réduit à une *égalité complète* vis-à-vis de ses compagnons; les mêmes fatigues guerrières donnent lieu à une part *égale*. » 1° Le récit de Grégoire ne parle pas d'un *peuple*, mais d'une armée. 2° Grégoire ne dit pas non plus qu'il y eût *égalité* entre le roi et les soldats. De ce qu'il y a partage de butin et tirage au sort, il ne suit pas nécessairement que les parts fussent *égales*; tout cela est de l'imagination de l'érudit moderne.

lants guerriers, de m'accorder outre ma part le vase que voici. » Les plus sensés répondirent : « Glorieux roi, tout ce qui est ici t'appartient, et nous-mêmes nous sommes soumis à ta puissance[1] ; fais donc ce qui te plaît, car personne ne peut te résister[2]. » Mais l'un d'eux, levant sa hache, en frappa le vase et dit : « Tu n'auras que ce que le sort te donnera. » Voilà une grande liberté de langage, mais chez un homme seulement. Elle trouva peu d'imitateurs ; car, « voyant cela, les autres furent stupéfaits, et ils laissèrent le vase à Clovis, qui le rendit à l'évêque de Reims »[3]. Comment a-t-on pu voir dans ce récit une assemblée nationale ? Ce n'est qu'une troupe de soldats, et même de soldats fort dociles.

Voici un troisième récit : « Saint Remi engageait Clovis à renoncer aux idoles ; Clovis lui dit : Je t'écouterais volontiers, très saint père ; la seule chose qui m'arrête est que le peuple qui me suit ne veut pas aban-

---

[1] Ibidem : *Omnia, gloriose rex, quæ cernimus, tua sunt, et nos ipsi tuo sumus dominio subjugati. Quod tibi placitum videtur facito, nullus enim potestati tuæ resistere valet.*

[2] Sans doute, on ne peut pas affirmer que de telles paroles aient été réellement prononcées. Mais on ne doit pas non plus affirmer hardiment contre Grégoire de Tours qu'elles ne l'ont pas été. M. Monod, traducteur de Junghans, page 128, note, fait cette réflexion : « Voilà des paroles qui ne sont pas vraisemblables dans des bouches germaines. » C'est-à-dire que M. Monod se fait une idée préconçue de l'esprit de liberté des Germains, et que les paroles de Grégoire de Tours contredisent cette idée qu'il a. Mais sommes-nous bien sûrs de l'esprit de liberté des Germains ? Savons-nous quelle était leur discipline militaire ? Il n'y a nulle impossibilité à ce que ces paroles ou des paroles semblables aient été prononcées. Il est très dangereux en histoire de substituer nos impressions aux textes ; c'est ce qu'on appelle la méthode subjective. Le plus sage est d'accepter le texte de Grégoire ; il montre au moins quelle idée Grégoire se faisait de ces guerriers, et notez qu'il a connu leurs petits-fils.

[3] Ibidem : *Ad hæc stupefactis omnibus... rex acceptum urceum nuntio ecclesiastico reddidit.* — *Historia epitomata*, ch. 10 : *Posita sorte acceptum urceum.*

donner ses dieux ; mais je vais leur parler. Il se rendit alors vers les siens, et avant même qu'il eût parlé, la volonté divine fit que tout le peuple s'écria : Nous rejetons les dieux mortels et nous voulons suivre le Dieu que Remi prêche[1]. » Tel est le récit qui précède le baptême de Clovis. Nous y voyons bien que Clovis, avant de prendre une détermination infiniment grave, consulte « les siens », s'assure de leur opinion et ne veut pas être en désaccord « avec son peuple ». Mais c'est aller beaucoup trop loin que de voir en cela une assemblée nationale qui délibère de plein droit, qui discute, qui vote, et qui décide souverainement qu'on changera de religion[2]. Grégoire de Tours a décrit là une réunion tumultuaire et exceptionnelle, non pas une assemblée régulière et normale. Un fait isolé ne prouve pas une institution. Notez encore que cette réunion ne discute, ne délibère, ni ne vote. Elle n'impose pas sa volonté au roi ; elle adhère à la sienne. On peut même douter que ce soit vraiment le peuple franc tout entier qui soit ici réuni ; car on remarquera que ce que Grégoire appelle *populus* dans cette phrase, il l'appelle *exercitus* quelques lignes plus loin[3], et l'on sait en effet que dans la langue du temps les deux mots étaient souvent pris l'un pour l'autre[4].

[1] Grégoire, II, 31 : *Libenter te, sanctissime pater, audiam; sed restat unum quod populus qui me sequitur non patitur relinquere deos suos; sed vado et loquar eis juxta verbum tuum. Conveniens autem cum suis, priusquam loqueretur, præcurrente potentia Dei, omnis populus adclamavit : Mortales deos abjicimus.*

[2] C'est ce que dit Junghans, trad. Monod, p. 124. Ce petit livre du jeune professeur allemand est un des exemples les plus dangereux de la méthode subjective appliquée à l'histoire.

[3] Grégoire, II, 31 : POPULUS *adclamavit... rex baptizatus est, de* EXERCITU *ejus baptizati sunt tria millia.*

[4] Ainsi, au chapitre suivant, II, 32, l'armée de Gondebaud est appelée d'abord *exercitus*, ensuite *populus*. — Autre exemple, II, 37 ; IV, 45,

Junghans écrit encore que « pour entreprendre une campagne le roi franc a besoin de l'assentiment du peuple ». Mais où a-t-il vu cette règle ? Il n'y est pas fait la moindre allusion dans les guerres contre Siagrius, contre les Alamans, contre les Burgundes[1]. Il se trouve seulement qu'au début de la guerre wisigothique Grégoire met quelques paroles dans la bouche de Clovis s'adressant « aux siens »; aussitôt Junghans suppose une assemblée des guerriers qui décide l'expédition, et il écrit : « Lorsque *tous* ont approuvé la proposition du roi de soumettre les Ariens, il va de l'avant[2]. » C'est étrangement fausser le texte de Grégoire de Tours. Voici ce texte : « Le roi dit aux siens, *suis* : Il me déplaît que ces Ariens occupent une partie des Gaules ; marchons, avec l'aide de Dieu, et réduisons leur pays en notre pouvoir. Ces paroles plurent à tous; alors il ordonna la levée de l'armée, *exercitus*, et il se porta vers Poitiers[3]. » On aurait dû remarquer dans ce petit récit la distinction si nette que Grégoire établit entre « les siens » et « l'armée ». Ce n'est pas à l'armée que Clovis s'est adressé, puisque l'armée n'a été levée qu'après ; c'est seulement « aux siens ». Les siens, c'est apparemment l'entourage immédiat du roi, ce sont les hommes à lui, ses fidèles, ses grands, ses conseillers. L'adjectif *sui* ne désigna jamais un peuple souverain. Avec ces hommes il a délibéré sur cette guerre, si l'on peut appeler délibération

---

l'armée de Mummolus est désignée dans la même phrase par les mots *exercitus* et *populus*.

[1] Voyez Grégoire, II, 27; II, 30; II, 32.
[2] Junghans, trad. Monod, p. 125.
[3] Grégoire, II, 37 : *Rex ait suis : Moleste fero quod hi Ariani partem teneant Galliarum.... Cumque placuisset omnibus hic sermo, commoto exercitu Pictavis dirigit.* — Dans la langue de Grégoire de Tours, *commovere exercitum*, expression très fréquente, est le terme propre pour signifier la convocation et la levée de l'armée.

une scène où le roi seul a parlé, où il a déclaré sa volonté, et où les assistants n'ont eu qu'à approuver. Quant à l'armée, c'est-à-dire à ce qui représenterait peut-être le peuple franc, elle n'est convoquée qu'ensuite, et personne ne la consulte. Le roi lui donne l'ordre de marcher, et elle marche. Il n'y a rien de plus dans le passage de Grégoire de Tours.

Je sais bien qu'il ne faut pas accorder une foi absolue à ces récits. Grégoire les tenait de la tradition, et surtout de la tradition ecclésiastique. Mais nous n'avons que ces récits pour nous renseigner sur les usages d'alors et sur les idées des hommes. Dès que l'on se sert d'eux, il faut s'en servir avec exactitude. Il ne faut pas les altérer pour leur faire signifier autre chose que ce que l'auteur y a mis. Il ne faut pas non plus y substituer d'autres récits qui ne seraient que le fruit d'une imagination moderne. L'histoire est une science qui se fait avec les documents qu'on a, non pas avec les impressions personnelles que chacun de nous voudrait y porter.

Il n'y a pas d'indice que Clovis ait en aucun cas consulté ses soldats. Le « champ de Mars » que Grégoire de Tours nous a décrit n'était qu'une réunion militaire, une revue d'inspection faite au printemps[1],

---

[1] C'est bien le sens des mots de Grégoire : *phalangem ostensuram in campo Martio suorum armorum nitorem*. Il est difficile de dire le sens exact de l'expression *campus Martius*; elle est toute latine, mais il est possible qu'elle traduise une expression germanique. — Toutefois il est bon de noter que le mot *campus* avait déjà dans la langue latine le sens particulier de champ où se réunit une armée, même celui de champ de bataille. Sidoine Apollinaire dit que les troupes de Majorien restent maîtresses du champ de bataille, *campum retinent* (Panegyr. Majoriano, v. 439). Grégoire de Tours écrit *campum pugnæ* (II, 27). Notons encore qu'Ammien Marcellin, longtemps avant Clovis, employait une expression bien semblable à celle de Grégoire de Tours, en parlant d'un général romain et de troupes romaines : *edicto ut cuncti convenirent in campo*, Ammien, XX, 5, 1. Tout cela fait qu'on peut se demander si l'on est en

soit que le roi voulût conduire immédiatement ses soldats en campagne, soit que, faute de guerre cette année-là, il les renvoyât chez eux¹. Encore moins voyons-nous qu'il ait jamais consulté un peuple, et qu'il ait demandé à une assemblée nationale l'autorisation d'entreprendre une guerre.

De ce qu'on a vu quelquefois les rois francs haranguer leurs soldats, on a cru qu'on se trouvait en face d'un usage particulièrement germanique. Pareilles harangues ont été en usage partout, même dans l'empire romain. Sans remonter jusqu'à Tacite, Ammien Marcellin en rapporte plusieurs. Il dit, par exemple, que l'empereur Constance harangua ses soldats et leur demanda s'il leur convenait qu'il fît la paix avec les Germains². Il les consulta même sur l'élévation de Julien au rang de César³. L'historien ajoute cette particularité que les armées romaines, dans ces sortes d'assemblées, exprimaient leur approbation en faisant résonner le bouclier sur la genouillère, et leur mécontentement en frappant de la pique sur le bouclier⁴.

présence d'un usage romain ou d'un usage germanique, ou d'un usage commun aux deux races et même commun à toutes les armées du monde.

¹ C'est le cas dans l'exemple que cite Grégoire, II, 27 : *Abscedere jubet*. — Sur les champs de Mars, on lira avec fruit une bonne étude analytique de M. Wilhelm Sickel, *Die Merovingische Volksversammlung*.

² Ammien Marcellin, XIV, 10, § 10-16 ; XVII, 13 ; XX, 4 ; XX, 5 ; XXIV, 3 ; XXVI, 2. Que dirait-on de l'historien qui, raisonnant d'après tant de harangues, prétendrait que les armées romaines étaient des assemblées délibérantes ? Et c'est ce qu'on dit des armées franques, en raisonnant sur une seule harangue de Clovis.

³ Ibidem, XV, 8. La chose se passe en Italie : *Advocato omni quod aderat comilitio* (noter cette expression, qui ne peut s'appliquer qu'aux légions et à des troupes toutes romaines), *tribunali ad altiorem suggestum erecto, quod aquilæ circumdederunt* (encore un trait qui dénote de vraies troupes romaines), *hæc peroravit....*

⁴ Ibidem, XV, 8, § 5 : *Post hæc, militares omnes horrendo fragore scuta genibus illidentes, quod est prosperitatis indicium plenum ; nam contra, cum hastis clypei feriuntur, iræ documentum est.*

L'habitude germanique différait peu de cette habitude romaine[1]. Il faut se garder d'attribuer à une seule race les usages qui appartiennent à la nature humaine.

Sous les successeurs de Clovis, je cherche en vain, pendant tout un siècle, une assemblée du peuple franc. Les documents ne me montrent pas une seule fois ce peuple s'assemblant, soit pour élire ses rois, soit pour régler les partages du royaume, soit pour accorder ou refuser les impôts, soit pour décider de la paix ou de la guerre.

Quand les fils de Clovis portent la guerre chez les Burgundes, ce n'est pas une assemblée de la nation franque qui les a poussés[2]. C'est le roi Thierri seul qui décide la guerre contre les Thuringiens, bien qu'il ne se mette en marche qu'après avoir excité l'ardeur de ses soldats par une harangue[3]. Les Francs qui menacent Thierri de le quitter « et de se donner à ses frères » s'il ne leur procure une guerre et du butin, ne sont pas une assemblée nationale; ils sont une bande de guerriers avides[4]. Si Childebert fait une expédition en Italie, ce n'est pas parce que la nation l'y a autorisé[5]. Nous pourrions énumérer une longue suite de guerres

---

[1] Tacite, *Germanie*, 11 : *Si displicuit sententia, fremitu aspernantur; si placuit, frameas concutiunt; honoratissimum assensus genus est armis laudare.*

[2] Grégoire, III, 6 : *Chrotechildis regina Chlodomerem vel reliquos filios suos alloquitur : Patris matrisque meæ mortem vindicate. Hæc illi audientes, Burgundias petunt.*

[3] Grégoire, III, 7 : *Theudericus non immemor perjurii Hermenefridi regis Thoringorum, Chlotacharium fratrem in solatium suum evocat, promittens partem prædæ. Convocatis igitur Francis dicit ad eos....*

[4] Grégoire, III, 11 : *Franci qui ad eum adspiciebant dixerunt : Si cum fratribus tuis in Burgundiam ire despexeris, te relinquimus et illos satius sequi præoptamus.... At ait ille: Me sequimini et vos inducam ubi aurum et argentum accipiatis.... His promissionibus hi inlecti suam voluntatem* (la volonté de Thierri) *facere promittunt.*

[5] Voyez Grégoire, IX, 29; X, 3.

sans y trouver le moindre indice de la volonté d'un peuple.

On dira peut-être que Grégoire de Tours a pu ignorer les actes du peuple franc. C'est une erreur. Grégoire connaissait les Francs, fréquentait les rois, était au courant de ce qui se faisait autour d'eux. Il est inadmissible qu'il ait ignoré un usage tel que celui d'assemblées franques, et, le connaissant, il est inadmissible qu'il n'en ait pas parlé en mainte occasion. Qu'on ne dise pas non plus qu'il n'a pas compris les idées des Francs; les historiens du dix-neuvième siècle, en les comprenant autrement que lui, sont-ils sûrs de les comprendre mieux?

L'institution même du champ de Mars, c'est-à-dire de l'inspection des soldats au printemps, paraît être tombée en désuétude. Grégoire, qui l'a décrite une fois sous Clovis, ne la mentionne pas une seule fois sous ses successeurs. Les faits de guerre sont nombreux dans ses livres. Il montre souvent une armée réunie autour du roi. Il n'a jamais un mot qui indique que cette armée soit consultée sur quoi que ce soit, même sur la guerre qu'on entreprend. Cette armée est parfois peu docile; un jour, elle menace le roi Thierri; un autre jour, elle s'insurge contre le roi Clotaire[1]. Mais ces actes d'indiscipline, qui d'ailleurs sont assez rares[2], n'ont rien de commun avec le droit qu'auraient les hommes de voter librement sur la guerre. Ils impliquent même l'absence de ce droit.

Quant aux traités de paix, nous constatons par de

[1] Grégoire, III, 11; IV, 14.
[2] On en compte trois; mais il faut placer en regard plus de quarante exemples où l'on voit les armées mérovingiennes marcher où le roi leur ordonne d'aller, avec une singulière docilité. Nous citerons ces exemples plus loin.

nombreux exemples que les rois francs les concluent quand ils veulent, avec qui ils veulent, sans jamais prendre l'avis d'un peuple. Le traité d'Andelot, ou pour l'appeler de son vrai nom le pacte d'Andelot[1], était un acte qui décidait du sort de deux royaumes et des intérêts matériels d'un grand nombre de Francs. Il ne fut pourtant soumis à aucune assemblée nationale. Il fut conclu « dans une conférence entre les très puissants seigneurs rois Gontran et Childebert et la très glorieuse dame Brunehaut, lesquels, en présence d'évêques et de grands, et de Dieu même, sont convenus, par un sentiment de charité, de se conserver mutuellement entre eux trois une foi et une amitié sincères »[2]. Qu'on lise le long texte de cette convention, texte qui est celui que le roi Gontran a mis sous les yeux de Grégoire, on n'y trouvera pas la mention d'une assemblée, ni l'indice d'une volonté populaire.

Ainsi, l'usage des assemblées nationales, telles que Tacite les avait décrites en Germanie, n'a pas été transporté en Gaule par les Francs. Il n'y a pas eu au sixième siècle d'assemblées franques[3].

[1] Grégoire l'appelle *pactio*.
[2] Grégoire, IX, 20 : *Cum præcellentissimi domni Guntchramnus et Childebertus reges et gloriosissima domna Brunichildis regina Andelaum caritatis studio convenissent.... id inter eos, mediantibus sacerdotibus atque proceribus, Deo medio, caritatis studio complacuit ut fidem et caritatem puram sibi debeant conservare.* — Notons le sens de quelques mots; *sacerdotes*, au sixième siècle, se disait des évêques; *mediantibus*, *medio*, signifient simplement qui est au milieu. De même nous lisons *mediante februario*, au milieu de février. Ce mot ne comportait nullement l'idée que nous attachons aujourd'hui au mot médiation. La phrase veut dire qu'avant de conclure chacun des trois souverains a pris l'avis de quelques évêques, de quelques grands, et de Dieu lui-même.
[3] Cependant un savant écrivain, M. Glasson, dans son *Histoire du droit et des institutions de la France*, t. II, p. 321-323, affirme qu'il y a eu au sixième siècle une série d'assemblées nationales, et il annonce des textes. Il faut vérifier ces textes. Nous allons donner tous ceux qu'il

Au siècle suivant, au septième, on voit apparaître des assemblées d'un genre nouveau. Les textes les ap-

allègue. Page 321 : « L'armée, dit-il, fut *régulièrement* convoquée *tous les ans* au champ de Mars; » or l'auteur qu'il cite là-dessus est Hincmar, évêque du neuvième siècle, et il eût fallu écarter au moins de son texte ce qu'il dit des *posteriores Franci*, c'est-à-dire des Francs de l'époque carolingienne. Le fait unique rapporté par Hincmar est simplement l'histoire du vase de Soissons sous Clovis, et Hincmar ne le présente nullement comme une assemblée. Après Clovis, ni Hincmar ni Grégoire de Tours ne mentionnent un seul champ de Mars; dès lors, est-on en droit de dire que l'armée fut *régulièrement* convoquée *tous les ans* en champ de Mars? — « Cet usage persista, » dit M. Glasson, et, pour prouver cette persistance, il cite la *decretio Childeberti* de 596, laquelle pourtant ne mentionne ni champ de Mars ni assemblée populaire; mais M. Glasson a été trompé par l'expression *calendis martiis*. Les calendes de mars sont une date, elles ne sont pas une assemblée. Qu'on se reporte aux termes mêmes de cette *decretio* (dans l'édition Borétius, p. 15), on verra bien que Childebert a délibéré « au milieu de ses optimates », et non pas au milieu d'un peuple ou dans un champ de Mars. — Page 322 : « Le roi consultait l'armée, non seulement au début de la campagne, mais aussi dans d'autres circonstances; » ici aucun texte n'est cité, aucun exemple. — Page 323 : « L'armée ou la nation est consultée, et parfois prend les devants; » et sur cela M. Glasson cite les deux anecdotes si connues des guerriers obligeant Thierry et Clotaire à leur fournir une campagne et du butin; mais quel rapport cela a-t-il avec un champ de Mars ou avec une assemblée nationale? Deux actes d'indiscipline constituent-ils une institution? Pourquoi ne pas s'en tenir aux textes de Grégoire de Tours, IV, 11 et 24, qui raconte les deux faits et qui n'imagine pas de leur donner le caractère d'une institution normale. — Page 323 : « Le roi Gontran, dans plusieurs circonstances, réunit *ses peuples*; » ici, il cite Grégoire, VII, 34 et 38; qu'on se reporte aux deux passages indiqués, on n'y trouvera pas un mot de cela; qu'on lise Grégoire tout entier, on n'y trouvera pas que Gontran ait réuni un peuple une seule fois. — Page 323 : « Le prétendant Mundéric *convoque le peuple*, parce que ses droits sont contestés; » c'est jouer sur les mots; Grégoire dit bien, III, 14, *populum suum* ; mais reportez-vous à ce passage, et vous verrez qu'il ne s'agit pas du peuple franc, mais de la population de quelques cantons de la Champagne, et Grégoire ajoute même que ce n'était là qu'une *rustica multitudo*, un ramassis de paysans; encore cette foule n'est-elle pas convoquée en assemblée délibérante, mais seulement pour prêter le serment dû par les sujets. Transformer cela en un peuple franc et en une assemblée nationale est étrange. — Page 323 : « Ces assemblées tranchent les questions les plus diverses; » nul exemple. « Elles fixent même les limites entre les royaumes; » et ici M. Glasson cite Frédégaire, 37, qui dit justement le contraire. Dans ce chapitre, le chroniqueur raconte que deux rois mènent leurs armées au combat sans les avoir con-

pellent du nom de *conventus generalis populi*. Elles ne ressemblent ni aux anciens *concilia* romains, ni aux anciennes assemblées germaniques. Ni Grégoire de Tours, ni la Chronique dite de Frédégaire, ne les mentionnent jamais. On ne les voit que dans les cent dernières années de la période mérovingienne. C'est donc plus loin que nous les étudierons et que nous en observerons la nature.

Jetons maintenant un regard, hors de la Gaule, sur les autres États germaniques. Si nous y cherchons l'institution du champ de Mars, nous ne la trouvons pas. Que l'armée s'insurge, qu'elle nomme un nouveau roi, c'est ce qui se voit quelquefois; mais que l'armée ait ses réunions légales et qu'elle soit régulièrement consultée par les rois, c'est ce qui ne se voit jamais dans aucun des États germaniques. Quant à des assemblées nationales ou populaires qui se réunissent périodiquement et de plein droit, qui discutent sur les affaires publiques, qui décident des intérêts généraux, il n'en existe pas un seul exemple, ni chez les Wisigoths, ni chez les Lombards, ni chez les Alamans, ni chez les Bavarois. Ni les lois n'énoncent le principe d'une souveraineté populaire, ni les faits n'en montrent la pratique. Visiblement, la vieille institution germanique de l'assemblée nationale est oubliée. Ce qui a pris sa place, et dans tous ces États, c'est une réunion des grands autour du roi. Celle-ci délibère réellement

sultées, puisque, renonçant au combat, l'un d'eux cède à l'autre le territoire contesté, sans consulter encore aucun peuple. — Page 525 : « Le roi consulte ses peuples pour la nomination d'un fonctionnaire ou en matière d'impôts; » sur cela, aucun texte, aucun exemple. — On voit pourquoi, ayant lu attentivement la théorie de notre savant confrère, nous ne pouvons pas nous rallier à elle. Il n'y a pas un seul texte qui signale soit un champ de Mars, soit une assemblée nationale pendant le sixième siècle.

et exerce une grande action. Pour comprendre le rôle de cette réunion, il faut voir d'abord quels sont ces grands qui la composent.

## CHAPITRE IV

**Existait-il une noblesse franque? Leudes, Antrustions, Optimates.**

Nous avons à chercher si les Francs avaient un corps de noblesse, soit que cette noblesse vînt de la Germanie, soit qu'elle se fût formée par l'effet de la conquête. Cette question est doublement importante; car, si une telle noblesse existait, elle a dû exercer une action considérable sur le gouvernement des Mérovingiens, et il se pourrait, en outre, qu'elle fût l'origine de la noblesse féodale.

Dans les documents, lois, chroniques, vies de saints, il est très souvent fait mention de certaines catégories d'hommes; elles sont désignées par deux termes germaniques, leudes et antrustions, et par trois termes latins, *optimates*, *proceres*, *nobiles*. Pour discerner le vrai sens de ces mots, et la nature des classes d'hommes qu'ils désignent, il est nécessaire de se mettre sous les yeux tous les passages où chacun de ces mots se rencontre.

Quand on observe l'emploi du mot *leude*, on fait cette première remarque : jamais il n'est dit d'un personnage qu'il soit un leude, d'une manière absolue, comme on dirait de quelqu'un qu'il est un noble; il est toujours dit que le personnage est « le leude d'un autre ». Ainsi Grégoire de Tours parle de ceux qui étaient « les leudes de Ragnachaire[1] ». Il dit que Théodebert fut défendu par « ses leudes[2] ». Nous pourrions être tentés de croire que ce mot renferme en lui l'idée de grandeur et de noblesse. Nullement. Un roi dit avec une expression de mépris : Cet enfant n'est sans doute que le fils d'un de « mes leudes[3] ». Dans leurs édits et leurs diplômes, les rois emploient quelquefois ce mot; mais ils ne disent jamais « les leudes », ils disent « nos leudes[4] ». Partout ces hommes sont signalés comme dépendant du roi, comme lui appartenant[5]. Le mot leude n'apparaît jamais comme l'expression d'une dignité, d'un rang social; il est toujours l'expression d'une dépendance particulière, d'une subordination à l'égard du roi.

On fera une autre remarque : Grégoire de Tours emploie indifféremment le terme germanique *leudes* ou le terme latin *homines;* ainsi il dit : les hommes du roi, les hommes de Childebert[6], exactement comme il a dit les leudes du roi, les leudes de Théodebert. Or, dans la langue latine, depuis le quatrième siècle, le terme *homo* avait pris la signification d'homme dépendant; il se disait de celui qui s'était fait l'homme d'un autre, c'est-à-dire de celui qui, sans être de condition servile, avait contracté envers un autre un lien de sujétion person-

[1] Grégoire, II, 42.
[2] Grégoire, III, 23 : *A leudibus suis defensatus est.* — Cf. Fredegarii Chronicon, 27 : *Theudebertus hortabatur a leudibus suis;* 61 : *cum leudes sui (id est Dagoberti) ejus nequitiam gemerent.*
[3] Grégoire, VIII, 9 : *ut credo, alicujus ex leudibus nostris sit filius.*
[4] *Edictum Chilperici*, art. 2 : *leodibus nostris;* art. 3 : *leodes qui patri nostro fuerunt.* — *Childeberti decretio*, c. 2 : *una cum leodos nostros.* — Diplôme de Chilpéric II, *Diplomata*, n° 495 : *Cunctis leodibus nostris.* — Voyez aussi le traité d'Andelot, où chaque roi prétend retenir ses leudes, et appelle ainsi ceux qui lui ont prêté un serment particulier.
[5] *Vivat rex qui tales* habet *leudos* (Gesta regum Francorum, 13).
[6] Grégoire, VII, 13: *Homines Childeberti*. VIII, 11 : *Homines regis.*

nulle. Le mot leude fut employé dans la même acception ; il venait de la Germanie ; il est resté dans l'allemand sous la forme de *Leute*, et il signifie les gens inférieurs, les gens en subordination[1].

Qu'on lise le passage où Grégoire de Tours emploie ce mot pour la première fois : « Clovis envoya des bijoux en cuivre doré aux *leudes* de Ragnachaire, afin qu'ils le trahissent ; ce qu'ils firent ; puis, quand ils s'aperçurent que les bijoux étaient en cuivre, Clovis leur dit : C'est tout ce que méritent ceux qui trahissent leur maître, *dominum suum*[2]. » Voilà le sens du mot bien marqué ; le leude est l'homme qui a un maître.

Loin que le mot leude désignât une classe noble, nous pouvons constater que, dans le plus ancien texte où il se présente à nous, il désigne spécialement une classe inférieure. La Loi des Burgundes partage les hommes libres en trois catégories : en haut, ceux qu'elle appelle *optimates;* au milieu, les *mediocres;* et plus bas ceux qu'elle appelle *leudes* dans un passage et *minores personæ* dans un autre[3]. Ainsi, plus on remonte, plus on s'aperçoit que le mot leude a une origine très humble.

---

[1] Il est digne d'attention que le mot *leudes* ne se trouve ni dans la Loi salique ni dans la Loi ripuaire ; les lois franques ne reconnaissent donc aucune classe d'hommes qui porte ce nom. Le mot *leudis* est plusieurs fois dans la Loi salique, mais avec le sens de prix de l'homme en général ; il ne désigne pas le prix particulier d'un noble.

[2] Grégoire, II, 42 : *Hæc dedit leudibus ejus.... Merito, inquit, tale aurum accepit qui dominum suum ad mortem deduxit.*

[3] *Lex Burgundionum*, c. 101 ; Pertz, *Leges*, III, p. 573 : *Quicumque Burgundio alicujus optimatis aut mediocris cum filia se copulaverit, tripla solutione...,* 150 *solidos cogatur exsolvere. Si vero (cum filia) leudis hoc præsumpserit facere...,* solidos 45 solvat. Ainsi la fille du leude ne vaut que le tiers à peine de la fille de l'optimate. Cf. *ibidem*, II, 2, p. 533 : *Si aliquis optimatem occiderit,* 150 *solidos; si mediocrem,* 100 ; *pro minore persona* 75 *solidos.*

Au septième siècle, l'emploi du mot s'étendit. Il s'appliqua également aux pauvres et aux riches, aux grands et aux petits, mais considérés tous comme sujets du roi. « Dagobert, dit un chroniqueur, jugeait avec la même équité tous ses leudes, les pauvres comme les puissants[1]. » Ce mot ne désignait donc pas spécialement une classe d'hommes; tout sujet du roi, pour le chroniqueur, était son leude. Leude et sujet étaient synonymes. Un écrivain du siècle suivant a reproduit textuellement la phrase du chroniqueur que nous venons de citer; il a seulement changé *leudibus* en *subditis*[2] qui en était synonyme.

Être leude d'un homme, c'était être subordonné à cet homme. Au fond le mot signifiait serviteur, avec cette seule réserve qu'il ne s'appliquait qu'à un service d'homme libre, non à celui de l'esclave ou de l'affranchi. Nous aurons à marquer dans un autre volume le caractère propre de cette sujétion qui se formait ordinairement par un engagement libre et qui commençait par

---

[1] *Fredegarii Chronicon*, c. 58 : *Cum Lingonas venisset, tanta in universis leudibus suis tam sublimibus quam pauperibus tanta judicabat justitia.* — En général, dans Frédégaire, *leudes* s'oppose à *sacerdotes* pour désigner les laïques; Chronique, c. 1 et 56 : *Pontifices et leudes.* Ou bien encore il désigne les guerriers, c'est-à-dire les sujets du roi qui lui doivent le service de guerre; exemple : *Universos leudes quos regebat in Auster jubet in exercitu promovere* (c. 56). De même, c. 85 : *Omnes leudes Austrasiorum*; c. 87 : *Jussu Sigeberti omnes leudes Austrasiorum in exercitu gradiendum banniti sunt.* Dans aucun cas, le chroniqueur ne l'emploie dans le sens de Grands; au contraire, au chap. 58, il l'oppose à *proceres*; *pontifices et proceres seu et ceteros leudes.* Mais toujours il désigne des hommes très dépendants du roi; si ce n'est pas tout à fait une classe aristocratique, c'est certainement une classe spécialement sujette.

[2] *Gesta Dagoberti*, c. 21 : *Cum Lingonas venisset, tantam universis sibi subditis tam sublimibus quam pauperibus judicabat justitiam.* — C'est dans ce sens que, dans un diplôme de 716, le roi Chilpéric II donne une immunité aux moines de Saint-Denis afin qu'ils prient Dieu *pro stabilitate regni nostri et pro quiete cunctis leodis nostris* (Archives nationales, Tardif, *Cartons des rois*, n° 46 ; Pardessus, n° 495).

un serment[1]. Il nous suffit ici de constater que les leudes n'étaient pas un corps de noblesse.

La Loi salique ne fait mention d'aucune noblesse héréditaire. Elle ne contient pas, comme la loi des Bavarois, un privilège pour certaines familles désignées. Au-dessus des esclaves, des lites, elle ne connaît que des hommes égaux dans la liberté. Ceux qu'elle nomme *ingenui, franci, salici*, sont tous au même rang; ils ont le même *wergeld*, c'est-à-dire la même valeur légale. Elle ne connaît pas de noblesse de naissance.

Elle n'a de privilèges que pour les hommes à qui le roi en a conféré. « Celui qui a tué un ingénu devra payer 200 sous; mais si l'homme tué était dans la *truste* du roi, le meurtrier devra payer 600 sous[2]. » La Loi ripuaire s'exprime exactement de même[3]. Ce mot *truste* n'a aucunement le sens de noblesse. C'est un terme de la langue germanique qui signifiait fidélité et en même temps protection, parce qu'il s'appliquait à une situation où ces deux choses existaient à la fois. L'antrustion devait fidélité à un homme qui lui devait protection. Ce double rapport avait été exprimé en un

---

[1] Grégoire de Tours, IX, 20 : *Leudes illi qui Guntchramno sacramenta præbuerunt.* — *Edictum Chlotarii II*, art. 17 : *Quæ unus de leodibus suam fidem servando....*

[2] *Lex Salica*, édit. Behrend, c. 41 : *Si quis ingenuo franco... occiderit, ... solidos CC culpabilis judicetur.... Si vero eum qui in truste dominica fuit occiderit..., DC solidos culpabilis judicetur.* — *Trustis dominica* signifie la truste du roi. — Ibidem, 42 : *Si quis collecto contubernio hominem ingenuum in domo sua occiderit, si in truste dominica fuit ille qui occisus est, solidos MDCCC culpabilis judicetur.* Voyez aussi le titre LXIII.

[3] *Lex Ripuariorum*, VII : *Si quis ingenuum Ripuarium interfecit, ducentis solidis culpabilis judicetur.* Ibidem, XI : *Si quis eum interfecerit qui in truste regia est, sexcentis solidis culp. judicetur.* — Il ne faut pas confondre l'*homo regius*, qui était un affranchi, avec l'*ingenuus in truste regia*.

seul mot par la langue synthétique des vieux âges¹. Dire d'un homme qu'il était dans la *truste* du roi, c'était dire, d'une part, qu'il était lié au roi par des devoirs très rigoureux de fidélité, de l'autre que le roi lui devait une protection particulière; et le roi marquait cette protection en taxant sa vie au triple de celle du simple homme libre.

L'antrustion, comme le leude, dépendait du roi; il lui appartenait. L'antrustionat n'était pas une dignité; c'était un état de sujétion personnelle. Cette sorte de sujétion pouvait être fort recherchée, fort avantageuse; mais elle ne ressemblait en rien à une noblesse. L'antrustionat n'était pas héréditaire. Jamais homme ne fut antrustion en naissant. On le devenait le jour où l'on prêtait un serment au roi, et où le roi, acceptant le nouveau serviteur, le mettait « au nombre de ses antrustions »². Comme le serment était personnel, l'antrustionat était personnel aussi, et non transmissible.

La truste royale formait si peu une noblesse, que les affranchis, les lites, les *romani*, pouvaient y être reçus³. Lorsqu'ils y étaient admis, ils ne sortaient pas pour cela du rang de lite ou de *romanus*. Leur prix légal continuait d'être déterminé par leur naissance;

¹ Voyez, dans un sens un peu différent du nôtre, l'important ouvrage de M. Max. Deloche, *La truste et l'antrustion royal*, 1873.
² Formules de Marculfe, I, 18; Rozière, n° 8; Zeumer, p. 55 : *Rectum est ut qui nobis fidem pollicentur illæsam, nostro tueantur auxilio. Et quia ille fidelis, in palatio nostro... in manu nostra trustem et fidelitatem nobis visus est conjurasse, propterea jubemus ut deinceps in numero antrustionum computetur. Et si quis eum interficere præsumpserit, noverit se DC solidis esse culpabilem.*
³ *Recapitulatio legis salicæ*, éd. Merkel, p. 99; éd. Pardessus, p. 358 : *solidos 900, si quis romanum vel litum in truste dominica occiserit.* C'est la moitié du chiffre qui est fixé pour l'homme libre. — Édition Behrend, p. 134 : *solidos 900, qui antrustionem, qui puer regis est, occiserit.*

seulement, il était triplé, comme celui de l'homme ingénu, parce que le roi les avait dans sa truste. Il résultait de là que l'antrustion lite restait toujours fort au-dessous de l'antrustion ingénu, et que la distance entre l'antrustion et le lite demeurait toujours la même. Il s'en fallait donc de tout que l'antrustionat conférât la noblesse. Il ne faisait pas sortir l'homme de la classe où il était né; il lui donnait seulement un prix plus élevé qu'aux autres hommes de sa classe. Ce privilège ne lui venait que de la faveur du roi; il cessait avec cette faveur.

Il faut chercher maintenant quels étaient ceux qu'on appelait les grands, *optimates*, *proceres*. Si l'on observe les nombreux textes qui les mentionnent, on remarque tout d'abord que le roi ne dit jamais : les grands, les optimates; il dit toujours : mes grands, mes optimates[1]. Les écrivains s'expriment de même et disent : les grands du roi, les optimates du roi[2]. La plupart du temps, ces personnages vivent dans le palais; aussi les appelle-t-on volontiers les grands du palais, les grands de la cour,

---

[1] *Childeberti decretio*, Pertz, I, 8 : *Una cum nostris optimatibus.* — *Edictum Chlotarii II*, art. 14 : *cum optimatibus aut fidelibus nostris.* — Diplôme de Childebert III, Tardif n° 42, Pertz n° 73, Pardessus n° 456 : *Nos taliter una cum nostris proceribus consistit decrevisse.* — Diplôme de Thierri III, Tardif n° 23, Pertz n° 48, Pardessus n° 388 : *Cum consilio procerum nostrorum.* — Diplôme de Thierri IV, Pardessus, n° 518 : *Qu'dam nostrorum procerum nomine Gallerius.* — Diplôme de Dagobert I<sup>er</sup>, Pardessus n° 289 : *Nostrorum consilio optimatum.* — Formules de Marculfe, I, 25 : *Cum nos in palatio nostro ad universorum causas judicio terminandas una cum pluris optimatibus nostris resederemus.*

[2] Grégoire, VIII, 2 : *Optimates regis.* — *Fredegarii Chron.*, c. 8 : *Rauchingus et Boso, Ursio et Bertefredus, optimates Childeberti regis.* — *Vita Præjecti* (Mabillon, II, 619) : *Ab optimatibus regis.* — *Vita Aigulfi*, c. 7 : *Ad regem proceresque ejus.* — *Vita Romarici*, c. 11 : *Regi et proceribus suis.* — *Vita Eligii*, I, 5 : *Cunctis optimatibus ejus (regis).* — *Vita Richarii*, 1, Mabillon, II, 190 : *Dagobertus optimates suos dignitatibus exaltavit.* — *Vita Rusticolæ*, 23, Mabillon, II, 144 : *Rex et optimates sui.*

les courtisans[1]. Nous ne les voyons guère, en effet, en dehors de la cour du prince, à moins qu'ils ne soient envoyés par lui dans quelque fonction administrative ou dans quelque ambassade. Ces optimates ne se montrent jamais en dehors de l'action royale. Le roi rend des arrêts judiciaires « avec ses optimates ». Il fait des décrets « avec ses grands ». Nous ne les voyons jamais qu'autour du roi. Il ne semble pas d'ailleurs qu'ils aient des droits personnels, une valeur propre; au moins n'en est-il jamais parlé.

La Loi des Ripuaires énumère les personnes que l'on compte parmi les optimates : c'est d'abord le maire du Palais, lequel, nous le verrons, était nommé par le roi; ce sont ensuite les *domestici* du roi, ce sont les comtes ou grafions, ce sont les chanceliers du Palais[2]. Tous ces hommes sont des dignitaires ou des fonctionnaires, et ils tiennent du roi leurs fonctions et leurs titres. On est optimate, ainsi que disent les textes, par la grâce du roi[3]. Aussi la dignité d'optimate ou de grand n'était-elle pas héréditaire[4].

Il ne faut pas oublier que ces deux termes, *optimates*,

---

[1] *Vita Agili*, Mabillon, II, 316 : *Optimates palatii*. — *Vita Bercharii*, c. 13 : *Palatii optimates*. — *Vita Consortiæ*, 15 : *Primores palatii*. — *Vita Ansberti*, c. 18 : *Proceribus palatii*. — *Fredegarii Chr.*, 30 : *Proceres aulicos*. — *Vita Leodegarii ab anonymo*, c. 7 : *Palatini optimates*. — *Vita Ebrulfi bellov.*, c. 5, Mabillon, I, 367 : *Palatii proceres*. — *Vita Theodulfi*, c. 2, ibidem, I, 346 : *Aulicorum optimatum*. — *Vita Mauri*, c. 48 : *Veniens Florus cum multis optimatibus qui eum de palatio regis fuerant secuti*. — *Vita Eligii*, I, 8 : *Erant optimates aulæ*. — De même chez les Wisigoths, *optimates palatii* (*Lex Wisig.*, XII, 1, 5).

[2] *Lex Ripuariorum*, 88 : *Jubemus ut nullus optimatum, majordomus, domesticus, comes, grafio, cancellarius....*

[3] *Formules*, recueil de Rozière, n° 747 : *Domino optimati illo regali gratia sublimato*. — Ibidem, n° 847 : *Domno inclito atque regali gratia sublimato inlustri viro optimati illi*.

[4] Telle est la règle. Il arrive souvent en pratique que le fils d'un optimate entre aussi au service du roi et devient optimate à son tour.

*proceres*, appartenaient à la langue latine. Dans l'empire romain on appelait de ces noms les dignitaires du palais impérial[1]. C'est le même sens exactement qu'ils conservent sous les Mérovingiens. Ils désignent une sorte de corps, que l'on appellera si l'on veut une noblesse, mais qui n'est, comme sous l'Empire, qu'une noblesse de fonctionnaires et de courtisans. Désidérius, avant d'être évêque, était trésorier du roi; à ce titre, il avait le rang d'optimate[2]: ce qui prouve que les hommes de race romaine pouvaient entrer dans cette noblesse de cour, aussi bien que les hommes de race franque.

On trouve parfois, non dans les textes officiels, mais chez les écrivains, le titre de *principes* ou de *primates*[3]. Dans aucun cas le contexte ne permet de supposer qu'il s'agisse de chefs de tribus franques, ni de chefs de cantons, ni de chefs de bandes guerrières. Ces deux termes ont un sens vague, ils se disent des hommes d'un haut rang, quelle que soit leur race, et ils s'appliquent surtout à ceux qui entourent le roi et qui remplissent les fonctions du royaume. Quant aux titres de duc et de comte, dont nous parlerons plus loin, ils sont empruntés à l'Empire et ils ne s'appliquent qu'à des fonctionnaires du roi, non pas à une noblesse.

[1] *Per consultationem sacri nostri palatii procerum*, loi de 426, au Code Justinien, I, 14, 2. — *Per proceres nostros*, novelle de Valentinien III, tit. XVIII, édit. Hænel, p. 184. — *Proceribus nostri palatii*, Code Justinien, I, 14, 8. — Code Théodosien, *Gesta in senatu*, *Proceres amplissimusque senatus*. — Nov. de Valentinien, I, 3 : *Nobis et proceribus nostris*. — Voyez aussi les *Formules* de Cassiodore, VI, 3, 4 et 10.

[2] Voyez la lettre de Verus à Désidérius, Bouquet, IV, 48.

[3] La Chronique dite de Frédégaire emploie fréquemment le mot *primates*, c. 49, 75, 76, 80, 87, 89, 90. — Grégoire de Tours dans le même sens disait *primi* : *rex misit Innacharium et Scaptharium primos de latere suo* (IV, 45). — Il emploie aussi l'expression *principes sæcularium* (V, 5), *principes regni* (VII, 36). — *Inquirit rex principibus suis* (*Vita Rusticolæ*, c. 23, Mabillon, II, 144).

On rencontre encore, et très fréquemment, des hommes qui sont qualifiés *nobiles* ; mais ce terme ne se trouve que chez les hagiographes, dont le style est fort éloigné de la précision. On remarque même que le plus grand nombre des Vies de saints de cette époque commencent par dire que le personnage était *nobilis genere, sed nobilior fide*[1]. Ou bien elles disent que le saint était né de parents « très nobles », parents dont elles ne disent même pas les noms[2]. Ailleurs encore, il est question d'hommes nobles, de femmes nobles. Mais avec tant de « nobles » essayez de constituer une généalogie, essayez d'établir une seule famille héréditairement noble, vous n'y parviendrez pas. Surtout ce que vous ne trouverez jamais, c'est une famille qui fasse remonter sa noblesse avant les invasions. Le mot « noble », sous la plume de ces écrivains au langage pompeux, est un mot indécis ; il indique simplement que l'homme appartenait à une bonne famille, qu'il n'était né ni dans la servitude, ni dans la condition d'affranchi, ni dans une famille trop pauvre[3]. Jamais ce mot ne peut s'appliquer à une véritable caste[4].

Les Francs n'ont donc pas implanté en Gaule une

[1] *Vita Agili*, Mabillon, II, 316 : *Generis nobilitate sublimis, religionis apice sublimior.* — *Vita Remacli*, c. 1 : *Parentibus nobilis, sed fide nobilior.* — *Vita Wandregisili* : *Natalibus nobilis sed, fide nobilior.* — *Vita Maximini*, c. 36 : *Nobilissimus genere et moribus.*

[2] *Vita Sigiranni*, 1, Mabillon, II, 432 : *Sigirannus, solo Biturico, nobili progenie ortus.* — *Vita Geremari*, 1, ibid., p. 475 : *Geremarus progenitus ex nobilibus parentibus.* — *Vita Marculfi*, ibid., t. I, p. 128 : *Marculfus ex nobilissimis ditissimisque Baiocassinis civibus exortus.* — *Vita Paterni*, ibid., I, 152 : *S. Paternus, civis Aquitanicæ regionis, generosis parentibus ortus.* — *Vita Lifardi*, ibid., p. 154 : *B. Lifardus, ex inclyta Aurelianorum civium prosapia ortus.* — *Vita Maxentii*, ibid., p. 578 : *S. Maxentius nobilibus parentibus ortus.*

[3] Ainsi l'auteur de la Vie de saint Ansbert, c. 24, dit en parlant des habitants de Rouen • *Cunctos cives, nobiles et ignobiles*, tous les citoyens, ceux de la haute classe et ceux de la basse classe.

[4] Beaucoup de ces *nobiles* sont d'ailleurs des hommes du Palais ;

aristocratie de naissance. Aucune caste n'a soutenu ou gêné l'action de la royauté mérovingienne. Et ce n'est pas non plus d'une noblesse franque qu'a pu venir le régime féodal.

---

A ces faits que nous venons d'observer dans l'État Franc, comparons ce qui s'est passé dans les États analogues. Ni chez les Burgundes, ni chez les Goths d'Italie ou d'Espagne, ni chez les Lombards, nous ne voyons l'existence d'une caste noble. Partout nous trouvons une aristocratie, mais c'est celle des grands du roi, des optimates du roi. Nous ne parlons pas encore de l'épiscopat, qui forme une autre aristocratie. Il y a des optimates auprès des rois burgondes; mais il n'y a pas une caste de noblesse[1]. Le roi des Ostrogoths a autour de lui ses *proceres;* or nous savons par des actes officiels comment on devient un *procer;* ce n'est pas par la naissance, c'est par l'exercice d'une haute fonction conférée par le roi, ou bien encore par la concession d'un diplôme royal dont la formule nous a été conservée[2]. Près des rois Wisigoths, nous trouvons des *seniores;* mais ce sont les « *seniores* de leur palais »; nous trouvons des *primates,* ce sont les *primates palatii*[3]. Les rois lombards aussi ont un cortège d'optimates[4].

*Vita Eustasii,* c. 13, Mabillon, II, 121 : *Romaricus qui primus fuerat inter nobiles apud Theodebertum habitus.* — *Vita Mauri,* c. 48 : *Optimatibus ac nobilibus viris qui eum de palatio regis fuerant secuti.* — *Vita Gisleni,* c. 11, Mabillon, II, 793 : *Nobilis in palatio regis Dagoberti.*

[1] *Lex Burgundionum, præfatio : Coram positis optimatibus nostris.*

[2] Dans le recueil de Cassiodore, *Lettres,* VII, 10 : *Formula qua per codicillos vacantes proceres fiant.*

[3] *Lex Wisigothorum,* II, 1, 1; IX, 2, 9; éd. Walter, p. 421 et 615.

[4] *Lex Langobardorum,* Liutprand, *præfatio : Cum inlustribus viris optimatibus meis.*

Ce n'est que chez les peuples restés en Germanie que nous trouvons une caste noble. Elle est bien visible chez les Bavarois, où elle ne se compose plus d'ailleurs que de quatre familles[1]. Elle est visible aussi chez les Thuringiens, chez les Frisons, chez les Saxons, où les lois distinguent toujours le noble du simple homme libre[2]. C'était le reste d'une noblesse qui avait existé dans toute la vieille Germanie. Mais de cette noblesse il ne restait plus rien chez les peuples établis dans l'empire. Les familles royales seules se rattachaient ou prétendaient se rattacher à elle. Tout le reste était tombé, soit avant la conquête, soit par l'effet de la conquête. Francs, Burgundes, Goths, Lombards, ne connaissaient plus que la noblesse des optimates, comme l'empire romain. Nulle caste et nul corps indépendant ne s'élevait à côté de la royauté. Il n'y avait d'aristocratie que celle des fonctionnaires royaux, celle qui émanait des rois, celle dont chaque membre dépendait de leur caprice.

# CHAPITRE V

### Du conseil des rois mérovingiens.

Si nous ne trouvons jamais en face du roi franc une assemblée nationale ou populaire qui ait quelque action, nous voyons toujours autour de lui un conseil. Le roi, lorsqu'il fait acte de roi, n'est jamais seul. Il est

---

[1] *Lex Baiuvariorum*, II, 20.
[2] *Lex Frisionum*, I, 1 ; II, 1, etc. *Lex Angliorum et Werinorum*, I, 1. *Lex Saxonum*, II, 1.

entouré d'un petit groupe qui délibère avec lui, qui discute, qui lui donne son avis sur toute chose. Assurément aucune loi écrite ne l'oblige à le consulter ; mais c'est comme une nécessité morale qu'il le consulte.

Les députés de Childebert viennent présenter une réclamation à Gontran ; Gontran s'abstient de répondre et dit qu'il examinera l'affaire en conseil ; « car c'est en conseil que nous décidons toute chose et que nous délibérons sur tout ce qu'il importe de faire »[1]. Des Bulgares fugitifs demandent asile à Dagobert ; celui-ci leur fait dire d'hiverner provisoirement chez les Bavarois ; au printemps « il examinera avec les Francs ce qu'il doit faire »[2]. Ces quelques mots pourraient faire supposer d'abord qu'il s'agit de quelque grande assemblée ; mais nous allons citer un bon nombre de documents où la composition de cette assemblée est décrite avec précision, et nous y reconnaîtrons qu'il ne s'agit que d'un conseil.

Childebert II déclare dans un texte législatif que chaque année, aux calendes de mars, il traite de toutes les affaires de l'État « avec ses grands », *cum nostris optimatibus*[3].

[1] Grégoire, *Hist.*, VII, 7 : *In placito quod habemus, cuncta decernimus, tractantes quid oporteat fieri.*

[2] *Fredegarii Chronicon*, c. 72 : *Dagobertus jubet eos ad hiemandum Bajoarios recipere, dummodo pertractaret cum Francis quid exinde fieret.* — L'expression *pertractare cum Francis* a ici le même sens que *pertractare cum optimatibus*, qui est plus fréquent.

[3] *Decretio Childeberti*, Pertz, I, 9 ; Borétius, p. 11 : *Childebertus rex Francorum vir inluster. Cum in Dei nomine omnes kalendas martias de quascunque conditiones cum nostris optimatibus pertractavimus.* — A l'article 2, il dit *cum leodos nostros* ; nous avons vu que leude n'est pas précisément synonyme d'optimate ; tous les leudes n'étaient pas optimates ; mais tous les optimates étaient leudes du roi, c'est-à-dire étaient engagés avec lui par le lien du *leudesamium*. Il n'est donc pas étonnant que les deux mots aient été quelquefois, comme ici, pris l'un pour l'autre.

Gontran réunit un conseil; l'historien appelle ce conseil *placitum*. Or nous voyons que les membres qui le composent sont : Æthérius, évêque de Lyon, Syagrius, évêque d'Autun, Flavius, évêque de Chalon, plusieurs autres évêques « que le roi avait choisis comme il avait voulu », et enfin beaucoup de *domestici* royaux et de comtes. C'est une réunion d'optimates[1].

Quand les rois d'Austrasie et de Burgundie concluent le traité d'Andelot, ce traité a été préparé par chacun d'eux au milieu d'un conseil composé « d'évêques et de grands »[2].

Clotaire II publie un édit et déclare « qu'il l'a préparé avec les évêques et les optimates »[3]. Plus tard, nous voyons le même prince, ayant à nommer un haut fonctionnaire de l'État, réunir autour de lui les grands et les leudes de Burgundie pour avoir leur avis[4]. Frédégaire nous montre une réunion qui s'est tenue à Clichy auprès du roi Clotaire en 627 ; cette réunion avait pour objet de s'occuper « des intérêts du roi et de ceux du pays » ; elle était composée « des évêques et des grands »[5].

---

[1] Grégoire, X, 28 : *Commotis episcopis, id est, Ætherio Lugdunensi, Syagrio Augustodunensi, Flavio Cabillonensi et reliquis quos voluit, Parisius accedere jubet. Fuerunt etiam ad hoc placitum multi de regno ejus tam domestici quam comites.* — De même, Grégoire parle d'un *placitum* tenu par Childebert en 585, dans l'Austrasie, et il montre que le roi n'est qu'avec ses grands ; Hist., VIII, 21 : *Cum ad placitum Childebertus cum proceribus suis convenisset.* Ce *placitum* tenu au mois d'octobre a été surtout occupé à juger des procès.

[2] Grégoire, IX, 20 : *Mediantibus sacerdotibus atque proceribus.*

[3] *Edictum Chlotarii*, Pertz. I, 15, Borétius, p. 23, art. 24: *Hanc deliberationem quam cum pontificibus vel (vel dans la langue du temps signifie et) tam magnis viris optimatibus aut fidelibus nostris in synodali concilio instituimus.*

[4] Frédégaire, c. 54: *Chlotarius cum proceribus et leudibus Burgundiæ Trecassis conjungitur, cum eos sollicitasset si vellent mortuo Warnachario alium in ejus gradum sublimare.*

[5] Frédégaire, c. 55: *Cum pontifices et universi proceres regni sui*

La reine Nantechilde, qui règne sous le nom de Clovis II, « ordonne à tous les grands, c'est-à-dire aux évêques, aux ducs, aux *primates*, de venir auprès d'elle », et elle tient conseil avec eux¹. La reine Bathilde veut fonder un monastère; elle consulte les grands et leur demande leur avis².

La Chronique dite de Frédégaire mentionne un autre *placitum* qui fut convoqué en 641 par un maire du palais au nom du roi; il se composait « des évêques et des ducs du royaume de Burgundie ». C'est avec eux qu'il « délibéra sur les intérêts du pays »³. Il est bien vrai que ces grands ne venaient pas seuls. Chacun d'eux, évêque ou laïque, amenait derrière soi une troupe nombreuse⁴. Et il arrivait quelquefois que, si deux de ces grands étaient en querelle, leurs deux troupes se livraient un véritable combat⁵. Mais ces faits accidentels, ces désordres ne changent rien à la nature de l'institution. C'étaient les grands, et les grands seuls, qui étaient convoqués pour travailler avec le roi.

De nombreux diplômes portent que le roi a statué « étant dans son palais avec les vénérables évêques et les ducs et comtes »⁶.

*Clippiaco ad Chlotarium pro utilitate regis et salute patriæ conjunxissent.*

¹ Frédégaire, c. 89: *Nantechildis regina omnes seniores, pontifices, duces, primates ad se venire præcepit.*

² *Vita Bertilanæ*, c. 4, Mabillon, *Acta SS.*, III, 23.

³ Frédégaire, c. 90: *Flaochatus, collectis secum pontificibus et ducibus de regno Burgundiæ, Cabillono pro utilitate patriæ tractandum mense Madio placitum instituit.*

⁴ Ibidem: *Willebadus multitudinem secum habens advenit.*

⁵ Frédégaire, c. 55.

⁶ Archives nationales, Tardif, nᵒˢ 11, 15, 16, 17, 21: *Una cum consilio procerum nostrorum.* Cf. *Diplomata*, édit. Pardessus, n° 255, diplome de Dagobert Iᵉʳ: *Nos palatio nostro Clipiaco in synodo generali residentes pertractavimus una cum venerabilibus episcopis, abbatibus,*

Cette réunion porte quelquefois le nom de *conventus generalis*, surtout chez les hagiographes. Il ne faut pas s'y tromper, c'est une réunion fort aristocratique. « Dagobert, dit un de ces auteurs, ordonna aux évêques et aux grands de se réunir en *conventus* auprès de lui¹. » En 634, il réunit encore auprès de lui un *conventus generalis*; mais l'hagiographe ajoute qu'il n'était composé que des *primates*². Dans un diplôme de 664, Childéric II déclare qu'il a pris conseil de tous les Francs; mais, ne nous y trompons pas, « de tous les Francs qui sont hommes sages et qui habitent notre Palais »³.

Tel est le caractère essentiel de ces conseils qui entouraient le roi mérovingien. Nous n'y trouvons que des évêques, des abbés, des dignitaires de la cour ou des fonctionnaires de l'administration. Tous ces laïques et beaucoup de ces évêques sont des hommes « du Palais »⁴. Nous possédons des diplômes où la composition du conseil est très bien marquée, puisque chaque membre est désigné par son nom et par son titre. Voici,

---

*comitibus et ceteris fidelibus nostris*. Il ne s'agit pourtant que d'un droit d'asile à accorder à l'abbaye de Saint-Denis. — Diplôme du même roi, a. 637, n° 281 : *In Compendio in generali nostro placito tractavimus.* — Ibid., n° 289 : *Nostrorum consilio optimatum.* — Diplôme de Sigebert, a. 644, n° 309, Pertz n° 21 : *Cum consilio apostolicorum Chuniberti, Godonis vel illustrium virorum Grimoaldi, Bobonis, Adalgisili.* Nous verrons plus loin que *apostolicus* est une des épithètes qui désignent les évêques, et que *illuster vir* est la qualification des fonctionnaires de haut rang. — Diplôme de Thierri III, a. 677, dans Tardif n° 21, Pertz n° 48, Pardessus n° 388 : *Cum consilio episcoporum et procerum nostrorum.* — Autres exemples dans Pardessus, n°ˢ 313, 322, 429, 434, etc.

¹ *Vita Sigiberti : Procerum et pontificum conventum adesse jussit.*

² Ibidem : *Cunctis primatibus Austrasiæ et Neustriæ in generali conventu congregatis.* L'auteur de cette vie est d'une époque très postérieure.

³ *Diplomata*, édit. Pardessus n° 342, Pertz n° 26 : *Per consilium Emhildæ reginæ, seu apostolici viri Rotharii, seu omnium Francorum prudentium palatium nostrum inhabitantium.*

⁴ De là cette expression : *Consultu sacri palatii* (*Vita Tygriæ*, dans les Bollandistes, 25 juin; Bouquet, III, 466).

par exemple, Clovis II qui en 655 signe un diplôme « avec le conseil des évêques et de ses grands »[1]. Tous les membres présents signent avec lui, et nous lisons les noms de vingt-huit évêques ou abbés, et de dix-huit personnages portant la qualification de *viri illustres* et qui sont par conséquent de hauts fonctionnaires du royaume. Dans un diplôme de 648, Sigebert II déclare qu'il agit « avec l'assentiment de ses fidèles », puis il dit quels sont ces fidèles : « A savoir le seigneur Cunibert, archevêque de Cologne, les évêques Attelanus, Theudefridus, Gislocardus ; et les hommes illustres Grimoald, Folcoard, Bobo, Adrégisile ; et les *domestici* Frodulfe, Ansigise, Bertolin et Garipert[2]. » Ainsi, ce que le roi appelle pompeusement « nos fidèles », se réduit, cette fois, à quatre évêques, quatre hauts fonctionnaires, et quatre *domestici*. Il n'y en a pas beaucoup plus dans le *placitum* qui entoure Clovis III en 692 dans son palais de Luzarches ; nous y trouvons quatre évêques, Sigofrid, Constantinus, Gribo et Ursinianus ; trois optimates, Dagnoald, Nordebert et Ermenfrid ; deux comtes ou grafions, Madelulf et Erconald ; deux sénéchaux, Benedictus et Chadoinus ; enfin le comte du palais Marso[3].

Tous ces évêques, ainsi que nous le montrerons plus loin, n'étaient évêques qu'avec l'agrément du roi et souvent par sa nomination directe. Tous ces fonctionnaires

---

[1] Diplôme de Clovis II, aux Archives nationales, Tardif n° 11, Pertz n° 19, Pardessus n° 322 : *Cum consilio pontificum et industrium virorum nostrorum procerum.*

[2] *Diplomata*, édit. Pertz n° 22, Pardessus n° 313 : *Ex consensu fidelium nostrorum, videlicet domni Cuniperti necnon Attelani, Theudofridi, Gislocardi, episcoporum, vel industrium virorum Grimoaldi, Folcoardi, necnon et domesticorum Frodulfi, Ansigisi, etc.*

[3] Archives nationales, Tardif n° 32, Pertz n° 64, Pardessus n° 429.

avaient été nommés par lui et étaient placés personnellement dans sa dépendance. Donc dans ces conseils personne n'était le mandataire d'un peuple, et aussi ne trouve-t-on jamais un seul mot qui indique que ces évêques ou ces comtes pensassent représenter une population. Le principe qui était dans les esprits n'était pas que ces personnages dussent limiter ou contrôler l'autorité des rois, bien que cela ait pu se produire plus d'une fois en pratique; le principe était qu'à titre d'évêques ou de grands du roi ils avaient le devoir de lui fournir les avis les plus utiles dans son intérêt et dans celui du pays[1]. En se réunissant autour du roi, ils ne faisaient que remplir un devoir de conseil.

D'ailleurs, nul ne figurait dans ces conseils en vertu d'un droit. Ils n'étaient composés que des hommes que le roi voulait avoir autour de lui. Quelquefois le roi ordonnait à tous les évêques et à tous les grands de se rendre auprès de lui; le plus souvent il en appelait seulement quelques-uns. Ces conseillers n'étaient pas nommés à vie ni pour un temps déterminé. Ils étaient appelés un jour et pouvaient ne l'être pas le lendemain. S'ils étaient dignitaires du Palais, ils siégeaient en vertu de leur dignité, mais le roi pouvait les révoquer. Il est visible qu'un tel conseil, quelque nom pompeux qu'on lui donnât, ne pouvait pas former une puissance vis-à-vis du roi, du moins jusqu'au jour où les grands et les fonctionnaires deviendraient indépendants de la royauté et se feraient ses adversaires.

Trois documents peuvent nous donner quelque idée de la procédure qui était en usage dans le conseil du roi. Dans une « exhortation » que l'on croit avoir été

[1] *Ut regibus consilia salutifera ministrarent* (*Vita Radegundis*, dans Mabillon, I, 329).

adressée à Clovis II¹, il est dit : « Lorsque tu sièges au milieu de tes conseillers, prête toujours une oreille bienveillante à leurs discours; examine avec attention comment parle chacun de ceux qui t'entourent, ce qu'il dit pour le bien du pays, pour le jugement des procès, pour l'intérêt de ta personne, enfin sur tous les objets qui sont à traiter dans ton Palais². » Cela ne signifie certainement pas que le roi soit soumis aux volontés de ce conseil. Un chroniqueur, qui est à la vérité d'une époque postérieure, décrit assez longuement une séance, telle qu'il se la figure³ : L'an 653, Clovis II, « résidant dans sa villa de Clichy, convoqua les évêques et les grands du royaume; là, la tête entourée du diadème, suivant l'usage des rois, après avoir traité d'autres affaires d'État, pour lesquelles dans l'intérêt du royaume il avait réuni les grands⁴, il s'occupa d'un privilège que l'évêque de Paris, Landri, avait donné à l'abbaye de Saint-Denis. Il prit la parole et fit un discours assez long, disant qu'avec le conseil des personnes présentes il voulait confirmer l'acte de l'évêque »⁵. L'his-

---

[1] *Exhortatio ad Francorum regem*, dans Mai, *Veterum scriptorum collectio*, et dans la *Patrologie latine*, t. LXXXVII, col. 653.

[2] Ibidem : *Sacerdotes audias et consiliarios seniores diligas.... Cum inter ipsos in consilium veneris, semper sereno vultu eorum verbis aurem præbe; sollicitus considera quomodo singuli circa te loquantur pro stabilitate patriæ, pro causis emendandis, pro tua salute, pro iis quæ ordinanda et tractanda sunt in regio palatio. Omnia hæc oculi tui instanter inspiciant et aures tuæ prudenter audiant.*

[3] *Gesta Dagoberti.* On sait que ces *Gesta* n'ont été écrits qu'au neuvième siècle. Nous les citons pourtant, parce qu'on reconnaît que l'auteur a eu des documents sous les yeux : l'un de ces documents, alors déposé aux Archives de Saint-Denis, est aujourd'hui aux Archives nationales, K, 2, n° 3.

[4] *Gesta Dagoberti*, c. 51 : *Clippiaco residens, convocatis pontificibus necnon et regni primoribus, regio stemmate ex more complus, inter ceteras principalium rerum actiones ob quas pro salute regni tractandas optimates congregaverat....*

[5] Ibidem : *Vos, sanctissimi sacerdotes necnon regni et palatii nostri*

torien ajoute que tous les grands prêtèrent une oreille attentive à la harangue royale, et que, les évêques approuvant la pieuse générosité du roi, tous ceux qui étaient présents, évêques et optimates, mirent leur signature au bas du diplôme que le roi avait déjà fait écrire auparavant[1]. Voici un autre récit qui se rapporte au roi Dagobert Ier et à l'année 635 : Le roi ayant convoqué tous les grands du royaume, le 10 avant les calendes de juin, tint un *placitum generale* dans son palais de Garches. Là, assis sur un trône d'or, et portant la couronne, tous s'étant placés devant lui, il prononça un discours[2]. Il s'agissait d'un testament par lequel il léguait des terres à plusieurs églises de son royaume. Il dit : « Nous avons décidé de faire ces donations avec votre assentiment, *vobis consentientibus*, afin que, ce décret ayant été fait en commun, vous le fassiez observer, *ut hoc commune nostrum decretum faciatis conservare*, et que vous n'agissiez jamais à l'encontre, *et hæc non præsumatis convellere* ». Or, non seulement la volonté du roi était déjà arrêtée avant la séance, mais le décret était déjà rédigé en quatre exemplaires et il en tenait un dans sa main. « En conséquence, ajouta-t-il, nous allons apposer notre signature sur cet acte, et nous vous ordonnons, à vous évêques, abbés, optimates et digni-

---

*principes, intenta aure percipite, et si probaveritis esse utile, una mecum pertractate.... Hoc beneficium cum vestro consilio volumus præstare.*

[1] Ibidem : *Dum regem omnes regni principes hæc concionantem attonitis auribus diligenter intenderent, pontifices qui aderant devotionem regis approbantes, præceptum ab ipso rege modo supra scripto factum, tam rex quam pontifices et principes qui præsentes aderant firmaverunt.* — Ce diplôme existe en effet aux Archives nationales, et il porte les signatures de 28 ecclésiastiques et de 18 hauts fonctionnaires ; Tardif n° 11.

[2] *Gesta Dagoberti*, 39 : *Convocatis omnibus totius regni primatibus.... in palatio Bigargio placitum generale instituit. Cumque, ut Francorum regibus moris erat, super solium aureum coronatus resideret, omnibus coram positis, ita exorsus est....*

taires, d'y mettre également votre signature ou votre sceau¹. » Et tous, sans nulle observation, signèrent l'acte.

Ces récits, sous la forme que leur donne le chroniqueur, ne doivent assurément pas nous inspirer une grande confiance, et il ne faudrait pas les prendre pour des procès-verbaux bien exacts. Nous n'y voulons voir que l'idée que les hommes se faisaient de ce conseil des grands. D'abord, la composition de ce conseil est bien marquée; ensuite, il paraît bien qu'il n'y a ni discussion, ni vote. Ce n'est pas le conseil qui impose sa décision au roi, c'est le roi, à ce qu'il semble plutôt, qui impose la sienne au conseil. Sans doute il n'y a pas une procédure fixe, et la physionomie des séances peut varier à l'infini, suivant la nature des affaires, suivant le caractère du roi, suivant les dispositions des grands². Mais en aucun cas nous ne pouvons supposer que ce conseil ait des droits vis-à-vis et à l'encontre du roi. Il se compose d'hommes que le roi a nominalement appelés pour avoir leur avis.

Encore est-il très digne d'attention que le roi n'agisse jamais sans ce conseil. Non seulement il le consulte, mais encore, ce qui est plus significatif, il dit et il écrit dans chacun de ses actes qu'il l'a consulté et qu'il a eu son assentiment. S'il fait une loi, il déclare qu'il l'a préparée avec ses grands³. S'il fait un traité avec un

¹ Ibidem: *Et omnibus qui adestis, episcopis, abbatibus, proceribus atque magnificis viris, ad præsens jubemus vestris subscriptionibus vel signaculis adfirmare.*

² Il y a même des cas où le roi est absent et où sa présence indiquée dans les actes est purement fictive, par exemple quand le roi est un enfant.

³ *Edictum Chilperici* (Pertz, II, 10): *Pertractantes in Dei nomine cum viris magnificentissimis optimatibus vel antrustionibus et omni populo nostro.* Ces derniers mots sont une pure formule. Nous connaissons

autre roi, il y insère un mot sur la présence des évêques et des grands¹. S'il partage l'État entre ses fils, il réunit les grands, les prend à témoin, exige leurs serments et leurs signatures². S'il donne quelques-unes de ses *villæ*, il le fait solennellement dans son *placitum*³ ; s'il veut que l'acte soit signé par les principaux personnages du conseil, « afin que l'acte ait plus de force⁴ ». S'il juge, nous verrons que ce n'est qu'au milieu de ses grands. Même quand il affranchit un esclave par le denier pour en faire un homme entièrement libre, il est bon qu'il soit au milieu de ses grands, et cela est dit dans l'acte⁵.

Ce qui est curieux ici, ce n'est pas que le roi ait un conseil : il n'est pas de souverain si absolu qui n'en ait

assez en détail le règne de Chilpéric pour être assurés qu'il n'a jamais réuni « tout son peuple ». — *Decretio Childeberti*, Pertz, I, 9 : *Cum nostris optimatibus pertractavimus.... Hoc convenit una cum leodis nostris.... convenit omnibus nobis adunatis.*

¹ Grégoire de Tours, IX, 20.
² Frédégaire, 75 : *Dagobertus Mettis veniens, cum consilio pontificum et procerum, omnibusque primatibus regni sui consentientibus, Sigibertum filium suum in Austris regem sublimavit.* — *Vita Sigiberti : Cunctis primatibus Austrasiæ et Neustriæ in generali conventu congregatis, divisionem regni inter duos filios Dagobertus ordinavit coram eis, eorum assensu et consilio, et confirmavit, datis et acceptis invicem pactis et sacramentis.* — Noter que ces *pacta* et *sacramenta* ne sont pas entre le roi et ses conseillers, ce qui n'aurait pas de sens, mais entre les conseillers neustriens et les conseillers austrasiens. C'est ce qui est bien expliqué au chap. 76 de Frédégaire.
³ *Diploma Childeberti*, a. 558, Pardessus n° 163, Pertz n° 5. — *Diploma Chlodovei II*, a. 653, Tardif n° 11. — *Charta Vindiciani*, a. 680, n° 391. — *Diploma Childerici II*, a. 664, Pertz n° 26, Pardessus n° 342.
⁴ *Diploma Dagoberti*, a. 625, Pardessus n° 234 : *Ut hoc nostræ auctoritatis præceptum pleniorem obtineat vigorem et diligentius a successoribus nostris observetur, illud propria manu cum principibus nostris subterfirmavimus.* Notons toutefois que ce diplôme n'est pas authentique. — Cf. n° 277.
⁵ *Charta denarialis*, recueil de Rozière, n°⁵ 55, 59, 60 : *Ante nos vel (et) procerum nostrorum præsentia.* — Diplôme de 716, Archives nationales, Tardif n° 48, Pardessus n° 497 : *Cum in nostra vel procerum nostrorum præsentia.*

un ; c'est qu'il semble obligé de le consulter toujours[1]. Les empereurs romains avaient aussi l'habitude de prendre l'avis de leur consistoire ; mais ils n'écrivaient pas dans leurs actes officiels qu'ils eussent pris son avis[2]. Ils faisaient préparer leurs actes législatifs et même leurs arrêts judiciaires par un conseil de grands personnages et de jurisconsultes ; mais ils ne le disaient pas. Leurs lois et leurs jugements ne portaient que le nom du prince. Au contraire, il devint d'usage dans la chancellerie mérovingienne d'attester toujours que l'acte royal avait été fait en conseil et qu'il avait été approuvé par les grands. On exagérerait certainement la portée de ce nouvel usage si l'on disait que le roi mérovingien ne fût que l'exécuteur des volontés d'un conseil. Les textes observés de près marquent que le roi le réunissait moins pour en suivre les volontés que pour donner plus de force à la sienne. Il lui semblait que ses actes avaient plus de valeur lorsque avec sa signature ils portaient celle de quelques évêques et de quelques grands personnages. Nous ne pouvons voir là la manifestation d'un nouveau système gouvernemental ; mais nous y voyons le symptôme d'habitudes d'esprit qui, au milieu même d'une monarchie absolue, pouvaient altérer quelque peu cette monarchie, et qui, en se développant, pouvaient conduire insensiblement à un autre régime.

---

[1] Ainsi, quand les Bulgares demandent un asile à Dagobert, le roi déclare qu'il ne prendra aucune décision avant d'avoir consulté les grands (Frédégaire, c. 72). — Quand Sigebert II veut interdire la tenue d'un synode, il écrit : *Nobis cum nostris proceribus convenit ut sine nostra scientia synodale concilium in regno nostro non agatur* (Diplomata, édit. Pardessus, n° 308).

[2] Au moins l'écrivaient-ils rarement. Voyez une loi de 426, au Code Justinien, I, 14, 2 : *Quæ per consultationem in commune florentissimorum sacri nostri palatii procerum statuimus.* — Ibid. I, 14, 8 : *Ab omnibus nostri palatii proceribus tractari.*

## CHAPITRE VI

### Du pouvoir législatif.

Les écrivains de l'époque mérovingienne ne nous disent jamais ni que le pouvoir législatif appartînt aux rois, ni qu'il appartînt au peuple. C'est dans les actes législatifs eux-mêmes que nous devons chercher comment et par qui ces actes étaient faits.

La Loi salique nous apporte peu de lumière sur ce sujet. Du roi elle ne parle jamais comme législateur, du peuple elle ne parle pas du tout. Elle ne contient pas de formule de promulgation, en sorte qu'il est absolument impossible de savoir si elle a été rendue exécutoire par la volonté d'un roi ou par la volonté d'un peuple. Il est vrai qu'un certain nombre de manuscrits, environ vingt-trois sur soixante-six, renferment deux prologues; mais ces prologues ne font pas corps avec la loi : dans les manuscrits, tantôt ils la précèdent et tantôt ils la suivent; quelquefois ils sont séparés d'elle par d'autres textes d'époque carolingienne. Ils ne sont pas du même style ni de la même langue que la loi, et il est assez visible qu'ils ne sont pas l'œuvre d'un législateur. On ne peut donc pas faire beaucoup de fond sur eux. Ils mentionnent une première rédaction de la loi qui aurait été faite à une époque inconnue, dans des lieux inconnus, par des hommes dont les noms sont légendaires. Quoi qu'on doive penser de cette assertion, l'auteur du grand prologue arrive ensuite à des personnages plus réels, et il nous apprend que « tout ce qui dans l'ancienne loi n'était pas convenable fut éclairci et corrigé par Clovis, proconsul et roi, et par ses fils Childebert et Clotaire »[1]. Cette seconde assertion est moins légendaire que la première. L'auteur du prologue pouvait bien penser qu'une très antique rédaction avait été faite « par les sages du peuple », mais il savait plus certainement qu'à partir de Clovis les rois avaient eu le droit et le pouvoir de modifier, de corriger, de faire la loi. Or il ne nous dit pas que le texte qu'il a sous les yeux soit l'ancienne rédaction prétendue populaire; son prologue implique plutôt que ce texte est celui que les rois ont amendé et refait.

Il se trouve aussi dans quelques manuscrits un épilogue qui n'est peut-être que l'œuvre d'un praticien du septième siècle, mais qui a un singulier caractère de précision et qui tire de là quelque valeur[2]. Il nous apprend : 1° que le premier roi des Francs, c'est-à-dire Clovis, a institué la loi depuis le titre I$^{er}$ jusqu'au titre LXII[3]; 2° qu'ensuite le même roi y fit des additions, jusqu'au titre LXXVIII, et qu'il les fit « de concert avec ses optimates »[4]; 3° que, plus tard, le roi Childebert « examina ce qu'il devait ajouter, com-

[1] *Quod minus in pactum habebatur idoneum per proconsulis regis Chlodovei et Hildeberti et Chlotarii fuit lucidius emendatum.* Lex Salica, édit. Pardessus, p. 345 ; édit. Behrend, p. 125.

[2] Il ne se trouve que dans les manuscrits de Wolfenbuttel, de Varsovie, de Montpellier 136, de Paris 4409, 4627, 4628 A, 4629, 10758, de Leyde 119. Il est publié dans l'édition Pardessus, p. 347; dans l'édition Hessels, p. 423; dans l'édition Behrend, p. 126.

[3] *Primus rex Francorum statuit a primo titulum usque LXII.* — Pour les hommes du septième siècle, le premier roi est Clovis.

[4] Ibidem : *Postmodo autem tempus cum optimatis suis a LXIII titulum usque ad LXXVIII addidit.* — Un second texte, au lieu de *cum optimatis*, porte *cum Francis*; mais nous avons déjà vu que les deux expressions étaient synonymes. Cf. t. II du présent ouvrage, 3$^e$ édition, sur la synonymie fréquente de *optimates* et de *franci*.

posa les titres LXXIX à LXXXIII, et les mit avec raison dans la loi »[1]; 4° que Childebert « communiqua ces additions à son frère Clotaire, qui les reçut avec joie, les discuta dans son royaume (ou, suivant un autre manuscrit, avec les sages de son royaume), les ajouta aussi à la loi et en envoya une nouvelle copie à son frère »[2]; 5° qu'enfin les deux rois « décidèrent entre eux que tout ce qu'ils avaient ainsi établi serait stable et demeurerait à perpétuité »[3]. On voit assez que, dans la pensée de celui ou de ceux qui ont écrit ces lignes, les rois avaient le pouvoir législatif. Cet épilogue est du septième siècle; mais c'est précisément du sixième et du septième siècle que nous parlons, et il n'y a guère d'apparence que ces hommes se soient beaucoup trompés.

Si nous regardons maintenant le corps même de la Loi salique, nous n'y trouvons pas un seul indice de l'intervention d'un peuple ou d'une assemblée nationale[4]. Le roi y est appelé du nom de maître, domi-

[1] Ibidem : *Childebertus rex pertractavit quid addere deberet; ita a LXXVIII usque ad LXXXIII perinvenit, quod ibidem digne imposuisse noscuntur.* — 2° texte : *Childebertus tractavit ut quidquid invenire poterit, quod ibi cum suis Francis addere deberet; a LXXVIII usque ad LXXXIV perinvenit, quod ibi digne imposuisse cognoscitur.*

[2] Ibidem : *Et sic fratri suo Chlotario hæc scripta transmisit; post hæc vero Chlotarius cum hos titulos a germano suo seniore gratanter excepit, sic postea cum regnum suum pertractavit ut quid addere deberet..., statuit permanere.* — Les manuscrits 4409 et 4629 portent *cum regni sui sapientes.*

[3] *Et ita inter eis convenit ut ista omnia sicut anteriore constructa starent.* — Les manuscrits 4409 et 4629 portent : *et ita inter se firmaverunt ut ista omnia quæ constituerunt inviolabiliter omnique tempore conservata fuissent.*

[4] On a souvent allégué le mot *pactus* ou *pactum* qui aurait, dit-on, désigné la Loi salique, et l'on a raisonné ainsi : puisque la loi est appelée *pactus*, c'est qu'elle est par essence un pacte, un contrat établi entre les hommes. — Mais il faudrait d'abord prouver que la loi ait été appelée *pactus;* or, sur 66 manuscrits, il n'y en a que deux qui portent ce mot (4403° et 4404); vous ne le trouverez ni dans le manuscrit de Wolfen-

nus¹ ; et cela est le contraire de l'idée d'un peuple souverain. La désobéissance à une simple lettre du roi est punie de l'énorme amende de 200 sous d'or, autant que le meurtre². Le Franc qui est dans la protection royale a par cela seul un prix trois fois plus élevé que les autres Francs³. Des dispositions de cette nature peuvent être l'œuvre des rois et de leurs optimates ; il est difficile de croire qu'elles soient l'œuvre d'un peuple faisant lui-même ses lois.

Le code des Ripuaires ne contient pas non plus de formule de promulgation, en sorte que nous n'en connaissons pas l'auteur. Nous lisons dans une sorte de prologue qui est commun à cette loi et à celle des Bavarois⁴ : « Le roi Thierri, lorsqu'il était à Châlons, choisit de savants hommes qui connaissaient les anciennes lois, et sous sa dictée il fit écrire la Loi des Francs, celle

---

buttel, ni dans celui de Munich, ni dans celui de Loyde, ni dans aucun autre (voyez les textes publiés par Holder). Même dans les deux manuscrits qui portent le mot *pactus*, il est seulement dans le titre ; or ce titre n'a rien d'officiel et est l'œuvre arbitraire du copiste ; aussi ce titre varie-t-il à l'infini d'un manuscrit à l'autre. — Il faut noter d'ailleurs que le mot *pactus* ou *pactum*, au septième siècle, avait perdu son sens original et se disait de toute espèce de loi ; on a dit, par exemple, *pactum Gundobadi* pour désigner le code fait par Gondebaud, lequel n'était manifestement pas le résultat d'un pacte entre les hommes ; on a dit *pactus Alamanorum*, bien que ce code fût l'œuvre d'un roi assisté d'évêques et de comtes. On a un capitulaire de Childebert II (Borétius, p. 4) qui est intitulé *pactus pro tenore pacis* et qui est un décret de deux rois. — La Loi salique est toujours désignée dans les textes sous le nom de *lex* et non pas sous le nom de *pactus*.

¹ *Lex Salica*, I, 1 : *legibus dominicis* ; I, 4 : *ambascia dominica* ; XLI, 5 : *trustis dominica* ; L, 5 : *ratio dominica*. — Sous l'empire romain, le mot *dominicus* était déjà employé en ce sens : les *possessiones dominicæ* étaient les domaines du prince.

² *Lex Salica*, XIV, 4 : *Si quis... de rege habuerit præceptum... et aliquis contra ordinationem regis testare præsumpserit, solidos 200 culpabilis judicetur.*

³ *Lex Salica*, XLI, 3.

⁴ Baluze, *Capitularia*, I, 25 ; Pertz, *Leges*, III, 259.

des Alamans, celle des Bavarois, conformément à la coutume de chaque nation qui était en sa puissance. Il y ajouta ce qu'il convenait d'ajouter, il supprima ce qui était à corriger. Ce qui était conforme à la coutume des païens, il le changea suivant la loi chrétienne[1]. Ce que le roi Thierri ne put corriger entièrement, Childebert le retoucha, et Clotaire II acheva leur œuvre. Le très glorieux roi Dagobert renouvela le tout par les quatre hauts dignitaires nommés Claudius, Chadoindus, Magnus et Agilulfus. Il améliora tout ce qui se trouvait dans les lois antérieures et donna à chaque nation un code écrit qui subsiste jusqu'à nos jours[2]. »

Ce texte n'est pas un document plus officiel et plus sûr que le prologue de la Loi salique. Encore y voyons-nous que ceux qui l'ont écrit croyaient que la loi était l'œuvre des rois, et ne supposaient pas que le peuple eût été appelé à la discuter. Il est bien vrai que ces rois avaient pris pour base les vieilles coutumes ; il est bien vrai aussi que leur travail avait été préparé par ce qu'ils avaient de jurisconsultes ; mais ils avaient ajouté, supprimé, corrigé comme ils avaient voulu.

Aussi ne trouvons-nous dans le corps de cette loi aucun indice du droit populaire. C'est le roi qui parle, et c'est lui qui ordonne. Il dit : nous voulons, nous

---

[1] *Theodoricus rex Francorum... elegit viros sapientes qui in regno suo legibus antiquis eruditi erant. Ipso autem dictante, jussit conscribere legem Francorum.... Addidit quæ addenda erant, et quæ erant secundum consuetudinem paganorum, mutavit secundum legem christianorum.*

[2] *Hæc omnia Dagobertus rex gloriosissimus per viros illustres* (nous verrons que ce titre était celui des hauts fonctionnaires) *Claudium, Chadoindum, Magnum et Agilulfum renovavit, et omnia vetera legum in melius transtulit et unicuique genti scriptam tradidit quæ usque hodie perseverant.* Ces derniers mots indiquent que ce prologue est fort postérieur à la loi.

statuons, *hoc jubemus, hoc constituimus*[1], nous avons fait écrire dans la loi, *scribere jussimus*[2]. Le roi franc parle exactement comme parlaient les empereurs romains dans leurs *constitutions*. La loi est son œuvre. Aussi cette Loi ripuaire est-elle toute monarchique; la désobéissance au roi y est punie de la peine de mort[3].

En dehors de la Loi salique et de la Loi ripuaire, nous avons quelques textes législatifs des Mérovingiens. Nous y remarquons d'abord que ces actes portent les mêmes noms qui étaient en usage au temps de l'Empire; on les appelle *edicta, decreta, constitutiones*[4], quelquefois *præcepta* ou *auctoritates*[5]. Observons s'ils sont l'œuvre des rois ou du peuple.

Childebert Ier fait une *constitution* contre les pratiques de l'idolâtrie; il parle en prince qui a le droit de légiférer : « Comme il faut que le peuple, s'il ne suit pas

---

[1] *Lex Ripuaria*, XVIII : *sicut in omni furto constituimus*. — XXXI, 3 : *hoc autem constituimus*. — LVIII, 1 : *hoc etiam jubemus*. — LVIII, 2 : *Illicitum ducimus quod ecclesiis concessimus iterum ab ecclesiis revocare*. — LVIII, 19 : *Hoc etiam constituimus*. — LXXIV : *Hoc autem constituimus*. — LXXXVIII : *super omnia jubemus*.

[2] *Lex Ripuaria*, LVIII, 7 : *sicut superius scribere jussimus*. — LIX, 7 : *quod de venditione conscripsimus, hoc et de donatione constituimus*.

[3] *Lex Ripuaria*, LXIX : *Si quis homo regi infidelis exstiterit, de vita componat, et omnes res suas fisco censeantur*.

[4] *Guntchramni regis edictum... Quæ hujus edicti tenore decrevimus* (Borétius, p. 12). — *Per hujus edicti nostri tenorem* (Edictum Chlotarii, Borétius, p. 20). — *Si quis hunc decretum violare præsumpserit* (Pactus pro tenore pacis, art. 18, Borétius, p. 7). — *Hujus decreti vigore decernimus* (Edictum Guntchramni, ibid., p. 11). — *Childericum expetunt ut talia daret decreta* (Vita Leodegarii ab anonymo, 4). — *Indita in titulis constitutione* (Edictum Chlotarii, 1, Borétius, p. 18).

[5] *Præceptionem hanc custodiant* (Chlotarii præceptio, c. 13, Borétius, p. 19). — *Per hanc generalem auctoritatem præcipientes jubemus* (Chlotarii præceptio, c. 1, p. 18). — *Quam auctoritatem vel edictum* (Edictum Chlotarii, c. 24, p. 23). — D'ailleurs ces termes s'appliquent aussi à de simples actes particuliers, tels que donation de terre, nomination d'évêques, ordre à un comte. *Leudastes cum præcepto regis advenit* (Grégoire, VI, 32). *Rex directa auctoritate præcepit comiti* (Idem, IX, 41).

les préceptes du prêtre, soit corrigé par notre autorité, nous avons décrété d'envoyer cette lettre dans tous nos États, ordonnant que tout homme qui aura des idoles dans sa propriété soit amené en notre présence pour être jugé par nous[1]. » Il y a apparence que cette ordonnance visait plus de Francs que de Romains; elle n'est pourtant pas faite par le peuple franc.

Clotaire Ier vers 560 promulgue une *constitutio* qui commence ainsi : « Clotaire roi des Francs à tous fonctionnaires royaux[2]. » Pas un mot d'une volonté exprimée par la nation franque. Voici comment le roi s'exprime : « C'est le propre de la clémence du prince de s'occuper avec sollicitude des intérêts des provinciaux et de tous les peuples sujets, et de faire écrire dans une constitution tout ce qui doit être observé dans l'intérêt de leur repos[3]. » C'est le langage d'une monarchie qui veille seule sur les intérêts des sujets et qui n'est responsable qu'envers soi-même. Le roi s'appelle *princeps*, comme l'empereur romain, et, comme lui encore, il appelle les hommes ses provinciaux et ses sujets. Aussi fait-il seul la loi : « En conséquence, par la présente ordonnance qui s'applique à tous, nous prescrivons que...[4] » Puis il promulgue une série de treize articles

---

[1] Pertz, *Leges*, I, 1; Borétius, p. 2 : *Quia necesse est ut plebs, quæ sacerdotis præceptum non custodit, nostro corrigatur imperio, hanc chartam generaliter per omnia loca decrevimus mittendam.*

[2] *Chlotacharius rex Francorum omnibus agentibus.* — L'un des deux manuscrits, Paris 10753, porte *comitibus* au lieu de *agentibus*. Les comtes, nous le verrons plus loin, étaient au premier rang des agents royaux. — Ce capitulaire, que Pertz attribue à Clotaire Ier, est attribué par Borétius à Clotaire II.

[3] Borétius, p. 18 : *Usus est clementiæ principalis necessitatem provincialium vel subjectorum sibi omnium populorum provida sollicitius mente tractare et pro quiete eorum indita in titulis constitutione conscribere.*

[4] *Ibidem* : *Ideo per hanc generalem auctoritatem præcipientes jubemus ut....*

qui concernent le droit civil, le droit criminel, l'Église, les impôts, et il termine en disant à ses fonctionnaires : « Que votre zèle pourvoie à ce que notre ordonnance soit complètement et toujours observée. »

Le roi Gontran en 585 fait un édit où il prescrit l'observation du dimanche, et il dit : « Gontran, roi des Francs, aux évêques et aux fonctionnaires de nos États. Comme la volonté de Dieu nous a confié le pouvoir de régner, nous ne pourrions éviter sa colère si nous ne nous occupions avec sollicitude du peuple qui nous est soumis. En conséquence par le présent décret nous ordonnons que les dimanches et les jours de fête il ne soit fait aucun travail manuel et qu'aucun procès ne soit jugé[1]. » Il est visible que ce n'est pas Gontran lui-même qui a écrit ce préambule et le long édit qui suit ; il l'a fait préparer, nous dit-il, dans un concile réuni à Mâcon. Encore légifère-t-il en son propre nom. C'est lui qui parle, c'est lui qui ordonne, et aucune volonté populaire n'est indiquée.

La mention du mot peuple ne se trouve que dans un seul document. Un édit de Chilpéric commence ainsi[2] : « Examinant avec soin, au nom de Dieu, avec nos optimates hommes magnifiques, nos antrustions et tout notre peuple, *et omni populo nostro*, il a été décidé...[3]. »

---

[1] Borétius, p. 11 ; Pertz, I, 5 : *Gunthramnus... omnibus pontificibus et cunctis judicibus in regno nostro constitutis.... Nec nos quibus facultatem regnandi Superni Regis commisit auctoritas, iram ejus evadere possumus, si de subjecto populo sollicitudinem non habemus.*

[2] Le texte de cet édit ne nous est parvenu que par un seul manuscrit, Leyde, *Vossianus* 119, qui est du dixième siècle, très incorrect et inintelligible dans beaucoup de parties. Il est publié par Pertz, II, 10 ; par Pardessus, *Diplomata*, I, 143 ; par Holder, *Vossianus*, p. 44-47 ; par Hessels, p. 409 ; par Behrend, p. 105 ; par Borétius, p. 8.

[3] *Pertractantes in Dei nomen cum viris magnificentissimis obtimatibus vel antrustionibus et omni populo nostro.*

Il faut se demander si ces derniers mots sont une formule d'apparat ou indiquent une réalité. On notera d'abord que ce peuple n'apparaît qu'après les optimates et les antrustions. On remarquera ensuite qu'il n'est dit nulle part dans le corps de l'édit que ce peuple ait décidé, qu'il ait statué ; il n'est même pas dit qu'il ait été consulté, qu'il ait donné son avis. Le roi déclare seulement qu'il a travaillé lui-même à l'examen de plusieurs questions, *pertractavit*, au milieu de ses optimates, de ses antrustions et de tout son peuple. Il ne dit pas expressément que le peuple ait pris part à la confection de la loi, et il n'y a pas apparence qu'elle lui ait été soumise[1]. Aussi voyons-nous que le roi y parle en son nom, *nos ordinamus*[2]. Dans le corps de l'édit, le peuple n'apparaît pas une fois.

Les rois Childebert et Clotaire promulguent une ordonnance commune dont le premier article punit le brigandage de la peine de mort. Pour une pareille dis-

---

[1] L'expression *convenit ut* qui se rencontre sept fois dans l'édit, n'indique pas nécessairement une convention entre le roi et le peuple ; tout au plus indiquerait-elle une convention avec les optimates ; mais je ne pense pas que ce soit là le sens du mot. Il s'associe à *placuit* ; *placuit atque convenit* (art. 3 et 5) ; souvent il remplace *placuit* et s'emploie comme lui (art. 1, 2, 4, 6, 7) ; il prend souvent, dans la langue mérovingienne, le sens de « il a été décidé ». Ainsi Gontran écrit : *Convenit ut, justitiæ in omnibus vigore servato, distringat legalis ultio judicum quos non corrigit prædicatio sacerdotum* (Pertz, I, 4 ; Borétius, p. 12). *Convenit* signifie souvent « il faut », « c'est un devoir de » ; exemple, dans l'édit même de Chilpéric, art. 10, *sic convenit observare*, et dans un *additamentum* à la Loi salique, *secundum legem salicam hoc convenit observari ut....* Dans la Loi ripuaire, XVI : *quod et de ingenua femina convenit observare*. L'idée qui est dans ce mot au sixième siècle n'est pas celle que nous attachons aujourd'hui au mot convention, mais celle que nous mettons dans l'expression : il convient que. Il en est autrement lorsque le mot *convenit* est suivi de la préposition *inter*.

[2] *Nobis præsentibus veniant, nos ordinamus, cui malum fecit tradatur in manu.* Art. 8, *in fine*, Borétius, p. 12. — Nous n'avons pas besoin de dire que ce *nos* est le pluriel indiquant la personne du roi ; de même à

position, qui paraît contraire à la Loi salique, ils ne disent pas qu'ils aient consulté le peuple. Ils prononcent en leur nom seul[1]. Toutefois un des manuscrits porte : « Il a été décrété par nous avec les principaux des Francs, grands de notre palais[2]. » Ces grands sont le conseil du roi, ce n'est pas le peuple. Clotaire touche aux points les plus importants du droit criminel; il ne fait aucune mention du peuple, et il déclare qu'il statue au nom de Dieu[3].

Un décret de Childebert II porte une formule de promulgation ainsi conçue : Childebert, roi des Francs, homme illustre. Comme nous, au nom de Dieu, à toutes les calendes de mars, avons examiné toutes sortes d'affaires avec nos optimates, nous voulons que la connaissance de nos décisions soit portée à tous[4]. » Ainsi, c'est avec les grands seuls que le roi a fait la loi, et le peuple a été si peu consulté sur elle qu'il faut plus tard la lui notifier[5]. Plusieurs articles de cette loi modifient le droit privé des Francs; le peuple franc n'a pas donné son avis. Le roi n'a travaillé qu'avec « ses grands »,

---

l'art. 3 : *leodes qui patri nostro fuerunt;* art. 10 : *ipsum mittemus foras nostro sermone;* art. 11 : *temporibus avi et genitoris nostri.*

[1] *Pactum pro tenore pacis*, dans Borétius, p. 4; Pertz, I, 7 : *Ut quia multorum insaniæ convaluerunt, malis pro immanitate scelerum digna reddantur. Id ergo decretum est ut apud quemcunque latrocinius comprobatur, vitæ incurrat periculum.*

[2] Holder, *Lex Salica*, manuscrit de Munich, p. 75 : *Id ergo decretum est apud nos majoresque natu Francorum palatii procerum.* Le reste de la phrase comme plus haut.

[3] *Quæ in Dei nomine constituimus, in perpetuo volumus custodire.*

[4] *Decretio Childeberti*, Borétius, p. 15; Pertz, I, 9; Holder, *Lex Salica;* Vossianus 119, p. 55; n° 4627, p. 35 : *Childebertus rex Francorum vir inluster. Cum in Dei nomine nos omnes Kalendas Martias de quascunque conditionis una cum nostris optimatibus pertractavimus, ad unumquemque notitia volumus pervenire.*

[5] Pour l'une de ces lois la notification n'a lieu que deux ans après, pour d'autres un an après.

avec « ses leudes ». Aussi dit-il : nous décrétons, nous voulons, nous ordonnons[1].

Nous avons encore un édit de Clotaire II daté de 614[2]. On sait que cet édit a été préparé par un concile d'évêques[3]. On a supposé, sans aucune preuve, qu'il avait été imposé au roi par ces évêques et par les grands ; c'est une question que nous examinerons ailleurs. En tout cas, il n'y est pas dit un mot d'un droit populaire. Spontané ou non, l'édit est fait par le roi, qui y parle comme étant l'unique législateur. Il l'appelle son édit, *edictum nostrum*. Il dit : « Notre règne sera heureux si nous nous appliquons à conserver les bonnes lois, à corriger les mauvaises ; » et c'est en vertu de cette seule raison qu'il croit devoir légiférer. Puis, après avoir établi une série de règles relatives à l'Église, à l'administration civile, aux impôts, il termine en disant que « celui qui osera violer son édit sera puni de mort ».

Il n'y a donc pas lieu d'admettre que le droit de faire les lois appartint au peuple. Visiblement il appartenait aux rois. Il est vrai que l'on est frappé de voir que le roi mérovingien légifère avec ses grands. Il se présente bien comme l'auteur de la loi, mais il assure qu'il ne l'a faite qu'au milieu d'eux, *una cum nostris optimatibus pertractavimus*. Il prend même soin quelquefois d'ajouter que tous ont été d'accord avec lui, *convenit omnibus nobis adunatis*. Que devons-nous pen-

---

[1] Article 5 : *jussimus observari* ; art. 6 : *volumus* ; art. 7 : *decrevimus*. C'est toujours le pluriel s'appliquant à une seule personne ; ainsi le roi dit, art. 2, *palatio nostro* ; art. 4 : *fisco nostro*.

[2] Borétius, p. 20 ; Pertz, I, 14 ; Baluze, I, 21.

[3] Cela est bien marqué dans l'édit lui-même, art. 24 : *Hanc deliberationem quam cum pontificibus vel tam magnis viris optimatibus aut fidelibus nostris in synodali concilio instituimus.*

ser de cet usage? Sont-ce les grands qui exigent qu'il en soit ainsi? Est-ce ici une institution aristocratique ou une institution libérale? Vient-elle de la Germanie ou est-ce une innovation mérovingienne? Toutes ces suppositions ont été faites, et l'on n'a pas manqué de voir dans cette libre discussion par les grands un contraste avec l'empire romain, où la loi n'était, dit-on, que « la volonté du prince ». Cependant ceux qui savent se mettre en garde contre les hypothèses arbitraires et les systèmes préconçus, peuvent remarquer que déjà dans l'empire romain c'était précisément par une discussion pareille que toute loi était préparée et élaborée. Le *quod principi placuit* avait toujours été préparé en consistoire. Le *cum optimatibus pertractavimus* des Mérovingiens se retrouve, en des termes analogues, sous les empereurs. Qu'on ouvre le Code Justinien, et l'on y verra cette règle formellement exprimée : « Lorsque nous jugeons nécessaire d'introduire une loi nouvelle, dit un empereur, nous la faisons examiner d'abord par les grands de notre palais, puis par le sénat, et si elle plaît à la fois à nos grands et au sénat, nous la faisons mettre en écrit et en faisons donner lecture dans une nouvelle réunion de tous; enfin, lorsque tous ont donné leur assentiment, *cum omnes consenserint*, nous confirmons cet assentiment général, cet *universus consensus*, par un acte de notre autorité[1]. » Supprimez le sénat, tout le reste est exactement

---

[1] Loi de 446, au Code Justinien, I, 14, 8 : *Humanum esse probamus si quid in publica vel in privata causa emerserit necessarium quod formam generalem et antiquis legibus non insertam exposcat, id ab omnibus antea tam proceribus nostri palatii quam gloriosissimo cœtu vestro* (le sénat) *tractari, et si universis tam judicibus quam vobis placuerit, tunc allegata dictari et sic ea denuo collectis omnibus recenseri et, cum omnes consenserint, tunc demum in consistorio recitari, ut universorum consensus Nostræ Serenitatis auctoritate firmetur.*

ce qui se passe dans l'État mérovingien : les grands discutent la nouvelle loi, et quand tous sont d'accord ou paraissent l'être, le roi fait la loi. Ainsi la discussion préalable par les grands, le *consensus* général auquel le prince se conforme ou paraît se conformer, ont été des procédés de l'empire romain avant d'être des procédés de l'État Franc. Ni dans l'un ni dans l'autre État il ne s'agit d'un droit national ou d'une institution de liberté. L'unique souci est que la loi soit suffisamment étudiée et sagement faite. Ces grands, dans l'un et dans l'autre État, ne sont que « les grands du palais », c'est-à-dire les amis du prince, ses dignitaires, ses conseillers intimes.

On a remarqué que les rois francs n'emploient pas le mot *lex* quand il s'agit de leurs ordonnances. Ils emploient plutôt les termes dont les empereurs se servaient pour désigner les leurs, *edictum*, *decretum*, *constitutio*. Le nom de loi paraît avoir été réservé, d'une part, aux lois romaines toujours vénérées, d'autre part à des coutumes nationales que l'on supposait avoir eu leur origine dans la sagesse des ancêtres. Devons-nous croire que le Droit public prononçât expressément que les rois feraient des édits et des décrets, mais ne feraient pas de lois? Il est peu probable que les théories constitutionnelles des Francs eussent de ces distinctions. D'ailleurs les prologues des deux Lois franques, celui de la Loi des Alamans, nous présentent les rois comme étant les auteurs de ces codes, en ce sens au moins qu'ils les auraient fait rédiger et y auraient introduit de nombreux changements. Si les rois ne donnent pas le nom de lois à leurs actes législatifs, leurs édits ont toute la valeur de lois, et les hommes doivent les observer « sous peine de la vie ». Notons aussi que ces édits royaux ne sont pas de simples additions aux lois nationales; ils sont parfois en opposition avec elles; ils peuvent sur plusieurs points les modifier et les transformer[1].

On ne voit donc pas que le pouvoir des rois ait été limité à telle ou telle sorte d'actes législatifs. Ce qui est vrai, c'est qu'en pratique les rois ne touchaient aux *leges* existantes qu'avec le plus grand scrupule, et que rarement ils osaient donner à leurs actes le nom de *lex*. Mais ce n'était pas un principe constitutionnel de l'État qui les en empêchait. En matière législative, ils allaient jusqu'où ils voulaient et osaient aller. Nul ne paraît avoir douté, durant ces deux siècles, que le pouvoir législatif ne leur appartînt tout entier. L'idée que

[1] Il s'est construit depuis plusieurs années un système d'après lequel les *leges* seraient radicalement distinctes des *capitula* ou *decreta* des rois; les premières seraient l'œuvre spontanée des peuples eux-mêmes, et les rois n'auraient jamais pu y rien ajouter, y rien modifier, sans convoquer l'assemblée nationale. Ce système est cher à plusieurs érudits allemands, parce qu'il appuie leur grande théorie du *Volksrecht*, et il a été adopté par quelques jeunes érudits français, parce qu'il est toujours plus court de traduire un Allemand que de chercher soi-même la vérité dans les textes. Voyez M. Thévenin, dans le volume collectif de l'École des hautes études, 1878. Par malheur, ce système ne répond en aucune manière à l'étude des documents. En effet, d'une part il est impossible de démontrer que les *leges* soient l'œuvre directe des peuples, pas plus celles des Francs que celles des Burgundes et des Wisigoths. D'autre part, nous lisons dans des textes formels que les rois francs, burgundes, wisigoths, lombards, font des *leges* ou ajoutent aux *leges* existantes. Enfin, on ne peut pas montrer dans l'espace de ces deux siècles une seule assemblée nationale qui se soit réunie, soit pour confectionner une *lex*, soit pour accepter celle qu'un roi lui aurait soumise. Les partisans de ce système ont une façon adroite d'interpréter certains textes; voient-ils que le roi ordonne à ses officiers de promulguer sa loi, vite ils supposent que le peuple est convoqué, et surtout qu'il va voter librement l'acceptation ou le rejet de cette loi; voient-ils que le roi ordonne « d'écrire ses capitulaires dans la loi », vite, et sur ces mots seuls, leur imagination se figure une assemblée nationale qui va délibérer. Mais c'est justement ce qu'aucun texte ne dit. Il n'y a nul indice de pareille chose durant toute l'époque mérovingienne. Nous reviendrons sur ce sujet à l'époque des Carolingiens.

ce pouvoir appartînt soit à un peuple, soit à un corps, n'est exprimée, même par voie d'allusion, dans aucun document.

———

Il en fut de même dans les autres États germaniques analogues à l'État franc. Qu'on regarde les codes des Burgundes, des Ostrogoths, des Wisigoths, et même des Lombards, partout on verra que c'est le roi qui a fait la loi. Sans doute il ne l'a pas faite lui seul; il l'a préparée, discutée, élaborée avec ses grands; mais il n'a pas consulté le peuple, et ce n'est pas le peuple qui l'a faite par ses délibérations et ses votes.

Au début du code des Burgundes, le roi parle ainsi : « Comme nous avons réfléchi longuement à l'intérêt et au repos de notre peuple, après mûre délibération, nos optimates étant avec nous, nous avons décidé, par notre avis et par le leur, d'établir le présent code de loi pour qu'il soit en vigueur à perpétuité[1]. » Ainsi les optimates, c'est-à-dire les comtes royaux et les grands du palais[2], ont donné leur avis; mais c'est le roi seul qui légifère. Dans chaque article, c'est lui qui parle, c'est lui qui ordonne[3]. Il exige que ses comtes mettent leur signature en tête du code; cela ne veut pas dire qu'ils en soient les auteurs; mais c'est qu'en signant tous ces person-

---

[1] *Lex Burgundionum, præfatio: Cum pro quiete et utilitate populi nostri impensius cogitaremus, quid de singulis causis conveniret, coram positis optimatibus nostris, universa pensavimus, et tam nostra quam eorum sententia mansuris in ævum legibus sumpsimus statuta perscribi.*

[2] Ibidem : *consilio comitum procerumque nostrorum.*

[3] Aussi le roi parle t-il toujours en son nom, et à la première personne du pluriel suivant l'usage : *decrevimus, statuimus, censuimus, id volumus custodiri, jubemus.* Voyez surtout aux titres 3, 45, 46, 51, 52, 76, 79 combien le législateur prend un ton personnel, tout en rappelant à plusieurs reprises qu'il a discuté la question *cum optimatibus.*

nages s'engagent, eux et leur postérité, à obéir toujours à la présente loi[1].

Le roi des Ostrogoths Théodoric promulgue une sorte de code abrégé « auquel Goths et Romains devront se conformer »[2]. Il en est le seul auteur, et il ne l'a soumis à aucune assemblée[3].

Le pouvoir des rois Wisigoths a été limité par bien des endroits; mais on ne leur a jamais dénié, en principe, la plénitude de l'autorité législative. Aussi les rois se déclarent-ils les seuls auteurs des lois. L'un d'eux rappelle comment il a promulgué les siennes : « Notre Sérénité siégeant sur un trône élevé, en présence des évêques, des grands du palais, de nos fonctionnaires, et de tout le peuple, notification de ces lois a été faite, et en conséquence elles doivent être observées dans toutes nos provinces[4]. » On voit bien ici que la promulgation a été un acte public et solennel, mais le roi se présente comme le seul auteur de ces lois.

---

[1] *Ibidem* : *Placuit etiam constitutionis nostrae seriem adjecta comitum subscriptione firmari, ut etiam per posteros custodita perpetuae pactionis teneat firmitatem.*

[2] *Edictum Theodorici*, 1 : *quae Barbari Romanique sequi debeant.* Ibidem, 154 : *quae omnium Barbarorum sive Romanorum debet servare devotio.*

[3] De même son successeur Athalaric; Cassiodore, *Lettres*, IX, 18, 19.

[4] *Lex Wisigothorum*, II, 1, 1 : *Sicut, sublimi in throno Serenitatis Nostrae celsitudine residente, videntibus cunctis sacerdotibus Dei, senioribusque palatii atque gardingis omnique populo, harum legum manifestatio claruit, ita earumdem reverentia in cunctis regni nostri provinciis debeat observari.* — II, 1, 5 : *Leges quas nostri culminis fastigium judiciali praesidens throno coram universis Dei sacerdotibus, cunctisque officiis palatinis, jubente Domino atque favente, audientium universali consensu edidit et formavit.* — On voit assez que, dans le premier de ces deux passages, les mots *omni populo* ne doivent pas être pris à la lettre; visiblement, tout le peuple du royaume ne s'est pas réuni; c'est une expression convenue, une sorte de formule de chancellerie, comme dans l'édit de Chilpéric que nous avons cité. D'ailleurs, le second passage omet le mot *populus* et ne parle que des évêques et des hommes du palais.

Les rois Lombards possèdent aussi l'autorité législative; Rotharis, Liutprand, Ratchis, Aistulf, promulguent des codes de lois. Jamais le peuple lombard ne s'est assemblé pour discuter ces lois ou pour voter leur acceptation. Seulement le législateur a soin de dire, ainsi que font les Mérovingiens, qu'il a préparé ses lois dans la réunion des grands. Ces grands, d'ailleurs, ne sont autres que les fonctionnaires du roi [1]. L'un de ces princes explique bien quelle est la nature de leur assemblée : « Nous avons mandé, dit-il, de toutes les parties de notre royaume, nos fonctionnaires et nos fidèles; réunis auprès de nous, nous leur avons donné connaissance de ces lois; ils les ont discutées entre eux et se sont mis d'accord avec nous; après quoi, nouvelle lecture en a été faite, et tous ont donné leur assentiment [2]. » C'est donc la réunion des fonctionnaires royaux et des fidèles particuliers du roi qui a discuté et élaboré la loi, ce n'est pas un peuple.

[1] Les fonctionnaires royaux sont appelés *judices*; nous verrons plus loin que chez les Lombards il y a un *judex civitatis* nommé par le roi et révocable par lui. C'est dans les réunions de ces *judices* autour du roi que les lois sont préparées. Rotharis, 380 : *consilio et consensu cum primatos judices.* — Grimoald, *præfatio* : *Per suggestionem judicum.* — Liutprand : *una cum judicibus et reliquis Langobardis fidelibus nostris...., Dum nostri ad nos conjungerent judices.... Capitula quæ nobis et nostris judicibus atque fidelibus recta comparuerunt.*

[2] *Leges Langob.*, Liutprand, *anno quartodecimo, proœmium*: *Judices atque fideles nostri de partibus Austriæ et Neustriæ nobiscum adfuerunt, et hæc omnia inter se conlocuti sunt, et nobis renuntiantes, nobiscum pariter statuerunt atque diffinierunt ; et cum præsentaliter fuissent capitula ista relecta, omnibus placuerunt, et prebentes adsensum statuerunt nobiscum ut per ordinem scriberentur.* — Aistulfe, *quinto anno, prologus* : *convocatis ex diversis partibus regni nostri pertinentibus judicibus.* — Sur ces *judices*, voyez plus bas, chapitre X, à la fin.

## CHAPITRE VII

### Étendue du pouvoir royal.

Dans les études précédentes nous avons constaté qu'il n'existait ni assemblée nationale qui possédât des droits politiques, ni corps aristocratique qui eût des traditions d'indépendance; pas de peuple élisant ses rois; pas de peuple faisant ses lois. Il n'y avait donc à côté du roi ou en face de lui aucune institution qui limitât sa puissance[1]. Cela s'explique. D'une part, les populations gallo-romaines n'avaient aucune pratique de la vie politique et étaient accoutumées à voir toute la gestion des intérêts publics dans les mains de la classe des fonctionnaires impériaux; elles obéirent donc au roi franc comme elles avaient obéi aux préfets du prétoire. D'autre part, les Francs avaient perdu depuis longtemps, ne fût-ce que par le fait de leurs migrations, les institutions de la vieille Germanie, l'assemblée nationale, la noblesse, et ils n'avaient plus, à leur entrée en Gaule, d'autre institution politique que la royauté. Aussi n'y a-t-il pas d'indice, ni que les Romains aient essayé de tenir tête au pouvoir royal, ni que les Francs aient réclamé l'exercice de droits politiques ou le retour à de vieilles libertés.

Quelques actes d'insubordination que racontent les chroniqueurs ne doivent pas faire illusion. Tantôt c'est la population d'une cité qui s'insurge pour ne pas payer d'impôts. Tantôt c'est l'armée qui se soulève contre un

---

[1] Nous laissons de côté l'Église, surtout l'épiscopat; ce n'est pas encore le moment d'en parler.

roi qui ne lui procure pas assez de butin¹. Ces émeutes et cette indiscipline n'ont rien de commun avec la liberté; elles en attestent plutôt l'absence. Si ces hommes avaient possédé des institutions libres, s'ils avaient eu des assemblées nationales, s'ils avaient voté leurs impôts et décidé leurs guerres, les trois ou quatre émeutes qui nous sont racontées n'auraient pas eu de raison d'être.

Il n'existait ni un peuple gallo-romain ni un peuple franc, dans le sens que nous donnons aujourd'hui au mot peuple. Lisez tous les documents de ces deux siècles, histoires, lois, chartes, vous n'y trouverez pas une seule fois que les Francs forment un *populus* distinct de la population romaine. Aucune des deux races ne constituait un corps politique. Ce n'est pas que dans les documents du sixième et du septième siècle le mot *populus* ne se rencontre très souvent. Mais observez chacune des phrases où il se rencontre, et vous reconnaîtrez qu'il signifie tout autre chose qu'un corps politique. Il désigne, par exemple, la masse des fidèles réunis dans une église², ou bien le public qui assiste à une cérémonie, qui est témoin d'un acte³, ou encore les gens

---

¹ Grégoire de Tours, III, 11; IV, 2; IV, 14; V, 29; VI, 31; IX, 30.
² Voyez, par exemple, Grégoire, VII, 8 : *Quadam die dominica, postquam diaconus silentium* POPULIS *ut missæ auscultarentur indixit, rex conversus ad* POPULUM *dixit : O viri cum mulieribus qui adestis.... Hæc eo dicente omnis* POPULUS *orationem fudit ad Dominum pro rege.* — Cf. Concile d'Agde, art. 47 : *Ante benedictionem sacerdotis* POPULUS *egredi non præsumat.* De même, concile d'Orléans de 511, art. 26 : POPULUS *de ecclesia non discedat ante quam....* — Fortunatus, *Vita Germani*, 33 : *Cum populo ad missam progreditur.*
³ Grégoire, *Miracula Martini*, I, 18 : *Populo teste.* — Fortunatus, *Vita Marcelli*, 10 : *In prospectu populi.* — *Miracula S. Benedicti*, I, 22 : *Solemne festum S. Benedicti quo conventus multorum populorum confluere monasterio solet.* Ces exemples, que nous pourrions multiplier, montrent assez quelle idée les hommes mettaient dans le mot *populus* et même dans le pluriel *populi*.

d'un pays¹ ; quelquefois aussi, la basse classe ; mais jamais il n'est employé avec le sens d'organisme politique, de peuple souverain, de corps constitué légalement et agissant en droit. Pas une fois à côté de ce mot *populus* nous ne voyons l'indice d'une délibération, d'une réunion légale, d'une volonté populaire. Partout nous devons le traduire par population et non par peuple. C'est qu'aujourd'hui nous attachons au mot peuple l'idée de corps politique, et que les hommes du sixième siècle n'attachaient pas cette idée au mot *populus*.

Le sens propre de certains termes à chaque époque est plein d'enseignements pour l'historien. Regardez l'adjectif *publicus* ; il est fréquent dans la langue mérovingienne, et pour peu qu'on soit familier avec cette langue, on en voit le sens par des centaines d'exemples. Pas une fois il ne signifie « populaire » ; il signifie « royal ». La *villa publica Bernacum* n'est pas un domaine du peuple, c'est le domaine royal de Bernay, comme le *Vernum palatium publicum* est le palais royal de Vern². Un *vicus publicus* n'est pas davantage un

---

¹ Grégoire, *Hist.*, X, 3 : *Campaniæ populo* ; X, 27 : *Campaniensis populus* ; V, 29 : *Lemovicinus populus* ; VIII, 30 : *Biturici, Santonici, cum reliquarum urbium populo* ; IX, 20 : *Parisiensis civitas cum populo suo*.

² *Victoriacus villa publica* est le domaine royal de Vitry (*Vita Columbani*, 31). De même *Villa publica Bernacum* (*Contin. Fredeg.*, Bouquet, V, 2) ; *Verno palatio publico* (Borétius, p. 33) ; *Attiniacum villa publica* (Borétius, p. 221) ; *Heristallum villa publica* (charte de 780). — *Erat rex apud Spinsiam villam publicam* (Frédégaire, *Chron.* 36). — *Vernum fiscum publicæ ditionis* (*Vita Eucherii*, c. 8, Mabillon, *Acta SS*, III, 590). — Notons qu'au temps de l'Empire les mots *villa publica* avaient déjà le sens de domaine impérial ; Eutrope, X, 4 : *Nicomediæ, in villa publica obiit Constantinus*. — Ammien Marcellin, XXIX, 6, 7 : *Filia Constantii in publica villa quam appellant Pistrensem*. — De même, dans la langue de l'Italie du sixième siècle, *publicum patrimonium* est le domaine impérial, *homines publici* sont les hommes qui appartiennent à l'empereur (Grégoire le Grand, *Lettres*, XI, 10).

village du peuple; c'est un village du roi, c'est-à-dire un grand domaine qui appartient au roi[1]. Ce que l'auteur de la *Vie de Saint-Gall* appelle *possessiones publicæ*, ce sont les domaines royaux[2], de même que *fiscus publicus* est le trésor royal[3]; car le peuple, nous le verrons bien dans la suite, n'a pas de trésor. Nous trouvons avec le même sens *ærarium publicum*[4]. L'impôt qui est payé au roi s'appelle *publicum tributum, publica functio*[5]. Quand nous rencontrons les mots *reddere in publico, solvere in publico*, il s'agit de payements à faire au trésor royal[6]. Grégoire de Tours, dans une même page, parlant des mêmes trésors, les appelle *thesauri publici* et *thesauri regum*[7], tant les deux expressions sont synonymes. La *moneta publica* est assurément la monnaie royale[8], et, dans les diplômes, tous ceux qu'on

---

[1] *Compendium vicus publicus* Bède, *Hist. eccles.*, III, 28) est la même chose que *Compendium palatium* des diplômes (Pardessus, n° 367, 394, 400) ou *Compendium villa nostra* (Pardessus, n° 453), c'est-à-dire le domaine royal de Compiègne. — Dans un diplôme aux Archives nationales, Tardif, n° 19, *Morlacas vico publico* est une villa royale.

[2] *Vita S. Galli*, c. 21, Mabillon, *Acta SS.*, II, 242 : *Ut rex audivit eum in publicis possessionibus commorari, jussit fieri conscriptionem firmitatis ut vir sanctus locum quem incolebat per auctoritatem regiam obtineret* : « Dès que le roi, Sigebert II, sut que Gallus s'était arrêté sur des terres royales, il fit faire un acte de donation afin que le saint homme occupât désormais ces terres par diplôme royal. » Il est visible que, si le roi donne ces terres par diplôme régulier (tel est le sens du mot *auctoritas*), c'est que ces terres lui appartenaient en propre; l'expression *possessiones publicæ* est donc synonyme de *possessiones fiscales* qu'on trouve ailleurs. (Grégoire, IX, 19).

[3] Grégoire de Tours, *Mirac. S. Juliani*, c. 17.

[4] Grégoire, *Hist.* VIII, 36.

[5] Grégoire, *Hist.* V, 27; VII, 23. — De même, *census publicus. Vita Eligii*, I, 15 : *Erat tempus quo census publicus erat thesauro regis inferendus.*

[6] Grégoire, *De gloria confessorum*, 63; Cf. *Lex Alamannorum*, 31; *Edictum Chlotarii*, art. 7 et 23.

[7] Grégoire, *Hist.*, VI, 45; comparez, édit. Guadet, p. 458, lignes 2 et 10.

[8] *Vita Eligii*, I, 3 : *Abbo qui in urbe Lemovicina publicam fiscalis monetæ officinam gerebat.* — Ibidem, II, 76 : *Moneta publica.*

appelle *agentes publici* sont les agents du roi[1]. Ainsi, dans la société mérovingienne, le mot *publicus* se dit, non de ce qui appartient au peuple, mais de ce qui appartient au roi. Ce petit détail de langage est significatif. Il caractérise la conception d'esprit d'une époque. L'idée de peuple s'est retirée des mots mêmes qui autrefois s'étaient spécialement appliqués au peuple. Le terme *publicus* reste dans la langue, mais, ne pouvant s'appliquer au peuple qui n'existe plus, il s'applique au roi qui seul existe. On ne conçoit plus comme « public » que ce qui est royal. Le peuple, l'État, se sont absorbés et perdus dans la royauté.

C'est qu'à cette époque nul ne conçoit le peuple comme un corps vivant par soi. On ne voit en Gaule ni un peuple franc ni un peuple romain, on ne voit qu'une population. Il y a une multitude d'êtres humains, il n'y a pas un organisme populaire. La royauté est la seule institution qui soit debout et vivante. Il n'y a de force, si l'on excepte l'épiscopat, qu'en elle. Aucune loi, aucune règle traditionnelle, aucune force légale ne la limite. Le gouvernement de l'époque mérovingienne est la monarchie pure.

Le titre officiel du roi était *rex Francorum*. Il y joignait d'ordinaire une épithète latine, surtout celle de *gloriosus*, et sa chancellerie accolait volontiers à son

---

[1] *Agentes publici* (*Chlotarii præceptio*, c. 11, Borétius, p. 19); *actores publici* (Archives nationales, Tardif n° 21). Cf. *Formules*, Rozière n° 32 : *omnibus curam publicam agentibus*. — Nous n'avons pas besoin de dire que *publicus* conserve quelques autres significations anciennes; *publice* veut dire en public; dans quelques formules, *curia publica* signifie la curie de la cité, les *codices publici* sont les registres municipaux, et l'on trouve même encore *respublica* désignant une municipalité tout comme dans le Digeste; mais le cas le plus fréquent de beaucoup est celui où *publicus* est synonyme de *regalis*.

nom le qualificatif de *vir illuster*[1]; mais le vrai titre qui marquait son autorité était celui de *rex Francorum*; c'est celui qu'on trouve sur tous les diplômes.

Il ne faudrait pas entendre par là qu'il ne fût roi que des Francs. Nul doute qu'il ne le fût aussi bien des Romains. Dans l'expression *rex Francorum*, le mot *Francorum* n'offrait plus à l'esprit l'idée d'une race spéciale. Il finit par désigner la nationalité nouvelle qui s'était formée du mélange de toutes races entre le Rhin et les Pyrénées. Tout cela s'appela le royaume des Francs, et ce nom prévalut par l'unique raison que les rois étaient des Francs. Cette famille royale était si forte, dans la faiblesse de toutes les autres institutions, qu'elle donna le nom de sa nationalité à la nation tout entière.

Il faut écarter l'idée que le roi exerçât sur une race une autorité d'un certain genre, et une autorité d'autre nature sur l'autre race. Il avait les mêmes pouvoirs sur toutes les deux. Sur toutes les deux il exerçait ces pouvoirs de la même façon et par les mêmes agents. A la prestation du serment qui avait lieu à chaque nouveau règne, Francs et Romains étaient également appelés; ils se réunissaient dans les mêmes circonscriptions; ils prêtaient le même serment, sur les mêmes reliques, entre les mains du même fonctionnaire royal[2]. Dans toutes leurs ordonnances, les rois s'adressent indistinctement

---

[1] Je n'adhère pas à la théorie qu'a proposée sur ce point M. Julien Havet, et je présenterai ailleurs les textes très nombreux qui m'empêchent d'y adhérer. Elle a d'ailleurs été combattue énergiquement par M. H. Bresslau en Allemagne, par M. Pirenne en Belgique, et en France par M. Gasquet, *L'empire byzantin et la monarchie franque*, p. 135-143.

[2] Formules de Marculfe, I, 40, Zeumer, p. 68; de Rozière, n° 4 : *Omnes pagenses vestros, Francos, Romanos vel reliqua natione degentes congregare faciatis....*

à tous leurs sujets. Jamais ils ne séparent les Francs des Romains, et ils imposent à tous leurs volontés. Une série de traits, que nous allons citer, montre que dans leurs actes ils ne regardaient jamais à la race et qu'ils traitaient les Francs avec le même arbitraire que les Romains.

Grégoire de Tours a bien connu les rois francs; il les dépeint comme des rois absolus. Dans son histoire du vase de Soissons, il montre le roi tuant un guerrier non par jugement, mais par vengeance arbitraire, sans que les autres guerriers protestent. Il y a dans son histoire de Clovis un mot bien caractéristique; Clovis dit aux Francs de Cologne : « Vous n'avez plus de roi, tournez-vous vers moi afin d'être sous ma protection[1]. » Cette expression, que Grégoire n'a sans doute pas inventée, caractérise le rapport entre roi et sujets. Les sujets sont sous la protection, non des lois, non des coutumes, non d'un droit public quelconque, mais du roi seul. Ce roi, seul protecteur, est visiblement un maître unique et absolu.

Grégoire de Tours représente ensuite les fils et les petits-fils de Clovis comme des princes qui font tout ce qu'ils veulent. Ils se partagent le royaume sans prendre l'avis des populations. Ils portent la guerre en Thuringe, en Burgundie, en Bretagne, en Espagne, en Italie, comme ils veulent. Ils font à leur gré les levées de soldats; il leur suffit d'envoyer un ordre à leurs comtes, et aussitôt toute la population valide prend les armes[2]. Ils lèvent les impôts à leur gré et sur toute la population[3]. L'un d'eux, Chilpéric fait une ordonnance sur le dogme de la Tri-

---

[1] Grégoire, II, 40 : *Convertimini ad me, ut sub mea sitis defensione.*
[2] Grégoire, IV, 50; IV, 51; V, 1; V, 27; VI, 31; IX, 31; X, 3.
[3] Voyez plus loin, chap. XI.

nité¹. Il modifie l'alphabet latin, y ajoute plusieurs lettres, non germaniques, mais grecques, et il enjoint d'employer ce nouvel alphabet dans toutes les écoles du royaume². Il faisait des ordonnances à son gré, et il y ajoutait d'ordinaire cet article : « Si quelqu'un n'obéit pas à nos ordres, nous lui ferons crever les yeux³. » Enfin, tous ces rois, même les meilleurs, mettaient à mort les hommes qui leur déplaisaient, fussent-ils parmi les plus grands, fussent-ils de race franque⁴. Voyez ce langage du roi Gontran parlant aux plus grands personnages de son royaume : « Si vous désobéissez à mes ordres royaux, sachez que la hache abattra votre tête... Si quelqu'un méprise nos ordres, qu'il meure⁵. »

Qu'on regarde maintenant les lois franques, c'est-à-dire ces deux codes qui ont été écrits par des Francs et pour les Francs : c'est encore la monarchie absolue qu'on y trouve. Non seulement il n'y est jamais parlé du peuple comme corps politique, mais le roi y est présenté comme un souverain dont toute volonté doit être obéie. La Loi salique marque dans plusieurs articles que le roi est le juge suprême des procès et des crimes⁶.

---

¹ Grégoire, V, 45 : *Chilpericus rex scripsit indiculum ut sancta Trinitas, non in personarum distinctione, sed tantum Deus nominaretur.* Et il dit à un évêque : *Sic volo ut tu et ceteri doctores ecclesiarum credatis.* Bien entendu, les évêques résistèrent.

² Grégoire, ibidem : *Addidit litteras litteris nostris, id est ω, ψ, ζ, et misit epistolas in universas civitates regni sui ut sic pueri docerentur.*

³ Grégoire, VI, 46 : *Et in præceptionibus quas ad judices pro suis utilitatibus dirigebat, hæc addebat : Si quis præcepta nostra contemserit, oculorum avulsione multetur.*

⁴ Voyez l'histoire de Boantus (Grégoire, VIII, 11); celle de Magnovald (ibid., VIII, 36); celle de Chundo (ibid., X, 10).

⁵ Grégoire, VIII, 30 : *Certe si vos regalia jussa contemnetis et ea quæ præcipio implere differtis, jam debet securis capiti vestro submergi.... Si quis legem mandatumque nostrum respuit, jam pereat.*

⁶ *Lex Salica*, XVIII, XLVI, LVI.

Elle déclare que la désobéissance à une simple lettre royale est punie de la même peine que le meurtre[1]. Elle accorde au roi de singulières prérogatives : le rapt d'une jeune fille est ordinairement puni de trente *solidi*; mais la peine est doublée si la jeune fille s'était mise antérieurement sous la protection du roi[2]. Le viol d'une esclave est puni d'une amende de quinze solidi au profit du maître ; mais si le maître est le roi, l'amende est double[3]. L'homme libre qui est admis dans la truste du roi vaut par cela seul trois fois plus que les autres Francs; et l'homme romain qui est « convive du roi » vaut plus que le Franc libre[4]. Ainsi la loi accorde que la seule faveur du roi élève un homme légalement au-dessus des autres hommes. Cette loi a deux mesures de justice, et sa pénalité varie suivant que la victime d'un meurtre est un simple Franc ou un homme cher au roi.

Des deux lois franques, celle qui a été faite en Austrasie, c'est-à-dire dans la partie la plus germanique du royaume, est celle qui marque avec le plus de force le devoir d'obéissance des sujets envers le roi. « Celui qui s'inscrit en faux contre un diplôme royal, paye ce crime de la vie[5]. » Et ailleurs : « Tout homme qui a une mission du roi, ou qui va vers le roi, ou qui marche au service du roi, doit recevoir le gîte et l'hospitalité ; qui le lui refusera payera soixante solidi[6]. » Et enfin : « Si un homme a été infidèle au roi, qu'il

---

[1] *Lex Salica*, XIV, 4 : *Si quis... de rege habuerit præceptum... et aliquis contra ordinationem regis testare præsumpserit, solidos CC culpabilis judicetur.*

[2] *Lex Salica*, XIII, 4 et 6.

[3] *Lex Salica*, XXV.

[4] *Lex Salica*, XLI.

[5] *Lex Ripuaria*, LX, 6 : *Quod si testamentum regium absque contrario testamento falsum clamaverit, non aliunde quam de vita componat.*

[6] *Lex Ripuaria*, LXV, 3.

composé de la vie et que tous ses biens soient acquis au fisc[1]. »

Nous avons déjà vu que cette famille considérait la royauté et le royaume comme sa propriété, et que les frères se les partageaient entre eux suivant les règles du droit privé. Non seulement toutes les affaires publiques étaient dans les mains du roi, non seulement il était le maître de la paix et de la guerre, des impôts, des lois, de la justice, mais il pouvait même intervenir dans les affaires privées avec un pouvoir arbitraire. Nous voyons des rois mérovingiens prescrire à de riches orphelines d'épouser des maris choisis par eux[2].

L'expression de la volonté royale était souvent appelée *bannus*[3]. Or il y a un article de la Loi ripuaire ainsi conçu : « De celui qui n'observe pas le ban du roi. Si quelqu'un a été appelé par le ban du roi pour le service du roi, soit pour l'armée, soit pour tout autre service, et s'il n'a pas obéi, sauf le cas de maladie, il payera soixante solidi[4]. » Ainsi l'homme libre doit obéir à toute

---

[1] *Lex Ripuaria*, LXIX.

[2] Grégoire, IV, 13; IV, 47; VI, 16. — L'édit de Clotaire de 614, art. 18, fait allusion à cet abus et promet de ne pas le renouveler, au moins pour les religieuses. Il y est fait allusion aussi dans les actes du concile d'Orléans de 541, art. 22, et dans ceux du troisième concile de Paris de 557, art. 6.

[3] Le mot apparaît pour la première fois dans Grégoire de Tours; mais il devait être déjà ancien dans la langue même des Gallo-Romains, car Grégoire l'emploie dans son sens dérivé, celui d'amende pour avoir désobéi au ban du roi; V, 27 : *Chilpericus rex de pauperibus et junioribus ecclesiarum bannos jussit exigi.* — Nous trouvons le verbe *bannire*, avec le sens de ordonner, dans la *decretio Childeberti*, art. 8 : *Ita bannivimus ut.* — *Bannire* n'est pas dans la Loi salique. Il est dans la Loi ripuaire; LXV : *In utilitatem regis bannitus*; LXVII, 2 : *In hostem bannitus.* — Il est aussi dans une formule de Marculfe, I, 40 : *Omnes pagenses vestros bannire et congregare faciatis.* Le mot devient fréquent dans Frédégaire.

[4] *Lex Ripuaria*, texte A, LXV, texte B, LXVII : *De eo qui bannum non*

convocation, non seulement quand il s'agit du service militaire, mais pour toute espèce de service que le roi exige de lui.

On s'est demandé si cette royauté absolue était d'origine germanique ou était la continuation de la monarchie romaine. Le titre de *rex Francorum* est assurément germanique. Encore faut-il noter que ce qu'il y a de plus germanique dans l'expression, ce n'est pas le mot *rex*, c'est le mot *Francorum*. Il est, en effet, très singulier que, les hommes de race franque n'étant qu'une partie infiniment petite de leurs sujets, ces rois aient toujours conservé ce titre. S'ils avaient voulu prendre un titre nouveau, ils se seraient appelés *reges Galliæ*; ils ne le firent jamais. On remarquera même que ceux qui régnèrent en Burgundie, comme Gontran, ne prirent pas le titre de *rex Burgundiæ*. Les autres ne s'intitulèrent jamais *reges Neustriæ*, *reges Austrasiæ*. On fera la même remarque sur les rois goths et lombards; ils ne s'appelèrent jamais *reges Hispaniæ*, *reges Italiæ*. C'est apparemment qu'aucun de ces rois n'eut l'idée de changer son ancien titre. Ils plaçaient l'origine de leur royauté dans l'âge assez lointain où ils ne régnaient que sur des Francs, sur des Wisigoths, sur des Lombards, et ils restèrent fidèles aux titres traditionnels.

Il y a d'ailleurs peu de ressemblance entre cette royauté toute-puissante des Mérovingiens et la royauté des anciens Germains dont Tacite avait dit « qu'elle n'était ni illimitée ni indépendante »[1]. Il est vrai qu'entre l'époque de Tacite et celle de Clovis la nature

---

*adimplet. Si quis legibus in utilitatem regis, sive in hoste sive in reliquam utilitatem bannitus fuerit, et minime adimpleverit, si egritudo eum non detinuerit, 60 solidos multetur.*

[1] Tacite, *Germanie*, 7 : *Nec regibus infinita aut libera potestas.*

de la royauté avait pu se modifier beaucoup. L'hérédité et le partage entre les fils étaient, au quatrième et au cinquième siècle, également en usage en Germanie et dans l'Empire. Les partages arbitraires du royaume ressemblent grossièrement aux partages de l'empire romain; mais ils ressemblent encore plus à ce que faisaient les rois des Alamans et des Burgundes.

Mais à côté de cela il y a un grand nombre de faits qui rendent l'imitation romaine bien visible. Le roi a le qualificatif de *vir illuster*, qui était celui du préfet du prétoire des Gaules et du maître des milices, auxquels Clovis se substitua. La conservation de ce qualificatif n'a pas une grande portée; elle marque du moins, à notre avis, que la chancellerie des préfets du prétoire passa aux rois mérovingiens. On peut noter encore que le roi est souvent appelé du titre impérial de *princeps*[1].

Il y avait eu des insignes royaux dans l'ancienne Germanie[2]; mais les rois francs adoptèrent les insignes romains. Ils se montrèrent vêtus de la chlamyde et de la tunique de pourpre, comme les anciens consuls[3]. Ils

---

[1] Le titre de *princeps* est donné aux rois francs par Grégoire de Tours, V, 20; VII, 15; VIII, 14. Il est aussi dans plusieurs Vies de Saints : *Vita Sigismundi*; *Vita Mauri*, c. 58. — Il est dans le testament de saint Léger : *Principum nostrorum* (Pardessus, *Diplomata*, t. II, p. 174), et dans plusieurs diplômes (Pardessus, n°° 354, 385, 399). — Clotaire dit en parlant de sa royauté *Clementia principalis*. Le mot est même dans l'édit de 614, art. 5 : *Si quis ad principem expetierit*. Il est enfin dans la Loi ripuaire; LXXIII, 1 : *Absque judicio principis (id est regis)*, et LXXIX : *In judicio principis*.

[2] Ammien Marcellin, XVI, 12, 24 : *Rex Chnodomarus cujus vertici flammeus torulus aptabatur*.

[3] Grégoire, II, 58 : *Tunica blatea indutus et chlamyde, imponens vertici diadema*. — III, 28 : *Ornamentis quæ regem habere decet*. — Fortunatus, *Vita Radegundis*, c. 13 : *Indumentum nobile quo, celeberrima die, solebat pompa comitante regina procedere, exula, ponit in altare blattas gemmataque ornamenta*. — Frédégaire, c. 38 : *Exutum vestibus regalibus*. — *Gesta Dagoberti*, c. 59 : *Cum super solium aureum*

prirent le sceptre, le trône d'or, la couronne d'or. Ils rétablirent les jeux du cirque et s'y montrèrent en spectacle à la population [1]. Ils appelaient leur trésor du nom de *fiscus*, comme les empereurs [2], ou encore *sacellum publicum* [3], et, comme les empereurs encore, ils désignaient quelquefois leurs lettres par le mot *oracula* [4]. Enfin leur palais était le *sacrum palatium* [5].

Tous ces rois parlaient le latin, et on leur parlait en latin [6]. Il est curieux d'observer les termes que les hommes employaient en s'adressant à eux. Ils leur disaient : « Votre Gloire », « Votre Sublimité », « Votre Excellence » [7]. Le roi en parlant de lui-même disait « Notre Sérénité », « Notre Clémence » [8]. Tous ces termes

---

*coronatus resideret.* — L'auteur de la *Vie de saint Maur* montre le roi Théodebert *regali indutus purpura* (Mabillon, II, 530, c. 48).

[1] Grégoire, V, 18, *in fine*. Procope, *De bello Gothico*, III, 33.

[2] *Lex Salica*, XLIV, 2 ; *Lex Ripuaria*, LXVII.

[3] *Diploma Childeberti III*, a. 705, Pardessus n° 463, Pertz n° 74.

[4] *Diploma Chlodovei III*, a. 691, Pertz n° 58, Pardessus n° 417.

[5] Marculfe, I, 34 ; *Diplomata*, Pardessus n° 348.

[6] Fortunatus dit au roi Caribert : *Floret in eloquio lingua latina tuo.* La manière de louer est caractéristique. Fortunatus écrivant à Caribert le compare à Trajan ; veut-il louer un des Francs de la cour, il le compare aux Scipions et aux Fabius. Il faut croire que ces sortes d'éloges plaisaient à ceux à qui ils étaient adressés.

[7] Grégoire, IV, 47 : *Andarchius dixit : Ideo Gloriæ Vestræ præceptionem deposco.* — VIII, 30 : *Quæ Gloria Vestra profert.* — *Epistola synodi Parisiensis ad regem Sigibertum : Gloria Vestra* (Sirmond, I, 353). — *Vita Mauri*, c. 47 : *Si Vestræ placet Celsitudini.* — L'évêque saint Amand écrit au roi Sigobert IV : *Sublimitas Tua.* Grégoire le Grand écrit au roi Thierri : *Excellentiæ vestræ* (Bouquet, IV, 54). — Bertramn dans son testament (Pardessus, I, p. 201) s'adresse ainsi à Clotaire II : *De eo quod Gloria Vestra nobis contulit præsumentes in hoc testamento Vestram Celsitudinem memorare...*

[8] Marculfe, I, 33 : *Venerabilis vir ille abba Gloriæ regni nostri petiit.* — Archives nationales, Tardif n° 6 : *Clementiæ regni nostri petiit.* — *Diplomata*, Pertz n° 13, Pardessus n° 319 : *Serenitas Nostra.* — Diplôme de Chilpéric, Pardessus, n° 190 : *Adierunt Serenitatem Nostram obsecrantes.* — Marculfe, I, 16 : *Episcopus ille Clementiæ regni nostri detulit.* — Ibid., I, 19 : *Petiit Celsitudini Nostræ.* — *Chlotarii regis constitutio : Usus est Clementiæ principalis.*

étaient ceux qu'on employait à l'égard des empereurs romains ou qu'ils employaient eux-mêmes[1]. Le titre de Majesté ne fut pas pris par les Mérovingiens.

Le roi franc appelait les hommes ses sujets[2], *subjecti*; ceux-ci l'appelaient leur maître, *dominus noster*[3]; et les Francs employaient cette expression aussi bien que les Romains[4]. Tous indistinctement disaient au roi qu'ils étaient ses serviteurs, *servi vestri*[5], et le terme qui désignait l'obéissance envers le roi était *servire*[6]. Un jour le roi Gontran dit à une réunion des principaux

---

[1] Code Théodosien, XVI, 5, 46 et 54 : *Nostra Clementia*. — Code Justinien, I, 30, 2 : *Placuit Clementiæ Meæ*. Novelles de Théodose II, tit. I : *Sæpe Nostra Clementia dubitavit.... Nostræ Clementiæ fidus interpres*. — Code Justinien, I, 1, 4 : *Cunctos populos quos Clementiæ Nostræ regit imperium*. — Ibid., II, 44, 3 : *Qui principali Clementia impetraverunt*. — Code Théodosien, XVI, 11, 3 : *Quæ Nostra Serenitas roboravit*. — Ibid., V, 14, 7 : *Serenitas Nostra decernit*. — C. Justinien, I, 4, 15 : *Nostræ Serenitatis decretum*. Cf. Novelles de Théodose, V, 2. — Les termes *Sublimitas Tua, Celsitudo Tua, Tua Magnificentia*, étaient donnés aux plus hauts fonctionnaires de l'Empire.

[2] *Necessitatem subjectorum tractare* (Chlotarii constitutio). — *Scimus civitates istas Chlotarii regis filiis redhiberi et nos ipsis debere esse subjectos* (Grégoire, IX, 18).

[3] Grégoire, VIII, 43 : *Domino nostro regi*. — Idem, X, 10 : *Domino nostro*. — Formules d'Anjou, 36, Rozière n° 171 : *In utilitate dominorum* (*id est regum*). — L'expression *dominus* adressée au prince datait de loin ; on sait que Pline s'en servait pour parler à Trajan.

[4] Grégoire, IX, 12 : *Godegisilus dixit : Ecce maximus inimicus dominorum nostrorum*. — *Vita Mauri*, c. 52 : *Unus ex consiliariis Theodeberti nomine Ebbo dixit ei : Perpende tibi, domine mi rex*.

[5] Marculfe, I, 34, Rozière n° 412 : *A servis vestris pagensibus illis... servus vester... servi vestri*. — Marculfe, I, 7 : *Servis vestris*. — Formulæ Senonicæ, 44, Rozière n° 420 : *Inclyto et præcellentissimo illi regi ego ancilla vestra, servissima omnium ancillarum vestrarum*. — Fortunatus dit en parlant des grands de la cour : *Sic dominum ac servos divina potentia servet* (ad Bosonem, VII, 22). Il dit ailleurs en parlant d'un grand d'Austrasie : *Et domini mores, serve benigne, refers* (VII, 4). — Desiderius, évêque de Cahors, mais qui connaissait le langage de la cour pour y avoir été *thesaurarius*, écrit à Sigebert : *Reverentissime domine,... nos servos vestros....*

[6] Grégoire, VII, 13 : *Dominum nostrum recognoscimus cui servire plenius debeamus*.

guerriers francs, en leur montrant son neveu Childebert : « Voilà le roi que vous devrez servir¹. » Les grands du pays de Soissons et de Meaux s'adressent à ce même Childebert et lui disent : « Donne-nous pour roi l'un de tes fils, afin que nous le servions². » Les familiers de Chilpéric lui disent : « Le roi daigne-t-il écouter avec bonté les paroles de ses esclaves³ ? » Ces formes de langage n'empêchaient pas les Francs de se montrer quelquefois hardis et insolents ; mais la hardiesse était l'exception, l'humilité était l'habitude. Voici comment le duc Helping s'adresse au roi Thierri Iᵉʳ : « Écoute, très glorieux roi, le conseil de ma petitesse⁴. »

Les chartes écrites par des Francs et par des guerriers portent les mêmes formules et appliquent aux rois les mêmes titres que les chartes écrites par des Romains et par des ecclésiastiques⁵.

Il n'est pas douteux que dans les formes de langage

---

¹ Grégoire, VII, 33 : *Cohortabatur rex exercitum dicens : Rex est cui vos deservire debetis.*

² Grégoire, IX, 35 : *Tunc viri fortiores* (cette épithète a le même sens que *majores natu, seniores,* etc.)... *venerunt ad regem dicentes : Da nobis unum de filiis tuis ut serviamus ei.*

³ Grégoire, V, 21 : *Accedentes ad regem familiares ejus dixerunt : Si propitius audire dignaretur rex verba servorum suorum, loquerentur in auribus tuis.*

⁴ Grégoire, *Vitæ Patrum,* IV, 2 : *Audi, gloriosissime rex, consilium parvitatis meæ.* Il est trop commode de dire que Grégoire de Tours ne savait pas comment parlaient les Francs. Il avait connu et fréquenté beaucoup de Francs et il ne pouvait se tromper sur la manière dont ils parlaient aux rois. — Notez d'ailleurs que dans les autres royaumes les formes de langage étaient les mêmes. Voici comment un Lombard se présente devant son roi : *Pertarit adveniens ad Grimoaldum regem, cum ejus se vestigiis advolvere conatus esset, rex eum clementer retinuit... Ad quem Pertarit : Servus tuus sum, inquit* (Paul Diacre, *Hist. Langob.*, V, 2).

⁵ Voyez, par exemple, un acte conclu entre Leudégisile, Maurinus et Audégisile (*Diplomata*, n° 253). Leudégisile jure d'observer la convention *per Patrem et Christum et per salutem principis cujus nunc potestate regimur.* Voilà un langage qui rappelle celui que nous trouvons dans plusieurs inscriptions de l'empire romain.

et dans les titres extérieurs, les rois n'imitent l'empire. Il n'est pas douteux non plus que leurs sujets, Francs et Romains, ne consentent à cette imitation. La suite de ces études montrera qu'en pénétrant au fond des choses, en observant l'administration et le gouvernement, cette imitation est encore plus manifeste.

Qu'on regarde les capitulaires des rois francs, on y trouvera la même phraséologie que dans les constitutions des derniers empereurs romains[1]. « C'est le devoir de la clémence royale de réfléchir avec sollicitude aux besoins des provinciaux et des sujets et de faire des ordonnances qui assurent leur repos[2]. » Ce préambule d'un édit de Clotaire est copié presque textuellement sur une novelle de l'empereur Valentinien III[3].

Les empereurs avaient été des maîtres absolus au nom de l'intérêt public. Les rois francs associèrent aussi l'intérêt public à leur pouvoir personnel. Dans leurs ordonnances, ils ne parlent jamais de leur bon plaisir, ils parlent volontiers de l'intérêt ou matériel ou moral

---

[1] Le préambule de ces ordonnances est très variable. L'édit de Chilpéric porte *pertractantes in Dei nomine cum optimatibus*, etc., ce qui n'est pas la formule romaine. Il en est de même du décret de Childebert II. Le préambule du *Pactus pro tenore pacis* ne s'est pas conservé. Les trois capitulaires dont la phraséologie se rapproche le plus de celle de l'Empire, avec adjonction de quelques phrases inspirées par l'Église, sont ceux de Childebert I$^{er}$ (Borétius, p. 2), de Clotaire II (*ibid.*, p. 18), et du même prince (*ibid.*, p. 20).

[2] *Usus est Clementiæ principalis necessitatem provincialium vel subjectorum sibi omnium populorum provida sollicitius mente tractare, et pro quiete eorum quæcunque juste sunt observanda indita in titulis constitutione conscribere, quibus, quantum plus fuerit justitiæ atque integritatis impensum, tantum pronius amor devotionis incumbit.*

[3] Novelles de Valentinien III, tit. 26, éd. Hænel, p. 212 : *Boni principis cura vel prima vel maxima est quietem provincialium propitia sollicitius mente tractare, quibus, quanto plus fuerit humanitatis impensum, tanto pronius amor devotionis incumbit.* — Cette novelle a été insérée dans la *Lex romana Wisigothorum*, titre VIII; elle a donc été parfaitement connue en Gaule.

des peuples qui leur ont été confiés par Dieu[1]. C'est le principe romain, un peu modifié par l'inspiration des évêques. L'idée de l'utilité générale apparaît dans les chroniques, apparemment parce qu'elle était, ne fût-ce qu'à un faible degré, dans les esprits des hommes[2]. La convocation des grands auprès du roi se faisait avec cette formule : « pour le service du roi et l'intérêt du pays[3]. »

En même temps les rois francs faisaient revivre les lois impériales sur le crime de lèse-majesté[4]. Les chroniques montrent même qu'ils appliquèrent ces lois avec une égale sévérité aux Romains et aux Francs. Tombaient sous le coup de ces lois, non seulement les actes, mais les intentions et les paroles[5]. La pénalité qui suivait était la même que sous l'empire romain, c'est-à-dire la mort et la confiscation des biens[6].

[1] Voyez, par exemple, le préambule de l'édit de Childebert Ier, celui de l'édit de Gontran (Borétius, p. 2 et 11) : *Credimus hoc ad salutem populi pertinere.... Dum pro salvatione regionis vel populi attentius pertractaremus.*

[2] Grégoire, IX, 8 : *Peccavi agendo contra voluntatem vestram atque utilitatem publicam.* — Idem, V, 28 : *Illud est additum quod essent... patriæ proditores.* — *Exhortatio ad Francorum regem* (*Patrologie latine*, t. LXXXVII, p. 653) : *Pro stabilitate patriæ.*

[3] *Fredegarii Chronicon*, c. 55 : *Cum se pro utilitate regia et salute patriæ ad Chlotarium conjunxissent.* — Ibidem, c. 90 : *Flaochatus, collectis secum pontificibus et ducibus, pro utilitate patriæ tractandum mense Madio placitum instituit.* — *Vita Ansberti*, c. 22 : *Rex Theodoricus conventum magnum populorum habens, de utilitate et tutela regni tractabat.*

[4] *Vita Remigii* (Bouquet, III, 378) : *Eulogius, vir præpotens, convictus apud regem Chlodovicum de crimine regiæ majestatis.* — Grégoire, V, 26 : *Bursolenus et Dodo ob crimen majestatis læsæ, judicio mortis suscepto, unus ab exercitu vi oppressus est, alius in fuga apprehensus truncatis manibus et pedibus interiit, resque eorum fisco collatæ sunt.* — Grégoire, IX, 13 : *Baddonem pro crimine majestatis vinctum.* — Ibidem, X, 19 : *Ego novi me ob crimen majestatis læsæ reum esse mortis.*

[5] Grégoire, VI, 37 : *Lupentius incusatus fuerat quod profanum aliquid effatus de regina fuisset; sed discussis causis, cum nihil de crimine majestatis conscius esset inventus, discedere jussus est.*

[6] M. Fahlbeck, dans son livre sur la royauté et le droit royal francs, nie

Ce pouvoir monarchique a-t-il été imposé aux populations par la force? A-t-il été, au contraire, institué par une convention des hommes et par leur libre volonté? Ni l'un ni l'autre. Il était un organe de la vie sociale auquel tous étaient habitués. Il existait, il se conserva, et l'organisme entier continua de fonctionner. Ni la théorie ni la volonté des hommes n'ont été pour rien en cette affaire; il fallait vivre, et l'on a vécu.

———

Observons maintenant les royaumes fondés dans les mêmes conditions que le royaume franc, je veux dire les États constitués par des rois germains sur territoire d'empire et sur un sol désormais occupé par deux races. Ce sont les royaumes des Burgundes, des Ostrogoths, des Wisigoths et des Lombards.

C'est la même nature de royauté. En pratique, cette royauté est quelquefois très faible; en théorie, en droit constitutionnel, elle est absolue. Nulle part le peuple ne constitue un corps politique. Quand le roi Gondebaud dit *noster populus*, il entend « nos sujets »[1]. Les Ostrogoths de Théodoric, si distincts qu'ils soient des Romains, ne forment pourtant pas un organisme populaire. Ils n'ont ni assemblées ni volontés légales. Les rois lombards sont fort sujets aux révoltes, les rois wisigoths sont fort soumis à l'épiscopat; mais regardez

absolument l'imitation romaine. Pour justifier une négation si hardie, son procédé est bien simple : il laisse de côté tous les textes et tous les faits qui marquent cette imitation. Avec un pareil procédé, il est facile de construire un système.

[1] *Lex Burgundionum, præfatio : Cum pro utilitate populi nostri cogitaremus.* I, 5 : *Si quis de populo nostro....* II, 1 : *Si quis hominem ingenuum ex populo nostro cujuscumque nationis occiderit.* LXV : *Multos in populo nostro cognoscimus depravari.* Additamentum, I, 1 : *Hoc decrevimus in populo nostro custodiri.*

les lois qu'ils font; ils semblent, et ils sont en effet légalement, des monarques absolus. La loi des Wisigoths, comme celle des Ripuaires, prononce qu'il faut obéir à un ordre quelconque du roi[1]. Comme les rois francs, ou plutôt comme les anciens empereurs, on appelle ces rois Votre Gloire, Votre Sérénité, Votre Clémence[2], et leur palais s'appelle « le sacré palais ». Dans ces États aussi, comme le peuple n'existe pas légalement, le mot *publicus* s'applique à ce qui appartient au roi. Chez les Lombards, le trésor royal est appelé *publicum*, et tout fonctionnaire s'appelle d'un seul mot *publicus*[3]; tant existe peu la notion d'un peuple distinct du roi. Tous ces rois règnent sur leur population germanique avec une autorité aussi complète que sur leurs sujets romains. Si les races y restent séparées plus que dans l'État mérovingien, aucune d'elles pourtant ne forme un corps politique qui ait des droits vis-à-vis du roi.

Dans ces États, aussi bien qu'en Gaule, la royauté est la seule force légale, bien qu'il puisse y avoir à côté d'elle la force brutale des grands et la force morale des évêques. Ces rois pratiquent aussi la loi de lèse-majesté, ils frappent de la peine de mort et de la con-

---

[1] *Lex Wisigothorum*, II, 1, 33 : *Quicumque regiam jussionem contempserit, tres libras auri fisco persolvat.* C'est le pendant du titre 65 de la Loi ripuaire.

[2] *Serenitas Nostra, Clementia Nostra* (lettres de Théodoric, dans Cassiodore, 1, 33; II, 25; II, 26, etc.). — *Nostra Celsitudo, Nostra Gloria* (*Lex Wisigothorum*, II, 1, 1; II, 1, 13; IX, 2, 8, etc.). — *Nostra Clementia* (*Lex Langob.*, Liutprand, 99). — *In sacro palatio* (*Lex Lang.*, Liutprand, 83, 85).

[3] *Lex Langobardorum*, Liutprand, 35 : *Omnes res ejus ad publicum deveniant.* Voyez aussi le chapitre 78, où il est visible que *de publico* signifie du domaine royal. — Dans la même législation, aux chapitres 63, 121, 148, 152, l'homme désigné par le seul mot *publicus* est le fonctionnaire ou juge royal.

fiscation, sans distinction de race, quiconque porte atteinte à leur pouvoir ou le méconnaît[1]. Et la loi lombarde, s'exprimant à peu près comme la loi franque, proclame cette règle : « Quiconque a tué un homme par l'ordre du roi, n'est coupable d'aucune faute, parce que, comme c'est Dieu qui tient dans sa main le cœur des rois, il n'est pas admissible que l'homme que le roi a ordonné de tuer, soit innocent[2]. »

---

## CHAPITRE VIII

### Le Palais.

On a vu plus haut que dans l'empire romain ce qui s'appelait le *Palatium* était à la fois la cour de l'empereur et le centre du gouvernement[3]. Cet entourage du prince, composé de courtisans, de dignitaires, de conseillers, d'*amici*, de *comites*, d'employés de bureau, d'officiers, de jurisconsultes, de fonctionnaires et de ministres, était le grand organe de la vie politique et de l'administration. Il en fut de même sous les rois francs.

Dans les documents de l'époque mérovingienne, le

---

[1] *Lex Langobardorum*, Rotharis, 1 : *Si quis contra animam regis cogitaverit, animæ suæ incurrat periculum et res ejus infiscentur.* — Dans les lois lombardes, *anima* signifie la vie.

[2] *Lex Langobardorum*, Rotharis, 2.

[3] Code Théodosien, VI, 22, 1 *Hos solos qui intra palatium versati sunt vel administrationibus functi, ad honores excipi oportebit.* Cf. VI, 22, 5 : *Omnes qui extra palatium constituti....* VI, 16 : *De comitibus sacri palatii.* — Ammien Marcellin, XVI, 7, 5 : *Eutherius... ad palatium Constantini deducitur.* Idem, 6 : *Accitus postea in palatium.* — *Chronicon Paschale*, édit. de Bonn, p. 557 : τὸν πραιπόσιτον τοῦ παλατίου.

mot *palatium* est très fréquent. Il a deux sens. Très souvent il désigne une demeure, ce que nous appelons encore un palais ; il ne s'applique d'ailleurs qu'aux demeures royales. Dans cette acception, les Mérovingiens possédaient un grand nombre de *palatia*, qui avaient appartenu aux empereurs, aux préfets du prétoire, aux grands fonctionnaires de la Gaule[1], et qu'ils prirent naturellement pour eux. En un autre sens, mais toujours employé au singulier, le *Palatium* n'est pas une demeure, il n'est pas une construction ; il n'a même pas de place fixe et se transporte avec le roi de villa en villa ; il est une sorte d'être moral : c'est l'entourage du roi[2].

[1] *Palatium* avait aussi ce sens dans la langue de l'Empire ; il y avait dans les provinces de nombreux *palatia* où les fonctionnaires étaient logés. Code Justinien, I, 40, 15 : *Nulli judicum in civitatibus, in quibus sacra palatia vel prætoria sunt, liceat, relictis his, privatorum domus sibi vindicare.... Palatium habitationi præsidis deputetur.* Cf. Code Théodosien, XV, 1, 35.

[2] Cette vérité ressort d'un grand nombre de textes. Par exemple *palatium* a visiblement le sens que nous lui attribuons ici dans l'expression *priores palatii* (Vita Audoeni, c. 3) ; *proceres palatii* (Vita Walarici, c. 22) ; *comes palatii* (Grégoire de Tours, V, 18 ; IX, 12 ; IX, 30) ; *comes palatii nostri* (Diplomata, Archives nationales, Tardif, nᵒˢ 14, 15, 28, 30, 32). — *Universus palatii ordo*, dans la *Vita Eligii*, I, 13, signifie l'ensemble du personnel qui entoure le roi. — *Æga palatium gubernabat*, Éga était le chef de ce personnel (Frédégaire, c. 80). *Regebat palatium* (Vita Leodegarii, c. 2). — Voyez encore des expressions comme celles-ci : *Decretio Childeberti*, c. 2 : *De palatio nostro sit extraneus. Edictum Chlotarii*, a. 614, art. 1 : *Si episcopus de palatio eligitur*, c'est-à-dire si le roi choisit un évêque parmi les personnages du Palais. — Formules de Marculfe, *præfatio* : *Tam in palatio quam in pago.* — Un hagiographe dit d'un homme puissant à la cour : *Cum maximum in palatio obtineret locum* (Vita Ebrulfi, c. 3). Cf. *Innutriti in palatio regis*, élevés à la cour du roi (lettre d'Abbo, dans Bouquet, IV, 46). — *Universa palatii officia* (Vita Agili, c. 3). *Cunctis palatii ministeriis* (Vita Boniti, c. 3). *Siagrius, post diutina palatii ministeria et familiaria regis contubernia* (Vita Desiderii Cat., c. 1) ; ce dernier exemple marque bien que le *palatium* est le *contubernium regis*, l'entourage du roi.

On l'appelle aussi *aula*, la cour, ou *aula palatina*, ou encore *domus regia*[1]. Ces expressions sont celles de l'empire romain, avec cette différence que l'empire y ajoutait les épithètes de *sacra* ou de *divina*. Au temps des empereurs on avait dit le sacré palais, *sacrum palatium*; cette expression cesse d'être officielle chez les rois francs; pourtant elle ne disparaît pas tout à fait et nous la retrouvons dans quelques textes[2].

Les hommes qui faisaient partie du palais étaient appelés dans la langue du temps *aulici* ou *palatini*, termes qui étaient déjà usités sous l'Empire[3]. La manière dont ces termes sont toujours employés dans les textes fait bien voir qu'on y attachait un sens tout à fait honorable. Être de la cour, vivre dans le palais, était un titre et un privilège fort envié. Les hagiographes de

[1] *In aula regia* (Vita Lantberti, c. 3) : *In aula regali* (Vita Sigiranni, c. 5). *In aula regia* (Testamentum Desiderii, dans les *Diplomata*, n° 323). — Fortunatus, *Carmina*, IV, 19 : *Ipse palatina refulsit clarus in aula*. — *In aula palatii* (Vita Ragneberti, Bollandistes, juin, II, 691). *In aulam regis* (Vita Ansberti, ibid., février, II, 348). — *Palatina domus* (Fortunatus, IV, 24). *Domus nostra* (Lex Burgundionum, præfatio). — On peut noter dans la *Vita prior S. Wandregisili*, c. 7, qu'on croit écrite par un contemporain, que le palais est appelé dans la même phrase *palatium*, *aula*, et même *consistorium principis* (Mabillon, *Acta SS. ord. Bened.*, II, 528; cf. II, 536).

[2] *Consultu sacri palatii* (Vita Tygriæ, c. 12; Bollandistes, 25 juin). *Major domus sacri palatii* (Vita Leodegarii, ibid., octobre, I, 464). *Majores domus sacri palatii* (charte de 663, Pardessus n° 348). On trouve de même *sacer fiscus* dans une charte de 650, n° 346, et *sacratissimus fiscus* dans deux chartes de 677 et de 690, n°s 384 et 413. Enfin on lit *in sancto palatio* dans l'*Exhortatio ad Francorum regem*.

[3] *Aulici regii* (Grégoire de Tours, V, 19; VI, 35). *Gratus regi et aulicis* (Vita Columbani, c. 12). *Aulici palatini* (Grégoire, X, 29). *Inter aulicos* (Vita Ebrulfi Uticensis, Bouquet, III, 438). *Aulici regii* (Frédégaire, c. 36). *Dum quæreret quem de aulicis palatii adiret qui se præsentiæ regis sisteret* (Vita Agili, c. 2, Mabillon, II, 317). *Præ cunctis aulicis*, ibid., c. 13. — Sur ces mêmes *aulici* et ces *palatini* dans l'empire romain, voyez surtout Ammien, XXII, 4, et les *Novelles* de Valentinien III.

cette époque nous en donnent la preuve : ils commencent volontiers l'éloge de leurs héros en disant qu'ils ont été « courtisans », qu'ils ont passé de longues années « dans les services du Palais »[1]. Et notez que ce n'est pas là de leur part un blâme; ils ne songent nullement à opposer la vie mondaine de leur jeunesse à la sainteté de leur âge mûr; au contraire, ils disent que le saint s'est déjà conduit saintement à la cour; ils parlent enfin de cette vie de cour avec la pensée bien visible de rehausser celui dont ils parlent; ils veulent dire qu'avant d'être évêque ou abbé il était déjà un grand personnage[2].

Ces hommes qui vivaient dans le Palais étaient appelés aussi *nutriti*, les nourris du roi. Ce mot était peut-être la traduction d'un terme germanique; nous le trouvons déjà chez Grégoire de Tours et chez plusieurs hagiographes[3].

[1] Grégoire de Tours, X, 29 : *S. Aridius aulicis palatinis adjungitur.* — *Vita Aridii*, c. 5 : *S. Aridius vernabat in aula.* — *Vita Austregisili*, c. 3 : *Erat in palatio.* — *Vita Bercharii*, Bouquet, III, 587 : *S. Nivardus... primus in aula regis fulgebat.* — Ibid., p. 588 : *S. Remaclus in regis aula præpollens.* — *Vita Agili*, c. 14 : *Venerabilis Audoenus regi præ cunctis aulicis amabilis.* — Génésius, qui fut archevêque de Lyon, avait commencé par servir dans le Palais: *in palatio Francorum assiduus* (*Vita Balthildis*, c. 4). — *Audoenus et Eligius viri illustres tunc laicali habitu in palatio deservientes* (*Vita Sigiberti*, c. 2 et 4). — *S. Faro intra aulam regis Theodeberti nobiliter nutritus* (*Vita Faronis*, c. 11, Mabillon, II, 612). — On disait « être du Palais », *Cucilionem qui palatii regis Sigiberti fuerat* (Grégoire, V, 18, *in fine*).

[2] Voyez notamment les vies de saint Wandrégisile, de saint Aridius, de saint Sigiranne, de saint Ébrulfe, de saint Amand, de saint Bonitus, de saint Rémacle, de saint Ansbert, de saint Gérémar.

[3] Grégoire dit que Childebert, faisant roi son fils, lui forme une cour, un Palais, et s'exprime ainsi : *Cui comitibus, domesticis, majoribus, atque nutritiis, vel omnibus qui ad exercendum servitium regale erant necessarii, delegatis, eum direxit...* (Grég., IX, 36). Ducange croit qu'il faut lire *nutritis*, et cela nous paraît très vraisemblable. Quelle que soit d'ailleurs l'interprétation qu'on donne à ce passage de Grégoire, il y a d'autres textes qui marquent bien que le terme *nutritus* était d'un usage

La qualification de *convive du roi* était un titre d'honneur[1]. En le conférant à un homme, le roi faisait de lui un des premiers personnages du palais et de l'État[2] et lui donnait en même temps d'importants privilèges[3]. Il est assez vraisemblable que cette institution venait de la Germanie ; elle rappelle la phrase de Tacite qui montre le chef de guerre nourrissant ses compagnons d'armes à sa table. Toutefois il faut noter que les Romains pouvaient être « convives du roi » aussi bien que les Francs[4]. Il faut noter aussi qu'une distinction semblable existait déjà dans le Palais impérial[5]. Il

ordinaire et désignait les membres du *palatium* dans leur relation la plus visible à l'égard du roi. *Vita Wandregisili*, Mabillon, II, 536 : *Wandregisilus in aula Dagoberti nutritus et suis ministeriis adscitus.* — *Vita Sigiranni*, Bouquet, III, 547 : *Sigirannus Flaocato, causa nutriendi, adjunctus, Francorum in palatio devenit.* L'auteur de la Vie de sainte Bathilde désigne ceux qui avaient vécu à sa cour par ces mots : *quos ipsa dulciter nutrierat* (*Vita Bathildis*, c. 10). Abbo écrit à saint Didier : *In palatio regis ubi innutriti fuistis* (Bouquet, IV, 46). On sait que cette expression *nutritus* est restée dans la langue, d'où le terme un « nourri » dans la langue féodale.

[1] Le titre de *conviva regis* se trouve dans la Loi des Burgundes, XXXVIII, éd. Pertz, t. III, p. 547 ; dans la Loi salique, XLI, 5 ; dans Fortunatus, *Carm.*, VII, 16 ; dans la Vie de saint Columban, c. 50 ; dans la Vie de saint Agilus, c. 1.

[2] Fortunatus, VII, 16, montre Chondo s'élevant successivement jusqu'à obtenir le titre de *conviva*. Il est *tribunus*, puis *comes*, puis *domesticus* ; enfin le roi *jussit et egregios inter residere potentes, CONVIVAM reddens proficiente gradu.* — Dans la Vie de saint Columban, c. 50, Hagnéric, qui est *conviva*, est en même temps *consiliis regis gratus*. — Dans la Vie d'Agilus, Hagnoald est *ex primis palatii optimatibus, regis conviva et consiliarius*.

[3] La Loi salique donne au *conviva regis* un wergeld triple de celui que lui donnerait sa naissance, tit. XLI. — La Loi des Burgundes marque aussi la supériorité du *conviva regis* sur le simple homme libre, tit. XXXVIII : *Quicumque hospitium negaverit, 3 solidorum illatione multetur; si conviva regis est, 6 solidos solvat.*

[4] *Lex Salica*, XLI, 5 : *Si quis Romano homine conviva regis occiderit, solidos CCC culpabilis judicetur...; si conviva regis non fuerit, solidos C culp. judicetur.*

[5] A défaut du mot *conviva*, nous en trouvons la périphrase au Code

est donc possible que l'institution ait une double source. En tout cas, le titre de convive du roi franc peut être comparé à celui d'*amicus principis* des temps antérieurs.

Entre les hommes du Palais il y avait des rangs. Les plus élevés en dignité s'appelaient les Grands du Palais. La langue officielle les nommait *proceres palatii* ou *optimates*; la langue des écrivains les appelait *principes palatii, primi de latere regis, primi apud regem, majores natu regni*[1]. Sous ces noms divers nous devons voir toujours des courtisans, c'est-à-dire des hommes de l'entourage du roi. Certaines épithètes honorifiques, ainsi qu'au temps de l'Empire, leur étaient attachées de plein droit. Les uns étaient seulement *viri magnifici*, les autres étaient *magnificentissimi* ou *viri illustres*[2]. Quand on leur parlait, on disait : Votre

---

Théodosien, VI, 13, 1 : *Præpositos ac tribunos scholarum, qui divinis epulis adhibentur*. — Le *honos mensæ regalis* est signalé par Ammien Marcellin, XV, 5, 27, et par Libanius, *Epist*. 60, *ad Themistium*. — Le *convictor* et le *conviva* se retrouvent même dans le latin classique pour désigner le client que le patron admet au premier rang dans son amitié. Horace, *Sat*., VI, v. 47 : *Nunc quia sum tibi, Mæcenas, convictor;* et plus loin, v. 62 : *Jubesque esse in amicorum numero;* la comparaison des deux passages montre que *convictor* et *amicus* étaient synonymes, désignant tous les deux l'inférieur qu'un grand admettait dans son intimité. Il est curieux que l'expression *regis conviva* se trouve déjà dans Juvénal, V, v. 161 : *Tu tibi liber homo et regis conviva videris;* seulement, *rex* ici est le titre que le client donnait au patron.

[1] *Inter principes palatii orta scandala* (Vita Audoeni, Bouquet, III, 612). — *Principes aulici* (Vita Martini Vertav., c. 6). — *Principes palatii* (Frédégaire, c. 36). — *Primi palatii* (Vita Leodegarii, c. 6). — *Primores palatii* (Vita Rusticolæ, 23). — *Primi de latere regis* (Grégoire de Tours, IV, 13). — *Erant majores natu et primi apud Chilpericum regem* (Grégoire, V, 33). — *Ab omnibus majoribus natu Childeberti regis* (Grégoire, VII, 32). — *Qui lateri regis adhærent* (2ᵉ concile de Mâcon, a. 585, c. 14, Mansi, IX, 955).

[2] Decretio Childeberti, 1 : *Cum viris magnificentissimis optimalibus*. — *Edictum Chlotarii, a. 614, in fine : Tam magnis viris optimatibus*. — *Testamentum Bertramni : Vir magnificus Baudegiselus*. — Diplo-

Magnificence, Votre Grandeur. Le roi lui-même ne se dispensait pas d'employer ces expressions, qui étaient plus que des termes de politesse, et qui avaient un caractère officiel[1].

Nul ne faisait partie du Palais que par la volonté du roi. La naissance n'y appelait personne de plein droit. Le roi pouvait aussi en exclure qui il voulait. La punition de certains délits était d'en être chassé[2]. D'autre part, l'homme qui y avait été admis n'en pouvait plus sortir qu'avec la permission du roi[3].

mata, Tardif n° 7 : *Viris inlustribus Wandeberto duci, Gaganrico domestico.* Ibid., n° 4 : *Inlustri viro Daobertho.* Ibid., n° 6 : *Vir inluster et fidelis noster Ursinus.* Ibid., n° 28 : *Inluster vir Ansoaldus comes palatii.* Ibid., n° 30 : *Inluster vir Warno comes palatii.* Ibid., n° 41 : *Cum consilio pontefecum et inlustrium virorum nostrorum procerum.* — *Formules* de Marculfe, I, 2 : *Ille rex viris apostolicis necnon inlustribus viris illis comitibus.* Ibid., II, 49 : *Inlustribus viris patriciis, ducibus, comitibus.* — *Vigilii epistola*, Bouquet, IV, 59 : *Per Modericum virum illustrem legatarium regis.* — *Testamentum Bertramni : Virum illustrem Gundolandum majorem domus.* — *Formulæ Andegavenses*, 52 : *Inluster vir ille comes.* — *Formulæ Turonenses*, 29 : *Ante illustre viro illo.*

[1] *Formules* de Marculfe, I, 24 : *Cognoscat Magnitudo Vestra* (c'est le roi qui s'adresse aux comtes). — *Diplômes*, Tardif n° 8 : *Cognoscat Magnitudo Vestra.*

[2] *Decretio Childeberti II*, Pertz, I, 9 ; Borétius, p. 8 : *Et insuper de palatio nostro sit omnino extraneus.* — Frédégaire, c. 86 : *Cœperat cogitare quo ordine Otto de palatio ejiceretur.* — Comparez chez les Wisigoths : *Sit a palatii societate seclusus* (*Lex Wisigothorum*, II, 1, 6, in fine).

[3] Il y a un exemple curieux de cette règle dans la Vie de saint Wandrégisile (Mabillon, *Acta SS.*, p. 528 et 536). Wandrégisile avait été du Palais assez longtemps ; puis il avait eu l'idée de se faire moine et était parti. Le roi Dagobert I*er* le fit arrêter et ramener de force et lui ordonna de reprendre son costume d'homme de cour ; non que le roi voulût l'empêcher de se faire moine, mais il le punissait d'avoir quitté son service sans sa permission, *quod habitum mutasset sine ejus permissu.* Wandrégisile s'exécuta, demanda la permission et l'obtint.— *Vita Hermenlandi*, c. 5 (Bouquet, III, 633) : *Præsentiam adiit regis petivitque ut regalis clementia licentiam daret quatenus, relicta palatina militia, regulari se cœnobio Christo militaturus traderet.* — *Vita Arnulfi*, c. 17-18 : *Tunc sanctus vir, data venia, a palatio egreditur.* — *Vita Mauri*, c. 47. — *Vita Austregisili*, c. 4 — *Vita Sulpicii Bituric.*, c. 9.

Beaucoup d'hommes y passaient toute leur vie. On y entrait jeune et l'on y vieillissait[1], franchissant peu à peu les degrés d'une hiérarchie. On montait de grade en grade ; on acquérait successivement la dignité d'*aulicus*, puis celle de *comes*, de *domesticus*, de *conviva regis* et l'on devenait à la fin un *procer* ou un *optimas*. Il y avait ainsi une carrière aux étapes bien déterminées avec des règles d'avancement et ce qu'on peut appeler un *cursus honorum*[2]. Chaque dignité nouvelle était conférée par le roi pour récompenser les services rendus.

Toute grandeur, en effet, émanait du roi. Voyez comme un contemporain parle à un des plus grands personnages et de quelle manière il le loue : « C'est le choix du prince qui t'a fait grand, et le jugement du prince est infaillible. Il t'a choisi pour ta sagesse, il a fait de toi son ami. C'est lui qui t'a appris à être tout ce que tu es ; tu reproduis, fidèle serviteur, les vertus de ton maître[3]. » Cela s'adresse à un Franc d'Austrasie, et

[1] Quelques-uns cependant quittaient le Palais encore jeunes pour devenir abbés de monastères ou évêques.

[2] Ce mode d'avancement, ce *cursus honorum* est assez bien décrit par Fortunatus dans une épître : *De Condane domestico*, VII, 16. On y voit ce Condo entrant tout jeune dans le Palais et y grandissant sous cinq rois ; Thierri le fait *tribunus*, Théodebert le fait *comes*, il acquiert une nouvelle dignité sous Théodebald, une autre, probablement celle de *domesticus*, sous Clotaire Ier, et enfin Sigebert l'élève au rang de *conviva*. Tout cela se passe sous les premiers rois d'Austrasie. — On trouvera encore un *cursus honorum* assez bien décrit dans la Vie de saint Bonitus (Mabillon, *Acta SS.*, II, 352), où l'on voit Bonitus admis dans le Palais, devenant *princeps pincernarum*, puis référendaire, puis *domesticus*, enfin préfet de la province de Marseille. — Voyez aussi la vie de saint Didier de Cahors.

[3] Fortunatus, *Carmina*, VII, 1, ad Gogonem :

> Principis arbitri Sigiberti magnus haberis ;
> Judicium regis fallere nemo potest.
> Elegit sapiens sapientem et amator amantem...
> Illius ex merito didicisti talis haberi,
> Et domini mores, serve benigne, refers.

il ne paraît pas que ce genre d'éloge fût pour lui déplaire. Parmi ces courtisans, il se trouvait des Romains; mais les Francs étaient probablement plus nombreux. La vie de cour ne leur répugnait en aucune façon. Ils servaient volontiers. Volontiers aussi ils se paraient des titres attachés au service; ils se faisaient appeler *viri magnifici* ou *viri illustres*[1]. Il leur plaisait de faire cortège à leurs rois; ils les suivaient dans leurs chasses, dans leurs cérémonies religieuses, dans leurs voyages. La vie de cour et l'esprit de cour, qui avaient tant grandi sous l'Empire, n'ont pas disparu sous les rois francs.

Cette vie de cour commençait d'ordinaire dès la première jeunesse[2]. Les documents nous montrent assez souvent un père qui envoie son fils « à la cour du roi », « pour qu'il soit nourri au Palais », « pour qu'il y soit instruit »[3]. Quelquefois le jeune homme entre directement au service du roi; d'autres fois il commence par se mettre au service d'un des grands avant de passer à

---

[1] Ils prenaient ces titres même dans leurs actes privés, et leurs femmes les prenaient aussi, comme cela s'était fait sous l'Empire. Voyez la charte n° 253 de l'édit. Pardessus, où Landégisile agit comme procureur *ad vicem illustræ matronæ Theudilanæ*.

[2] *Dum apud regem puerulus habitarem*, dit saint Ouen dans la *Vita Eligii*, I, 6.

[3] *Vita Austregisili*, Mabillon, II, 95 : *In obsequio regis Guntramni deputatur a patre, ubi non modicum temporis prudenter militavit.* — *Vita Hermenlandi*, Bouquet, III, 633 : *Parentes ejus videntes eum litterarum doctrinis instructum regalibusque militiis aptum, eum regiam introduxerunt in aulam atque regi Francorum militaturum commendaverunt.* Nous expliquerons ailleurs ce mot *commendare*. — *Vita Lantberti*, c. 3 : *Pater ejus commendavit eum... in aula regia erudiendum.* — *Vita Licinii*, Bollandistes, février, II, 678 : *Quum ad roboratam pervenisset ætatem, pater ejus commendavit eum regi Chlotario.* — *Vita Filiberti*, Mabillon, II, 818 : *Pater eum regi Dagoberto commendare studuit.* — Les grands du Palais surtout ne manquaient pas d'y faire entrer leurs fils de bonne heure; c'est ainsi que l'auteur de la Vie de saint Faron nous dit qu'il fut

celui du roi¹. Pour ces jeunes gens il y avait une sorte d'école. Les empereurs avaient eu un *pædagogianum*². On ne retrouve plus le mot sous les rois francs ; mais la chose n'a pas tout à fait disparu. Nous voyons les plus grandes familles placer leurs enfants à la cour « pour qu'ils y apprennent ce qui s'apprend dans le palais, *eruditionem palatinam, aulicas disciplinas* »³. Cette éducation paraît avoir compris, autant que nous en pouvons juger, les lettres latines, l'instruction religieuse⁴ pour les uns, l'exercice des armes pour les autres, avec les connaissances nécessaires à la gestion des emplois administratifs, pour tous l'art de servir le maître.

*intra aulam regis Theodeberti nobiliter nutritus*, et ajoute *quippe genitor ejus inter proceres illius regis fulsit*.

¹ Exemples dans la *Vita Lantberti*, c. 3 ; dans la *Vita Arnulfi*, c. 4.

² Les codes signalent parmi les dignitaires du palais impérial des *pædagogiani* ou *pædagogi*, Code Théodosien, VIII, 7, 5 ; Code Justinien, XII, 59 (60), 10, § 5. — Ammien Marcellin parle des *pædagogiani*, XXIX, 3, 3, et il fait allusion au brillant costume de ces pages, *ut regius minister indutus a calce in pubem in pædagogiani pueri speciem*, XXVI, 6, 15.

³ *Vita Aridii*, attribuée à Grégoire de Tours, dans les œuvres de Grégoire, édit. Bordier, t. IV, p. 104 : *Aridius regi Theodeberto commendatur ut eum instrueret eruditione palatina*. — *Vita Wandregisili*, c. 2, Mabillon, Acta SS., II, 534 : *Cum adolescentiæ polleret ætas, sub rege Dagoberto, militaribus gestis ac aulicis disciplinis, quippe ut nobilissimus, nobiliter educatus est*.

⁴ *Vita Lantberti*, c. 3 : *Divinis dogmatibus et monasticis disciplinis in aula erudiendum*. — *Vita Ragneberti*, Bollandistes, juin, II, 694 : *Scholastico atque dominico educatus est dogmate in aula palatii*. — *Vita Wandregisili*, 2 : *Cunctis mundanarum rerum disciplinis imbutus*. — *Vita Arnulfi*, c. 4 : *Exercitandus in bonis artibus*. — *Vita Agili*, 4, Mabillon, Acta SS., II, 318 : *Agilus committitur Eustasio probatæ religionis viro sacris litteris erudiendus cum aliis nobilium virorum filiis qui postea ecclesiarum præsules exstiterunt*. Sortirent en effet de cette école d'Eustasius : Agnoald, évêque de Laon, Waldebert, évêque de Meaux, Achaire, évêque de Noyon, Ragnachaire, évêque d'Autun, Audomar, évêque de Thérouanne. — Il y a apparence que l'instruction variait, suivant que le jeune homme se destinait à la carrière ecclésiastique, comme Lantbert, ou à la carrière administrative, comme s'y destina d'abord Wandrégisile.

Dans cette sorte d'école nous trouvons des fils de Francs et des fils de Romains[1]. Ils sont mêlés et semblent confondus, comme ils le seront ensuite dans tous les services du Palais, dans les fonctions de l'administration, ou sur les sièges épiscopaux. Pour admettre un jeune homme à la cour, on ne regardait pas à la race; mais si nous en jugeons par quelques traits que fournissent les hagiographes, on regardait beaucoup à la situation de fortune de la famille. Les fils des grands et des riches étaient ordinairement préférés[2], quoique les plus humbles pussent aussi être reçus dans le Palais et s'y pousser par la faveur royale.

Après quelques années de cette éducation, le jeune homme prenait rang *inter aulicos*. Son service commençait. Ce service du Palais s'appelait du même nom que sous l'empire romain, *militia*, même quand il n'avait

---

[1] On peut regarder comme fils de Francs Wandrégisile, fils de Walchis, né dans le pays de Verdun; il fut *educatus aulicis disciplinis*. De même Ragnobert, fils de Ratbert, *ex praecelso Francorum genere ortus*; il fut instruit *scholastico atque dominico dogmate in aula palatii* (Bouquet, III, 619). De même Lanthert, fils d'Erlebert, né dans le pays de Thérouanne, *in aula regis Lotharii militavit* (Bouquet, III, 584). — D'autre part, comme fils de Romains, nous pouvons citer Désidérius, qui appartenait à la grande famille Syagria; Bonitus, fils de Théodatus et de Syagria; Valentinus, *trahens originem ex Romanis*; Arédius, né en Aquitaine, fils de Jucundus et de Pelagia, qui fut attaché au Palais de Théodebert d'Austrasie. Tous ces personnages eurent la même éducation à la cour.

[2] *Vita Sigiranni*, c. 3, Mabillon, II, 433 : *Ut assolet fieri in aula regali ut ex nobili prosapia geniti secundum saeculi dignitatem diversis fulciantur honoribus.* — *Vita Aridii*, Mabillon, I, 349 : *Ipsa generosissimae nobilitas parentelae de domo parentum illum regiam transire coegit in aulam, et sub rege Theodeberto palatinis mancipavit officiis.* — *Vita Ebrulfi*, Mabillon, I, 354 : *Rex comperiens quis vel cujus nobilitatis esset, illico praesentari sibi eum jubet, condignum fore eum judicans ut regalibus ministeriis deserviret.* — *Vita Rictrudis*, 15, Bouquet, III, 539 : *Mauronius, regali adhaerens, ut ejus poscebat nobilitas, lateri.* — *Vita Wandregisili*, posterior, c. 2, Mabillon, II, 535 : *Aulicis disciplinis, quippe ut nobilissimus, educatus.*

aucun caractère militaire¹. Il s'appelait aussi d'un nom moins relevé, *servitium;* mais ce mot même paraît être devenu très honorable dès qu'il s'agissait du service du prince².

La milice du Palais comprenait plusieurs séries d'emplois et de fonctions. Leur nom général était *ministeria* ou *officia palatina*³. Nous allons les énumérer en les distinguant en deux catégories, les emplois du service domestique et les emplois du service politique.

Dans la haute domesticité qui entoure la personne du roi, nous trouvons : 1° les échansons, *pincernæ*, dont le chef se nomme *princeps pincernarum* et est un dignitaire de grande importance⁴. A côté d'eux sont les *map-*

---

¹ *Palatinam militiam* (*Vita Valentini*, Bouquet, III, 411). Les mots *palatina militia* s'appliquent à un échanson dans la *Vita Hermenlandi* (Bouquet, III, 633). *Austregisilus in obsequio regis Guntramni prudenter militavit* (*Vita Austregisili*, Bouquet, III, 407). *Inter commilitones* (ibidem). *In aula commorans regia ex tirunculo perfectus ita effectus est miles, ut rex eum principem constitueret pincernarum* (*Vita Hermenlandi*, c. 3). *Per tramitem hujus militiæ* (ibidem). *In palatio militare* (Flodoard, *Hist. Rem. Eccl.*, II, 5).

² Grégoire de Tours, IX, 36 : *Servitium regale*. — *Testamentum Desiderii*, dans les *Diplomata*, t. II, p. 100 : *In aula regia et in servitio principis elaboravi*. — *Vita Boniti*, c. 3 : *Bonitus regis ad aulam processit et se Sigiberti principis ministerio tradidit*. — *Vita Sigiberti*, c. 2 : *Viros illustres tunc in palatio deservientes*. — Grégoire de Tours, V, 3 : *Servitium referendarii*. — Marculfe, I, 14, Rozière n° 138 : *Qui nobis ab adolescentia instanti famulantur officio*.

³ *Palatii ministeria* (*Vita Desiderii Cat.*, 1). *Ut regalibus ministeriis deserviret* (*Vita Ebrulfi Utic.*, Bouquet, III, 438). *Rex pro eo quod ipsum hominem in suo ministerio habuisset* (*Vita Wandregisili*, c. 6). *Palatinis se mancipavit officiis* (*Vita Aridii*, 3).

⁴ *Vita Sigiranni*, 1, Mabillon, *Acta SS.*, II, 433 : *Sigirannus Flaucado cuidam potenti viro causa nutriendi adjunctus, Francorum in palatio devenit, ibique ab eodem ad altiora provectus, pincerna regis est deputatus.* — *Vita Hermenlandi*, c. 3 : *In aula commorans regia... cor regis in amorem sui convertit in tantum ut rex dispensatorem sui potus principemque pincernarum constitueret.* La *Vita Valentini*, Bouquet, III, 411, appelle ce personnage *vini minister.* Saint Bonitus fut aussi *princeps pincernarum* (*Vita Boniti*, Mabillon, II, 352). — Saint Jérôme avait

*parii*, qui tendent la serviette au roi lorsqu'il se met à table ou qu'il en sort, usage qui se continuera jusqu'au temps de Louis XIV[1].

2° Les *cubicularii* ou chambellans ont la garde et le soin de la chambre du roi[2]. Ils sont de grands personnages. Grégoire de Tours parle de la puissance du cubiculaire Charégisile[3]. Les cubiculaires Éberon, Faraulf, Éborulf paraissent avoir été des hommes très riches et très puissants. Nous voyons le chambellan Berthaire commander une armée[4].

3° Nous trouvons ensuite des sénéchaux, *senescalci*. Le nom n'est pas romain. La fonction consiste, à cette époque, à avoir le soin des maisons royales et à gouverner les serviteurs d'ordre inférieur. Le nom et la fonction ont leur origine dans les habitudes de la domesticité germanique. Le maître qui avait un nombreux personnel d'esclaves mettait à leur tête un *senescalcus*, quelquefois esclave comme eux[5]. Même usage existait d'ailleurs dans les maisons romaines. C'est donc

---

déjà remarqué que la dignité d'échanson était très élevée chez les rois barbares : *cum apud reges barbaros maximæ dignitatis sit regi poculum perrexisse* (Saint Jérôme, *Quæst. in Genesim*, XL, 1).

[1] *Vita Austregisili*, 1, Mabillon, *Acta SS.*, II, 95 : *Erat regi gratissimus in tantum ut linteum quo rex lautis manibus tergere solitus erat, ipse proferret, et ob hoc mapparius vocabatur.* — Cf. Aimoin, IV, 2 : *Austregisilus, diu in palatio commoratus, mappam regi Guntramno ad extergendas manus præbere consueverat.*

[2] Grégoire, IV, 52 : *Charegisilus cubicularius de minimis consurgens magnus cum rege per adulationes effectus.* La *Vita Severini Agaunensis*, Mabillon, I, 569, cite un *cubicularius* dès le temps de Clovis.

[3] Grégoire, VII, 13; VII, 18; VII, 21 et 22; X, 10.

[4] *Fredegarii Chron.*, c. 38 : *Theudericus dirigens ultra Rhenum post tergum Theudeberti Bertharium cubicularium.*

[5] Cet usage est bien marqué dans la Loi des Alamans, LXXIX, 3 (alias LXXXI, 3) : *Seniscalcus si servus est et dominus ejus duodecim vassos intra domum habet.* Ce sénéchal et ces douze *vassi* sont également des esclaves.

comme personne privée que le roi franc a des sénéchaux. Ceux-ci, d'ailleurs, ne tardent pas à prendre une grande importance dans l'État. Nous voyons qu'ils signent les diplômes royaux et que leurs noms figurent après ceux des optimates et des comtes[1]. L'emploi purement domestique est devenu une fonction presque politique. Le même fait s'était produit en grande proportion dans le palais des empereurs romains.

4° Viennent ensuite les chefs de l'écurie. On les appelait du nom germanique de *marescalci*[2] et plutôt du nom latin de *stabularii* ou *comites equorum fiscalium*[3]. Leur chef avait la dignité de comte et portait un titre déjà usité sous l'Empire, celui de comte de l'écurie, *comes stabuli*[4]. Grégoire de Tours mentionne Cuppa, comte de l'écurie du roi Chilpéric[5]. Frédégaire nomme Leudégisile, comte de l'écurie du roi Gontran, et Eborinus, qui exerce les mêmes fonctions sous Thierri II[6].

---

[1] En 637, un sénéchal nommé Waldebert signe un diplôme avec le titre de *vir intuster* (Pardessus n° 284). Ce diplôme est suspect; mais dans un autre qui est de Clotaire III, de 658, nous voyons que plusieurs sénéchaux étaient nommés (Archives nationales, Tardif n° 15, Pertz n° 35). — Dans un diplôme de Clovis III, de 692 (Tardif n° 52, Pertz n° 64, Pardessus n° 429), les deux sénéchaux Benedictus et Chardoinus sont nommés après les optimates et les grafions. — En 697, les sénéchaux Benedictus et Ermedramnus font partie du tribunal royal (Pardessus n° 440, Tardif n° 38). — Dans la formule de Marculfe, I, 25, les sénéchaux sont signalés au milieu des *referendarii*, des *domestici*, des *cubicularii*.

[2] Je n'ai pas trouvé le terme de *mariscalcus* dans les documents francs. Il est dans la Loi des Alamans, LXXIX, 4 (*alias* LXXXI, 4) : *Mariscalcus cujusque qui super duodecim caballos.* — Il n'est dans aucun des manuscrits de la Loi salique, mais seulement dans le texte de Hérold.

[3] *Stabularius* (Grégoire de Tours, *Mirac. S. Martini*, I, 29). — *Equorum custos* (Idem, *Hist.*, V, 49).

[4] Code Théodosien, XI, 17; VI, 13.

[5] Grégoire, X, 5 : *Cuppa qui comes stabuli Chilperici regis fuerat.* De même Grégoire, III, 32, donne le titre de *comes stabuli* à Bélisaire.

[6] *Fredegarii Chron.*, c. 2 : *Guntchramnus Leudegisilum comitem stabuli cum exercitu contra eos direxit.* — Ibidem, c. 30 : *Æborinum comesta-*

Un hagiographe signale Licinius, comte de l'écurie du roi Clotaire II[1]. Ces fonctionnaires étaient de grands personnages. On allait jusqu'à leur confier le commandement des armées, et cela deviendra plus tard la vraie fonction du connétable[2].

5° A tous ces services il faut ajouter celui de la chapelle du roi. Ce qui en faisait l'importance, c'est que les rois possédaient un bon nombre de reliques des saints, qu'ils avaient l'habitude d'emporter avec eux à chaque déplacement[3]. Ces reliques exerçaient une grande action dans la vie de ce temps, aussi bien en paix qu'en guerre; car ce à quoi ces hommes, de foi toute matérielle, croyaient le plus, c'étaient les reliques. Il n'y avait guère de justice ni de procédure sans les reliques de quelque saint[4]. Sans elles, le serment de fidélité et d'obéissance au roi[5] n'eût probablement pas

*bulum.* — De même chez les Wisigoths; *Lex Wisig.*, IV, 4 : *Stabulariorum præpositus.*

[1] *Vita Licinii*, 7, Bollandistes, février, II, 678 : *Rex Licinium comitem stabuli omniumque equorum custodem constituit.* La suite du passage montre que le *comes stabuli* exerçait un commandement militaire.

[2] Peut-être faut-il parler aussi du dignitaire appelé *spatharius*, porte-glaive. Il est signalé dans une lettre de Childebert à l'empereur Maurice : *Spatharius Grippo*, et par l'*Historia epitomata*, c. 88 : *Cariello spatarius Guntramni.* Les rois burgundes avaient eu aussi des spataires; *Lex Burgund.*, LII : *Fredegisilum spatharium nostrum.* De même chez les Wisigoths; VIII° concile de Tolède, a. 653 : *Cunefridus, comes spathariorum.* XIII° concile, a. 683 : *Altericus spatarius et comes, Seremirus spatarius et dux.* — Le spataire était un des grands dignitaires de la cour de Constantinople : *Misit Imperator patricium et spadarios* (Sixième lettre de Léon III, dans Jaffé, p. 383).

[3] *Vita Bertharii*, Bollandistes, août, I, 170 : *Rex pignora multa sanctorum quæ secum deferebat, ut mos est regum.*

[4] *Ibidem* : *Fuit judicatum ut in oratorio nostro super capella Domni Martini ubi reliqua sacramenta percurrebant hoc deberet conjurare.* — *Ab ipso viro Grimoaldo fuit judicatum ut in oratorio suo seu capella Sancti Martini hoc debeant conjurare.*

[5] Marculfe, I, 40; Rozière n° 1; Zeumer, p. 68 : *Per pignora sanctorum quæ illuc direximus, debeant promittere et conjurare.*

été jugé valable. La chapelle tenait donc une grande place dans le Palais, et, ainsi que le Palais, elle suivait toujours le roi. Un clergé assez nombreux y était attaché. Son chef n'avait pas encore le titre d'archichapelain[1]; il semble qu'on l'appelât plutôt « abbé de l'oratoire du Palais » ou encore « garde des reliques », ce qui était un titre fort élevé dans la pensée des hommes[2].

Il faut compter encore dans ce personnel les médecins ; il n'est pas douteux qu'il n'y en eût plusieurs attachés au Palais[3]. Le premier d'entre eux avait le titre de *archiater*, d'un mot grec qui était devenu d'usage commun sous l'Empire. Nous connaissons Marileife premier médecin de Chilpéric, et Petrus premier médecin de Thierri II[4].

Il y avait aussi des musiciens et des chanteurs[5]. On voyait même des poètes de cour. Fortunatus nous est seul connu ; mais il n'est pas probable qu'il ait été le

---

[1] On trouve pourtant le titre *archicapellanus* dans la Vie de saint Berthaire, Bouquet, III, 489; mais il est possible que ce passage ait été écrit par une main postérieure.

[2] *Vita Desiderii Cat.*, c. 2 : *Rusticus abbatiam palatini oratorii gessit*. L'auteur de la Vie de saint Berthaire, que nous venons de citer, ajoute que ce personnage eut à garder *pignora multa sanctorum... ut haberet custodiam Sanctitatis*. Le titre de *custos* a subsisté pour désigner le garde des reliques ou chef de la chapelle; on le retrouvera encore au temps d'Hincmar (*De ordine palatii*, c. 16).

[3] Grégoire de Tours, III, 36; VIII, 31.

[4] Grégoire, V, 14 : *Redeunte Marileifo archiatro de præsentia regis*. VIII, 29 : *Marileifus qui primus medicorum in domo Chilperici regis fuerat*. X, 15 : *Reovalis archiater*. — *Fredegarii Chron.*, c. 27 : *Protadius in tentorio regis cum Petro archiatro ad tabulam ludens sedebat*.

[5] *Vita Ansberti*, Mabillon, *Acta SS.*, II, 1050 : *Cum coram rege consueto more diversa musicæ artis instrumenta in chordis et tibiis audiret personantia*. — Dans la *Vita Eligii*, II, 6, nous voyons un *cantor in regis palatio laudatus*; mais il est possible que ce *cantor* soit un chantre de la chapelle. — On peut noter que le roi des Ostrogoths Théodoric envoya à Clovis un *citharœdus in arte sua doctus*, qui lui avait été demandé par le roi franc : Cassiodore, *Lett.*, II, 41.

seul à charmer de ses louanges les oreilles des rois et des grands. On peut croire qu'il y a eu d'autres épithalames et d'autres épitaphes en vers que ceux qu'il a composés. Plusieurs des rois francs eurent un goût très vif pour les vers latins, et tous paraissent avoir été sensibles à la louange. Chantait-on aussi des chants germaniques? Nous sommes en droit de le supposer, bien que nous n'en ayons aucune preuve. Quelques érudits de nos jours ont cru entrevoir à cette époque une poésie qui chanta les actions de Clotaire II et de Dagobert Ier, et qui fut peut-être la mère de toutes les chansons de geste du moyen âge[1]. L'existence de cette poésie mérovingienne est fort vraisemblable, mais nous ne pouvons dire quel en fut le vrai caractère, puisqu'il n'en reste plus que d'imperceptibles traces. Seulement, comme nous savons qu'elle prit ses sujets et son inspiration dans l'entourage des rois, il est probable qu'elle fut moins une poésie populaire qu'une poésie de cour, une littérature de Palais.

Telle est l'énumération à peu près complète de ce qu'on peut appeler la partie domestique du Palais. Mais le Palais était plus que cela : il était le centre du gouvernement. Tout le travail administratif qui se fait aujourd'hui dans les capitales des États centralisés, s'opérait dans le Palais. Il renfermait ce qu'on appellerait aujourd'hui les bureaux ou les ministères, ce qu'on appelait alors les *scrinia*, les portefeuilles[2]. On écrivait

---

[1] Voyez notamment la savante étude de M. A. Darmesteter sur le Floovant.

[2] *Regalia scrinia* (Lettre de Grégoire le Grand à Brunehaut, dans les *Conciles* de Sirmond, I, 464). — *Remaclus procurator sacri scrinii palatii* (*Vita Bercharii*, c. 5, Mabillon, *Acta SS.*, II, 834). — Grégoire de Tours, X, 19 : *Scripta enim ista in regesto Chilperici regis in uno scriniorum sunt reperta.*

beaucoup dans le Palais d'un roi mérovingien. C'étaient des diplômes royaux, *testamenta regalia*[1]; des ordres, *præcepta* ou *auctoritates;* des ordonnances d'intérêt général, *decreta*, *edicta*, *capitula;* toutes sortes de lettres, *chartæ*, lettres de donation, de vente, de jugement. La Vie de saint Austrégisile renferme l'histoire d'un homme qui s'était fait faire par un employé du Palais un faux diplôme, afin de se mettre en possession d'une terre du fisc[2]; cela même prouve que les rois ne concédaient jamais une de leurs terres sans un acte écrit. Pour tant de chartes de toute nature, il fallait un grand nombre d'employés. Il y en avait de plusieurs sortes, que le style vague des écrivains du temps ne nous permet pas de bien distinguer. Il y avait les *notarii* ou *amanuenses;* il y avait les *scriptores* ou *scribæ;* il y avait enfin les *commentarienses*[3]. Tous ces noms sont latins;

---

[1] *Vita Mauri*, Bollandistes, I, 1048 : *Theodobaldus rex vocans Ansebaldum qui scriptoribus testamentorum regalium præerat, præcepit ut testamentum scriberet ac de ejus annulo regali firmaret more.*

[2] *Vita Austregisili*, c. 5, Mabillon, *Acta SS.*, II, 96 : *Erat tunc in palatio regis Bethelenus qui temerario ordine quiddam de fiscalibus rebus occuparet fraudulenter. Unde dum argueretur a rege, ostendit illi falsam auctoritatem. Quis, inquit rex, hanc præceptionem dedit? Dixit: Austregisilus mapparius. Accersitus Austregisilus denegavit....*

[3] *Vita Eustasii*, c. 6, Mabillon, *Acta SS.*, II, 118 : *Agrestius Theodorici notarius*. — *Diplomata*, Pertz n° 5, Pardessus n° 163 : *Ego Valentianus notarius et amanuensis recognovi et suscripsi.* — *Vita Rictrudis*, c. 15, Bouquet, III, 539 : *Regis fulsit in aula... notarius... regalium præceptorum conscribens edicta.* — *Vita Mauri*, c. 52 : *Scriptoribus testamentorum regalium.* — *Diplomata*, Pertz n° 8, Pardessus n° 190 : *Ellricus, palatinus scriptor, recognovi.* — *Vita Ansberti*, c. 7 : *Ansbertus cœpit esse aulicus scriba doctus conditorque regalium privilegiorum.* — *Vita Medardi*, c. 9 : *Commentariensis.* — *Vita Maximini*, c. 11, Bouquet, III, 394 : *Accitis commentariensibus et notariis publicis, solemnes ordinatæ atque conscriptæ vel confirmatæ sunt conscriptiones, adhibitis signis atque sigillis.* — *Vita Arnulfi ab Umnone*, c. 18 : *Audoenus primiscrinius notarius.* — La *Vita Maximini Miciacensis*, c. 11, Mabillon, I, 584, mentionne des *notarii* et des *commentarienses*

ils sont ceux qui étaient usités dans l'empire romain. Il n'est guère admissible que les rois francs aient amené ce personnel de la Germanie. Ils l'ont trouvé en Gaule. Ces bureaux sont ceux de l'ancien préfet du prétoire ou du maître des milices[1]. De même que, dans nos révolutions modernes, les chefs d'État passent et les bureaux restent, de même, après la substitution des rois francs aux fonctionnaires impériaux, la chancellerie impériale servit les nouveaux maîtres. Cette vérité est démontrée par la langue des diplômes, des ordonnances, de toutes les lettres royales : c'est le même style, ce sont les mêmes formes, la même phraséologie pompeuse que dans les actes impériaux, et il n'est pas vraisemblable que tout cela ait été inventé par des Germains.

Les anciens *cancellarii* subsistèrent[2], mais avec un nouvel emploi. Nous les voyons rédiger les actes royaux. Grégoire de Tours signale Arédius comme exerçant les hautes fonctions de chancelier du roi Théodebert I[er][3]. A côté des chanceliers, peut-être un peu au-dessus, se plaçaient les référendaires. Le titre venait de l'Empire[4]; il se conserva également dans l'empire de Constantinople et dans les royaumes d'Occident. La fonction grandit sous les Mérovingiens. Les référen-

dès le règne de Clovis. Une lettre de Childebert à l'empereur Maurice mentionne comme personnage important le *notarius* Eusebius.

[1] Sur les *palatina scrinia* au temps de l'Empire, Cf. Code Théodosien, VI, 30, 14 ; XI, 30, 54 ; Symmaque, *Lettres*, V, 21, éd. Seeck. Les gouverneurs de provinces avaient aussi leurs *scrinia*, Code Théod., I, 6, 3.

[2] Grégoire de Tours, *Mirac. S. Martini*, IV, 28 : *Claudius quidam ex cancellariis regalibus.* — *Vita Valentini*, c. 7 : *Antidium cancellarium.* — Sur les *cancellarii*, qui rédigeaient des actes privés, voyez la Loi ripuaire, LIX.

[3] *Vita S. Aridii*, c. 3 : *Invenit Aridius gratiam coram rege in tantum ut cancellarius prior ante conspectum regis assisteret.*

[4] Code Justinien, I, 50, 2 ; Novelles, 113, 124 ; Procope, *De bello persico*, 23.

daires avaient pour charge principale de présenter au roi les diplômes à signer et de les signer eux-mêmes. L'un d'entre eux portait l'anneau et le sceau du roi, et l'apposait sur les diplômes[1]. Nous connaissons plusieurs de ces référendaires : Ansebald sous Théodebert Ier en Austrasie, Flavius et Asclépiodote sous Gontran en Burgundie, Marcus et Faramund en Neustrie sous Chilpéric, Boso et Siggo sous Sigebert, Charimer, Gallomagnus et Otto sous Childebert, Baudin et Charégisile sous Clotaire II, Audoenus et Chadoinus sous Dagobert I[er][2].

Le Trésor tenait une grande place dans le Palais. Ce qu'on appelait du nom général de Trésor[3] était la réu-

---

[1] Grégoire, V, 3 : *Siggo referendarius qui annulum regis Sigiberti tenuerat.* — *Vita Agili*, c. 14, Mabillon, *Acta SS.*, II, 321 : *Referendarius est constitutus, gestans regis annulum quo signabantur publico totius regni signa vel edicta.* — *Vita Bonili*, c. 3 : *Annulo ex manu regis accepto, referendarii officium adeptus est.* — *Chronicon Fontanellense*, c. 1 : *Confirmatio porrecta a Radone scriptore auctoritatum regiarum geruloque annuli regii.* — Cf. Aimoin, IV, 41 : *Qui referendarius ideo est dictus quod ad eum universæ publicæ deferrentur conscriptiones, ipseque eas annulo regis sive sigillo ab eo sibi commisso muniret seu firmaret.* — Comparez, pour l'Italie, la formule de nomination du référendaire, dans Cassiodore, *Lett.*, IV, 17. Nous voyons des référendaires signer des jugements de leur nom, *Diplomata*, Pardessus n° 270, Pertz n° 45 : *Illustris vir Dado, referendarius noster.*

[2] Fortunatus, *Carmina*, VII, 22 : *Ad Bosonem referendarium.* — Grégoire, V, 46 : *Flavius referendarius Gunthramni regis.* — *Epistola Concilii Valentini II*, Mansi, IX, 945 : *Per virum illustrem Asclepiodotum referendarium datis ad sanctam synodum epistolis.* — Grégoire, V, 29 : *Marcum referendarium Chilperici.* — Fortunatus, *Carm.*, IX, 12 : *Ad Faramundum referendarium.* — Grégoire, IX, 23 : *Charimeram referendarium*; IX, 28 : *Gallomagnum referendarium*; X, 19 : *Otto qui tunc referendarius fuerat, cujus ibi subscriptio meditata tenebatur, negat se subscripsisse; conficta enim erat manus ejus in hujus præceptionis scripto*; X, 31 : *Baudinus ex referendario regis Chlotarii ordinatur episcopus.* — Grégoire, *Mirac. S. Martini*, I, 25 : *Charegisilus referendarius regis Chlotarii.* — *Gesta Dagoberti*, 42 : *Ipsum præceptum rex, offerente Dadone referendario, subscripsit.* — Sur les mêmes référendaires en Italie, cf. Cassiodore, *Lett.*, VI, 17.

[3] Grégoire, VI, 45 : *Thesauri regum..., thesauris publicis.* On sait que dans la langue mérovingienne *publicus* a le sens de *regius*.

nion de trois choses : d'abord, le dépôt où s'entassaient l'or et l'argent monnayé et que l'on appelait plus spécialement *ærarium*, *fiscus* ou *camera*[1]; en second lieu, les chambres où s'accumulaient les objets précieux, et parfois même les objets d'art[2]; enfin, l'endroit où étaient conservés les diplômes officiels, la copie des lettres royales, ce que nous appellerions aujourd'hui les archives du royaume[3]. A tous ces services importants étaient attachés des fonctionnaires qu'on appelait *camerarii*, et d'autres qu'on appelait *thesaurarii*[4]. Un

[1] Grégoire, IX, 9 : *In ipso ærarii publici regesto*. — Ibidem, VIII, 56 : *Resque ejus in publico ærario sunt illatæ*. — *Fredegarii Chron.*, 27 : *Fiscum vellens implere*. — *Gesta reg. franc.*, 42 : *Fiscus palatii*. — *Diplomata*, Pardessus, t. II, p. 268 : *Nostris ærariis inferre debeant*. — On l'appelle aussi *sacellum publicum*; diplôme de 705, Pardessus n° 463, Pertz n° 74. — Je ne trouve pas le mot *camera* dans des documents qui soient d'époque mérovingienne; il est dans les *Gesta Dagoberti*, c. 33 : *Areas quasdam cum omnibus teloneis quemadmodum ad cameram suam descrivere videbantur, ad eorum basilicam tradidit*. Le mot *camerarius* est déjà employé par Grégoire de Tours, IV, 26, VI, 45, et paraît bien s'appliquer à des agents financiers, à des gardes ou administrateurs du Trésor. — Quant au terme *camera*, il est devenu d'un usage officiel au neuvième siècle. *Edictum Pistense*, a. 864, c. 14 : *Accipiant de camera nostra argenti libras quinque*. Les termes de *camera* et de « chambre aux deniers » ont conservé cette signification au moyen âge.

[2] Grégoire, V, 35 : *Thesauri inferti... lapidibus pretiosis, monilibus vel reliquis imperialibus ornamentis*.

[3] *Illud vero testamentum quod in thesauro suo reponi jusserat* (Gesta Dagoberti, 39). — *Duas præceptiones uno tenore conscriptas fieri jussimus, una in arca basilicæ S. Dionysii residiat, et alia in thesauro nostro* (diplôme de 695, Tardif n° 34) — *Scripta enim ista in regesto Chilperici regis sunt reperta* (Grégoire, X, 19).

[4] Grégoire, VI, 45 ; *Duces et camerarii*. — Les *camerarii* ne sont pas, à notre avis, des chambellans, *cubicularii*; ce sont des hommes de la *camera*, c'est-à-dire du Trésor. Tous ceux dont nous trouvons mention sont chargés de missions financières. Grégoire, IV, 26 : *Dirigens etiam quosdam de camerariis suis qui, exactis a Leontio episcopo mille aureis, reliquos condemnarent episcopos*. — De même dans Frédégaire, 4 : *Mummolus interficitur; uxorem ejus Sidoniam cum omnibus thesauris ejus Dumnolus domesticus et Wandalmarus camerarius Guntchramno præsentant*. — Cf. Hincmar, *De ordine palatii*, 22 : *De ornamento regali et de donis annuis militum ad camerarium pertinebat.... De donis*

hagiographe cite comme un haut fonctionnaire le garde du Trésor Rado¹. Un autre mentionne le trésorier Bobbo². Saint Didier, avant d'être évêque de Cahors, fut trésorier du roi. Comme tel, il avait le titre de *vir inluster*, ainsi que les plus grands personnages, et était qualifié d'optimate³.

Dans ces bureaux on gardait, au moins dans les premiers temps, les registres des impôts⁴. Il est probable aussi qu'on y conservait quelques comptes de recettes et de dépenses.

Nous trouvons encore d'autres officiers du Palais, qui étaient appelés *domestici*. Ce nom, qui datait de l'Empire, avait changé de sens avec le temps. Sous les Mérovingiens, il ne désignait plus des gardes du corps. Il n'avait pas non plus la signification vague d'homme de la maison. On peut remarquer qu'il n'est jamais synonyme d'*antrustio* ou de *conviva*. La place qu'il occupe dans les textes montre qu'il était donné à un petit

---

*legationum ad camerarium respiciebat.* — Il est difficile d'établir la distinction entre les *camerarii* et les *thesaurarii*. La définition des attributions du *thesaurarius* paraît être dans la Vie de saint Didier de Cahors, c. 3 : *Opulentissimos thesauros summamque palatii supellectilem hujus arbitrio rex Dagobertus commisit ; ad ejus obtutum data recondebantur, ad ejus nutum danda proferebantur.*

¹ *Vita Agili*, c. 14 : *Thesauros regis sub sua cura habens.* — *Vita Audoeni*, Bouquet, III, 611 : *Rado palatii thesaurorum custos effectus.*

² *Vita Eligii*, I, 4.

³ Diplôme de 630, Pardessus n° 251 : *Fidelis noster vir illustris Desiderius thesaurarius noster.* — On lui écrit : *Domno Desiderio optimati* (Lettre de Verus à Desiderius, Bouquet, IV, 48). D'autres lettres montrent avec quelle déférence et de quel ton d'humilité on parlait à un trésorier du roi : *Domno illustri et a nobis summa veneratione colendo atque cum omni reverentia nominando domno Desiderio thesaurario Bertigiselus abbas.* — *Domno illustri et a nobis peculiarius suscipiendo domno Desiderio optimati... salutantes Eminentiam Vestram* (Bouquet, IV, 43 et 48).

⁴ Cela ressort d'une parole de Grégoire de Tours : comme on lui montre un registre d'impôts relatif à sa cité, il dit que ce registre est faux et « qu'il ne vient pas du trésor du roi », *hic liber a regis thesauro delatus non est*, IX, 30.

nombre de personnages, et qu'il impliquait certaines fonctions nettement déterminées. On peut même y constater que l'homme qui était revêtu du titre de *domesticus* avait toujours une autorité d'un genre spécial à exercer dans la *domus regia*.

Ces fonctions et cette autorité étaient de deux sortes, et c'est pour cela que nous trouvons le mot *domesticus* appliqué à deux sortes de fonctionnaires. D'une part, hors du palais, la *domus regia* comprenait une multitude de domaines royaux, *villæ fiscales*, disséminées partout. Les *domestici* en avaient la surveillance [1]; aussi les appelait-on gardes des *villæ* royales, *custodes villarum regalium* [2]. L'ensemble de ces propriétés royales était partagé en circonscriptions, dont chacune avait à sa tête un de ces fonctionnaires [3]. Cette première catégorie de *domestici* correspondait donc à ce que nous appellerions des directeurs du domaine. D'autre part, dans l'intérieur même du Palais, il existait quelques

---

[1] Formules de Marculfe, I, 39 : *Omnes villas nostras quæ in vestra vel in aliorum domesticorum sunt actionibus.* — Ibidem, II, 52 : *Ego domesticus regis super villas illas.* — Ces *domestici* sont mentionnés parmi les fonctionnaires provinciaux; voyez *Diplomata*, Pardessus, n°° 136, 608 et 559 : *Hodoni domestico cum forestariis nostris.* — Cf. *Vita Eligii*, I, 17 : *Duces et domestici spatiosas subripiunt villas.*

[2] *Chronicon Fontanellense*, c. 1 : *Edita hæc est confirmatio* (il s'agit de l'acte de donation d'un domaine du fisc) *et directa Teutgislo domestico et custodi saltuum villarumque regalium.* Il était naturel que l'acte de donation royale fût adressé au *domesticus* dans le ressort duquel se trouvait le domaine donné. — L'auteur de la Vie de saint Éloi parle d'un *domesticus* qui était chargé de faire parvenir au roi les revenus d'un *prædium* (*Vita Eligii*, I, 15).

[3] *Vita Arnulfi*, Met. ep., c. 4 : *Sex provinciæ quas et tunc et nunc totidem agunt domestici* (agere, administrer; cf. *actio* dans la formule de Marculfe citée plus haut) *sub illius administratione solius regebantur arbitrio.* — L'hagiographe emploie *provinciæ* dans le sens vague de circonscriptions. On s'est trompé quand on a dit que les *domestici* avaient le gouvernement des provinces; nul exemple de cela : ils n'avaient que l'administration du domaine dans les provinces.

dignitaires qui portaient le même nom de *domestici*[1]. Nous sommes fort mal renseignés sur leurs fonctions. Il est probable qu'ils régissaient l'intérieur, comme les autres régissaient les *villæ* du dehors. Mais leur autorité était d'ordre purement financier. Ils surveillaient et réglaient les dépenses des différents services[2]. C'étaient des hommes fort importants. Les *domestici* du dehors n'avaient guère à commander qu'à des tenanciers et à des paysans; eux, ils avaient à faire respecter leurs décisions par des fonctionnaires et des courtisans qui étaient des hommes considérables. Aussi voyons-nous que les documents les mentionnent à côté des optimates, à côté des comtes et des maires[3]. Nous observons même par plusieurs exemples que, dans la carrière du Palais, l'emploi de *domesticus* était un de ceux où l'on parvenait le plus tard. Ainsi, un Franc d'Austrasie nommé Condo commence par être *tribunus;* il est ensuite *comes*, et ce n'est qu'après une carrière déjà longue que le roi Théodebert « voulant l'avancer en grade » le fait *domesticus*[4].

[1] Quelquefois on les appelle spécialement *domestici* du palais; *regalis aulæ domesticus* (Vita Germani a Fortunato, c. 60).

[2] Les reines avaient aussi leurs *domestici*, chefs de leur maison et administrateurs de leurs domaines. Grégoire, IX, 19 : *Flavianus domesticus reginæ Brunichildis.*

[3] *Lex Burgundionum, præfatio*, 4, Pertz, *Leges*, III, 526 : *Sciant optimates, comites, consiliarii, domestici, majores domus nostræ, cancellarii.* — *Lex Ripuariorum*, 88 : *Ut nullus optimatum, major domus, domesticus, comes.* — Grégoire, X, 28 : *Domestici et comites.* — *Vita Desiderii Cat.*, c. 3 : *Multi episcoporum, ducum et domesticorum.* — La formule de Marculfe, I, 25, nomme les *domestici* au milieu des référendaires, des cubiculaires, des sénéchaux.

[4] Fortunatus, *Carmina*, VII, 16 :

> Theodericus ovans ornavit honore tribunum;
>   Surgendi auspicium jam fuit inde tuum.
> Theodebertus enim comitivæ præmia cessit,
>   Auxit et obsequiis cingula digna tuis....
> Mox voluit meritis amplificare gradus,
> Instituit cupiens ut deinde domesticus esses.

De même, Charégisile ne parvint au rang de *domesticus* qu'après avoir été référendaire [1]. Ces personnages avaient le titre de *vir illuster* [2]. Ils figuraient d'habitude, avec les plus hauts fonctionnaires, parmi les juges du tribunal royal [3] et parmi les conseillers du roi. Nous ne savons pas quel était leur nombre, ni même si leur nombre était fixé. Deux diplômes en nomment quatre comme siégeant à la fois [4]. Peut-être l'un d'eux avait-il la prééminence sur ses collègues. Le langage employé par deux hagiographes fait penser que cette charge, « qui entraînait la surveillance et le soin de toute la maison », assurait aussi l'un des premiers rangs dans l'entourage royal [5]. Un écrivain du sixième siècle nous donne une idée assez haute de l'autorité d'un *domesticus* quand il dit que « sous lui le vénérable Palais était florissant et que la maison était heureuse sous l'œil vigilant de ce gouverneur » [6].

[1] Grégoire de Tours, *Miracula S. Martini*, I, 25 : *Charigisilus, referendarius regis Clotarii... qui postea regis domesticus fuit.* — Cf. Grégoire, *Hist.*, IV, 3, et VI, 11, où nous voyons Baudinus devenir de *domesticus* évêque, et Gundulphe de *domesticus* duc de l'importante province de Marseille.

[2] *Vita Germani a Fortunato*, c. 60 : *Attila vir illustris et regalis aulæ domesticus.* — Diplôme de 607, Pardessus n° 359 : *Hildericus rex viris illustribus Gundoino duci et Odoni domestico.* — Diplôme de 675, n° 377 : *Dagobertus rex viris inlustribus ducibus, comitibus, domesticis.*

[3] Formules de Marculfe, I, 25 : *Cum nos in palatio ad universorum causas terminandas cum optimatibus nostris, referenduriis, domesticis, cubiculariis resideremus.*

[4] Diplôme de 648, Pardessus n° 313, Pertz n° 22. — Diplôme de 693, n° 431, Tardif n° 33, Pertz n° 66.

[5] *Vita Arnulfi, Met. episc.*, c. 8, Mabillon, *Acta SS.*, II, 152 : *Sic deinceps infulas episcopales gestavit ut etiam domesticatus sollicitudinem atque primatum palatii teneret.* — *Vita Licinii*, c. 13, Bollandistes, février, II, 679 : *Sic episcopales infulas gestans... inde factum est ut etiam domesticam sollicitudinem atque primatum palatii teneret.* — C'est un signe de la grande importance de cette charge qu'un évêque ait daigné la conserver.

[6] Fortunatus, *Carmina*, VII, 16.

> Florebant pariter veneranda palatia tecum,
> Plaudebat vigili dispositore domus.

A côté, peut-être au-dessus de ces dignitaires qui régissaient le Palais au point de vue financier, il y en avait un autre qu'on appelait le comte du Palais[1]. Ce personnage avait surtout des attributions judiciaires, semblable en cela aux comtes des provinces dont nous parlerons plus loin. Dans le tribunal royal c'était lui qui dirigeait la procédure, qui introduisait les parties, qui écoutait les témoignages, qui examinait les pièces écrites; c'était lui surtout qui rédigeait le rapport sur chaque affaire, rapport d'après lequel le roi rendait sa sentence[2]. Nous reviendrons sur ce sujet. Il est à peine besoin d'ajouter que ce personnage, comme tous les membres du Palais, pouvait être chargé de missions au dehors, d'ambassades, de charges administratives, ou de commandements militaires.

Telle était la composition du Palais mérovingien. Sur cela deux remarques doivent être faites. D'abord il n'y avait aucune différence entre le Palais de Neustrie et le Palais d'Austrasie. Les textes que nous avons cités se rapportent à l'un et à l'autre et marquent que les mêmes emplois existaient dans tous les deux. En second lieu, ces emplois n'ont pas été créés peu à peu par

---

[1] *Comes palatii* (Grégoire, V, 19; IX, 12; IX, 30. — *Comes palatinus* (*Vita Austrobertæ*, c. 4; *Vita Drausii*, c. 3). — *Bero comes palate nostro... Grimberto comite palate nostro* (diplôme de 710, Pardessus n° 478, Tardif n° 45). — Il est possible qu'il y eût à la fois plusieurs comtes du Palais. Dans une formule, Rozière n° 386, une femme donne procuration pour tous procès *ante comitibus palatii*. La formule 390 porte aussi *comites palatii*. Un diplôme de 663, Pardessus n° 349, Pertz n° 41, fait supposer qu'il y avait deux ou plusieurs comtes alternant entre eux pour le service : *Andobello palatii nostri comite qui de ipso ministerio ad præsens nobis deservire videbatur*. — Il est possible aussi que, pour ces fonctions si occupées, il y eût un suppléant à côté du titulaire; c'est ce que donne à penser un diplôme de 710.

[2] Archives nationales, Tardif, n°° 14, 15, 22, 28, 32; Pardessus, n°° 331, 332, 394, 418, 429; Pertz, n°° 34, 35, 49, 59, 66, etc. Marculfe, I, 37.

suite d'un besoin croissant de luxe et d'apparat ; nous les trouvons dès les premiers temps que nous pouvons atteindre, par exemple dès le règne de Thierri et de Théodebert en Austrasie.

On peut remarquer encore que tous ces emplois sont des emplois civils. Bien qu'il ne soit pas douteux qu'il y eût quelques soldats dans le Palais, c'est visiblement le caractère civil qui domine. On serait donc très loin de la vérité en se figurant le roi mérovingien vivant dans un pur entourage de guerriers.

Nous savons mal quel était le costume en usage. Un contemporain qui vivait dans le Palais dépeint un de ses collègues vêtu d'une robe de soie avec une ceinture d'or et de pierres précieuses [1]. D'après quelques statues et bas-reliefs qui nous sont restés, il semble que le costume romain, tel qu'il avait été au cinquième siècle, se soit maintenu dans le Palais, au moins en temps de paix. L'insigne des fonctionnaires était, comme au temps de l'Empire [2], la ceinture d'or, *cingulum aureum, balteus aureus* [3].

---

[1] *Vita Eligii ab Audoeno*, I, 12 : *Utebatur auro et gemmis in habitu, habebat zonas ex auro et gemmis comptas, necnon et bursas eleganter gemmatas, lineas vero metallo rutilas, orasque sarcarum auro opertas, cuncta quidem vestimenta pretiosissima, nonnulla etiam holoserica.*

[2] Code Théodosien, VIII, 4, 11 ; X, 26, 1 ; Cassiodore, *passim*.

[3] Saint Éloi portait le *cingulum aureum* (*Vita Eligii*, I, 13). — Saint Ouen figura longtemps parmi les *proceres, sub aureo balteo* (*Vita Filiberti*, Mabillon, *Acta SS.*, II, 818). — Nous voyons un certain Ulfus, *minister reginæ Chrodosinthæ*, demander à saint Germain la guérison et lui en donner le prix en jetant aux pieds du saint son *balteus* (*Vita Germani a Fortunato*, c. 21). — Cf. Fortunatus, *Carm.*, VII, 16, 20 : *Theodebertus enim comitivæ præmia cessit Auxit et obsequiis cingula digna tuis.* — Ce baudrier ou ceinturon d'or n'était pas un insigne militaire, puisque nous voyons que saint Éloi et saint Ouen le portaient. De même saint Licinius fut honoré par le roi *cingulo militiæ* (Bollandistes, février, II, 683) ; or sa *militia*, son service, consistait dans l'emploi de *procurator*. Saint Sigiranne portait aussi le *cingulum* (*Vita Sigiranni*,

On a pu voir par la double liste de dignitaires que nous venons de dresser, que le Palais était à la fois une cour et un centre administratif. Ces deux choses, que les États modernes distinguent soigneusement, étaient réunies, je ne dirai pas confondues, mais assimilées et un peu entremêlées. Les documents nous montrent des personnages qui passent du service domestique dans le service gouvernemental. Un ancien échanson devient comte. Un référendaire, un chambellan deviennent généraux d'armée[1].

Les rois francs n'avaient pas de capitale, dans le sens moderne du mot. Paris, Metz, Orléans avaient quelque primauté sur les autres villes; mais les rois n'y vivaient guère, et le gouvernement n'y résidait pas. Le gouvernement résidait dans le Palais, c'est-à-dire dans cet entourage du roi; il se déplaçait avec lui, le suivait de *villa* en *villa*, et ne le quittait jamais. Le Palais était une sorte de capitale mouvante, un gouvernement ambulant.

Le Palais était aussi le tribunal suprême de tout le royaume. Nous verrons plus loin que la justice n'appartenait ni à un corps de peuple ni à une corporation de magistrats. Elle appartenait, en dernier ressort, aux hommes du Palais siégeant autour du roi. Les juges des plus graves débats étaient ces chambellans, ces sénéchaux, ces référendaires dont nous venons de parler. « Ebrulfus, dit un vieil hagiographe, servait dans les emplois du Palais; doué d'une grande facilité de parole,

---

Mabillon, *Acta SS.*, II, 433). Déjà au temps de l'Empire le *cingulum* était l'insigne des fonctionnaires civils aussi bien que des officiers de l'armée; même les employés de bureau avaient le *cingulum*. Code Justinien, I, 23, 7; I, 40, 14 : *Cingulum cujuslibet militiæ dignitatisve*.

[1] *Fredegarii Chron.*, c. 78. — *Ibidem*, c. 58.

il siégeait parmi les courtisans pour juger les procès et se montrait le plus habile d'entre eux[1]. »

Le Palais était encore le conseil suprême de l'État. Ces *aulici*, ou du moins les principaux d'entre eux, étaient les conseillers du roi. Le titre de conseiller leur est quelquefois donné[2]. C'était dans leur réunion que se discutaient les questions les plus graves et que se préparaient les actes législatifs, les guerres et les traités. Du Palais partaient tous les diplômes, toutes les nominations de comtes et d'évêques, tous les décrets de donation de terre ou de confiscation, tous les ordres de levées d'impôts ou de levées d'hommes pour la guerre. Beaucoup d'évêques sortaient du Palais; ils y avaient été élevés; ils y avaient rempli des emplois durant de longues années. La plupart des comtes et des ducs en avaient traversé les offices avant d'aller administrer les provinces. Les ambassadeurs envoyés à l'étranger, les *missi* chargés de parcourir et de surveiller les provinces, étaient toujours des hommes du Palais.

Le Palais était un grand corps qui ne se séparait pas du roi, et duquel le roi ne se séparait pas. Le roi n'agissait pas sans consulter le Palais. Il gouvernait le royaume par l'intermédiaire du Palais. Si le roi était mineur, c'était le Palais qui gouvernait au nom de l'enfant. On peut regarder le Palais comme l'institution

---

[1] *Vita Ebrulfi Utic.*, Mabillon, *Acta SS.*, I, 354 : *Ebrulfus, dum regalibus ministeriis deserviret, oratoris facundia præditus, ad agendas causas inter aulicos residebat doctissimus.* — Cf. *Vita Arnulfi ab Umnone*, c. 18, Bollandistes, 18 juillet, p. 444 : *Audoenus... assignator causarum quæ in palatio terminabatur erat.*

[2] *Vita Columbani*, c. 50 : *Hagnericus conviva regis et consiliis regis gratus.* — *Vita Agili* : *Hagnoaldus, ex primis palatii, regis conviva et consiliarius* (Mabillon, *Acta SS.*, II, 316-317).

capitale, l'institution maîtresse de l'époque mérovingienne.

———

On doit penser que le Palais n'est pas une institution propre aux Mérovingiens. Ils ne l'ont pas créée. Aussi leur est-elle commune avec les autres États fondés sur les débris de l'Empire. Les lois des Wisigoths mentionnent souvent le Palais ; elles signalent un corps de grands personnages qu'elles appellent *ordo palatinus*[1]. Le membre de ce corps qui se rend coupable de certaines fautes est dépouillé de « toute dignité palatine » et à jamais exclu « de la société du Palais[2] ». Les rois parlent des grands du Palais, *primates* ou *seniores palatii*[3]. Parmi ces personnages nous trouvons, comme chez les Francs, un comte de l'écurie, un comte de la chambre royale, un spathaire, des chambellans, des notaires ; de plus que chez les Francs nous trouvons, comme dans l'Empire, un comte du patrimoine et un comte du trésor public[4]. Ainsi le Palais des rois wisi-

---

[1] *Lex Wisigothorum*, II, 1, 34 : *Qui ex ordine palatino fuerit.*
[2] *Ibidem*, II, 1, 6, *in fine* : *Cunctis palatinæ dignitatis consortiis et officiis nudatus…; a totius palatii maneat societate seclusus.*
[3] *Ibidem*, II, 1, 1 : *Senioribus palatii*. IX, 2, 9, *in fine* : *Si de primatibus palatii fuerit.* Cf. vi⁰ concile de Tolède, a. 639 : *Qui ob meritum in palatio honorabiles habentur.*
[4] *Chronicon Maximi*, a. 590, dans la *Patrologie latine*, t. LXXX, p. 631 : *Ex palatinis vero Helladius illustrissimus aulæ regis comes et rerum publicarum comes, Fonsa comes patrimoniorum, Afrila comes spatharius, Claudius comes limitaneus et dux, Witericus comes stabuli, Argimundus comes cubiculi.* Voyez les signataires de plusieurs conciles ; viii⁰ concile de Tolède, ann. 653 : *Ex viris illustribus officii palatini, Odoacrus comes cubiculariorum, Dabilo comes et procer, Riccilla comes patrimoniorum….* — xiii⁰ concile de Tolède, a. 683 : *Viri illustres officii palatini, Argemirus comes cubiculi, Isidorus comes thesaurorum, Gisclamundus comes stabuli, Audemundus procer, Cixcla comes nota-*

goths est plus complet que celui des rois francs, et l'administration centrale y est mieux constituée. Le Palais du roi d'Italie Théodoric ressemble encore plus à celui des empereurs; nous y voyons un *magister officiorum*, un *præfectus prætorio*, un questeur, un comte du patrimoine et un comte des largesses sacrées[1]. Il n'est pas jusqu'aux rois lombards qui ne parlent de leur Palais[2], « de leur Palais sacré[3] », et qui n'aient leur entourage d'optimates.

Personne ne supposera que ces divers États se soient fait des emprunts l'un à l'autre. Ils étaient plus enclins à se combattre qu'à s'imiter. Ils différaient d'ailleurs entre eux d'esprit et de politique. Les ressemblances qu'ils offrent dans leurs institutions ne peuvent s'expliquer que d'une manière : c'est qu'ils trouvèrent ces institutions existantes sur le territoire de l'Empire. Ils avaient plusieurs motifs pour se les approprier autant qu'il leur était possible ; ils n'en avaient aucun pour les détruire.

*riorum, Vitulus comes patrimonii (Collectio concil. Hispaniæ*, Aguirre, I, p. 649 et 668).

[1] Voyez sur ce point les lettres officielles et les actes recueillis par Cassiodore, *Lettres*, V, 3, 4, 6, 16, 17, 18, 40; VI, 3, 5, 7, 8, 9.

[2] Les mots *palatium regis* reviennent sans cesse dans les lois lombardes, sous cette forme surtout : *Componat ad palatium*, pour indiquer les amendes dues au roi.

[3] *Lex Langobardorum*, Liutprand, 12 : *In sacro palatio*. Cf. Paul Diacre, *Hist. Langobardorum*, V, 33 : *Omnia obsequia palatina*.

## CHAPITRE IX

### Le maire du Palais.

On a beaucoup discuté au sujet du maire du Palais, et l'on s'est quelquefois égaré sur la nature de ses fonctions et sur son rôle politique. Ce n'est pourtant pas que les documents fassent défaut, ni qu'ils manquent de clarté[1].

Pour comprendre ce maire du Palais, il faut partir de ce qu'était le Palais. Nous venons de voir que le Palais était un immense corps qui comprenait tout l'entourage du roi, tous les hommes attachés à sa personne, tous les dignitaires et fonctionnaires royaux. Le maire était le chef de ce grand corps. De là son nom, *major domus* ou *major palatii*[2]. Nous avons reconnu plus haut que *domus, domus regia, palatium,* étaient des termes synonymes; et quant au mot *major*, il était un des termes qui dans la langue du temps marquaient la supériorité; il signifiait chef. *Major domus* signifie

---

[1] Les principaux travaux modernes sur les maires du Palais sont: Pertz, *Die Geschichte der Merowingischen Hausmeyer*, 1819; Zinkeisen, *Commentatio de Francorum majore domus*, 1826; Bonnell, *De dignitate majoris domus regum Francorum a romano sacri cubiculi præposito ducenda*, 1858; Schöne, *Die Amtsgewalt der merow. majorum domus*, 1856; Lehuerou, *Institutions mérovingiennes*, pages 385 et suiv.; Waitz, *Verfassungsgeschichte*, 2ᵉ édit., t. II, p. 415-428; 3ᵉ édition, t. III, p. 83-100.

[2] Grégoire, VI, 9: *Bathegisilum majorem domus regiæ.* IX, 30: *Florentionum majorem domus regiæ.* — Fortunatus, *Vita Germani*, 44: *Audegesilus major domus regiæ.* — Par une redondance conforme aux habitudes du temps, on l'appelle « maire de la maison du palais »: *Fredegarii Chron.*, 24: *Bertoaldus major domus palatii erat.* 84: *Erchinoaldus major domus palatii Chlodovei.* — *Vita Leodegarii ab anonymo*, c. 12: *Palatii major domus.* *Vita Liutfridi*, 25, Mabillon, III, 592: *Majores domus palatii.*

donc chef du Palais; le même personnage est souvent appelé *præpositus palatii, præfectus aulæ, gubernator palatii*[1]. Toutes ces expressions sont synonymes. Elles marquent que le personnage auquel elles s'appliquent est par essence le chef du Palais.

On a beaucoup cherché l'origine de cette fonction, et l'on s'est partagé comme toujours, les uns lui assignant une origine germanique, les autres une origine romaine. La vérité n'est pas tellement systématique, mais elle est plus complexe.

Il est très admissible que, dans l'ancienne Germanie, les riches personnages et surtout les rois eussent des chefs de leur maison. Cette origine germanique n'est pas signalée par des documents; mais elle est une conjecture très vraisemblable. L'origine romaine est encore plus sûre, parce qu'elle est signalée par un grand nombre de faits et de textes.

Regardons d'abord les usages des particuliers, et transportons-nous chez un de ces grands propriétaires romains du quatrième siècle. Ce qu'on y appelle la maison, *domus*, ce n'est pas seulement une habitation : c'est l'ensemble des biens, des terres, des serviteurs, qui appartiennent à un propriétaire. Nous voyons par

---

[1] *Vita Eligii*, II, 55: *Palatii præpositus, quod vulgo dicitur major domus.* — *Ibidem*, II, 26: *Ab Erchinoaldo palatii præposito.* — Lettre de Didier au maire Grimoald, Bouquet, IV, 58: *Totius aulæ rectori.* — *Vita Arnulfi*, c. 4: *Gundulfo.... rectori palatii.* — Les expressions *rector palatii* et *major domus* sont employées comme exactement synonymes dans la *Vita Leodegarii ab Ursino*, c. 8. — Eginhard, *Vita Caroli*, 1, dit: *Palatii præfectos qui majores domus dicebantur.* Plus loin il les appelle *præfecti aulæ.* — Le titre de *dux palatii* ne se rencontre, à ma connaissance, que dans les *Gesta Dagoberti*, 31, et dans un passage contesté de Frédégaire, c. 75. — Quant à la dénomination de *subregulus* qui est donnée au maire par quelques hagiographes (*Vita Arnulfi*, c. 4; *Vita Romarici*, c. 11), il est clair qu'elle n'avait rien d'officiel, et il est probable qu'elle était inusitée dans le Palais.

un passage de Grégoire de Tours que, dans la langue du sixième siècle, ce qu'on appelle *cura domus* comprend à la fois l'exploitation des domaines et le gouvernement de tout le personnel domestique[1]. Or il était assez fréquent, sinon d'un usage universel, que le riche et puissant propriétaire mît à la tête de sa maison un chef qui la gouvernât à sa place et par qui son autorité fût toujours présente. Ce chef n'était qu'un serviteur vis-à-vis du maître, mais il était un maître vis-à-vis des autres serviteurs. Il avait ordinairement le titre de *major*, terme qui indiquait la supériorité, l'autorité, et on l'appelait *major domus*[2]. On trouve ce « maire de la maison » dans la société romaine du cinquième siècle. Avitus écrit à l'Italien Elpidius qu'il a reçu les lettres que celui-ci lui avait envoyées par le « maire de sa maison », et qu'il a chargé ce « maire » de lui remettre sa réponse[3]. Un écrivain du septième siècle nous dit encore que c'est l'usage dans les maisons des grands que le chef établisse au-dessus de ses serviteurs, pour se faire mieux obéir d'eux, un *major domus*[4]. Les historiens nous signalent ce maire dans la

---

[1] Grégoire, X, 29 : Le riche Arédius, ne voulant plus s'occuper d'intérêts temporels, supplie sa mère *ut omnis* CURA DOMUS, *id est correctio familiæ* (familia signifie toute la domesticité), *sive exercitium agrorum, sive cultus vinearum, ad eam adspiceret*. On voit bien dans cet exemple le sens du mot *domus* et de l'expression *cura domus*.

[2] Donatus, *Comment. in Terentii Phormionem*, acte II, sc. 2, v. 57 : *Columellæ apud veteres dicti servi majores domus* (Térence, édition Stallbaum, t. VI, p. 77). — *Glossæ Isidori*, dans Ducange, t. IV, p. 190, col. 2 ; *Architriclinus, major domus*. — Saint Jérôme, *Lettres*, 2 : *Si familiarius est loquendum, habet nutricem, majorem domus*.

[3] Lettres d'Avitus, 38, édit. Peiper : *Per majorem domus tuæ epistolas tuas me accepisse lætatus, per ipsum rursus officia caritatis exsolvi et affectum tui studio paginæ famulantis excolui ; quo eventu in manus tuas perlata non fuerit, major quem supra dixi non potest ignorare.*

[4] *Regula Magistri*, c. 11, dans la *Patrologie latine*, t. CIII, p. 952 : *Sicut in hominis domo, ut securus sit de omnibus præparandis, domi-*

maison des reines ou des filles de roi[1]. Nous voyons que des évêques avaient « un maire de leur maison »[2].

Passons des maisons des grands aux palais des souverains. Dans le palais impérial nous ne trouvons pas le titre de *major domus;* mais nous trouvons une fonction qui sous un autre nom paraît se rapprocher beaucoup de celle du maire du Palais : c'est celle qu'on appelle *cura palatii*[3]. Les écrivains, il est vrai, ne nous disent pas quelles attributions y étaient attachées[4]. Mais la fonction paraît avoir été l'une des plus considérables du Palais. Aétius l'exerça quelque temps[5]. Sidoine Apollinaire parle d'elle comme du couronnement de la carrière d'un homme de cour[6]. D'autres écrivains men-

*nus ordinat majores familiæ quos vice domini minores timeant, id est, vicedominum, villicum, majorem domus.*

[1] Grégoire, VI, 45; VII, 27; VII, 38; VII, 43; IX, 36. — On trouve le *major* et la *majorissa*, chefs des serviteurs, dans la Loi salique, mais seulement dans le texte de Hérold, XI, 6 et 7, Pardessus, p. 232.

[2] Au moins en Italie. Grégoire le Grand, *Lettres,* XI, 71 : *Volumus ut frater noster Paschasius* (c'était l'évêque de Naples) *vicedominum sibi ordinet et majorem domus, quatenus possit vel hospitibus supervenientibus vel causis quæ eveniunt idoneus et paratus existere.* Dans une autre lettre, IX, 66, Grégoire le Grand appelle *major domus* le *vicedominus* de l'évêque. — En général, ce dernier titre paraît avoir été seul en usage.

[3] Ammien Marcellin, XIV, 7, 19: *Apollinaris paulo ante gerens palatii Cæsaris curam.* — Idem, XXII, 3, 7: *Saturninus ex-cura palatii.* — Idem, XXXI, 12, 15 : *Tribunus Equitius cui tunc erat cura palatii credita.* — Idem, XXXI, 13, 18: *Valerianus et Equitius, quorum alter stabulum, alter curabat palatium.* — Code Théodosien, VI, 13, 1; XI, 18, 1.

[4] Une formule de Cassiodore, VII, 5, a donné à penser que la *cura palatii* n'était relative qu'au soin des bâtiments. Cela est possible pour le temps de Cassiodore; mais les quatre textes d'Ammien que nous citons plus haut se rapportent visiblement à des hommes qui exercent de plus hautes fonctions que celle de veiller sur les bâtiments impériaux. Assimiler la *cura palatii* des empereurs au *majordomatus* des Mérovingiens serait une exagération; mais il semble bien qu'il y ait quelque analogie entre les deux charges.

[5] Renatus Frigeridus, dans Grégoire de Tours, II, 8: *Aetium id temporis curam palatii gerentem.*

[6] Sidoine Apollinaire, *Carmina,* XXIII, v. 429-430 : *Intra aulam expetitus, curam moderatus es palatii.*

tionnent le titre de *præpositus palatii*, et il est possible, sans qu'on puisse l'affirmer, que les deux titres aient désigné la même charge[1]. Ce haut dignitaire se retrouve sous Justinien et après lui. Narsès fut quelque temps chef du palais[2].

Si nous passons de l'Empire aux royaumes germains, nous trouvons partout un chef du Palais. Il y en a chez les rois Vandales, chez l'Ostrogoth Théodoric, chez les rois Wisigoths, chez les rois Burgundes[3]. Nous en voyons un aussi chez les exarques, qui sont des vice-rois de l'Italie au nom de l'empereur grec[4]. Partout son titre est celui de *major domus*. Il n'est pas certain que dans tous ces États les maires eussent des fonctions exactement semblables. On comprend surtout qu'ils ne soient pas parvenus partout à la même puissance. Cette

---

[1] Καὶ τὸν πραιπόσιτον τοῦ παλατίου αὐτοῦ, Ῥοδανὸν ὀνόματι, ἄνδρα δυνατὸν καὶ διοικοῦντα τὸ παλάτιον (*Chronicon Paschale*, édit. Ducange, p. 301, 302; *Patrologie grecque*, t. XCII. p. 758). — Εὐσέβιος τὴν τοῦ πραιποσίτου διέπων ἀρχὴν καὶ μεγάλα παρὰ Κωνσταντίνῳ δυνάμενος (Zonaras, éd. du Louvre, t. II, p. 19). — Τὸν πραιπόσιτον Εὐσέβιον (Olympiodore, fragm. 15, éd. Didot, p. 60). — *Amantius, palatii præpositus* (Marcellinus comes, chron. anno 519). — Sozomène, II, 9, emploie l'expression μείζων οἰκίας, *major domus*, en l'appliquant, il est vrai, au chef du palais des rois de Perse.

[2] Inscriptions latines, Orelli, n° 1162 : *Imperante Justiniano.... Narses vir gloriosissimus ex præposito sacri palatii*. Henzen, n° 5597 : *Smaragdus ex præposito sacri palatii ac patricius et exarchus Italiæ.*

[3] Gennadius, écrivain de la fin du cinquième siècle, cite le *major domus* du roi des Vandales Hunnéric (*De scriptor. eccles.*, c. 97, Patrologie latine, t. LVIII, p. 1117). — *Vita Epiphanii ab Ennodio*, c. 46 : *Virum illustrissimum Urbicum qui universa palatii onera sustentat.* — Cassiodore, *Lettres*, X, 18 : *His præfecimus majorem domus nostræ* (c'est le roi qui parle) *Vaccenem.* — *Lex Burgundionum, præfatio : Sciant optimates, comites, consiliarii, domestici, et majores domus nostræ.* — *Ibidem*, CVII, Pertz, p. 577 : *Consiliarii aut majores domus.* Il semble que chez les Burgundes il y ait eu plusieurs maires de la maison à la fois — Cf. *Lex Wisigothorum*, VI, 1. 7 : *majores palatii.*

[4] Grégoire le Grand, *Lettres*, IX, 9, *Ad Callinicum Italiæ exarchum : Illud cognoscite quia me non modice contristavit quod major domus vestræ qui petitionem episcopi suscepit, eam se perdidisse professus est.*

« mairie » était une institution générale, commune aux maisons des riches et au palais des souverains, commune aux empereurs et aux rois barbares, mais qui, par cela même, devait se modifier selon les lieux et selon les temps.

Les rois mérovingiens n'ont eu dans leurs maires du Palais que ce qui existait avant eux, autour d'eux, partout. Comme tous les souverains, ils avaient un chef de leur maison qui en gouvernait le nombreux personnel.

Cette autorité du maire sur le Palais est bien marquée par les écrivains du temps. « Il régit la cour du roi », dit l'un d'eux[1]. « Il régit le Palais[2]. » « Il est élevé au-dessus de toute la maison royale[3]. » « Il a le soin du Palais[4]. » « Tous les services du Palais sont dirigés par lui[5]. » « Il est comme un prince du Palais[6]. »

C'est que ce grand corps des *palatini*, qui gouvernait le royaume, avait besoin lui-même d'être gouverné. A cette multitude d'hommes de toute nature, de toute race, de tout emploi, il fallait un chef. Les monarques absolus sont facilement les maîtres du peuple qui est loin d'eux; ils le sont moins facilement des dignitaires qui les approchent. Il était impossible que l'autorité du roi mérovingien s'exerçât personnellement sur

[1] Fortunatus, *Carmina*, IV, 3 : *Ipse palatinam rexit moderatius aulam.*
[2] Frédégaire, *Chron.*, 79 : *Æga regebat palatium.*
[3] *Vita Leodegarii ab Ursino*, c. 4 : *Leodegarium super omnem domum suam sublimavit et majorem domus in omnibus constituit.*
[4] *Continuatio Fredegarii*, c. 98 : *Curam palatii gerebat.* — Chronique de Saint Vaast, édit. Dehaisnes, p. 381 : *Ebroino curam palatii committunt.*
[5] *Vita Baboleni*, Bouquet, III, 565 : *Omnia palatina officia suo moderamine procurabat.* — *Chronicon Centulense ab Hariulfo*, II, 1 : *Per præfectos palatii domus regia ordinabatur.* — *Miracula S. Benedicti ab Adrevaldo*, I, 12 : *A præfectis palatii domus ordinabatur regia.*
[6] *Vita Sigiberti*, c. 4 : *In aula principabatur.* L'auteur de la *Vita Filiberti*, c. 28, qualifie le maire *princeps palatii*.

chaque fonctionnaire, sur chaque bureau du Palais. Il devait pourtant tenir à avoir son Palais dans sa main. Il lui imposa donc un chef qui le régit en son nom. Ce fut le maire du Palais.

Telle est l'origine et telle est l'essence de la mairie; regardons maintenant quels pouvoirs lui étaient conférés.

Le maire avait d'abord, comme chef du Palais, un droit de justice et de coercition sur tous les hommes qui composaient le Palais, c'est-à-dire sur tous les grands du royaume. Cela est bien marqué par un écrivain du septième siècle; il raconte que Chrodinus dont on voulait faire un maire du Palais, refusa cette charge en alléguant « qu'il était uni par la parenté à la plupart des g ands, et qu'il se trouverait ainsi hors d'état de mettre l'ordre parmi eux, de leur imposer la discipline, de prononcer contre eux des arrêts de mort »[1]. Le maire était donc chargé de maintenir l'ordre et l'obéissance parmi ces puissants personnages qui composaient le Palais. Il jugeait et punissait leurs fautes.

Or le Palais ne se composait pas seulement des hommes attachés au service de la personne royale. Dans un sens plus large, il comprenait les fonctionnaires et les administrateurs. Au Palais se rattachaient les ducs et les comtes qui gouvernaient les provinces et en général tous ceux qui exerçaient un emploi public, tous ceux

---

[1] *Historia epitomata*, c. 58: *Chrodinus honorem respuens dicebat: Pacem ego in Auster facere non valeo, maxime cum omnes primates mihi consanguinei sint; non possum ex eis facere disciplinam, nec quempiam interficere.* — Notez que ce passage de l'abréviateur n'est pas emprunté à Grégoire de Tours; il n'a donc qu'une médiocre autorité. Il est possible que cette histoire de Chrodinus soit fausse; mais la manière dont l'écrivain la raconte marque du moins que les hommes d'alors se représentaient la mairie du Palais comme un pouvoir s'exerçant sur les grands.

que le roi avait revêtus d'une dignité. Par là le maire se trouvait le chef de tous les grands du royaume et les tenait sous son autorité.

Outre les grands, il y avait de simples hommes libres qui obtenaient du roi le privilège d'être placés sous sa protection personnelle. Ceux-là avaient désormais pour chef et pour juge le maire du Palais[1].

On n'avait probablement pas songé, en instituant ce maire, à faire de lui un homme politique et un chef de l'administration ; mais il le fut par cette seule raison que toute la vie politique et toute l'administration se concentraient dans le Palais. On n'avait pas pensé à fixer ses attributions ; mais il se trouvait que le Palais possédait en soi la justice suprême, la gestion des finances, le gouvernement tout entier ; le chef de ce Palais fut donc le premier des juges, le premier des trésoriers, le premier des administrateurs. Il semble bien que le plaid royal, en l'absence du roi, fût tenu et présidé par lui[2]. Il avait la haute main sur les finances, ordonnait la levée des impôts, parfois les percevait en personne[3]. C'était lui qui veillait sur la conservation du domaine royal. Une terre avait-elle été usurpée par

---

[1] Cela ressort d'une formule de Marculfe, I, 24, où l'on voit que toute personne que le roi reçoit en sa mainbour, il la place aussitôt sous la mainbour de son maire. Nous verrons ailleurs que la mainbour implique à la fois protection très large et autorité absolue.

[2] *Diplomata*, édit. Pertz, n°° 70, 97 ; Tardif n° 38. Marculfe, I, 25. On remarque dans ces actes que le maire est nommé le premier des membres laïques du tribunal, aussitôt après le roi et les évêques. Nous verrons plus loin pour quelle raison le nom du président du tribunal, en l'absence du roi, ne pouvait pas être inscrit dans l'acte de jugement. On a cru que c'était le comte du Palais qui présidait ; rien n'indique cela.

[3] Grégoire, IX, 30 : *Childebertus rex in Pictavos jussit abire Florentianum, majorem domus regiæ... ut populus censum reddere deberet.* — Frédégaire, *Chron.* c. 27 : *Berloaldum majorem domus per pagos et civitates ad fiscum inquirendum dirigunt.*

un particulier ou par une église, c'était le maire qui, par les voies judiciaires, la faisait rentrer dans le domaine. Par contre, si une terre avait été indûment confisquée, c'était lui qui la restituait à son légitime propriétaire.

Aucun écrivain du temps ne nous donne la liste de ses attributions, et sans doute cette liste n'existait pas. Elles étaient indéfinies et illimitées. Il est curieux d'observer comment un chroniqueur contemporain apprécie individuellement chacun de ces maires. La nature de l'éloge ou du blâme fait entrevoir la nature des fonctions. Le maire Bertoald « était sage et avisé, vaillant au combat, fidèle à sa parole avec tous »; apparemment il avait quelques aptitudes administratives, puisque le roi l'envoya « faire une inspection financière dans les provinces »[1]. « Le maire Protadius était d'une extrême adresse, actif en toutes choses; mais il préférait l'intérêt du fisc à l'intérêt des particuliers, et montrait trop de zèle à enrichir le trésor royal et lui-même[2]. » Le maire Claudius « était un homme prudent, beau parleur, actif en toute sorte de fonctions, patient, avisé, instruit dans les lettres, fidèle à sa parole, aimé et ami de tous[3] ». « Æga était grand observateur de la justice, habile en ses discours, toujours prêt à répondre; on

---

[1] *Fredegarii Chronicon*, c. 24 : *Bertoaldus, major domus palatii Theuderici regis, moribus mensuratus, sapiens et cautus, in prælio fortis, fidem cum omnibus servans....*

*Ibidem*, c. 27 : *Protadius major domus, cum esset nimium argutissimus, et strenuus in cunctis, sed sæva illi fuit contra personas iniquitas, fiscum nimium stringens, de rebus personarum ingeniose fiscum vellens implere, et se ipsum ditare.*

[3] *Ibidem*, c. 28 : *Subrogatur major domus Claudius, homo prudens, jucundus in fabulis, strenuus in cunctis, patientiæ deditus, plenitudine consilii abundans, litterarum studiis eruditus, fide plenus, amicitiam cum omnibus servans.*

lui reprochait trop d'avidité; c'est pourtant lui qui fit restituer à leurs propriétaires plusieurs biens que ses prédécesseurs avaient sans droit réunis au fisc[1]. » Erchinoald était « patient, bon, avisé, humble envers les évêques, répondant à tous avec bienveillance, exempt d'orgueil et de cupidité »[2]. Laissons de côté le plus ou moins de vérité individuelle qui peut se trouver dans ces divers jugements du chroniqueur, et cherchons plutôt la vérité générale qui s'en dégage. En réunissant tous ces traits, nous reconnaissons que le maire est tantôt un juge, tantôt un chef d'armée, mais bien plus souvent un administrateur qu'un guerrier, qu'il lui faut être actif « en toute sorte de choses », qu'il répond à tout, que tous s'adressent à lui, que tout dépend « de sa bonté », « de son orgueil », ou « de sa cupidité », que les évêques même sont en relations avec lui, qu'il a les finances dans sa main sans contrôle, au point qu'il peut s'enrichir autant qu'il veut, qu'enfin c'est lui qui prononce les confiscations ou les restitutions de terres. Ainsi ses attributions, sans être bien définies, s'étendent à tout.

Il est bon de remarquer que les rois francs, en prenant à leur usage l'administration impériale et presque tous les titres du Palais des empereurs, n'avaient pourtant pas osé lui emprunter les dignités les plus hautes; ils n'avaient donc ni le *magister officiorum*, ni le *comes*

---

[1] *Ibidem*, c. 80: *Justitiam sectans, cruditus in verbis, paratus in responsis... avaritiæ deditus... Facultates plurimorum quæ jussu Dagoberti fuerant illicite usurpatæ et fisci ditionibus redactæ, consilio Æganis omnibus restaurantur.*

[2] *Ibidem*, c. 84: *Erchinoaldus major domus palatii efficitur; erat homo patiens, bonitate plenus, patiens et cautus, humilitate et benigna voluntate circa sacerdotes, omnibus benigne respondens, nulla tumens superbia, neque cupiditate sæviebat.*

*largitionum*, ni le *magister militiæ*. C'est l'absence de ces hauts dignitaires qui fit que le maire du Palais fut tout à fait le premier. Il eut à lui seul les trois sortes d'autorité que les empereurs avaient réparties entre ces trois dignitaires. Tous les administrateurs des provinces dépendirent de lui, de même que dans l'Empire ils avaient dépendu du *magister officiorum*. Étaient-ils nommés directement par lui? Il est clair que le diplôme de nomination était rédigé au nom du roi. Mais beaucoup de faits du septième siècle donnent à penser que les nominations, signées par le roi, avaient été préparées par le maire. Un chroniqueur nous fait voir très nettement que le maire pouvait révoquer des ducs et des comtes et en nommer d'autres à leur place[1]. Le maire était donc une sorte de ministre de l'intérieur, de qui dépendaient toutes les nominations. Un hagiographe dit que les gouverneurs de provinces n'agissaient que par ses conseils et ses instructions[2].

On peut donc considérer le maire du Palais comme le premier ministre, et même le ministre unique de cette monarchie absolue. Cela s'était produit naturellement et n'était que la conséquence de la nature même du Palais. Comme le Palais était l'ensemble de tous les grands du roi, de tous les fonctionnaires du roi, le chef du Palais se trouva nécessairement le chef de tout ce qui était fonctionnaire et de tout ce qui était grand. Il commandait à tout ce qui commandait. Le Palais gou-

---

[1] Cela ressort du chapitre 89 de la Chronique de Frédégaire, où il est dit que les ducs et grands de Burgundie firent jurer au maire du Palais qu'il ne les destituerait pas. Il est clair qu'on n'exigea de lui ce serment que parce que ses fonctions lui donnaient le droit de destituer.

[2] *Vita Gengulphi*, c. 4, Bollandistes, 11 mai : *Qui palatio adhærebant et per provincias jura dabant, cum ejus consilio quæ agenda erant regni gubernacula administrabant.*

vernait le royaume; le maire gouvernait le Palais et par lui le royaume. C'est ainsi qu'il fut le maître de tout[1].

Quelques historiens modernes ont pensé que ce maire du Palais avait été élu par les grands eux-mêmes ; par suite ils ont représenté ce personnage comme un chef de l'aristocratie contre les rois, en sorte que ces rois mérovingiens n'auraient eu dès l'origine qu'une autorité nominale[2]. Il faut chercher si les documents justifient cette opinion.

Un passage de l'abréviateur de Grégoire de Tours paraît d'abord l'autoriser, et c'est principalement sur lui qu'on s'est appuyé. Il rapporte que « sous la minorité de Sigebert tous les Austrasiens choisirent Chrodinus pour maire du Palais », et que, sur le refus de celui-ci, « ils élurent Gogon »[3]. Ce qui diminue la valeur de cette assertion de l'abréviateur anonyme, c'est qu'elle ne se trouve pas dans Grégoire de Tours et qu'on ne sait pas à qui l'abréviateur l'a empruntée. Il commet d'ailleurs une erreur manifeste quand il parle de la minorité et « de l'enfance » de Sigebert, qui avait vingt-six ans lorsqu'il devint roi. Il est enfin en contradiction avec un auteur contemporain. Fortunatus, qui connaissait personnellement le principal personnage de cette

---

[1] *Fredegarii Chron.*, c. 80 : *Æga palatium gubernabat et regnum.* — Lettre de Désidérius au maire Grimoald, Bouquet, IV, 38 : *Totius aulæ imoque regni rectore.* — *Vita Gaugerici*, II, 3, Bollandistes, 11 août : *Moles et onera regni tractabat.* — *Fredegarii Chron.*, 88 : *Gradus honoris majoris domus in palatio et in omni regno Austrasiorum in manu Grimoaldi firmatus est.*

[2] Luden, *Allgemeine Geschichte der Völker*, p. 179. — Zinkeisen, *Dissertatio de Francorum majore domus*, p. 33-34.

[3] *Historia epitomata*, c. 58 : *In infantia Sigiberti, omnes Austrasii cum eligerent Chrodinum majorem domus, ille hunc honorem respuens dixit : Eligite alium quem vultis ex vobis. Tunc Gogonem majorem domus eligunt.*

histoire, s'adressait au maire Gogon et lui écrivait :
« C'est le choix du roi Sigebert qui t'a porté à ta haute
dignité ; c'est le roi qui t'a choisi¹. »

Il n'est dit d'aucun autre maire du Palais, durant
tout le sixième siècle et la première moitié du septième,
qu'il ait été élu par les grands. Nous voyons au contraire
que Protadius fut nommé maire par le roi Thierri sur
le conseil de Brunehaut, et contre le vœu des grands,
qui ne tardèrent pas à l'assassiner². Le maire Florentianus, qui se montra si zélé pour le rétablissement des
impôts et qui exhuma du Palais les anciens registres
des contributions, n'avait certainement pas été élu par
les Francs. Il ne paraît pas non plus que ce fût le suffrage des Francs qui ait porté à la mairie Claudius,
lequel n'était même pas un Franc³. Que Warnachaire
ait trahi Brunehaut, cela ne prouve pas qu'il n'ait pas
été nommé maire par elle ou par le roi son petit-fils⁴.
Ce personnage, en se portant du côté de Clotaire II,
exigea que la dignité de maire lui fût conservée ; il exigea
même que son nouveau maître lui jurât de ne le destituer jamais⁵. Observons ce détail : il prouve manifestement que la nomination et la révocation du maire
n'appartenait qu'au roi ; Warnachaire n'aurait pas eu

¹ Fortunatus, *Carmina*, VII, 1, *ad Gogonem* : *Principis arbitrio Sigiberti magnus haberis; Judicium regis fallere nemo potest. Elegit sapiens sapientem.* — Sur ce personnage, qui ne mourut que la sixième année du règne de Childebert, voyez Grégoire, V, 46 et VI, 1.
² *Fredegarii Chron.*, c. 27 : *Anno decimo regni Theuderici, Protadius, instigante Brunichilde, Theuderico jubente, major domus substituitur.*
³ *Fredegarii Chron.* 28 : *Anno undecimo regni Theuderici, subrogatur major domus Claudius genere Romanus.* — Protadius aussi était *genere Romanus*, ibidem, c. 24. Il est curieux de voir la suprême autorité exercée par des hommes de race romaine.
⁴ *Ibidem*, c. 40.
⁵ *Ibidem*, c. 42 : *Sacramento a Chlotario accepto ne unquam vitæ suæ temporibus degradaretur.*

besoin que le roi jurât de ne pas le destituer, si le roi
n'avait pas eu ce droit; et dès que le roi pouvait révoquer le maire du Palais, c'est qu'à plus forte raison il
avait le droit de le nommer.

Il n'y avait pas dans le Palais un seul homme qui ne
dépendît du roi et qui n'y eût été admis par sa volonté.
Comment le chef de ces fonctionnaires aurait-il été
nommé autrement? Comment ces courtisans, si dépendants et si humbles, auraient-ils élu leur chef? C'est
ce qu'on comprendrait malaisément si quelque texte le
disait; c'est ce qu'on ne peut pas admettre quand les
textes disent le contraire. Les hommes du Palais, les
*palatini*, n'étaient que des serviteurs, liés au roi, non
seulement par l'emploi qu'ils tenaient de lui, mais par
un serment de dépendance personnelle. Leur chef ne
pouvait être aussi, à l'égard du roi, qu'un serviteur.
Représentant du maître, il commandait aux autres; il
les récompensait ou les punissait; mais il n'exerçait
cette autorité que par la volonté du maître et en son
nom[1]. Faire de lui l'élu du Palais en face du roi, le
représentant d'une aristocratie contre l'autorité monarchique, eût été d'une politique bien subtile que les
hommes de ce temps ne pouvaient guère inventer. Une
telle pensée peut sembler naturelle à des hommes du
dix-neuvième siècle; il est douteux qu'elle fût entrée
dans l'esprit d'un homme du sixième.

Jusqu'aux règnes de Dagobert et de Clovis II, on ne
songea à voir dans le *major domus* que le premier des
hommes de la maison royale, c'est-à-dire le premier

---

[1] L'auteur de l'*Exhortatio ad Francorum regem* désigne ainsi le maire:
*Illum qui post te palatium tuum regit.* — L'auteur de la Vie de sainte
Bathilde, qui est un contemporain, appelle Erchinoald *princeps Francorum*, le premier des Francs, c. 2, mais il l'appelle aussi *minister regis*,
serviteur du roi, c. 3.

des fonctionnaires et des agents du roi. Dagobert établit lui-même Erchinoald dans la dignité de maire en Neustrie[1]. Lorsqu'il fit régner son jeune fils Sigebert en Austrasie, il désigna lui-même celui qui devait « gouverner le Palais et le royaume » et choisit Adalgise[2].

Telle était certainement la règle. Elle souffrait quelques altérations dans la pratique. Quand le roi était un enfant, il se pouvait bien que quelques-uns des plus grands dans le Palais, coalisés entre eux, lui indiquassent quel choix il devait faire, ou fissent ce choix pour lui. Pareille chose pouvait arriver même quand le roi était majeur. Nous pouvons bien penser qu'un roi ne pouvait pas mettre à la tête de son Palais un homme à qui tout le Palais aurait été hostile. Il se fût exposé à ce que son maire fût assassiné, comme cela arriva à Protadius. N'oublions pas d'ailleurs que c'était un usage constant que le roi ne fît aucun acte de quelque importance sans consulter « ses optimates ». Nous pouvons donc croire qu'il les consultait pour le choix du maire. Ce choix se faisait sans doute par le roi en son conseil.

[1] *Gesta regum Francorum*, 42 : *Eo tempore, defuncto Gundoaldo majore domus inclyto, Dagobertus rex Erconoaldum virum illustrem in majoremdomatus statuit.*

[2] *Gesta Dagoberti*, 31 : *Dagobertus filium suum Sigibertum in regno Austriæ sublimavit... et Adalgisum ducem palatii ad regnum gubernandum instituit.* — De même plus tard, *Gesta regum Francorum*, 43 : *Post hæc Sigibertus rex Austrasiorum, Pippino defuncto, Grimoaldum filium ejus in majorem domatus statuit.* — Eginhard a écrit que les maires étaient élus *a populo*; mais Eginhard écrivait 80 ans après que cette institution n'existait plus, et il paraît fort dédaigneux et fort ignorant de toute l'histoire mérovingienne. Ce qu'il dit des maires du Palais au début de sa *Vita Caroli* n'est qu'une sorte de légende que les Carolingiens ont substituée à la réalité; nous le montrerons ailleurs. Ce qui est certain pour l'époque mérovingienne, c'est que jamais un *populus* ne s'est réuni pour nommer le maire.

On s'explique ainsi que Clotaire II, dans le moment de sa plus grande puissance, ait réuni les grands de Burgundie et leur ait demandé s'ils voulaient un nouveau maire du Palais à la place de celui qui venait de mourir. Les grands répondirent négativement, ce qui était conforme à la politique du roi, et dès lors il n'y eut plus de maire spécial pour la Burgundie[1]. On s'explique de même que plus tard la reine mère Nanthilde, voulant nommer maire Flaochat, ait réuni les évêques et les grands du pays et ait demandé avis à chacun d'eux[2]. Cet acte n'implique nullement que l'élection du maire appartînt de plein droit aux grands; aussi le chroniqueur marque-t-il nettement que c'était la régente elle-même qui avait choisi le nouveau maire, et que c'est elle-même qui fit la nomination.

Les choses ont changé plus tard. Dans le dernier tiers du septième siècle, les relations du Palais avec le roi se sont altérées; le développement du système des bénéfices a modifié la situation du maire. Pour ces rai-

---

[1] *Fredegarii Chronicon*, c. 54: *Chlotarius cum proceribus et leudibus Burgundiæ Trecassis conjungitur, cum eorum esset sollicitus si vellent, decesso Warnachario, alium (ad) ejus honoris gradum sublimare; sed omnes unanimiter denegantes, nequaquam se velle majorem domus eligere, regis gratiam obnixe petentes cum rege transigere.* Il n'y a pas là, comme quelques-uns l'ont supposé, une sorte de révolution contre la mairie; sans doute Clotaire II était bien aise d'être débarrassé de Warnachaire et de son fils Godinus; quant aux grands de Burgundie, ils demandaient à dépendre directement du roi sans intermédiaire. La mairie fut rétablie peu après pour Flaochat.

[2] *Ibidem*, c. 89: *Omnes seniores, pontifices, duces et primates de regno Burgundiæ ad se venire præcepit, ibique cunctos singillatim attrahens, Flaochatum genere Francum majorem domus in regnum Burgundiæ electione pontificum, et cunctis ducibus, a Nanthilde regina in hoc gradu honoris stabilitur.* — Nous avons déjà vu plus haut que le mot *electio* serait mal traduit par élection dans le sens moderne du mot; c'est un terme vague, qui ici indique simplement l'assentiment donné par chacun des évêques et des ducs.

sons, des guerres civiles ont éclaté, et l'on a vu le Palais élire à la fois son maire et son roi. Un peu plus tard encore, le maire est devenu un personnage tout à fait indépendant. Il a fini par s'emparer du trône. Mais il faut bien entendre que, pendant les trois premiers quarts de la période mérovingienne, le Palais n'était que l'ensemble des serviteurs du roi, et que le maire du Palais n'était que celui d'entre eux que le roi chargeait de leur commander en son nom.

La mairie du Palais n'est pas une institution qui ait été exclusivement propre à la monarchie franque. On la retrouve chez les Burgundes, chez les Ostrogoths d'Italie, chez les Vandales, chez les Wisigoths et même chez les Lombards[1]. Mais ce qui est propre à l'État Franc, c'est que la mairie y soit devenue la maîtresse du gouvernement. Nulle part ailleurs elle n'atteignit au pouvoir souverain. Il serait trop long de chercher chez ces divers peuples toutes les causes de cette différence. La principale est que dans quelques-uns de ces États il y eut plusieurs maires à la fois, et que dans les autres il y eut d'autres hauts dignitaires à côté et même au-dessus du maire. Dans l'un et l'autre cas, l'autorité fut partagée, et il résulta de là qu'aucun officier royal ne put se rendre plus fort que le roi. La monarchie franque seule fit la faute d'avoir un ministre unique; les nombreuses minorités des rois et, plus

---

[1] *Lex Burgundionum, præfatio.* Cf. CVII, Pertz, *Leges*, III, 577 : *Majores domus.* — Ennodius, *Vita Epiphanii*, 46 : *Virum illustrissimum Urbicum qui universa palatii onera sustentat.* Cf. Cassiodore, *Lettres*, X, 18. — *Lex Wisigothorum*, VI, 1, 7 : *Majores palatii.* Cf. *Chronicon Maximi*, a. 590 : *Hellad'us illustrissimus aulæ comes.* — Chartes lombardes, dans la *Patrologie latine*, t. LXXXVII, p. 1360 et 1599.

tard, les guerres civiles rendirent cette faute irréparable.

## CHAPITRE X

### L'administration provinciale.

Nous avons étudié jusqu'ici le gouvernement central, c'est-à-dire la royauté et le Palais. Il faut chercher maintenant comment cette royauté exerçait son action sur les populations, c'est-à-dire comment elle les administrait. Le mode d'administration est une des choses les plus importantes à étudier dans toute société ; car c'est par là qu'un gouvernement touche aux sujets et pénètre dans la vie des hommes.

#### 1° LES CIRCONSCRIPTIONS ADMINISTRATIVES DE L'ÉPOQUE MÉROVINGIENNE.

Avant de montrer ce qu'était l'administrateur mérovingien, il convient de voir quelle était la circonscription administrative. Les rois francs trouvèrent en Gaule un système de cadres administratifs que les Romains y avaient établi et auquel les populations étaient habituées. Nous allons rappeler quel était ce système, afin de voir ensuite si les rois francs y ont changé quelque chose.

La Gaule romaine, avant les invasions, faisait partie d'une circonscription plus grande qu'elle, et que l'on appelait la *Préfecture des Gaules*. Elle était partagée elle-même en *provinces*, vastes ressorts, dont le nombre n'était que de dix-sept pour la Gaule entière. Chaque province était divisée en cités, *civitates*, circonscriptions assez vastes encore qui correspondaient aux diocèses ecclésiastiques et dont le nombre était de cent douze[1]. Le territoire de chaque cité comprenait un nombre indéterminé de cantons ou *pagi*[2], et de villages, *vici*. Ces cantons et ces villages, tout en ayant des chefs locaux, ne formaient pas des circonscriptions indépendantes au regard du pouvoir central; ils étaient partie intégrante de la cité. L'union de la ville et de la campagne en une même cité était l'un des traits essentiels du système romain.

La préfecture des Gaules avait disparu avant l'arrivée des Francs. Les provinces, comme grandes circonscriptions administratives, disparurent de même, presque partout, avant Clovis. Du moins on ne trouve plus, dans la seconde moitié du cinquième siècle, ni *præsides* ni *rectores* en Gaule, si l'on excepte quelques pays du Midi. C'est ce qui explique que le mot *provincia* ait perdu son sens propre dans la langue des Mérovingiens. Chez Grégoire de Tours, il a le sens vague de pays, et devient synonyme de région[3]; ce n'est que dans la langue ecclésiastique qu'il conserve sa signification

---

[1] *Notitia dignitatum et administrationum imperii*, édit. Bœcking, 1853; édit. Seeck, 1876. — *Notitia provinciarum vel civitatum Galliæ*, dans Bouquet, I, 122, et II, 8. — Voyez Longnon, *Géographie de la Gaule au sixième siècle*, p. 2, et Brambach, *Notitia prov. et civit. Galliæ*, 1868.

[2] La Gaule avait ses *pagi* avant la conquête romaine; César, *De bello gall.*, I, 12; I, 27; VI, 11. — Pline cite quelques *pagi* gaulois au temps de l'empire, *Hist. nat.*, III, 17; V, 17; XI, 42. — Les inscriptions en mentionnent plusieurs. Ausone, *Lettres*, XXIII, v. 95 : *Totque mea in Novero sibi proxima prædia pago.* — Voyez Longnon, p. 26, et Deloche, *Étude sur la géographie historique de la Gaule*, dans les *Mémoires de l'Académie des Inscriptions*, Savants étrangers, t. IV, p. 373-580.

[3] Grégoire, IV, 48 : *Theodebertus Lemovicinum, Cadurcinum, vel reliquas illorum provincias pervadit.*

précise d'autrefois. Les noms anciens des provinces, tels que *Belgica prima*, *Lugdunensis prima*, tombent en désuétude. Ils sont remplacés par des noms de régions. Tantôt ces noms sont empruntés aux peuples nouveaux venus, comme *Francia*, *Burgundia*, *Britannia* ; tantôt ils représentent seulement une idée géographique, comme *Neustria*, *Austria* ; parfois les noms anciens ont subsisté, comme *Aquitania*, *Provincia*. Le terme de *Gallia* reste fort employé ; mais il n'a plus qu'un sens géographique.

Les Francs ne trouvèrent donc en Gaule d'autres divisions administratives que les cités. Ils les conservèrent. Dans les textes mérovingiens, les *civitates* sont maintes fois indiquées comme divisions officielles du territoire. On y voit que chaque royaume se partage en cités. Les rois eux-mêmes parlent des « cités » qu'ils possèdent. L'un d'eux dit, en parlant de ses ennemis : « Ils veulent m'enlever mon royaume et se partager entre eux mes cités[1]. » Gontran fait Childebert son héritier, et il ajoute : « Toutefois je donnerai deux ou trois cités à Clotaire[2]. » Voici un acte officiel, dont nous avons le texte ; c'est le traité d'Andelot ; il y est parlé « de la cité de Paris avec tout son territoire et sa population » ; il y est parlé des « cités de Senlis, de Meaux, de Tours, de Poitiers, d'Avranches, de Limoges, de Bordeaux, de Cahors, d'Albi »[3]. Ce sont les mêmes cités qu'au quatrième siècle.

---

[1] Grégoire, VII, 6 : *ut, me a regno depulso, civitates meas inter se dividerent.*

[2] Grégoire, IX, 20 : *Dabo Chlotario duas aut tres civitates.* Notez qu'ici Grégoire rapporte des paroles qui lui ont été dites à lui-même par le roi Gontran. — Pour marquer les territoires qui appartiennent à tel ou tel roi, Grégoire dit toujours *civitates*: VI, 12 : *cunctas civitates quæ in parte illa ad regem Guntchramnum aspiciebant* ; VII, 7 : *exigentes sacramenta per civitates quæ ad Chilpericum adspexerant.*

[3] Grégoire, IX, 20 : *tertiam portionem de Parisiensi civitate cum ter-*

Les cités qui ont toujours pour capitale une assez grande ville portent les mêmes noms qu'avant l'arrivée des Francs; elles ont, sauf de rares exceptions, la même étendue. Il est arrivé avec le temps, et pour des motifs divers, que plusieurs d'entre elles ont été partagées en deux[1], en sorte que le nombre total a pu augmenter de quelques unités; mais on peut dire qu'en général les *civitates* sont demeurées sous la domination franque ce qu'elles avaient été sous l'empire romain.

Deux faits capitaux sont à noter ici : c'est d'abord que les rois francs conservèrent la division administrative en cités et ne créèrent pas un système nouveau de répartition du territoire; c'est ensuite que, dans chaque cité, l'union entre la ville et la campagne n'a pas disparu. Cette union, qui aurait pu paraître artificielle et trop savante pour des Barbares, a subsisté tout entière. Les Francs n'ont pas décomposé la *civitas*. Ils n'ont pas détaché de la ville le territoire rural[2]. Quel-

*minis et populo suo.... Civitates Meldis et duas partes de Silvanectis; Turonis, Pictavis, Abrincatas, Vico Julii, Consorannis, Lapurdo et Albige.... De civitatibus vero Burdegala, Lemovica, Cadurcus, Benarno et Begorra* ...

[1] L'empire romain avait déjà vu, au troisième et au quatrième siècle, cette tendance de villes devenues importantes à se détacher des anciennes cités et à former des cités séparées. C'est pour cela que le nombre des *civitates* gauloises s'était élevé, sous l'Empire, de 80 à 102. Le même mouvement se continua sous les rois francs, mais sans altérer l'ensemble du système.

[2] Dans la langue de l'époque mérovingienne, la *civitas* est quelquefois désignée par les mots *territorium* ou *terminus*. Grégoire de Tours dit *territorium Tricassinum, territorium Augustodunense, urbis Cenomannis territorium.* Il dit aussi : *terminus Turonicus, terminus Pictavus, terminus Lemovicinus.* — L'évêque Bertramn, dans son testament, emploie le mot *territorium : territorium Burdegalense, territorium Cenomannicum.* — Tous ces termes sont synonymes; cependant celui de *civitas* reste longtemps le terme officiel. — Déjà aussi on se sert de termes qui sont devenus les noms de nos provinces; on dit *Lemovicinum*, le Limousin (Grégoire, VII, 10); *Tolosanum*, le pays de Toulouse (VIII, 39); *Turonicum*, la Touraine (VI, 31); *Pictavum*, le Poitou (X, 21).

ques historiens modernes ont pensé que l'invasion germanique avait eu pour effet de séparer la campagne de la ville, et de faire prédominer la première. Toute cette théorie, dont on ne trouve pas d'indices dans les textes, ne repose sur aucun fait. Elle est au contraire démentie par ce fait certain et indéniable que la cité a subsisté comme circonscription administrative, que la ville chef-lieu est restée le centre de territoire, et que c'est cette ville qui a été la résidence des fonctionnaires francs.

Les documents de l'époque mérovingienne mentionnent souvent, en même temps que les *civitates*, des *pagi*. Mais il faut d'abord se convaincre que ces *pagi* ou cantons ne sont pas de création franque. Ce sont les anciens *pagi* gaulois et gallo-romains. Sous les empereurs, ces *pagi* n'avaient pas été des divisions officielles de l'administration impériale. Ils ne furent pas non plus des divisions officielles sous les rois francs.

Il est utile d'observer, dans les textes, l'emploi du terme *pagus;* nous pourrons y trouver des enseignements précieux. Une première chose frappe, c'est qu'il prend à cette époque deux significations très distinctes. Grégoire de Tours, par exemple, l'applique très souvent à un canton, à une fraction du territoire d'une cité; c'est alors l'ancien *pagus* gaulois ou romain[1]. Mais d'autres

---

[1] Il a visiblement le sens de fraction de cité dans les exemples suivants. Grégoire, *De gloria confess.*, 7 : *Nobiliacensis pagus urbis Turonicæ.* — *Hist.*, IX, 19 : *Vosagensem territorii Biturigi pagum.* — *De gloria martyrum*, I, 48 : *Briratensis pagi in Arverno territorio.* — *Mirac. S. Martini*, II, 48 : *pagus Carnotensis qui in Andegavo territorio habetur.* — *Ibidem*, II, 15 : *Ex Turonica civitate de pago trans Ligerim.* — Grégoire mentionne aussi d'autres petits *pagi*, le *pagus Berravensis* (*Hist.*, VI, 12); le *pagus Iciodorensis*, qu'il appelle aussi *vicus* (comparez *Hist.*, VI, 12, et *De gloria confess.*, 30); le *pagus Balbiacensis* (*Mirac. S. Martini*, II, 16); le *pagus Lipidiacensis* (*Vitæ Patrum*, XIII, 3).

fois, et très souvent aussi, il l'applique à tout le territoire d'une cité ; quand il dit *pagus Turonicus*, il entend toute la cité de Tours ; son *pagus Suessionicus* est toute la *civitas Suessionum* ; de même quand il dit *pagus Pictavensis, pagus Remensis, pagus Tolosanus, pagus Tornacensis*, il veut parler non de petits cantons, mais des grandes cités de Reims, de Poitiers, de Toulouse, de Tournai[1]. La même remarque peut se faire dans les chartes des particuliers. Tantôt elles signalent des *pagi* qui ne sont que des fractions de cités[2]. Tantôt et plus souvent elles comprennent sous le nom de *pagus* toute une cité ; elles disent par exemple *pagus Arvernicus, pagus Lemovicus, pagus Lingonicus* ; ce sont les grandes cités d'Auvergne, de Limoges, de Langres[3]. Il en est de même dans les formules d'actes. Le formulaire d'Auvergne appelle l'Auvergne *pagus Arvernicus*[4], et le formulaire de Bourges désigne tout le territoire de cette cité par l'expression *pagus Bituricus*[5]. Ainsi l'on con-

---

[1] Grégoire, VI, 34 : *Chilperico egresso de Parisius ut in pago Suessionico acce teret.* — Ibidem, VIII, 50 *in fine : ex pago Tholosano maximam partem depopulatus est.* — *Vitæ Patrum*, IV, 2 : *pagus Remensis.* — *Mirac. S. Martini*, IV, 26 : *pagus Pictavensis.* — *De gloria confess.*, 17 *pagus Turonicus.* — *Hist.*, V, 49 (50) : *in pago Tornacensi.* — Notons que dans la langue mérovingienne le mot *pagus* devient un terme assez vague : il prend toutes les acceptions diverses que nous donnons aujourd'hui au mot *pays*. Il se dit d'un village, il se dit d'une province. Quelquefois même Grégoire l'emploie dans le sens de « la campagne » par opposition à la ville ; exemples : *Hist.*, V, 14 et VIII, 18. Même sens dans quelques diplômes, Pardessus n° 247.

[2] Pardessus n° 257 : *in pago Kalense* ; c'est le canton de Chelles. — N° 177 : *in pago Alavodiense.* — N° 514 : *in pago Amavorum.* — N° 540 : *in pago Bedense.* — N° 256 : *pagus Latiscensis.*

[3] Pardessus n° 177 : *in pago Arvernico, in pago Lemovico, in pago Miglidunense.* — N° 196 : *in pago Lugdunense.* — N° 256 : *in pago Lingonico.* — N° 273 : *pagus Autissiodorensis, pagus Tricassinus, pagus Betoricus.* — N° 257 : *in pago Parisiaco.*

[4] *Formulæ Arvernenses*, n° 6 : *in pago Arvernico, in vico illo.*

[5] *Formulæ Bituricenses*, n°s 7 et 15 : *in pago Biturico, in vicarias*

state que le mot *pagus*, sans perdre sa signification ancienne de canton, a pris une signification nouvelle et est devenu synonyme de *civitas*. Si maintenant on observe les diplômes royaux et les actes émanés de la chancellerie mérovingienne, on y peut noter que le mot *pagus* qui est fréquent, est presque toujours employé dans sa signification la plus large. Il n'est pas appliqué à de simples cantons, mais à des cités : *pagus Cenomannicus, pagus Lingonicus, pagus Pictavensis, pagus Bituricus, pagus Ambianensis, pagus Turonensis*[1], etc. Quelle conclusion devons-nous tirer de ces remarques? Il est visible que, dans le langage ordinaire et encore plus dans le langage officiel, le *pagus* s'est confondu avec la grande *civitas*[2]. Le *pagus-*

---

*illas*. — La plupart du temps, les formules disent seulement : *in pago illo*, dans tel *pagus*; c'est au rédacteur de l'acte à mettre le nom.

[1] Pardessus n° 103 : *in pagis Lugdunensi, Viennensi, Gratianopolitano, Genevensi*. — N°° 117 et 135 : *in pago Cenomannico.* — N° 102 : *In pago Milidunense.* — N° 259 : *in pago Pictavensi, in Turonico pago.* — N° 265 : *in pago Biturico.* — N° 268 : *in pago Stampensi* (Étampes était devenu le chef-lieu d'un comté). — N° 269 : *in pago Parisiaco.* — N° 271 : *in pago Aurelianensi.* — N° 284 : *in pago Belvacensi.* — N° 289 : *in pago Turonensi.* — N° 291 : *in pago Parisiaco.* — N° 316 : *in pago Remense.* — N° 336 : *in pago Ambianense, in pago Atrebatense.* — Toutefois comme il n'y a rien d'absolu, nous trouvons dans un diplôme de 663 le *pagus Elariacensis* qui n'est qu'une fraction de la cité de Langres (Pardessus, n° 344, t. II, p. 152). Un diplôme, n° 285, mentionne aussi le *pagus Velcassinus*.

[2] Ce qui a fait que le mot *pagus* s'est substitué à *civitas*, c'est que ce dernier terme a pris à cette époque une signification plus restreinte : l'usage l'a appliqué, non plus à l'ensemble du territoire, mais à la ville chef-lieu. Exemples : *Diplomata*, Pardessus n° 247 : *neque intra civitatem Parisius neque ad foras in ipso pago.* — *Formulæ Senonicæ*, 16 : *tam infra civitatem quam et a foris in ipso pago.* — *Civitas* a le sens de *urbs* dans le testament de Bertram (*Diplomata*, Pardessus, t. I, p. 200, 201, 207). Notons toutefois que le mot ne s'applique qu'aux villes qui sont chefs-lieux de cités. — Marculfe, II, 20 : *infra muros civitatis illius.* — Il y a tant de désordre dans cette langue mérovingienne que *urbs* est quelquefois employé avec le sens de *civitas*, même par Grégoire de Tours,

canton subsiste encore dans la langue du peuple et dans les habitudes des campagnes; officiellement et administrativement il n'existe plus que le *pagus*-cité. Cela confirme ce que nous disions plus haut, que la cité est la vraie et unique division administrative des rois francs. Aussi voyons-nous que, dans le diplôme de nomination d'un comte, ils appellent *pagus* tout le ressort qu'il administre; or le comte, ainsi que nous le verrons, administre une cité et non pas un canton[1].

Nous trouvons dans quelques textes une subdivision territoriale, qui est appelée *condita*. Mais elle n'existe que dans quelques provinces de l'ouest de la Gaule. Elle n'est mentionnée que dans les formulaires d'Angers et de Tours. La situation d'un domaine y est indiquée par des expressions comme celles-ci : une villa située en tel *pagus*, dans telle *condita*, et portant tel nom[2].

*De gloria confess.*, 7 : *Nobiliacensis pagus urbis Turonicæ.* — *Ibidem,* 22 : *ad castrum Cainonense* (Chinon) *urbis Turonicæ.*

[1] Formules de Marculfe, I, 8 : *Ideo tibi actionem comitiæ... in pago illo quem antecessor tuus visus est egisse, tibi commisimus.* — Dans la formule *tam in pago quam in palatio,* que nous trouvons dans Marculfe, *præfatio,* dans le formulaire d'Anjou, n° 52, et dans le formulaire de Sens, n° 13, *in pago* signifie *in comitatu,* dans le ressort du comte, et comme le ressort du comte est la même chose que l'ancienne *civitas,* ainsi que nous le verrons, *in pago* est synonyme de *in civitate.* — Avec les habitudes de redondance du style mérovingien, nous trouvons fréquemment l'expression *pagos vel civitates.* Frédégaire, *Chron.*, 24 : *Bertoaldum per pagos et civitates fiscum inquirendum dirigunt.* — *Supplem. ad Marculfum.* Zeumer, p. 112 : *In nullis civitatibus aut pagis.* De même Frédégaire dit, ch. 37 : *pagum Tolosanum, Cathorcinum, Agennensem, Santonicum;* chacun de ces *pagi* est une *civitas.*

[2] *Formulæ Turonenses,* n° 1ᴮ : *in pago illo, in condita illa.* N° 4 : *villa juris mei nuncupante illa, sitam in pago illo, in condita illa.* N° 5 : *rem proprietatis meæ sitam in pago illo, in condita illa, in loco nuncupante illo.* De même dans les n°° 6, 7 et 37. — *Formulæ Audegavenses.* n° 38 : *vicinos circa manentes de ipsa condita.* — Cf. *Formulæ Lindenbrogianæ,* n° 26, Rozière n° 320 : *res nostras quæ sunt in pago illo, in condita illa, in loco qui vocatur sic.* — *Ibidem,* n° 25, Rozière n° 341 : *in pago illo, in conditas et fines illas.* — Une charte de 718, relative au

Or ces formules, mises en recueil probablement au sixième siècle, reproduisent des usages et des termes plus anciens et peut-être antérieurs aux invasions. Nous n'avons d'ailleurs aucun renseignement sur la nature et l'étendue de ces *conditæ*¹. Ce qu'on peut dire avec certitude, c'est que nous ne les rencontrons que dans une petite région de l'Ouest et qu'elles ne sont mentionnées dans aucun acte officiel, dans aucun diplôme émané de la chancellerie mérovingienne. Elles ont été une division populaire dans une région; elles n'ont pas été une division officielle et administrative².

Existait-il aussi des subdivisions territoriales nommées centaines, *centenæ*? Cela ne fait pas question pour certains érudits; ils posent même l'existence des centaines comme un axiome pour ainsi dire nécessaire de la constitution franque. L'étude des textes m'inspire quelques doutes. Je ne trouve mention de *centena* dans aucune charte du sixième ou du septième siècle. Jamais les formules de ce temps n'indiquent la situation d'un domaine par l'expression *in centena illa*³. Les Lois

---

Cotentin, porte : *in pago Constantino, in condeda Quasnacense* (Pardessus, t. II, p. 450).

¹ M. Sohm pense que la *condita* est d'origine celtique, et qu'elle est analogue à la *centena* (*Reichs und Gerichts Verfassung*, p. 196).

² Cette vieille division du *pagus* en *conditæ* s'est conservée quelque temps dans l'ouest de la Gaule; on la retrouve dans le pays du Mans, où un canton s'appelle *condita Diablintica*, aujourd'hui Jublains (*Vita Dumnoli*, c. 8, Bollandistes, 16 mai; cette Vie paraît avoir été écrite au commencement du septième siècle); on connaît encore la *condita Sagonnensis* (*Vita Rigomeri*, c. 4, Bollandistes, 24 août) et la *condita Noviacensis*, toutes deux dans le diocèse du Mans (*Gesta Aldrici*, c. 36). La *condita* se rencontre aussi en Bretagne (voyez Courson, *Cartulaire de Redon*, p. 644, 687, 888), et dans le Cotentin (Pardessus, *Diplomata*, t. II, p. 450). On peut voir aussi dans un acte de 774 la *condita Labrocensis* et la *condita Siliacensis*, toutes les deux dans le pays du Mans (Sickel, *Regesta Caroli*, n° 22).

³ La première formule où je trouve *in pago illo, in centena illa*, est

franques ne parlent pas de centaines¹. Les chroniqueurs n'emploient jamais ce terme. Toutefois il existe deux capitulaires que des copistes du neuvième siècle nous ont conservés en les mettant sous le nom d'un roi Clotaire et d'un roi Childebert². Tous les deux contiennent le mot centaines ; et ce sont ces deux édits qui ont fait croire à l'existence de centaines administratives. Mais il faudrait examiner si ces centaines sont vraiment des divisions territoriales. Clotaire dit : « Nous avons décrété que des centaines seraient établies pour poursuivre les malfaiteurs³. » De tels termes visent une mesure de police et n'ont aucun rapport avec une nouvelle division géographique du territoire⁴. Le roi dit simplement qu'il veut qu'il se forme des centaines pour rechercher et prendre les criminels. Ces centaines sont des groupes d'hommes et non pas des circonscriptions.

dans le recueil des *Bignonianæ*, n° 29 ; mais ce recueil n'est que du huitième siècle (voyez Zeumer, p. 227-228). Puis l'expression se trouve dans les *Merkelianæ*, n°ˢ 1, 2, 3, 5, 6, etc. ; mais ce recueil est d'époque carolingienne. — Il est possible que les centaines se soient formées peu à peu au septième et surtout au huitième siècle. Elles ne sont, en tout cas, mentionnées ni dans les formules d'Anjou, ni dans celles de Tours, ni dans celles de Bourges, ni dans celles de Sens, ni dans le recueil de Marculfe. On trouve la mention d'une *centaine* dans la Chronique de Fontenelle.

¹ La *centena* n'est mentionnée que dans la *lex Alamannorum*, 36. Or cette loi n'est pas antérieure au septième siècle.

² L'édit de Clotaire, probablement Clotaire I⁰ʳ, se trouve dans le recueil de Borétius, p. 3, à la suite d'un édit commun à Childebert et à Clotaire. — La *Childeberti decretio* est dans le même recueil, p. 15-17.

³ *Decretum est ut qui (quia?) ad vigilias constitutas nocturnas fures non caperent, eo quod per diversa intercedente conludio scelera sua prætermissas custodias exercerent, centenas fierent.*

⁴ Dans le passage ci-dessus, il est visible que *centenæ fierent* s'oppose aux *vigiliæ nocturnæ* qui ont été établies antérieurement. Le roi dit que les *vigiliæ nocturnæ* n'ont rien produit de bon, et c'est pour cela qu'il décrète la formation de *centenæ*, *decretum est ut centenæ fierent*. A une mesure de police reconnue insuffisante, il substitue une autre mesure de police.

S'agit-il de troupes de police? Ne s'agit-il pas plutôt d'associations de propriétaires assurant l'ordre public par un système de poursuite en commun et une sorte d'assistance mutuelle contre le vol? On ne saurait le dire avec certitude en présence du vague des expressions; mais l'hypothèse la moins vraisemblable de toutes serait que le roi eût voulu parler ici de circonscriptions administratives. Nous ne sommes pas sûrs d'ailleurs que cet édit du roi ait été exécuté, et que les centaines se soient faites comme il avait « décrété qu'elles se fissent ».

Les vraies centaines territoriales n'apparaissent pas avant le huitième siècle[1]. Sans doute on ne peut pas affirmer qu'il n'y en ait eu plus tôt dans quelques provinces. Comme nous pensons que les centaines se sont formées peu à peu et à la longue, par une habitude insensible des populations plutôt que par un acte du gouvernement, il est probable qu'avant d'être une institution régulière et générale, ce qui n'eut lieu qu'au temps de Charlemagne, les centaines se constituèrent ici ou là, suivant les besoins particuliers de telle ou telle province. En tout cas, elles ne furent pas une institution régulière avant le huitième siècle[2].

[1] Telle est aussi l'opinion de Guérard, *Essai sur le système des divisions territoriales*, p. 54-57, et *Prolégomènes au Polyptyque d'Irminon*, p. 43-44. De même Alf. Jacobs, *Géographie de Grégoire de Tours*, ch. 10.
[2] M. Sohm pense autrement, *Reichs und Gerichts Verfassung*, p. 6-7, 74, 192, 196. Suivant lui, la *centena*, comme division administrative et judiciaire, serait aussi ancienne que l'État Franc. Il fonde son opinion, non sur des textes, mais sur un raisonnement. Trouvant dans la Loi salique le mot *centenarius*, il dit qu'en bonne logique *centena* précède *centenarius*, et qu'il devait exister des centaines territoriales puisqu'il y avait des *centeniers*. Le raisonnement a une apparence de justesse qui trompe d'abord. Il est clair que, philologiquement, le mot *centena* a dû précéder le mot *centenarius*; mais, historiquement, ce n'est pas la même chose. Il n'est nullement certain que *centenarius* signifie le chef d'une localité

Nous ne pouvons pas suivre les érudits allemands dans leurs systèmes. Ils supposent le royaume mérovingien divisé administrativement et judiciairement en petits cantons, *pagi*, qu'ils appellent volontiers du nom germanique de *gau*, et chaque canton subdivisé lui-même en centaines, qu'ils se plaisent à appeler *Hundertschaft*[1]. Les textes ne nous présentent rien de semblable, et tout ce beau système est de pure imagination. Mais l'histoire est une science; l'imagination, la logique, les idées préconçues n'ont rien à y voir.

Il est étrangement téméraire d'identifier le *pagus* mérovingien avec le *gau* germanique, et d'introduire de force la centaine pour avoir un analogue de la *Hundertschaft* qu'on croit voir dans la *Germanie* de Tacite. Les érudits allemands qui font ces théories montrent

---

appelée *centena*. Ce terme était le nom d'un grade, d'une dignité; il est analogue à *centurio*, qu'on trouve quelquefois employé à sa place (*Lex Baiuwariorum*, II, 5). Les riches propriétaires avaient des *centenarii*, qui commandaient chacun à une centaine de serviteurs (*Vita Germani Grandivallensis*, c. 10, Mabillon, *Acta SS.*, II, 513). Les rois ont pu avoir des *centenarii* et des *decani* sans que le territoire fût pour cela divisé en centaines et en dizaines. De même il y a eu des comtes bien avant qu'il y eût des comtés. Les *comites* existent dès l'origine de l'État Franc, et le *comitatus* n'apparaît comme division territoriale qu'au huitième siècle. C'est le comte qui a fait le comté; c'est peut-être le *centenarius* qui a fait la centaine. Le raisonnement de M. Sohm n'a donc aucune justesse. Nous pensons d'ailleurs que dans la science historique c'est sur des textes et non sur des raisonnements qu'on doit s'appuyer. — Ce que nous disons de la *centena* peut se dire aussi de la *vicaria*. Voilà un mot que nous ne trouvons ni dans les chartes ni chez les écrivains avant la fin du septième siècle. Le premier exemple s'en trouve dans les *Formulæ Bituricenses*, n° 15. Nous n'aurons à parler de la *vicaria*, comme division géographique, qu'à l'époque carolingienne; et pourtant il y a eu des *vicarii* dès les Mérovingiens, et nous allons en parler.

[1] Voyez surtout Waitz, *Deutsche Verfassungsgeschichte*, 3ᵉ édition, t. I, p. 138-139, 216-221, 228, et t. II, 2ᵉ édition, p. 318-322. — Sohm, *Reichs und Gerichts Verfassung*, p. 76, 192-196. — On peut voir aussi les affirmations conjecturales de Fahlbeck, *La royauté et le droit francs*, p. 138 de l'édition française.

par là qu'ils ont l'esprit dominé par la pensée de faire prévaloir dans notre histoire les vieilles institutions de la Germanie ; et les érudits français qui marchent à leur suite laissent voir qu'ils ont peu de sens critique et qu'ils ne lisent pas les textes. Le *pagus* de la Gaule mérovingienne n'a aucun rapport avec le *gau* germanique, puisqu'il est ou l'ancien *pagus* romain ou la *civitas* elle-même. Quant à faire venir la *centena* de la vieille centaine des Germains, cela repose sur une double erreur ; car, premièrement, Tacite ne parle nulle part d'une organisation des Germains en centaines [1] ; et deuxièmement, les centaines n'ont existé en Gaule qu'au huitième siècle.

Si nous nous en tenons aux textes, actes privés, diplômes royaux, nous ne trouvons qu'une seule division administrative, c'est la division en cités. La langue changeante de cette époque les appelle d'abord *civitates*, ensuite *pagi*, plus tard *comitatus*. Sous ces noms divers, qui sont incontestablement synonymes, c'est toujours la même étendue territoriale, le même ressort d'action de l'administrateur. Cette division toute romaine avait été conservée avec soin par l'Église dans ses diocèses. Les populations s'y étaient faites. Les rois n'ont eu qu'à la prendre.

Ce qui est surtout digne de remarque, c'est que les rois francs n'ont pas établi à l'usage des hommes de race germanique une division administrative particulière. Comme il y avait deux races, il aurait pu arriver

---

[1] Le passage de Tacite où l'érudition subjective de quelques auteurs a voulu voir des centaines territoriales, est celui-ci : *centeni ex plebe comites principi adsunt.* Quiconque sait traduire avec justesse, traduira : cent compagnons tirés du peuple assistent le *princeps.* Où peut-on voir là l'existence de centaines géographiques? C'est pourtant sur ces seuls mots qu'on a construit tout le système.

qu'il y eût aussi deux systèmes de circonscriptions territoriales. Les documents montrent qu'il n'en fut rien. Il n'y eut pas des cités pour les Romains et des *pagi* pour les Francs. Germains et Romains furent réunis dans les mêmes cités, dans les mêmes *pagi*. Quand il se forma des centaines, on ne vit pas des centaines franques et des centaines romaines. Les hommes de toute race furent confondus dans chaque circonscription [1].

### 2° LES COMTES DES CITÉS.

Clovis et ses successeurs n'eurent pas à imaginer une nouvelle façon de gouverner les hommes. Ils n'eurent pas non plus à introduire un système apporté de la vieille Germanie. Ce qu'ils trouvèrent établi en Gaule, ils le conservèrent. Le principe romain était de faire administrer les provinces par des fonctionnaires envoyés par l'autorité centrale. Les rois francs adoptèrent tout de suite ce principe. Leurs provinces ne furent pas administrées par des chefs élus par la population; elles le furent par des délégués du pouvoir royal.

L'empire romain avait gouverné ses sujets avec un très petit nombre de fonctionnaires. On doit noter toutefois

---

[1] Nous ne voulons pas dire, assurément, qu'il ne se soit produit, ici ou là, quelques faits particuliers en dehors du système général. Par exemple, nous trouvons quelques cantons où s'établirent des bandes germaines et qui prirent le nom de ces bandes. Mais ce sont là des exceptions rares. J'en vois deux exemples : 1° la *Otlinga Saxonia*, dont parle Grégoire de Tours, V, 27; X, 9, et dont il est fait encore mention dans un acte de 843 (Tardif n° 143); 2° la *Theiphalia* dans le *pagus Pictavensis* (Grégoire, V, 7; *Vitæ Patrum*, XV, 1). — Sohm en ajoute un troisième : ce serait le *pagus Atoariorum* ou *Atoariensis*, qui devrait son nom aux *Chattuarii* de Tacite; mais il n'est dit nulle part que les *Chattuarii* se soient établis en Gaule; Julien les avait battus sur la rive droite du Rhin (Ammien, XX, 10, 2). Je pense qu'il est trop hardi de faire une identification géographique sur une simple ressemblance de deux mots.

que ce nombre avait été s'augmentant avec le temps. Au lieu de quatre gouverneurs de provinces qu'il y avait pour toute la Gaule au commencement de l'Empire, il y en avait dix-sept au quatrième siècle. Ce nombre s'accrut encore au cinquième. Nous voyons, en effet, l'Empire placer ses fonctionnaires, non plus seulement à la tête des *provinciæ*, mais dans de simples *civitates*[1]. Tandis que les gouverneurs de provinces avaient le titre de *præsides, rectores*, ou *consulares*, les gouverneurs de cités avaient le titre de comtes, *comites*. Nous connaissons pour la Gaule, avant l'arrivée des Germains, un comte de Marseille[2]; et nous pouvons penser qu'il y en avait plusieurs autres. Salvien signale comme un fait assez ordinaire l'existence de fonctionnaires qui administrent de simples cités : il les appelle du terme vague de chefs; il est assez vraisemblable qu'il a en vue des comtes[3]. On trouve aussi hors de la Gaule des comtes qui administrent des cités, et parmi les formules de diplômes qu'a recueillies Cassiodore il y en a

---

[1] Ainsi Sidoine Apollinaire écrit à un de ses amis nommé Attalus, qui vient d'être mis à la tête de la cité d'Autun : *Æduæ civitati te præsidere cœpisse accepi*; Sidoine, *Lettres*, V, 18; édit. Baret, V, 6, *ad Attalum*. Le terme *præsidere* ne peut s'appliquer qu'à un fonctionnaire du pouvoir central. Aucun magistrat municipal n'avait le titre de *præses*.

[2] Sidoine Apollinaire, *Lettres*, VII, 2; édit. Baret, VII, 6, *ad Græcum*. Il parle d'un jeune homme de ses amis qui, songeant à s'établir à Marseille, y fait la connaissance des principaux habitants et notamment du comte de la cité, *summatibus et comiti civitatis innotescere*. Marseille n'appartenait alors ni aux Goths ni aux Burgundes; c'était une ville impériale. Une lettre de l'évêque de Toul Auspicius signale un comte de Trèves vers l'an 470 (*Patrologie latine*, t. LXI, p. 1005).

[3] Salvien, *De gubernatione Dei*, III, 9, édit. Halm, p. 33 : *Templa atque altaria Dei minoris reverentiæ quidam habent quam cujuslibet minimi ac municipalis judicis domum. Siquidem intra januas, non modo inlustrium potestatum* (ce sont les préfets du prétoire), *sed etiam præsidum* (les gouverneurs de provinces), *aut præpositorum* (chefs inférieurs, probablement les chefs de cités), *non omnes passim intrare præsumunt, nisi quos judex vocarit.*

une qui concerne précisément la nomination des comtes de cités. Cela permet de croire que cette nouvelle institution, sans être générale, n'était pas rare. On entrevoit qu'au moment même où survinrent les invasions germaniques, l'Empire opérait une réforme administrative qui consistait à placer dans chaque cité un comte, c'est-à-dire un délégué du pouvoir central.

Cette réforme commencée par l'Empire fut continuée et achevée par les rois germains. Avant les Mérovingiens, les rois burgundes eurent des comtes[1]; on connaît l'un d'eux, le Romain Grégorius, qui administra la cité d'Autun pendant quarante ans, entre les années 465 et 505 environ[2]. Les rois wisigoths avaient aussi des comtes de cité[3]. Pour ce qui est des Francs, nous constatons l'existence de comtes administrant les cités dès le temps des fils de Clovis[4], et nous pouvons admettre sans trop de témérité que cette organisation datait de Clovis lui-même.

Ce qu'était le comte mérovingien, Grégoire de Tours nous le montre très nettement dans ses nombreux récits, au moins pour le sixième siècle. La première vérité qui s'en dégage est qu'il y avait un comte pour chaque cité,

---

[1] La Loi des Burgundes porte la signature de 32 *comites;* les comtes sont mentionnés dans la *Præfatio*, 2 et 4, et dans les titres XLIX, LXXVI, CVII, 10 et 13, et CVIII, édit. Bluhme, p. 526, 553, 564, 576, 577.

[2] Grégoire de Tours, *Vitæ Patrum*, VII, 1 : *Gregorius, ex senatoribus primis, Augustodunensis civitatis comitatum ambivit; in comitatu positus regionem illam per 40 annos, justitia comitante, correxit, et tam severus fuit in malefactoribus ut vix ei ullus reorum posset evadere.* L'écrivain rapporte ensuite que ce Grégorius, après avoir été comte d'Autun durant 40 années, fut évêque de Langres pendant 33 ans. Il mourut vers 538, à l'âge de 90 ans.

[3] *Lex Wisigothorum*, I, 12, antiqua; I, 17; I, 23; etc. Cf. *Lex romana Wisigothorum*, præfatio. — Formules wisigothiques, n° 39.

[4] Grégoire de Tours, IV 43. *Mirac. S. Martini*, I, 24. *Vita Germani* a Fortunato, 50.

et que ce comte, résidant d'ordinaire au chef-lieu, en administrait tout le territoire. C'est ainsi que Grégoire de Tours nous montre un comte dans la cité d'Auvergne[1], un autre dans celle d'Auxerre[2]. Il cite les comtes de Poitiers, d'Angoulême, de Tours, de Rouen, de Saintes, de Meaux, d'Orléans, de Bourges, d'Angers, de Bordeaux, de Limoges, du Gévaudan, d'Autun, de Chalon, de Tournai. Nous pouvons induire de tous ces exemples que la liste des comtes correspondait à la liste des cités[3].

Quelquefois, il est vrai, nous voyons un comte mérovingien résider dans une ville qui n'avait pas été une cité romaine. Cela vient de ce que, avec le temps, quelques villes sont devenues cités, soit parce qu'elles ont acquis une grande importance, soit par suite de partage entre deux rois. Si nous voyons un comte à Châteaudun, qui n'était qu'un simple *castrum*[4], c'est que cette ville a été détachée de la cité de Chartres[5]. Pour

[1] Grégoire, IV, 13 : *Apud Arvernum... Firminum a comitatu urbis abegit et Salustium, Euvodi filium, subrogavit.* — On sait que le nom de cette cité n'était pas Clermont, c'était Arvernum, Arverna civitas, ou Arverna urbs, Grégoire employant souvent urbs dans le sens de civitas. — Ibidem, IV, 35 : *Firminus qui in hac civitate comes positus fuerat.*

[2] Grégoire, IV, 42 : *Autissiodorensis urbis comitatum regebat.*

[3] Grégoire, V, 24 : *in Pictavo civitate.... Ennodium ex comitatu ad regis praesentiam perduxerunt.* — V, 37 (alias 36) : *Nanthinus, Ecolismensis comes.* — V, 48 : *comes Turonis destinatur.* — Miracula S. Martini, I, 24 : *Alpinus comes Turonicae civitatis.* — VI, 31 : *Rotomagensem comitem.* — VIII, 22 : *Gundegisilum Santonicum comitem.* — VI, 45 : *Waddo qui Santonicum rexerat comitatum.* — VIII, 18 : *Guntchramnus rex Theodulfum Andegavis comitem esse decrevit.... Gundobaldus comitatum Meldensem accipiens.* — VII, 13 : *Willachario Aurelianensi comite.* — VII, 38 : *Ollone Biturigum comite.* — VIII, 6 : *Garacharius comes Burdegalensis.* — VIII, 30 : *Terentiolus comes urbis Lemovicinae.* — IV, 40 (39) : *Palladius comitatum in urbe Gabalitana promeruit.* — De gloria martyrum, 54 : *Gallus, Cabillonensis urbis comes.* — De gloria martyrum, 78 : *Gomacharius comes Agathensis urbis.*

[4] Grégoire, VII, 29 : *regressus ad Dunense castrum, comitem commonet.*

[5] Cela paraît s'être fait à la suite du partage des États de Caribert. On a

la même raison nous trouvons un comte à Melun. Le principe est toujours qu'il y ait un comte pour chaque cité. Ce comte gouverne la cité entière, ville et territoire. La ville principale est sa résidence la plus ordinaire et son chef-lieu ; de là son autorité s'étend sur les petites villes, *castra*, et les villages qui en dépendent[1].

Bien qu'il y ait d'autres fonctionnaires au-dessus et au-dessous du comte, le comte était le fonctionnaire principal et pour ainsi dire le fonctionnaire-type de l'époque mérovingienne. Comme la vraie et permanente division territoriale était la cité, la vraie et essentielle fonction administrative était le comté. Mais il est bon d'observer que ce mot *comitatus*, très employé au sixième siècle, ne désignait pas une circonscription géographique ; c'était le nom d'une fonction, d'une dignité[2].

---

même essayé de faire de Châteaudun une cité ecclésiastique ; mais l'essai n'a duré qu'un petit nombre d'années. Voyez Longnon, *Géographie de la Gaule*, p. 31.

[1] Il ne faut pas se tromper à l'expression *comes urbis* qui se rencontre quelquefois. Nous avons déjà dit que, dans le désordre de la langue mérovingienne, *urbs* est souvent employé pour *civitas* et *civitas* pour *urbs*. Quand Grégoire dit qu'un personnage est évêque de Poitiers, *urbis Pictavæ episcopus* (X, 15), il ne veut pas dire que son diocèse fût réduit à cette ville ; de même quand il dit qu'un homme est comte de la ville de Limoges (VIII, 30), il n'entend pas que son comté soit réduit aux murs de la ville. Dans une formule d'Auvergne, n° 1, les mots *urbe Arvernis* désignent toute l'ancienne *civitas* d'Auvergne : *Ego commanens urbe Arvernis, in pago illo, in villa illa* (Zeumer, p. 28). — Ce sens de *urbs* est bien visible dans un passage de Grégoire, X, 8, qui dit *in confinio supradictarum urbium* après avoir dit *in confinio termini Arverni, Gabalitani atque Rutheni* ; ainsi ce qu'il appelle *urbes*, c'est l'Auvergne, le Gévaudan et le pays de Rodez. — De même, X, 5 : *Cuppa, irrupto urbis Turonicæ termino, pecora diripuit*. — Cette confusion dans les termes n'entraînait pas la confusion dans les choses. Les faits que nous verrons montrent bien que le comte administre et parcourt incessamment le territoire entier de l'ancienne cité.

[2] *Comitatus dignitatem apud Albigem gessit* (*Vita Desiderii Cat.*, 1, Bouquet, III, 527). — *Eunomius in comitatum erigitur* (Grégoire, V, 48). Grégoire (*ibidem*) appelle le *comitatus* de Tours un *honor gloriosus*. De même Frédégaire (*Chron.*, 13) appelle le *ducatus* un *honor*.

Quand Grégoire dit *comitatus Meldensis*, il ne veut pas dire le territoire de Meaux; il veut dire la fonction de comte dans la cité de Meaux. ***Comitatus Arvernus*** signifie la fonction de comte dans la cité d'Auvergne[1]. Dans la langue officielle de la chancellerie mérovingienne, la dignité de comte s'appelle *comitatus* ou *comitiva*, et l'exercice de cette fonction s'appelle *actio comitivæ*[2].

Pour savoir exactement quelle idée le mot *comes*, que l'on traduit par comte, éveillait dans l'esprit des hommes, nous devons nous rappeler que ce mot tout romain signifiait un compagnon, un suivant, un homme qui fait cortège[3]. Sous l'Empire, il s'était appliqué d'une façon

---

[1] Grégoire, VIII, 18 : *Gundobaldus comitatum Meldensem super Guerpinum accipiens... Uterque a comitatu morte discessit*. — Ibidem : *Nicetius a comitatu Arverno amotus*, Nicetius destitué de sa fonction de comte en Auvergne. — Le sens du mot *comitatus* paraît encore mieux dans des phrases comme celles-ci : *Firminum a comitatu urbis abegit*, le roi déposa Firminus de la dignité de comte de cette ville (Grégoire, IV, 13); *Palladius comitatum in urbe Gabalitana promeruit*, Palladius obtint la dignité de comte dans la cité du Gévaudan (*ibid.*, IV, 40); *Pæonius hujus urbis comitatum regebat*, Péonius exerçait les fonctions de comte de cette ville (*ibid.*, IV, 42) ; *Gregorius Augustodunensis civitatis comitatum ambiit, in comitatu autem positus regionem illam correxit*, Grégorius sollicita la dignité de comte de la cité d'Autun, et, ayant été élevé à cette dignité, il administra le pays pendant quarante ans (*Vitæ Patrum*, VII, 1). — *Hortensius comitatum urbis illius agens* (*Vitæ Patrum*, IV, 3). — *Firminus in hac civitate comitatu politus fuerat* (*Hist.*, IV, 35).

[2] Formules de Marculfe, I, 8 : *Carta de comitatu... Ideo tibi actionem comitiæ.. ad agendum commisimus*. — On trouve aussi l'expression *agere comitivam* dans les lettres de Grégoire le Grand, I, 13. — Sur le mot *actio* dans le sens de gestion d'une fonction, voyez Grégoire, V, 48 (47) : *Me ab actione remoto*, dit un comte révoqué. — Le mot *comitiva* pour indiquer la dignité de *comes* était usité sous l'Empire; voyez une loi de 392 au Code Justinien, II, 12, 25. — Fortunatus écrit aussi *comitivæ præmia* (*Carm.*, VII, 16).

[3] Cicéron, *ad Atticum*, VIII, 4 : *Misi hominem de comitibus meis*. Il les appelle ailleurs ses *ministri*, *ad Quintum*, I, 1, édit. Le Clerc, t. XXI, p. 236, Cf. p. 234. — Juvénal, VIII, 127 : *Cohors comitum*. — Paul, au Digeste, L, 5, 12 : *Comites præsidum procuratorumve Cæsaris*. Cf. Pline, *Hist. nat.*, IX, 30, 89 ; Pline, *Lettres*, VI, 22, édit. Keil, p. 167; Ulpien, au Digeste, XLVIII, 19, 6 ; et L, 13, 1, § 8.

toute spéciale aux compagnons du prince, *comites principis*, et dans un temps où le service du prince anoblissait, il était devenu un titre de dignité[1]. Cette institution romaine des *comites* avait été se développant. Au cinquième siècle, il y avait des *comites* qui exerçaient dans le palais les plus hautes fonctions de l'empire[2]; d'autres *comites* formaient le conseil du prince[3]; et d'autres encore étaient envoyés dans les provinces pour les gouverner[4]. — Sous les rois francs, le mot *comes* conserva la même signification; au sens propre, un *comes* était un compagnon du roi, un homme de sa suite, un serviteur de haut rang parmi ses serviteurs; et la *comitiva* était une dignité du palais que le roi conférait à qui il voulait. Il y avait des comtes qui n'exerçaient pas de fonctions et qui, vivant auprès du roi, attendaient ses ordres et exécutaient ses missions[5]. D'autres occupaient les hauts emplois, tels que ceux de *comes palatii* ou *comes stabuli*. D'autres enfin étaient envoyés dans les cités pour les régir. Mais il faut bien entendre qu'ils n'étaient pas proprement comtes d'une cité; ils étaient comtes ou compagnons du roi dans une cité. L'expres-

---

[1] Tacite, *Hist.*, II, 65 : *Cluvius comitatui principis adjectus.* — Suétone, *Tibère*, 46. — Spartien, *Hadrien*, 18. — Jules Capitolin, *Vérus*, 7. — Rutilius Namatianus, vers 505. — Ammien Marcellin, XIX, 13. Voyez surtout le *Corpus inscriptionum latinarum*, où l'on trouve à tout moment des personnages qui sont qualifiés *comites Augusti*. Il y avait des rangs parmi ces compagnons du prince : on était *comes primi*, *secundi* ou *tertii ordinis*; C. I. L., X, 1695, 1696, 1700, 3846, etc.

[2] *Comes sacrarum largitionum, comes rei privatæ.*

[3] *Comites consistorii*, Code Justinien, II, 7, 23; II, 12, 25; Novelles de Théodose II, tit. I, § 7.

[4] *Comites per provincias constituti*, Code Justinien, I, 40, 3. La *Notitia dignitatum* mentionne un *comes Ægypti*, un *comes Africæ*, un *comes Belgicæ*, un *comes Lugdunensis* et d'autres.

[5] Ainsi, dans un acte de jugement, nous trouvons huit comtes qui siègent au tribunal royal; il n'est pas vraisemblable qu'ils fussent des administrateurs provinciaux (Pardessus n° 431, Pertz n° 66).

sion *comes Turonicus* ne signifiait pas comte de Tours, mais comte du roi délégué pour administrer la Touraine. C'est plus tard que le mot comte a pris une autre signification.

Un terme de la langue germanique remplace quelquefois le mot latin *comes* et le traduit : c'est *graf* ou *grafio*[1]. Si l'étymologie du mot *comes* est certaine, celle du mot *graf* l'est beaucoup moins. Pourtant les philologues et les érudits qui ont fait des recherches sur ce sujet sont d'accord pour dire qu'il n'est autre que le terme germanique *gerefa*, qui signifie un homme de la suite, un suivant, un compagnon[2]. Il aurait signifié d'abord un serviteur libre, et ne serait devenu que plus tard le nom d'une dignité. Ainsi les termes *comes* et *graf* auraient eu la même histoire. L'idée qui s'y est appliquée d'abord est celle d'attache à un maître; puis, comme ce maître était le prince, l'idée de commandement par délégation s'y est jointe, et à la fin l'idée d'autorité a prévalu.

Les deux termes étaient synonymes dans la langue de l'époque que nous étudions. Un ancien capitulaire ajouté à la Loi salique les emploie tous les deux à côté l'un de

[1] Le terme *graf* ou *grafio*, *graphio*, est employé dans la Loi salique, titres 45 et 54; dans la Loi ripuaire, titres 84 et 88. Nous ne le voyons pas dans Grégoire de Tours; mais il est dans la Chronique de Frédégaire, c. 42, 47, 74. Il est aussi dans la *Vita Eligii*, II, 47, 52, 54. Il n'est pas dans les formulaires les plus anciens; mais il est dans les *Bignonianæ*, n° 8. Nous ne le trouvons pas non plus dans les plus anciens diplômes, et il n'apparaît qu'à partir de l'an 640, dans un acte de Clovis II (Pardessus n° 294). Le premier témoin de la donation d'Adroald en faveur de Saint-Bertin, en 645, est qualifié *grafio : signum Chuniberti grafionis* (*Cartulaire de Saint-Bertin*, p. 19). Le terme devient plus fréquent au huitième siècle. Diplôme de 722 : *Theudericus rex viris inlustribus gravionibus*; diplôme de 743, etc.

[2] Telle est l'opinion de Grimm dans ses *Rechts Alterthumer*, p. 752; de Waitz, *Deutsche Verfassungsgeschichte*, 2° édition, t. I, p. 248; de Gengler, *Rechts Denkmaler, glossarium*, p. 826; de Sohm, *Reichs und Gerichts Verfassung*, p. 19.

l'autre et comme équivalents[1]. De même dans la Loi ripuaire, si l'on rapproche les titres 51, 53 et 84, on voit que les trois termes *judex*, *comes*, *graf* désignent le même personnage[2]. Dans une formule, le même homme est qualifié, à quelques lignes de distance, *comes* et *graf*[3]. Dans la Vie d'Éligius le même Garifredus est nommé successivement *comes* et *grafio*[4]; et Paul Diacre nous dit que les Bavarois appellent *grafio* ce que, lui, il appelle *comes*[5]. Que l'on observe les diplômes où le mot *grafiones* se rencontre, il y tient la place qui est occupée dans d'autres diplômes analogues par le mot *comites*, et il désigne des gouverneurs de provinces ou de hauts fonctionnaires du Palais[6]. Il est bon d'ajouter que

[1] *Lex Salica*, édit. Behrend, p. 90 : *Judici, hoc est, comiti aut grafioni.* — *Ibidem*, p. 91 : *Judex, hoc est, comis aut grafio.*

[2] *Lex Ripuaria*, 51, codices B, 53 : *De eo qui grafionem ad res alienas invitat. Si quis judicem fiscalem ad res alienas tollendas invitare præsumpserit.* — 53 : *Si quis judicem fiscalem quem comitem vocant interfecerit.* Codices B : *De eo qui grafionem interfecerit. Si quis judicem fiscalem quem comitem vocant...* — 84 : *Si quis grafionem ad res alienas injuste tollendas invitaverit.* — Au titre 88, la loi semble distinguer le *comes* et le *grafio* : *Nullus majordomus, domesticus, comes, grafio, cancellarius*; cela tient peut-être à ce que les mêmes personnages pouvaient porter les deux titres, suivant les provinces.

[3] *Formulæ Bignonianæ*, 8 ; n° 9 dans l'édition Zeumer ; Rozière n° 469 : *Cum resedisset inluster vir ille comes in mallo... Postea apud ipsum garafionem qui in ipso mallo residebat....*

[4] *Vita Eligii*, II, 47, 52, 54. — Dans Frédégaire, c. 42, le *grafio* Ingobaudus est un personnage considérable. — *Ibidem*, c. 74, les *grafiones* sont des chefs de soldats, ce qui est justement l'une des attributions des comtes, et ils sont placés à côté des ducs.

[5] Paulus Warnefridi, *Hist. Langobardorum*, V, 36 : *Cum comite Bajoariorum quem illi gravionem dicunt.*

[6] Dans un diplôme de Clovis II, le *grafio* Ébérulf est un haut personnage ; car c'est à lui personnellement et au duc Wandalbert que le roi s'adresse (Archives nationales, K, 2, 1 ; Tardif n° 9, Pardessus n° 294). — Un diplôme de Clotaire III est adressé à des *grafiones* qui sont nommés avant les sénéchaux et le comte du palais (Archives nationales, K, 2, 2 ; Tardif n° 17, Pardessus n° 334). — Un diplôme de Clovis III montre deux *grafiones* qui siègent au tribunal du roi, après les optimates, avant les sénéchaux, à la place exacte qu'occupent les *comites* dans les diplômes sem-

le *grafio* comme le comte avait le titre de *vir inluster*[1]. Comtes et grafs sont donc les mêmes personnages; les deux mots ont le même sens, et c'est même le premier des deux qui est le plus employé par les rois; il est, au moins pendant cent cinquante ans, le terme officiel de la chancellerie mérovingienne. C'est *comes* et non pas *graf* que l'on trouve dans tous les diplômes royaux jusqu'au milieu du septième siècle, et, même après cette date, c'est encore *comes* qui est de beaucoup le plus employé[2]. C'est le même terme qui se trouve dans les chartes privées, dans les actes de jugement. Les formulaires, non seulement ceux d'Anjou et de Tours, mais même celui de Marculfe et le recueil de Sens ne connaissent que le terme de *comes*. En tout cas, les deux termes sont visiblement synonymes. Le graf n'est autre que le comte. Il est par conséquent l'administrateur de toute une cité. Les érudits qui l'ont représenté comme un simple chef de village, ont émis une opinion qu'aucun texte ne justifie[3].

---

blables (Tardif n° 32, Pardessus n° 429). — Un autre diplôme du même roi (Tardif n° 33, Pardessus n° 431) nomme dans le tribunal royal douze évêques, douze optimates, huit comtes, puis huit grafions, ensuite quatre *domestici*, quatre référendaires, deux sénéchaux; il semble qu'ici les *grafiones* soient distincts des *comites*; en tout cas ils ont le même rang et on les place les uns à côté des autres avant les *domestici* et les référendaires; il est possible que les deux titres fussent également portés, mais ils indiquaient des fonctions semblables.

[1] *Vita Eligii*, II, 54 : *Vir illustris Gaufridus grafio.*

[2] Le diplôme de Clotaire I<sup>er</sup> (Pardessus, n° 136), qui renferme le mot *grafionibus*, est faux.

[3] C'est ce que soutient Maurer, *Einleitung zur Gesch. der Mark, Hof, Dorf und Stadtverfassung*, pages 135 et 139. Il se fonde sur quelques passages où l'on trouve *grafio loci*, et il suppose que ce mot *locus* désigne une très petite localité; mais c'est ne pas connaître la langue mérovingienne : on disait *episcopus loci* (Grégoire, V, 33; premier concile de Mâcon, c. 7, dans *Mansi*, IX, 935), et *locus* ici désigne un diocèse entier. On disait aussi *comes loci* (Grégoire, VII, 29; IV, 47), et ici *locus* désigne tout un comté. La *Vita Cæsarii* appelle *cives loci* les habitants de tout le

Quelques-uns croient volontiers que les comtes mérovingiens sont la continuation des *grafen* de la vieille Germanie. Mais pour que cette théorie fût vraie, il faudrait qu'on pût montrer qu'il existait des *grafen* chez les anciens Germains. Réussirait-on à l'établir, il resterait encore à prouver qu'ils avaient le caractère d'administrateurs royaux, comme l'ont les *grafiones* de la Loi salique et les *comites* mérovingiens.

Les comtes ou grafs mérovingiens ne sont jamais des chefs héréditaires. Ils n'appartiennent pas nécessairement à des familles nobles. Presque jamais ils ne sont nés dans le pays qu'ils administrent.

Ils ne sont pas des chefs élus par les populations. Il n'y a pas un seul texte, parmi tant de documents, qui leur attribue un semblable caractère, à aucune époque, ni dans aucune région du royaume franc. La Loi salique elle-même nous présente le graf comme un fonctionnaire royal[1].

Les comtes ou grafs sont toujours nommés par le roi ; ils ne tiennent leur dignité que de la seule volonté du prince. La population de la cité n'intervient de nulle manière dans le choix de son administrateur. Ce choix se fait toujours dans le Palais[2].

---

diocèse d'Arles (Mabillon, *Acta SS.*, I, 661). Dans un diplôme que nous possédons en original (Tardif n° 44, Pardessus n° 479), on lit *comes pagi Parisiaci*, et, quatre lignes plus loin, *comes loci Parisiaci*. Tant il est vrai que, dans cette langue toujours flottante, *locus* est souvent synonyme de *pagus* au sens le plus étendu du mot. — Pour que l'on pût dire que le *graf* est un chef de village, il faudrait qu'on eût trouvé quelque part *grafio vici, grafio centenæ*; c'est ce qu'on ne trouve pas une seule fois. Tous les *grafiones* qu'on rencontre dans les textes sont 1° des personnages importants, 2° des personnages de l'entourage royal.

[1] Cela ressort du titre LIV, où le graf a un triple wergeld, comme étant attaché au roi ; cela ressort aussi du titre L, 5, où l'on voit que le graf peut être retenu par le service du roi ; *ratio dominica*.

[2] Grégoire, IV, 40 : *Palladius comitatum in urbe Gabalitana, Sigi-*

Chaque comte est établi en vertu d'un diplôme royal. L'usage des diplômes de nomination pour chaque fonctionnaire ne vient pas, visiblement, de la Germanie; mais il s'était établi sous l'Empire[1], et il se continua dans la chancellerie mérovingienne. Ces diplômes s'appelaient des *præcepta*[2]. Nous avons la formule du diplôme qui était remis au nouveau comte. Elle commence ainsi : « La bonté royale mérite surtout des éloges lorsqu'elle sait choisir entre tous les sujets ceux que distinguent leur mérite et leur vigilance. Nous ne devons confier les fonctions publiques qu'à ceux dont la fidélité et le zèle sont éprouvés. Ayant donc une connaissance certaine de ta fidélité et de ton utilité à nous servir, nous te confions la fonction de comte que gérait un tel, ton prédécesseur, dans tel pays[3]. » On reconnaît dans ces lignes le style de l'ancienne chancellerie impériale; c'est à peu près celui des nombreux diplômes dont Cassiodore nous a conservé le libellé. On y reconnaît surtout que la nomination du comte n'a

---

*berto rege impertiente, promeruit.* — IV, 42 : *Mummolus a rege Guntchramno... comitatum patris ambivit.* — VIII, 18 : *Guntchramnus Theodulfum Andegavis comitem esse decrevit.*

[1] Sur les *codicilli* ou *chartæ promotionis*, voyez Code Justinien, I, 27, 1, § 19. On sait que la plus grande partie de ce formulaire impérial nous a été conservée parmi les Lettres de Cassiodore.

[2] Grégoire, VIII, 18 : *Theodulfus comes .. recurrens ad regem, iterum præceptum accipiens, comitatum urbis illius rexit.*

[3] Marculfe, I, 8 ; Rozière, n° 7 ; Zeumer, p. 47 : *Præcipue regalis in hoc perfecte laudatur clementia ut inter cuncto populo bonitas et vigilantia requiratur personarum; nec facile cuilibet judiciariam convenit committere dignitatem, nisi prius fides seu strenuitas videatur esse probata. Ergo dum et fidem et utilitatem tuam videmur habere compertam, ideo tibi actionem comitiæ, ducatus, aut patriciatus, in pago illo quem antecessor tuus ille usque nunc visus est egisse, tibi ad agendum regendumque commisimus.* — Ceux qui sont familiers avec la langue mérovingienne savent que le verbe *videri*, qui se trouve ici trois fois, n'indique nullement une pure apparence, comme dans la langue de Cicéron, et est synonyme de *constat*.

dépendu que de la volonté du roi et que le roi l'a choisi sans avoir eu à consulter personne; aussi ne l'a-t-il choisi que pour « sa fidélité et son utilité à son service ».

La plupart du temps le roi choisit les comtes des cités parmi les courtisans qui l'entourent. Cette fonction forme en effet l'un des degrés de la carrière palatine. On commence par être échanson, puis on devient référendaire, puis on est envoyé comme comte dans une cité. La plupart des comtes partent du Palais[1].

Toutefois le roi peut choisir un homme de la province, de la cité même qu'il s'agit de régir. Aucune règle ne limite le choix du roi. Il n'est nullement tenu de prendre le comte parmi les hommes de race franque ou germanique. Il ne faut pas que l'imagination se figure les chefs de guerriers francs se partageant les comtés; les exemples abondent de comtes qui ne sont pas des guerriers et qui sont de race romaine[2].

---

[1] Voyez, par exemple, l'histoire de Bonitus : *Regis ad aulam processit... Fit princeps pincernarum... Referendarii officium adeptus est... Erigitur præfecturæ Massiliæ provinciæ* (Vita Boniti, c. 5-6, Mabillon, *Acta SS.*, II, 352). — Autres exemples : *Siagrius, post diutina palatii ministeria, comitatus dignitatem apud Albigem gessit* (Vita Desiderii Cat., 1, Bouquet, III, 527). Licinius, élevé dans le Palais, devient successivement *comes stabuli*, puis *comes Andegavensium* (Vita Licinii, Bollandistes, février, II, p. 678 et suiv.).

[2] Si l'on relève les noms des comtes dans Grégoire de Tours, on trouve plus de noms romains que de noms francs. Il ne faudrait pas tirer de là une conclusion exagérée; Grégoire parle surtout des comtes du Midi et du Centre, et connaît moins ceux du Nord. Il faut observer aussi que la forme germanique ou romaine des noms ne prouve pas forcément la race des personnes. Toutefois nous pouvons affirmer que Grégorius, comte d'Autun, est d'une famille tout à fait romaine (Grégoire de Tours, *Vitæ Patrum*, VII, 1); nous pouvons l'affirmer aussi pour Sallustius, fils d'Evodius, comte d'Auvergne vers l'année 550 (Grég., *Hist.*, IV, 13); de même pour Hortensius, qui était même de famille sénatoriale et qui devint comte (*Vitæ Patrum*, IV, 13); de même pour Georgius, qui était « citoyen du Vélay » et qui devint comte d'Auvergne vers 569 (*De gloria confessorum*, 35).

Il n'est pas tenu de le prendre dans certaines classes sociales; nulle condition de naissance n'est imposée. Il peut prendre un comte parmi ses affranchis, parmi ses anciens esclaves. Cela est tellement dans son droit, que la Loi ripuaire signale ce cas comme s'il était tout naturel et assez fréquent[1]. Grégoire de Tours en donne un exemple frappant : Un certain Leudaste, né esclave sur un domaine du roi, attaché aux cuisines royales, plusieurs fois fugitif, réussit à devenir chef des écuries de la reine et trouva moyen de s'enrichir dans cet emploi. A la mort de la reine, il donna force présents au roi pour obtenir le même emploi auprès de lui, et de comte de l'écurie il devint comte de la cité de Tours, où il se montra plus fier, plus hautain, et aussi plus rapace qu'aucun de ses prédécesseurs[2].

Le comte a un triple wergeld, c'est-à-dire que « sa valeur d'homme » est trois fois plus forte que celle des autres hommes. Ce privilège, il ne le doit pas à sa nais-

---

Puis, quand nous voyons des noms comme Alpinus, Eunomius, Amatus, Albinus, Jovinus, Firminus, Nicetius, Eulalius, Pæonius, Mummolus, Gallus, Dynamius, Innocentius, Terentiolus, nous pouvons bien admettre que la plupart de ces noms, sinon tous, appartiennent à des Romains de race; et ces Romains sont comtes de Tours, de Limoges, du Gévaudan, d'Auvergne, d'Auxerre, de Chalon, d'Arles, de Marseille.

[1] *Lex Ripuaria*, 53 : *Si quis judicem fiscalem quem comitem vocant interfecerit.... Si puer regius vel ex tabulario ad eum gradum ascenderit.* Dans ce passage, *puer regius* me paraît signifier affranchi du roi plutôt qu'esclave; le *tabularius* est un affranchi *per tabulas*. — *Lex Salica*, LIV, 2 et 3 : *Si quis sacebaronem (aut obgrafionem) qui ingenuus est... Si quis sacebaronem aut obgrafionem qui puer regius fuit.*

[2] Grégoire, V, 49 (48) : *Leudastes... a fiscalis vinitoris servo nascitur.... Ad servilium arcessitus, culinæ regiæ deputatur.... Ad Marcoweifam reginam fugit, quæ equorum deputat esse custodem.... Comitatum ambit stabulorum.... Cujus (reginæ) post obitum refertus prædis, locum ipsum cum (ab) rege Chariberto, oblatis muneribus, tenere cæpit. Post hæc, comes Turonis destinatur, ibique se honoris gloriosi supercilio jactitat, se exhibet rapacem prædis....* — Leudaste avait dû être affranchi, soit par la reine Marcoweife, soit par le roi.

sance, il ne le doit même pas à sa dignité d'administrateur, de fonctionnaire, d'homme au pouvoir; il le doit uniquement à ce qu'il s'est placé sous la dépendance personnelle du roi. Comme tous ceux qui sont dans la truste royale, il acquiert par là une valeur triple de celle que lui donnait sa naissance[1].

Les qualificatifs honorifiques, très usités sous l'empire romain[2], subsistent sous les rois francs. Ils ne s'acquièrent pas par la naissance et ne sont pas héréditaires; mais ils sont donnés à tous les fonctionnaires du prince et varient suivant les rangs. Les comtes ont celui d'homme illustre, *illuster vir*[3]. Les rois eux-mêmes, lorsqu'ils leur écrivent, les appellent des mots *Magnitudo Tua, Tua Magnificentia;* c'est ainsi que les empereurs avaient parlé à leurs fonctionnaires.

Le comte n'est pas nommé à vie; il est nommé pour un temps déterminé, peut-être pour une année. S'il veut se maintenir dans ses fonctions, ce qui est toujours

---

[1] *Lex Salica*, LIV : *Si quis grafionem occiderit, solidos 600 culpabilis judicetur.* — Remarquez que c'est le même taux pour le sacébaron (*ibidem*), qui est certainement inférieur au comte : ce qui prouve que le wergeld ne se mesure pas sur la hiérarchie des fonctions. — *Lex Ripuaria*, LIII : *Si quis judicem fiscalem, quem comitem vocant, interfecerit, ter ducentis solidis multetur; si regius puer vel ex tabulario ad eum gradum ascenderit, 300 solidis multetur.*

[2] *Code Théodosien*, I, 1, 16; VIII, 8, 4; XII, 1, 187; XVI, 5, 52, etc. *Code Justinien*, I, 1, 13; III, 1, 13, etc. — *Notitia dignitatum*, édit. Boeckhing, t. II, p. 9, 17, 37, 41, etc. — Cassiodore, *Lettres*, I, 4; VI, 16. — *Corpus inscriptionum latinarum*, V, 8120; VI, 1656, 1666, 1777; VIII, 1412, etc.

[3] *Formulæ Andegavenses*, n° 32 : *Illuster vir ille comes;* n° 50 : *Ante viro illustri illo comite.* — *Turonenses*, n° 26 : *Convenit inter inlustrem virum illum et illum.* — Marculfe, I, 2 : *Rex inlustribus viris illi comiti vel omnibus agentibus;* I, 9 : *Viros inlustres illos et illos;* I, 28 : *Ille rex viro inlustri illi comiti.* Dans les *Diplomata*, les comtes figurent au préambule parmi les *viri inlustres*. Un diplôme est adressé spécialement *viro illustri Berluino comiti* (Pardessus n° 340) et un autre *inlustribus viris comitibus* (n° 341).

possible, il faut qu'il obtienne du roi le renouvellement de sa nomination. Grégoire raconte l'histoire de Pæonius qui était comte d'Auxerre ; voulant faire renouveler ses pouvoirs, il envoya son fils, en lui confiant de nombreux présents à offrir au roi. Le fils offrit les présents, mais en son propre nom et, supplantant son père, obtint l'emploi pour lui-même[1]. Cette anecdote montre que les présents étaient fort appréciés à la cour des Mérovingiens; les fonctions administratives étaient souvent données au plus offrant[2].

Les comtes, nommés par le roi, pouvaient être révoqués par lui. Il paraît par les récits de Grégoire de Tours que les destitutions n'étaient pas rares. Au siècle suivant, la Chronique de Frédégaire et la Vie de saint Léger nous les montrent plus fréquentes encore[3].

Qu'il y ait eu sous les rois francs une double série d'administrateurs à l'usage des deux races, qu'il y ait eu des chefs pour les Francs et des chefs pour les Romains, c'est ce qui ne se voit nulle part. Nous ne trouvons dans chaque cité qu'un seul comte, et ce comte

---

[1] Grégoire, IV, 42 : *Pæonius hujus municipii (Autissiodorensis) comitatum regebat. Cum ad renovandam actionem munera regi per filium transmisit, ille, datis rebus paternis, comitatum patris ambivit supplantavitque genitorem.*

[2] Grégoire de Tours donne de cela un autre exemple, VIII, 18 : *Nicetius ducatum a rege expetiit, datis pro eo immensis muneribus.*

[3] Grégoire, IV, 13 : *Firminum comitatu urbis abegit.* — IV, 40 : *Remotus a comitatu Palladius.* — V, 48 : *Audiens Chilpericus quæ faciebat Leudastes..., Eunomius in comitatum erigitur.... Leudastes cernens se remotum.... Nunc, inquit Leudastes, me ab actione remoto.* — VI, 22 : *Chilpericus novos comites ordinat.* — VIII, 18 : *Nicetius a comitatu Arverno amotus.* — Grégoire cite de même plusieurs révocations de ducs, celle d'Ennodius, IX, 7, celle de Lupus, duc de Champagne, IX, 14, et celle du duc Erpon, que le roi Gontran *removet ab honore* et frappe en outre d'une amende de 700 *solidi* pour avoir laissé échapper un prisonnier (V, 14). Voyez encore la destitution du patrice Agricola, IV, 24, et celle du recteur de Marseille Jovinus, IV, 44.

commande à tous indistinctement. La formule même denomination porte qu'il gouvernera au nom du roi « les hommes de toute race, Francs, Burgundes, Romains, qui vivent dans sa circonscription »¹. Ainsi, un comte franc régit des Romains, et un comte romain régit des Francs. Le système d'administration n'est ni ethnographique ni personnel ; il est, comme sous l'Empire, purement territorial.

Cette même formule de nomination nous montre les attributions du comte. Son premier devoir, y est-il dit, est « de garder envers le roi une fidélité, une obéissance inaltérables »². Il doit veiller ensuite à ce que « toute la population de son ressort vive en paix sous son autorité ». « Conduis les hommes dans la voie droite, dit le roi, suivant leurs lois et coutumes ; sois le défenseur des veuves et des orphelins ; réprime sévèrement les larrons et malfaiteurs, afin que la population se tienne en ordre et en joie sous ton commandement³. » Ces phrases pompeuses, qui viennent apparemment de l'Empire, signifient que le comte exerce la police et la justice dans le ressort qui lui est confié. Il est en même temps un collecteur d'impôts ; le diplôme ajoute : « que tout ce qui est dû au fisc dans ta circonscription nous soit apporté chaque année par toi-même en personne et déposé dans notre trésor⁴. »

---

¹ Marculfe, I, 8 (Rozière, n° 7, Zeumer, p. 47) : *Ut omnis populus ibidem commanentes, tam Franci, Romani, Burgundiones, vel reliquas nationes, sub tuo regimine et gubernatione degant.*

² Ibidem : *Ut semper erga regimini nostro fidem inlibata custodias.*

³ Ibidem : *Et eos recto tramite secundum lege et consuetudine eorum regas, viduis et pupillis defensor appareas, latronum et malefactorum scelera a te severissime reprimantur, ut populi bene viventes sub tuo regimine gaudentes debeant consistere quieti.*

⁴ Ibidem : *Et quidquid de ipsa actione in fisci ditionibus speratur, per vosmetipsos annis singulis nostris ærariis inferatur.*

Les textes abondent où nous voyons l'autorité du comte s'exercer sous diverses formes. Ici il arrête les malfaiteurs, comme une loi précise le lui ordonne[1] ; là il exécute les jugements et procède aux saisies judiciaires[2]. Ailleurs il rend la justice soit à des Francs, soit à des Romains ; il prononce son arrêt, absout ou condamne, et quelquefois préside au supplice[3]. D'autres fois nous voyons le comte porter au roi le produit des impôts et des amendes[4]. Il joint même à toutes ces attributions celle de recruter les soldats de sa circonscription et de les commander ; nous le voyons souvent faire les levées sur l'ordre du roi, conduire les hommes à l'ennemi[5],

---

[1] *Decretio Childeberti*, art. 8, Borétius, p. 17 : *Unusquisque judex* (nous verrons plus loin que le mot *judex* désigne surtout le comte) *criminosum latronem ut audierit, ad casam suam ambulet et ipsum ligare faciat.* — Grégoire de Tours parle d'un comte *qui tam severus atque districtus fuit in malefactoribus ut vix cum ullus reorum posset evadere* (*Vitæ Patrum*, VIII). — Il parle ailleurs du comte Nicétius *qui fecit pacem in regione Arverna et in reliquis ordinationis suæ locis* (*Hist.*, VIII, 18). — Ibidem, X, 15 : *Macconi comiti prolata præceptio in qua jubebatur ut hanc seditionem vi opprimeret.*

[2] *Lex Salica*, LXVIII : *Decretio Childeberti*, art. 4 et 7. *Lex Ripuaria*, LI. — Nous voyons par Grégoire de Tours que le comte a la garde des prisonniers et qu'il en est responsable ; V, 21 (20) : *Rex eos includi præcepit... judices locorum* (c'est-à-dire les comtes) *terribiliter commonens ut ipsos cum armatis custodire debeant.* Cf. VI, 24, et X, 6.

[3] On peut voir un exemple de cela dans Grégoire, VI, 8. — VIII, 18 : *Gundobaldus, comitatum Meldensem accipiens, causarum actionem agere cœpit.* — *De gloria confessorum*, 101 : *Comes urbis, fure invento ac suppliciis dedito, patibulo condemnari præcepit.* Nous reviendrons plus loin sur ce sujet.

[4] Grégoire, X, 21 : *Eunte comite ad regem ut debitum fisco servitium solite deberet inferre.* — Cf. *Vita Germani*, c. 30, Mabillon, *Acta SS.*, I, 238. Voyez un diplôme de 710, Pardessus n° 477, Archives nationales, Tardif n° 44, où on lit : *Teloneum... comes de pago Parisiaco... recepit ad partem fisci nostri.*

[5] Grégoire. VI, 19 : *Rex mittit nuntios comitibus ut collecto exercitu in regnum germani sui irruerent.* — VII, 29 : *Rex comitem commonet ut ei trecentos viros adjungeret,... cumque comes loci viros istos commoveret* (commovere à cette époque est le terme qui signifie lever des soldats, lever une armée). — VII, 12 : *Guntchramnus rex comites suos ad*

ou, au retour de la campagne, punir ceux qui ont refusé de servir[1].

Il y a des formules et des diplômes d'une nature particulière qui nous donnent encore une idée des pouvoirs variés des comtes. Ce sont ceux où le roi, par un privilège spécial, soustrait une terre d'église à leur autorité. Il y énumère tout ce qu'il leur interdit : « Vous n'entrerez pas dans ce domaine ; vous n'y jugerez pas les procès, vous n'y percevrez pas les amendes judiciaires, vous n'y lèverez aucun tribut, vous n'y ferez aucune réquisition, vous n'y prendrez ni le droit de gîte ni les fournitures à votre usage, vous n'y exercerez de contrainte à l'égard d'aucun homme, vous n'y exigerez pas le ban militaire[2]. » On peut juger par les actes qui leur sont ainsi interdits sur quelques domaines immunistes, de tous ceux qu'ils avaient le droit et le devoir de faire dans tout le reste de leur ressort.

Une seule chose paraît avoir été mise en dehors de l'action des comtes, c'est l'administration du domaine

---

*comprehendendas civitates direxit.* — IV, 50 : *Sigibertus Arvernos commoveri præcepit; erat Firminus comes urbis illius, qui cum ipsis in capite abiit.* — Grégoire, VI, 30 ; VII, 13 ; VII, 38, etc. — Frédégaire, Chron., c. 37 : *Ebbelinus et Herpinus comites in exercitu pergunt obviam Alemannis.* — Ibidem, 87 : *Bobo dux Arvernus et Ænovales comes Sogiuntensis cum pagensibus suis pugnandum porrexerunt.* Le même chroniqueur, c. 78, montre une armée où les troupes de chaque comté sont commandées par le comte.

[1] Voyez ce que raconte Grégoire, VII, 12.

[2] Marculfe, I, 3 : *Ut neque vos neque juniores vestri in villas... ingredi non præsumatis... ad audiendas altercationes, aut freda de quaslibet causas exigere, nec mansiones aut paratas vel fidejussores tollere.* — Ibidem, I, 4 : *Ut nullus judex publicus ad causas audiendum vel freda exigendum nec mansiones aut paratas faciendum, nec fidejussores tollendum nec homines de quaslibet causas distringendum nec nullam redhibitionem requirendum, ingredere non debeat.* — Cf. un grand nombre de diplômes que nous avons cités dans notre étude sur l'immunité mérovingienne, *Revue historique*, 1883.

royal. Elle était confiée à des agents spéciaux, dont nous parlerons ailleurs.

Sur les procédés administratifs des comtes mérovingiens nos renseignements n'abondent pas. Il en est deux toutefois qui se laissent voir dans nos textes. D'une part, le comte, ayant à régir toute une cité, devait se transporter de sa personne dans les divers cantons du territoire[1] ; dans ces tournées, il rendait la justice, et peut-être aussi il recevait les impôts. D'autre part, il convoquait les populations auprès de lui ; en quelque ressort qu'il se trouvât, il indiquait son plaid, *placitum*, et les hommes libres de cette circonscription devaient s'y rendre[2]. Les objets de ces réunions étaient fort divers. Quelquefois il s'agissait seulement de rendre la justice ; d'autres fois c'était une convocation militaire ; d'autres fois encore le comte réunissait la population pour lui notifier quelque volonté royale ou pour obliger chacun de ces hommes à prêter serment au nouveau roi. Dans ces réunions, ce n'étaient pas seulement les Francs, c'étaient tous les hommes libres sans distinction de race qui étaient convoqués et qui comparaissaient devant le fonctionnaire du roi[3].

Il n'y a pas d'indices que les comtes aient reçu un traitement de l'État. L'habitude romaine de rétribuer régulièrement les gouverneurs des provinces, pour ne leur laisser aucun prétexte d'exaction, paraît avoir dis-

---

[1] Grégoire, VIII, 18 : *Gundobaldus, comitatum Meldensem accipiens, causarum actionem agere cœpit. Dum pagum urbis in hoc officio circumiret....*

[2] Un exemple de cela nous est donné par une formule de Marculfe. I, 40 ; le roi enjoint aux comtes *ut omnes pagenses vestros bannire et locis congruis per civitates, vicos et castella congregare faciatis.*

[3] Ibidem : *Omnes pagenses vestros, tam Francos, Romanos, vel reliquas nationes.*

paru avec l'autorité impériale. Les rois francs, dans les premiers désordres, la laissèrent tomber, et plus tard ils ne purent pas la rétablir. Il appartenait donc au comte de trouver lui-même un bénéfice dans son administration. Plusieurs ressources s'offraient à lui pour entretenir sa nombreuse suite et pour s'enrichir. Il y a apparence que quelques domaines fiscaux étaient laissés à son usage. Ce qui est plus sûr, c'est qu'il gardait le tiers des amendes qu'il prononçait comme juge[1]; or ces amendes devaient former un chiffre considérable, d'abord parce qu'elles remplaçaient presque toutes les autres peines, ensuite parce que la loi les fixait à un taux très élevé. On peut admettre, sans l'affirmer, qu'il avait aussi une part dans le produit des divers impôts de son comté. Il avait encore le droit de gîte chez l'habitant et il se faisait livrer des fournitures, *paratæ*, pour lui, pour toute sa suite, pour ses chevaux[2]. A cela il faut ajouter tous les profits injustes, mais à peu près légaux, qu'un fonctionnaire tout-puissant et mal contrôlé pouvait se permettre[3].

### 3° LES DUCS.

Nous avons parlé d'abord du comte, parce qu'il est le fonctionnaire le plus régulier, le fonctionnaire principal de l'administration mérovingienne. Ce comte peut d'ailleurs avoir d'autres fonctionnaires au-dessus de lui, comme il y en a qui lui sont subordonnés.

[1] *Lex Ripuaria*, LXXXIX.
[2] Marculfe, I, 3; I, 4.
[3] Nous reviendrons ailleurs sur ces abus de toute sorte, qui nous sont signalés par les documents.

Au-dessus du comte sont ceux qu'on appelle ducs, *duces*; leur nom est romain, et nous ne voyons dans aucun document qu'on leur ait donné un nom germanique. Il est vrai que, sous l'empire romain, les ducs étaient presque exclusivement des chefs militaires; ils commandaient à des soldats, tout en administrant le territoire que leurs soldats occupaient. L'institution se continua sous les rois francs; les premiers ducs que nous voyons chez les Mérovingiens sont aussi des chefs militaires[1]. Mais elle se modifia assez rapidement, et ils devinrent de bonne heure des gouverneurs de provinces. Déjà les Wisigoths avaient eu en Gaule des ducs de cette nature[2]. Nous en trouvons chez les Mérovingiens au sixième siècle[3]. Au septième, les ducs sont tellement analogues aux comtes, qu'il n'y a pour les uns et pour les autres qu'une seule formule de nomination, et que le même diplôme leur attribue à tous une autorité de même nature et de même étendue[4].

Dans la hiérarchie le titre de duc est supérieur à celui de comte[5]. Un duc gouverne en général plusieurs comtés. Grégoire de Tours mentionne un duc qui est à la tête des cités d'Auvergne, de Rodez et d'Uzès à

---

[1] Tels sont, par exemple, le duc Sigivald, que Thierri I" laissa en Auvergne *pro custodia* et qui est qualifié *dux* (Grégoire, III, 13, et V, 12), le duc Helping (*Vitæ Patrum*, IV, 2), et le duc Gundoald (Grégoire, IV, 47 (48).

[2] Tel est le duc Victorius. Grégoire, II, 20 : *Eoricus Gothorum rex Victorium ducem super septem civitates præposuit.* — *Vitæ Patrum*, III, 1 : *Victorius dux qui super septem civitates principatum, Eurico Gothorum rege indulgente, susceperat.*

[3] Tels sont : Beppolenus (Grégoire, VIII, 42); Nicetius (idem, VIII, 18); Ennodius (VIII, 26); Lupus (VI, 4); Waldelenus (*Vita Columbani*, 22).

[4] Marculfe, I, 8 : *Carta de ducatu et patriciatu et comitatu.*

[5] Que le titre de duc fût plus élevé que celui de comte, c'est ce que montre Fortunatus, *Carmina*, VII, 31 : *Vice comes cui sint jura regenda ducis;* X, 20 : *Rex crescens te crescere cogat; Qui modo dat comitis, det tibi dona ducis.*

la fois[1]; un autre qui régit Tours et Poitiers[2]. Un troisième a sous ses ordres toutes les cités du sud de la Garonne[3]. Un quatrième est revêtu des pouvoirs de duc sur les cités d'Angers, de Rennes et plusieurs autres[4]. Un autre encore est duc de Champagne[5]. Nous voyons ailleurs un duc « à qui le roi avait confié plusieurs cités entre la Seine et la Loire »[6]. Un autre régissait « toutes les populations entre les Alpes et le Jura »[7].

Les ducs n'étaient donc pas rares; mais il ne faudrait pas conclure de là que le royaume franc fût régulièrement divisé en duchés, comme la Gaule romaine l'avait été en provinces. On remarquera d'abord que les duchés mérovingiens, là où ils existent, ne correspondent pas aux *provinciæ* romaines. Puis on devra noter que ce qu'on appelait *ducatus* n'était pas une circonscription géographique; c'était le nom d'une dignité ou d'une fonction[8]. Il y avait des ducs qui restaient dans

---

[1] Grégoire, VIII, 18 : *Nicetius ducatum a rege expetiit, et sic in urbe Arverna, Ruthena atque Ucetica dux ordinatus est, vir valde juvenis, sed sensu acutus, fecitque pacem in regione Arverna et in reliquis ordinatis suæ locis.*

[2] Grégoire, VIII, 26 : *Turonicis Pictavis Ennodius dux datus est.*

[3] Grégoire, VIII, 18 : *Adepta ordinatione ducatus in civitatibus ultra Garonnam.*

[4] Grégoire, VIII, 42 : *Beppolenus, accepta potestate ducatus super civitates illas... Rhedonicis... Andecavis...*

[5] Grégoire, VI, 4 : *Lupus, dux Campanensis.* IX, 14 : *Lupum de Campaniæ ducatu depulsum.*

[6] *Vita Ragnoberti,* c. 2, Bouquet, III, 619 : *Dux inter amnis Sequanæ atque Ligeris confinia plures provincias strenue rexit.*

[7] *Vita Columbani,* c. 22, Mabillon, *Acta SS.,* II, 14 : *Erat eo tempore dux quidam Waldelenus qui gentes quæ intra Alpium septa et Jurassi saltus arva incolunt regebat.* Plus tard, nous trouvons en Burgundie un *dux ultrajuranus* (Frédégaire, 13 et 43).

[8] Grégoire, IX, 7 : *Ennodius cum ducatum urbium Turonicæ atque Pictavæ administraret.* — Fortunatus, *Carm.,* II, 8 : *Ducatum gerere.* — Frédégaire, *Chron.,* 12 : *Honor ducatus.* — Grégoire, IX, 12 : *Nonnulli a primatu ducatus remoti sunt.*

le Palais auprès du roi¹, comme d'autres remplissaient des ambassades, commandaient des armées, ou administraient des provinces. Enfin, les fonctions de duc n'étaient ni permanentes ni générales pour tout le royaume. Beaucoup de comtes n'avaient pas de duc au-dessus d'eux et traitaient directement avec le roi². Quand le roi nommait un duc, c'est qu'il avait une raison particulière de placer un homme au-dessus de plusieurs comtes et de grouper plusieurs cités sous un chef d'une grande autorité ; mais c'était une mesure transitoire. Quand cessait la raison qui avait fait établir le duc, le duc disparaissait et n'était pas remplacé. Quelquefois les comtes protestaient contre la nomination d'un duc au-dessus d'eux, et ils pouvaient obtenir son rappel³.

Quelques hauts fonctionnaires, en Provence et en Burgundie, conservaient les titres tout romains de recteur ou de patrice. D'ailleurs leurs attributions ne différaient pas de celles des ducs ou des comtes⁴.

Comtes, ducs, recteurs, patrices, tous ces personnages avaient, chacun dans son ressort, des pouvoirs

¹ Dans les diplômes royaux, surtout dans les actes de jugement du tribunal royal, nous trouvons toujours plusieurs ducs auprès du roi.
² La plupart des comtes dont parle Grégoire de Tours sont dans ce cas. Cf. Frédégaire, c. 78 : *Comitibus plurimis qui ducem super se non habebant.*
³ Grégoire, IX, 7 : *Euntibus comitibus Turonicæ atque Pictavæ urbis ad regem Childebertum, obtinuerunt Ennodium ducem a se removeri.*
⁴ Grégoire, IV, 44 : *Jovino rectore Provinciæ.* — VIII, 43 : *Nicetius rector Massiliensis provinciæ est ordinatus.* — Lex Ripuaria, 50 : *Ante ducem, patricium, vel regem.* — Grégoire, IV, 24 : *Guntchramnus rex Celsum patriciatus honore donavit.* — IV, 42 : *Mummolus a rege Guntchramno patriciatum promeruit.* — IX, 22 : *Nicetium patricium.* — Frédégaire, Chron., 2 : *Ægilanem patricium.* — Ibidem, 24 : *Protadius in pago Ultrajurano patricius ordinatur.* — Diplomata, Pardessus n° 388, Tardif n° 24 : *Theudericus rex viris inlustribus Audoberto et Rocconi patriciis.*

semblables. La formule de nomination était la même pour tous et énumérait les mêmes fonctions. Patrices, ducs, comtes, tous réunissaient dans leurs mains l'autorité de l'administrateur, celle du juge, et celle du chef militaire[1].

### 4° LES VICARII, CENTENARII, ETC.

Au-dessous du comte et dans sa circonscription, nous trouvons des personnages qui sont revêtus d'une certaine autorité et qui portent les titres romains de *vicarius*, de *tribunus*, de *centenarius*. Ce sont des fonctionnaires subalternes. Le comte régit une très vaste cité et il y cumule des attributions qui dépassent visiblement les forces d'un seul homme. Il est naturel qu'il ait à ses ordres des agents, des aides, des collaborateurs.

Le *vicarius* est le lieutenant du comte et au besoin tient sa place. Il semble bien que dans toute cité importante il y ait eu un vicaire. A Tours, par exemple, le comte Eunomius avait pour vicaire un certain Injuriosus, lequel, suivant Grégoire, aurait servi ses intérêts

---

[1] Voyez dans Grégoire, IV, 43, comment le recteur de Provence rend la justice. — Cf. *Lex Ripuaria*, 50 : *Si quis testes ad mallum ante centenarium, vel comitem, seu ante ducem, patricium, vel regem, necesse habuerit.* — On ne comprend pas comment M. Fahlbeck a pu soutenir, avec le ton affirmatif qui lui est habituel, que le duc n'était qu'un chef militaire (page 149 de l'édition française). — Grégoire, VIII, 12 : *Ad discutiendas causas Ratharius quasi dux dirigitur*. Sur ce dernier passage, Waitz se trompe quand il voit dans ce Ratharius un *missus regis*; il interprète *quasi dux* dans le sens de « comme s'il était duc ». C'est un faux sens, et les traductions françaises de Grégoire de Tours le commettent aussi. Chez Grégoire de Tours, *quasi* est employé plusieurs fois dans le sens de « à titre de »; c'est ainsi que nous dirions : Il a été envoyé à Bordeaux comme préfet. On n'a pas assez remarqué combien la langue de Grégoire de Tours contient déjà de gallicismes.

jusqu'à commettre deux assassinats¹. Plus tard, un autre comte de la même cité avait un vicaire nommé Animodus². Il faut bien entendre que le mot *vicarius* signifiait vicaire du comte, et non pas vicaire du roi; les textes ne permettent pas de s'y tromper³. Tantôt le vicaire se tient à côté du comte, et fait une partie de son travail; nous le voyons, par exemple, être un de ses assesseurs dans un jugement et être chargé par son chef d'exécuter l'arrêt rendu⁴. Quelquefois il remplace le comte pour le jugement lui-même, et l'arrêt qu'il prononce a la même force que si le comte l'eût prononcé⁵. Tantôt nous le voyons hors de la présence du comte, et il administre séparément une partie du ressort; le comte lui donne d'ailleurs ses instructions⁶. Dans un cas comme dans l'autre il est un simple agent du comte⁷. Est-il nommé par le roi? Nous en doutons beaucoup. Nous ne trouvons pas un seul exemple de

¹ Grégoire, VII, 23.
² Grégoire, X, 5.
³ *Formulæ Bignonianæ*, n° 7 : *Cum resedisset ille vigarius inluster vir illo comite*, c'est-à-dire *vicarius illustris viri illius comitis*. — N° 13: *Veniens homo alicus ante vicario illuster vir illo comite*. Les mots *illuster vir* ne peuvent pas se rapporter à *vicarius*; les vicaires n'avaient pas ce titre. — Voyez de même le *vicarius comitis* chez les Wisigoths, *Lex Wisigothorum*, II, 1, 23; III, 6, 1; VII, 4, 2; IX, 2, 4. — En Italie, Grégoire le Grand, dans ses *Lettres*, parle de *vicecomites*, VIII, 18: *Scripsimus Mauro vicecomiti*; XII, 24 : *Augusto vicecomiti*.
⁴ *Formulæ Senonenses*, n° 6 (Rozière n° 477) : *Ipsi viri decreverunt... et per manu vicarii per jussionem comitis recepit.* — *Senonenses*, 5 (Rozière, 472) : *Per jussionem illius comitis, de manu illius vicarii*.
⁵ C'est ce qu'on voit dans les *Formulæ Bignonianæ*, n°ˢ 7 et 13, et dans les *Merkelianæ*, n°ˢ 29, 30 et 32 (Rozière, 460, 502, 499, 462).
⁶ Une formule d'instructions données par le comte à son vicaire se trouve dans les *Merkelianæ*, n° 51 (Rozière n° 886).
⁷ Le terme *vicecomes*, qui semblerait à première vue être le synonyme exact de *vicarius*, ne se rencontre pas dans les textes mérovingiens. On le trouve seulement dans la *Vita S. Mauri*, c. 44, Mabillon, I, 294 : *Florus vicecomitis in Andecavensi pago fungebatur*. Mais on sait que cette Vie a été remaniée au neuvième siècle.

cette nomination. Nous avons la formule de nomination des comtes, nous n'avons pas celle de la nomination des vicaires. Tout au contraire, un édit du roi Gontran implique que c'est le comte qui nomme son vicaire[1]. La manière dont le comte écrit à son subordonné montre dans quel état de dépendance il le tient : « Aie bien soin qu'il n'y ait de ta part aucune négligence dans l'exécution de nos ordres et fais tous tes efforts pour mériter nos bonnes grâces[2]. » Les rois s'occupent rarement des vicaires; les vicaires ne figurent pas parmi les fonctionnaires auxquels les diplômes royaux sont adressés[3]. Sans aucun doute, ils sont des agents du pouvoir royal, mais ils le sont par l'intermédiaire du comte.

Il est difficile de savoir ce qu'était le personnage qualifié *tribunus*[4]. Ce terme, au temps de l'Empire, s'appliquait tantôt à des chefs de soldats, tantôt à des fonc-

---

[1] *Edictum Guntramni*, dans Borétius, p. 12 : *Cuncti itaque judices* (c'est-à-dire les comtes) *non vicarios instituere vel destinare præsumant qui venalitatem exerceant.* — De même, plus tard, Charlemagne enjoindra à ses comtes, si leurs vicaires sont convaincus de mauvaise conduite, de les destituer et d'en nommer de meilleurs, *ipsos ejicere et meliores ponere* (Pertz, *Leges*, I, p. 121).

[2] *Formulæ Merkelianæ*, 51 (Zeumer, p. 259; Rozière n° 886) : *Indiculum de comite ad vicarium... Propterea has litteras ad te dirigimus ut in nostro comitatu vel in tuo ministerio pleniter ipsas justitias facias, quasi ego ipse, sine ulla ratione vel sine impedimento. Et bene provide ut nullum neglectum exinde habias. Taliter exinde certamen age qualiter gratia nostra velis habere.*

[3] La formule ordinaire est : *Rex Francorum ducibus, comitibus....* Le mot *vicariis* ne se trouve que dans des diplômes faux ou d'une authenticité douteuse, tels que les n°° 88, 136, 247, 255, 282, 287 du recueil de Pardessus. On ne les trouve pas dans les diplômes authentiques, n°° 264, 279, 294, 388. — Il faut faire une exception pour le n° 340; il est relatif à la donation d'une terre située dans le *pagus* de Laon, et, pour cette raison, il est adressé au comte de Laon, Bertuinus, et à son vicaire, Bertolandus, *viro inlustri Bertuino comiti et Bertolando vicario*.

[4] Grégoire, *Miracula S. Martini*, I, 40 : *Conjux Animi tribuni nomine Mummola*.

tionnaires de l'ordre civil[1]. Dans les textes mérovingiens, le tribun apparaît le plus souvent comme le chef d'une petite troupe de soldats ; il est chargé de maintenir l'ordre dans le pays ; à ce titre, il a la garde des prisons[2], et c'est lui qui exécute les sentences capitales[3]. D'autres fois, le *tribunus* a le caractère d'un administrateur civil, sans que nous apercevions nettement quelles sont ses attributions[4]. Il exécute les

---

[1] Il y avait, par exemple, le *tribunus stabuli* (Ammien, XIV, 10, 8 ; XX, 4, 4 ; XXX, 5, 19) ; les *tribuni notarii* (Ammien, XXX, 2, 11 ; cf. Zozime, V, 51) ; les *tribuni palatini* (*Notitia dignitatum*, éd. Boecking, *Occid.*, p. 300) ; le *tribunus voluptatum* (Cassiodore, *Lettres*, V, 25, et VII, 10). — Il est possible qu'il y ait eu des *tribuni* dans le palais mérovingien ; c'est du moins le sens que paraissent avoir les vers de Fortunatus, VII, 16 : *Theodericus ovans ornavit (te) honore tribunum*. Il semble que ce fût un grade inférieur à celui de *comes*.

[2] Ainsi, l'auteur de la *Vita Columbani*, c. 34, 35 (Mabillon, *Acta SS.*, II, 20) parle d'un *tribunus militum* de la ville de Besançon qui ne paraît guère être chargé que de la garde des prisons. Il obéit d'ailleurs au roi, non aux autorités municipales. Un peu plus loin, c. 36, Brunehaut envoie un autre *tribunus militum* pour s'emparer de la personne de Columban et le conduire en exil. — *Vita Germani a Fortunato*, c. 61 et 66.

[3] Dans la *Vie de saint Dalmatius* (Bouquet, III, 420), c'est un *tribunus* qui conduit le condamné au gibet : *A quodam tribuno reus ad patibulum ducebatur*.

[4] Tel est, semble-t-il, le *tribunus Bessorum* dont Bertramn parle dans son testament (*Diplomata*, t. I, p. 208) ; tel est aussi le *tribunus Arbonensis* de la *Vita S. Galli*, qui gouverne une petite circonscription sous les ordres d'un duc (Pertz, *Script.*, II, p. 12 et 18). Tel est encore ce *vir tribunitiæ potestatis* dont parle Grégoire de Tours, X, 24. Le testament de saint Remi mentionne un *tribunus Friaredus* (*Diplom.*, I, 82) ; dans le testament de Bertramn, nous trouvons un *Ebolenus tribunus* (*ibidem*, p. 214), et, parmi les signatures d'une charte de 728, il y a celle d'un *Eucherius tribunus* (*ibidem*, t. II, p. 355). Une lettre de Didier de Cahors est adressée *comitibus, tribunis, defensoribus, centenis et omnibus publica agentibus* (Bouquet, IV, 42). Fortunatus, dans la Vie de saint Germain, c. 61, parle d'un Abbo, qu'il qualifie de *tribunus*, et qui paraît avoir une autorité assez élevée, puisque c'est à lui que le saint s'adresse pour obtenir la grâce d'un prisonnier ; au chap. 66, il parle d'un *tribunus civitatis* qui semble aussi un fonctionnaire de quelque importance.

ordres du pouvoir; au besoin, il se charge de la levée des impôts et en porte les produits au Palais[1].

Les centeniers ont eu plus d'importance et un plus long avenir; mais leurs commencements sont fort obscurs[2]. A notre avis, le mot *centenarius* a désigné d'abord un grade, un rang dans la hiérarchie, comme le mot *comes*, avant d'être le nom d'un chef de territoire. Ce terme *centenarius* existait déjà dans la Gaule avant la chute de l'Empire. Végèce nous apprend qu'il avait remplacé dans l'armée celui de *centurio*, et il désignait par conséquent un chef d'une centaine d'hommes[3]. Or nous savons que les noms des grades militaires étaient souvent appliqués aux hommes du service civil, lequel était aussi une *militia*. Dès 315 nous trouvons des *centenarii* auprès des fonctionnaires impériaux; ils paraissent être des agents secondaires; une seule de leurs attributions est mentionnée, c'est celle de saisir les biens des débiteurs du fisc[4]. Nous retrouvons des *centenarii* sous les Mérovingiens, sans que nous puissions dire s'ils viennent de cette origine ou de quelque autre[5].

[1] Grégoire, *De gloria confessorum*, c. 41 : *Nannenus quidam tribunus ex Arverno de Francia post reddita reginæ tributa revertens....* — Voyez, dans Grégoire, VII, 53, un *tribunus* Medardus qui est compromis dans des affaires de finances avec le comte et le *vicarius* de la cité. — Cf. le *tribunus fisci* dont parle Fortunatus dans la *Vita Radegundis*, c. 38.

[2] Les *centenarii* figurent comme fonctionnaires royaux dans un diplôme attribué à Clovis; mais il faut faire attention que le diplôme est peu authentique (Pardessus n° 88); j'en dis autant du diplôme n° 130.

[3] Végèce, II, 8 : *Erant centuriones... qui nunc centenarii nominantur.* — Idem, II, 13 : *Centuriones qui nunc centenarii vocantur.*

[4] Code Théodosien, XI, 7, 1 : *Ducenarii et centenarii et sexagenarii non prius debent aliquem ex debitoribus convenire quam a tabulario civitatis nominatim breves accipiant debitorum.* Voyez les notes de Godefroy sur ce passage.

[5] Ils sont appelés *centuriones* dans la Loi des Bavarois, II, 5, 1, où ils figurent comme des fonctionnaires subordonnés au comte : *Comes ponat ordinationem suam super centuriones et decanos.*

Leurs attributions sont assez indécises. Quelquefois le mot *centenarius* se rencontre comme un simple titre de dignité, sans qu'aucune fonction soit indiquée¹. C'est ainsi que dans deux chartes nous trouvons la signature d'hommes qui sont qualifiés centeniers². D'autres fois, nous voyons des centeniers qui sont chargés de la police d'un canton et dont la fonction principale est de poursuivre et d'arrêter les malfaiteurs³. Ailleurs on les voit exercer des fonctions de justice dans leur petit ressort. Ils paraissent être chargés aussi du soin de lever les impôts⁴. Enfin, mais un peu plus tard, ils paraissent être de véritables chefs de centaines territoriales, et chacun d'eux exerce dans sa petite circonscription des pouvoirs analogues à ceux du comte dans la cité⁵.

Si, pour éclaircir ces obscurités par la méthode comparative, nous jetons les yeux sur les autres États contemporains de l'État Franc, nous voyons que le mot *centenarius* a désigné d'abord un grade militaire, et que ce centenier, chef de cent hommes en temps

---

¹ *Vita Eligii*, II, 60 : *Bodolenus quidam centenarius, oppidi Noviomagensis colonus.*

² Charte de l'an 700, Pardessus, t. II, p. 432 : *Signum Caroini centenarii.* — Charte de 745, ibidem, p. 475 : *Signum Austroaldi centenarii.* — Les *centenarii* sont appelés *centuriones* dans la *Vita Salvii* et placés à côté des *vicarii*, des *tribuni* et des *decani regis* (Bouquet, III, 647).

³ *Childeberti decretio*, c. 9, Borétius, p. 17 : *Si quis centenario aut cuilibet judice noluerit ad malefactorem adjuvare... condemnetur....* — Cf. *Chlotacharii decretio*, Borétius, p. 7 : *Centenarii ponantur per quorum fidem atque sollicitudinem pax observetur.... Centenarii licentiam habeant inter communes provincias latrones persequere....*

⁴ Sohm, *Reichs und Gerichts Verfassung*, p. 258, 260, 262.

⁵ Ce caractère est bien marqué dans la Loi des Alamans, tit. XXXVI (Pertz, *Leges*, t. III, p. 56) : *Conventus fiat in omni centena coram comite aut suo misso et coram centenario.... Wadium donet ad illo centenario qui præest.... Si quis se ipsum non ostenderit comiti aut centenario.* — Cette Loi des Alamans est une œuvre du septième siècle.

de guerre, rentré dans ses foyers est resté chef civil. Il est possible que les choses se soient passées de même dans l'État Franc[1].

A côté du *centenarius* nous rencontrons un personnage qui porte un nom d'apparence germanique : c'est le *tunginus*. Il paraît être fort semblable au centenier, et peut-être les deux ne sont-ils qu'un seul personnage[2]. Du reste on ne rencontre ce terme que dans un seul document, qui est la Loi salique. Il semble inconnu à tous les écrivains de l'époque mérovingienne. On ne le trouve pas dans les diplômes. S'il est d'origine germanique, il ne s'est pas conservé dans les dialectes allemands. Il paraît avoir été peu usité et a disparu de bonne heure.

Sur tous ces points nous restons dans une certaine réserve, et nous préférons le doute aux affirmations téméraires et systématiques de l'érudition allemande. Elle attribue aux Mérovingiens un système bien régulier de petites circonscriptions rurales. Nous ne voyons

---

[1] *Lex Wisigothorum*, IX, 2, 1 : *De his qui ad bellum....* La hiérarchie est : *Comes, thuphadus, quingentenarius, centenarius, decanus.* — Ibidem, IX, 2, 3 : *Si quis centenarius dimittens centenam in hoste ad domum suam refugerit, capitali supplicio subjacebit.* — *Lex Baiuwariorum*, II, 5, 1 : *In exercitu... comes ponat ordinationem suam super centuriones et decanos.*

[2] *Lex Salica*, XLIV : *Qui eam (viduam) voluerit accipere, antequam sibi copulet, ante thunginum aut centenarium, hoc est ut thunginus aut centenarius callum indicant....* — Ibidem, XLVI : *Hoc convenit observare ut thunginus aut centenarius mallo indicant.... In malloberго ante leoda aut thunginum.* — Ibidem, L : *Rogo te, thungine, ut....* — Ibidem, LX : *In mallo ante thunginum ambulare debet.* — Il est à remarquer que ces quatre articles où paraît le mot *thunginus* sont ceux qui, par leur contenu, semblent des plus antiques et se rapportent aux plus vieux usages. — Dans les deux premiers articles, les mots *thunginus* et *centenarius* semblent rapprochés comme synonymes, la conjonction *aut* n'indiquant pas une opposition entre les deux termes. — Reste à savoir si les mots *aut centenarius* n'ont pas été ajoutés postérieurement pour expliquer *tunginus*, qui était tombé en désuétude.

de bien régulier que la cité comme division administrative et le comte comme administrateur. Le reste est indécis dans les textes et l'était vraisemblablement dans la pratique¹. Les vicaires, les tribuns, les centeniers n'ont probablement pas été institués par un acte de l'autorité publique. Ils se sont établis, ici ou là, suivant les besoins de chaque pays et suivant le goût de chaque comte. Ils sont insensiblement devenus des agents nécessaires, parce que le comte avait des occupations trop diverses. Il était trop souvent absent, puisqu'il devait se rendre auprès du roi, au printemps pour chaque campagne, à l'automne pour chaque *conventus*. Ainsi la situation de ces agents inférieurs, qu'aucune loi n'avait déterminée, se fixa, et leurs attributions s'étendirent; mais tout cela n'acquit régularité et uniformité qu'au temps des Carolingiens².

Une opinion qu'il faut surtout écarter parce qu'elle est contraire aux textes, est que ces *centenarii* fussent des chefs populaires³. Il n'y a pas un document, il n'y

---

¹ Il est bon de noter que les *centenarii* ne figurent pas à titre officiel dans les diplômes mérovingiens. Ils ne sont pas nommés dans l'en-tête parmi ceux à qui ces diplômes sont adressés. La formule *Rex Francorum ducibus, comitibus, vicariis, centenariis*, est carolingienne.

² M. Sohm a essayé de prouver que les trois termes *vicarius, tribunus, centenarius* étaient synonymes (*Reichs und Gerichts Verfassung*, pages 215-219, 237). Son argumentation est fort ingénieuse, mais elle me laisse quelque doute. Je vois bien dans les textes que, quelquefois, le *centenarius* est en même temps *vicarius*, et que, sur tel territoire, une *vicaria* est la même chose qu'une *centena*. Mais cela ne me paraît pas suffire pour une affirmation aussi générale et aussi absolue que celle de M. Sohm.

³ Suivant Waitz, le *tunginus* était élu par le peuple (*Verfassungsgesch.*, t. II, 2ᵉ édition, p. 37; 3ᵉ édition, p. 97). Schulte pense de même (page 115 de la traduction française). Mais il n'y a pas un seul texte à l'appui de cette affirmation. La Loi salique ne fait aucune allusion à une élection populaire; elle ne contient ni un mot qui signifie élection, ni un mot qui signifie peuple. Cette théorie est le produit de l'imagination. L'esprit, dominé par ses idées subjectives, met dans les textes ce qui n'y est

a pas un fait historique qui leur attribue ce caractère. Les centeniers, comme les vicaires, étaient des officiers de l'État, c'est-à-dire des membres d'une hiérarchie administrative qui n'avait qu'à exécuter les ordres du roi [1].

Ce n'était pourtant pas le roi qui nommait les centeniers. Ils n'étaient pas plus les élus du roi que les élus de la population. De même que le roi nommait le comte, le comte choisissait et nommait ses vicaires et ses centeniers. C'est ce qui est clairement indiqué dans un édit du roi Gontran; il recommande aux comtes « de bien choisir leurs vicaires et tous autres qu'ils envoient dans les différentes parties de la région qui leur est confiée [2] ». Les centeniers ne sont jamais désignés comme

pas. — Le grand argument que M. Sohm présente pour soutenir que le *tunginus* doit être élu par le peuple, c'est qu'il n'a pas triple wergeld comme le graf; mais 1° la Loi salique ne dit pas qu'il n'ait pas triple wergeld, et nous n'en savons rien; 2° il n'est pas nécessaire que les agents de second ordre aient un triple wergeld comme leur chef. L'absence du triple wergeld prouverait seulement que le *tunginus* n'était pas un homme de la truste du roi, mais il se peut qu'il ait été un agent du comte.

[1] On a pourtant allégué un texte : c'est l'article 16 du décret attribué à Clotaire Ier, dans Borétius, p. 7. Si vous prenez isolément les deux mots *electi centenarii*, il vous semblera tout de suite qu'il s'agit de centeniers élus par le peuple. Mais il ne faut jamais isoler deux mots de leur contexte; c'est le moyen de se tromper sur leur signification. On doit faire attention aux mots *in truste*, qui indiquent, non la population d'un canton, mais un groupe d'associés. M. Sohm a très justement remarqué (pages 188-189, 241) que les *centenarii* dont il est question dans ce décret de Clotaire ne sont pas des chefs de canton; ils sont les membres des *centenæ* qui sont indiqués à l'article 9 du même édit. Or ces *centenæ* sont des associations contre le brigandage, que Clotaire a essayé d'instituer, sans que nous sachions s'il y a réussi. Les *centenarii* dont il est question dans cet édit n'ont rien de commun avec les *centenarii* dont nous nous occupons dans le présent chapitre. Ajoutons que, dans l'expression *electi centenarii*, le mot *electi*, qui n'est pas suivi de *a populo*, ne signifie pas nécessairement élus par le peuple. Il peut signifier aussi bien choisis par le comte.

[2] *Edictum Gunthramni*, Borétius, p. 12 : *Non vicarios aut quoscumque de latere suo per regionem sibi commissam instituere vel des-*

chefs du peuple. On ne dit ni les centeniers du peuple, ni les centeniers du roi; on dit les centeniers du comte[1]. On les appelle ses *ministri*, ses serviteurs, ou d'un terme plus usité en ce temps, ses *juniores*, ses inférieurs, ses subalternes[2].

Ainsi le roi gouverne le royaume par ses comtes, et chaque comte administre son ressort avec l'aide de vicaires et de centeniers. Le roi ne nomme que les ducs et les comtes. Les comtes cherchent et choisissent leurs agents inférieurs. Le roi se contente de rappeler parfois aux comtes qu'ils sont responsables de la conduite de leurs subordonnés.

### 5° PAS D'ASSEMBLÉES LOCALES.

Ducs et comtes du roi, vicaires et centeniers des comtes, tout cela formait un réseau de fonctionnaires publics qui couvrait tout le royaume. Le terme général dont on désignait les membres de cette hiérarchie était celui de *judices*. L'emploi de ce mot est très fréquent

tinare præsumant qui malis operibus consentiendo venalitatem exerceant.

[1] Capitulaire de 800, c. 4 (Pertz, I, 121, c. 19): *Comites et vicarii eorum.* — Capit. de 811, c. 2 (Pertz, I, 168): *Super comites et eorum centenarios.* — Capit. de 825, c. 4: *Habeat unusquisque comes vicarios et centenarios suos secum.* — Capit. de 884: *Comes præcipiat suis centenariis.* Ces textes sont de l'époque carolingienne; mais le mot *centenarius* est d'un emploi si rare à l'époque mérovingienne, qu'il n'est pas surprenant que les textes n'indiquent pas ce point particulier. Notons d'ailleurs qu'entre les deux époques on ne voit pas qu'il se soit produit aucun changement dans les rapports entre les centeniers et le comte.

[2] Dans les diplômes d'immunité, le roi dit à ses comtes: *Neque vos neque juniores vestri.* Juniores signifie les inférieurs et s'applique visiblement aux *vicarii, tribuni, centenarii.* — Dans les *Bignonianæ*, n° 24, Rozière n° 717, il est aussi parlé des *juniores comitis.* — Cf. Concile de Chalon de 813, c. 21: *Ministri comitum quos vicarios et centenarios vocant*

dans les textes mérovingiens, aussi bien chez les écrivains que dans les lois et les diplômes. Quand nous le rencontrons, nous ne devons pas croire qu'il s'agisse seulement d'un magistrat de l'ordre judiciaire, encore moins d'un simple particulier qui serait revêtu momentanément du droit de juger. La signification du mot dans ces centaines d'exemples est toujours la même : il désigne un fonctionnaire de l'État[1]. Dans les derniers siècles de l'empire romain, le mot était appliqué aux gouverneurs de provinces[2]; il conserve le même sens sous les Francs, et s'applique aux ducs, aux comtes, puis par extension aux vicaires et aux centeniers[3]. Les hommes étaient habitués depuis longtemps à cette ex-

[1] Sur l'emploi du mot *judices* appliqué aux fonctionnaires en général, les exemples sont nombreux. Grégoire, VI, 46: *In præceptionibus quas Chilpericus rex ad judices pro suis utilitatibus dirigebat....* Il est clair qu'en ce passage *judices* ne signifie pas ce que nous appelons des juges. — Grégoire, VII, 42: *Edictum a judicibus datum est.* — *Decretio Childeberti*, art. 9: *Si quis centenario aut cuilibet judici noluerit ad malefactorem adjuvare.* — *Edictum Chlotarii*, a. 614, c. 4, Borétius, p. 21 : *Ut nullus judicum de quolibet ordine clericum distringere audeat.* — Concile d'Auxerre de 578, c. 43: *Quicumque judex aut sæcularis presbytero injuriam inferre præsumpserit.* — Concile de Mâcon de 581, c. 7: *Quicumque judex....* — Dans les actes d'immunité, les mots *nullus de judicibus* (Pardessus n° 336), ou *nullus judex publicus*, ou *absque introitu judicum* (Pardessus n° 268), s'appliquent à tous fonctionnaires publics; ils correspondent à *neque vos neque juniores vestri* appliqué aux comtes.

[2] Code Justinien, I, 22, 6: *Omnes cujuscumque majoris vel minoris administrationis universæ nostræ reipublicæ judices.* — Ibidem, I, 24, 2: *Si quis judicum in administratione positus.* — Ibidem, I, 24, 4: *Judicibus nostris.* — Ibidem, I, 40, 3, 5, 8 : *Ne quis judicum in provincia sua....* — Ibidem, I, 40, 15: *Judices qui provincias regunt.* — I, 52, 1: *Omnibus judicibus qui per provincias sive militarem sive civilem administrationem gerunt.*

[3] Il arrive souvent que le terme *judex* s'applique spécialement au comte, qui est le vrai fonctionnaire de l'époque. *Decretio Childeberti*, art. 4 : *In cujuslibet judicis pago commissum fuerit*; ici le *judex* n'est autre que le comte qui régit le *pagus*. Dans le passage de l'édit de Gontran que nous avons cité plus haut. *judices* désigne visiblement les comtes ou les ducs, puisqu'ils ont une *regio sibi commissa* et que d'ailleurs ils

pression. Elle désignait pour eux l'homme qui, outre l'autorité judiciaire, exerçait tous les pouvoirs. C'est ainsi que les mots *judiciaria potestas*, dans la langue du temps, signifiait toute fonction publique, et en particulier celle du comte[1].

Au mot *judex* on ajoutait souvent l'épithète *publicus*; ce second terme signifie proprement « de l'État », et, comme l'État et le roi se confondent, il signifie « du roi ». Cette expression *judex publicus* existait déjà sous l'Empire pour désigner le fonctionnaire impérial, le gouverneur de province[2]. Les rois francs la prirent pour désigner leurs fonctionnaires[3]. L'emploi de l'épithète *pu-*

choisissent leurs vicaires et autres agents. Dans Grégoire, VI, 8, le même personnage est appelé d'abord *judex*, puis *comes*: *Ad deprecandum judici... prosternitur ad pedes comitis*. Le même écrivain parle d'un *judex loci*, V, 50, qui ne peut être que le comte de Bourges: *Irruentibus Bituricis cum judice loci*. Et notez qu'il l'appelle *judex* alors qu'il remplit une tout autre fonction que celle de juger. Ailleurs, IV, 18, le *judex loci* est le comte de Tours. Le comte d'Auvergne est appelé *judex*, IV, 47. Voyez aussi un passage, X, 15, où le comte de Poitiers Macco est qualifié tantôt *comes*, tantôt *judex*, tant les deux mots sont synonymes. De même chez Fortunatus, X, 22, le même personnage Galactorius est appelé *judex* et *comes*. On trouvera d'autres exemples dans la *Vita Albini*, 6; *Vita Emani*, 9; *Vita Fidoli*, 18; *Vita Walarici*, 8; *Vita Desiderii Viennensis*, 6; *Vita Lupi Cabillonensis*, 7; dans tous ces exemples le *judex* ou *judex civitatis* est manifestement le comte. Dans la *Formula Turonensis*, n° 24, Rozière, 119, le *judex provinciæ* est le gouverneur du pays, le comte.

[1] Grégoire, *Vitæ Patrum*, VIII, 3: *Armentarium comitem qui Lugdunensem urbem his diebus potestate judiciaria gubernabat*. — *Vita Desiderii Cat.*, 1: *Apud Massiliam judiciariam potestatem exercuit*. — *Diplomata*, Pardessus, n° 258, 270: *Nec aliquis ex judiciaria potestate*; n° 281, 367, 397: *Nec quislibet judiciaria potestate accinctus*. Dans les formules d'immunité, *Nulla judiciaria potestas præsumat ingredi* (Pardessus, n° 341, 343); *Persona judiciariæ potestatis* (Ibidem, n° 291). — Dans la formule de nomination du comte ou du duc, le roi dit: *judiciariam convenit committere dignitatem* (Marculfe, I, 8). — Marculfe, I, 2: *Nulla judiciaria potestas ibidem præsumat ingredi*.

[2] Voyez, par exemple, une loi de 454 au Code Justinien, I, 11. 7, où le *judex publicus* est appelé quatre lignes plus bas *rector provinciæ*.

[3] *Diplomata*, Pardessus n° 258: *Nullus ex publicis judicibus*. — Que l'on compare entre eux les actes d'immunité, on verra que l'expression

*blicus* devint plus nécessaire à mesure qu'il a existé d'autres agents et d'autres juges que ceux du roi, c'est-à-dire des juges privés, *judices privati*, et des juges d'Église, *judices ecclesiastici*[1].

Quelquefois l'adjectif *publicus* est remplacé par *fiscalis*, et l'homme qu'on appelle *judex fiscalis* est le fonctionnaire royal par excellence, c'est-à-dire le comte[2]. C'est que, comme on ne connaît pas d'autre fisc que celui du roi, le mot *fiscalis* a pris le sens de royal[3].

Ces mêmes fonctionnaires sont souvent appelés par les rois dans leurs diplômes *agentes nostri*, nos agents[4]. De même que les évêques et les grands propriétaires ont leurs agents pour administrer leurs domaines et gou-

---

*nullus judex publicus* des uns correspond à *neque vos* des autres qui sont adressés aux comtes. — *Edictum Chlotarii*, a. 614, art. 5 : *Judex publicus in audientia publica*. Il était même dans les habitudes de l'Église d'appeler *judices publici* les fonctionnaires royaux. Actes du concile d'Orléans de 540, c. 20 : *Judex publicus*. — Marculfe, I, 3 : *Nulla publica judiciaria potestas*. — Le mot *publicus* est si fréquent dans les textes mérovingiens, que le sens n'en peut pas être douteux.

[1] Voyez les actes des conciles d'Orléans de 540, c. 20, d'Auxerre de 578, c. 43, de Mâcon de 581, c. 7, etc. Voyez aussi la note de Bignon à la suite des *Capitulaires* de Baluze, t. II, p. 878. — Dans l'*Edictum Chlotarii*, c. 5, les mots *persona publica* signifient toute personne dépendante du roi, par opposition aux hommes dépendants de l'Église, *homines Ecclesiæ*.

[2] *Lex Ripuaria*, LIII : *Si quis judicem fiscalem quem comitem vocant interfecerit....* Cf. XXXII, 5, où le même personnage est appelé d'abord *comes* et deux lignes plus bas *judex fiscalis*.

[3] C'est ainsi que l'on dit *ager fiscalis* un domaine du roi (Grégoire, IX, 20), *jumenta fiscalia* les chevaux du roi (Grégoire, VIII, 40). *Carcer fiscalis* signifie une prison royale (*Vita Eligii*, II, 14). Dans la phrase de la *Vita Sigiranni*, c. 7, *Stephanus qui tunc erat rector civitatis sub ditione fisci*, ces derniers mots signifient sous l'autorité du roi.

[4] Diplômes des rois, Tardif n° 7, Pardessus n° 264 : *Dagobertus rex Francorum... comitibus vel omnibus agentibus præsentibus et futuris*. — Pardessus n° 270, Pertz n° 15 : *Ducibus, vel omnibus agentibus*. — Tardif n° 9, Pardessus n° 279 : *Omnibus agentibus præsentibus et futuris*. — Pardessus n° 357, Pertz n° 38 : *Chlotarius rex Francorum omnibus agentibus tam præsentibus quam futuris*. — Pardessus n° 428, Pertz n° 63 : *Chlodoveus omnibus agentibus præsentibus et futuris*. — Gré-

verner le nombreux personnel qui les habite[1], de même le roi a ses « agents » pour régir les différentes parties de son royaume. Comme ces hommes sont des *agentes*, leur fonction s'appelle *actio*[2].

Tous ces personnages, depuis le duc jusqu'au centenier, étaient les représentants de l'autorité royale, et leur mission était de la rendre partout présente. Ils étaient les instruments du roi, les exécuteurs de toutes ses volontés, les collecteurs de ses impôts et de ses amendes, les organes de sa justice, les chefs de ses soldats. Je ne sais si dans la pratique leur obéissance à ses ordres était parfaite; mais en principe ce devoir d'obéissance était absolu[3]. On peut voir comme les rois leur parlent d'un ton de maître. « Si l'un de nos fonctionnaires, dit Childebert Ier, ose s'écarter de notre présent décret, qu'il sache bien qu'il court péril de mort[4]. » Gontran, s'adressant à ses ducs, leur dit : « Si vous dédaignez mes ordres, la hache fera tomber

---

goire de Tours, VI, 19: *Chilpericus mittit nuntios comitibus ducibusque et reliquis agentibus.* — *Chlotarii præceptio*, c. 11 : *Agentes publici.* — Marculfe, I, 2 : *Ille rex illi comiti vel omnibus agentibus.* Cf. *Andegavenses*, 28 : *Ante illo agente.* Marculfe, *Supplementum*, n° 1, Zeumer, p. 107 : *Omnibus curam publicam agentibus.* — *Epistola Desiderii* (Bouquet, IV, 42) : *Omnibus publica vel ecclesiastica agentibus.*

[1] *Edictum Chlotarii*, c. 20 : *Agentes episcoporum aut potentum.* — Grégoire, VII, 42 : *Agens domus illius*; il s'agit de l'agent de l'évêque qui régit un des domaines de Saint-Martin. Grégoire parle ailleurs de l'agent d'un grand propriétaire, lequel se fait tuer pour défendre les intérêts de son maître, IX, 35. — Il est question aussi des *agentes* des propriétaires dans Marculfe, II, 27 et 28 : *Servitium quod vos aut agentes vestri mihi injunxeritis.... Pro vestro aut agentum vestrorum imperio.* Les *agentes Ecclesiæ* sont mentionnés encore dans les *Turonenses*.

[2] *Me ab actione remoto* (Grégoire, V, 48). *Ad renovandam actionem* (ibidem, IV, 42). *Quidquid de ipsa actione speratur* (Marculfe, I, 8).

[3] Cf. *Lex Baiuwariorum*, II, 9, Pertz, III, p. 286, où l'on voit que les devoirs du duc sont *in exercitu ambulare, populum judicare, in omnibus jussionem regis implere.*

[4] *Childeberti præceptio*, c. 18, Borétius, p. 7.

votre tête[1]. » Chilpéric, en envoyant ses instructions à ses comtes, les faisait suivre de cette menace : « Si quelqu'un de vous néglige d'exécuter mes ordres, il aura les yeux crevés[2]. » « Les fonctionnaires qui agiront mal, dit encore Gontran, seront rigoureusement punis par nous[3]. » Et au siècle suivant, le biographe de saint Léger nous dit que « le roi envoyait ses ordres aux comtes, et ceux qui n'obéissaient pas étaient privés de leurs fonctions, quelquefois même punis de mort »[4].

Outre les fonctionnaires à poste fixe, les rois francs avaient des « envoyés » qui parcouraient les provinces. L'institution des *missi*, que Charlemagne a régularisée, n'était pas inconnue des Mérovingiens. Les documents signalent des envoyés, qu'ils appellent *missi regales, missi de latere regis, missi de palatio, missi discurrentes*[5]. Ils ne ressemblent pas tout à fait à ceux qu'on verra sous les Carolingiens ; ils ne partent pas du Palais chaque année à époque fixe pour inspecter toutes les provinces. L'institution est encore indécise, flottante, intermittente.

---

[1] Grégoire, VIII, 30 : *Si vos regalia jussa contemnitis, jam debet securis capiti vestro submergi.*

[2] Grégoire, VI, 46.

[3] *Edictum Gunthramni*, Borétius, p. 12.

[4] *Vita Leodegarii*, c. 8, Bouquet, II, p. 617.

[5] Grégoire, V, 29 : *Missis regalibus.* — Ibidem : *rex dirigens personas de latere suo.* — IV, 13 : *Misit rex Innacharium et Scaptarium primos de latere suo.* — Marculfe, I, 20 : *Missus de palatio nostro.* — Ibidem, I, 25 : *Dum nos ad præsens apostolicum virum illum aut illustrem virum pro nostris utilitatibus ibi ambulare præcipimus.* — Marculfe, I, 40 : *Misso nostro quem ex nostro latere direximus.* — *Marculfi additamentum* n° 2, Zeumer, p. 111 : *Ille rex omnibus agentibus seu missis nostris discurrentibus.* — *Formulæ Senonicæ*, 28 : *Vicariis, centenariis et missos nostros discurrentes.* Ces deux dernières formules sont d'une époque assez tardive. — On lit *missos de palatio nostro discurrentes* dans deux diplômes de Childebert Ier et de Chilpéric Ier, mais ces deux diplômes ne semblent pas authentiques (Pardessus n° 144 et 168). J'en dirai autant du diplôme de Thierry III, n° 572.

Le *missus* mérovingien n'est délégué qu'en cas de besoin et pour un objet spécial. Tantôt il s'agit de réprimer une émeute[1] ou d'arrêter un personnage puissant[2]. Tantôt il s'agit simplement de faire prêter par la population le serment dû au nouveau roi[3]. Quelquefois c'est une décision judiciaire que le roi n'a pas pu rendre en personne et pour laquelle il s'est fait représenter[4]. Il peut arriver aussi que le roi ait reçu des plaintes contre un comte; il envoie un délégué pour s'assurer des faits et destituer le fonctionnaire[5]. Dans ces divers cas, le représentant du roi était armé de pouvoirs illimités.

A côté de ces agents royaux de tout rang et de toute nature, les documents ne mentionnent jamais d'assemblées délibérantes. De même qu'il n'y a pas d'assemblée générale qui représente le peuple du royaume, il n'y a pas non plus d'assemblées provinciales où la population discute ses intérêts locaux. On aperçoit bien que le comte dans sa circonscription avait à ménager les grands, les riches, et surtout l'évêque; il était inévitable qu'il s'entourât d'eux et qu'il les consultât; mais ce qu'on n'aperçoit jamais, c'est qu'il y eût en face de lui une assemblée régulièrement constituée pour l'aider à administrer ou pour contrôler ses actes. Il n'y a plus trace de ces assemblées provinciales que les derniers empereurs avaient essayé de raviver et qui déjà dispa-

---

[1] Grégoire, V, 29: *Lemovicinus populus congregatus Marcum referendarium interficere voluit; unde multum molestus rex, dirigens de latere suo personas, populum suppliciis conterruit.*

[2] Grégoire, IV, 13: *Misit rex I. et S. de latere suo dicens: Ite et vi abstrahite Firminum de ecclesia.*

[3] Marculfe, I, 40: *Præsente misso nostro, industri viro illo, quem ex nostro latere illuc pro hoc direximus.*

[4] On voit un exemple de cela dans Marculfe, I, 20.

[5] Grégoire, V, 47: *Audiens Chilpericus omnia mala quæ faciebat Leudastis* (comte de Tours), *Ansovaldum illuc dirigit.*

raissaient d'elles-mêmes sans que les Francs eussent besoin de les supprimer. Dans les cités mêmes, nous ne trouvons pas d'assemblées municipales délibérant sur les affaires publiques. Les curies d'autrefois existent encore, avec leurs *honorati*, leurs *defensores*, mais elles n'ont guère d'autres attributions légales que celle de recevoir les actes des particuliers et de les enregistrer[1]. Quant à des assemblées d'hommes de race franque, les documents n'en montrent aucune.

Quelques érudits modernes ont voulu qu'il y ait eu au moins des assemblées de canton ou de centaine se réunissant sous la présidence du centenier[2]. C'est une assertion qu'on a souvent répétée, mais dont on n'a apporté aucune preuve. Il n'y a pas un texte, pas un fait, pas une anecdote qui l'appuie. De ce que nous voyons fréquemment le comte, parcourant son ressort, convoquer la population et l'obliger à se grouper autour de lui, il ne faut pas conclure qu'il y ait là une assemblée qui délibère. C'est qu'il s'agit ou bien de réunir les hommes valides pour une expédition militaire ordonnée par le roi, ou bien de donner lecture aux habitants d'une loi

---

[1] *Formulæ Andegavenses*, 1 : *Anno quarto regni Childeberti regis, cum Andecavis civitate curia publica resideret in foro... Rogo te, defensor, curator, magister militum, vel reliqua curia publica, uti codices publicos patere jubeatis*, etc. — Arvernenses, 1 b : *Laudabilis vir defensor et vos honorati...* — Ibidem, 2 b : *Arvernis apud illum defensorem vel curiam publicam...* — Marculfe, II, 37 : *In civitate illa, adstante viro illo laudabili defensore et omni curia illius civitatis... Peto ut mihi codices publicos patere jubeatis.*

[2] Pardessus, *Loi salique*, p. 271 et 279. — Schæffner, *Gesch. der Reichsverf. Frankreichs*, t. I, p. 392. — Maurer, *Gesch. der Altgerm. gerichtsverfahrens*, 1824, p. 76. — Waitz, t. II, 2ᵉ édition, p. 495 et suiv. — Thudichum, *Die Gau und Markverfassung*, 1860, p. 82 et suiv. — Sohm, *Reichs und Gerichts Verf.*, p. 285. Toutefois Sohm se sépare des précédents en ce qu'il reconnaît au moins que l'assemblée de centaine, uniquement assemblée judiciaire, n'avait aucun caractère politique.

nouvelle en exigeant leur assentiment, ou bien encore de notifier aux hommes l'avènement d'un nouveau roi et de les obliger à lui prêter serment. Ces réunions, que le comte convoque quand il veut et où il veut, ne ressemblent pas à ce que seraient des assemblées délibérantes. Jamais nous ne voyons qu'on y discute, qu'on y vote. La population est là pour entendre le comte, pour recevoir ses ordres ou ceux du roi[1].

Pour affirmer, comme on l'a fait, qu'il y eût des assemblées de centaine, il faudrait en trouver au moins une qui se réunît à jour fixe et de son plein droit, qui délibérât sur quelque objet, qui émît un avis, qui imposât au comte ou au centenier quelque volonté. Ni les lois, ni les chartes, ni les nombreuses biographies du temps ne mentionnent cela une seule fois. Le mot *mallus*, que l'on rencontre dans les documents, a prêté à toutes les théories par la manière arbitraire dont on l'a traduit. Il suffisait d'observer tous les passages où il se trouve pour reconnaître qu'il n'a pas une seule fois le sens d'assemblée politique.

Le fonctionnaire royal n'avait donc à côté de lui aucun pouvoir légal, et il ne voyait au-dessus de lui que le roi. S'il commettait un abus de pouvoir, le roi seul pouvait le réprimer ou le punir. Aussi voyons-nous par les récits du temps qu'en cas d'oppression ou de malversation les hommes n'ont d'autre ressource que de s'adresser au roi[2]. Le duc, le comte, le *missus* ne sont responsables qu'au roi ; le vicaire et le centenier

---

[1] C'est ce qui est bien visible dans la formule de Marculfe, I, 40. On y lit que le comte réunit les hommes où il veut, *locis congruis*, sans distinction de race, *tam Francos, Romanos, vel reliqua natione degentes*, et qu'il les oblige *ut debeant fidelitatem promittere et conjurare*.

[2] Voyez, par exemple, Grégoire, V, 48, et Marculfe, I, 34.

ne le sont qu'au comte. Qu'on regarde comment agissent la plupart des comtes dont Grégoire de Tours rapporte la conduite; il est visible qu'ils jugent à leur guise, bien ou mal suivant leur conscience[1], qu'ils prononcent les amendes qu'ils veulent, qu'ils confisquent pour l'État ou pour eux-mêmes les terres qu'il leur convient de confisquer[2], qu'ils exigent les impôts à leur gré et qu'ils font les levées de soldats comme ils veulent. Jamais la population n'est consultée ni n'intervient d'aucune façon. Comme le roi est un souverain absolu dans le royaume, ainsi le duc, le comte, le vicaire, le centenier sont armés d'une autorité qui n'a pas de limites légales.

Mais cette autorité, ils la tiennent du roi. Ils ne l'exercent qu'à titre d'agents et de mandataires. Le lien qui les rattache au roi est le même qui rattachait les *præsides* romains au pouvoir central. Les ducs et comtes mérovingiens ne sont pas des vassaux, il sont des fonctionnaires. Il n'y a encore en eux rien de féodal.

---

Il n'est pas inutile d'observer que le système d'administration a été le même, à peu de différences près, dans les divers royaumes germaniques qui ont pris la place de l'empire romain. Rien ne serait plus faux que

[1] Voyez dans Grégoire l'exemple du comte Albinus et du comte Leudaste, IV, 44 ; V, 48-50.
[2] Grégoire, VII, 19 : *Quum clamor fieret magnus adversus eos qui potentes fuerant cum rege Chilperico quod abstulissent vel villas vel res aliquas de rebus alienis, omnia quæ injuste ablata fuerant rex reddi præcepit.* — Ibidem, VII, 22. — Frédégaire, *Chron.*, c. 27. — *Miracula S. Martini Vertavensis*, 1. — *Vita Eligii*, I, 20 : *Duces mei et domestici spatiosas surripiunt villas.* Voyez un exemple curieux de ces confiscations ou plutôt de ces spoliations dans Grégoire, VIII, 43.

de s'imaginer que l'État Franc ait été seul de son espèce et ait eu un organisme tout à fait à part[1].

Chez les Burgundes, la division administrative est en *civitates* ou *pagi*, et chacune de ces circonscriptions est régie par un comte[2], lequel peut indifféremment être un Romain ou un Burgunde. Il exerce dans sa cité tous les pouvoirs, y compris le pouvoir judiciaire[3].

En Italie, les rois ostrogoths n'ont pas touché à la division en provinces et en cités. La province est gouvernée par un fonctionnaire qui porte quelquefois le titre de duc, quelquefois celui de recteur, correcteur, ou *consularis*, comme au temps de l'Empire[4]. La cité est administrée par un autre fonctionnaire royal, qui s'appelle *comes*. Nous avons la formule du diplôme que le roi lui remet en le nommant[5]. Cette formule, sauf la

---

[1] C'est cette idée fausse qui remplit le livre récent de M. Fahlbeck, *La royauté et le droit francs*, Lund, 1883. L'auteur suppose toujours que l'organisme de l'État Franc est une pure création des rois francs. Pour donner quelque apparence à son système, il a bien soin de ne jamais comparer cet organisme à ce qui existait avant lui en Gaule, ni à ce qui existait en même temps que lui dans les autres États analogues.

[2] *Lex Burgundionum*, præfatio : *Tam Burgundiones quam Romani civitatum aut pagorum comites.* — Ibidem : *Vel Romanus comes vel Burgundio.* — Les édits royaux, comme dans l'Empire, comme plus tard chez les Francs, sont adressés aux fonctionnaires provinciaux, c'est-à-dire aux comtes : *Gundobaldus rex Burgundionum omnibus comitibus* (*Lex Burg.*, tit. 89). — Un détail de l'ordre administratif nous est donné dans l'article 13 du deuxième *additamentum* (Pertz, *Leges*, III, p. 577): *Quicumque aliquem locum munificentiæ petere voluerit, cum litteris comitis sui veniat.* — Le comte est aussi, comme chez les Francs, appelé *judex*; ibidem : *ad illum judicem cujus territorio res illa continetur*; ce passage concerne un acte purement administratif et nullement judiciaire.

[3] *Lex Burgundionum*, 2ᵉ *additam.*, art. 10, Pertz, p. 576: *Ut omnes comites in omnibus judiciis justitiam teneant....Omnes causas ex legibus judicent.* Cf. titre 76, et la *præfatio*, *in fine*.

[4] Cassiodore, *Lettres*, I, 11 ; III, 8 ; III, 27 ; V, 24 ; V, 30 ; VI, 20.

[5] On sait que le recueil connu sous le nom de Lettres de Cassiodore contient une nombreuse série d'actes de la chancellerie des rois ostrogoths. On y trouve six diplômes ou formules qui concernent les comtes des cités, un pour le comte de Marseille (III, 24), trois pour les comtes

prolixité, ressemble pour le fond à la formule mérovingienne. Nous y voyons que le comte est un juge de la population¹, et qu'il en est aussi, sauf exceptions, le chef militaire². Nous y notons surtout, comme en Gaule, que son premier devoir est d'exécuter tous les ordres du roi³. Quant à la population, elle n'a qu'à obéir au chef que le roi lui envoie⁴. Il n'y a encore ni vicaires du comte ni centeniers, pas plus qu'on n'en voit en Gaule à la même époque.

Le royaume des Wisigoths se partage aussi en *provinciæ* et en *civitates;* ces provinces et ces cités sont, à très peu de chose près, les mêmes qu'au temps de l'Empire. La province est régie par un duc, la cité par un comte⁵. Ce duc et ce comte sont des fonctionnaires que le roi nomme, que le roi peut révoquer et punir. Il n'est question ni de chefs élus par la population ni

des grandes cités de Syracuse, Naples et Ravenne (VI, 22 et 23; VII, 14), la formule générale de nomination des autres comtes (VII, 26), et enfin la formule de lettre adressée à une cité pour lui notifier la nomination de son chef (VI, 27).

¹ Cassiodore, *Lettres*, I, 5 : *In comitis Annæ judicio controversia est decisa.* — III, 34 : *Comitem dirigimus... ut curam possit habere justitiæ, minoribus solatium ferat, insolentibus severitatem objiciat, omnes cogat ad justum.* — VI, 23 : *Ideo ad comitivam te Neapolitanam per illam indictionem adducimus ut civilia negotia æquus trutinator examines.*

² *Ibidem*, VI, 22.

³ *Ibidem*, VII, 26 : *In illa civitate comitivæ honorem tibi largimur ut et cives æquitate regas, et publicarum ordinationum jussiones constanter adimpleas.* — Le comte est si bien un fonctionnaire, que le roi termine en lui promettant de l'avancement, *ut tibi meliora præstemus quando te probabiliter egisse præsentia sentiemus.*

⁴ Voyez la formule de la lettre adressée aux cités, VII, 27 : *Civitatis vestræ comitivam nos illi largitos fuisse noveritis, cui saluberrimam parientiam commodate ut causis vestris ferat remedium, et jussionibus publicis* (c'est-à-dire aux ordres royaux) *procuret effectum.*

⁵ *Lex Wisigothorum*, II, 1, 17 : *Dux provinciæ;* II, 1, 23. — *Comes civitatis*, II, 1, 12. Un *comes civitatis* figure parmi les signataires du concile de Tolède de 683. Le concile de Narbonne de 589 mentionne aussi les *comites civitatum*, art. 4, 9, 11, Sirmond, I, 400, 402.

d'assemblées locales. Dans le code des Wisigoths, qui est du septième siècle, nous trouvons toute une hiérarchie d'agents inférieurs qui portent les noms de *tiuphadi, vicarii comitis, centenarii*[1]. Tous ces subordonnés du comte ont pour principale attribution la justice; tous aussi sont des chefs militaires; ils font la levée des soldats et les conduisent à l'ennemi[2]. On remarque un article de loi qui décide que les fonctionnaires de tout degré, ducs, comtes, vicaires, centeniers, ont droit au titre de *judices*[3].

Les Lombards eux-mêmes n'ont pas apporté en Italie un régime tellement nouveau qu'il n'aient conservé le système administratif établi. Chez eux la province est gouvernée par un duc; la « cité » est régie par un personnage dont les lois lombardes parlent souvent, et qu'elles appellent *judex* plutôt que *comes*[4]. *Judex* est le nom dont la langue de toute l'Europe occidentale à cette époque appelle le fonctionnaire royal[5]. Ces

---

[1] *Lex Wisigothorum*, II, 1, 23 : *Comitem aut vicarium comitis seu thiuphadum.* — II, 1, 26 : *Dux, comes, vicarius, thiuphadus, millenarius, quingentenarius, centenarius, decanus.* — IX, 2, 9 : *Dux, comes, thiuphadus vel quislibet commissos populos regens.*

[2] *Lex Wisigothorum*, IX, 2.

[3] *Lex Wisigothorum*, II, 1, 26.

[4] *Lex Langobardorum*, Rotharis, 343 : *Ducat ad judicem qui in hoc loco ordinatus est.* — Qu'il y eût un *judex* dans chaque *civitas*, c'est ce qui ressort de cet article 27 des lois de Liutprand : *Si quis in aliam civitatem causam habuerit, vadat cum epistola de judice suo ad judicem qui in loco est.* — D'autres articles visent les séditions de la *civitas* contre son *judex* (Liutprand, 35 ; Ratchis, 10). — Cf. Liutprand, 80 : *Ut unusquisque judex in civitate sua faciat carcerem....* — Ce fonctionnaire, que les lois appellent *judex*, l'historien Paul Diacre l'appelle *comes* (*Hist. Langobard.*, III, 9 ; IV, 51).

[5] Mais dans les lois lombardes le titre de *judex* paraît réservé spécialement au gouverneur de la *civitas*. — Le *judex* a d'ailleurs, comme le *comes* mérovingien, ses subordonnés. Leur nom est *sculdahis*; il peut y en avoir plusieurs dans la même *civitas*; Liutprand, 26 : *Si homines de sub uno judice, de duobus tamen sculdahis....* — Il y a même des cen-

*judices* des Lombards sont, en effet, des administrateurs des cités et même des chefs militaires en même temps qu'ils sont des juges¹. Il est visible d'ailleurs qu'ils sont des agents royaux ; nommés par le roi², ils peuvent être révoqués par lui³. D'assemblées locales il n'y a aucune trace, pas plus pour la population lombarde que pour la population italienne. En résumé, chez les Burgondes, chez les Goths, chez les Lombards, aussi bien que chez les Francs, toute l'administration était dans les mains des agents du prince.

---

## CHAPITRE XI

### Les impôts.

Nous avons à chercher quels étaient les revenus du gouvernement mérovingien et quelles étaient les charges de la population. Nous devons regarder aussi si les impôts de cette époque eurent le caractère de redevances féodales ou celui de contributions publiques.

---

teniers : *Judices præcipiant ad sculdahis suos, aut ad centenos, aut ad locopositos* (Ratchis, 1).

¹ Les lois parlent surtout d'eux comme juges ; elles font pourtant quelques allusions à leur fonction de recruter les soldats (Ratchis, 4). Voyez encore sur quelques attributions administratives de ce *judex*, Ratchis, 13.

² *Lex Langobardorum*, Rotharis, 27 : *Judex qui in hoc loco ordinatus est a rege.*

³ Le roi Ratchis, dans une de ses lois, dit qu'en cas de faute *judicem de illo honore expellimus et per nullos patronos obtinere poterit ut honorem suum non amittat* (Ratchis, 1). Cf. Aistulph, 4 : *Judex qui hoc facere præsumpserit, honorem suum amittat.*

#### 1° LES IDÉES DES FRANCS EN MATIÈRE D'IMPÔTS.

Pour chacune des institutions qui se présentent devant nous, nous voulons savoir où en est l'origine et la source, afin de la mieux comprendre; et pour faire cette recherche nous regardons à la fois du côté de la Germanie et du côté de la société romaine. Ainsi ferons-nous pour les impôts. Les anciens Germains avaient-ils la notion et la pratique des impôts? Les Francs apportaient-ils de leur ancienne patrie l'habitude d'en payer ou au contraire une répugnance à les subir?

Tacite, dans son livre sur les Germains, n'a pas un seul chapitre sur ce sujet. Nulle part il ne dit d'une manière précise ni que les Germains payent des impôts, ni qu'ils n'en payent pas. On ne s'attend sans doute pas à trouver chez ces peuples, assez primitifs à certains égards, un système bien ordonné de contributions publiques. Ils n'avaient pas de monnaie, et cela seul incline d'abord notre esprit à penser qu'ils n'avaient pas d'impôts. Toutefois il était possible qu'il y eût des impôts en nature. Tacite nous dit que les amendes étaient payées en troupeaux; les contributions pouvaient bien aussi se payer en têtes de bétail. Un bœuf, un mouton équivalait à une pièce de monnaie. En tout cas, un tel mode de payement ne fait pas supposer un système d'impôts bien compliqué ni bien savant.

Nous nous attendrions plutôt à ce que Tacite nous avertît par une ligne que les Germains n'en avaient pas du tout. Cependant il ne le dit pas. Lui qui, dans ce livre où il se plaît à signaler à ses contemporains de Rome tous les traits par lesquels la population germaine diffère d'eux, il ne leur dit pas : « Les Germains n'ont pas nos impôts; ces impôts qui nous grèvent, ils les ignorent. » Ce silence sur un point qui devait le frapper ne laisse pas d'être significatif.

Quelques érudits ont même cru trouver dans son livre une phrase qui indiquerait l'existence de tout un mode de contributions. Il a écrit au chapitre 15 : *Mos est civitatibus ultro ac viritim conferre principibus vel armentorum vel frugum, quod pro honore acceptum etiam necessitatibus subvenit*. Burnouf traduit : « Il est d'usage que les cités offrent à leurs chefs un don en troupeaux ou en grains, auquel on contribue par tête et qui, reçu comme un honneur, subvient à leurs dépenses. » Si cette traduction est exacte, il existait un système régulier d'impôts chez les Germains, impôts qui auraient été volontaires et librement consentis, mais qui n'en seraient pas moins de véritables impôts, puisqu'ils seraient fournis régulièrement aux chefs de l'État. Mais cette traduction est inexacte. Le traducteur n'a pas fait attention que le mot *principes*, dans cette phrase, ne désigne nullement les chefs de la cité. Les phrases qui précèdent celle-ci marquent nettement qu'il s'agit de chefs de troupes guerrières; c'est de cette sorte de chefs que Tacite parle exclusivement dans la série des chapitres 13 à 15[1]. La pensée très nette de l'historien est que ces chefs de guerriers se mettent volontiers au service de tel ou tel État germain, lequel, grâce à cette force étrangère, peut vivre en paix et s'assurer contre

---

[1] Remarquez la suite des idées: toute la seconde partie du chapitre 13 décrit le *princeps comitum*; ce *princeps* reçoit les *legationes* de divers peuples; le chapitre 14 nous montre ce *princeps* et ses *comites* dans un combat, puis ce *princeps* nourrissant ses *comites* en temps de paix. C'est au chapitre 15 que nous voyons les États, *civitates*, entretenant le *princeps*.

ses voisins. Cet État doit nécessairement entretenir le chef de guerre qu'il a appelé près de lui. Il lui offre donc, non une solde en argent, mais une quantité de bétail et de grains. Il offre cela, non à chaque guerrier, mais au chef, et moins à titre de solde que comme présent honorable; ce n'en est pas moins avec cette solde déguisée que le chef nourrit et entretient ses hommes. Telle est sans conteste la pensée de Tacite. C'est pour n'avoir pas regardé de près à son texte que quelques historiens modernes ont conclu de cette phrase isolée que les Germains avaient un système d'impôts librement consentis et payés à l'État sous la forme de dons volontaires. Tacite a au contraire parlé de dons fournis par les États, *civitatibus*, à des chefs de guerre, *principibus*[1] Ce qu'on peut dire seulement, c'est que l'État germain qui donne au chef de guerriers ce bétail et ces grains, a dû les prélever sur les particuliers. Il y a donc eu une sorte de collecte ou de contribution, *viritim*, au moins pour cet objet déterminé; mais nous ignorons absolument comment et d'après quelles règles ces contributions étaient levées.

Un autre passage de Tacite peut se rattacher à notre sujet. Parlant de la justice, il dit que l'assemblée nationale juge les crimes et les délits; elle punit les uns de la mort, les autres d'une amende, et cette amende est payée, au moins en partie, à l'État[2]. C'est une sorte d'impôt sur les fautes. Nous le retrouverons sous les Mérovingiens.

[1] Tacite ajoute même que ces chefs de guerre, ces *principes*, reçoivent encore des présents des États voisins, qui cherchent sans doute à se les concilier, *gaudent donis finitimarum gentium quæ publice mittuntur*.
[2] Tacite, *Germanie*, 12 : *Levioribus delictis pro modo pœna; equorum pecorumque numero convicti mulctantur; pars mulctæ regi vel civitati, pars ipsi qui vindicatur exsolvitur*.

Voici encore un troisième fait qu'on ne peut négliger. Il arrivait souvent qu'à la suite d'une guerre le peuple vainqueur forçât le vaincu à lui payer tribut. Cela est déjà signalé par César; les Suèves ont fait aux Ubiens une longue guerre : ils n'ont pas pu les déposséder de leur territoire, mais ils les ont obligés à leur payer pour ce territoire un tribut annuel[1]. Or le tribut payé par un peuple à un autre suppose l'existence d'un impôt chez le peuple qui paye.

De tout cela on peut conclure que l'impôt n'était pas complètement inconnu des anciens Germains; mais on ne saurait dire non plus qu'ils aient eu un système constant et régulier de contributions. Sous quelle forme l'impôt se présentait-il à eux, quelle conception d'esprit s'y attachait, nous l'ignorons.

Lorsque les Romains furent en contact avec les Germains, ils assujettirent d'abord les peuples les plus voisins de l'empire, et ils leur imposèrent à presque tous le payement d'un tribut. Dès le temps de Tibère, les Frisons, peuple germain, payaient tribut à l'empire; la charge était légère, dit Tacite, et proportionnée à la pauvreté de cette population; elle ne pouvait consister en argent, elle consistait en une fourniture d'un certain nombre de peaux de bœuf[2]. Encore était-ce un impôt. Les Frisons le payèrent d'abord sans murmurer. Ils ne songèrent à s'en affranchir que le jour où les magistrats romains l'eurent aggravé au delà de ce que permettaient les ressources de la population.

A cela se bornent nos renseignements sur la matière des impôts dans l'ancienne Germanie. Tout au plus

---

[1] César, *De bello gallico*, IV, 3 : *Suevi Ubios vectigales sibi fecerunt.*
[2] Tacite, *Annales*, IV, 72 : *Tributum Drusus iis jusserat, modicum pro angustia rerum, ut coria boum penderent.*

pourrait-on citer encore une tradition d'après laquelle les Francs eux-mêmes auraient payé tribut aux empereurs jusqu'au temps de Valentinien[1]. Même encore après, le Romain Ægidius aurait levé sur eux un impôt personnel d'une pièce d'or par tête[2]. Légendes, si l'on veut. Il en résulte tout au moins que les Francs avaient dans leurs légendes que leurs ancêtres avaient payé des impôts. Et cela n'implique pas qu'ils fussent par nature réfractaires à tout impôt.

Nous ne pouvons tirer de ces remarques aucune conclusion positive. Ceux qui ont dit que les Germains avaient la pratique des impôts, mais des impôts volontaires et librement votés par le peuple, ont fait une affirmation sans preuve. Ceux qui ont soutenu qu'ils étaient trop fiers pour en payer, ont fait une phrase déclamatoire et vaine. Les Francs n'ont apporté de la Germanie ni un système nouveau de contributions, ni la haine de toute espèce de contributions. L'historien ne peut pas constater qu'ils aient eu des idées particulières en matière d'impôts.

### 2° LES IMPÔTS ROMAINS.

Je vais énumérer les diverses contributions ou charges que les rois francs trouvèrent établies en Gaule, afin de voir ensuite ce qu'ils en ont conservé, ce qu'ils en ont supprimé ou laissé périr.

---

[1] *Gesta regum Francorum*, c. 3, Bouquet, II, 543 : *Misit imperator Valentinianus exactores, una cum primario duce de romano senatu, ut reciperent tributa de populo Francorum, etc.* — Je ne vois pas bien quelle vérité peut se dégager de cette légende, ni même si elle correspond à quelque réalité.

[2] *Historia epitomata*, 11 : *Omnes Francos (Ægidius) singulos aureos tributavit; acquiescentes impleverunt.* — Cette légende paraît bien être d'origine franque; voyez tout le contexte.

La principale des contributions indirectes de l'empire romain était la douane. On l'appelait *portorium* ou *teloneum*. Le premier de ces deux noms était latin, le second était grec, mais il s'était répandu dans tout l'empire et avait pris une forme latine[1]. C'est le mot grec qui a dominé en Gaule, c'est lui qui est resté dans la langue. Nous retrouvons le *teloneum* sous les Mérovingiens et le « tonlieu » durant tout le moyen âge.

Cette douane a subsisté pendant tout l'Empire ; on la trouve déjà signalée par Strabon et par Pline[2], et Justinien en parle encore dans son Code[3]. Entre ces deux points extrêmes nous possédons un assez bon nombre d'inscriptions qui montrent l'organisation des douanes dans toutes les provinces de l'empire, avec leurs postes et leurs bureaux, *stationes*, et avec tout le personnel divers qui y était employé[4].

La Gaule était entourée d'une ligne douanière qui la séparait à la fois de l'étranger, c'est-à-dire de la Germanie, et des autres parties de l'empire, comme l'Espagne et l'Italie. A la descente des Pyrénées on trouvait le bureau de douane de Lugdunum Convenarum (aujourd'hui Saint-Bertrand de Comminges, Haute-Garonne), qui commandait les routes de Toulouse, de Bordeaux et d'Agen, et d'un autre côté celui d'Illiberis (aujourd'hui Elne, Pyrénées-Orientales), qui commandait la

---

[1] Le mot τελώνιον signifiant la douane est employé par Strabon, XVII, 1, 16. — Cf. Rénier, *Inscriptions de l'Algérie*, n° 1867: *Curator telonei Cirtensis*. — Le mot *telonarius* est dans Nonius (édit. Quicherat, p. 24) comme synonyme de *portitor*, c'est-à-dire avec le sens de douanier: *portitores dicuntur telonarii qui portum obsidentes omnia sciscitantur et vectigal accipiunt*. — L'impôt des douanes s'appelait aussi *vectigal* (Code Justinien, IV, 61).

[2] Pline, *Hist. nat.*, XII, 14, 65.

[3] Code Justinien, IV, 61. Cf. Novelles de Valentinien. XVIII, 1, § 1.

[4] Voyez Cagnat, *Les impôts indirects sous les Romains*, 1880.

route de Narbonne et de Lyon. Il n'est guère douteux qu'il n'y eût des postes de douane dans les ports de la Méditerranée; nous en connaissons un à Arles, qui était comme un port de mer, grâce au canal de Marius[1]. A la descente des Alpes, il y avait les postes douaniers de Suze, de Grenoble, de Lyon, et en Suisse celui de Turicum (Zurich)[2]. Il est fort vraisemblable qu'il en existait tout le long du Rhin; ce qui le fait penser, à défaut d'inscriptions, ce sont les nombreuses lois des empereurs, qui se sont toujours montrés très attentifs à surveiller le commerce avec l'étranger et à interdire l'exportation de certains objets, tels que les armes. Tacite nous apprend qu'il y avait un bureau de douane à Cologne. Cette ville, de population germanique, mais fort attachée à l'empire, avait sa douane qui la séparait de la Germanie, sa patrie d'origine[3]. Sur le littoral de la Manche il y avait des stations de douaniers en vue des marchandises qui passaient de Gaule en Bretagne ou de Bretagne en Gaule.

Outre la douane proprement dite, il y avait des péages. Ils paraissent avoir été surtout établis au passage des rivières, sur les ponts[4]. Les villes avaient aussi des octrois à leur profit, non seulement pour les marchandises qui entraient dans la ville pour y rester, mais même pour celles qui ne faisaient que la traverser. Les empereurs du troisième siècle interdirent aux villes d'instituer de nouveaux octrois sans une autorisation du

---

[1] Desjardins, *Table de Peutinger*, p. 64.

[2] *Corpus inscriptionum latinarum*, V, n°ˢ 7213, 7852; Herzog, *Gallia Narbonensis*, n° 269; Mommsen, *Inscr. conv. helvetici*, n° 236.

[3] Tacite, *Histoires*, IV, 28 et 65.

[4] Ils sont déjà signalés dans un fragment de Labéon; *Digeste*, XIX, 2, 60, § 8 : *Vehiculum cum pontem transiret, redemptor ejus pontis portorium ab eo exigebat.*

gouvernement¹. Les princes de la fin du quatrième siècle établirent ou renouvelèrent la règle que les deux tiers du produit des octrois municipaux appartiendraient à l'État².

Le taux des taxes douanières paraît avoir été uniformément de 2 1/2 pour 100 de la valeur des marchandises. Il ne frappait d'ailleurs que celles qui étaient transportées en vue du commerce. La loi en exemptait formellement les objets qu'un particulier transportait pour son usage personnel³.

Les taxes douanières n'étaient pas perçues, comme elles le sont de nos jours, par des agents de l'État. Elles étaient affermées. L'adjudication au plus offrant avait lieu tous les cinq ans devant les gouverneurs de provinces. L'adjudicataire ou fermier, *conductor*, s'engageait à payer une somme convenue, et il percevait l'impôt à son profit. Tout le personnel, composé pour une grande part d'esclaves et d'affranchis, appartenait au fermier, non à l'État⁴.

Ces douanes et ces péages se retrouvent dans l'État mérovingien. Nous lisons dans les actes d'un concile tenu à Mâcon en 581 un article où il est demandé qu'il ne soit pas permis à des juifs d'être receveurs des douanes. Le mot *telonarii* qui y est employé est le même que nous avons vu dans le Code Théodosien⁵.

---

¹ Code Justinien, IV, 62 : *Non temere permittenda est novorum vectigalium exactio.... Vectigalia nova nec decreto civitatum institui possunt.*

² Code Justinien, IV, 61, 13 : *Vectigalia civitatum reserventur, cum duas portiones ærario nostro conferri prisca institutio disposuerat, tertiam jubemus in ditione urbium consistere.*

³ Code Justinien, IV, 61, 5 : *Universi provinciales, pro his rebus quas ad usum proprium vel exercendi ruris gratia revehunt, nullum vectigal a stationariis exigantur.*

⁴ Code Justinien, IV, 62, 4-7. Code Théodosien, II, 28, 3.

⁵ Concile de Mâcon, a. 581, c. 13, dans Sirmond, *Concilia Galliæ*, I, 373: *Ne judæi telonarii esse permittantur.*

Un peu plus tard, en 614, des plaintes se sont élevées contre l'abus et la multiplication des péages. Le roi Clotaire II est obligé de déclarer dans un édit que « les droits de douane et de péage ne seront perçus que dans les mêmes lieux et sur les mêmes marchandises qu'au temps des rois précédents »[1]. C'est dire qu'il supprime ceux qu'il a pu établir depuis trente années; mais c'est dire en même temps que les douanes anciennes ont duré pendant tout le sixième siècle, et qu'il les maintient. Loin de les supprimer, les rois francs avaient essayé de les augmenter, soit en établissant de nouveaux bureaux, soit en frappant des marchandises qui jusque-là avaient été exemptes.

Nous avons deux diplômes relatifs à ces douanes ou péages, l'un de Chilpéric en 562, l'autre de Dagobert en 629. Par le premier, le roi fait don à l'évêque de Tournai « de la douane qui existe sur l'Escaut et des droits qui sont payés par tout bateau qui remonte ou qui descend le fleuve », ainsi que « du péage qui existe au pont de l'Escaut et qui frappe toute voiture, charrette, ou bête de somme »[2]. Par le second, le roi établit un marché annuel à Saint-Denis, et pour encourager les marchands « de tout le royaume » à s'y rendre, il déclare exempter de tout droit de douane pour deux ans les marchandises destinées à ce marché; il mentionne

---

[1] *Edictum Chlotarii*, a. 614, art. 9: *De teloneo, ut per ea loca debeat exigi vel de ipsis speciebus de quibus præcedentium principum tempore, id est, usque ad transitum Guntramni, Sigeberti, Chilperici regum, est exactum.*

[2] *Diplomata*, Pardessus n° 167: *Teloneum de navibus super fluvio Scalt qui pertinet ad fiscum Tornacum, tam ultra quam et citra decursum, de quolibet commercio seu et de carrigio vel de saginis necnon de ponte super flumine Scalt, vel de omnibus venalibus ubicunque vendantur, seu infra muros seu in appendiciis murorum prædictæ civitatis, undecunque teloneus exigitur, sicut fiscus noster et regia potestas evindicare potest.*

nommément les bureaux de douane établis sur la Seine au port de Rouen et au port de Wic¹. Ces deux diplômes ne sont pas d'une authenticité bien certaine; on n'en a pas les originaux, et on ne les connaît que par des copies qui sont peut-être du neuvième ou du dixième siècle. Mais, à supposer même que ces diplômes aient été fabriqués par des faussaires au neuvième siècle, ils prouveraient encore l'existence de bureaux de douane sur l'Escaut et sur la Seine. Car le faussaire aurait bien pu imaginer la donation de ces douanes à l'Église; mais l'existence même de ces douanes ne peut pas être de son invention. Il y avait donc des bureaux de douane sur l'Escaut et sur la Seine, et, comme il n'est pas vraisemblable que ce soient les rois francs qui les aient créés, nous devons penser qu'ils dataient de l'empire et que les Francs les avaient simplement conservés.

Le biographe de Dagobert Iᵉʳ rapporte que ce roi fit don à l'abbaye de Saint-Denis d'une rente de cent sous d'or à prendre sur la douane de Marseille; il lui accorda aussi l'exemption des droits de douane à Valence et à Lyon pour six voitures chaque année².

Un diplôme de 681, que nous possédons en original³, porte que le roi accorde à l'abbaye de Saint-Denis « que toute voiture ou bateau parti du monastère ou des différents domaines que le monastère possède, voyageant en Neustrie, en Austrasie, en Burgundie, tant à l'aller qu'au retour, traversant les cités, villes, ports ou pas-

---

[1] *Diplomata*, Pardessus n° 247 : *Maxime ad Rothomo porto et Wicus porto, qui veniunt de ultra mare..., sit teloneus indultus usque ad tertium annum.*

[2] *Gesta Dagoberti*, 18. On sait que ce document mérite peu de confiance; encore l'auteur n'aurait-il pas imaginé l'exemption de la douane de Valence et de Lyon, si cette douane n'avait pas existé.

[3] *Archives nationales*, K. 2, 14; Tardif, n° 23.

sages, ne soit sujet à aucun péage ni à aucune des rétributions dues au fisc »[1]. Deux autres diplômes également authentiques, des années 692 et 716, exemptent toutes voitures appartenant à l'abbaye de Saint-Denis des droits de douane à payer « tant à Marseille qu'en tout autre lieu du royaume »[2].

Plusieurs diplômes d'immunité du septième siècle comptent parmi les privilèges accordés aux immunistes celui de n'avoir sur leurs terres aucun péage, aucun bureau de douane appartenant à l'État[3]. De telles exceptions prouvent la règle. Si le roi exempte de la douane, c'est que la douane existe; et puisque c'est le roi qui en exempte, c'est qu'elle existe au profit du roi. Les douanes et péages sont encore chose royale[4].

Une formule qui nous a été conservée mentionne des bureaux de douane à Marseille, Toulon, Fos, Arles, Avignon, Sorgues, Valence, Vienne, Lyon, Chalon[5].

[1] *De quantacunque carra, ubi pro opportunitate ipsius basilicæ vel necessitate fratrum, tam in Niustrico quam in Austria vel in Burgundia ambulare aut discurrere videntur, tam carrale quam de navigale, nullus de telonariis nullo telonio de ipsa carra exigere nec requirere non præsumat.... Quapropter decernimus ut neque vos neque juniores vestri ipsum telonium de omni carra, tam carrale quam navigale, ubi et ubi de ipso monasterio vel de ejus villis, tam ambulandum quam revertendum perrexerint, nec per civitates, nec per castella, nec per portus, nec per exitus, teloneus exigatur, nec pontatico, nec portatico, nec pulveratico, nec rodaco, nec salutatico, nec cespitatico, nec qualibet redibutione requiratur.*

[2] Tardif n°ˢ 31 et 47, Pardessus n°ˢ 425 et 426, Pertz n°ˢ 61 et 82.

[3] *Diplomata*, Pardessus n° 258: *Nec ad teloneum exigendum ingredi præsumat.* — N° 291: *Nec ad transitum faciendum, nec ad telonea exigenda.* — Suivant Flodoard, qui avait sous les yeux les archives de l'Église de Reims, Childebert III lui accorda *præceptum immunitatis super teloneis et quibusdam tributis* (*Hist. Rem. Eccles.*, II, 7).

[4] *Gesta Dagoberti*, 33 : *Cum omnibus teloniis quemadmodum ad suam cameram deservire videbantur....*

[5] *Supplementum* Marculfi; Zeumer, p. 107, Rozière n° 32 bis. Nous avons adopté les traductions de noms de lieux tels que les donne M. de Rozière.

Les documents du huitième siècle montrent que tous ces tonlieus et péages ont subsisté. Un capitulaire de Pépin rappelle que le tonlieu ne doit jamais frapper les denrées qui ne sont pas transportées en vue du commerce et que l'homme déplace pour son usage personnel[1]. C'est l'ancienne règle romaine. Un autre, de Charlemagne, enjoint de maintenir les « anciens » tonlieus sur les rivières ou au passage des ponts[2]. Il n'est donc pas douteux qu'il y ait eu, durant toute l'époque mérovingienne, une série de bureaux de douane et de péages à la fois aux frontières et dans l'intérieur du pays.

C'est que le commerce ne faisait pas défaut à cette société. Les voies romaines existaient encore. On les retrouve dans les textes de l'époque sous le nom de *stratæ* ou *stratæ publicæ* qu'elles avaient déjà sous l'Empire[3] et par lequel elles se distinguent des simples chemins, *viæ vicinales*. Les diplômes du sixième et du septième siècle continuent à les mentionner[4]. La poste

---

[1] Capitulaire de 755, art. 26 : *De teloneis sic ordinamus ut nullus de victualibus et carris quæ absque negotio sunt, teloneum prehendat.*

[2] Capitulaire de 805, art. 13, Borétius, p. 124 : *De teloneis placet nobis ut antiqua telonea a negotiatoribus exigantur, tam de pontibus quam de navigiis seu mercatis.* — Cap. de 779, art. 18, Borétius, p. 51 : *Telonea ubi antiquo tempore fuerunt.*

[3] *Strata* était déjà le nom ordinaire au quatrième siècle. Code Théodosien, XI, 75, 4 : *Pontium stratarumque opera.*

[4] *Diplomata*, Pardessus n° 111, Pertz n° 2, diplôme de 528 (?) : *Propter stratam veterem.* L'authenticité du diplôme est douteuse, mais l'existence d'une ancienne *strata* ne peut pas l'être ; supposez un faussaire du neuvième siècle fabriquant ce diplôme : il est manifeste qu'il a vu cette *strata* servant de limite à la propriété dont il parle. — Diplôme de 629, Pardessus n° 247 : *de ultra mare in illa strada quæ vadit ad Parisius.* — Diplôme de 670, Pardessus n° 563 : *ab uno latere strada publica quæ de ipsa porta Parisiaca* (à Auxerre) *ad Senones pergit.* — *Formulæ Merkelianæ*, n° 3, Rozière n° 205 : *de alio latere strata publica.* — La Loi salique, mais seulement dans le texte de Wolfenbuttel, porte au titre 75 *juxta strada.* — Victor Vitensis, c. 1 : *in strata publica.* — Paul Diacre, *Hist. Langobardorum*, V, 17 : *Per stratam quæ antiquitus facta fuerat.*

romaine elle-même n'avait pas entièrement disparu¹.
Les particuliers voyageaient beaucoup. On est frappé,
quand on lit les biographies de l'époque, de la facilité
des déplacements. Voyez les nombreux voyages de saint
Germain, évêque de Paris, ceux de saint Dumnolus, évêque
du Mans, ceux de saint Éloi et de saint Columban, et
toute la vie errante de Vénantius Fortunatus et les nombreux pèlerins qui traversaient la Gaule pour faire leurs
dévotions au tombeau de saint Martin de Tours ou de
saint Hilaire de Poitiers, et les relations continuelles
des évêques avec le siège de Rome². Grégoire de Tours
nous montre maintes fois des hommes qui traversent
le royaume, et qui paraissent le traverser assez rapidement. Lui-même est souvent sur les routes pour se
rendre à Paris, à Metz ou à Mâcon, et traiter avec les
rois des affaires de son Église et de celles de l'État. Les
fonctionnaires royaux parcouraient incessamment le
pays. Les armées avec leur attirail de lourdes voitures
se transportaient assez vite d'un bout du royaume à
l'autre. Tout cela prouve qu'il existait un réseau de
grandes routes; et un détail fourni par Grégoire montre
que même dans la saison des pluies ces routes étaient

— Capitulaire de 793, art. 20, Baluze, I, 546 : *De strata restauranda*.
— Sur la *via publica* opposée à *via vicinalis*, voyez *Lex Burgundionum*,
XXVII, 3, et *Lex romana Burgundionum*, XVII, 1. *Vita Ansberti*, c. 45,
Mabillon, *Acta SS.* II, 1061 : *Via publica et delapidata quæ Rotomagum ducit ad urbem*.

[1] On l'appelait *evectio publica*, comme au temps des Romains. Grégoire, IX, 9 : *Rex... pueris destinatis cum evectione publica qui res ejus per loca singula deberent capere*. — Cf. Sidoine, *Epistolæ*, V, 20;
Cassiodore, V, 5 et VI, 3; Symmaque, I, 6; VII, 95; IX, 20.

[2] Grégoire, III, 28; IV, 24; V, 6; VIII, 16; IV, 50. — *Miracula S. Martini*, I, 12; I, 25, etc. Le même auteur mentionne les pèlerinages au tombeau de saint Remi, *De gloria confess.*, 79, et *Hist.*, VIII, 21. — *Fredegarii Chronicon*, 54. — Sur les pèlerinages à Rome, Grégoire, VI, 6; X, 1. Cf. *Vita Martini Vertavensis*, 2; *Vita Amandi*, 6 et 9; *Vita Hunegundis*, c. 6-7, Mabillon, *Acta SS.*, II, 1020.

praticables[1]. Il y avait aussi tout un système de transports par eau. Les chartes et les récits du temps nous montrent fréquemment des bateaux qui naviguent sur l'Escaut, sur la Seine, sur la Loire, sur la Saône. Notez cette règle qui prescrivait à tout propriétaire riverain d'un fleuve de laisser un espace libre pour établir un chemin de halage[2].

Par ces routes et par ces rivières, les différentes provinces du pays étaient en rapport constant. Il existait des marchés, des foires; on voyait aussi des maisons de commerce établies dans les grandes villes. Grégoire cite les négociants de Verdun et il montre cette ville faisant un emprunt sous la garantie de ses négociants[3]. Il ajoute que beaucoup d'autres villes faisaient des emprunts de même nature et sous la même garantie[4]. D'autres documents nous signalent des marchands à Rouen, à Paris, à Nantes, à Marseille, à Orléans, à Trèves, dans tout le royaume[5], et ils nous montrent des négociants dont les uns spéculent sur les grains et les

---

[1] Grégoire, X, 19.

[2] Cela ressort d'un diplôme de Childebert I<sup>er</sup>, Archives nationales, Tardif n° 2, qui rappelle aux propriétaires riverains de la Seine qu'ils doivent laisser *unam perticam legalem, sicut mos est, ad ducendas naves vel reducendas.*

[3] Grégoire, III, 34; l'évêque de Verdun dit au roi: *Rogo, aliquid de pecunia nobis commodes qua cives nostros relevare valeamus, cumque hi negotium exercentes responsum præstiterint, pecuniam tuam cum usuris reddimus. Ille septem milia aureorum præstitit.... Negotia exercentes divites per hoc effecti sunt et usque hodie magni habentur.* — Cela se passait en Austrasie sous Théodebert.

[4] Cela ressort des mots: *Responsum in civitate nostra,* SICUT RELIQUI HABENT, *præstiterint.*

[5] Charte de 667, Pardessus n° 358: *De heredibus Pauloni negotiatoris in civitate Aurelianensium.* Ce négociant paraît avoir été riche; il laisse des terrains, des maisons dans la ville, des vignes dans la banlieue. — Grégoire parle d'un *negotiator* à Marseille (IV, 44), d'un *negotiator* à Trèves (*Mirac. Martini,* IV, 29). — La *Vie de saint Germain* par Fortunat, c. 47 et 48, mentionne les *negotiatores civitatis Namneticæ.*

autres sur le vin¹. Il se faisait du commerce même avec l'étranger. Les marchandises de l'Orient étaient débarquées à Marseille, d'où elles se répandaient en Gaule². Le pays recevait les papyrus de l'Égypte, la soie, les vins de l'Italie et ceux de la Syrie³. Les juifs, qui étaient alors nombreux en Gaule⁴ et qui n'étaient pas encore maltraités, avaient dans leurs mains une grande richesse mobilière, et étaient grands prêteurs d'argent⁵. Grégoire cite l'un d'eux, nommé Priscus, qui était à titre de marchand l'un des familiers du palais de Chilpéric⁶. On voyait aussi des « Syriens », c'est-à-dire des Orientaux, qui étaient établis dans le pays à titre de négociants; Grégoire nous en montre à Paris, à Orléans, à Bordeaux⁷. Fortunatus, dans sa *Vie de saint Germain*, parle des négociants de la ville de Nantes; il loue l'évêque Félix d'avoir agrandi le port de cette ville, apparemment pour recevoir plus aisément les navires

---

¹ Grégoire, VII, 45 et 46.

² Grégoire fait allusion à ce commerce quand il dit à un évêque trop enclin à écrire: *O, si te habuisset Massilia sacerdotem! nunquam naves oleum aut reliquas species detulissent, sed cartam tantum.* La *carta* ici me paraît être le papyrus, qu'on importait encore au sixième siècle. — Grégoire parle des *herbæ ægyptiacæ* que les négociants de Nice recevaient, et dont ils donnaient les racines aux pauvres et aux ermites (V, 6).

³ Grégoire, VII, 29 : *Vina laticina atque gazitina.* Le même auteur parle d'un négociant qui voyageait en Orient, *De gloria martyrum*, 77 (78). La soie est mentionnée comme objet d'importation dans la *Vita Ebrulfi Bellov.*, 11, et dans la *Vita Gertrudis*, 1.

⁴ Grégoire rapporte, V, 11, que dans la ville d'Arvernum 500 juifs se convertirent; et ce n'était probablement que la minorité.

⁵ Grégoire, IV, 35; VII, 23.

Grégoire, VI, 5: *Judæus quidam, Priscus nomine, qui Chilperico ad species coemendas familiaris erat.*

⁷ Grégoire, VII, 51; VIII, 1; X, 26. Ces Syriens ou Grecs ont des noms tels que Euphronius, Eusébius; ils paraissent fort riches; l'un d'eux offre 200 pièces d'or; l'autre achète à prix d'argent l'épiscopat de Paris. A Orléans ils étaient assez nombreux pour figurer dans une procession en chantant en leur langue. — Cf. *Vita Columbani*, c. 41, et *Vita Genovefæ*, 6.

de la Grande-Bretagne ou ceux de l'Espagne[1]; et l'auteur de la *Vie de saint Columban* signale le commerce entre Nantes et l'Écosse[2]. Un diplôme de 716 donne la liste des différentes sortes d'épices qui étaient apportées d'Orient et consommées en Gaule[3]. Deux autres diplômes montrent des commerçants qui traversent le pays pour se rendre aux grands marchés annuels; ces négociants appartiennent à toutes les nations : il y a parmi eux des Lombards, des Espagnols, même des Saxons[4]. L'histoire du Franc Samo, que raconte longuement Frédégaire, fait voir que s'il y avait des marchands étrangers qui venaient en Gaule, il y avait aussi des Francs qui pénétraient au fond de la Germanie et jusque chez les Slaves pour faire le commerce. Notons que ce Samo n'était pas un homme isolé; il était le chef d'une grande compagnie commerciale[5]; or cette compagnie de marchands, dont l'histoire fait penser involontairement à la Compagnie anglaise des Indes, fut sur le point de constituer un grand royaume à l'est de la Germanie[6].

[1] Fortunatus, *Vita Germani*, c. 47, 48.

[2] *Vita Columbani*, c. 41.

[3] *Diplomata*, Pardessus n° 501, Pertz n° 86. On y lit: *De oleo libras X millia, garo modios XXX, pipere libras XXX, cumino libras CL, cariofilo libras II, cinamomo libras V,... cordenisæ pelles X, carta tomi L.*

[4] Archives nationales, Tardif n° 44, Pardessus n° 477 : *Quidquid de omnes negutiantes, aut Saxones vel quascumquelibet nationis, ad illo mercado advenientes in festivitate S. Dionisii.* — Cf. Tardif n° 47, Pardessus n° 496. — Pardessus n° 247: *Illi Saxones et Vicarii et Rotomagenses et celeri pagenses de alias civitates... et illi negotiatores de Langobardia, sive Hispanica, et de Provincia ac de alias regiones....* Les Saxons dont il est parlé ici sont probablement des hommes de la Grande-Bretagne.

[5] *Fredegarii Chronicon*, c. 48: *Homo nomine Samo, natione Francus, de pago Senonago, plures secum negotiantes adscivit, exercendum negotium in Sclavos cognomine Winedos perrexit.*

[6] Ibidem: *Samonem super se eligunt regem, ubi 35 annos regnavit feliciter.*

Le commerce était donc encore assez vivant[1], et cela explique que les douanes et péages aient été conservés. L'ancien tarif romain de deux et demi pour cent fut-il maintenu, modifié, aggravé? Nous l'ignorons. Nous voyons seulement qu'on essaya d'augmenter le nombre des bureaux de douane et des ponts à péage. De nouvelles taxes furent même imaginées par l'avidité du fisc ou par celle des douaniers. A la fin de la période mérovingienne il y avait une taxe sur la poussière, *pulveraticus*, c'est-à-dire sur la poussière des routes que soulevait une voiture ou une bête de somme; une taxe sur les roues et sur les timons, *rotaticus*, *temonaticus*, c'est-à-dire tant par timon, tant par roue qui circulait; une taxe sur les bêtes de somme, *saumaticus*; une taxe sur l'herbe qu'on foulait, *cespitaticus*; une taxe sur la rive qu'on côtoyait, *ripaticus*[2]. Ainsi ce n'était plus seulement la marchandise transportée qu'on frappait, c'était le transport lui-même.

Ces douanes, ces péages, ces taxes diverses n'étaient pas perçus directement par les agents du roi. La perception en était affermée à des adjudicataires, *telonarii*. Les actes du concile de Mâcon font penser que les juifs

---

[1] Voyez le livre de M. Pigeonneau, *Histoire du commerce*, t. I.
[2] Archives nationales, Tardif n° 34, Pardessus n° 425, diplôme de 692 : *Tam in Massilia quam et per reliqua loca ubicumque telleneus, portaticus, pontaticus, rotaticus, vel reliquas redibutiones a judicibus publicis exigebantur.* — Archives nationales, Tardif n° 47, Pardessus n° 496, diplôme de 716 : *Ubicumque telleneus, portaticus, pontaticus, rotaticus vel reliquas redibutiones exigebantur.* — Diplôme de 629 dans Pardessus n° 247 : *Theloneos, navigios, portaticos, pontaticos, rivaticos, rotaticos, rultaticos, temonaticos, cespitaticos, pulveraticos, foraticos, mestaticos, laudaticos, saumaticos, salutaticos.* — *Supplementum Marculfi* n° 1, Rozière 32 bis : *Rotatico, pontatico, pulveratico, salutatico, cespitatico.* — On ne doit pas affirmer que ce fussent là autant de taxes perçues en même temps ; il est possible que plusieurs de ces noms ne représentent qu'un même impôt différemment appelé suivant les provinces.

les prenaient volontiers à ferme. Nous ne pouvons dire par qui ni à quels intervalles l'adjudication était faite, ni même s'il y avait des adjudications bien régulières.

L'empire romain avait eu une taxe personnelle sur les négociants et artisans. On l'avait appelée l'or lustral ou le chrysargyre, et elle s'était payée tous les quatre ans. Il n'est plus parlé d'elle dans les documents de l'époque mérovingienne[1]. Il n'y a pas apparence que les rois francs l'aient supprimée par un acte formel; peut-être ont-ils laissé disparaître de lui-même un impôt qui n'était pas d'une perception facile et que les désordres du temps avaient dû réduire à rien.

Il n'en fut pas de même d'une autre sorte d'impôt indirect que l'Empire avait établi sous le nom d'*hospitalitas* ou droit de gîte. Il avait été de règle sous l'Empire que l'empereur en voyage avec toute sa suite, les gouverneurs de provinces avec tout leur personnel, les soldats se rendant à l'armée, les agents et courriers du gouvernement, les ambassadeurs venant de l'étranger ou s'y rendant, fussent logés et défrayés par les habitants. Les rois germains n'ont eu garde d'abolir un usage auquel leurs agents devaient tenir et qui leur était commode à eux-mêmes. La Loi des Burgundes mentionne ce droit d'*hospitalitas*, au moins pour les grands personnages de l'État et pour les envoyés des rois[2]. La Loi des Francs Ripuaires prononce que celui qui refusera de loger chez lui un envoyé du roi, ou un ambas-

[1] Dans Grégoire, VI, 25, les mots *urbium tributa* pourraient à la rigueur être entendus comme désignant cette taxe particulière à la population urbaine; mais la phrase de l'historien est trop vague pour que nous puissions en inférer avec certitude le maintien d'une taxe sur l'industrie.

[2] *Lex Burgundionum*, XXXVIII: *Quicumque hospiti venienti tectum et focum negaverit..., si conviva regis est, sex solidos mulctæ nomine solvat. De legatis vero extranearum gentium... unum porcum aut unum berbicem præsumendi habeant facultatem.*

sadeur allant vers le roi, où un homme quelconque voyageant pour le service du roi, sera passible de la forte amende de 60 *solidi*[1]. Lorsque, plus tard, Charlemagne dira : « Que nul ne refuse de recevoir et de loger nos envoyés parcourant le pays et tout homme voyageant pour notre service »[2], il ne dira pas une chose nouvelle; il ne fera que rappeler la règle établie par l'empire romain et conservée par les Mérovingiens. On la trouve mentionnée, au septième siècle, dans des formules et dans une série de diplômes qui ont pour objet d'exempter de cette lourde charge tel ou tel propriétaire nommé dans l'acte[3]. Si ces chartes d'immunité interdisent aux agents du roi d'entrer sur les terres de l'immuniste pour y prendre logement et vivres, c'est que l'agent du roi a le droit de les prendre sur les autres terres. Le concile de Chalon de 650 s'efforce d'interdire à ces mêmes agents de prélever gîte et fournitures dans les monastères ou dans les maisons des ecclésiastiques[4]. Le recueil de Marculfe contient la formule de la lettre que l'envoyé du roi devait présenter pour exercer ce droit; on y trouve aussi la liste des divers objets qu'il pouvait exiger pour sa table et pour la nourriture

---

[1] *Lex Ripuaria*, LXV, 3 : *Si quis legatarium regis vel ad regem seu in utilitatem regis pergentem hospitio suscipere contempserit..., 60 solidis culpabilis judicetur.*

[2] Capitulaire de 803, Borétius, p. 116, Baluze, p. 394 : *De missis nostris discurrentibus vel ceteris hominibus in utilitatem nostram iter agentibus, ut nullus eis mansionem contradicere præsumat.*

[3] Marculfe, I, 3 : *Nec mansiones aut paratas facere præsumat.* — *Mansio* est le simple droit de logement; *parata* est la fourniture des vivres; comparez *parare hospitium* dans Sidoine Apollinaire, *Lett.*, VIII, 11, et dans Cassiodore, V, 14. — *Diplomata*, Pardessus n° 281 : *Ad mansiones vel paratas faciendum.* — *Ibidem* n° 336 : *nec mansiones faciendum nec paratas requirendum.*

[4] Concile de Chalon, a. 650, c. 11 : *Judices publici per parochias vel monasteria... discurrunt, et clericos et abbates ut eis præparent ante eos faciunt exhiberi.*

de sa suite : pain, vin, viande, volailles, miel, épices, et tout le nécessaire pour ses hommes et pour ses chevaux[1]. Visiblement la réception d'un agent du roi pendant un jour était une lourde charge.

Grégoire de Tours dans ses récits trouve deux fois l'occasion de signaler, non cette charge elle-même, qui était sans doute trop quotidienne pour qu'il pensât à en parler, mais les abus effroyables auxquels elle donnait lieu quelquefois. Il parle d'un duc qui, passant par Angers avec une suite nombreuse et bien armée, s'empare de toutes les denrées, de toutes les provisions de vin, de tous les fourrages; il n'attend pas que chaque habitant lui ouvre ses portes; il les brise et met tout au pillage[2]. Ailleurs l'historien raconte le voyage à travers la Gaule d'une fille du roi se rendant en Espagne; sa suite comprend plusieurs milliers de personnes : « Sur toute la route le cortège fut logé et nourri à grands frais aux dépens des populations; car le roi avait ordonné qu'aucune dépense ne fût payée de son trésor ni même des domaines fiscaux qu'on pouvait traverser; tout fut fourni par les malheureux habitants du pays; aussi était-ce un vrai pillage et ne laissait-on rien derrière soi[3]. »

---

[1] Marculfe, I, 11 : *Jubemus ut vobis evectio et humanitas ministretur; hoc est veredos sive paraveredos tantos, pane nitido modios tantos, sequente modios tantos, vino modios tantos, cervisa modios tantos, lardo libras tantas, carne libras tantas, porcos tantos, pullos tantos, ova tanta, oleo libras tantas, mel tantum, acetum tantum, piper tantum, etc., hæc omnia diebus singulis....*

[2] Grégoire, VIII, 42 : *Accepta potestate ducatus..., Andegavis veniens, multa mala gessit, ita ut annonas, fœnum, vinum, et quidquid reperire potuisset in domibus civium, nec expectatis clavibus, disruptis ostiis, devastaret, multosque de habitatoribus loci cædibus adfecit.*

[3] Grégoire, VI, 45 : *Apparatus magnus expensæ de diversis civitatibus in itinere congregatus est; in quo nihil de fisco suo rex dure præcepit, nisi (sed) omnia de pauperum conjecturis.... Tanta spolia tantæque prædæ factæ sunt, ut vix valeant enarrari. Nam hospitiola pau-*

Ces déprédations étaient presque légales et constituaient une sorte d'impôt, qui existait depuis l'empire romain et dont les Francs abusèrent.

Les documents ne parlent pas des fournitures de blé ou de chevaux à l'usage des armées. Il est possible que les rois mérovingiens n'aient pas su lever ces prestations ou les faire parvenir au but indiqué. Toutefois, comme nous les retrouverons sous Charlemagne, et que rien n'indiquera qu'il les ait créées ou rétablies, on peut croire sans trop de témérité que l'usage n'en avait pas été tout à fait interrompu.

Voilà donc un certain nombre de contributions romaines qui ont subsisté dans l'État Franc : douanes, péages, droit de gîte et prestations, rien de tout cela n'a disparu. Ces charges ont d'ailleurs conservé leur caractère ancien de contributions publiques ; elles appartiennent à l'État, et elles n'ont encore rien de féodal.

Nous devons noter aussi que ces contributions frappent tous les sujets sans aucune distinction, sauf les immunités particulières et personnelles que le roi veut bien accorder. Dans tous nos documents il n'y a pas une ligne qui permette de penser que ces charges ne portassent que sur les hommes de race romaine et que les Francs n'y fussent pas soumis. Pour prendre un exemple, il est visible que les Francs de Tournai ne firent pas supprimer le tonlieu de leur ville; ils le subirent, et ils en payèrent les droits au roi ; et au septième siècle, quand le roi s'en dessaisit, il fit cette concession, non aux Francs, mais à l'évêque[1]. De même le

---

*perum expoliabant, vineas devastabant, levantes pecora, nihil per viam qua gradiebantur relinquentes.*

[1] Nous avons cité plus haut le diplôme royal qui concède le tonlieu du pont de l'Escaut et de la ville de Tournai à l'évêque de cette ville.

tonlieu de Paris fut payé au roi, jusqu'au jour où le roi en fit don à l'abbé de Saint-Denis[1].

### 3° L'IMPÔT FONCIER.

Le principal impôt romain avait été l'impôt sur la terre. Établi en Gaule depuis la conquête, il avait subsisté durant tout l'Empire. La langue du temps l'avait appelé *tributum, census, functio publica*. Nous voudrions pouvoir dire quel en avait été le taux, c'est-à-dire quelle avait été la proportion entre les produits d'une terre et la contribution qu'elle payait. Mais nous avons vainement cherché un chiffre ou tout au moins une indication, un renseignement, un simple indice sur ce point; nous n'avons rien trouvé. Ce que nous connaissons un peu mieux, c'est le mode de répartition et les procédés de perception.

Pour la répartition, le gouvernement impérial avait eu son cadastre. Sur ces registres, chaque terre était inscrite, et l'on y marquait, non seulement l'étendue du sol, mais la nature diverse des cultures et la quantité des produits calculée d'après la moyenne des dix dernières années[2]. Le cadastre était renouvelé assez fréquemment pour qu'on pût tenir compte des modifications survenues dans l'état de la propriété et dans la culture. L'opération s'appelait *descriptio;* les fonctionnaires qui la faisaient s'appelaient des *descriptores*, des *peræquatores*, des *censitores*[3]. Les registres officiels

---

[1] Diplôme de 710, aux Archives nationales, Tardif n° 44, Pardessus n° 477.

[2] Ulpien, au Digeste, L, 16, 4. — Cf. notre chapitre sur l'impôt romain au tome I<sup>er</sup>.

[3] Code Théodosien, XIII, 11 : *De censitoribus, peræquatoribus et inspectoribus* — XIII, 10, 8 : *Censorum et peræquatorum officia*.

étaient désignés par les noms de *libri censuales* ou de *polyptyci*[1]. Sur ces polyptyques chaque changement de propriétaire était noté, et même l'usage était que le propriétaire nouveau s'engageât par écrit à payer l'impôt de la terre qu'il acquérait[2].

Le chiffre de l'impôt une fois fixé par le gouvernement, ce n'étaient pas des agents de l'État qui le percevaient. Il était levé par les administrations municipales. Quelques curiales à tour de rôle, sous le nom d'*exactores*, étaient chargés d'aller chercher l'argent dans la bourse des contribuables, et de l'y prendre sous leur propre responsabilité. Ce mode de perception, qui est le plus libéral en apparence, puisqu'il semble s'en remettre aux populations elles-mêmes du soin de lever l'impôt et les dispense d'un fonctionnaire spécial, est en réalité le plus onéreux pour tous et celui qui donne lieu au plus grand nombre d'abus; c'est lui qui a le plus vicié l'impôt romain. Le produit des contributions était remis au gouverneur de la province, qui le transmettait au pouvoir central.

Les rois francs en arrivant en Gaule trouvèrent cette organisation de l'impôt. Ils n'avaient aucune raison pour se priver d'elle, et nous possédons assez de documents pour nous assurer qu'ils conservèrent l'impôt foncier

---

[1] Code Théodosien, XI, 26, 2 : *Acceptæ securitates* (les reçus et décharges de l'impôt) *et regestæ in polypticis*. XI, 28, 13 : *Secundum fidem polypticorum*. — Végèce, II, 19 : *Res annonaria vel civilis polyptychis adnotatur*. — Cassiodore, *Lettres*, V, 14 : *Polyptychis jubeantur ascribi*. — V, 39 : *Polyptychis publicis*. — On appelait aussi ces registres *libri publici*, Code Théodosien, XIII. 10, 8.

[2] Un acte de 489, passé en Italie et visiblement conforme aux anciennes règles, porte : *parati sumus singulis annis pro eadem prædia fiscalia competentia solvere, unde rogamus uti jubeatis a polyptychis publicis nomen prioris domini suspendi et nostri dominii adscribi* (Marini, *Papiri diplomatici*, n° 83, p. 130).

aussi longtemps qu'ils purent. Dans des textes qui vont jusqu'à la fin du septième siècle, l'impôt foncier reparaît plus de vingt fois, et toujours sous ses noms romains, *tributum publicum, census publicus, functio tributaria*[1].

Un des premiers actes que nous ayons sur ce sujet est une lettre des évêques de la Gaule réunis en concile. Elle est de l'année 535, c'est-à-dire d'une époque très voisine de la conquête, et elle est adressée à Théodebert, roi d'Austrasie, petit-fils de Clovis. Elle porte les signatures des évêques de Cologne, de Trèves, de Verdun, de Reims, de Chalon, de Langres, c'est-à-dire des évêques du royaume d'Austrasie, ainsi que de ceux de Limoges, d'Auvergne, de Rodez qui dépendaient du même royaume. Or cette lettre établit en termes formels que tout propriétaire restant tranquillement en possession du sol, en paye les contributions, et cela dans toutes les parties de la Gaule, même en Austrasie[2]. Notons bien qu'elle ne dit pas qu'il s'agit

---

[1] Grégoire, VII, 23; VIII, 15 : *Tributum publicum*. — IX, 30 : *Publicus census*. — V, 20 : *Publicæ functiones*. — *Vita Eligii*, I, 15 : *Publicus census*. — Grégoire, IX, 30 : *Functio tributaria*. — *Vita Eligii*. I, 32 : *Census qui reipublicæ solvitur*. — Diplomata, Pertz n° 54, Pardessus n° 400 : *Publicas functiones exigere*.

[2] Cette lettre est à la suite des actes du concile d'Auvergne de 535, dans Sirmond, I, 245-246. On y lit : *Ut securus quicumque proprietatem suam possidens debita tributa dissolvat domino (regi).... Quod et thesauris vestris utilius esse censemus si salvata possessio consuetudinariam intulerit functionem.* — Pour bien comprendre cette phrase, il faut voir l'objet général de la lettre. A cette époque, les évêques et les grands propriétaires possédaient des domaines épars dans toute la Gaule; cela n'avait présenté aucun inconvénient lorsque la Gaule était tout entière sous une seule autorité; mais en 535 la Gaule était partagée en trois royaumes. La lettre a pour objet de signaler au roi Théodebert d'Austrasie les plaintes émises par des propriétaires, ecclésiastiques ou laïques, résidant dans un autre royaume et possédant en même temps des propriétés dans le sien. Ces propriétés étaient, paraît-il, mal protégées par le roi et parfois envahies ou dévastées par des voisins. Les évêques de ce

d'un impôt nouveau qui aurait été établi par les rois francs. Elle ne parle que de l'impôt qu'elle appelle *tributum*, comme au temps de l'Empire, ou *functio consuetudinaria*; c'est l'impôt accoutumé, c'est l'ancien impôt foncier.

Pour le percevoir, il fallait un cadastre et des registres réguliers. Or les rois francs trouvèrent ces registres tout faits; car le cadastre romain était rédigé en trois exemplaires, dont l'un était dans les archives de l'État, un autre dans celles des villes, un troisième dans les bureaux des gouverneurs de provinces[1]. A supposer que les villes aient réussi à cacher leurs registres, les rois francs eurent ceux des gouverneurs, puisqu'ils héritèrent des bureaux et de toute la chancellerie des fonctionnaires impériaux.

Mais il fallait que ce cadastre fût souvent retouché. Nous voyons Clotaire I<sup>er</sup> en faire un nouveau, « et les registres des contributions furent portés au Palais »[2]. Quelques années plus tard, vers 565, un écrivain nous montre les trois rois francs établissant de concert un rôle des contributions, et en ordonnant la levée par un édit[3].

---

concile prient Théodebert de veiller sur ces propriétés, comme si les propriétaires étaient ses sujets, et ils donnent cet argument qu'il est bien juste qu'il les protège, puisque les contributions lui en sont payées.

[1] Code Théodosien, XIII, 10, 8 : *In libris publicis et civitatum ac provinciarum encauteriis*.

[2] Grégoire, IX, 30 : *Descriptam urbem Turonicam Chlotarii regis tempore manifestum est, librique illi ad regia præsentiam abierunt*.

[3] *Vita Aridii*, attribuée à Grégoire de Tours, c. 24, dans l'édition de la Société de l'Histoire de France, t. IV, p. 184 : *Accidit ut populus tributa vel census a regibus fuissent descripta.... Censu publico fuerant edicto adscripti*. — Il faut remarquer les expressions employées ici, *tributa, census, census publicus, describere, edictum*; ce sont précisément les termes qui étaient usités au temps de l'Empire pour l'impôt foncier. — L'auteur ne donne pas ici de date; le fait se passe après 561, probablement en 565.

Vers 580, nous lisons encore dans Grégoire de Tours que Chilpéric fit faire de nouveaux rôles des contributions et qu'il les augmenta[1]. Le propriétaire de vignoble fut taxé à une amphore de vin par arpent. Cette contribution, qui ne nous semble pas exorbitante, fut jugée très lourde, apparemment parce qu'elle était plus forte que par le passé[2]. Les habitants du Limousin se révoltèrent contre cette taxe et brûlèrent les registres; mais les registres furent refaits et l'impôt fut payé[3].

Les registres de l'impôt sont encore mentionnés dans ce récit où Grégoire représente Frédégonde prise de remords; elle dit à son mari : « Brûlons ces rôles iniques, et que notre fisc se contente de ce qui était levé au temps du roi Clotaire[4]. » Ainsi fit Chilpéric. Si l'anecdote est vraie — et Grégoire était assez au courant des choses du Palais pour qu'on la lui eût rapportée aussitôt — elle ne signifie pas que Chilpéric abolit l'impôt; elle signifie seulement qu'il le ramena au taux qui avait été fixé au temps de Clotaire Ier. Aussi l'historien nous dit-il qu'ayant jeté ces registres au feu, il en fit aussitôt faire

---

[1] Grégoire, V, 29 : *Chilpericus rex descriptiones novas et graves in omni regno suo fieri jussit.*

[2] Ibidem : *Statutum fuerat ut possessor de propria terra unam amphoram vini per aripennum redderet.* — Il n'est pas aisé pour nous d'apprécier exactement cette taxe. Disons toutefois que l'arpent de vigne, ordinairement plus petit que l'arpent des terres en labour, était une étendue de 12 à 17 ares. L'amphore était, suivant Dureau de la Malle, une mesure de 26 litres; mais cela est-il vrai de l'amphore gauloise? Nous ne saurions le dire. On peut évaluer approximativement cette contribution à un quinzième du produit brut.

[3] Ibidem : *Lemovicinus populus, congregati in calendis martiis, arreptis libris descriptionum, incendio concremavit.* — Cf. *Historia epitomata*, 80 : *Chilpericus descriptiones gravissimas in omni populo regni sui fieri jussit. Marcus referendarius, qui hanc descriptionem faciebat, secum omnes polepticos ferens, kalendis martiis a Lemovicinis interfectus est et omnes poleptici concremati.*

[4] Grégoire, V, 35 (34) : *Incendamus descriptiones iniquas, sufficiatque fisco nostro quod suffecit regi Chlotario.*

d'autres[1]. Son successeur Clotaire II essaya à son tour d'augmenter l'impôt; les réclamations des évêques et de la population l'obligèrent à supprimer toute aggravation et à revenir aux taxes anciennes[2].

Sur le mode de répartition de cet impôt foncier, nos renseignements sont peu nombreux et obscurs; encore peut-on en tirer quelque lumière. Observons de près ce passage de Grégoire de Tours : « Le roi Childebert envoya dans la cité de Poitiers, sur la demande de l'évêque, des officiers chargés de refaire le cadastre[3]. Il voulait que la population prise d'ensemble payât le même cens qu'au temps du roi Sigebert, mais que pour la répartition il fût tenu compte des changements qui s'étaient produits[4]. En effet, beaucoup de ces hommes étaient morts, et à cause de cela le poids de l'impôt retombait sur des veuves, des orphelins et des personnes hors d'état de payer[5]. Les fonctionnaires royaux, après un examen sérieux, déchargèrent les faibles et les pauvres, et firent

---

[1] Ibidem : *Tradidit libros descriptionum igni, misitque qui futuras perhiberent descriptiones.* — Ainsi porte le manuscrit de Corbie; d'autres écrivent *prohiberent*, ce qui présenterait un sens différent, mais tout à fait inadmissible; on ne saurait comprendre que le roi « ait envoyé pour empêcher de faire des cadastres à l'avenir »; s'il ne voulait plus de cadastres, il lui suffisait de n'en plus ordonner. On comprend au contraire qu'ayant jeté au feu les cadastres nouveaux, il ait bien vite envoyé dans toutes les cités pour faire connaître les cadastres suivant lesquels on aurait à payer à l'avenir. Nous adoptons donc la leçon du manuscrit de Corbie.

[2] *Edictum Chlotarii*, a. 614, art. 8 : *Ut ubicunque census novus impie additus est, et a populo reclamatur, justa inquisitione misericorditer reformetur.*

[3] Grégoire, IX, 30 : *Childebertus rex descriptores in Pictavo, invitante Maroveo episcopo, jussit abire, id est Florentianum majorem domus regiæ et Romulfum palatii sui comitem....*

[4] Ibidem : *Ut scilicet populus censum quem tempore patris reddiderat, facta ratione innovaturæ, solveret.*

[5] Ibidem : *Multi enim ex his defuncti fuerant et ob hoc viduis orphanisque ac debilibus tributi pondus inxederat.*

porter l'impôt public sur ceux-là seuls que l'équité y assujettissait[1]. » Ce passage de l'historien n'est pas facile à comprendre. D'une part, les mots *descriptio*, *census*, *tributum* sont bien ceux qui désignent l'impôt foncier. D'autre part, on se demande pourquoi le cadastre doit tenir compte des morts. La terre, semble-t-il, devrait payer la même taxe quel que soit le propriétaire, et il en est ainsi de notre temps[2]. Pour comprendre cette contradiction apparente, il faut savoir comment l'impôt foncier était réparti depuis le quatrième siècle. La règle qui s'était établie dans l'empire, où la grande propriété dominait, était que la contribution inhérente à chaque domaine fût calculée d'après le nombre des tenanciers ou colons. C'étaient ces colons eux-mêmes qui étaient « ascrits » sur les registres du cens. Un homme comptait pour une tête, une femme pour moitié[3]. Le propriétaire était seulement responsable envers l'État du payement d'autant de taxes qu'il avait de tenanciers. C'est précisément pour tenir compte de la diminution ou de l'accroissement de cette population rurale sur chaque domaine que le gouvernement impérial avait été dans la nécessité de refaire le cadastre à des intervalles assez rapprochés. La même nécessité s'imposait aux rois francs. C'est pour cela

[1] Ibidem: *Relaxantes pauperes ac infirmos, illos quos justitiæ conditio tributarios dabat, censu publico subdiderunt.*
[2] C'est ce qui fait croire à M. Fahlbeck, traduction française, p. 135, qu'il s'agissait seulement d'une contribution personnelle sur la population urbaine. C'est une erreur. La contribution personnelle et urbaine aurait été désignée par le terme de *capitatio*. Grégoire emploie, au contraire, les mots *tributum* et *census*, qui désignent précisément l'impôt foncier. Nous ne devons pas non plus nous tromper sur le sens du mot *urbium* : nous savons par vingt autres exemples que Grégoire emploie *urbs* pour désigner tout le territoire d'une *civitas*.
[3] Nous avons expliqué cela et présenté les textes dans notre étude sur le colonat, *Recherches sur quelques problèmes d'histoire*, pages 75-82.

que, sur la demande de l'évêque de Poitiers, Childebert fit refaire les registres « en tenant compte des changements survenus ». Dans tel domaine où la population virile avait diminué et où il se trouvait beaucoup de veuves et d'orphelins, le chiffre des taxes dut être réduit. Le roi avait consenti à cette opération moyennant que l'ensemble de la population du Poitou payât toujours la même somme totale. Les officiers royaux, d'accord avec l'évêque, firent une nouvelle distribution des taxes, dégrevant tel domaine, surchargeant tel autre « conformément à l'équité ». Tel est le sens du passage de Grégoire de Tours. Ce passage ne s'expliquerait pas avec un impôt invariablement inhérent à la terre; il s'explique très bien si l'on songe que l'impôt de la fin de l'empire était inhérent à la personne du cultivateur. Nous démontrerons dans la suite de ces études que le régime de la grande propriété, de la villa romaine, a subsisté sous les Mérovingiens. Le passage de Grégoire de Tours montre déjà que le mode de répartition de l'impôt foncier, image du mode de propriété, s'est continué de l'époque romaine à l'époque franque. Or c'est là un fait de la plus grande importance, et nous devrons nous le rappeler plus tard pour rendre raison de la transformation qui se produira dans l'impôt foncier au début de l'époque féodale.

Un passage de la Vie de sainte Bathilde confirme celui de Grégoire de Tours. L'auteur dit, avec ce ton d'exagération qui est commun aux hagiographes, que beaucoup d'hommes aimaient mieux voir mourir leurs enfants que de les élever, parce que ces enfants étaient, suivant l'ancienne coutume, assujettis à l'impôt[1]. Telle était en

---

[1] *Vita Bathildis*, Mabillon, *Acta SS.*, II, 355 : *Ordinavit per eam*

effet l'ancienne règle romaine : le jeune homme comptait comme tête à partir de l'âge de quatorze ans, en sorte que le père de famille voyait augmenter sa contribution sans que sa terre s'accrût. Au septième siècle seulement cette règle fut abolie ou adoucie par la reine Bathilde, régente du royaume. Il résulte de ces faits que le système romain de calculer l'impôt foncier d'après le nombre des cultivateurs se perpétua dans l'époque franque.

Ce qui se continua aussi, ce fut le mode de perception. Les rois francs, pas plus que les empereurs romains, n'avaient un personnel d'agents pour aller chercher directement l'impôt chez le contribuable. L'impôt continua donc d'être perçu par des hommes tirés de la population. Nous ne savons pas si les curies restèrent assujetties à cette charge, ou si l'on trouva quelque autre moyen de se procurer des percepteurs. Ce qui est certain, c'est que nous voyons encore sous les rois francs l'impôt levé par des *exactores* qui ne sont pas des agents de l'État, et qui sont responsables de la levée intégrale de l'impôt. Cela est indiqué assez clairement par un passage de Grégoire de Tours : « Dans la cité d'Auvergne, le roi Childebert fit remise du *tributum* aux églises, aux monastères et à tous ceux qui tenaient des terres d'Église; c'est que les *exacteurs* de cet impôt

---

*Dominus ut pessima et impia cessaret consuetudo pro qua plures homines sobolem suam interire potius quam nutrire studebant, dum dividebat* (?) *actiones publicas quæ ei* (eis) *ex consuetudine ingerebantur accipere, ut illis ex hoc gravissimum rerum suarum inferrent damnum.* — Ce passage, obscur et sans doute altéré, est reproduit avec plus de clarté par un second hagiographe (Mabillon, *ibid.*, p. 358): *Ordinavit per eam Dominus ut pessima consuetudo cessaret pro qua plures homines filios suos magis mori quam nutrire optabant, dum de eis videbant exactiones fieri, publicaque ex antiqua consuetudine mala urgebantur accipere, unde gravissimum rerum suarum patiebantur damnum.*

étaient ruinés, parce que depuis longtemps la perception en était fort difficile ; le roi prit des mesures pour qu'à l'avenir l'exacteur ne fût plus passible de dommage pour les retards de payement[1]. » Il existait donc sous les rois mérovingiens, comme sous les empereurs, un intermédiaire entre le contribuable et l'État. Cet intermédiaire, appelé comme sous l'Empire un exacteur, n'était pas un agent de l'État, mais un simple particulier, dont on avait fait un percepteur à ses risques et périls, et qui se trouvait ruiné s'il ne pouvait obtenir du contribuable le payement de l'impôt dont il devait fournir le total à l'État.

Les sommes recouvrées étaient remises au fonctionnaire royal, c'est-à-dire au comte, soit qu'il se les fît apporter au chef-lieu de la cité, soit qu'il les recueillît dans ses tournées à travers son ressort[2]. Il entrait dans les attributions du comte de veiller à la rentrée de l'impôt. Le diplôme qu'il avait reçu le jour de sa nomination lui rappelait l'obligation de porter lui-même chaque année au trésor du roi « les sommes que le fisc

---

[1] Grégoire, X, 7 : *In supradicta urbe* (c'est-à-dire *apud Arvernos*; on sait que Grégoire emploie très souvent *urbs* pour désigner tout le territoire d'une ancienne *civitas*; cela n'est pas douteux ici, puisqu'il s'agit de *possessiones*, de *cultores*). *Childebertus rex omne tributum tam ecclesiis quam monasteriis vel reliquis clericis qui ad ecclesiam pertinere videbantur, concessit. Multum enim jam exactores hujus tributi expoliati erant, eo quod per longum tempus et succedentium generationes, ac divisis in multas partes ipsis possessionibus, colligi vix poterat hoc tributum. Quod rex ita præcepit emendari ut quod super hæc fisco deberetur, nec exactorem damna percuterent nec ecclesiæ cultorem tarditas de officio aliqua revocaret.* — *Ecclesiæ cultor* est le cultivateur ou tenancier de la terre d'église. Grégoire dit que, par la nouvelle réforme de Childebert, d'une part l'exacteur ne fut plus ruiné par les retards du cultivateur à payer l'impôt, et d'autre part ce cultivateur lui-même ne fut plus dépossédé de sa tenure par suite de son retard. Il y a eu là une réforme que nous voudrions connaître avec plus de précision ; mais elle paraît avoir été particulière aux terres d'église de l'Arvernie.

[2] Grégoire, X, 30 : *Gaiso comes tributa cœpit exigere.*

attendait de sa gestion »[1]. Il était responsable du payement intégral vis-à-vis du roi, comme les exacteurs l'étaient vis-à-vis de lui, comme les contribuables l'étaient vis-à-vis des exacteurs.

Il pouvait arriver que le comte, sans avoir réussi à faire rentrer l'impôt, dût avancer lui-même la somme entière au trésor. Il avait alors la ressource d'emprunter. Il existait des banquiers et des prêteurs d'argent. Grégoire de Tours raconte l'histoire de quatre associés, deux juifs et deux chrétiens, qui avaient ainsi avancé à un comte de Tours l'argent des impôts[2]. On devine sans peine que le comte s'arrangeait pour faire payer aux contribuables le capital et les intérêts de son emprunt, et l'on devine aussi la série de spéculations et d'extorsions répercutées auxquelles ce mode de perception de l'impôt pouvait donner lieu.

En résumé, la persistance de l'impôt foncier est établie par une série de documents, au moins jusqu'au milieu du septième siècle[3]. Il est vrai qu'à partir de là cet impôt n'est plus mentionné que dans des

---

[1] Marculfe, I, 8 : *Quidquid de ipsa actione in fisci ditionibus speratur, per vosmetipsos annis singulis nostris aerariis inferatur.* — Cf. Grégoire, X, 21. — *Vita Germani*, Mabillon, Acta SS., I, 258.

[2] Grégoire, VII, 23 : *Armentarius judaeus cum uno sectae suae satellite et duobus christianis ad exigendas cautiones quas ei propter tributa publica Injuriosus ex vicario, ex comite vero Eunomius deposuerant, Turonis advenit.* — Injuriosus et Eunomius, pour reprendre leurs billets sans payer, assassinèrent les quatre personnages. Le fait se passe en 584.

[3] Outre les textes que nous avons cités, il en est quelques autres qui prouvent l'existence permanente des impôts au sixième siècle, et que nous aurons l'occasion de citer ailleurs. Voyez Grégoire, III, 25 ; IV, 2 ; V, 26 ; IX, 30. *Vita Austregesili*, 1-3. Encore au temps de Dagobert I*er*, la perception de l'impôt direct paraît avoir été assez régulière. Voyez *Vita Eligii*, I, 15 : *Erat tempus quo census publicus ex eodem pago regis thesauro exigebatur inferendus.* — Ibidem, 32 : *Omnem censum qui reipublicae solvebatur.* La suite du récit montre qu'il s'agit de l'impôt foncier, puisque le *praedium* d'Eligius entrait pour une part dans le produit.

chartes d'immunité par lesquelles les rois en font l'abandon à un évêque ou à un abbé. Mais cela même montre qu'il avait encore au moins une existence théorique et légale. Aussi ne fut-il jamais aboli par un acte formel des rois[1].

Les rois francs n'ont connu ni l'impôt sur les successions, ni l'impôt sur les affranchissements. Ils ne les ont pas empruntés à l'Empire, parce que l'Empire les avait déjà abolis avant leur arrivée en Gaule[2]. Ces rois ne pensèrent pas à chercher dans le passé; ils prirent ce qu'ils trouvèrent dans le présent. Ils n'imaginèrent non plus aucun impôt nouveau; ils conservèrent seulement ce qui existait[3].

[1] On trouve dans quelques textes le terme *inferenda*. Diplôme de 716, Archives nationales, Tardif n° 49, Pardessus n° 498 : *Quod inferenda de pago Cenomannico in fisci ditionibus speratur*. Diplôme de 705, Pardessus n° 463, Pertz n° 74 : *Annis singulis inferendam solidos sex inferendales in fisci ditione solvebant*. Pardessus, *additamentum* n° 85 : *Crodegarius dux de inferendis vel undecunque juramen nobis præstare non cessat.* — Il ne nous paraît pas que cette *inferenda* constitue un impôt particulier qui s'ajoute aux autres; nous pensons que c'est le produit net des impôts d'un pagus, ce qui est effectivement porté au roi, déduction faite de la part qui reste sur les lieux ou aux mains des comtes. L'*inferenda* n'est autre chose que ce qu'il faut *inferre ærario publico*. Cf. Marculfe, I, 8 : *Quidquid in fisci ditionibus speratur..., nostris ærariis* INFERATUR. — *Vita Eligii*, I, 15 : *Erat tempus quo census publicus ex eodem pago regis thesauro exigebatur* INFERENDUS.

[2] La *vicesima libertatis* disparut au quatrième siècle. Le dernier indice connu de la *vicesima hereditatum* est du règne de Gordien III (Wilmans, *Inscr. lat.*, n° 1293). Justinien en parle comme d'un impôt aboli : *vicesima hereditatis ex nostra recessit republica* (Code, VI, 33, 3). — M. Hirchfeld (*Untersuchungen*, p. 68) pense qu'elle a été abolie par Dioclétien ou peu de temps après lui. C'est aussi l'opinion de Baudi di Vesme et de Cagnat.

[3] L'étude que nous venons de faire sur l'administration provinciale et sur les impôts, et tous les faits que nous y avons constatés, marquent assez combien est vaine la théorie récemment essayée par M. Fahlbeck. Il voudrait que toutes les institutions de la monarchie franque ne fussent ni germaines ni romaines, et qu'elles eussent été inventées et créées de toutes pièces par un roi franc, il ne sait lequel. Tout au contraire, si l'on étudie avec un peu de soin toutes ces institutions, on voit bien que quelques-

Le produit net des diverses contributions, déduction faite de ce que les fonctionnaires locaux gardaient en mains, constituait le trésor royal. On l'appelait indifféremment des deux expressions *ærarium publicum* et *fiscus regis*. Il est bien visible dans les textes que les deux termes étaient exactement synonymes et que tous les deux désignaient le trésor royal. Jamais à l'époque mérovingienne il n'y eut un trésor public distinct du trésor du roi.

Tout ce que nous venons de dire des tonlieus, du droit de gîte, de l'impôt foncier et du cadastre si souvent mis à jour, donne d'abord l'idée d'un système de contributions très régulier et très productif. Mais si nous nous demandons combien, sur les sommes perçues, il arrivait au trésor royal, c'est ici que le doute commence. Il est vrai que les rois mérovingiens, jusqu'à Dagobert I*er* inclusivement, paraissent riches ; leur cour est brillante, leur Palais coûteux ; ils construisent beaucoup, ils sont prodigues[1]. Mais, d'autre part, ils ne donnent pas de traitement à leurs agents et ne payent pas d'armée. Il est impossible de calculer, même approximativement, quelles étaient leurs recettes annuelles, d'autant qu'une

---

unes viennent de la Germanie, que la plupart viennent de l'Empire, qu'il n'en est presque aucune qui ne se retrouve ou dans l'une ou dans l'autre. Prétendre que tout cela fût nouveau, c'est marquer qu'on ignore tout ce qui s'était passé avant les Francs. Supposer que tout cet organisme dont nous constatons la complexité, ait été imaginé et élaboré par un roi, est une idée absolument fantaisiste. Aussi M. Fahlbeck n'arrive-t-il à construire son système qu'à force de négliger les textes et de dédaigner les faits. Il fait preuve d'imagination, non de méthode, non de science.

[1] Il y a des anecdotes qui donnent une assez haute idée de la richesse des premiers rois ; par exemple, Childebert I*er* donne à l'évêque de Paris 6000 pièces d'or pour ses pauvres (*Vita Germani*, 13, 43) ; Théodebert I*er* prête aux habitants de Verdun 7000 *aurei*, et ne se les fait pas rendre (Grégoire, III, 34). Frédégonde parle des grandes richesses du Palais (*ibid.*, V, 35).

grande partie de leurs ressources pouvait leur venir de leur domaine fiscal, dont nous parlerons ailleurs. Nous verrons plus tard que dans les cent vingt dernières années de la dynastie les impôts se réduisirent à rien, ayant été abandonnés et sacrifiés par les rois eux-mêmes. J'incline à croire que de tout temps ils produisirent peu, faute d'ordre et de loyauté dans l'administration. Aussi puis-je dire que le tableau que je viens de tracer des impôts représente plutôt les charges de la population que les ressources de la royauté.

### 4° LES FRANCS PAYAIENT-ILS L'IMPÔT ?

La persistance des anciens impôts romains ne peut pas être mise en doute; mais ici se présente une seconde question qui est plus difficile à résoudre. Comme il y avait sur le même sol des Francs et des Romains, on peut se demander si l'impôt ne distinguait pas entre les races. Comme ces contributions étaient d'origine romaine, il serait possible qu'en continuant à les percevoir sur les Romains, on n'y eût pas soumis les Francs. Cette opinion a pour elle bien des raisons tirées de la logique. On peut prétendre, en effet, que ces Francs n'avaient pas payé d'impôts dans l'ancienne Germanie, quoique nous n'en sachions rien. On peut soutenir qu'ils ne savaient même pas ce que c'était que l'impôt, qu'en Gaule ils étaient des vainqueurs, qu'ils devaient considérer l'impôt comme une marque de sujétion, et qu'ils étaient trop fiers pour s'y soumettre[1].

[1] Montesquieu a même ajouté cette raison que « les Francs ignoraient l'art de la maltôte ». Le mot n'est que spirituel. Outre que cet art n'est pas difficile, les rois francs avaient assez de fonctionnaires romains pour l'apprendre d'eux.

Tout cela a été dit, et tout cela est à peu près conforme à la logique absolue. Mais l'histoire n'est pas une science de raisonnement, elle est une science de faits. Il n'importe pas de savoir si les Francs *ont dû* être exempts d'impôts, mais s'ils l'ont été. Or cela ne peut se tirer que de l'observation des documents.

La première chose à constater, c'est qu'il n'y a pas une seule ligne, parmi des documents si nombreux, où il soit dit que les Francs ne payaient pas les impôts. Il n'y a pas une ligne d'où l'on puisse l'induire même par voie d'allusion.

Il faut constater au contraire que, chaque fois que les écrivains du temps parlent des impôts, ils en parlent comme d'une chose générale et commune à tous. « Le rôle des contributions établi par l'édit des rois fut appliqué à toutes les cités dans les Gaules »; ainsi parle l'auteur de la *Vie d'Arédius*[1]; il ne dit pas que cette mesure ne concernât que les régions du centre et de l'ouest restées romaines. Grégoire de Tours écrit que le roi Chilpéric fit faire un nouveau cadastre et augmenta l'impôt « dans tout son royaume »[2]. Or l'historien n'ignorait pas que Tournai faisait partie de ce royaume et que c'était un pays de population franque. Dans les territoires de Tours et de Poitiers, que Grégoire connaît particulièrement, beaucoup de Francs s'étaient établis et étaient devenus propriétaires. S'ils avaient été, comme propriétaires, exempts des contributions, Grégoire le saurait, et il aurait souvent l'occasion de le dire. Par

---

[1] *Vita Aridii*, attribuée à Grégoire de Tours, c. 24 : *Quodam tempore accidit ut populis tributa vel census a regibus fuissent descripta, quæ conditio universis urbibus per Gallias constitutis est adhibita.* — L'auteur ajoute que le Limousin seul obtint un dégrèvement par l'intervention d'Arédius.

[2] Grégoire, V, 29 (28) : *Descriptiones in omni regno suo fieri jussit.*

exemple, dans un de ses chapitres, il explique pourquoi le cadastre était à refaire. La raison est-elle que beaucoup de Francs propriétaires se trouvaient exemptés et qu'il fallait faire une répartition nouvelle entre les propriétaires restés Romains? Pas un mot de cela. La seule raison indiquée par Grégoire est que beaucoup d'hommes du pays sont morts, ne laissant que des veuves et des orphelins. La répartition nouvelle a eu pour objet, dit l'historien, de dégrever les pauvres en chargeant un peu plus les riches[1]. Ce que l'on peut induire de ce passage n'est pas que les Francs fussent exempts d'impôts, c'est plutôt que ceux d'entre eux qui étaient riches virent leur contribution augmentée.

De même en Auvergne, l'historien indique la cause qui a rendu la perception de l'impôt difficile, et il n'y en a pas d'autre sinon que la suite des partages de successions a morcelé outre mesure les propriétés[2]. Grégoire de Tours lui-même eut l'occasion de réclamer une exemption d'impôts pour son diocèse. Dans la discussion qu'il eut à ce sujet avec les agents du fisc, et qu'il rapporte tout au long, on ne voit pas qu'il dise un mot d'une exemption des propriétaires Francs : ce qui serait pourtant un argument de quelque valeur[3].

Dans aucun écrivain du sixième ni du septième siècle on ne trouve l'indice d'un privilège des Francs en matière d'impôts. Or ce n'était pas là un de ces faits insignifiants desquels on comprend que les contemporains négligent de parler. En effet, si les terres des Francs avaient été exemptes, celles des Romains auraient été surchargées d'autant, puisqu'il fallait que l'ensemble de

---

[1] Grégoire, IX, 30.
[2] Grégoire, X, 7 : *Divisis in multas partes possessionibus.*
[3] Grégoire, IX, 30.

chaque cité payât toujours le même total¹. Or il faut que nous fassions attention au résultat que cela aurait produit. Les propriétaires romains dont l'impôt eût été doublé auraient été ruinés en peu d'années et il serait arrivé tout naturellement que toutes les terres seraient tombées aux mains des Francs. Le privilège des Francs en matière d'impôt foncier eût été l'équivalent d'une véritable révolution foncière. Peut-on admettre qu'un fait aussi considérable se soit accompli sans laisser aucune trace, sans donner lieu à aucune plainte, sans que Grégoire de Tours eût pensé à en parler? Il y a plus : nous sommes assurés que cette conséquence, qui eût été inévitable, ne se produisit pas, et nous savons pertinemment, soit par les écrivains, soit par les chartes, qu'une très grande partie du sol resta dans des mains romaines.

Qu'on lise les hagiographes ou les actes des conciles; on ne trouvera aucun indice d'une distinction des races en matière d'impôts. L'édit de Clotaire II où il est fait mention de l'impôt ne signale pas que cet impôt ne frappe qu'une seule race. Grégoire de Tours mentionne deux exemptions, l'une pour la ville de Lyon, l'autre pour le pays de Tours; la première est, dit-il, une ancienne concession de l'Empire que les rois francs ont respectée²; l'autre a été accordée par un roi franc « en considération de la puissance de saint Martin » aucune des deux ne concerne la race franque. Plus tard les diplômes d'immunité abondent; l'exemption de l'im-

¹ C'est ce qu'explique Grégoire, IX, 30 : *Ut scilicet populus (Pictavus) censum quem tempore Sigeberti reddiderat reddere deberet.*

² Grégoire, *De gloria confessorum*, 63 (62) : *Unde usque hodie circa muros urbis illius in tertio milliario tributa non redduntur in publico.*

³ Grégoire, IX, 30 *in fine* : *Ne populus Turonicus pro reverentia sancti Martini describeretur.*

pôt est accordée soit à des évêques, soit à des particuliers, en vue de vénérer le saint d'une église ou pour récompenser les services d'un laïque; on ne trouve dans ces actes aucune allusion à un privilège général des Francs. Les testaments et les actes de donation de terres énumèrent des séries de domaines sans nous dire qu'il y ait la moindre différence entre eux quant à l'impôt. Dans les actes de jugement, qui portent aussi sur des terres, nous n'apercevons jamais que la terre du Franc se distinguât en quoi que ce soit de celle du Romain. L'idée que les Francs fussent libres d'impôt, à titre de race supérieure, n'est jamais exprimée, même par la plus légère allusion, dans aucun document de ces siècles-là[1].

Il se trouve au contraire que deux fois Grégoire de Tours signale expressément les Francs comme payant l'impôt. Il rappelle qu'en Austrasie, sous le petit-fils de Clovis, Théodebert, « les Francs étaient soumis aux tributs »[2]. Il ajoute, à la vérité, qu'ils détestaient le ministre qui les avait obligés à les payer. Encore les avaient-ils payés sans protestation et sans révolte tant qu'avait duré le règne de Théodebert. C'est seulement à la mort de ce roi qu'ils se vengèrent sur son ministre

[1] Pour trouver l'expression de cette idée, il faut descendre jusqu'à la fin du douzième siècle, et encore ne la trouve-t-on que dans un seul document qui n'est d'aucune valeur; c'est un manuscrit anonyme, écrit par un chronographe ignorant, qui commence par dire que les Francs descendaient des Troyens, et qui ajoute qu'ils doivent leur exemption d'impôts à l'empereur Valentinien. Voyez le manuscrit 4098, ancien fonds, Bibliothèque nationale, folio 51. — Rien de pareil ne se voit dans les textes du sixième, du septième, du huitième siècle. Tout au contraire, une légende en vogue au septième siècle représentait les anciens Francs payant des impôts au gouvernement romain; *Historia epitomata*, c. 11 : *Ægidius omnes Francos singulos aureos tributavit..., ternos solidos tributavit.*
[2] Grégoire, III, 36 : *Franci Parthenium in odio magno habebant pro eo quod eis tributa, antedicti regis tempore, inflixisset.*

en l'assassinant. Encore l'historien ne dit-il pas qu'ils aient réussi par là à faire supprimer l'impôt.

Ailleurs Grégoire de Tours dit que Chilpéric assujettit à l'impôt public beaucoup de Francs qui en avaient été exempts sous son prédécesseur. Cela ne peut pas signifier que tous les Francs en eussent été exempts jusqu'alors. Cela signifie encore moins qu'il y eût une exemption légale et de plein droit pour les hommes de race franque. Il y avait eu sous Childebert I<sup>er</sup> des Francs qui avaient payé l'impôt et d'autres qui ne l'avaient pas payé, et ceux-ci y furent soumis sous Chilpéric[1].

Cette phrase de l'historien a embarrassé ceux qui avaient dans l'esprit l'idée arrêtée que les Francs devaient être au-dessus du payement de l'impôt. Ils lui ont donc cherché un autre sens. Ils ont interprété les mots *publicum tributum* par la redevance personnelle due par des serfs à leur maître. Ils ont supposé qu'il s'agissait ici de Francs qui avaient été affranchis sous Childebert I<sup>er</sup> et que Chilpéric aurait astreints au payement d'une redevance. Mais deux raisons graves s'opposent à cette interprétation. D'abord, s'il est vrai que le mot *tributum*, quand il est seul, désigne quelquefois la redevance du serf ou du colon[2], l'expression *publicum tributum* désigne

---

[1] Grégoire, VII, 15. L'historien attribue cette mesure à deux conseillers de Chilpéric, le comte Audo et le préfet Mummolus : *Multos de Francis qui, tempore Childeberti senioris, ingenui fuerant, publico tributo subegit.* — La seule difficulté dans cette phrase porte sur le mot *ingenui*, qui n'a pas par lui-même le sens précis d'exempt d'impôts, et qui ne peut prendre ce sens ici que par l'opposition que l'historien a voulu mettre entre *ingenui* d'une part, *publico tributo subactus* de l'autre. En tout cas et si hésitant qu'on puisse être sur le sens de l'incidente *qui ingenui fuerant*, la proposition principale est d'une clarté parfaite: *multos de Francis publico tributo subegit.*

[2] Grégoire, *De gloria confessorum*, 103 (104) : *Ecclesiæ tributa solvunt.* — *Lex Alamannorum*, XXII, 1; *Lex Baiuwariorum*, I, 13.

toujours l'impôt d'État[1]. En second lieu, le mot *Franci*, que l'historien emploie à bon escient, ne peut pas s'appliquer à des esclaves, ni même à des affranchis. Tous les documents de l'époque mérovingienne s'opposent à ce que des *Franci* soient des serfs ou même d'anciens serfs. Vous ne trouverez jamais ni dans les écrivains ni dans les chartes le mot *Franci* appliqué à des affranchis. Ainsi le *publicum tributum* payé par des *Franci* ne peut être que l'impôt d'État portant sur des hommes de race franque. Grégoire de Tours a voulu dire que beaucoup de Francs qui par quelque motif avaient échappé à l'impôt sous Childebert Ier ou en avaient obtenu une exemption personnelle, y furent assujettis sous Chilpéric.

Il n'y a pas lieu de se demander comment le gouvernement royal fut assez habile ou assez fort pour amener les Francs à payer l'impôt foncier. Nulle habileté ne fut nécessaire, et il ne fut besoin d'aucune mesure générale. Lorsqu'un Franc achetait un domaine, il savait que ce domaine était inscrit au cadastre pour une taxe déterminée. La taxe était attachée au domaine, quel qu'en fût le propriétaire. On ne pouvait pas retoucher le cadastre de toute une cité parce qu'un Franc achetait une terre[2].

N'oublions pas d'ailleurs que l'impôt foncier était calculé d'après le nombre de bras d'hommes ou de femmes qui cultivaient chaque domaine. C'étaient ces

---

[1] Exemples dans Grégoire de Tours, VII, 23; IX, 30 *in fine*; de même pour l'expression *census publicus*, Grégoire, IX, 30; *Vita Eligii*, I, 15.

[2] Je laisse de côté, bien entendu, l'hypothèse de ceux qui se figurent qu'au moment de la conquête il se fit une grande distribution de terres, d'alleus, entre les guerriers francs. Je tiendrai compte de leur hypothèse le jour où ils présenteront au moins un texte qui l'autorise. — Nous parlerons ailleurs de l'alleu, et nous montrerons que l'alleu n'est ni une terre exempte d'impôts, ni une terre donnée à un guerrier, ni même une terre propre aux Francs.

colons eux-mêmes qui payaient la taxe sur les produits de leurs tenures. On ne voit pas bien comment on aurait pensé à dégrever des colons parce que leur nouveau propriétaire était un Franc.

Rien n'autorise donc à croire que l'impôt ait été supprimé pour les Francs. Ils payaient assurément toutes les taxes indirectes, telles que les tonlieus; ils payèrent de même la contribution foncière. Ce qu'il faut ajouter, c'est que, dans la pratique, tout homme puissant chercha à s'affranchir de cette obligation. Les évêques y réussirent pour leurs nombreux domaines; nous pouvons croire que beaucoup de Francs y réussirent pour les leurs, et que les riches Romains firent comme eux[1]. Mais il n'y eut pas de privilège légal; il n'y eut pas de privilège de race.

Il est surtout une sorte d'exemption dont les Francs, ou du moins un certain nombre de Francs, ont pu avoir le bénéfice. Les terres du fisc impérial n'étaient pas inscrites sur les mêmes registres cadastraux que les autres terres, et ne payaient pas l'impôt foncier. Les rois francs prirent ces terres pour eux, et il leur arriva souvent d'en donner à leurs serviteurs et à leurs courtisans en toute propriété et avec plein droit d'hérédité[2]. Je ne sais si en les donnant les rois décidèrent qu'elles resteraient exemptes de l'impôt, ou s'il fut au contraire stipulé qu'elles le payeraient comme toute terre possédée en propre[3]. Il est possible aussi que personne n'ait soulevé cette question. Ces terres n'étaient pas inscrites

[1] Tout cela sera mieux expliqué quand nous parlerons du régime des terres sous les Mérovingiens.
[2] Nous établirons ce point dans la suite de ces études.
[3] On peut voir un diplôme de 510, très peu authentique d'ailleurs, où une terre fiscale est donnée *absque tributis et exactions*, Pardessus n° 87, Pertz n° 1.

sur les registres ordinaires de l'impôt; l'esprit d'ordre n'était pas tel qu'on dût penser à les y mettre. L'exemption subsista donc pour elles, légale ou illégale; il arriva ainsi qu'un bon nombre de propriétaires ignorèrent le payement de l'impôt, de même que d'autres terres de même nature, données par le roi aux églises, conservèrent leur immunité. Il y eut ainsi des Francs qui échappèrent à l'impôt du sol; mais ce n'est pas parce qu'ils étaient de race franque, c'est parce qu'ils se trouvaient propriétaires de domaines précédemment exempts.

On peut donc admettre, en fait, que peu de Francs payèrent l'impôt foncier; mais on ne doit pas dire qu'en principe ils y aient été moins assujettis que les Romains. L'impôt resta ce qu'il avait été sous l'Empire. Il frappa la terre suivant son revenu moyen, calculé d'après le nombre des cultivateurs qui la faisaient valoir, mais non pas suivant la race de celui qui la possédait.

Nous verrons plus tard comment cet impôt, qui restait encore un impôt public, devint insensiblement une redevance féodale. Mais il fallait constater d'abord qu'il avait subsisté comme impôt d'État au sixième et au septième siècle. S'il s'est transformé, ce n'est pas au moment même de l'invasion, c'est longtemps après et pour des causes étrangères à l'invasion; ce n'est pas non plus par suite d'un privilège général d'une race, c'est par des motifs tout à fait étrangers à la question de race.

---

Regardons maintenant les autres royaumes germaniques qui ont été fondés dans les mêmes conditions à peu près que le royaume des Francs, nous y voyons le même système d'impôts, c'est-à-dire le maintien des impôts romains.

Les rois burgundes n'ont pas supprimé les douanes de Valence et de Lyon, puisqu'on les retrouve encore après eux. Les rois wisigoths ont conservé aussi les tonlieus[1]. Sous ces rois, comme sous les empereurs, l'impôt du sol a été perçu d'après des registres appelés encore du nom romain de polyptyques[2].

Dans le royaume des Ostrogoths d'Italie nous trouvons aussi les impôts indirects[3], les tonlieus à l'entrée des ports[4], le droit de gîte pour les fonctionnaires[5] et surtout l'impôt foncier. Celui-ci avait été maintenu par Odoacre[6], il l'est par Théodoric et il conserve son nom romain de *functio, tributaria functio, tributum fiscale*[7].

[1] Voyez dans le recueil de Cassiodore les instructions de Théodoric à ses agents en Espagne, alors qu'il était régent de ce royaume. Cassiodore, *Lettres*, V, 30 : *Telonei canonem nulla faciatis usurpatione confundi, sed modum rebus utilissimum, quem præstare debeat, imponentes, commerciandi licentiam revocato.*

[2] *Lex Wisigothorum*, V, 4, 19 : *Functionem publicam impleturus est.... Functionem rei acceptæ publicis utilitatibus impendere non recuset.* — Cassiodore, *Lettres*, V, 30 : *Polyptychis publicis, ut moris est.... Exigentes assem publicum per gravamina ponderum premere dicuntur patrimonia possessorum.* Théodoric se plaint des abus : *exactorum licentia fertur amplius a provincialibus extorqueri quam nostro cubiculo constat inferri.* Il veut ramener les taxes au taux antérieur : *ad hunc modum functiones publicas revocare decernimus quem Alarici atque Eurici temporibus constat illatas.*

[3] Cassiodore, *Lettres*, II, 30, lettre de Théodoric au préfet du prétoire pour exempter un négociant de ces impôts : *Ita commercium exerceat quatenus nec monopolii nec siliquatici nec aurariæ pensionis aliquid impendat.* — IV, 19 : *Siliquatici præstationem quam rebus omnibus nundinandis provida definivit antiquitas, in frumentis, vino et oleo....*

[4] Voyez dans Cassiodore, IV, 19, une lettre de Théodoric où il accorde une immunité temporaire aux négociants à l'entrée des ports.

[5] *Ibidem*, V, 14, une lettre de Théodoric signale les abus que ses *judices* font de ce droit, et elle en marque les limites.

[6] Cassiodore, *Lettres*, IV, 38 : *Sicut Odoacris tempore tributa solverunt.*

[7] *Functiones* (Cassiodore, II, 25), *functio publica* (V, 14), *tributaria functio* (III, 40, et V, 14), *fiscalia tributa* (IV, 38, et VII, 21).

Comme autrefois, il est proportionnel non à l'étendue, mais au revenu moyen de la terre[1]. Il continue d'être perçu par les curiales[2], sur l'ordre du comte de chaque cité; les curiales et le comte ont chacun leur responsabilité[3]. Les Goths sont-ils exempts de cette contribution à titre de race supérieure et victorieuse? Nullement. Le roi Théodoric écrit à un de ses fonctionnaires : « Si un Goth est inscrit sur le registre des curiales comme devant payer l'impôt et qu'il s'y refuse, contraignez-le par la force[4]. » Il s'exprime avec plus de netteté encore dans une autre lettre : « Qui possède le sol doit en payer l'impôt; nous t'enjoignons donc (il s'adresse à un fonctionnaire, Goth lui-même) de contraindre tous les Goths qui habitent le Picenum ou la Toscane à s'acquitter des contributions; s'ils s'y refusent, tu confisqueras leurs terres[5] ». Il rappelle encore une autre fois que les « barbares » qui ont acheté des terres doivent en payer l'impôt[6].

[1] Lettre de Théodoric dans Cassiodore, IV, 38; cf. VII, 45; IX, 11.

[2] Cassiodore, I, 19 : *Civitatis curialium insinuatione suscepta.* — Ibidem, II, 24, et II, 25, édit de Théodoric pour alléger la charge des curiales et assurer la rentrée de l'impôt.

[3] Voyez dans Cassiodore, XII, 2, les instructions du préfet du prétoire aux *judices* pour la levée de l'impôt. — Sur les *censitores*, voyez IX, 11.

[4] Dans Cassiodore, I, 19 : *Præcipimus ut Adrianæ civitatis curialium insinuatione suscepta, quicumque Gothorum fiscum detrectat implere, eum ad æquitatem redhibitionis arctelis.*

[5] Dans Cassiodore, IV, 14 : *Præsenti auctoritate tibi delegamus ut Gothi per Picenum sive Tuscias utrasque residentes, te imminente, cogantur exsolvere debitas functiones.... Si quis jussa nostra abjecerit, casas ejus appositis titulis fisci nostri juribus vindicabis.*

[6] Dans Cassiodore, V, 14 : *Barbari..., quolibet titulo prædia quæsiverint, fiscum possessi cespitis persolvere cogantur.*

## CHAPITRE XII

### Le service militaire.

L'organisation de l'armée et les règles du service militaire sont peut-être les choses où l'invasion germanique a apporté le plus de changements.

On se rappelle que dans les cinq siècles qu'a duré l'empire romain, le principe constant avait été de décharger la population du souci et des dangers de la guerre, grâce à une armée permanente et soldée. Cette armée était cantonnée aux frontières et défendait les provinces contre l'ennemi. Elle ne paraît pas avoir jamais dépassé trois cent mille hommes pour une population qu'on peut évaluer à soixante-quinze millions d'âmes. Elle se recrutait en grande partie par des engagements volontaires, en partie par une sorte de conscription. Mais cette conscription n'était pas une lourde charge, puisqu'il ne se pouvait agir, année moyenne, que de quinze à vingt mille conscrits[1]. Cette charge même fut encore fort diminuée au quatrième siècle, quand l'empire prit l'habitude d'enrôler des barbares, germains, asiatiques, africains, pour tenir dans les troupes auxiliaires la place de ses sujets romains. Moyennant quelque augmentation de l'impôt, le service militaire fut aussi réduit qu'il était possible; et l'on peut dire que, par ce système des armées permanentes, la population civile était toute à la paix et au travail.

Cette combinaison salutaire d'une armée permanente

[1] Voyez plus haut, au t. I<sup>er</sup> du présent ouvrage.

et d'une population paisible fut détruite par le triomphe des Germains.

Peut-être ne disparut-elle pas tout de suite. Nous ne savons que très imparfaitement quelle était la nature des armées de Clovis. Les seuls renseignements que nous ayons font entrevoir qu'elles se composèrent de deux éléments : d'abord une troupe de guerriers francs, troupe peu nombreuse, mais qui semble bien avoir été une élite ; ensuite les divers corps de troupes romaines qui étaient cantonnés en Gaule et qui se joignirent à Clovis « en conservant leur nom, leur uniforme, et même leurs enseignes »[1]. C'est donc avec une sorte d'armée permanente, c'est-à-dire avec des troupes composées de vrais soldats, et non pas avec des levées en masse, que Clovis a fait ses conquêtes. Il pratiquait encore à peu près le système romain. Ce système se continua-t-il sous ses fils ? Nous l'ignorons ; mais ce que nous pouvons constater, c'est que sous ses petits-fils il n'existe plus. L'armée composée de vrais soldats s'est désorganisée et a disparu. Parmi tous les documents de la fin du sixième siècle il n'y a pas un seul mot qui indique l'existence d'une armée permanente. Nul doute que chaque roi n'eût autour de sa personne quelques hommes portant des armes, quelques gardes du corps ; mais cela ne ressemblait ni à une armée ni même à un corps de troupe. Qu'on ne se figure donc pas une armée franque restant constituée et défendant la frontière ou gardant par ses garnisons le pays conquis. L'observation des textes et des faits ne montre rien de pareil. Les Mérovingiens n'ont eu ni garnisons à l'in-

[1] Procope, *De bello gothico*, 12 : Ἐκ τῶν καταλόγων ἐς τόδε τοῦ χρόνου δηλοῦνται ἐς οὓς τὸ παλαιὸν ταττόμενοι ἐστρατεύσαντο, καὶ σημεῖα τὰ σφέτερα ἐπαγόμενοι οὕτως ἐς μάχην καθίστανται, καὶ σχῆμα τῶν Ῥωμαίων διασώζουσι.

térieur ni troupes aux frontières. Les rois francs n'ont pas eu d'armée.

Ils avaient pourtant le goût de la guerre; ils avaient surtout l'avidité, que la guerre seule satisfait. Ils avaient aussi un entourage ambitieux et cupide, qui exigeait d'eux les profits que la guerre peut donner[1]. Ils se firent donc sans cesse la guerre entre eux, et ils la firent aux autres États Germains; car il est à remarquer que tous ces Germains, établis dans l'ancien empire ou à ses portes, loin de se regarder comme solidaires, ne cessèrent pas de se combattre. Nulle époque ne fut plus fertile en expéditions militaires. La Gaule, accoutumée à cinq siècles de paix rarement interrompue, fut dans un état de guerre presque annuel pendant deux siècles. Le roi avait le droit absolu d'entreprendre telle guerre qui lui convenait. Aucune constitution, aucune règle sur ce point ne limitait son droit. Il n'avait à consulter ni peuple ni assemblée, et nous voyons en effet dans tous ces récits de guerre qu'il n'a jamais consulté une nation. Pourvu que les grands de son entourage et de son conseil fussent de son avis, il faisait la guerre quand il voulait et où il voulait[2], en Italie si l'empereur lui avait donné de l'argent pour attaquer les Lombards[3], en Espagne sous quelque prétexte futile[4], et toujours sans politique suivie, sans souci d'aucun intérêt national. N'ayant pas d'armées permanentes pour faire tant de guerres, ces rois imaginèrent la levée en masse.

[1] Voyez des exemples de cela dans Grégoire, III, 11-12; IV, 14-16.
[2] Les exemples sont nombreux : Grégoire, III, 7; III, 11; III, 29; IV, 16; V, 27; VI, 19; VII, 24; VII, 42; VIII, 30; IX, 18; IX, 25 et 31; X, 9. — Frédégaire, *Chron.*, c. 10, 21, 27, 37, 38, 68, 73, 78, 87.
[3] Grégoire, VI, 42; VIII, 18. — Cf. Paul Diacre, *Hist. Langobardorum*, II, 17, 22, 29, 31.
[4] Grégoire, III, 10; III, 29; VI, 42; VIII, 28-30.

Pour satisfaire leur ambition ou leur cupidité, ils firent marcher la population civile.

Voici comment les choses se passaient chaque fois. Dès que le roi avait résolu une guerre, il envoyait à ses fonctionnaires dans les provinces, c'est-à-dire à ses ducs et à ses comtes, l'ordre de lever l'armée, c'est-à-dire de réunir la population en armes, et de la faire marcher à l'endroit qu'il indiquait[1]. Ainsi, Chilpéric reçoit la nouvelle d'une entreprise de Gontran ; aussitôt « il envoie des courriers à ses ducs, à ses comtes, à tous ses agents, avec ordre de faire la levée de l'armée et d'envahir le royaume de son frère »[2]. Ailleurs, c'est le roi Gontran qui « fait une levée de la population de son royaume et se forme ainsi une grande armée »[3]. Le même Gontran, un peu plus tard, lève une armée et lui ordonne de marcher en Espagne; aussitôt Burgundes, gens d'outre-Saône, gens du Berri, du Périgord, de l'Angoumois, de la Saintonge, de l'Auvergne, et la population de beaucoup d'autres cités, tous se mettent en marche[4]. Une autre fois, c'est contre les Bretons qu'il envoie combattre ses hommes du

---

[1] Le terme ordinairement employé dans le langage du temps pour désigner cette levée de la population était *commovere exercitum, commovere populum, commovere gentes.* Grégoire, II, 37 : *Commoto exercitu.* III, 28 : *Commoventes exercitum.* IX, 18 : *Jussit commoveri exercitum.* VIII, 30 : *Commoto omni exercitu regni sui.* X, 5 : *Commoto Campaniæ populo.* VII, 24 : *Commotis gentibus regni sui.* — Frédégaire emploie le mot *movere* ou *promovere* dans le même sens, c. 27, 37, 38, 78.

[2] Grégoire, VI, 19 : *Cumque hoc regi Chilperico nuntiatum fuisset, misit nuntios comitibus ducibusque vel reliquis agentibus, ut collecto exercitu in regno germani sui irruerent.*

[3] Grégoire, VII, 24 : *Rex Guntchramnus, commotis gentibus regni sui, magnum junxit exercitum.*

[4] Grégoire, VIII, 30 : *Guntchramnus rex commoveri exercitum in Hispanias præcepit.... Commoto omni exercitu regni sui.... Gentes quæ ultra Ararim et Rhodanum commanebant cum Burgundionibus junctæ.... Biturici, Santonici cum Petragoricis, Egolismensibus et reliquarum urbium populis..... Nicetius dux cum Arvernis.*

Burgundie¹. Ainsi font tous ces rois. Thierri II veut attaquer son frère; il ordonne aux gens « de toutes les provinces de son royaume » de se rendre à Langres, et avec cette armée il envahit l'Austrasie². Dagobert I⁽ᵉʳ⁾ prononce presque chaque année le « ban » de guerre, contre les Wascons, contre l'Espagne, contre les Slaves³. Quand il ne s'agissait que d'une guerre locale, le roi ne convoquait que les hommes des provinces voisines. Ainsi Chilpéric, pour combattre les Bretons, fait marcher les habitants des pays de Tours et de Poitiers⁴; Sigebert, voulant s'emparer d'Arles, y envoie les habitants de l'Auvergne⁵. Gontran, pour reconquérir le Poitou, lance contre ce pays les gens de l'Orléanais et du Berri⁶.

Dès que le comte avait reçu l'ordre du roi et qu'il avait publié le « ban » dans son ressort, tous les hommes valides devaient prendre les armes et se porter au rendez-vous de guerre. Nous ne voyons pas qu'aucune loi posât des bornes au droit qu'avait le roi d'exiger le service militaire de tous ses sujets. Nous ne voyons pas qu'il y eût de limite d'âge; tout au contraire il existe une formule d'acte qui marque qu'un vieillard pouvait être astreint au service de guerre⁷. Nous ne voyons pas non

---

¹ Grégoire, IX, 18.
² *Fredegarii Chronicon*, 38 : *Anno 17 regni sui Lingonas de universas regni sui provincias mense madio exercitus adunatur.*
³ *Fredegarii Chron.*, c. 68 : *Dagobertus jubet de universo regno Austrasiorum contra Samonem et Winidos movere exercitum.* C. 75 : *Exercitum in auxilium Sisenandi de toto regno Burgundiæ* BANNIRE *præcepit.* C. 78 : *Dagobertus de universo regno Burgundiæ exercitum promovere jubet... contra Wascones.* — De même sous son fils Sigebert; ibidem, c. 87 : *Contra Thuringos... jussu Sigiberti omnes leudes Austrasiorum in exercitu gradiendum* BANNITI *sunt.*
⁴ Grégoire, V, 26.
⁵ Grégoire, IV, 30.
⁶ Grégoire, VII, 12; VII, 24.
⁷ C'est la formule par laquelle le roi exempte du service, par faveur personnelle, un homme qui est vieux, *dum senex esse videtur* (*Formulæ*

plus que le temps de service fût limité à un nombre de jours déterminé, ni que ce service ne pût être exigé que pour la défense du pays. Tout au contraire, les exemples montrent que les hommes pouvaient être envoyés fort loin et pour de longues expéditions. Des hommes de Burgundie sont envoyés en Espagne; les gens de l'Auvergne marchent contre les Thuringiens. Le service militaire n'avait pas de bornes légales. La loi ne dit qu'une chose : Quiconque aura été appelé à l'armée par le ban du roi et n'aura pas obéi, sera condamné à une amende de 60 *solidi*[1]. L'obligation est donc absolue[2]. Grégoire de Tours nous montre, après une expédition militaire, les comtes infligeant une forte amende à tous ceux du pays qui n'y ont pas pris part[3].

Pour le service militaire il n'y avait aucune distinction entre Francs et Romains. Quand on appelait tous les hommes à l'armée, on ne leur demandait pas de quelle race était chacun d'eux. Il est visible dans les récits de Grégoire de Tours et de Frédégaire que, lors-

*Senonicæ*, 19, Zeumer, p. 103, Rozière, n° 38). Il résulte de ce texte que des hommes âgés, s'ils n'obtenaient pareille faveur, pouvaient être astreints au service de guerre.

[1] *Lex Ripuaria*, 65 : *Si quis... in hoste bannitus fuerit, et minime adimpleverit, 60 solidos multetur.* — On sait que, dans la langue du sixième et du septième siècle, *hostis* signifie l'armée; c'est le sens qu'il a déjà dans Grégoire de Tours, dans la Loi salique et dans la Loi ripuaire; c'est le sens qu'aura le mot *ost* au moyen âge.

[2] Dans la pratique, il y avait beaucoup d'exemptions. Une formule du recueil d'Angers, n° 37 (36), nous montre un fils qui marche à l'armée à la place de son père; c'est donc que le fils n'avait pas été nommément appelé. Peut-être n'était-il pas d'usage de prendre deux hommes d'une même famille à la fois.

[3] Grégoire, VII, 42 : *Post hæc, edictum a judicibus datum est ut qui in hac expeditione tardi fuerant, damnarentur. Biturigum comes misit pueros suos ut in domo B. Martini quæ in hoc termino sita est, hujusmodi homines spoliare deberent.... Dixerunt : Pretia solvetis pro eo quod regis imperium neglexistis.* — V, 26 : *Chilpericus bannos jussit exigi pro eo quod in exercitu non ambulassent.*

qu'ils parlent des corps d'armée des Bituriges, des Arvernes, des Poitevins, il s'agit chaque fois de troupes fort nombreuses qui ne pourraient pas être composées de Francs seuls. Quand, par exemple, le roi Sigebert charge les Arvernes de prendre pour lui la ville d'Arles, il est visible que ces Arvernes, qui forment une armée sous le commandement de leur comte Firminus, sont en grande majorité des Romains¹. Quand Grégoire dit que dans une bataille les gens de Bourges étaient au nombre de quinze mille et qu'ils eurent sept mille morts, nous devons bien penser que dans cette population armée les Francs n'étaient qu'une très petite minorité². Les armées des rois mérovingiens n'étaient donc pas des armées franques, mais des armées de toutes races.

Il est même douteux, à voir le grand nombre de ces armées, qu'elles fussent composées uniquement d'hommes libres et de propriétaires fonciers. Dans un temps où la grande propriété dominait, il est peu probable que le pays de Bourges comptât quinze mille propriétaires. D'ailleurs, deux passages de Grégoire de Tours marquent expressément que les simples tenanciers des terres d'église étaient appelés à l'armée, ou bien, faute de s'y rendre, étaient condamnés à l'amende³.

---

¹ Grégoire, IV, 30 : *Sigibertus rex Arelatensem urbem capere cupiens, Arvernos commovere præcepit; Firminus comes cum ipsis in capite abiit.*

² Grégoire, VI, 51.

³ Grégoire, V, 26, et VII, 42. Dans le premier passage, Chilpéric exige le *bannus* des *pauperes et juniores ecclesiæ*, c'est-à-dire des hommes dépendant de l'église de Tours et qui auraient dû être, à titre d'hommes dépendants, libres de toute obligation envers l'État, *nullam solverent publicam functionem.* Dans le second, les agents d'un comte se présentent dans un domaine qui est la propriété de l'église de Saint-Martin, et prétendent lever l'amende sur les tenanciers de ce domaine. — La Loi ripuaire, tit. LXV, 2, montre que les hommes qu'on appelait *romani, ecclesiastici* ou *regii,* c'est-à-dire les hommes en condition d'affranchis,

Comme l'armée n'était pas autre chose que la population virile du royaume, il n'est pas surprenant qu'un écrivain comme Grégoire de Tours l'appelle indifféremment des deux mots *exercitus* et *populus;* ils étaient devenus synonymes[1].

Cette armée n'était pas distribuée en légions ou régiments comme les armées régulières. Elle était répartie en cités. Cela est nettement marqué dans les récits de Grégoire de Tours. Nous y voyons un corps d'armée d'Arvernes, et d'autres corps d'armée de Bituriges, de Poitevins, d'Angevins, de Tourangeaux, de Périgourdins. Il est manifeste que chaque cité forme un corps séparé. Les rois francs n'ont pas eu un organisme militaire qui fût distinct de l'organisme civil.

Ils n'ont même pas eu d'officiers spéciaux pour commander aux soldats. Il n'en existait pas pour le recrutement des hommes; il n'y en avait pas pour leur instruction militaire; il n'y en avait même pas pour les conduire à l'ennemi. Le comte, ses vicaires, ses centeniers, qui la veille administraient et jugeaient ces hommes, devenaient leurs officiers et leurs généraux. Le comte marchait à la guerre à la tête de ses *pagenses*, c'est-à-dire de ses administrés devenus ses soldats[2].

étaient astreints au service; l'amende n'était d'ailleurs pour eux que la moitié de celle des hommes libres. — Quant aux esclaves, ils étaient exempts.

[1] Les exemples sont innombrables; nous n'en citerons que quelques-uns. Grégoire, X, 3: *Commoto Campaniæ populo.* Dans une même phrase, IV, 45 (44), l'armée de Mummolus est appelée *exercitus* et *populus.* Ailleurs, IV, 27: *Terga vertente exercitu...., magna strages de populo fuit.* VI, 31 : *Duces cum reliqua parte populi.* VII, 35 : *Relictis plaustris cum populo minore.* VIII, 30: *Similiter Biturici cum reliquarum urbium populo ad Carcassonam urbem derecti;* puis l'auteur, décrivant la panique qui se met dans cette armée, dit : *Ex hoc omnis populus timore perterritus ad propria regreditur.*

[2] *Fredegarii Chronicon,* c. 87 : *Ænovalus comes Sagiontensis cum*

Parfois les rois mettaient un duc au-dessus de plusieurs comtes, afin que l'armée fût moins fractionnée.

Nous avons vu que ces ducs, ces comtes, ces patrices, et à plus forte raison ces vicaires et ces centeniers, pouvaient être de race romaine, et que cela était même très fréquent. Ils n'en commandaient pas moins les troupes. Il se pouvait donc que des soldats de race franque eussent des officiers romains. On voit même des Romains qui commandent en chef. Les meilleurs généraux du roi Gontran furent Eunius Mummolus, qui sauva la Gaule d'une invasion des Lombards[1], et Celsus, qui vainquit les Arvernes[2]. Le meilleur général de Chilpéric s'appelait Désidérius[3]. Deux chefs d'une armée de Dagobert s'appelaient Abundantius et Vénérandus, et étaient peut-être des Romains[4]. Pas plus pour le commandement que pour le service militaire, on ne regardait à la race[5].

Par ces levées en masse, la population se trouvait arrachée presque chaque année à ses travaux. D'ailleurs

---

*pagensibus suis... ad pugnandum porrexerunt.* — Dans Grégoire, VIII, 30, Nicétius, qui est qualifié *Arvernorum dux* à la fin du chapitre, commanda le corps des Arvernes dans l'expédition dirigée contre l'Espagne : *Nicetius dux cum Arvernis in hac expeditione commotus.* — Grégoire, IV, 30 : *Sigibertus Arvernos commovere præcipit; erat tunc Firminus comes urbis illius, qui cum ipsis in capite abiit.*

[1] Grégoire, IV, 42.
[2] Grégoire, IV, 30.
[3] Grégoire, VI, 12; VII, 31; VIII, 43. Ce Désidérius paraît avoir été un homme du Midi, probablement d'Agen, VIII, 45.
[4] *Fredegarii Chronicon*, c. 73.
[5] Ces faits contredisent la théorie qui règne sur la manière de distinguer le tombeau d'un Franc du tombeau d'un Romain. Quand vous trouvez une arme, dit-on, c'est le tombeau d'un Franc (Digot, *Hist. d'Austrasie*, t. III, p. 341). C'est une erreur. Il y avait des Romains qui étaient soldats, qui se distinguaient à la guerre, et on pouvait enterrer leurs armes avec eux, comme on faisait aux Francs. La règle que les érudits ont établie pour distinguer les races dans le tombeau est fort arbitraire.

nous ne voyons pas qu'on prit soin d'instruire ces hommes à l'avance; aucun indice qu'il y eût en temps de paix des exercices militaires. Ces hommes n'avaient donc ni la pratique des armes, ni la cohésion, ni la discipline. Ils étaient des laboureurs, des artisans, des propriétaires, tout excepté des soldats.

Aussi formaient-ils de mauvaises armées. Je vois que les historiens modernes se figurent volontiers ces armées « franques » comme invincibles. Mais regardons les contemporains; ils nous présentent les choses tout autrement. Dès le milieu du sixième siècle nous comptons une série de grandes déroutes: Clotaire Ier est vaincu par les Saxons[1]; une armée austrasienne est exterminée par des bandes de Huns[2] et une armée burgunde par les Lombards[3]. Le roi d'Austrasie Sigebert, pour faire la guerre à son frère Chilpéric, ne peut pas assez compter sur ses Austrasiens; il appelle des auxiliaires d'outre-Rhin et livre la Gaule à des troupes de Germains qui la pillent[4]. Plus tard Brunehaut, maîtresse des trois quarts de la Gaule, ne croira pouvoir résister à Clotaire II qu'en appelant aussi les Germains à son aide[5]. C'est apparemment que, dans la Gaule, ou bien les hommes manquent, ou bien ils refusent de servir, ou bien ils servent trop mal. Les expéditions faites en Italie

---

[1] Grégoire, IV, 14.
[2] Grégoire, IV, 29.
[3] Grégoire, IV, 42.
[4] Grégoire, IV, 50 (49) : *Sigibertus rex gentes illas quæ ultra Renum habentur commovit.... Vicos qui circa Parisius erant flamma consumpsit, et tam domus quam res reliquæ ab hoste direptæ sunt.* Notez que *hoste* ne signifie pas l'ennemi, mais l'armée, l'armée de Sigebert. *Obtestabat rex ne hæc fierent, sed furorem gentium quæ ulteriore Rheni parte venerant, superare non poterat.*
[5] *Fredegarii Chronicon*, 40 : *Brunichildis Sigibertum in Thoringia dirigit atque Warnarium majorem domus... ut gentes ultra Rhenum attraherent qualiter Chloturio posset resistere.*

se terminent misérablement¹. Ce qui est plus honteux que des défaites, c'est l'indiscipline, le désordre et la lâcheté qui règnent dans ces armées. Il faut citer un exemple. En 585, le roi Gontran voulut enlever aux Wisigoths la Septimanie. Il ordonna une levée générale et fit marcher toutes les forces de la Burgundie et de l'Aquitaine réunies. On se porta sur Carcassonne. Nulle résistance ; la ville ouvrit ses portes. Mais un jour, sans même qu'il y eût d'ennemi, une panique inexplicable se mit dans cette armée, et « tous revinrent dans leur pays, abandonnant même leurs bagages² ». Les Goths survenant n'eurent qu'à massacrer des fuyards. Le scandale était si grand, que le roi fit venir devant lui les chefs de cette armée pour les réprimander ; mais les chefs lui répliquèrent : « Que pouvons-nous ? personne ne craint le roi, personne ne respecte ni duc, ni comte ; si nous voulons punir une faute, on se révolte³. »

De telles armées semblaient se faire battre exprès. Sous Dagobert I⁰⁰, une armée austrasienne fut si complètement battue par les Wendes, que le chroniqueur attribue cette déroute « à une aberration d'esprit des Austrasiens, qui se croyaient haïs par leur roi⁴ ». Da-

---

¹ Grégoire, VIII, 18. Paul Diacre, *Hist. Lang.*, II, 2 ; III, 29.
² Grégoire, VIII, 30 : *Cum ad Carcassonam urbem accessissent, reseratis sponte ab habitatoribus portis, nullo resistente, ingressi, nescio quo cum Carcassonibus scandalo commoti, urbem (urbe) egressi sunt.... Et hoc omnis populus* (l'armée) *timore perterritus, ad propria regredi destinans, universa reliquit quæ vel per viam ceperat, vel quæ secum adduxerat.* — Plus tard une autre armée fut encore détruite en Septimanie par les Goths (Grégoire, IX, 31).
³ Ibidem : *Quid faciemus? Nullus regem metuit, nullus ducem, nullus comitem reveretur ; et si fortassis aliquis ea emendare conatur, statim seditio in populo, statim tumultus exoritur.*
⁴ *Fredegarii Chronicon*, c. 68 : *De exercitu Dagoberti gladio trucidantur* (a Venedis) *et exinde fugaciter omnes tentorios et res quas habuerant relinquentes ad propias sedes revertuntur.... Istam victoriam non*

gobert, instruit par cette expérience, paraît avoir essayé de former des corps d'élite et une véritable armée de soldats à la fois plus disciplinés et plus braves[1]. Mais, si cet essai fut tenté, il n'aboutit pas; car nous voyons, bientôt après, son fils Sigebert II reprendre le système des levées en masse et, à la tête de toute la population virile de l'Austrasie, être mis en pleine déroute par les Thuringiens[2]. Le chroniqueur représente le jeune roi pleurant sur son armée détruite.

Le service militaire n'était pas rétribué; l'homme ne recevait pas de solde; il est même fort douteux qu'il fût nourri par l'État. Il devait supporter, non seulement les fatigues et les dangers, mais tous les frais de la guerre. Puisqu'on ne le nourrissait pas, il fallait bien tolérer qu'il se nourrît aux dépens des pays qu'il traversait. De là un immense désordre. Le droit de vivre sur l'habitant était prétexte à de bien autres pillages. Écoutons Grégoire de Tours, qui ne dit pas les choses d'une manière abstraite et vague. Les gens du pays de Bourges, lancés par le roi Gontran contre les gens de Tours, « mettent le feu partout »[3]. Une autre fois les

*tantum Sclavorum fortitudo obtinuit quantum dementatio Austrasiorum, dum se cernebant cum Dagoberto odium incurrisse.*

[1] C'est ce qu'on peut induire de ces mots de Frédégaire, c. 74 : *Scaram de electis viris fortibus de Neuster et Burgundia secum habens.* Il ne fit d'ailleurs avec cette troupe qu'une démonstration sur le Rhin et laissa aux Saxons, en leur faisant remise de tout tribut, le soin de contenir les Wendes.

[2] *Fredegarii Chronicon*, c. 87 : *Jussu Sigiberti omnes leudes Austrasiorum* (nous avons vu que, dans ce chroniqueur, le terme *leudes* a une signification très étendue et peut s'appliquer à tous les sujets du roi) *in exercitum gradiendum banniti sunt.* C'est donc le ban militaire, la convocation générale. La suite confirme cela : *Gentes undique de universis regni sui pagis cum ipso adunati sunt. — Prælium sine consilio initum est.... Tanta strages de exercitu Sigiberti facta est ut mirum fuisset.*

[3] Grégoire, VII, 12 : *Biturici... infra terminum Turonicum incendia facere cœperunt.... Maroialensem ecclesiam incendio cremaverunt.*

gens de l'Anjou envoyés contre ceux de Bourges brûlent et pillent « au point qu'il ne reste plus dans la campagne une seule maison, une seule vigne, un seul arbre »[1]. Les gens de l'Orléanais envoyés contre ceux du Poitou « pillent, brûlent, massacrent »[2]. Mais ce n'est pas seulement en pays soi-disant ennemi que ces horreurs se commettent. Ces gens d'Orléans, revenant du Poitou par le pays de Tours, font les mêmes pillages, brûlent les églises et « enlèvent tout ce qu'ils peuvent trouver »[3]. Une armée du roi de Burgundie envoyée pour conquérir la Septimanie commence par ravager le pays burgunde, les bords de la Saône et du Rhône ; « elle enlève récoltes et troupeaux, et remplit son propre pays de meurtres et d'incendies »[4]. Le corps d'armée qui vient d'Aquitaine « commet les mêmes ravages » ; en traversant le territoire de Nîmes, « ils brûlent les oliviers, ils coupent les vignes »[5]. On ne saurait dire, ajoute Grégoire, combien sur leur passage, en leur propre pays, ils commirent de meurtres et de vols. Dans l'Auvergne, toutes les églises situées dans le voisinage

---

[1] Grégoire, VI, 31 : *Cuncta incendio tradens atque devastans.... Duces ad civitatem pervenerunt, cuncta diripientes vel devastantes, talisque depopulatio facta est ut nec domus remaneret nec vinea nec arbores.*

[2] Grégoire, VII, 24 : *Aurelianenses infra terminum Pictavum ingressi prædas, incendia atque homicidia faciebant.*

[3] Ibidem : *Per Turonicum transeuntes, similiter faciebant, ita ut ipsæ quoque ecclesiæ incenderentur, et quæcunque invenire potuissent diriperentur.*

[4] Grégoire, VIII, 30 : *Ararica Rhodaniticaque littora tum de fructibus quam de pecoribus depopulata sunt. Multa homicidia, incendia, prædasque in regione propria facientes, et ecclesias denudantes, clericos ipsos interimentes....*

[5] Ibidem : *Biturici, Santonici cum Petracoricis, Egolismensibus.. similia mala gesserunt.... Hi qui Nemausum aggressi fuerant, devastantes universa, succensis domibus, incensis segetibus, discissis olivetis, vinetisque succisis.... Tantaque per viam scelera, homicidia, prædas, direptiones per regionem propriam fecerunt ut memorari perlongum sit*

de la grande route que suivait l'armée, furent dépouillées même de leurs vases sacrés[1]. Et cela se répétait dans chaque expédition[2]. Il paraît que le service militaire ainsi entendu pouvait être fructueux, car nous voyons qu'un jour, les Tourangeaux n'ayant pas été convoqués à une expédition qui se faisait dans la Gaule même, beaucoup d'entre eux voulurent s'y joindre « pour le gain »[3].

Telles furent les armées mérovingiennes. On est bien loin de la vérité quand on se figure que ce fussent des armées franques. On en est loin encore quand on représente ces rois entourés d'une troupe de « fidèles » et faisant la guerre par eux. Ni Grégoire de Tours, ni Frédégaire, ni aucun document de l'époque ne mentionne une troupe de « fidèles » combattant pour son roi. Rien ne signale une classe d'hommes qui soit spécialement vouée à la guerre. Cette idée que je trouve encore dans des livres d'aujourd'hui, à savoir que les fils et les petits-fils de Clovis se sont partagé « les fidèles » ou « les guerriers », et que par eux ils se sont fait la guerre l'un à l'autre, est de pure imagination moderne. Ce qu'on se partage, ce sont des cités, non des guerriers. Et quand ces rois se font la guerre, c'est avec la population civile de ces cités. Les textes, sur ce point, sont abondants et

[1] Ibidem : *Tunc et Arvernæ regionis ecclesiæ, quæ viæ publicæ propinquæ erant, a ministeriis denudatæ sunt.*

[2] Grégoire, X, 3 : *Ad Mettensem urbem... tantas prædas tantaque homicidia ac cædes perpetravit ut hostem propriæ regioni putaretur inferre; alii quoque duces similiter fecere, ut prius regionem propriam afficerent quam quidquam victoriæ de inimica gente patrarent.* — X, 9 : *Per viam qua abierunt, incendia, homicidia, spolia ac multa scelera egerunt.... Per Turonicum transeuntes, prædas agentes, multos expoliaverunt.*

[3] Grégoire, VII, 28 : *Secuti sunt exercitum de Turonicis multi, lucri causa.*

clairs. Il n'y a rien de féodal dans une armée mérovingienne.

Les Francs n'ont apporté aucun organisme militaire d'un caractère particulier. Ils ont seulement laissé tomber l'organisme romain, c'est-à-dire les troupes permanentes et soldées, et ils n'ont su lui substituer que le grossier système de la levée en masse, sans distinction de races ni d'aptitudes. Dès lors le service militaire, c'est-à-dire la guerre presque chaque année, la guerre pour toute espèce de motif excepté l'intérêt public, est devenue la plus lourde charge qui pût être imposée à une population. Cette levée en masse produisit d'ailleurs ses résultats naturels, ruine du pays, faiblesse de l'armée, indiscipline et défaites. Il est singulier que ce soit dans l'ordre militaire que les rois francs aient le plus montré leur incapacité[1].

Quelques lecteurs s'étonneront peut-être que nous ne fassions pas ici un chapitre sur ce qu'on appelle les bénéfices mérovingiens. C'est une opinion fort en vogue

---

[1] En Espagne aussi les rois wisigoths ont pratiqué le système de la levée générale de la population sans distinction de race. *Lex Wisigothorum*, IX, 2, 9 : *Id decernimus ut quisquis ille est, sive dux sive comes atque gardingus, SEU SIT GOTHUS SIVE ROMANUS, necnon ingenuus quisque vel etiam manumissus, seu etiam quislibet ex servis fiscalibus, quisquis horum est in exercitum progressurus, decimam partem servorum suorum secum in expeditionem bellicam ducat, ita ut hæc ipsa pars decima servorum non inermis existat, sed vario armorum genere instructa appareat.* On voit que les Romains devaient le service de guerre comme les Goths, les non-propriétaires comme les propriétaires, les affranchis comme les hommes libres, et même les esclaves, au moins dans la proportion d'un sur dix, et sous les ordres de leurs maîtres. Chez les Wisigoths comme dans l'État mérovingien, l'organisation militaire n'était pas distincte de l'organisation civile. Les hommes de chaque cité marchaient sous les ordres de leur comte et de leurs centeniers (*Lex Wisigothorum*, IX, 2, 3-6). En Italie seulement, la distinction des races a été observée pour le service militaire sous Odoacre et sous Théodoric; la population indigène, moyennant une augmentation d'impôt, a été dispensée du service de guerre.

que ces rois concédaient leurs domaines en bénéfices temporaires à leurs guerriers. Ceux qui professent cette opinion ajoutent même que ces terres bénéficiales furent pour ces rois le principal moyen de gouvernement, qu'ils furent forts tant que ces terres leur restèrent en mains, qu'ils devinrent faibles parce qu'ils les perdirent. Cette théorie est en dehors des textes, et nous verrons même plus loin que les textes la contredisent. Il est tout à fait inexact que les rois aient concédé leurs domaines en bénéfices à leurs guerriers, inexact que les guerriers aient retenu ces terres malgré les rois, inexact que les rois mérovingiens aient perdu leurs domaines, inexact qu'ils aient gouverné avec ces terres, inexact que leur impuissance soit venue de ce qu'ils les eussent aliénées. Toute cette théorie, si ingénieuse qu'elle soit, ne supporte pas le contact des documents. Elle est toute moderne et on ne trouve rien dans les écrits de l'époque qui la justifie. Elle a été imaginée par des esprits qui visaient plutôt à expliquer brillamment les faits qu'à les comprendre exactement, et elle a plu à la foule des lecteurs parce que la foule préfère des explications hâtives et simples aux études sincères et longues. Mais l'histoire est une science; elle procède suivant une méthode rigoureuse; elle doit voir les faits comme les contemporains les ont vus, non pas comme l'esprit moderne les imagine. Nous étudierons ailleurs l'institution bénéficiaire; nous la décrirons dans le plus complet détail. Qu'il nous suffise de dire ici qu'elle n'a pas été un moyen de gouvernement et qu'elle n'a été pour rien dans les révolutions de l'époque mérovingienne.

## CHAPITRE XIII

### Le pouvoir judiciaire.

L'organisation judiciaire de la société mérovingienne doit être étudiée dans trois classes de documents, les lois, les écrits et les actes. Ces lois sont : la Loi salique, la Loi ripuaire, la Loi des Burgundes, la Loi romaine ; toutes les quatre, quelle que fût leur origine et la date de leur composition, ont été appliquées durant toute l'époque mérovingienne ; nous devons donc tenir compte de toutes les quatre. Il y faut ajouter quelques décrets ou capitulaires des rois francs qui ont été applicables à tout le royaume. Les écrits sont ceux de Grégoire de Tours, de Frédégaire et de toute la série des hagiographes. Les actes comprennent d'une part quelques procès-verbaux de jugements qui nous sont parvenus en original, d'autre part une cinquantaine de formules qui ont été employées dans des milliers d'actes judiciaires de toute nature.

Dans les lois nous voyons les règles abstraites suivant lesquelles la justice était rendue. Dans les récits des écrivains nous trouvons, non plus les règles abstraites, mais les faits concrets et réels ; nous avons des descriptions de procès, de jugements, de condamnations. Dans les procès-verbaux de jugement et dans les formules nous constatons les usages de la procédure et la composition des tribunaux.

Ces trois classes de documents se complètent et s'expliquent. Celui qui n'étudie que l'une d'elles ou qui donne à l'une d'elles une importance disproportionnée, se fait une idée non seulement incomplète, mais fausse de la justice mérovingienne. Il faut que notre étude embrasse tous ces documents à la fois. C'est de la diversité et de la complexité des détails que la vérité se dégagera.

### 1° A QUI APPARTIENT LE DROIT DE JUGER?

La première question qui se pose est de savoir à qui appartenait l'autorité judiciaire. Était-ce au peuple? Était-ce au roi?

De ces deux opinions, la première est celle qui règne dans l'érudition depuis cinquante ans. On professe que chez les Francs c'était le peuple lui-même qui, en vertu de son droit propre, jugeait les procès et les crimes. Il procédait, dit-on, à ces jugements dans une série de petites assemblées locales, assemblées de canton ou « de centaine », où tous les hommes libres participaient aux jugements : vastes jurys populaires que la liberté germaine aurait implantés sur notre sol[1]. Cette opinion est chère à beaucoup d'esprits. Non seulement elle s'accorde bien avec toute la doctrine germaniste, mais encore elle plaît aux esprits libéraux et généreux qui souhaiteraient de trouver la liberté et la démocratie dans les origines de la France. Nous n'avons à faire ici que de la science. Il nous faut regarder, non pas si

---

[1] Savigny, *Histoire du droit romain*, traduction, I, 141. — Pardessus, *Loi salique*, p. 571-576. — Waitz, *Deutsche Verfassungsgeschichte*, 3ᵉ édition, t. II, 2ᵉ partie, p. 137-197. — Sohm, *Procédure de la Loi salique*, traduction Thévenin; *Reichs und Gerichtsverfassung*, 1871. — Thonissen, *Organisation judiciaire de la Loi salique*, 1882. — Fahlbeck, *La royauté et le droit royal francs*, édition française, p. 10-25, 124-130. — Schulte, *Manuel du droit public et privé*, p. 375.

cette théorie est belle et attrayante, mais si elle est d'accord avec les documents [1].

Cherchons d'abord dans la Loi salique; nous n'y trouverons pas une seule ligne où il soit dit que la justice est rendue par le peuple. Le mot peuple ne s'y trouve même pas [2]. Elle ne parle pas davantage d'assemblées de centaine; le mot même de centaine n'y est pas. Elle parle du comte ou *grafio*, du *tunginus* ou centenier [3]. Elle montre que le *grafio* est un fonctionnaire royal; elle ne dit pas ce qu'est le *tunginus*. L'un et l'autre sont représentés dans la loi comme ceux à qui les plaideurs s'adressent et par qui ils sont jugés. Elle parle en même temps de *rachimbourgs* qui prennent une grande part au jugement, qui prononcent des décisions, *judicant;* mais du peuple ou de la centaine elle ne dit pas un mot.

La Loi ripuaire, de même, ne mentionne jamais ni un

---

[1] Nous avons déjà traité ce sujet dans nos *Recherches sur quelques problèmes d'histoire*, 1885, p. 359-528. Nous n'avons rien à changer à des opinions qui ne sont nullement des opinions personnelles, mais qui résultent forcément de l'observation des textes et des faits.

[2] On lit seulement, au titre XLVI, § 2 : *Quos heredes appellavit publice coram populo festucam in laiso jactasset*. Mais 1° il est visible que *coram populo* ne signifie pas autre chose que en public; 2° le plus grand nombre des manuscrits ne portent pas *coram populo*; celui de Wolfenbuttel écrit *coram hominibus*, celui de Montpellier *coram bonis hominibus;* la plupart des autres *coram omnibus*, ce qui veut dire aussi en public. Dans ce titre, d'ailleurs, il ne s'agit pas de jugement, il s'agit d'un acte d'adoption qui doit être fait publiquement. Il est impossible de voir là un peuple, dans le sens politique du mot, encore moins un peuple qui juge.

[3] Nous avons dit plus haut que l'existence du mot *centenarius* (XLIV, 1; XLVI, 1) n'implique nullement l'existence d'une centaine territoriale; *centenarius* est seulement le titre d'un grade ou d'un emploi. Voyez pourtant comme l'esprit de système s'est donné carrière en tout ceci : du seul mot *centenarius* M. Sohm conclut qu'il devait y avoir des groupes nommés *centenæ*; puis, ayant ainsi supposé l'existence de la *centena*, il en conclut que cette *centena* devait posséder le pouvoir judiciaire, quoique cela ne soit dit dans aucun texte.

peuple ni une assemblée de centaine¹. Pas un mot ni de l'un ni de l'autre dans la Loi des Burgundes. Pas un mot non plus dans la *lex Romana* telle qu'elle fut rédigée et appliquée durant cette époque. Les édits des rois francs ne parlent pas non plus du peuple, ne contiennent aucune allusion à une justice populaire; et si l'un de ces édits contient le mot *centena*, il n'y est nullement dit que cette centaine exerce une autorité judiciaire.

La lecture des écrivains contemporains conduit au même résultat négatif. Parmi tant de récits de procès et de jugements, il n'y a pas une phrase où il soit dit que l'arrêt émane du peuple. L'auteur nous montre quelquefois qu'un nombreux public assiste au jugement, mais il ajoute que ce public ne juge pas. Enfin les procès-verbaux de jugement, les formules d'actes judiciaires ne prononcent jamais ni le mot peuple ni le mot centaine; et tout en signalant que les juges du tribunal sont assez nombreux, ils marquent bien qu'ils sont tout l'opposé d'une assemblée populaire.

D'où vient donc que, sans trouver une seule ligne parmi tant de documents, quelques érudits aient été amenés à croire à une justice populaire? Si l'on cherche à se rendre compte des origines de leur opinion d'après la manière même dont ils la soutiennent, on voit qu'elle a été inspirée à leur esprit par la rencontre de deux mots dans les textes, à savoir le mot *mallus* et le mot *rachimburgi*. Ces termes nouveaux et d'aspect un peu étrange les ont d'abord frappés. Ils auraient dû en cher-

¹ On ne trouve la *centena* que dans la Loi des Alamans, tit. XXXVI, loi qui a été rédigée au septième siècle. Il y est dit que les jugements se font dans chaque centaine; mais il n'y est pas dit que ce soit la population de la centaine qui juge; celui qui juge est le *comes*, ou son *missus*, ou le centenier.

cher le vrai sens par le long examen de tous les textes où ils se trouvent. Au lieu de cela, ils leur ont tout de suite attribué le sens qui était le plus conforme aux opinions subjectives de leur esprit. Ils avaient dans l'esprit l'idée d'une justice populaire : il leur parut tout de suite que ces deux mots inconnus devaient être l'expression de cette idée. Ils se hâtèrent d'interpréter *mallus* comme s'il désignait l'assemblée de tout le peuple d'un canton, et *rachimburgi* comme si le mot signifiait tous les hommes de ce canton. Dès lors, la seule existence de ces deux termes, sans nulle autre explication, leur parut une preuve suffisante de l'existence d'une justice populaire. Il fallut que le peuple jugeât, pour cette seule raison que l'on rencontrait le mot *mallus* et le mot *rachimbourg*. Il n'était besoin, leur semblait-il, d'aucune autre démonstration. Cependant, avant de tirer de l'existence de deux mots dans la langue une conclusion si considérable, avant de construire sur ces deux seuls mots un système si important, il aurait fallu se demander quelle était la signification des deux mots, et on pouvait la trouver par le rapprochement de tous les textes où ils sont employés.

Le mot *mallus* se trouve seize fois dans la Loi salique, six fois dans la Loi ripuaire, huit fois dans les édits des rois mérovingiens, et environ vingt fois dans les formules d'époque mérovingienne [1]. La manière dont il se présente et les autres mots qui l'encadrent, en déterminent nettement la signification. Dans aucun de ces textes l'idée d'assemblée populaire ou l'idée de la réunion de toute une population

---

[1] Ajoutez à cela le mot *mallare* ou *admallare*, qui se trouve dans les formules d'Anjou et de Tours, dans celles de Marculfe, dans les *Senonicæ*, aussi bien que dans la Loi salique.

n'est exprimée. Le mot *mallus* désigne toujours un tribunal[1].

Citons quelques exemples. *Mallus comitis* est visiblement le tribunal du comte, *mallus centenarii* le tribunal du centenier. *Mannire in mallum*, c'est citer à comparaître en justice, et cela se dit toujours d'un plaideur; *sedere in mallo*, c'est être assis au tribunal, et cela se dit du juge. Quand on a les textes sous les yeux, on ne peut avoir aucun doute sur cette signification. Un acte de jugement dont l'énoncé commence par *in mallo civitatis* implique un jugement rendu au tribunal de la ville. Quand les formules d'actes judiciaires commencent par *cum resedisset comes in mallo*, elles veulent dire que le comte siégeait au tribunal[2]. Si *mallus* avait signifié assemblée du peuple, comment se fait-il que nous ne le trouvions pas une seule fois en ce sens? Le verbe *mallare*, qui est fréquent, ne signifie jamais réunir le peuple; il signifie citer un adversaire à comparaître en justice. Observez tous les textes où il est question de rassembler les hommes pour quelque objet

[1] On a cité le mot *plebs*, qui s'appliquerait au *mallus*, au titre LIV de la loi; on lisait : *in singulis mallobergis, id est plebs quæ ad unum mallum convenire solet*; mais il faut faire attention : 1° que ces mots ne se trouvent que dans deux manuscrits sur soixante-quatre, et non pas dans les meilleurs (Paris, 4632 et 4760, qui appartiennent à la catégorie dite *emendata*); 2° qu'ils sont visiblement une interpolation, comme l'indiquent les mots *id est*. — On a allégué aussi les mots *ante teoda* du titre XLVI; mais personne ne peut savoir quel est le sens de ce mot, qui n'est pas défini ici et qui ne se retrouve nulle part ailleurs; supposer qu'il signifie peuple est une hypothèse arbitraire; voyez la note de Kern, dans l'édition Hessels, § 227.

[2] Souvent aussi, et par une dérivation naturelle, *mallus* signifie une séance du tribunal; exemples : *in altero mallo*, dans une seconde séance; *tribus mallis*, à trois jours de séance successifs; *ad tertium, quartum, quintum mallum*, au troisième, au quatrième, au cinquième ajournement (*Lex Salica*, 59; *Lex Ripuaria*, 32; *Pactus Childeberti*, 2). Ainsi la Loi ripuaire prononce une amende de 15 *solidi*, *pro unoquoque mallo*, c'est-à-dire pour chaque ajournement auquel on aura fait défaut, titre XXXII.

que ce soit, vous trouverez le verbe *bannire*, le verbe *congregare* ou quelque autre, mais vous ne trouverez pas *mallare* ni *mallus*¹. Ces mots-là ne sont employés que quand il s'agit de tribunal².

La Loi ripuaire ayant à parler douze fois de l'endroit où se rend la justice, emploie sept fois l'expression *in judicio*, et cinq fois l'expression *in mallo;* les deux sont donc synonymes³.

Le mot *mallus* est même employé pour désigner un tribunal ecclésiastique, c'est-à-dire le tribunal où l'évêque ou son délégué jugeait les affranchis d'Église. Or il est constant qu'un *mallus* d'église n'était pas une assemblée populaire⁴.

---

¹ Voyez, par exemple, la formule de Marculfe, I, 40.

² Nous parlons ici des textes purement mérovingiens; à partir du huitième siècle, nous trouvons une autre application du mot *mallus:* il se dira de toute réunion convoquée par le comte; c'est une institution à étudier plus tard.

³ *Lex Ripuaria*, XXX, 1 : *In judicio interpellatus;* LVIII, 19 : *Interpellatum in judicio;* LVIII, 20 : *In judicio respondeant;* LIX, 5 : *In judicio;* LIX, 8 : *In judicio interpellatus;* LXXIX : *In judicio principis;* LXXXI, 1 : *In judicium interpellatus.* — XXXII, 1 : *Ad mallum mannitus;* ibid., 2 : *Ad secundo mallo;* ibid., 3 : *Ad septimo mallo;* L, 1 : *Ad mallo ante centenario vel comite;* LIX : *In mallo.* — On remarquera qu'au titre LIX le *in mallo* du 1ᵉʳ paragraphe est manifestement la même chose que le *in judicio* du paragraphe 3. De même au titre LVIII, 19, le *interpellatus in judicio* est évidemment le même qui est appelé aussi *mallatus.*

⁴ *Lex Ripuaria*, LVIII, 1 : *Non alibi quam ad ecclesiam ubi relaxati sunt mallum teneant.* — On a traduit avec beaucoup de légèreté : « Ils ne pourront fréquenter d'autres assemblées politiques que celles de l'Église » (Guérard, Polyptyque d'Irminon, *Prolégomènes*, p. 360), comme si l'Église avait des assemblées politiques. Ou encore : « Ils feront partie de l'assemblée des gens dépendant de l'Église » (Sohm, *Reichs und Gerichts*, p. 63); mais où a-t-on vu de pareilles assemblées? Où a-t-on vu surtout que des affranchis *per tabulas*, hommes très dépendants, aient jamais tenu des assemblées politiques? Pour comprendre cette disposition de la Loi ripuaire, il faut d'abord faire attention qu'il s'agit d'esclaves qui ont été affranchis par l'Église. Il faut aussi lire le contexte : *In ecclesia... in manu episcopi servum tradat... et episcopus tabulas scribere faciat...*

Si le mot *mallus* avait signifié l'assemblée populaire, nous trouverions dans les textes des expressions telles que *mallus congregatur* ou quelque autre de même genre. Si le *mallus* était la population jugeant, on dirait *mallus judicavit*. Rien de semblable. Notez même que, sur plus de quarante exemples, vous ne trouvez pas une fois le mot *mallus* au nominatif; on dit toujours *in mallo, ad mallum, per tres mallos*. C'est que ce mot est difficilement le sujet d'un verbe; un *mallus* n'est ni un être individuel ni un être collectif; il n'a pas de personnalité; il ne peut ni agir, ni vouloir, ni penser. Le *mallus* ne juge pas; il est le lieu où quelques hommes jugent.

Ceux qui avaient dans l'esprit que le *mallus* était une assemblée populaire, ont été entraînés par leur imagination à dresser tout un tableau de cette assemblée. Les uns l'ont représentée réunie dans une plaine, en cercle,

*Et tam ipse quam procreatio ejus in tuitione ecclesiæ consistant, et omnem redditum status aut servitium tabularii ecclesiæ reddant... et omnem redditum status ad ecclesiam reddant et non alibi quam ad ecclesiam ubi relaxati sunt mallum teneant.... Nullum alium quam ecclesiam heredem habeat.* C'est la série des diverses obligations d'un affranchi et de ses enfants, à perpétuité, à l'égard de l'Église qui a fait l'affranchissement. L'une de ces obligations est de n'être jugé que par l'Église, et non par les tribunaux laïques : *Ad ecclesiam mallum teneant*. On ne peut pas hésiter sur le sens de ces mots, surtout si l'on rapproche les actes des conciles : ils prononcent aussi que les affranchis d'Église ne seront jugés que par l'Église; deuxième concile de Mâcon, a. 585, art. 7 : *Liberti... commendati ecclesiis... in episcopi tantum judicio sint. Qui in ecclesia sunt manumissi.... nullus alius causas audeat pertractare libertorum, nisi episcopus.* — Voyez encore concile d'Agde, art. 49, Sirmond, I, 170 : *Libertos... actus ecclesiæ prosequi jubemus.* — Concile de Paris de 614 : *Liberti a sacerdotibus defensentur nec ad publicum revocentur.* — *Edictum Chlotarii*, art. 7 : *Libertos ecclesiarum... non absque episcopo esse judicandos vel ad publicum revocandos.* — Cet article de la Loi ripuaire a été, on le sait, rédigé par l'Église; il a le même sens que ces canons des conciles; il veut dire que les hommes affranchis par une église « n'ont de tribunal qu'auprès de cette même église »; ils sont jugés par l'évêque qui a présidé à l'affranchissement.

debout¹. D'autres ont préféré qu'elle fût assise sur des bancs, et ils ont prétendu savoir que ces bancs étaient au nombre de quatre². D'autres ont jugé d'un plus bel effet qu'elle se réunît sur une montagne³. Aucune de ces théories ne peut s'autoriser d'un seul mot des documents. Elles sont, toutes également, le produit de la pure imagination. C'est quand on voit cet abus de la méthode subjective que l'on sent vivement la nécessité de revenir aux textes et de chercher en toute simplicité ce qu'ils contiennent.

Il est certain que la Loi salique ne dit nulle part où se tient le *mallus*, ni quel aspect extérieur il présente. Elle dit seulement que quelques hommes y sont assis,

¹ Schulte, *Manuel du droit public et privé*, traduction, p. 375.

² C'est M. Sohm qui a émis le premier cette singulière idée du canton tout entier assis sur quatre bancs (voyez *Procédure de la Loi salique*, trad. Thévenin, p. 100); Thévenin, Thonissen, Waitz l'ont répété. Il n'est question de « quatre bancs » ni dans la Loi salique ni ailleurs. Les mots *inter quatuor solia*, qu'ils ont présentés comme étant dans la Loi salique, n'y sont pas; d'ailleurs *solia* ne signifie pas bancs, et il aurait suffi de regarder sans parti pris la phrase des *Septem causae* où l'on a trouvé *inter quatuor solia*, pour s'apercevoir que dans cette phrase il n'est pas question de justice, ni de *mallus*, et que cela ne peut pas se rapporter aux rachimbourgs. Nous avons montré (*Recherches sur quelques problèmes d'histoire*, p. 355) qu'il est de toute impossibilité que les mots *inter quatuor solia* s'appliquent à un tribunal. Cette théorie fantaisiste et l'interprétation si notoirement fausse que ces érudits ont donnée de l'*inter quatuor solia* sont un des exemples les plus frappants qu'on puisse voir des graves erreurs où les idées préconçues entraînent, et de tout ce que peut la méthode subjective pour dénaturer les textes et les faits.

³ Cette théorie repose uniquement sur ce que l'on rencontre le mot *in mallobergo* dans la Loi salique (XLVI, 2; LIV, 4; LVI, 1; LVII, 1). De ce que la racine *berg*, signifiant hauteur, se trouve dans le mot, il ne suit pas nécessairement que le *mallus* mérovingien se tienne sur une montagne. Déduire du seul aspect d'un mot toute une institution historique est d'une méthode fort dangereuse. Ceux qui supposent que la Loi salique a été rédigée par la petite tribu franque de Tournai, et qui en même temps traduisent *mallobergis* par « montagnes du jugement », seraient bien embarrassés pour trouver des montagnes dans le pays de Tournai. Nous avons une trentaine de récits ou de textes qui décrivent le *mallus*; pas une fois il n'est dit qu'il se tienne sur une montagne.

in *mallo sedentes*[1]. Les écrivains dans leurs récits montrent le plus souvent des jugements rendus dans l'intérieur des villes. Quant aux formules, elles marquent bien que le *mallus* est un lieu où le comte est « assis », et où quelques hommes sont « assis » à côté de lui[2]. Elles ne disent pas souvent où ce mallus s'est tenu; mais quand elles le disent, il se trouve que c'est toujours dans une ville[3]. Il n'y a pas un seul récit de jugement, ni une seule formule, ni un seul article de loi d'où l'on puisse induire que le *mallus* s'est tenu en plein air, moins encore sur une montagne. Nous n'affirmons pas que ce cas ne se soit jamais rencontré; mais cela n'était certainement pas de l'essence du *mallus*. On a des lois qui impliquent, au contraire, que le *mallus* se tenait ordinairement dans une salle close et couverte, sous un toit, quelquefois dans l'*atrium* d'une église[4].

On a rencontré l'expression *mallus publicus;* elle est trois fois dans la Loi salique[5], et cinq fois dans les formules, parmi les moins anciennes[6]. Il était bien ten-

---

[1] *Lex Salica*, LVII, 1 : *Rachineburgii in mallo* (dans d'autres textes, *in mallobergo*) *sedentes.* — *Edictum Chilperici*, 7 : *In mallo ante rachimburgios sedentes.*

[2] *Formulæ Senonenses*, 1 : *Ante comite vel aliis personis ibidem residentes.* — *Bignonianæ*, 9 : *Boni homines qui in ipsum mallum residebant.* — *Senonicæ*, 38 : *Una cum plures personas residentes.* — *Senonenses*, 5 : *In mallo... qui ibidem residebant;* 6 : *Qui ibidem ad universorum causas audiendum residebant vel adstabant.*

[3] *Formulæ Senonenses*, 3, Rozière 472 : *Illius civitatis in mallo.* — Ibidem, 2 : *Castro illo in mallo.* On sait que le mot *castrum* désigne à cette époque une ville de second ordre. — Ibidem, 6 : *In illa civitate in mallo.*

[4] Ces lois ne sont à la vérité que de l'époque carolingienne; voyez, par exemple, un Capitulaire de 819, art. 16 : *Ut domus a comite ubi mallum tenere debet construatur;* et les *Capitularia* d'Anségise, III, 57 : *Ut in locis ubi mallos publicos habere solent, tectum tale constituatur quod in hiberno et in æstate observatum esse possit.*

[5] *Lex Salica*, XIV, XXXIX, XLVI.

[6] *Formulæ Senonicæ*, 20; *Senonenses*, 1, 3, 5; *Bignonianæ*, 9.

tant de la traduire tout de suite par « assemblée populaire »; mais il fallait faire attention que dans la langue du temps *publicus* ne se dit pas de ce qui appartient au peuple, mais de ce qui appartient au roi. Les exemples sont nombreux et tout à fait probants; nous les avons cités ailleurs[1]. Rapprochez les expressions *mallus publicus* et *judex publicus*; dans toutes les deux l'adjectif a la même signification. Le *judex publicus* est le fonctionnaire royal; le *mallus publicus* est le tribunal du fonctionnaire royal. Les actes des conciles l'appellent d'un seul mot, *publicum*, « le tribunal de l'État », et l'opposent à *judicium ecclesiasticum*, le tribunal d'Église[2].

Quant aux *rachimbourgs*, que les lois et les formules nous présentent comme siégeant au mallus, il n'y a pas une seule ligne où il soit dit qu'ils fussent toute la population d'un canton[3]. Le sens du mot est aisément déterminé, soit par sa composition philologique, soit par le contexte qui l'entoure chaque fois, soit enfin par le terme synonyme qu'on met quelquefois à sa place. Les rachimbourgs ne sont pas tous les hommes libres. Les hommes libres, dans la Loi salique, sont appelés *ingenui* et non pas *rachimbourgs*, et la loi ne confond jamais les uns avec les autres. Ces *rachimbourgs* sont peu nombreux; s'il arrive parfois que la loi indique leur nombre, c'est pour dire qu'ils sont sept ou qu'ils sont trois[4]. Visiblement ils ne sont pas la foule, ils ne

[1] Voyez plus haut, pages 118-120.
[2] Concile d'Epaone, a. 517, c. 11 : *Interpellare publicum... sequi ad sæculare judicium.* — Concile d'Orléans, a. 541, c. 20 : *Judex publicus.... Judicium fori.*
[3] C'est ce qui a été soutenu par Waitz, *Deutsche Verfassungsgeschichte*, 3ᵉ édit., t. II, 2ᵉ partie, p. 143 et 165; par Schulte, *Hist. du droit*, trad. Fournier, p. 375; par Thonissen, *Organisation judiciaire*, p. 74, 77, 374-375.
[4] *Lex Ripuaria*, XXXII, 2; XXXII, 3; *Lex Salica*, L.

sont pas le peuple : ils sont une élite. Ce qui tranche la question, c'est que ce terme germanique est remplacé dans beaucoup d'actes de jugements par le terme latin de *boni viri*, et de telle façon, dans des phrases tellement identiques, qu'il n'est pas douteux que les deux expressions soient synonymes. Les *rachimbourgs* ou *boni viri* sont manifestement les notables du pays, Francs ou Romains indifféremment. Ils ne sont pas le peuple[1].

Il n'y a donc dans les documents ni une ligne ni un mot qui indique que la justice fût rendue par le peuple de chaque canton. Cette croyance à une justice populaire est une pure idée de l'esprit moderne. C'est la méthode subjective qui l'a introduite dans l'histoire, au grand détriment de la science[2].

Non seulement les documents ne montrent jamais cette justice populaire, mais, pour peu qu'on les lise avec attention, ils en montrent justement l'opposé. Reprenons-les l'un après l'autre.

La Loi salique distingue deux degrés de juridiction : en haut le tribunal du roi, en bas le tribunal appelé *mallus*. Il ressort du titre LVI que l'homme jugé par le

[1] On a imaginé une autre hypothèse, à savoir que les rachimbourgs seraient les élus de la population du canton (Sohm, *Reichs und Gerichtsverfassung*, p. 372-378). Mais cette hypothèse est absolument arbitraire et ne repose sur aucun texte.

[2] M. Éd. Beaudouin, s'essayant aussi sur ce sujet, a déduit l'existence d'une justice populaire de cela seul que le mot *tunginus* se trouve dans la Loi salique. Son raisonnement est ingénieux ; il prétend : 1° que ce n'est pas le graf qui rend la justice, quoique la Loi salique le présente comme le vrai juge, titre XXXII pour la justice criminelle, titre XLV pour les procès civils, titre LI pour la saisie judiciaire, titre LIII pour les ordalies et les serments, titre L pour la perception du *fredum*; 2° que c'est toujours le *tunginus* qui rend la justice, quoique la Loi salique ne le montre jamais jugeant ni le meurtre, ni le vol, ni les procès importants ; 3° que ce *tunginus* est élu par le peuple, quoique la Loi salique ne parle ni d'élection ni de peuple. C'est sur cette série d'erreurs et d'hypothèses sans fondement qu'il bâtit son système. Cela peut-il s'appeler de l'érudition ?

tribunal inférieur et qui refuse d'exécuter le jugement, doit comparaître au tribunal du roi¹. Le premier venu parmi les hommes libres peut en accuser un autre au tribunal royal². Or ce tribunal, dont la nature est bien marquée dans les documents et que nous décrirons plus loin, n'avait assurément rien de populaire; c'est pour cela que la Loi salique le désigne par les seuls mots *ante regem*, comme si le roi y était seul. Ainsi, des deux degrés de juridiction, en voilà au moins un, et c'est justement le degré supérieur, où le peuple n'est rien et où le roi est tout. Même au degré inférieur, la Loi salique marque très nettement que la juridiction appartient au grafio ou comte. C'est devant lui que les malfaiteurs arrêtés sont conduits, visiblement pour qu'il les juge³. Aussi le voyons-nous, à la nouvelle d'un meurtre, se mettre à la recherche du meurtrier et prononcer une sentence⁴. Devant lui ont lieu les actes de procédure, ordalies et serments⁵. C'est lui qui perçoit le *fredum*, c'est-à-dire la part de la composition qui est due à l'autorité qui a jugé⁶. Tout cela montre bien qu'il a la juridiction criminelle. Il juge aussi au civil, car nous voyons qu'un débat relatif à une possession de biens est porté devant lui⁷. Tous ces traits marquent assez claire-

¹ *Lex Salica*, LVI : *Si quis ad mallum venire contempserit, aut quod ei a rachineburgiis fuerit judicatum adimplere distulerit,. . ad regis præsentiam ipsum mannire debet. ... Si ad mallum placitum venire voluerit..., omnes res suæ erunt fisco aut cui fiscus dare voluerit.*
² *Lex Salica*, XVIII: *Si quis ad regem innocentem hominem accusaverit....*
³ *Lex Salica*, XXXII, 5 : *Si quis ligatum ad graphionem tulerit.* Cet article ne se trouve pas dans tous les textes; il est dans les manuscrits de Paris 4403 et 18 237.
⁴ *Lex Salica, Additamentum*, art. 9 (Behrend, p. 91).
⁵ *Lex Salica*, LIII.
⁶ *Lex Salica*, L, 4 : *Tertiam partem graphio fredo ad se recolligat.* —Ibidem, LIII, 1 : *Fretus graphioni solvatur.*
⁷ *Lex Salica*, XLV, 2 : *Si contra interdictum unius vel duorum in villa*

ment que la Loi salique considère le comte comme le chef de la justice dans sa circonscription. Ses centeniers ou *tungini* l'aident et le remplacent au besoin¹. Or ce *grafio* ou comte de la Loi salique n'est pas un juge élu par la population, il est un agent du roi; la loi le montre quand elle lui accorde un triple wergeld, comme à tous les attachés du roi², et mieux encore quand elle dit qu'il peut se trouver éloigné du tribunal par quelque obligation de son service envers le roi³. En résumé, d'après la Loi salique, la juridiction supérieure appartient au roi, la juridiction inférieure au fonctionnaire royal⁴.

*adsedere præsumpserit..., si nec tunc voluerit exire, tunc manniat eum ad mallum... et roget graphioni ut accedat ad locum ut eum inde expellat.*

¹ Le *tunginus* ou *centenarius* n'a, d'après la Loi salique, qu'un tribunal inférieur. Remarquez en effet quelles sont les fonctions que la loi lui attribue. Au titre XLIV, il reçoit les déclarations relatives au mariage d'une veuve. Au titre XLVI, il reçoit la déclaration d'adoption et d'institution d'héritier. Au titre L, il reçoit la déclaration d'un créancier contre un débiteur qui refuse de payer. Au titre LX, il reçoit la déclaration d'un homme qui brise tout lien légal avec sa famille. Tout cela n'est pas fort important. Le *tunginus* ne paraît dans aucune autre circonstance. On peut admettre avec vraisemblance qu'il juge certains procès et quelques délits; encore faut-il noter qu'on ne lui accorde même pas la saisie des biens (titres L et LI). Il semble d'ailleurs qu'en tout ce qu'on lui laisse faire, le *tunginus* ne soit que le remplaçant, peut-être le délégué du comte. Cela résulte de la comparaison de deux passages, *Lex Salica*, XLIV, et *Additamentum*, 7 (Behrend, p. 90); dans les deux il s'agit du même objet, le *reipus* de la veuve; dans l'un, la chose se passe devant le *judex*, *graf* ou *comes*; dans l'autre, devant le *tunginus*.

² *Lex Salica*, LIV, 1 : *Si quis grafionem occiderit, solidos 600 culpabilis judicetur.*

³ *Lex Salica*, L, 5 : *Si grafio rogatus fuerit et eum tenuerit certa ratio dominica.* Nous avons vu que *dominicus* dans la Loi salique signifie royal; *ratio dominica* est le service du roi.

⁴ M. Ed. Beaudouin, entraîné encore par le parti pris de voir une justice populaire dans la Loi salique, n'a trouvé rien de mieux que de passer sous silence le tribunal du roi et de nier ensuite la juridiction du *graf*; il a tout simplement enlevé de la Loi salique tous les articles qui parlent du roi et tous ceux qui parlent du *graf*. Ce procédé est facile, mais il n'a au-

L'observation de la Loi ripuaire conduit aux mêmes résultats. Elle mentionne le tribunal du roi et elle en parle comme si le roi jugeait seul; assurément aucune assemblée nationale n'est auprès de lui¹. Au degré inférieur, elle parle toujours d'un juge unique, *judex* au singulier²; car le pluriel *judices* n'est jamais employé ni dans la Loi salique ni dans la Loi ripuaire. Or ce juge de la Loi ripuaire, c'est le juge royal, *judex fiscalis*, c'est le comte ou graf; la Loi le dit expressément³. Et ce comte est un fonctionnaire royal; car il a, ainsi que tous les agents immédiats du roi, un triple wergeld⁴. Comme le comte juge, c'est-lui aussi qui perçoit l'amende judiciaire⁵. Ainsi, dans la Loi ripuaire comme

cun rapport avec la science. Voyez cette singulière théorie dans la *Revue historique du droit*, 1887, p. 483, 487, 490.

¹ *Lex Ripuaria*, XXXII, 4 : *Ante regem.* LXVII, 5 : *Ante regem.* LXXIX : *In judicio principis.* — Il faut bien noter que les lois ne parlent jamais d'un *judicium Francorum* et qu'il n'en est pas question non plus dans les actes ni les formules. Sur le sens de cette expression, qui se trouve trois fois dans les Chroniques, nous renvoyons à ce que nous en avons dit dans nos *Problèmes d'histoire*, p. 515-520.

² *Lex Ripuaria*, XXXI, 1 : *In præsentia judicis.* XXXII, 4 : *Tunc judex fidejussores exigat.* LVIII, 5 : *Se ante judicem repræsentet.* LXVI, 1 : *Sacramentum in præsentia judicis confirmare.* LXXII, 6 : *In præsentia judicis.* LXXVII : *Ante judicem.*

³ Voyez titre XXXII, 3, où le même homme est appelé *comes* et *judex fiscalis* : *Tunc ille qui mannit ante comitem jurare debet... et sic judex fiscalis ad domum illius accedere debet.* — Nous avons dit plus haut que, dans la langue du temps, *fiscalis* était synonyme de *regius.* — Comparer les deux articles suivants : *Lex Ripuaria*, LI, 1 : *Si quis judicem fiscalem ad res alienas injuste tollendas...*, et *Lex Salica*, LI : *Si quis grafionem injuste ad res alienas tollendas*; il est visible que le *judex fiscalis* et le *grafio* sont le même homme. — LIII : *Si quis judicem fiscalem quem comitem vocant.*

⁴ *Lex Ripuaria*, LIII : *Si quis judicem fiscalem quem comitem vocant interfecerit, 600 solidis multetur.* — Il pouvait même être un affranchi du roi; et alors son wergeld était triple de celui des affranchis; ibidem, 2 : *Si regius puer vel ex tabulario ad eum gradum ascenderit, 300 solidis multetur.*

⁵ *Lex Ripuaria*, LXXXIX : *Nullus judex fiscalis freta exigat prius-*

dans la Loi salique, la juridiction supérieure appartient au roi, la juridiction inférieure aux fonctionnaires du roi. Aussi le roi s'adressant à ses juges leur dit-il : « Ce que nous voulons par-dessus tout, c'est que personne, ni optimate, ni maire du palais, ni comte, ni graf, ni aucun dignitaire de quelque grade que ce soit, quand il siège en justice, ne reçoive de présents pour rendre un arrêt injuste [1]. » Voilà bien ceux qui jugent, et le roi leur parle comme chef suprême de l'ordre judiciaire.

La législation des Burgundes, qui a été rédigée au moment de l'établissement de la monarchie franque, et qui est restée en vigueur durant toute la période mérovingienne, ne parle pas une seule fois de justice populaire. Nulle part elle ne montre le peuple jugeant. Elle ne nomme partout qu'un seul juge [2]. Elle énumère dans son préambule tous ceux qui rendent la justice; ce sont « les optimates, les *domestici*, les maires du palais, les comtes, les chanceliers, et autres juges délégués par le roi » [3]. C'est à ces hommes que le

*quam facinus componatur... Fretum illi judici tribuat qui solutionem recipit.*

[1] *Lex Ripuaria*, LXXXVIII : *Hoc super omnia jubemus ut nullus optimatis, major domus, domesticus, comes, gravio, vel quibuslibet gradibus sublimatus, in judicio residens munera ad judicium pervertendum non recipiat.* — Rapprochez de cela ces mots que l'hagiographe place dans dans un sermon d'Eligius : *Judices qui præestis, justissime judicate, nec munera super innocentem accipiatis, nec res alienas rapaciter tollatis* (*Vita Eligii*, II, 15).

[2] *Lex Burgundionum*, VIII, 3 : *Si judex jusserit*. XXXIX, 1 : *Discutiendum judici præsentet*. XLVI : *A judice compellatur solvere*. LXXI, 2 : *Si quis locum judicis tenens*. LXXXI, 1 : *Interpellato judice*. LXXXI, 2 : *Judicem loci*.

[3] *Lex Burgundionum, præfatio : Omnes administrantes judicia secundum leges nostras judicare debebunt... ita ut sola sufficiat integritas judicantis... Sciant itaque optimates, comites, consiliarii, domestici, et majores domus nostræ, cancellarii, et tam Burgundiones quam Romani civitatum aut pagorum comites, vel judices deputati omnes nihil se de*

roi défend de recevoir des présents, et c'est eux qu'il punit en cas de jugement injuste¹. Ailleurs encore le roi parle des juges « délégués par lui »². « Le juge délégué par nous, dit-il encore, doit connaître toutes les causes, donner son jugement, et juger tous procès de telle sorte qu'il ne reste plus de sujet de litige entre les parties³. » Les principaux juges sont les comtes des cités : « Nous ordonnons à tous les comtes, dans les procès relatifs à la propriété foncière, de juger suivant la présente loi⁴. » On lit plus loin : « Tous les comtes, qu'ils soient Burgundes ou qu'ils soient Romains, doivent observer l'équité dans leurs jugements; qu'ils soient sévères pour les malfaiteurs; qu'ils décident tous les procès conformément aux lois; autrement nous les condamnerons à l'amende »⁵. Non seulement les comtes sont les juges, mais ils sont responsables de leurs jugements; encore notons-nous qu'ils n'en sont responsables qu'envers le roi. En résumé, dans la Loi burgunde comme dans les deux Lois franques, le pouvoir judiciaire est dans les mains du roi, qui le délègue à ses fonctionnaires.

Après les Lois, prenons les édits des rois francs. Ils ne contiennent pas un mot sur des jurys populaires; mais

*causis quæ judicatæ fuerint aliquid accepturos aut a litigantibus præmii nomine quæsituros; nec partes ad compositionem a judice compellantur.*

¹ Ibidem, et titre XC, édit. Pertz, p. 526 et 570; édit. Binding, p. 128.
² Ibidem, XC : *Si quis judicum deputatorum a nobis judicium contempserit.... Si judices a nobis deputati injuste judicaverint.*
³ Ibidem, LXXXI, édit. Binding, p. 125 : *Ut, interpellato judice, causam quamlibet ulterius differre non liceat, nisi ut omnia cognoscat et dato judicio universa ita judicet ut nihil inter partes dubium reservetur.*
⁴ *Lex Burgundionum*, LXXIX, 4 : *Omnes comites, quotiens de præfatis causis contentio fuerit generata, secundum ordinem legis istius judicare curabunt.* — XLIX : *Ut locorum comites atque præpositi judicanda cognoscant.*
⁵ *Lex Burgundionum*, CVII, 10; Pertz, p. 576; Binding, p. 133 : *Ut omnes comites, tam burgundiones quam romani, in omnibus judiciis justitiam teneant.*

ils contiennent des articles qui montrent très nettement la justice rendue par les fonctionnaires royaux. Le roi Gontran écrit : « Que les comtes s'appliquent à rendre de justes jugements; car s'ils jugent mal, c'est l'arrêt de notre jugement qui les condamnera[1]. » Il ajoute que ces comtes « devront choisir pour vicaires et autres agents des hommes qui ne vendent pas leurs arrêts et ne se fassent pas payer l'impunité des malfaiteurs »[2]. Nous avons déjà vu plus haut quels étaient ces vicaires, ces agents, ces centeniers du comte; et cette phrase du roi Gontran nous montre qu'ils rendent la justice. Ils la rendent même avec une si pleine autorité, qu'ils peuvent « vendre l'impunité aux malfaiteurs et dépouiller les innocents ». Le roi Childebert II fait un édit contre le rapt; il ne dit pas que l'inculpé sera jugé par le peuple; il ordonne au comte de mettre à mort le ravisseur[3]. S'agit-il d'un vol, « dès que le comte en a connaissance, il doit se transporter (lui ou son délégué) au domicile du voleur et l'arrêter; si le voleur est de petite condition, il sera jugé et pendu sur les lieux mêmes; s'il est « un Franc », il sera jugé par le roi[4] ». Remar-

---

[1] *Edictum Guntchramni*, édit. Borétius, p. 12 : *Cuncti judices justa studeant dare judicia, nam non dubium est quod illos condemnabit sententia nostri judicii a quibus non tenetur æquitas judicandi.* — Il ne peut y avoir d'hésitation sur le sens du mot *judices* dans ce passage : ce sont les comtes; car l'édit est adressé *omnibus judicibus in regione nostra constitutis*; plus loin il est dit que chacun d'eux a une *regio sibi commissa*, un ressort qui lui est confié; et enfin il est dit de ces mêmes *judices* qu'ils choisissent leurs *vicarii*. Le doute n'est donc pas possible.

[2] Ibidem : *Non vicarios aut quoscumque de latere suo per regionem sibi commissam instituere præsumant qui malis operibus consentiendo venalitatem exerceant aut iniquo spolia inferre præsumant.*

[3] *Childeberti decretio*, édit. Borétius, p. 16 : *Quicumque præsumpserit raptum facere..., in cujuslibet judicis pago admissum fuerit, ille judex raptorem occidat.*

[4] Ibidem : *Ut judex, criminosum latronem ut audierit, ad casam suam ambulet et ipsum ligare faciat, ita ut, si francus fuerit, ad*

quons ce dernier trait : même l'homme qui est qualifié franc n'est pas jugé par ses pairs ; c'est le roi qui est son juge[1]. D'après un édit de Clotaire II, la responsabilité des jugements retombe sur le comte, apparemment parce que c'est lui qui les a rendus[2].

Les écrivains du temps confirment ce qui est dans les lois. A tout moment ils nous montrent les comtes rendant la justice. Gondobald est nommé par le roi Gontran comte de Meaux ; « à peine entré dans la ville, il se met à juger les procès, puis il parcourt la campagne environnante en remplissant le même office »[3]. Ailleurs, c'est Rathaire « qui est envoyé par le roi à titre de duc pour juger les procès[4] ». Dans la Provence, qui fait partie du royaume d'Austrasie, un négociant victime d'un vol porte sa plainte au gouverneur royal, lequel prononce l'arrêt et condamne celui qu'il croit coupable à une énorme amende[5]. A Angoulême, c'est le comte du roi Gontran qui rend la justice ; un homme accusé de vols et de crimes est amené devant lui, et le comte prononce une sentence de mort[6]. A Tours, Grégoire décrit la

nostram præsentiam dirigatur, et si debilior persona fuerit, in loco pendatur.

[1] A notre avis, ce *francus*, qui est opposé à *debilior persona*, est l'homme de condition élevée ; il n'est pas nécessairement de race franque. Mais si l'on préférait le traduire par homme de race franque, il serait encore plus visible que les Francs ne sont pas jugés par des assemblées de canton.

[2] *Chlotarii Præceptio*, art. 7, Borétius, p. 19 : *Si judex aliquem contra legem injuste damnaverit, in nostri absentia ab episcopis castigetur*. In nostri absentia, à défaut d'être corrigé par nous.

[3] Grégoire de Tours, VIII, 18 : *Gundobaldus comitatum Meldensem accipiens, ingressus urbem, causarum actionem agere cœpit ; exinde cum pagum urbis in hoc officio circumiret....*

[4] Grégoire, VIII, 42 : *Ad discutiendas causas Ratharius illuc quasi dux dirigitur*.

[5] Grégoire, IV, 44.

[6] Grégoire, VI, 8.

conduite du comte Leudaste: « quand il siégeait sur son tribunal, entouré des premiers personnages de la cité et de l'église, on le voyait, comme un furieux, adresser des injures aux plaideurs; » et c'était bien lui qui rendait les arrêts: « il condamnait des prêtres aux fers, des soldats à être battus de verges »[1].

Voici une affaire qui est jugée, vers 580, dans le royaume de Gontran. Un homme pauvre a été volé par un Burgunde. Il va se plaindre à l'évêque, lequel porte l'affaire devant le comte de la cité. Ce comte cite le Burgunde à comparaître devant lui. Il l'interroge. L'inculpé finit par avouer. Le comte va le condamner à mort; mais l'évêque intercède et obtient que le comte lui fasse grâce de la vie[2]. Plus au nord, dans la cité de Vermandois, un prêtre à qui l'on a volé un cheval porte sa plainte au comte; aussitôt celui-ci fait saisir le coupable, le met aux fers, le juge, et le condamne à être pendu[3]. Dans un canton du pays d'Amiens, un coupable est amené en présence du comte, qui le condamne au

---

[1] Grégoire, V, 48 : *Si in judicio cum senioribus vel laicis vel clericis resedisset et vidisset hominem justitiam prosequentem, agebatur in furias, ructabat convicia in civibus; presbyteros manicis jubebat extrahi, milites fustibus verberari.*

[2] Grégoire, Vitæ Patrum, VIII, 9 : *Quidam pauper.... Quod videns quidam Burgundio in pauperem irruit et abstulit ei sex aureos.... Erat ibi tunc Phronimius episcopus ad quem accedens pauper ille rem detulit. Episcopus autem narravit hæc comiti; judex vero vocatum Burgundionem percunctari cœpit ab eo quid exinde diceret.... Tunc episcopus, obtenta cum judice culpa.... Et sic uterque a judicis conspectu discessit.* — Autres exemples dans Grégoire : Miracula Martini, IV, 16 : *Homo quidam judici culpabilis exstitit, quem in vincula compactum custodiri præcepit.* Ibidem, IV, 39 : *Quum culpabiles quosdam judicis sententia carcerali ergastulo conclusisset.* De gloria confess., 101 (99) : *Comes, fure invento, patibulo condemnari præcepit.*

[3] Grégoire, De gloria martyrum, I, 73 : *Inventus fur a presbytero judici manifestatur; nec mora, apprehensus et in vincula compactus .. patibulo dijudicatur. Sed presbyter judicem deprecatur.... Severitas judicis cum nullis precibus potuisset flecti, reum patibulo condemnavit.*

supplice; mais saint Walaric demande sa grâce, « et le comte, vaincu par ses prières, le renvoie libre »[1]. Même à Tournai, où siège un comte franc, nommé Dotto, « c'est ce comte qui, par le devoir de sa charge, juge et tranche les procès »; ses gardes, que l'hagiographe appelle ses licteurs, amènent à son tribunal un homme accusé de crimes; le comte décide qu'il sera pendu, et il est conduit au gibet[2].

Ce que les hagiographes se plaisent surtout à raconter, c'est que leur saint intercède en justice pour obtenir la grâce d'un coupable. Or dans tous ces récits, dont plusieurs sont très vivants et semblent pris sur le fait, ce n'est jamais à un jury populaire que le saint adresse ses sollicitations, c'est toujours au comte; et c'est aussi le comte seul qui, à sa volonté, accorde ou refuse la grâce[3]. La toute-puissance judiciaire du comte est partout marquée, soit qu'il condamne, soit qu'il pardonne.

---

[1] *Vita Walarici*, c. 11, Mabillon, *Acta SS.*, II, 84 : *Judex cum patibulo suspendi jubet.... Cum precibus victus fuisset tyrannus (comes), jussit reum solvi.*

[2] *Vita Amandi*, c. 13, Mabillon, *Acta SS.*, II, 714; Bollandistes, février, I, 861 : *Comes quidam ex genere Francorum cognomine Dotto, in urbe Tornaco, ut erat illi injunctum, ad dirimendas resederat actiones.... A lictoribus ante eum præsentatus est quidam reus.... Cum Dotto decrevisset ut eum patibulo deberent affligere...., afflixus patibulo est.*

[3] Grégoire, *Miracula Martini*, III, 53 : *Abbas currit ad comitem, obtentaque cum eo (cum a le sens de ab) rei vita.* — Ibidem, I, 11 : *Obtentis a judice culpis, incolumes dimissi sunt.*— Ibidem, IV, 35 : *Nobis cum judice colloquentibus, abscessit.* — IV, 41 : *Absoluti per judicem laxati sunt.* — IV, 59 : *A judice relaxati.* — *De gloria confessorum*, 101 (99) : *Vita cum judice obtenta, liber abscessit.* — *Vitæ Patrum*, VIII, 7 : *A judice damnatione concessa, laxatus abscessit.* — Ibidem, VIII, 9 : *Tunc episcopus, cum judice obtenta culpa.* — Fortunatus, *Vita Albini*, 16 : *Ad judicem precator accedit.* — *Vita Walarici*, 8. — *Vita Amandi*, c. 13 : *Amandus postulare cœpit comitem ut reo vitam concedere dignaretur; sed ut erat sævus (comes), nihil apud eum obtinere potuit.* — Voyez encore Grégoire, *Hist.*, VI, 8, où le fonctionnaire royal refuse la grâce d'un coupable à l'abbé Eparchius.

Consultons maintenant les actes officiels et les formules. Pour la juridiction supérieure, nous avons des procès-verbaux de jugements rendus par le roi; nous y voyons clairement qu'en principe c'est le roi seul qui décide, qu'en pratique le travail judiciaire est fait par quelques hommes choisis par le roi. Pas un mot d'un peuple qui interviendrait[1].

Pour la juridiction inférieure, nous avons des actes qui sont des instructions du roi à ses comtes au sujet de la justice. Et d'abord, le diplôme de nomination du comte ou du duc porte « qu'il devra réprimer sévèrement les crimes des malfaiteurs » : c'est la juridiction criminelle; « qu'il devra faire vivre les hommes suivant leurs lois et coutumes » : c'est la juridiction civile; « qu'il devra soutenir la veuve et l'orphelin » : c'est encore le propre du juge[2]. Dans plusieurs formules, le roi écrit à un comte qu'un crime a été commis ou qu'une contestation s'est produite dans son comté, et qu'il doit juger ce crime ou trancher ce procès. Il ne lui dit pas qu'il doive réunir une assemblée de canton. C'est lui seul, d'après ces lettres royales, qui doit décider[3].

Des diplômes d'une autre nature par lesquels les rois accordent une immunité personnelle à un évêque ou à un abbé, portent que le comte n'aura plus désormais le droit d'entrer sur les terres du privilégié pour y rendre la justice. Le roi ne songe pas à dire qu'une assemblée de centaine ne se réunira pas sur ces terres; il ne parle que du comte, et il dit que le comte n'y jugera pas[4]. C'est

[1] Nous citerons au chapitre suivant ces actes du tribunal du roi.
[2] Marculfe, I, 8 : *Et eos recto tramite secundum legem et consuetudinem eorum regas, viduis et pupillis maximus defensor appareas, latronum et malefactorum scelera a te severissime reprimantur.*
[3] Marculfe, I, 37; Senonicæ, 18 et 26.
[4] Marculfe, I, 3. La lettre est adressée aux comtes : *Ut nullus judex*

assez marquer que, si cette faveur personnelle n'était pas accordée, le comte jugerait.

Viennent ensuite des formules d'actes privés. Nous avons des procurations par lesquelles une personne donne tout pouvoir à une autre pour la représenter en justice dans tous les procès qu'elle pourra avoir « soit au tribunal du comté, soit au palais du roi », dit une formule; « soit devant les comtes, soit devant les rois nos maîtres », dit une autre[1]. Ce sont les deux degrés de juridiction. Entre eux il n'y a pas place pour un peuple qui juge. Nous avons enfin quarante et une formules se rapportant à des jugements, formules qui ont servi à des milliers d'actes et qui sont relatives à des crimes et à des procès de toute sorte. Elles commencent toutes par dire devant quel juge les plaideurs se sont

*publicus ad causas audiendum.... Statuimus ut neque vos neque juniores vestri nec nulla publica judiciaria potestas in villas ecclesiæ ad audiendas altercationes ingredere vel fidejussores tollere non præsumatis.* — I, 4 : *Ut nullus judex publicus ad causas audiendum... nec fidejussores tollendum nec homines de quaslibet causas distringendum....* — Senonicæ, n°ˢ 28 et 35; Marculfe, I, 24. — Diplomata, Pardessus n°ˢ 281, 336, 567, 403, 417, 428, 436; Pertz n°ˢ 28, 31, 40, 54, 55, 58, 63, 69; Tardif n° 37. — L'expression *audire causas* ne signifie pas seulement écouter un procès; dans la langue du temps elle signifie juger un procès. De même *audientia* signifie jugement. — Les mêmes diplômes qui interdisent au comte de juger, lui interdisent de percevoir les *freda*. Marculfe, *ibidem*.

[1] *Formulæ Andegavenses*, 1 b : *Omnes causationes nostras tam in pago quam et in palatio.* — Arvernenses, 2 : *Omnes causas meas... tam in præsentia dominorum sive ante comitibus.* — Cf. Senonicæ, 13. — Marculfe, I, 24 : *Tam in pago quam in palatio nostro.* — Les mots *in pago*, opposés à *in palatio*, désignent le tribunal du comte. Nous avons vu plus haut que dans la langue de l'époque, et surtout dans la langue officielle, *pagus* est synonyme de *civitas* au sens ancien et désigne justement tout le ressort administratif du comte. De là vient que les administrés du comte sont appelés ses *pagenses*; Frédégaire, 87 : *Comes cum pagensibus suis.* — Marculfe, I, 28 : *Pagensis vester.* I, 37 : *Homo ille pagensis vester.* — Turonenses, 33 : *Homo pagensis vester.*

présentés. Dans cinq d'entre elles, le juge est un abbé[1]; nous observerons ce point un peu plus tard. Une autre est faite pour servir à la fois devant un comte ou devant un évêque[2]. Il en est trois où le juge est simplement qualifié du titre un peu vague de *præpositus* ou d'*agens*[3]. Dans les vingt-sept autres, le juge est manifestement un fonctionnaire du roi. Le plus souvent c'est le comte; non qu'il soit seul au tribunal, mais c'est bien lui qui est indiqué comme le juge[4]. Quelquefois le juge est le *vicarius;* mais nous savons que le *vicarius* n'est que le lieutenant et le délégué du comte[5]. Pas une seule de

[1] *Formulæ Andegavenses,* 10, édit. Zeumer, Rozière n° 482 : *Veniens homo ante venerabilem illum abbatem vel reliquis viris venerabilibus atque magnificis, interpellabat....* — Ibidem, n° 29, 30, 47. — *Turonenses,* 39 : *Ante venerabilem virum illum.* — L'épithète *venerabilis* indique toujours un ecclésiastique, comme l'épithète *illustris* ou *magnificus* indique toujours un laïque.

[2] *Formulæ Lindenbrogianæ,* 19, Rozière 467 : *Postquam venit isdem homicida coram ipso pontifice vel coram illo comite.*

[3] *Formulæ Andegavenses,* n°° 11, 21, 28.

[4] *Andegavenses,* 12 : *Per judicium inlustris illius comitis.* 50 : *Ante viro inluster illo comite.* — *Turonenses,* 29 : *Ante inlustri viro illo* (le qualificatif désigne suffisamment le comte ou le duc). 30 : *Judex.* 31 : *Sub præsentia judicis.* 38 : *Ante illum judicem.* 41 : *Ante illum judicem.* — *Senonicæ,* 10 : *Ante illo comite.* 17 : *Ante comite illo.* 20 : *Ante illo comite.* 38 : *Cum inluster vir ille comes ad multorum causas audiendum vel recto judicio terminandum... resedisset.* — *Senonenses,* 1, 2, 3, 4 5, 6. — *Bignonianæ,* 9 : *Cum resedisset inluster vir ille comes in mallo.* 27 : *Ante illum comitem.* — *Merkelianæ,* 28 et 38 : *Cum resedisset ille comes in mallo.* 39 : *Ante illum comitem.* — Dans la *Merkeliana* 27, le juge est un *missus domni regis*, et cette formule est mérovingienne, puisque les rachimbourgs y sont nommés. — Il y a deux formules qui disent vaguement *ante illum*, sans donner le titre du fonctionnaire.

[5] *Formulæ Merkelianæ,* 29 et 30; *Bignonianæ,* 13 : *Ante vicarium.* — Il y a dans le recueil de Merkel, n° 51, une lettre du comte à son vicaire : *Ut justitias inquiras et facias sicut ego ipse.* La date exacte de ces deux formulaires et surtout de ces quatre formules ne peut pas être établie; croire qu'elles soient d'âge carolingien, ainsi qu'on l'a dit, est une hypothèse peu probable; la *Merkeliana* n° 30 contient le mot *rachimburgi*, qui est de l'époque mérovingienne.

ces quarante et une formules n'indique que les plaideurs se soient présentés devant le peuple ou devant les hommes du canton. Ces mots-là ne se trouvent jamais. C'est ainsi que la Loi ripuaire mentionne le tribunal du comte, et le tribunal du centenier, lequel est un subordonné du comte[1]; mais elle ne mentionne pas une seule fois un tribunal du peuple[2].

En résumé, que l'on prenne les lois, que l'on prenne les récits des écrivains, ou que l'on prenne les chartes et les formules, ce sont toujours les fonctionnaires royaux qui sont présentés comme rendant la justice. Observez l'emploi du mot *judex;* il est répété plus de deux cents fois dans les textes de l'époque; jamais vous ne le trouverez appliqué ni à un homme qui ferait profession de juger comme nos magistrats d'aujourd'hui, ni à des hommes qui seraient investis momentanément du droit de juger comme serait un jury populaire. Le *judex* est toujours un fonctionnaire royal[3]. Nous verrons bientôt

---

[1] *Lex Ripuaria.* L, 1 : *Si quis testis ad mallum ante centenario vel comite, seu ante duce, patricio vel rege....*

[2] Dans un sens différent du nôtre, voyez Glasson, t. II, p. 323 : « Des assemblées judiciaires se tenaient dans la centaine, et les hommes libres y prenaient part en vertu de leur droit. » J'ai cherché dans *tous* les documents de l'époque ; pas un seul ne montre « d'assemblées de centaine », ni « d'hommes libres jugeant en vertu de leur droit ». Aussi M. Glasson ne cite-t-il aucun texte à l'appui de son affirmation.

[3] De même l'expression *judiciaria potestas* désigne le pouvoir à la fois administratif et judiciaire qui est confié aux agents du roi. — Grégoire de Tours emploie onze fois *judex* dans le sens de comte; une fois seulement il emploie *judicibus* dans un sens que nous ne pouvons déterminer: c'est à la fin du chapitre 47 du livre VII; après avoir dit *a judice* pour désigner le comte de Tours, il dit, dans la même phrase : *inventum a judicibus.* Entend-il par ce mot les deux ou trois fonctionnaires subalternes que le comte avait sans nul doute à côté de lui, ou bien les assesseurs qui l'entouraient? On peut hésiter; j'inclinerais pour la seconde explication, mais je ne puis m'empêcher de remarquer que les assesseurs, rachimbourgs, *boni viri,* n'ont jamais été appelés *judices;* ce serait ici une exception unique, et c'est ce qui fait que je reste dans le doute.

que beaucoup d'autres hommes participent à l'action judiciaire; mais la langue ne les appelle jamais du nom de *judices*. Or les habitudes du langage marquent les habitudes de l'esprit. Le peuple ne voyait de véritable juge que dans le fonctionnaire.

Il est bien entendu que le public assistait aux jugements. Plusieurs récits signalent sa présence. Mais ce serait se tromper étrangement que de voir dans cette assistance une assemblée judiciaire. Sous l'empire romain déjà le public assistait aux jugements[1]; a-t-on jamais conclu de là que les jugements fussent rendus par ce public? De même, les écrivains de l'époque mérovingienne disent plusieurs fois que l'arrêt est prononcé *coram omnibus* ou *coram populo*; mais pas une fois ils ne disent qu'il soit prononcé *ab omnibus, a populo*[2]. Jamais nous ne voyons que le comte, avant de rendre sa sentence, consulte le public ou compte ses suffrages. Dans trois récits, le public fait entendre des murmures ou même des cris, soit qu'il veuille sauver un accusé, soit qu'il souhaite une condamnation[3]. Pareille chose se voit en tous pays. Mais, même lorsque la foule prend ainsi parti et veut peser sur les juges, il est visible que ce n'est pas elle qui juge. Ses cris pour obtenir du juge un acquittement ou une condamnation sont la preuve qu'elle-même ne peut légalement ni acquitter ni con-

---

[1] Code Théodosien, I, 12, 1 : *Omnes civiles causas, negotia etiam criminalia publice audire debebis.*

[2] Grégoire, *Vitæ Patrum*, VIII, 9 : *Coram omnibus.* — *Vita Walarici*, 8 (11) : *Adstantibus cunctis.* — *Vita Amandi*, 13 : *Congregata non minima multitudine.... Populi caterva.* — Grégoire appelle ce public *populus*, IV, 44 : *Nec cives nec vox totius populi.* Ailleurs, VI, 8, il l'appelle *vulgus.*

[3] Par exemple dans Grégoire, IV, 44, et VI, 8 : *Insultante vulgo atque vociferante quod, si hic (le coupable) dimitteretur, neque regioni neque judici possit esse consultum.*

damner. Elle ne possède pas une parcelle du pouvoir judiciaire.

Quelques historiens modernes ont supposé que tous les hommes libres étaient tenus de se rendre aux jugements. Il n'y a pas un mot de cela dans les textes de l'époque mérovingienne[1].

Ainsi, nous avons analysé tous les documents : nous n'avons trouvé dans aucun d'eux la mention d'une justice populaire, l'indice d'une population de la centaine ou du canton se réunissant pour juger. Tous, au contraire, nous ont montré la justice rendue ou par le roi ou par le comte ou par l'un des subordonnés du comte. Le rôle actif des rachimbourgs, que nous décrirons plus loin, n'empêche pas que le droit de juger ne soit dans les mains du comte. Le vrai pouvoir judiciaire appartenait donc au roi, dont les comtes n'étaient que les agents.

Nous avons constaté dans un précédent volume que les Romains avaient considéré le droit de juger comme une attribution essentielle de l'État. Quoique la vieille Germanie nous soit fort mal connue, j'incline à penser que le même principe existait chez les Germains[2]. Nous

---

[1] Cette opinion est soutenue par Waitz, 3ᵉ édition, 2ᵉ partie, p. 139-141 ; par Sohm, *Reichs und Gerichtsverfassung*. M. Ed. Beaudouin l'a reprise dans la *Revue historique du droit*, 1887, p. 563 ; mais il n'a pu citer que des textes carolingiens, et il n'a même pas fait attention que le *mallus* ou *placitum comitis* du capitulaire carolingien qu'il cite, n'est pas une assemblée judiciaire.

[2] Cela me paraît ressortir des passages de Tacite sur la justice. Au chapitre 12, c'est la *civitas* même, c'est-à-dire la plus haute autorité publique qui prononce les arrêts ; elle seule peut frapper de mort. Plus loin, Tacite montre la justice locale rendue par des *principes* ; or ces *principes* ont été choisis dans l'assemblée générale : *eliguntur in iisdem conciliis principes qui jura per pagos reddunt*. Ils sont par conséquent les délégués de la *civitas*. Chacun d'eux parcourt plusieurs cantons, et il ne juge qu'entouré d'assesseurs ; mais ces assesseurs ne sont que son

le retrouvons dans l'État Franc. Ici encore, l'autorité judiciaire est inhérente à l'autorité publique. Le chef de l'État est en même temps le juge suprême. En lui seul réside le droit de juger, lequel se répand ensuite, par une série de délégations, en des milliers de mains, optimates, ducs, comtes, vicaires, centeniers, rachimbourgs même. Une foule d'hommes contribuent ainsi à l'œuvre judiciaire; mais la source première en est la royauté.

Ne quittons pas ces documents sans présenter encore une remarque qu'ils suggèrent. On n'y voit jamais que les Francs aient eu une juridiction distincte de celle des Romains. De nombreux exemples montrent qu'au tribunal du roi les Romains et les Francs pouvaient également comparaître et étaient jugés de même. Le tribunal du comte jugeait indifféremment les Romains et les hommes de race germanique. Il n'y a pas eu deux ordres judiciaires à l'usage des deux races. Comme il n'existait qu'une seule autorité publique, il n'exista aussi qu'une seule justice.

### 2° LE TRIBUNAL DU ROI.

Nous allons étudier successivement les divers côtés de l'ordre judiciaire. Nous commençons par la justice du roi, parce que c'est sur elle que nous possédons les renseignements les plus précis. Nous avons pour la connaître les deux lois franques, quelques capitulaires mérovingiens, plusieurs formules, quelques récits très

---

conseil; le véritable pouvoir est dans les mains du *princeps* envoyé par la *civitas* ou, comme nous dirions, par l'État

clairs, et surtout dix-neuf actes de jugements prononcés par les rois[1].

La Loi salique déclare qu'un homme peut refuser de comparaître au *mallus* ou d'exécuter l'arrêt que le juge du *mallus* a rendu, pourvu qu'il comparaisse « en présence du roi ». Elle dit aussi qu'on peut accuser directement un homme « devant le roi ». La Loi ripuaire dit la même chose[2]. Un capitulaire de Childebert II déclare que, si un crime a été commis par un homme de condition élevée, on doit amener le coupable au roi pour être jugé[3].

Il y a un détail significatif : cette justice que les lois désignent par l'expression « devant le roi », les formules l'expriment par le terme *in palatio*[4]. C'est que la justice royale ne se rend pas dans un champ de Mars, au milieu d'un peuple assemblé; elle ne se rend même pas dans un lieu public; le roi n'a pas à se transporter dans une basilique ou un forum judiciaire. C'est dans une de ses demeures personnelles qu'il juge, *in palatio*. Ce fait est confirmé par nos procès-verbaux de jugements; nous y voyons que le roi a prononcé un arrêt, étant dans sa villa de Compiègne, ou dans celle de Kiersy, ou dans celle de Valenciennes, à Luzarches, à

---

[1] Plusieurs de ces actes sont aux Archives nationales; on les trouvera dans les *Monuments historiques, Cartons des rois*, publiés par J. Tardif sous les n° 14, 15, 16, 17, 22, 28, 30, 32, 33, 35, 38, 42, 43, 44, 45, 48. *Diplomata*, édit. Pardessus, n° 331, 332, 334, 349, 394, 418, 424, 429, 431, 434, 440, 456, 473, 477, 478, 479, 497, 509, 535; édit. K. Pertz, n° 34, 35, 37, 41, 49, 59, 60, 64, 66, 68, 70, 73, 76, 77, 78, 79, 83, 94.

[2] *Lex Salica*, XVIII, XLVI, LVI. — *Lex Ripuaria*, XXXVIII.

[3] *Decretio Childeberti*, c. 8 : *Si francus fuerit, ad nostram præsentiam dirigatur.*

[4] *In palatio. Formulæ Andegavenses*, 1; *Turonenses*, 45; *Marculfe, præfatio* et I, 24, où le roi dit : *In palatio nostro. Senonicæ*, 13. L'*Arvernensis* 2 dit : *In præsentia dominorum*, devant les rois nos maîtres.

Pontion, à Vern, à Clichy, à Saint-Cloud, toujours dans un de ses domaines propres¹. Ainsi le roi, lorsqu'il juge, est toujours chez lui : tant l'autorité judiciaire lui est personnelle. Il juge partout où il se trouve. Il se déplace, et toute l'autorité judiciaire se transporte avec lui. En quelque lieu qu'il soit, c'est sa « cour », ainsi que le dit un écrivain du temps, qui est le siège de la justice².

Voyez en quels termes les rois parlent de leur pouvoir judiciaire : « Celui à qui Dieu confie le soin de régner doit examiner avec une attention diligente les procès de tous, de telle sorte que, les deux parties ayant été entendues, l'une en sa demande, l'autre en sa défense, il leur donne un bon et salutaire arrêt³. » Ainsi celui qui règne a le devoir de tout juger; à plus forte raison il en a le droit. Un roi dit ailleurs : « Toutes les fois que des contestations surgissent entre nos sujets, c'est à nous qu'il appartient, au nom de Dieu, de faire une enquête suivant la sévérité des lois, afin de terminer les débats sans qu'ils puissent renaître⁴. »

---

¹ Exemples : *Compendio in palatio nostro* (Tardif n° 22); *Noriento in palatio nostro* (ibid., 30); *Luzarca in palatio nostro* (ibid., 32); *Valentianis in palatio nostro* (ibid., 33); *Crisciaco in palatio nostro* (ibid., 43); *Hamacas in palatio nostro* (ibid., 44), etc.

² *Vita Præjecti*, c. 10, Mabillon, *Acta SS.*, II, 643 : *In aula regis.* Ibidem, c. 11 : *Ad palatium properat... ut mos est apud regis aulam in loco ubi causæ ventilantur.* — *Vita Eligii*, II, 57 : *Causa in palatio regis perlata.* II, 65 : *Ducitur in palatium ubi dum sententia mortis definiretur....*

³ C'est le début de la formule des jugements telle que la donne Marculfe, I, 25 : *Cui Dominus regendi curam committit, cunctorum jurgia diligenti examinatione rimari oportet ut juxta propositiones vel responsiones... salubris donetur sententia. Ergo cum nos....*

⁴ *Diplomata*, édit. Pardessus n° 349, Pertz n° 41 : *Chlotarius rex Francorum vir inluster. Quotiescunque jurgia... pro quarumcunque rerum negotiis noscuntur advenire, oportet nobis in Dei nomine juxta legum severitatem inquirere, ut deinceps nulla videatur quæstio renovari.*

Maintes fois encore le roi déclare « qu'il siége dans son palais pour examiner les procès de tous, et les terminer par de justes sentences[1] ». Notons que cette doctrine du pouvoir absolu des rois en matière judiciaire, si fortement exprimée ici, ne se trouve ni démentie, ni contestée, ni amoindrie par aucun autre texte ni aucun acte de l'époque mérovingienne.

Quelques jugements rapportés par les écrivains vont nous montrer d'abord un des côtés de cette justice royale. Grégoire de Tours raconte qu'en pleine Austrasie, à Trèves, sous le règne d'un des premiers mérovingiens Théodebert, un prêtre eut un procès avec un Franc; le procès fut porté devant le roi, et le roi seul prononça l'arrêt[2]. L'auteur de la Vie d'Éligius, lequel est vraisemblablement un contemporain et un personnage fort au courant des affaires, parle d'un abbé qui est en contestation avec un laïque pour la possession d'une terre; « la cause fut portée au palais du roi, et le roi prononça le jugement[3] ». Dans une autre Vie de saint, un procès relatif à la propriété foncière est jugé à la cour du roi, *in aula*, et c'est le roi seul qui décide[4]. Le roi juge donc au civil, et les particuliers lui portent leurs procès.

Il juge aussi au criminel. « Le roi Gontran fit périr

[1] Archives nationales, Tardif, n°° 14, 15, 32, 33 : *Cum nos in Dei nomine in palatio nostro ad causas universorum audiendum vel recto iudicio terminandum resideremus.* — Marculfe, I, 25.

[2] Grégoire, *De gloria confessorum*, 93 (91) : *Apud urbem Trevericam, tempore Theodeberti regis, Arbogastes quidam presbyter cum franco quodam intendebat rege præsente. Cum videret rex prosecutionem presbyteri esse callidam, conversus ad eum : Quæ prosequeris, inquit, sacramento confirma....*

[3] *Vita Eligii ab Audoeno*, II, 57 : *Causa in palatio regis perlata, accepit a principe judicium.*

[4] *Vita Præjecti*, Mabillon, *Acta SS.*, II, 643.

par le glaive les deux fils de Magnachaire, parce qu'ils avaient prononcé des paroles outrageantes contre la reine, et il confisqua leurs propriétés[1]. » Nous devons penser qu'il s'agit ici d'un acte judiciaire; le crime visé est celui de lèse-majesté, dont il est parlé plusieurs fois dans l'époque mérovingienne, et la peine est précisément celle qui, depuis l'empire romain, frappait ce crime[2]. Or ces deux Francs ne furent pas jugés par un peuple franc; ils furent jugés et condamnés à mort par le roi; et cette exécution ne donna lieu à aucune protestation de la part des autres Francs. De même, Sunnégisile et Gallomagnus, accusés de complot, comparaissent « en jugement » devant le roi; reconnus coupables, le roi ne peut pas les condamner à mort, parce qu'ils se sont réfugiés dans une église; mais il prononce la confiscation de leurs biens. Ici encore le roi a jugé lui-même et seul, et, peu de temps après, c'est encore le roi seul qui fait grâce aux deux coupables[3]. Le roi Gontran fit mettre à mort un Franc nommé Chundo pour l'unique faute d'avoir chassé dans une forêt royale. Or ce ne fut pas là un acte de colère, un caprice de despote : il y eut un véritable jugement; et ce qui le prouve, c'est qu'avant de prononcer son arrêt, le roi avait ordonné le duel judiciaire, qui était une forme de procédure légale[4]. Ajou-

---

[1] Grégoire, V, 17 : *Guntramnus rex filios Magnacharii gladio interemit pro eo quod in Austrechildem reginam multa detestabilia proferrent, facultatesque eorum fisco suo redegit.*

[2] Grégoire, V. 26 : *Ob crimen læsæ majestatis judicio mortis suscepto.* — Idem, X, 19 : *Novi me ob crimen majestatis reum esse mortis.*

[3] Grégoire, IX, 38 : *Educti foras (ecclesia), cum rege venerunt ad judicium.* Dans l'expression *cum rege*, *cum* a le sens de *coram*, ce qui est fréquent.

[4] Grégoire, X, 10 : *Cum uterque* (Chundo et le garde de la forêt) *in præsentia regis intenderent..., rex campum dijudicat.* Le champion de Chundo est tué. *Quod videns Chundo ad basilicam S. Marcelli fugam*

tons que cette condamnation prononcée en public contre un Franc du rang le plus élevé ne provoqua aucune réclamation. Trois autres Francs, Rauching, Ursio, Bertefried, qui avaient formé un complot contre Childebert, furent mis à mort par son ordre. Cette fois, aucune forme de procédure ne fut observée; mais, loin que cela ait soulevé l'opposition des Francs, ce furent des Francs qui exécutèrent l'arrêt royal[1]. Un peu plus tard, un certain Aléthée, de race germanique et de grande famille, était accusé de complot; le roi Clotaire II le manda devant lui et le fit mettre à mort[2].

Dans ces récits des historiens du temps, un homme d'aujourd'hui est d'abord tenté de voir des actes arbitraires, des assassinats royaux. Il est plus probable, à la manière dont les faits sont racontés, que les rois et même leurs sujets y voyaient plutôt des actes de jugement. Le roi se croyait armé d'une autorité judiciaire si indiscutable, qu'il n'avait pas besoin de se soumettre toujours aux formalités ordinaires de la justice. Ces arrêts de mort étaient irréguliers peut-être, mais en tout cas permis au roi, juge suprême et irresponsable. Ce qui le prouve, c'est que nous avons la formule des lettres de sauvegarde que le roi donnait à ceux qui avaient exécuté de pareils ordres. Il déclarait par écrit que, « tel homme ayant formé un complot ou commis quelque faute contre lui, il avait avec le conseil des grands donné

*iniit. Acclamante vero rege ut comprehenderetur, vinctus ad stipitem, lapidibus est obrutus.*

[1] Grégoire, IX, 9 et 12. — *Fredegarii Chronicon*, 8 : *Rauchingus, Boso, Ursio et Bertefridus, optimates Childeberti regis..., ipso rege ordinante interfecti sunt.*

[2] *Fredegarii Chronicon*, 44. Cet Aléthée, dit le chroniqueur, était *regio genere de Burgundionibus. Chlotarius Aletheum ad se venire præcepit; hujus consilio iniquissimo reperto, gladio trucidari jussit.* — Le patrice Wolf avait été traité de même par le roi Thierri II (*ibid.*, 29).

l'ordre de le mettre à mort ». Il ajoutait que l'exécuteur de cet ordre « ne pourrait être inquiété ni poursuivi en justice » par aucun membre de la famille du condamné[1]. Ces lettres, qui étaient faites pour être montrées à tous et présentées même dans les tribunaux, marquent bien que le roi, en ordonnant de telles exécutions, croyait être dans son droit.

Voici d'ailleurs d'autres jugements, qui sont relatifs à des crimes tout privés, où l'intérêt du roi n'était pas en jeu. Un Saxon nommé Childéric étant accusé de plusieurs meurtres, ce fut le roi qui ordonna de le mettre à mort[2]. Les deux fils du comte Waddo s'étaient rendus coupables de plusieurs crimes; ils comparurent au tribunal du roi; « quand le roi eut pris connaissance des faits, il ordonna de les charger de chaînes et de leur infliger la torture; après leurs aveux, ils furent condamnés, l'un à la mort, l'autre à la détention, et leurs biens acquis au fisc[3] ». En 626, Godin fils de

---

[1] Marculfe, I, 32, Rozière n° 42 : *Qui regiam obtemperant jussionem, experire malum non debent. Dum ille... faciente rebello, aut quaslibet alias causas contra regem admisit.... Una cum consilio fidelium nostrorum... in vita ipsius ordinaveramus insequere.... Ideo jubemus ut, dum per nostram ordinationem factum est, nullo unquam tempore heredes exinde quamlibet calumniam aut repetitionem habere non debeant.* — Les mots *calumnia* et *repetitio* indiquent une action en justice. — Cette formule, dans sa forme spéciale, s'applique au cas où le roi a seulement ordonné la confiscation des biens; mais les mots *si non distulisset, in vita ipsius ordinaveramus insequere*, prouvent bien que le roi pouvait également ordonner la mort et qu'en ce cas il donnait une formule analogue de sauvegarde.

[2] Grégoire, X, 22.

[3] Grégoire, X, 21 : *Filii Waddonis diversa committebant scelera, homicidia, furta.... Quod cum Macco comes reprimere niteretur, ii præsentiam regis expetunt* (c'est-à-dire demandent à être jugés au tribunal du roi).... *Affuerunt ii coram rege.... Cum rex hæc scelera ab iis cognovisset manifestissime perpetrata, vinciri eos catenis præcepit ac tormentis subdi.... Post hæc, seniore capite plexo, juniorem exsilio damnaverunt.*

Warnachaire était coupable d'avoir épousé la veuve de son père; Clotaire II juge ce crime impardonnable et, « pour avoir violé les canons de l'Église », condamne Godin à mort; Godin fuit à travers tout le royaume sans trouver personne qui le protège ou qui proteste contre un tel arrêt, et la sentence royale est mise à exécution par deux grands personnages francs, Chramnulf et Waldebert[1].

La Chronique de Frédégaire nous dit comment un roi franc rendait la justice en un temps de grands désordres. « L'arrivée de Dagobert dans son royaume de Burgundie frappa de terreur les évêques, les grands et les autres leudes, tandis que la manière dont il jugeait les pauvres les comblait de joie. Il arriva à Langres et jugea les procès de tous, grands ou petits, avec une parfaite équité. Puis, entrant à Dijon, il y résida quelques jours et jugea avec beaucoup de soin tous les hommes du pays; nul ne se retirait de sa vue sans avoir reçu justice. Il fit de même à Chalon, à Autun, à Sens, à Paris[2]. » L'Austrasie elle-même avait vu Clotaire II la parcourir en juge sévère et faire tomber les têtes des criminels[3].

Dans tous ces jugements, le roi est seul nommé par le chroniqueur, et peut-être a-t-il jugé seul. Nous ne voyons aucune loi ni aucune règle qui l'oblige à s'en-

---

[1] *Fredegarii Chronicon*, c. 54. — Autres arrêts semblables, *ibidem*, 21, 28, 58.

[2] *Fredegarii Chronicon*, c. 57 : *Tanto timore pontifices et proceres seu et celeros leudes adventus Dagoberti concusserat ut a cunctis esset admirandum.... Pauperibus justitiam habentibus gaudium irrogaverat.... Tanta in universis leudibus tam sublimibus quam pauperibus judicabat justitia..., ut omnes cum recepta justitia de conspectu suo laeti remearent.*

[3] *Ibidem*, 43 : *Chlotarius, in Alsatia pacem sectatus, multos inique agentes gladio trucidavit.*

tourer de conseillers. Si pourtant nous consultons les actes officiels, c'est-à-dire les lettres de jugement qui nous sont parvenues, nous voyons que le roi, lorsqu'il fait acte de juge, n'est pas seul. Le préambule ordinaire est celui-ci : « Nous roi, comme nous siégions dans notre palais, ayant avec nous nos pères en religion les évêques, et un grand nombre de nos optimates, le maire du palais, tel et tel ducs ou patrices, tel et tel référendaires, *domestici*, sénéchaux et chambellans, le comte du palais, et autres fidèles[1].... » Plusieurs diplômes donnent les noms des personnes présentes; par là nous pouvons voir, sans erreur possible, comment est composé cet entourage du roi. Un jugement de 692 porte que le roi avait auprès de lui quatre évêques, trois optimates, deux comtes ou grafs, deux sénéchaux et le comte du palais[2]. Un autre acte mentionne une assistance plus nombreuse ; il se trouve autour du roi douze évêques, douze optimates, huit comtes, huit dignitaires qualifiés grafs, quatre *domestici*, quatre référendaires, deux sénéchaux, le comte du palais et quelques autres fidèles[3]. Une autre fois, le roi siège avec

---

[1] Marculfe, I, 25, Rozière n° 442 : *Cum nos in Dei nomine in palatio nostro una cum domnis et patribus nostris episcopis, vel (et) cum pluris optimalibus nostris, illo majore domus, illis ducibus, illis patriciis, illis domesticis, illis siniscalcis, illis cubiculariis et illi comis (comite) palatii vel reliquis quampluris fidelibus nostris resideremus.* — Il n'est pas besoin d'avertir que le pronom *illo* ou *illis* devait être remplacé dans l'acte réel par des noms propres. — De même, *Formulæ Senonicæ*, 26.

[2] Archives nationales, K, 3, 6; Tardif n° 32, Pardessus n° 429 : *Chlodovius rex Francorum vir inluster. Cum nos... una cum apostolicis viris in Christo patribus nostris Sygofrido, Constantino, Gribone et Ursiniano episcopis, necnon et inlustribus viris Ragnoaldo, Nordebertho, Ermenfrido optimatis, Madelulfo, Erconaldo gravionebus, Benedicto et Chardoino seniscalcis, et Marsone comite palatii nostri, ad universorum causas audiendum resideremus.*

[3] Archives nationales, K, 3, 7; Tardif n° 33, Pardessus n° 431.

sept évêques, quatre optimates, trois comtes, trois *domestici*, deux sénéchaux, le maire et le comte du palais¹.

Le tribunal du roi n'a donc pas un nombre fixe de membres. Même lorsqu'il est le plus nombreux, il ne ressemble pas à ce que serait une assemblée nationale, moins encore à une nation réunie autour de son chef. Il n'est composé que de deux classes de personnes, des évêques et des dignitaires du palais. Nous avons vu plus haut que le terme d'optimate est un titre de la hiérarchie palatine. Les comtes et grafs sont nommés et révoqués par le roi. Les *domestici* sont, pour la plupart, les administrateurs de son domaine. Les référendaires et les sénéchaux sont des dignitaires de sa cour. Il est visible que tous ces hommes sont attachés au roi par un lien de dépendance. Ils tiennent de lui seul leur titre et tout ce qu'ils ont de pouvoir².

Quant aux évêques dont les noms figurent parmi les membres du tribunal, nous verrons bientôt qu'ils étaient le plus souvent nommés par le roi. Beaucoup d'entre eux, avant d'être évêques, avaient fait partie du Palais, comme trésoriers, comme référendaires, comme comtes; ils avaient vécu dans le service du roi avant d'arriver à l'épiscopat. Ces évêques n'étaient donc pas déplacés au milieu des optimates et des comtes. Notons bien que tous les évêques du royaume n'étaient pas là, mais seulement ceux que le roi appelait auprès de lui. Ils ne

---

¹ Archives nationales, K, 3, 12; Tardif n° 38; Pardessus n° 440.

² A la vérité, quelques actes ajoutent : *Vel reliquis quampluris fidelibus nostris.* Je crois qu'il faut entendre par là quelques personnages de rang inférieur, tels que *notarii, scribæ, cubicularii.* C'est parce qu'ils sont de rang inférieur que leurs noms ne se trouvent pas inscrits au procès-verbal comme ceux des optimates et des comtes. — Un acte porte : *Cum episcopis, optimatis, ceterisque palatii nostri ministris* (Pardessus n° 349, Pertz n° 41).

siégeaient pas à ce tribunal en vertu d'un droit, mais seulement parce que le roi les avait admis à siéger. Ils n'étaient pas là à titre d'évêques, mais à titre de serviteurs et de conseillers du roi. Ils ne représentaient pas plus un ordre de l'État que les laïques qui étaient à côté d'eux ne représentaient une nation.

Un diplôme de 751 indique, parmi les membres composant le tribunal, des hommes instruits en loi, *legis doctores*[1]. Je doute qu'il faille faire fond sur ce mot, qui, à ma connaissance, ne se rencontre qu'une fois[2]. Il n'est pourtant pas impossible qu'à côté des grands dignitaires du palais on ait réservé quelques places pour des praticiens. La présence de ces hommes pouvait être assez souvent nécessaire. Un hagiographe rapporte que saint Ébrulfe, avant de devenir un abbé, vivait à la cour, au service du roi, et que « étant très instruit et parleur très habile, il siégeait parmi les hommes de la cour pour juger les procès »[3].

Ces grands, ces évêques, ces « hommes de la cour » n'étaient que les assesseurs du roi. Ils ne possédaient pas par eux-mêmes le droit de juger. Aussi ne trouvons-nous pas d'exemples d'arrêts rendus par eux seuls. Ils ne possédaient même pas ce droit par une délégation formelle du roi, comme le Parlement du quatorzième siècle. Les arrêts étaient toujours prononcés par le roi personnellement. Regardez ces procès-verbaux;

---

1. Archives nationales, Tardif n° 54, Pardessus n° 608 : *Sicut proceres nostri vel reliqui legis doctores judicaverunt.*

[2] Les expressions *legis doctor, legum magister* se retrouvent encore, un peu plus tard, chez Adrevald, *Mirac. S. Benedicti*, I, 25.

[3] *Vita Ebrulfi*, dans Mabillon. *Acta SS.*, I, 355 : *Ebrulfus, oratoris facundia præditus, ad agendas causas inter aulicos residebat doctissimus.* Ce personnage vivait au sixième siècle; sa biographie paraît presque contemporaine.

c'est le roi qui parle, et il parle en son nom propre. L'acte commence ainsi : « Nous, roi des Francs, tandis que nous siégions dans notre palais pour entendre toutes les causes et les terminer par juste jugement, tels plaideurs se sont présentés devant nous[1]. » Et il se termine ainsi : « En conséquence, nous avons décrété et nous ordonnons que tel plaideur aura la possession de la terre en litige[2]. » C'est donc le roi qui décide. L'acte entier est comme son œuvre. Il semble écrit par lui; il porte son sceau et la signature est celle d'un de ses fonctionnaires[3]. Les évêques et les grands ne sont pas les auteurs de la sentence. Ils n'étaient là que comme le conseil du roi. En droit, ils n'ont fait que lui donner leur avis.

La réalité n'était pas tout à fait conforme au droit strict. On peut remarquer que la plupart des actes de jugement qui nous ont été conservés, sont écrits au nom de rois mineurs. Lorsque Clotaire III déclarait pompeusement qu'il siégeait au milieu de ses grands pour terminer les procès de tous par de justes arrêts, Clotaire III était un enfant de six ans. Clovis III, dont nous avons quatre jugements, est mort à quatorze ans. Nous pouvons donc croire que ces rois, quoi qu'ils en disent, n'ont pas présidé leur tribunal. Même quand le roi était

---

[1] Tardif n° 33; Pardessus n° 431 : *Chlodovius rex Francorum.... Cum nos in Dei nomine Valentianis in palatio nostro... ad universorum causas audiendum vel recta judicia terminanda, resideremus, ibi veniens N. adversus N. repetebat.*

[2] Ibidem : *Proinde nos* (il s'agit toujours du roi) *taliter... constitit decrevisse ut... Jubemus ut....* — Tardif n° 14 : *Propterea nos... jubemus ut ipsas villas Domni Dionisii actores habeant evindicatas et sit inter ipsis de hac re sopita causatio.* — Tardif n° 28 : *Unde tales preceptiones eis ex hoc facere jussimus.* — Pardessus n°⁸ 331, 349, 394, 418, 424, 420.

[3] Tardif, n°⁸ 14, 22, 28, 30, 32, 33, 35.

majeur, nous ne sommes pas sûrs qu'il y siégeât toujours. Il pouvait être occupé de quelque autre affaire plus importante ou de quelque plaisir. Sa place est donc restée vide. Le tribunal a examiné le procès et a décidé sans lui.

Cela est visible dans nos diplômes. Le roi y relate assez longuement ce qui s'est passé dans la séance, c'est-à-dire les questions, les réponses, les productions de pièces, puis il ajoute : « C'est ainsi que notre comte du palais a témoigné devant nous que la cause a été examinée[1]. » On voit bien que le roi n'était pas là. Quelquefois l'acte dit expressément que ce sont les grands qui ont interrogé les parties[2]; il y en a même trois où il est dit que ce sont eux qui ont jugé[3].

Ils jugeaient en réalité plus souvent que le roi. Mais comme ils ne possédaient pas par eux-mêmes le droit de juger, il fallait que la présence du roi fût toujours indiquée dans l'acte. Cette présence n'était presque toujours qu'une fiction, mais la fiction était obligatoire. Voilà pourquoi tous nos actes de jugement commencent par : Nous, roi des Francs, comme nous siégions en notre palais. Voilà pourquoi aussi les lois ne disent jamais *ante proceres regis*, mais *ante regem*. En droit

---

[1] Archives nationales, Tardif n° 14, Pardessus n° 331 : *Dum inluster vir Chadoloaldus comis palatii nostri testimoniavit quod taliter hac causa acta vel per ordinem inquisita seu definita fuisse dinoscitur.* — Pardessus n° 349 : *In quantum illuster vir Andobaldus comes palatis nostri testimoniavit.* — Tardif n° 28, Pardessus n° 418 : *Sicut inluster vir Ansoaldus comis palatii nostri testimoniavit.* — Tardif n° 32, Pardessus n° 429 : *Dum inluster vir Marso comis palatii nostri testimoniavit quod hæc causa taliter acta fuisset.*

[2] Pardessus n° 349 : *Interrogatum est a nostris proceribus.* — Tardif n° 42, Pardessus n° 456 : *A nobis vel a proceribus nostris interrogasse.*

[3] Archives nationales, Tardif n° 28, Pardessus n° 418 : *A proceribus nostris judicatum fuit ut....* — Pardessus 456 : *Inter ipsos fuit judicatum.* — Tardif n° 48, Pardessus n° 497 : *Sic proceribus nostris fuit inventum.* — Cf. Marculfe, I, 38 : *Dum inter se intenderent... sic a proceribus nostris fuit judicatum.*

le roi était présent. Un acte où il eût écrit qu'il n'était pas présent, eût été contraire à toutes les formes, et peut-être eût-il paru de nulle valeur[1].

Quant à l'arrêt, il était prononcé par le roi, non par les grands. Cet arrêt ne pouvait émaner que de lui. Il fallait qu'il parlât en son nom propre et qu'il écrivît le *jubemus*, c'est-à-dire l'ordre d'exécution. Un acte de jugement où l'expression de la volonté royale eût fait défaut, n'aurait probablement pas été compris.

Il faut faire attention aux termes employés dans les actes. L'opinion émise par les grands est exprimée par les mots *judicare* ou *invenire*. Mais l'arrêt précis et formel est exprimé par *decernere* et *jubere*; or, ces deux derniers mots, le roi seul les emploie.

Toutes ces observations de détail conduisent à une conclusion certaine. Le roi était le véritable chef de la justice. Il pouvait juger seul, comme les chroniqueurs le disent maintes fois, et il ne s'en faisait pas faute, en effet, surtout en matière criminelle. Plus souvent il s'entourait de ses grands, c'est-à-dire de ses hauts fonctionnaires, de ses conseillers naturels, et de quelques évêques. Même dans ce tribunal, le pouvoir judiciaire n'appartenait qu'à lui. En droit, il y était le vrai et seul juge, et les grands n'étaient que ses assesseurs. Mais en pratique sa présence était souvent fictive, et les assesseurs se transformaient alors en juges. Dans l'un et l'autre cas, l'arrêt légal, exécutoire, définitif, était prononcé par le roi[2].

---

[1] Qui est-ce qui présidait le tribunal en l'absence du roi ? Était-ce le maire ? On a supposé que c'était le comte du palais. En réalité, nous n'en savons rien. Les actes ne le disent pas, et ils ne peuvent pas le dire, puisque c'était le roi qui était censé présider.

[2] Les actes de jugement qui nous sont parvenus ne sont que du septième siècle ; mais un récit de Grégoire de Tours montre que les choses se passaient déjà ainsi au sixième. *De gloria confessorum*, 71 (70). On y

La juridiction royale s'exerçait en matière civile aussi bien qu'en matière criminelle. Dans les formules de Marculfe nous pouvons constater que le roi jugeait des procès de toute nature, questions d'héritage, enlèvement d'esclaves, défaut de comparution, coups et blessures¹. Il se trouve que les dix-neuf actes de jugements qui nous sont parvenus sont tous relatifs à des questions de propriété; cela tient uniquement à ce que ce genre d'actes était celui qu'on avait le plus d'intérêt à conserver. Nous savons d'ailleurs que le même tribunal jugeait aussi les criminels et qu'il prononçait la peine de mort².

Le tribunal du roi recevait les appels. Un homme condamné par le tribunal du comte ou, comme on disait, *in pago*, pouvait porter sa cause au tribunal royal, *in palatio*. Grégoire de Tours montre le roi réformant un arrêt rendu par un gouverneur de province³.

Ce n'était pas seulement en appel qu'il jugeait. Les sujets n'étaient pas obligés de se présenter d'abord

---

voit un évêque qui a un procès avec le fisc au sujet d'une terre. L'évêque est mandé; il se présente au tribunal royal; il commence par supplier le roi de ne pas prendre part au jugement, pour ne pas, dit-il, compromettre son âme; le roi se retire en effet; les grands, que l'historien appelle *auditores*, littéralement les assesseurs, procèdent à l'interrogatoire sans lui et prononcent un *judicium* contre l'évêque. Il est probable que si nous avions le diplôme de ce jugement, nous y lirions d'abord *N. Rex Francorum*, comme si le roi eût été présent; le mot *auditores* serait remplacé par *proceres*; nous verrions le *testimoniavit* du comte du palais, le *judicaverunt* des *proceres*, et enfin le *jubemus* du roi.

¹ Marculfe, I, 26, 27, 28, 29, 37. Idem, II, 31, une personne donne procuration pour un procès qu'elle a au tribunal du roi sur une question d'héritage; *causam pro alode cum homine illo in palatio habere videor.*

² *Childeberti decretio*, art. 8. *Formulæ Turonenses*, 33, Marculfe, I, 37. *Vita Eligii*, II, 65 : *Vir quidam sæcularis ex nobili genere, culpa interveniente..., ducitur in palatium; ubi dum sententia mortis definiretur..., cum formidaret mori* — Cf. *Lex Ripuaria*, 79 : *Judicio principis pendulus.*

³ Grégoire, IV, 44.

devant la juridiction inférieure. On pouvait accuser directement devant le roi[1]. Ou bien encore, un homme accusé devant le comte pouvait demander et obtenir d'être jugé par le roi; ainsi firent, par exemple, les fils de Waddo[2]. Dans les procès civils, les deux parties pouvaient se soumettre à la justice royale. En ce cas, elles convenaient entre elles du jour de comparution, ou, comme on disait dans la langue du temps, « elles fixaient leur plaid devant le roi »[3]. Le roi n'exigeait pas qu'elles se fussent d'abord présentées devant le comte. Il les jugeait, ou bien, si l'une d'elles n'était pas présente au jour fixé, il donnait une lettre constatant que « telle partie avait gardé son plaid » et que l'autre « y avait manqué », et il condamnait celle-ci pour défaut de comparution[4].

D'autres fois c'était le comte lui-même qui, trouvant une affaire trop obscure, la renvoyait au roi. Grégoire de Tours parle d'une cause criminelle qui fut d'abord examinée à Tours; mais, le juge n'ayant pu obtenir la cer-

---

[1] *Lex Salica*, 18. *Lex Ripuaria*, 58.

[2] Grégoire, X, 21 : *Præsentiam expetunt regis. Affuerunt coram rege*.

[3] Telle est l'une des significations les plus fréquentes du mot *placitum*; il se dit de la convention que font deux adversaires, par écrit ou autrement, de se trouver à tel jour au tribunal du comte ou au tribunal du roi. Voyez un diplôme de Clovis III, aux Archives nationales, K, 3, 4, Tardif n° 30, Pardessus n° 424 : *Per eorum notitias paricolas placita inter se habuerunt ut ante nos deberent conjungere.... Taliter inter se placitum habuerunt initum*. — Cf. *Lex Salica*, 47 : *In noctes 40 placitum faciant*. — *Edictum Chilperici*, 7 : *Postea in 84 noctes placitum intendatur*. — *Formulæ Andegavenses*, 12, 13, 14, 16 : *Ille et ille placitum eorum adtenderunt*. — Grégoire de Tours, VII, 23 : *Placitum in præsentia regis posuerunt*. — *Epistola ad Desiderium*, Bouquet, IV, 23 : *Habeo placitum cum illo homine ante regem*.

[4] Archives nationales, K, 3, 4, Tardif n° 30 : *Illi placitum eorum visi sunt custodisse.... Ipse nec venit in placitum*. — *Andegavenses*, 12 : *Ipsi placitum eorum legibus a mane usque ad vesperum visi sunt custodisse*. — Cf. Rozière n°ˢ 457, 473, 490, 500, 501.

titude de la culpabilité de l'accusé, l'affaire fut portée au tribunal du roi¹. Souvent enfin il arrivait que le roi évoquât lui-même l'affaire. C'est ce qui eut lieu, par exemple, pour un vol qui avait été commis dans la basilique de Saint-Martin². Nous avons l'une des formules de citation qu'il faisait écrire pour appeler un inculpé à son tribunal : « Un tel, venant en notre présence, nous a dit que vous l'aviez assailli, blessé et volé. Nous vous adressons le présent monitoire par lequel nous vous enjoignons, si les faits sont exacts, de les amender suivant les lois. Si vous avez quelque chose à opposer aux allégations portées contre vous, vous aurez à venir en notre présence aux calendes de tel mois³. » Parfois c'était au comte que le roi s'adressait : « Un tel nous a fait savoir que tel homme qui est de votre ressort lui a enlevé sa terre par violence et la détient sans droit. Nous vous donnons l'ordre d'obliger l'envahisseur à restituer; s'il s'y refuse ou que vous ne puissiez terminer l'affaire, envoyez-le en notre présence⁴. »

Un des principaux objets de la juridiction royale était de juger les fonctionnaires. Nous savons que les comtes avaient une responsabilité et qu'en cas de délit ou de mauvais usage de leurs fonctions il étaient menacés des peines les plus graves⁵. Mais nous ne voyons jamais qu'un comte fût jugé par le tribunal d'un duc ou d'un autre comte; il ne l'est jamais par des rachimbourgs;

---

¹ Grégoire de Tours, VII, 23.
² Grégoire, VI, 10 : *Quod cum regi nuntiatum fuisset, jussit fures alligari et suo conspectui præsentari.*
³ Marculfe, I, 29; Rozière n° 433.
⁴ Marculfe, I, 28; cf. *Turonenses,* 33.
⁵ *Pactus Childeberti et Chlotarii,* 18 : *Vitæ periculum se subjacere cognoscat.* — *Childeberti decretio,* 6 : *Judex... vitæ periculum sustineat.* — Cf. *Lex Salica,* L, 5 : *Grafio... de vita culpabilis esse debet aut quantum valet se redimat;* LI, 2 : *Grafio de vita componat.*

jamais il ne l'est par le peuple assemblé. Il n'est responsable qu'envers le roi; c'est le roi seul qui le juge et qui le punit[1]. Seul aussi il juge les évêques[2]. Les hommes des classes supérieures obtenaient aisément le privilège d'être jugés, même au criminel, par le tribunal du roi[3]. Enfin les rois accordèrent peu à peu aux grands propriétaires, surtout aux évêques et aux abbés, de n'être pas soumis à la juridiction du comte et de porter tous leurs procès directement au tribunal du Palais[4].

La juridiction royale s'exerçait sans distinction de races sur tous les sujets du prince. On ne faisait aucune différence sur ce point entre le Romain et le Franc. Ainsi nous voyons Vigilius, qui habite la Provence et qui est certainement un Romain, faire appel au roi et être jugé par lui[5]. Nicétius, qui paraît bien être un Romain puisqu'il est neveu de Grégoire de Tours, porte son procès devant le roi Chilpéric[6]. Præjectus en litige avec Hector est jugé par le roi[7]. Les débats entre Palla-

---

[1] *Edictum Guntramni*, édit. Borétius, p. 12 : *Judices... condemnabit sententia nostri judicii*. Grégoire de Tours, X, 5, donne l'exemple d'un *vicarius* qui, sur les plaintes de la population, fut cité *in præsentiam regis*, et d'ailleurs acquitté.

[2] Cela ressort de plusieurs récits de Grégoire de Tours, V. 19; X, 19; *De gloria confessorum*, 71, etc.; et aussi de la formule de Marculfe, I, 26, où le roi mande un évêque « en sa présence » pour répondre à un plaignant qui réclame contre lui la propriété d'une terre.

[3] C'est le sens de cet article du décret de Childebert : *Si francus fuerit, ad nostram præsentiam dirigatur*.

[4] La formule ordinaire de la lettre royale qui accordait ce privilège portait : *Et si adversus eum aliquæ causæ surrexerint quas in pago absque ejus grave dispendio definitæ non fuerint, in nostri præsentia reserventur*, Marculfe, I, 24. — Pour plus de détails sur ce point, voir notre *Étude sur l'immunité mérovingienne*, 1883.

[5] Grégoire. IV, 44.

[6] Grégoire, V, 14 : *Nicetius, vir neptis meæ, propriam habens causam, ad Chilpericum regem adiit*.

[7] *Vita præjecti*, dans Mabillon, II, 643.

dius et l'évêque Parthénius, entre l'ancien esclave Andarchius et « le citoyen d'Auvergne Ursus », sont portés au tribunal royal[1]. Nous avons un acte où le roi a jugé entre les colons d'un domaine et leur propriétaire[2].

Cette juridiction royale s'exerçait sur les ecclésiastiques aussi bien que sur les laïques. C'est ainsi que nous voyons que l'abbé Bertégisile « a un plaid devant le roi »[3]. Il existe plusieurs actes de jugements royaux qui ont été rendus entre un ecclésiastique et un laïque, ou entre deux abbés, ou encore entre un abbé et un évêque[4].

Si l'on fait attention au nombre relativement considérable de documents qui nous sont parvenus relativement à ce tribunal, et surtout à la variété des jugements qui y sont relatés, on devra penser que ce tribunal était fort occupé. Il est visible que son action s'étendait sur tout le royaume et sur tous les sujets. La Loi salique admet elle-même qu'un accusé peut refuser de se rendre au *mallus*, qu'il peut refuser d'exécuter la décision prise par les *rachimbourgs*; c'est la marque qu'il n'y a qu'une juridiction qui s'impose véritablement, celle du roi[5]. Que l'on prenne toutes les catégories de textes, Lois salique et ripuaire, Grégoire de Tours, formules d'actes, procès-verbaux authentiques, dans tous on reconnaît que la juridiction royale n'est pas une juri-

---

[1] Grégoire, IV, 41; IV, 47.
[2] *Diplomata*, Pardessus n° 349, Pertz n° 41.
[3] *Epistola ad Desiderium*, Bouquet, IV, 43.
[4] Archives nationales, Tardif n°˚ 14, 15, 17, 30, 32; Pardessus n°˚ 331, 332, 349, 418, etc. — De même Grégoire, *De gloria conf.*, 93. — *Vita Eligii*, II, 57. *Vita Præjecti*, Mabillon, Acta SS., II, 643.
[5] *Lex Salica*, LVI : *Si quis ad mallum venire contempserit aut quod ei a rachineburgiis fuerit judicatum adimplere distulerit, tunc ad regis præsentiam ipsum manire debet.*

diction exceptionnelle, mais qu'elle est au contraire la juridiction régulière et normale pour tout le royaume.

### 3° LE TRIBUNAL DU COMTE, LES ASSESSEURS, LES RACHIMBOURGS.

De la justice du roi émanait la justice de ses fonctionnaires, c'est-à-dire des ducs, comtes, vicaires et centeniers. Ce que le roi était dans le royaume, le comte l'était, par délégation, dans le territoire qui lui était confié. Il avait en main la justice comme il avait les finances, l'administration, la police, le recrutement et le commandement des soldats. Le titre même de juge, *judex*, n'appartenait qu'à lui. Le nom qu'il tenait de sa fonction n'était pas celui de comte, le mot *comes* n'indiquant au sens littéral que son attache au roi ; ce nom n'était pas non plus tiré de ses attributions administratives ou militaires ; le vrai nom qu'on lui donnait était celui de juge[1]. Il semblait donc que l'essence de son caractère et de sa fonction fût de juger. La langue usuelle le connaissait surtout comme juge ; même elle ne connaissait pas d'autres juges que lui, puisqu'elle ne donnait ce nom qu'à lui ou à ses lieutenants[2].

---

[1] Pour désigner le comte, *judex* est plus fréquent que *comes* dans Grégoire de Tours, dans les Capitulaires des rois francs et dans les Actes des conciles ; il est aussi fréquent dans les formules.

[2] Le tribunal du comte s'appelait *mallus comitis*, *mallus ante comitem* (*Lex Ripuaria*, 50), ou simplement *mallus*, ou simplement *ante comitem*. Les écrivains comme Grégoire de Tours l'appelaient *judicium* (*Cum comes in judicio residebat*, V, 48). Les Actes des conciles l'appellent ordinairement *judicium publicum*, de même que l'on dit aussi *mallus publicus*. Fréquemment encore nous voyons le seul mot *publicum* (exemple *Vita Eligii*, II, 61). Enfin une expression assez usuelle, surtout dans le langage des praticiens, est celle de *rationes publicæ*. *Formulæ Turonenses*, 29 : *In rationes publicas ante inlustrem virum illum adstiti*. Rozière n° 441 : *Adversum te in rationibus publicis adsisto*. *Andegavenses*, 13 ; *Ante illo*

Son devoir de juge lui était tracé par le roi. Dans son diplôme de nomination il lui était enjoint de juger les hommes suivant la loi de chacun, de protéger la veuve et l'orphelin, de punir les malfaiteurs. Nous avons cité plus haut l'édit du roi Gontran qui rappelle à ses comtes « qu'ils doivent juger avec équité, sans recevoir de présents »; celui de Childebert qui, prenant des dispositions nouvelles contre le rapt, dit que le comte devra arrêter, juger, mettre à mort le ravisseur; celui de Clotaire II qui parle des comtes comme de chefs de la justice; enfin tous les édits qui marquent que le comte était responsable des jugements, preuve certaine que c'était lui qui les avait rendus[1].

En tout cela les rois s'expriment comme si le comte jugeait seul. Grégoire de Tours donne la même impression quand il montre le comte Gundobald parcourant son comté pour juger les procès, le duc Rathaire envoyé « pour examiner les causes », un autre comte qui arrête un voleur et aussitôt le fait pendre, un autre encore qui juge un accusé et le condamne à la prison et aux fers, un autre comte enfin à qui l'on amène un Burgunde, et qui l'interroge, le juge, le condamne[2]. La même remarque peut être faite dans plusieurs récits de Vies de Saints. Si le roi d'une part, les écrivains de l'autre, parlent du comte comme étant seul à juger, cela implique au moins qu'il avait le droit strict de

---

*agente fuit in ratione*; 14 : *Ante illo agente fuit in rationes*. Cf. Grégoire, VII, 47 : *Ratione accepta.* — *Turonenses*, 29 : *Si in rationes vel in judicium introieris*. Ibidem, 41 : *Ante illum judicem in rationes fuerat*.

[1] *Edictum Guntramni*, Borétius, p. 11; *Decretio Childeberti*, ibid., p. 16; *Chlotarii præceptio*, art. 7, p. 19; *Pactus pro tenore pacis*, art. 18, p. 7; *Edictum Chilperici*, art. 8, p. 9.

[2] Grégoire, VIII, 18; VIII, 12; *De gloria confessorum*, 101 (99 édit. Krusch); *Miracula Martini*, IV, 16; IV, 39; *Vitæ Patrum*, VIII, 9.

juger seul, comme faisait quelquefois le roi. Aussi ne trouvons-nous aucune loi mérovingienne qui l'oblige à s'entourer de conseillers.

Mais il y avait des règles qui, sans être inscrites dans des lois, étaient ordinairement observées. La première était que le comte ne devait pas juger dans sa demeure personnelle. Il jugeait toujours au *mallus*[1], c'est-à-dire en un lieu public, au tribunal qui était connu de tous et ouvert à tous.

La seconde était que le public pût assister à ses interrogatoires et à l'énoncé de ses arrêts. Nous avons vu que cette règle existait déjà sous l'empire romain[2]. Les lois interdisaient au gouverneur de province de juger dans sa maison. Il ne devait exercer son pouvoir judiciaire que « les portes ouvertes et le public appelé »[3]. Le même usage existait chez les anciens Germains[4]. Il y avait donc double raison pour qu'il subsistât dans l'État Franc. Le *conventus* romain, c'est-à-dire la convocation du public autour du gouverneur pour assister à ses jugements, se retrouve sous les Mérovingiens[5]. Une formule mentionne sous ce nom une réunion locale qui se tient à Tours[6]. A Tournai, un comte franc voulant procéder à un jugement commence par appeler la

---

[1] On connaît quelques exceptions, mais pour des cas de flagrant délit.

[2] Voyez ci-dessus, t. Ier, 3ᵉ édition, liv. II, chapitre de la Justice.

[3] Code Théodosien, I, 16, 9 : *Judex... apertis foribus, intro vocatis omnibus, et civiles et criminales controversias audiat.*

[4] Cela est marqué implicitement dans la phrase où Tacite nous montre le *princeps* rendant la justice entouré d'une centaine d'assesseurs.

[5] Paul Diacre, au huitième siècle, écrit : *Conventus, cum a magistratu judicii causa populus congregatur.* « Il y a *conventus* lorsque le magistrat, pour juger, convoque la population. » Édition O. Muller, p. 42.

[6] *Formulæ Turonenses*, 3, Rozière 263 : *Cum conventus Turonis civitate adfuisset.* Ce *conventus* d'ailleurs n'agit pas, ne délibère pas, ne fait rien ; il s'agit là de l'enregistrement d'un acte qui doit se faire en public ; le *conventus* n'est autre chose ici que le public.

foule¹. A Noyon, le comte, avant de procéder à l'interrogatoire, « réunit beaucoup de monde »². Grégoire de Tours dans ses récits omet rarement de dire que le jugement a lieu en public, *coram omnibus*. C'est ainsi que nous voyons que dans le royaume des Wisigoths le comte doit juger *in conventu*, c'est-à-dire en public³, et que chez les Alamans la population de chaque canton doit se réunir devant le comte aux jours que celui-ci lui indique, non pour juger elle-même, mais pour assister aux jugements⁴. Que ce fût chez les Francs une obligation stricte pour tous les hommes libres de se rendre à l'appel du comte, c'est ce que nous ne trouvons pas dans les textes; mais il n'est pas douteux que le comte mérovingien, comme l'ancien gouverneur romain, ne fît en sorte d'avoir un nombreux public au pied de son tribunal.

Une troisième règle qui s'imposait moralement à lui était d'avoir, sur son tribunal même, des assesseurs. Nous avons déjà vu cette règle dans l'empire romain; le gouverneur de province, tout armé qu'il fût du pouvoir judiciaire le plus complet, ne jugeait qu'au milieu de son « conseil », et il ne prononçait pas une sentence sans avoir pris l'avis de ses assesseurs⁵. La même règle avait existé dans l'ancienne Germanie. Tacite avait re-

¹ *Vita Amandi*, 13 : *Congregata non minima multitudine*. La suite montre que cette foule assiste au jugement, mais n'y prend aucune part.
² *Vita Eligii*, II, 61 : Deux prévenus *ducuntur in publicum*, c'est-à-dire au tribunal du comte, *et, conglobatis undique multis, sistuntur in examine episcopi et comitis*. La suite du récit montre qu'il n'y a que l'évêque et le comte qui décident. La foule ne fait rien.
³ *Lex Wisigothorum*, VII, 4, 7 : *Judex in conventu publice exerceat disciplinam*.
⁴ *Lex Alamannorum*, 36 : *Conventus secundum antiquam consuetudinem fiat in omni centena coram comite aut suo misso et coram centenario.... Quali die comes aut centenarius voluerit*.
⁵ Voyez plus haut, au t. Iᵉʳ, où nous avons cité les textes.

marqué que le *princeps* qui avait été choisi par les pouvoirs publics pour rendre la justice dans quelques cantons, ne siégeait jamais sans un nombreux entourage de gens du pays, et il avait fait entendre que cet entourage remplissait le même office que le *consilium* du magistrat romain [1]. Puisque cette règle était également en vigueur dans la société romaine et dans la société germanique, il n'y avait pas de raison pour qu'elle ne se continuât pas dans l'État mérovingien, qui était composé des deux races.

Nous en trouvons l'expression la plus nette dans une des rédactions de la Loi romaine qui ont été faites à cette époque et pour cette société : « Que le juge sache bien qu'il ne doit pas prononcer un arrêt étant seul, mais qu'il doit siéger avec quelques hommes honorables, *boni homines*, et que c'est devant le public qu'il doit prononcer son jugement [2]. »

Ainsi les deux races qui vivaient dans l'État Franc avaient également pour tradition d'être jugées, non par le juge seul, mais par le juge entouré d'un groupe de personnes du pays. Prenez la formule toute romaine d'un acte passé à Tours et où la Loi romaine est alléguée, vous y voyez que le plaideur comparaît en jugement « devant le comte et autres hommes [3] ». Prenez

---

[1] Tacite, *Germanie*, 16 : *Eliguntur in iisdem conciliis* (les assemblées souveraines de l'État, de la *civitas*) *principes qui jura per pagos vicosque reddunt. Centeni singulis ex plebe comites adsunt consilium simul et auctoritas.* — Pour le sens de chacun des mots de cette phrase, nous renvoyons à nos *Recherches sur quelques problèmes d'histoire*, pages 361-371.

[2] *Lex Romana Utinensis*, ou *Epitome S. Galli*, dans Hænel, *Lex Rom. Wisigoth.*, p. 23 : *Quicumque judex sciat, cum causas judicaverit..., non solus judicium donet, sed cum bonos homines, et in aperta domo ut quicunque intrare voluerit licentiam habeat, et ante plures homines suum judicium donet.* — Cet abrégé est de la fin du huitième siècle.

[3] *Formulæ Turonenses*, 29, Rozière n° 440 : *Lex Romana exposcit*

la Loi salique ou la Loi ripuaire, vous constatez de même la présence de plusieurs personnages au tribunal, et ceux-ci ont même des attributions importantes. Prenez les écrivains comme Grégoire de Tours, vous y lisez que le comte « siège en jugement avec les principaux du pays, laïques ou ecclésiastiques[1] ».

Voilà donc un fait important dans l'histoire de nos institutions qui se trouve marqué dans nos trois séries de documents à la fois, dans les lois, dans les écrits, dans les formules. C'est aussi dans tous ces documents à la fois qu'il faut l'étudier, si l'on en veut comprendre exactement la nature, le sens, la portée.

Nous avons quarante et une formules qui se rapportent à des jugements. Sans pouvoir dire la date précise de chacune d'elles, c'est-à-dire le jour où chacune d'elles a été écrite pour la première fois dans un acte, on est certain qu'elles ont été employées et copiées au sixième, au septième, au huitième siècle, c'est-à-dire dans le même temps où la Loi salique et la Loi ripuaire ont été appliquées. Elles appartiennent aux divers recueils composés à Angers, à Tours, à Sens, et à d'autres recueils dont on ignore le lieu d'origine; comme elles sont d'accord avec les lois franques usitées surtout au nord et à l'est, on peut admettre que le fait que nous étudions a été universel dans la monarchie franque.

Il importe toutefois de noter que ces quarante et une formules ne sont pas, à proprement parler, des arrêts;

---

*ut.... In rationes publicas ante illustri viro illo* (le comte, visiblement) *vel reliquis viris.... Turonus civitate... adsteti.*

[1] Grégoire, V, 48 : *Comes... si in judicio cum senioribus vel laicis vel clericis resedisset.*

elles sont seulement des attestations d'arrêts rendus[1]. Cette remarque a quelque importance. On s'attendrait à avoir des arrêts du comte, comme nous avons dix-neuf sentences du roi. Il n'en est rien. Aucun texte de jugement du comte ou du *mallus* ne nous est parvenu, soit que ces jugements ne fussent pas mis en écrit, soit qu'il n'en fût pas donné copie aux parties. Celles-ci recevaient seulement une *notitia*, c'est-à-dire un certificat constatant le jugement. Ces formules nous montrent assez nettement ce qui se passait au tribunal.

Toutes commencent par dire le nom du comte qui siégeait au mallus, et elles ajoutent aussitôt qu'il y avait quelques hommes « qui étaient à côté de lui » ou « qui étaient assis avec lui »[2]. Il en est quatre, sur quarante et une, qui au début ne parlent que du comte et omettent de mentionner son entourage ; mais au milieu de la formule l'entourage paraît et agit[3]. Deux, au contraire, ne parlent que de ces hommes et omettent de signaler le comte ; mais cela ne prouve pas que le comte ou son délégué ne fût présent[4]. C'est donc une règle que l'on

---

[1] On les appelle *notitiæ judicii*. Elles commencent presque toutes par ces mots : *Notitia qualiter vel quibus præsentibus veniens homo ille in mallo ante comitem... interpellabat*. Suit un résumé des débats, puis l'énoncé du jugement ; et enfin, dans les actes, venaient les signatures des mêmes personnages qui étaient nommés au début.

[2] *Qui cum eo aderant* : Form. *Andegavenses*, 11, 24, 28, 50 ; *Turonenses*, 32, 41 ; *Senonenses*, 2 ; *Merkelianæ*, 29, 30, 38. — *Qui cum eo residebant* : *Senonicæ*, 38 ; *Senonenses*, 1, 3, 6. — *Qui in mallo residebant*, *Bignonianæ*, 9. — Ces mots *adesse* et *residere* doivent être pris au sens littéral. *Ad-esse*, être à côté ; c'est le terme que la langue romaine employait souvent pour les assesseurs ; cf. Tacite, *Germanie*, 16 : *comites adsunt*. *Residere* signifie être assis ; il s'applique au comte aussi bien qu'aux assesseurs.

[3] *Bignonianæ*, 9, 27 ; *Merkelianæ*, 39. Ces trois formules, au début, portent seulement *ante comitem* ; mais on lit, vers le milieu, *boni homines* ou *racimburgi*. La *Turonensis* 38 seule ne porte que *ante judicem*.

[4] C'est la *Senonica* 51 et la *Bignoniana* 14 ; mais il faut noter que ces

peut considérer comme générale que le *mallus* ou tribunal fût formé du comte et de quelques hommes autour de lui.

Cherchons d'abord quels étaient ces hommes; nous verrons ensuite ce qu'ils faisaient et quelle action ils exerçaient.

Les expressions par lesquelles les textes les désignent sont très diverses. Beaucoup de formules ne leur donnent aucun titre spécial; elles disent simplement : « Un tel a comparu devant tel comte et les autres hommes dont les noms sont au bas du présent acte. » Ou bien : « Tandis que tel comte siégeait pour juger les causes de tous et les terminer par de justes arrêts avec plusieurs personnes qui étaient assises avec lui[1]. » Quatorze formules ne s'expriment pas autrement.

Il en est deux qui qualifient ces hommes de *auditores comitis*, comme si ces hommes n'avaient légalement qu'à écouter les débats. Ils faisaient pourtant autre chose, car les mêmes formules disent que la décision a été prise « par jugement du comte et de ses auditeurs »[2].

---

deux formules ne sont pas des *notitiæ*, qui seraient rédigées avec un caractère presque officiel; ce sont des *securitates* et elles sont écrites par des particuliers; elles n'ont pas la correction relative des *notitiæ*. Cf. Andegavenses, 6 et 43.

[1] *Formulæ Turonenses*, 29 : *In rationes publicas ante illustri viro illo vel reliquis viris qui subter tenentur inserti.* — Ibidem, 32, Rozière 465 : *Notitia sub quorum præsentia veniens ille ante illum et eos qui subter tenentur inserti.... Ipsi viri qui ibidem aderant.* — Ibidem, 39, 41. — Andegavenses, 11, 24, 28, 29, 30 : *Vel reliquis hominibus.* — Senonicæ, 11, 20, 38 : *Cum quadam die inluster ille comis ad multorum causas audiendum vel recto judicio terminandum una cum plures personas residentes.* — Senonenses, 1 : *Notitia qualiter vel quibus præsentibus... in mallo publico ante inlustre viro illo comite vel aliis quam pluribus personis ibidem residentes.* — Ibidem, 2 : *Ante illo comite vel aliis quampluris qui ibidem aderant.*

[2] *Formulæ Andegavenses*, 12 : *Per judicio illustri viro comite vel auditores suis.* — *Turonenses*, 39 : *Ante venerabilem virum illum suis-*

D'autres appellent ces hommes *boni homines* ou *boni viri*. L'expression était ancienne; dans la langue du droit elle s'appliquait à ceux qui jouaient le rôle, soit d'arbitres entre les parties, soit d'assesseurs auprès du juge, soit de témoins dans les actes. Au sens littéral elle se disait de tout homme qui présentait des garanties par sa position de fortune autant que par son honorabilité. Quinze de nos formules, appartenant aux formulaires de Bignon et de Merkel aussi bien qu'aux recueils d'Angers, de Tours et de Sens, emploient cette expression[1], et l'on peut même remarquer qu'elle est souvent associée au terme *mallus*. On lit par exemple : « Un tel a comparu dans le *mallus* devant tel comte et les *boni homines* qui ont signé ci-dessous[2]; » ou bien : « Lorsque tel comte était assis au *mallus* avec les *boni homines*[3]; » ou encore : « Il a été décidé par le graf et les *boni homines* qui étaient assis au mallus[4]. »

Il y en a cinq qui désignent cet entourage du comte par un titre honorifique. Ceux qui sont familiers avec les textes de cette époque savent combien ces titres étaient prodigués dans la langue usuelle, dans le style épistolaire, et même dans les actes officiels. Nos formules manquent rarement de donner au comte son titre de *inluster vir*. Plusieurs donnent aux hommes qui sont à côté de lui le titre inférieur de *viri magnifici* s'ils sont

---

*que auditoribus.* — Cf. *Lex Wisigothorum*, II, 2, 2 : *Judex si elegerit auditores secum esse præsentes.*

[1] *Andegavenses*, 5, 6, 43, 47; *Turonenses*, 30, 31; *Senonicæ*, 10, 17, 51; *Bignonianæ*, 9, 14; *Merkelianæ*, 27, 28, 30, 38.

[2] *Formulæ Senonicæ*, 10, Rozière n° 456 : *In mallo publico ante illo comite vel reliquis quam pluris bonis hominibus.*

[3] *Formulæ Merkelianæ*, 38, Rozière n° 471 : *Cum resedisset inluster vir ille comis mallo illo una cum pluris bonis hominibus.*

[4] *Formulæ Bignonianæ*, 9 : *Apud ipso grafione vel apud ipsos bonos homines qui in ipsum mallum residebant.*

laïques, et de *viri venerabiles* s'ils appartiennent au clergé. L'une d'elles s'exprime ainsi : « Un tel a comparu dans le mallus public en présence du comte homme illustre et de plusieurs hommes magnifiques qui siégeaient au tribunal¹. »

Nous avons enfin neuf formules qui désignent les mêmes hommes par le terme de *rachimburgi*². L'une d'elles appartient à un acte passé dans la ville d'Angers ; les autres appartiennent aux recueils dits de Bignon et de Merkel ou au formulaire de Sens. Le mot ne se rencontre pas dans le recueil de Marculfe.

De la comparaison de tous ces noms divers, qui s'appliquent visiblement aux mêmes hommes, il ressort déjà que les rachimbourgs dont nous allons parler ne forment pas une institution singulière et à part ; ce terme lui-même n'est que l'un de ceux par lesquels la langue usuelle désignait l'entourage du comte en justice.

Il est vrai que ce mot appartient à l'idiome germanique très probablement, quoiqu'on ne le retrouve chez aucun autre peuple germain ni dans aucun des dialectes allemands³. Il n'y a pas lieu d'être surpris qu'un terme

---

¹ *Andegavenses*, 10 : *Ante... reliquis viris venerabilibus atque magnificis*. 52 : *Cum reliquis venerabilibus atque magnificis reipublicæ viris*. Ici *respublica* signifie la cité, comme dans le Digeste et dans les inscriptions latines ; l'expression est restée dans la langue. — Marculfe, II, 18 : *Intervenientibus magnificis viris*. — *Senonenses*, 3 : *Aliis pluris magnificis viris*. — *Andegavenses*, 28 : *Visum fuit ab ipsis magnificis*. — Sur le sens de ce titre, Cf. *Formulæ Bituricenses*, 7 : *Viri magnifici Bituricæ civitatis* ; ibidem, 15. *Senonicæ*, 39. Marculfe, II, 37, 38.

² *Andegavenses*, 50 : *Veniens ille Andecavis civitate ante viro inlustri illo comite vel reliquis racineburdis qui cum eo aderant, quorum nomina per subscriptiones atque signacula subter tenentur inserta*. — *Bignonianæ*, 27 : *Ab ipsis racimburgis fuit judicatum... ante comitem*. — *Senonenses*, 1, 4, 6. — *Merkelianæ*, 27, 28, 30, 39.

³ Nous ne savons pas comment le mot s'écrivait ; la forme *rachimbourg* est celle que les érudits ont adoptée, peut-être parce qu'elle a un air plus allemand, mais c'est la forme la plus rare dans les manuscrits. Le manus-

germanique ait été introduit dans la langue latine de la Gaule. Mais cela ne prouve pas que le terme désigne une institution exclusivement germanique.

La Loi salique, qui est l'un des documents les plus instructifs de cette histoire, a pourtant été la cause ou l'occasion de quelques faux systèmes. Cela tient à ce qu'elle frappe vivement l'imagination par son style, par sa langue, par son aspect extérieur très particulier. Plusieurs esprits ont été dominés par elle au point de fermer les yeux, ou peu s'en faut, à tous les documents d'autre nature. Ils n'ont étudié les rachimbourgs que dans la Loi salique. Or, comme la Loi salique ne définit pas ce mot, comme elle ne dit pas ce que sont ces hommes, en quel nombre ils sont, comment ils sont choisis, les érudits ont voulu deviner tout cela par leur propre imagination et leur logique. Naturellement, ils ne se sont pas trouvés d'accord. Savigny voyait dans ces rachimbourgs « tous les hommes libres du canton », quoique la Loi salique n'ait rien dit de pareil[1]. Pardessus émettait le même avis[2]. Suivant Waitz, ils seraient « les membres de la communauté réunis, lesquels, dans l'exercice de leurs fonctions judiciaires, prenaient le nom de rachimbourgs »[3]. Schulte croit aussi que « les rachimbourgs étaient tous les hommes libres, jouissant de leur état

crit des formules d'Anjou, qui est des premières années du huitième siècle, porte *racineburdi*; le manuscrit de Wolfenbuttel de la Loi salique, qui est le plus ancien, porte *raciniburgius*; on lit *rachymburgius* et *rachimburgius* dans le manuscrit de Munich et dans 4404 de Paris; *rationeburius* dans Paris 9653; *ragimburgii* dans la Loi ripuaire; *raciniburgii* et *racimburgi* dans les *Senonenses*; *racinburgi* dans les *Bignonianæ*; *racineburgi* dans les *Merkelianæ*. — Grimm, Mullenhof, Sohm, Kern ont proposé des étymologies fort ingénieuses, mais peu sûres.

[1] Savigny, *Hist. du droit romain*, trad., t. I, p. 141.
[2] Pardessus, *Loi salique*, p. 576.
[3] Waitz, *Verfassungsgeschichte*, 3ᵉ édition, t. II, 2ᵉ partie, p. 143, 165.

complet de citoyen »[1]. Thonissen, de même, veut qu'ils fussent « tous les citoyens du canton, les mêmes hommes étant à la fois guerriers et juges »[2]. Au contraire, si l'on en croit Zœpfl et Sohm, ils étaient non pas tous les hommes libres, mais quelques hommes élus par les hommes libres, au nombre de sept suivant Zœpfl, au nombre de douze suivant Sohm[3]. A peine avons-nous besoin de dire qu'aucune de ces théories n'est appuyée sur une seule ligne, sur un seul mot de la Loi salique.

A ces théories qui se forment dans l'esprit et par le seul travail de l'esprit, c'est-à-dire par la méthode subjective, il faut préférer la simple recherche qui se fait par l'observation et la comparaison des divers documents. Il n'aurait pas dû échapper que les mêmes rachimbourgs se trouvent dans la Loi salique et dans les

[1] Schulte, *Histoire du droit public et privé*, trad. Fournier, p. 375.
[2] Thonissen, *Organis. judic. de la Loi salique*, p. 74, 77, 374, 375. Il n'y a pas un mot dans la Loi salique qui présente ces rachimbourgs comme des guerriers. Cherchez dans la Loi salique un mot qui signifie guerriers, vous ne le trouverez pas; et voyez combien les idées subjectives peuvent troubler l'esprit: on se figure la Loi salique comme une législation de guerriers, tandis qu'il n'y a pas de législation plus essentiellement propre à une population paisible. Il n'y est question que d'agriculteurs et de propriétaires; l'armée n'est mentionnée par occasion qu'au titre 63. Quand donc se mettra-t-on à lire la Loi salique sans parti pris ?
[3] Zœpfl, t. III, p. 322, 323. — Sohm, *Reichs und Gerichts Verfassung*, p. 378. Cf. Laferrière, *Hist. du droit français*, t. III, p. 416. — Quelques érudits ont supposé qu'il y avait deux catégories de rachimbourgs, ceux qui étaient assis et ceux qui ne l'étaient pas (Waitz, 3ᵉ édition, t. II, 2ᵉ partie, p. 166). Il n'y a pas un seul document qui marque cette distinction; nous voyons bien dans plusieurs articles de la loi que les rachimbourgs étaient assis; mais nous ne voyons nulle part qu'il y eût des rachimbourgs qui fussent debout. Waitz interprète mal une phrase de la *Senonensis* 6 : *Racimburgi qui ad universorum causas audiendum residebant vel adstabant*; dans la langue du temps, *vel* signifie *et*; il n'y a pas ici deux catégories d'hommes; et quand on est familier avec le style de l'époque, on sait bien que les deux verbes *residebant* et *adstabant* sont une simple redondance.

formules. Et ce n'est pas seulement leur nom qui se retrouve : ils ont même rôle et mêmes attributions.

Quelques-uns allégueront que la date de rédaction de la Loi salique est inconnue, qu'il est admissible qu'elle soit du cinquième siècle, qu'en ce cas elle ne peut pas répondre à nos formules et doit être étudiée à part, sans tenir compte de celles-ci. Mais il faut faire attention que, si ancienne qu'on veuille la supposer, elle a été appliquée dans les jugements au sixième siècle, au septième, au huitième, c'est-à-dire durant toute l'époque où nos formules étaient copiées dans les actes. Il y a une autre remarque à faire. La Loi ripuaire n'a été rédigée qu'au septième siècle ; donc les rachimbourgs de cette loi sont contemporains de ceux des formules, et aussi leur ressemblent-ils tout à fait. Or en même temps ils ressemblent exactement à ceux de la Loi salique. D'où il faut déduire forcément que les rachimbourgs de la Loi salique et ceux des formules se ressemblent aussi et sont les mêmes hommes[1]. On doit donc rapprocher et étudier en même temps les deux Lois franques et les formules, et c'est par l'étude de tout cet ensemble que nous pourrons arriver à savoir ce que nous devons entendre par le terme de rachimbourgs.

Les lois, dans leur extrême concision, ne nous don-

---

[1] Pour être convaincu de cette identification, il suffit de rapprocher les textes. *Lex Salica*, 56 : *Quod a rachineburgis fuit judicatum.... Quando rachineburgi judicaverunt....* Ibidem, 57 : *Rachineburgi in mallo sedentes... causam discutiunt.... legem dicunt.* — *Lex Ripuaria*, 55 : *Raginburgii legem dicunt.* — *Formulæ Andegavenses*, 50 : *Racineburdi.... decreverunt judicio.* — *Senonenses*, 1 : *Ab ipsis racimburgiis fuit inventum vel inquisitum et legibus definitum.* Ibidem, 4 : *Ab ipsis racinburgis fuit judicatum.* Ibidem, 6 : *Viris racimburgis qui ibidem residebant.... Ipsi viri tale decreverunt judicium.* — *Bignonianæ*, 27 : *Ab ipsis rachimburgis fuit judicatum.* On voit bien par ces exemples que les rachimbourgs ont un rôle exactement semblable dans la Loi salique, dans la Loi ripuaire, et dans les formules.

nent pas une définition de ce que sont ces hommes ; les formules, par leur prolixité et par leur variété même, nous le font apercevoir. Et d'abord il faut constater que le mot *rachimbourg* qui se trouve dans neuf formules, correspond exactement à l'expression *boni homines* qui se trouve dans quinze autres. Comparez entre elles les formules où sont les deux termes, et vous ne trouverez aucune différence ni dans le sens des formules, ni dans le sens des deux mots. Ils désignent des personnages semblables, qui occupent même place dans les formules, même place aussi au tribunal, et qui remplissent mêmes fonctions. Prenez deux formules pareilles pour le fond et pour la forme ; dans l'une vous lisez : *cum resedisset comes cum rachimburgis*, et dans l'autre : *cum resedisset comes cum bonis hominibus*. Vous lisez ici : *in mallo ante bonis hominibus*, et là : *in mallo ante rachimburgis*. Vous trouvez dans l'une : *judicatum est a bonis hominibus*, et dans l'autre : *judicatum fuit a racimburgis*. Mettez deux formules en quelque sorte l'une sur l'autre ; elles s'appliqueront exactement et il sera visible que les deux termes y sont synonymes[1].

Cela est tellement vrai, que nous voyons dans une

---

[1] Quelques exemples. *Andegavenses*, 50 : *Veniens ante viro inlustri illo comite vel reliquis racineburdis qui ibidem aderant et quorum nomina subter tenentur inserta*; comparez *Senonicæ*, 17 : *Veniens in mallo ante comite illo vel aliis bonis hominibus qui subter firmaverunt.* — *Merkelianæ*, 27 : *Cum resedisset ille in mallo cum pluris racineburgis*; comparez *ibidem*, 38 : *Cum resedisset ille comes mallo illo cum pluris bonis hominibus.* — *Senonenses*, 4 : *Judicatum est ab illo comite vel (et) ab ipsis racimburgis*; comparez *Bignonianæ*, 9 : *Apud (ab) ipsum grafionem vel apud ipsos bonos homines qui in mallo residebant fuit judicatum.* — Les rachimbourgs sont dits dans la Loi salique *in mallo sedentes*; comparez *Bignonianæ*, 9 : *Bonos homines qui in mallo residebant.* — Les rachimbourgs signent les *notitiæ* de jugement ; *Andegavenses*, 50 : *Racineburdi quorum nomina per subscriptiones subter tenentur inserta*; comparez *Senonicæ*, 10 : *bonis hominibus qui subter firmaverunt.*

même formule les mêmes hommes être appelés d'abord *rachimbourgs* et quelques lignes plus loin *boni homines*[1]. Il y a plus. Ces hommes sont parfois désignés en même temps par leur double qualificatif, et nous lisons : *cum bonis hominibus racimburgis*[2].

Nous avons vu que cinq formules désignent l'entourage du comte par le titre de *viri venerabiles* ou de *viri magnifici*. Une formule dit *venerabiles racimburgi*[3].

Ces hommes n'étaient donc pas les premiers venus. Déjà la Loi salique avait laissé voir qu'il ne se pouvait pas qu'ils fussent de pauvres gens, puisque, au cas où ils se trompaient dans leur décision, elle condamnait chacun d'eux à l'énorme amende de six cents deniers d'argent[4]. La même loi ajoutait au mot *rachimburgi* l'épithète de *idonei*, laquelle indiquait tout spécialement la solvabilité[5]. L'édit de Chilpéric dit qu'ils

---

[1] Ainsi dans la même formule, Senonenses, 1, il est dit au début : *In mallo ante comite vel aliis pluris personis*; au milieu : *Ab ipsis racimburgis fuit inventum et definitum*; et à la fin : *Notitia bonorum hominum manibus roborata*. Or ces personæ qui siègent avec le comte, ces *racimburgi* qui donnent le jugement, et ces *boni homines* qui signent la *notitia*, sont certainement les mêmes hommes. L'auteur de cette formule très soignée a voulu éviter les répétitions de mot, et c'est pour cette seule raison qu'il a employé trois termes synonymes.

[2] *Merkelianæ*, 27 : *Cum pluris bonis hominibus racimburgis*; 28 : *Una cum pluris bonis hominibus racineburgis*; 30 : *Reliquis bonis hominibus racineburgis*. Ce formulaire est dans un manuscrit du neuvième siècle, lequel n'est que la copie d'un manuscrit antérieur. Les trente premières formules du recueil sont plus anciennes que les autres. On a tout lieu de les croire d'âge mérovingien.

[3] Senonenses, 6 : *In mallo publico ante inluster vir illo comite et ante apostolico viro illo vel pluris viris venerabilibus racimburgis*.

[4] Lex Salica, LVII, 3 : *Si rachineburgii non secundum legem judicaverint.... 600 dinarios quisque illorum culpabilis judicetur*. Cf. *Lex Ripuaria*, LV.

[5] Lex Salica, L, 3 : *Rachineburgios idoneos*. — Sur le sens de *idoneus*, Cf. Digeste, XXVII, 8, 1 : *fidejussor idoneus*; IV, 4, 27 : *Idoneus debitor*; L, 16, 42 : *Idoneus homo*; XL, 4, 50 : *Idoneam cautionem*; voyez encore Ulpien, au Digeste, L, 16, 42. Il a le même sens dans la Loi

doivent être « bons et créables », c'est-à-dire d'une situation sociale qui inspire confiance[1]; il ajoute qu'ils doivent être « experts en procès »[2]. Tout cela implique une élite. *Boni homines, viri magnifici, rachimburgi idonei*, sous ces dénominations diverses nous devons voir les principaux habitants du lieu où le comte tenait son tribunal. Grégoire de Tours, dont la langue est un peu plus classique, les désigne par le mot *seniores*, qui signifiait les premiers habitants d'un endroit[3].

Par qui étaient-ils choisis? Suivant M. Sohm, ils étaient élus par la centaine; mais la Loi salique ne parle ni de centaine ni d'élection. Aucun de ces deux mots ne se trouve non plus dans les formules à côté du mot rachimbourg. Nulle part il n'est dit ni que ces hommes soient élus, ni qu'ils représentent une population. D'autre part, on ne voit pas qu'ils aient été nommés par le roi. Nous avons de nombreuses listes de fonctionnaires royaux; le nom des rachimbourgs ou des *boni homines* ne s'y rencontre jamais. Ces hommes ne sont donc ni des représentants du peuple ni des fonctionnaires du roi.

---

salique, XXXIX, *testes idonei*; L, *rachineburgios idoneos*; dans la Loi ripuaire, LIX, *carta idonea*, et dans les formules.

[1] *Edictum Chilperici*, 8 : *Graphio cum septem rachymburgiis bonis credentibus*. — Le participe *credens*, au lieu de *credibilis* et au sens passif, se retrouve dans un capitulaire de 782, Borétius p. 192-193. Il faut qu'il ait été usité en ce sens dans la langue vulgaire, car de là est venu le mot *créant* usité au moyen âge.

[2] *Et qui sciant actiones*. Rapprochez les expressions *agere actiones* (Grégoire, *Mirac. Juliani*, 16); *dirimere actiones* (*Vita Amandi*, Mabillon, II, 714); *publicæ actiones*, dans les actes du quatrième concile d'Orléans, c. 13; *moris actionum* (*Vitæ Patrum*, X, 4).

[3] Grégoire, V, 48 : *In judicio cum senioribus residebat*. Grégoire dit de même, VIII, 21, *cum senioribus urbis*, en parlant des principaux habitants de la ville de Metz. — Le même mot *seniores* se trouve employé dans une formule pour désigner les notables habitants d'Angers (*Andegavenses*, 32).

Quelques érudits ont pensé qu'ils étaient désignés pour chaque procès par les parties en cause[1]. Mais les lois ne disent rien de pareil, et les formules montrent le contraire. Il est facile d'y constater que les rachimbourgs sont déjà réunis avant qu'aucune des deux parties ait comparu. On voit d'ailleurs siéger des rachimbourgs dans des affaires où il n'y a ni demandeur ni défendeur, et où il est impossible par conséquent qu'ils aient été choisis par les parties. Cette hypothèse trop ingénieuse ne supporte donc pas l'examen.

Il ne reste plus qu'une chose possible, c'est qu'ils aient été choisis par le comte. Cela n'est pas dit expressément dans les textes, mais cela est impliqué par quelques-uns d'entre eux. Quand la Loi salique dit que le graf doit réunir des rachimbourgs qui soient « capables et solvables[2] », quand l'édit de Chilpéric enjoint au comte d'avoir avec soi des rachimbourgs qui soient « bons, créables et experts », cela fait penser que leur choix dépend de lui.

Il ne faudrait pourtant pas dire que les rachimbourgs ou *boni homines* reçussent du comte une nomination régulière. Ils n'étaient pas « institués » par lui, comme l'étaient son *vicarius* et ses centeniers. Ils n'étaient pas des fonctionnaires. Leur choix se faisait séance tenante et sans nulle règle fixe. Quand le comte, faisant sa tournée judiciaire, tenait son *mallus* en un endroit, les notables de cet endroit, les plus aisés, les plus expérimentés venaient d'eux-mêmes se ranger autour de lui. D'autres qui ne venaient pas spontanément étaient

---

[1] Siegel, *Geschichte des Gerichtsverfahrens*, 1857, p. 145. Sohm, *Reichs und Gerichts Verfassung*, p. 378.
[2] *Lex Salica*, L, 3 : *Grafio colligat secum septem rachineburgios idoneos.*

appelés par le comte, et contraints moralement à siéger. Venaient aussi, probablement, ceux que les parties intéressées pouvaient avoir engagés d'avance à se trouver au tribunal. Venaient enfin, très vraisemblablement, tous les petits praticiens du lieu. Cette sorte d'hommes fut fort nombreuse dans cette société très processive; ils suivaient volontiers tous les jugements; ils étaient heureux d'y prendre part pour acquérir de l'influence, et l'on était heureux de les avoir pour profiter de leur expérience. Tous ces hommes pouvaient être rachimbourgs, tantôt un jour, tantôt l'autre; mais nul ne l'était d'une manière constante. Rien n'était plus variable que la composition de ce petit groupe; il changeait presque pour chaque procès. Aucune catégorie d'hommes n'y était particulièrement appelée, et aucune n'en était exclue. Seulement, il eût été impossible à un homme de s'asseoir au tribunal du comte si le comte ne le lui eût permis.

Plusieurs formules montrent que les clercs pouvaient être rachimbourgs aussi bien que les laïques[1]; et cela est confirmé par les actes des conciles du sixième siècle, qui s'inquiètent du goût trop prononcé des clercs pour prendre part aux jugements[2]. Il n'y a pas de doute que les Romains ne pussent siéger aux tribunaux aussi bien que les Francs. Comme les deux races étaient justiciables du même tribunal, le tribunal était composé aussi sans distinction de races. De ce que les assesseurs sont appelés tantôt *rachimbourgs* et tantôt *boni homines*,

---

[1] *Andegavenses*, 10 : *Viris venerabilibus atque magnificis*. — *Senonenses*, 6 : *Cum venerabilibus racimburgis*. — Cf. Grégoire de Tours, V, 48 : *Si in judicio cum... vel clericis vel laicis resedisset*.

[2] Concile d'Auxerre de 578, art. 34; concile de Mâcon de 585, art. 19. — Fortunatus, *Carmina*, IV, 12, parle d'un prêtre nommé Hilarius : *Justitiam tribuens populis examine recto*.

nous ne sommes pas en droit de conclure que les *rachimbourgs* fussent des Francs et les *boni homines* des Romains. Les deux expressions étaient dans la langue usuelle comme synonymes; aussi rencontrons-nous le mot rachimbourgs dans une formule d'Anjou qui est bien romaine. Nous voyons dans quelques formules l'évêque siéger à côté du comte[1], et cela est confirmé par quelques récits des écrivains. Dans deux affaires qui sont jugées, l'une à Tours, l'autre à Noyon, le comte a l'évêque auprès de lui[2]. Ce n'était pas que ce droit eût été conféré à l'évêque par une loi formelle; mais l'évêque n'était-il pas le premier notable de la contrée?

La composition du tribunal changeait d'ailleurs suivant les lieux. Quand il se tenait dans une grande ville, on peut admettre qu'il était souvent composé comme le décrit cette formule : « Alors que siégeaient, pour l'utilité de l'Église et le service du prince, l'homme apostolique seigneur évêque et le comte homme illustre, avec d'autres, hommes vénérables ou hommes magnifiques de la cité, à Angers[3] ». Mais lorsque le comte tenait son tribunal dans une petite ville ou dans un bourg, il est vraisemblable qu'il n'avait auprès de lui que quelques propriétaires de la campagne.

Telle était, autant qu'on peut la saisir dans les textes,

---

[1] *Senonenses*, 6 : *In illa civitate in mallo publico ante inlustri viro illo comite et ante apostolico viro illo vel quampluris viris venerabilibus racimburgis qui ibidem ad universorum causas audiendum resedebant.* — *Senonenses*, 3 : *In mallo ante illo comite et ante illo episcopo vel aliis pluris magnificis viris qui ibidem residebant.*

[2] Grégoire, VII, 47 in fine. — *Vita Eligii*, II, 61 : *In examine episcopi et comitis.*

[3] *Formulæ Andegavenses*, 32 : *Cum pro utilitate ecclesiæ vel principali negotio apostolicus vir domnus ille episcopus et inluster vir ille comis in civitate Andecave cum reliquis venerabilibus atque magnificis reipublicæ viris resedisset.*

la composition très variable et assez arbitraire du tribunal du comte. Comme le roi jugeait « au milieu de ses grands », le comte jugeait au milieu des notables du ressort. Cet entourage était-il nombreux? Nous ne saurions le dire; nous n'avons aucun chiffre, et il ne nous paraît pas non plus qu'il y ait jamais eu un chiffre fixe[1].

Nous avons à chercher maintenant quelle action ces hommes exerçaient, quelle part effective ils prenaient à l'œuvre judiciaire.

Il y a un point sur lequel les textes sont fort clairs: c'est que ces hommes interrogent les plaideurs ou les accusés, et émettent un jugement. « Les rachimbourgs, dit la Loi salique, assis au mallus, font l'examen de la cause entre les parties et doivent dire quelle est la loi[2]. »

Il y est dit encore que ces rachimbourgs jugent, *judicant*[3]. Cela est confirmé par les formules. Les arrêts des comtes nous manquent; mais les notices ou attestations d'arrêts indiquent bien que c'est l'entourage du comte qui « a interrogé », qui « a jugé ». Une formule d'Anjou s'exprime ainsi : « Un Tel et son frère, dans la cité d'Angers, ont comparu en présence du comte et des rachimbourgs, et les personnes du tribunal ont décrété le jugement suivant[4]. » On lit dans une formule de

---

[1] Les formules disent *plures, quamplures*. S'il s'agissait de latin classique, nous dirions que ce mot indique un grand nombre; mais avait-il conservé ce sens précis dans le latin mérovingien? Signifiait-il autre chose que notre mot *plusieurs*? Il s'agit d'ailleurs de formules faites à l'avance; *quamplures* est de style; combien étaient-ils dans l'acte réel?

[2] *Lex Salica*, 57 : *Si rachineburgii in mallo* (alias *in mallobergo*) *sedentes dum causam inter duos discutiunt, legem dicere noluerint, debet dicere.... legem dicatis secundum legem salicam.* — *Discutere causam* est l'expression ordinaire dans la langue du temps pour examiner un procès, interroger les parties, conduire les débats.

[3] *Ibidem*, 56 : *Quod ei a rachineburgiis fuerit judicatum..., quando rachineburgii judicaverunt.* — Cf. *Lex Ripuaria*, 55.

[4] *Andegavenses*, 50 : *Visum est ad ipsas personas decrevisse judicio.*

Tours : « Un Tel est venu devant le juge et ceux qui siégeaient avec lui, et ces hommes ont interrogé le comparant[1]. » De même dans une formule de Sens : « Un Tel a comparu dans le mallus devant le comte et les *boni homines*; les hommes du tribunal ont fait l'interrogatoire et ils ont rendu ce jugement[2]. » Beaucoup d'autres formules établissent d'une manière certaine que c'est tout le tribunal qui a interrogé et jugé[3].

Est-ce à dire que ces hommes fussent de véritables juges, jugeant par eux-mêmes et en vertu d'un droit propre? Notons d'abord qu'ils ne sont jamais appelés du nom de juges. Ni la Loi salique, ni la Loi ripuaire, ni les formules ne leur donnent une seule fois cette qualification[4].

Notons ensuite qu'ils ne siègent pas seuls. Ils sont avec le comte. Nous ne voyons de rachimbourgs qu'au *mallus*, et il n'y a de *mallus* que là où est le comte ou son délégué. Les formules marquent très bien qu'ils

---

[1] *Turonenses*, 41 : *Ante illum judicem vel reliquis viris qui ibidem aderant... Ipsi viri hominem interrogaverunt.*

[2] *Senonicæ*, 20, Rozière 459: *Ante illo comite vel pluris bonis hominibus... Interrogatum fuit ab ipsis viris.... Ab ipsis viris fuit judicatum ut....*

[3] *Andegavenses*, 11 : *Visum fuit ipso agente vel qui cum eo aderant.* 12 : *Per judicio illo comite vel auditores suis.* 24 : *Visum fuit ad ipso preposito vel qui cum eo aderant.* 28 : *Visum fuit ab ipsis magnificis.* — *Turonenses*, 32 : *Ipsi viri qui ibidem aderant tale dederunt judicium.* 39 : *Ipsi viri decreverunt judicium ut....* — *Senonicæ*, 11 : *Interrogatum fuit ad ipsos viros (ab ipsis viris).... Ab ipsis viris fuit judicatum.* 51 : *Ab ipsis bonis hominibus fuit judicatum.* — *Senonenses*, 1 : *Apud (ab) ipso comite vel ipsis racinburgiis diligenter fuit inventum vel inquisitum et legibus definitum.* 4 : *Ab ipsis missis dominicis vel illo comite seu et ab ipsis racinburgis fuit judicatum.* 6 : *Ipsi viri interrogaverunt. Ipsi viri tale decreverunt judicium ut....* — *Bignonianæ*, 9 : *Apud garafione vel apud ipsos bonos homines fuit judicatum.* 14 : *Boni homines... taliter judicarerunt.* 27 : *Ab ipsis rachimburgis fuit judicatum.* — *Merkelianæ*, 39 : *Ab ipsis viris rachimburgis fuit judicatum.*

[4] L'emploi du terme *judicare* n'implique pas qu'ils fussent considérés

n'agissent qu'autour du comte¹. Les deux Lois franques, dans leur extrême concision, ne le disent pas en termes formels; mais elles le font entendre en plusieurs passages, par exemple quand la Loi ripuaire désigne par l'expression *ante comitem* le même *mallus* où jugent les rachimbourgs², ou quand elle désigne le *mallus* par les mots *in præsentia judicis*³; et encore quand la Loi salique montre les malfaiteurs amenés devant le comte, ou une question de propriété portée devant lui, ou le comte exécutant un jugement⁴; et enfin quand ces deux lois mentionnent le comte comme recevant la part des compositions prononcées. Visiblement, le comte, dans les lois franques, est à tout le moins fort mêlé aux actes judiciaires. Les mots de la Loi ripuaire *in mallo ante comitem* impliquent que le comte est le premier personnage du tribunal; il le préside; et cela doit s'entendre aussi de la Loi salique, bien qu'elle ne le dise pas expressé-

comme *judices*. Le verbe avait un sens vague et large et n'exprimait pas toujours l'idée précise de rendre un arrêt. C'est ainsi que nous voyons ces hommes juger que telle partie prêtera serment (*Andegav.*, 50; *Turon.*, 39; *Senonicæ*, 17): d'autres fois il est dit que ces hommes « jugent » qu'il soit fait une attestation du jugement déjà rendu : *Judicatum est ut de hac causa notitiam accipere deberet* (*Senonenses*, 1), ou bien encore qu'il soit écrit une lettre de *securitas* (*Merkelianæ*, 39). Le verbe ne signifiait pas autre chose que prononcer, émettre une opinion. Le substantif *judex* avait un sens plus arrêté et plus précis. C'est ainsi qu'en français le mot « juger » a une acception bien plus étendue que le mot « juge ». On fait donc un raisonnement faux quand on dit que les rachimbourgs étaient des *judices* parce que les textes leur appliquent le terme *judicare*.

¹ La présence du *comes* ou *judex*, ou du *vicarius*, de l'*agens*, du *missus* est signalée dans 54 formules : *Andegav.*, 10, 11, 12, 24, 28, 29, 32, 50; *Turonenses*, 29, 30, 31, 32, 38, 39, 41; *Senonicæ*, 10, 11, 17, 20, 38; *Senonenses*, 1, 2, 3, 4, 6; *Bignonianæ*, 9, 13, 27; *Merkelianæ*, 27, 28, 29, 30, 38, 39. Il n'y en a que deux qui omettent de mentionner le chef du tribunal: c'est le n° 51 des *Senonicæ* et le n° 14 des *Bignonianæ*, deux formules d'un style très incorrect.

² Comparez *Lex Ripuaria*, XXXII, 2; L; LV; LXXXVIII; LXXXIX.

³ *Lex Ripuaria*, XXXI, 1.

⁴ *Lex Salica*, XXXII; XLV, 2; L, 3.

ment. Tous les érudits se sont trouvés d'accord pour admettre que c'était le comte qui présidait le tribunal, et que c'était même lui qui prononçait la sentence. On peut donc dire que, même dans les lois franques, et à plus forte raison dans les formules, les rachimbourgs ne sont rien hors de la présence du comte. Ils n'existent pas sans lui.

On peut encore remarquer dans les textes qu'il n'y a jamais de rachimbourgs ni de *boni homines* au tribunal du roi, qui est pourtant la juridiction suprême et vraiment normale du royaume. Ces hommes ne figurent qu'au *mallus*, c'est-à-dire au tribunal du comte.

Quelle est d'ailleurs, sur le tribunal, la règle de leurs rapports avec lui? Les érudits qui sont partis de cette idée préconçue que le *mallus* était une assemblée populaire et souveraine, n'ont pas pu admettre que le comte y exerçât l'autorité. Ils ont donc imaginé que sa présidence se bornait à assurer l'ordre matériel au tribunal, et que son privilège de prononcer la sentence n'allait que jusqu'à exprimer l'arrêt que les rachimbourgs lui auraient dicté[1]. Mais ce n'est ici qu'une pure théorie. Aucun document, pas même la Loi salique, ne signale cette singulière combinaison; et quiconque a observé les institutions de l'époque trouvera bien invraisemblable que le comte, ce puissant personnage, presque un monarque dans son comté, ait pu se plier au rôle de prononcer des arrêts malgré lui. Il y a d'ailleurs des textes qui montrent que les choses se passaient autre-

---

[1] Savigny, *Hist. du droit romain*, p. 141 : « Le comte ou son lieutenant présidait le tribunal, mais sans voix délibérative; la décision appartenait à tous les hommes libres. » — Pardessus, *Loi salique*, p. 574 : « Le *comes* ne prenait point part aux jugements; sa fonction consistait à présider les citoyens qui jugeaient. » De même Thonissen, p. 375, et Beauchet, *Organisation judiciaire*, p. 26.

ment. Plusieurs formules disent en termes exprès que la décision a été prise par le comte et les rachimbourgs à la fois[1]. Celles qui s'expriment plus vaguement disent : « Il a été jugé par les personnages qui étaient au tribunal[2]. » Cette manière de parler n'exclut pas le comte. Qu'on regarde attentivement ces formules, et l'on reconnaîtra que les mots *ab ipsis viris judicatum fuit* correspondent aux termes du début *ante comitem et qui cum eo aderant*. C'est le tribunal tout entier qui a décidé; rien ne nous autorise à en distraire celui-là même qui le présidait.

En matière si délicate il convient de faire attention aux moindres détails. Je remarque que presque toutes nos formules s'expriment ainsi : « devant le comte et *les autres* rachimbourgs »[3]. Cette expression, qui est trop souvent répétée pour qu'on puisse l'attribuer au hasard ou à la négligence, implique que le comte est

---

[1] *Andegavenses*, 11 : *Visum fuit ipsi agenti vel qui cum eo aderant.* 12 : *Per judicium comitis vel auditores suis.* — *Senonicæ*, 38 : *Ille comes vel reliquæ francæ personæ decreverunt.* — *Senonenses*, 1 : *Ab ipso comite vel ipsis racimburgiis fuit legibus definitum.* 4 : *Ab illo comite et ab racimburgis fuit judicatum.* — *Bignonianæ*, 9 : *Ab grafione vel bonos homines fuit judicatum.*

[2] *Andegavenses*, 28 : *Visum est ab ipsis magnificis.* 50 : *Visum est ad ipsas personas decrevisse judicio.* — *Turonenses*, 32 : *Ipsi viri tale dederunt judicium.* — *Senonicæ*, 11 et 20 : *Ab ipsis viris fuit judicatum.* — D'autres formules, surtout les *Merkelianæ*, disent vaguement *fuit judicatum*. En tout cas aucune formule n'exclut le comte de la décision prise. — Il en est quelques-unes qui parlent seulement des *boni homines* ou des rachimbourgs ; mais il faut faire attention que ces formules sont de simples *epistolæ*; nous en parlerons tout à l'heure.

[3] *Andegavenses*, 50 : *Ante comite vel reliquis racineburdis.* — *Senonenses*, 1 : *Ante illo comite vel aliis personis... racimburgiis.* — *Merkelianæ*, 30 : *Ante illum vicarium vel reliquos bonos homines racineburgos.* — *Turonenses*, 28 : *Ante inlustri viro vel reliquis viris.* Ibidem, 41. — *Senonicæ*, 10 : *In mallo ante comite vel reliquis bonis hominibus.* 17 : *In mallo ante comite vel aliis bonis hominibus.* — *Senonenses*, 3 : *In mallo ante illo comite vel aliis magnificis viris.* — *Merkelianæ*, 29 : *In mallo ante vicarium vel reliquos bonos homines.*

considéré lui-même comme un rachimbourg au milieu des autres[1]. On le distingue comme comte, on ne le distingue pas comme procédant à l'examen du procès et au jugement. Ainsi, le comte et les rachimbourgs ne sont pas placés l'un en face des autres comme deux pouvoirs différents. Ils forment un seul groupe. Qu'on lise toutes nos formules, non seulement ils ne sont jamais en désaccord, mais même ils n'agissent jamais séparément. Ils interrogent en commun, ils jugent en commun; on dirait qu'ils n'ont qu'une pensée et qu'ils sont un seul être. Dans les récits des écrivains, la même unité du tribunal est marquée, mais sous une autre forme. Ici c'est le comte seul qui est nommé; c'est de lui seul qu'on dit qu'émane l'acquittement, la condamnation ou la grâce; le narrateur ne voit que lui. Nous n'en conclurons pas qu'il procède sans rachimbourgs, pas plus que des lois qui parlent seulement des rachimbourgs nous ne conclurons qu'ils procèdent sans le comte. Mais de tous ces textes si divers en apparence nous tirons une seule conclusion, à savoir que, sur le tribunal, les hommes ne distinguaient pas le comte de son entourage. Aussi n'est-il jamais dit que les rachimbourgs délibèrent sans le comte, ni que le comte après l'interrogatoire se retire ou s'écarte pour les laisser délibérer plus librement, ni que ceux-ci lui rapportent un verdict que le comte répète docilement. Rien de pareil. Il faut donc écarter cette théorie qui transforme les rachimbourgs en des juges souverains dont le comte ne serait qu'un serviteur.

[1] Cela s'explique si l'on songe que le mot « rachimbourg » n'était ni le nom d'une profession, ni le titre d'une fonction; il désignait simplement un état momentané, qui consistait à siéger en justice. En ce sens, le mot pouvait bien s'appliquer au comte lui-même.

Ces hommes jugent, on n'en saurait douter, *judicant*; mais il faut regarder en vertu de quel droit ils jugent. Ils ne sont pas les délégués de la population, qui ne les a pas élus. Ils ne sont pas davantage les délégués du roi, qui ne les a pas nommés. Ils ne sont rien non plus par eux-mêmes, et il est clair qu'ils ne possèdent pas en leur personne le droit de juger. Ils ne tiennent ce droit que du comte. Ils ne siègent au tribunal que parce que le comte les y a admis ou les y a appelés. La veille du jour où ils siègent, ils n'étaient pas des juges; ils ne le seront plus le lendemain. Ils ne jugent que quand le comte veut qu'ils jugent. Loin que le comte leur soit subordonné, c'est du comte qu'ils ont reçu leurs éphémères attributions. Ils n'ont de pouvoir que ce qu'ils en empruntent au comte.

En droit, ils ne sont que les assesseurs du comte, lequel seul est armé du pouvoir judiciaire par délégation royale. En pratique, ils interrogent, ils jugent, ils font la sentence ou la préparent; mais rien de tout cela malgré le comte. Qu'ils aient ainsi, en pratique, une action prépondérante, cela ne doit pas étonner. Le fonctionnaire royal est ordinairement étranger au pays; s'il est un homme de guerre, il peut bien ignorer les lois; s'il est de race franque, il ne connaît pas la Loi romaine, ni, s'il est de race romaine, la Loi franque. Il a pourtant à juger les deux races, et son diplôme de nomination lui enjoint de les juger l'une et l'autre « suivant leurs lois et coutumes »[1]. Il faut bien qu'il ait auprès de lui des hommes qui lui disent quelle est la coutume dans chaque cas particulier. Il faut bien aussi qu'il se conforme ordinairement à leur avis. Fait-il voter?

---

[1] Marculfe, I, 8. *Secundum lege et consuetudine eorum.*

Compte-t-il les suffrages? Si les avis sont partagés, est-il tenu de se conformer à l'opinion de la majorité? Nous l'ignorons. Il semble plutôt, d'après quelques récits, que tout dépende de sa volonté, de son humeur, quelquefois de son intérêt. Sans doute il lui arrive assez souvent, ce que Grégoire de Tours rapporte du comte Leudaste, de ne tenir aucun compte de son entourage et de prononcer seul les sentences les plus arbitraires[1]. Il le peut toujours. Mais le plus souvent le comte est d'un caractère plus accommodant. S'il sent son ignorance des lois, il comprend que ses assesseurs lui tiennent lieu d'expérience et de science. Il les laisse donc interroger les parties; il ne manque pas de les consulter sur l'arrêt, et n'ose guère s'écarter de leur avis. Non qu'ils lui imposent leur opinion, mais il accepte leur opinion sentant qu'il est juste et sage de l'accepter.

Ajoutez que ce comte a d'autres occupations que la justice. Il est en même temps un administrateur, un receveur des impôts, un chef militaire. Pour beaucoup de raisons il peut être empêché de venir au tribunal. Quand il y passerait la moitié de ses journées, il lui serait encore impossible de juger tous les crimes et tous les vols qui ont été commis dans le vaste ressort qu'il administre; impossible surtout de juger tous les procès relatifs à la propriété, les procès plus nombreux encore à cette époque qui portaient sur l'état civil, l'ingénuité, l'esclavage, le colonat, et enfin les débats innombrables des particuliers. Le roi et la loi le font juge unique de tout cela; mais ses autres attributions et la limite des forces humaines l'empêchent très souvent de juger. Faut-il que le cours de la justice s'ar-

[1] Grégoire de Tours, V, 49 (48).

rête? Non. Quand nous avons étudié le tribunal du roi, nous avons constaté par des preuves certaines que la présence du roi était souvent fictive. Nous ne doutons pas qu'il n'en ait été de même de la présence du comte à son tribunal. Absent, il pouvait se faire remplacer par un de ses subordonnés, son *vicarius* ou un agent quelconque. Mais cela même n'était pas toujours possible, par exemple en temps de guerre, ou si les procès étaient trop nombreux. Le tribunal se tenait pourtant. Nous pouvons penser que les assesseurs ordinaires venaient s'y asseoir, et ils procédaient comme si le comte eût été là. Ils jugeaient par une sorte de délégation tacite ou de tolérance nécessaire; mais ils jugeaient en son nom, en vertu de son droit, et comme s'ils eussent été lui-même.

Nous ne possédons aucun texte d'arrêt du tribunal du comte; nous ne pouvons donc pas dire avec certitude comment l'arrêt était rédigé. J'incline à penser, par analogie avec le libellé des arrêts royaux, qu'il était rédigé au nom du comte, et que c'était lui qui prononçait le *jubemus* ou le *decernimus*. Mais nous n'avons que des attestations de jugement, et nous remarquons dans plusieurs formules que ces attestations sont écrites sur l'ordre des assesseurs et signées par eux. Cet usage singulier, et qui serait sans raison si le comte eût été présent, nous paraît indiquer qu'il n'était pas là; peut-être était-il à cent lieues de là, au palais du roi, en quelque expédition militaire ou en quelque mission. Il n'était pas possible de lui faire signer l'arrêt, et il eût été imprudent d'attendre son retour. C'est alors que les assesseurs faisaient rédiger l'attestation, la signaient, la remettaient à la partie qui avait gagné le procès[1]. Voilà

---

[1] *Formulæ Andegavenses*, 6 : *Convenit ad bonos homines ut hanc se-*

pourquoi nous possédons tant de formules de *notitia judicii*. Seulement, cette notice devait toujours commencer par le nom du comte et être rédigée de manière à faire croire qu'il était présent. Sa présence était obligatoire en droit, puisque le tribunal n'existait qu'avec lui et par lui. Mais cette présence n'était souvent, ainsi que nous l'avons vu pour le roi, qu'une fiction légale.

En résumé, les hommes que l'on appelait *boni homines* ou *rachimbourgs* n'étaient en droit que les assesseurs et les conseillers du comte; en fait, ils jugeaient avec lui s'il était présent; absent, ils jugeaient sans lui, mais en son nom et comme s'il eût été là. En principe, le pouvoir de juger n'appartenait qu'au comte par délégation du roi; en fait, l'exercice de la justice était souvent dans les mains des principaux habitants de chaque localité par la tolérance ou par l'absence du comte.

### 4° DE QUELQUES AUTRES JURIDICTIONS.

Tous les délits et tous les procès n'allaient pas au tribunal du comte. Son ressort était très étendu : il comprenait souvent un territoire comme le Poitou ou l'Auvergne. Quand le comte était très zélé pour la justice, il parcourait sa circonscription pour se rapprocher des justiciables et saisir partout les délinquants. Nous avons plusieurs exemples de cette justice ambulatoire : c'est Gundobald qui, à peine nommé comte de Meaux, juge

---

*curitatem facere deberet.* — Turonenses, 41 : *Propterea oportunum fuit ut hanc notitiam accipere deberet.* — Senonenses, 1 : *Taliter ei judicatum fuit ut de hac causa notitiam bonorum hominum manibus roboratam accipere deberet.* — Merkelianæ, 30 : *Postea ab ipsis racineburgis fuit judicatum ut ipsi parentes talem epistolam manu eorum vel bonorum hominum firmatam facere deberent.*

les procès dans sa ville, puis parcourt la campagne pour continuer son œuvre judiciaire[1]; c'est le duc Roccolène qui se dirige vers Poitiers, annonçant à l'avance le jour où il y tiendra son tribunal[2]; c'est le duc Herpon qui, arrivé dans une région fort troublée, la traverse en remettant l'ordre partout et en punissant les malfaiteurs, jusqu'à ce qu'on l'assassine[3]. De même la *Vie de saint Walaric* nous montre un comte qui tient son mallus dans un des bourgs de son ressort[4]. Mais nous pouvons admettre que beaucoup d'autres comtes ou ducs entendaient moins bien leurs devoirs. Ils se faisaient remplacer dans les petites localités par leur vicaire ou par leurs centeniers. Ceux-ci tenaient le mallus par délégation du comte, au milieu d'assesseurs ou de rachimbourgs[5]. D'ailleurs tous ces petits tribunaux n'étaient autre chose que des images du tribunal du comte[6].

---

[1] Grégoire, VIII, 18.

[2] Grégoire, V, 4 : *Pectavo (Pictavum) abiit... dispositis actionibus quibus Kalendas Martias cives Pictavos vel affligeret vel damnaret.* — Sur le mot *actiones*, au sens de jugements, cf. l'expression si fréquente *dirimere actiones*.

[3] *Fredegarii Chronicon*, 43 : *Dum pacem in ipso pago vehementer arripuisset sectari, malorum nugacitatem reprimens, ab ipsis pagensibus interficitur.*

[4] *Vita Walarici*, c. 11.

[5] *Formulæ Bignonianæ*, 7 : *Cum resedisset ille vicarius vir inluster illo comite (id est, inlustris viri illius comitis) in illo mallo publico ad causas audiendas vel recta judicia terminanda.* Ibidem, 13 : *Ante vicarium inlustris viri illius comitis.* — *Merkelianæ*, 29 : *In mallo illo ante illum vicarium vel reliquos bonos homines.* 30 : *Ante illum vicarium vel reliquos bonos homines raciniburgos qui ibidem aderant.* — *Lex Ripuaria*, 50 : *Ad mallum ante centenarium vel comitem.* — *Lex dicta Chamavorum*, 50 : *Si quis infra pagum latronem comprehenderit et ante illum comitem aut ante suum centenarium non adduxerit.* Cf. *Lex Salica*, 44 : *Ut tunginus aut centenarius mallum indicant. Lex Alamannorum*, 36 : *Aut comiti aut centenario in placitum*

[6] Une autre théorie a été présentée sur le tribunal du centenier; elle

Mais il existait en même temps d'autres juridictions d'un caractère particulier et qui ne se rattachaient ni au roi ni aux fonctionnaires royaux. Sans qu'elles aient eu une très grande importance dans l'ensemble de l'administration judiciaire, il convient pourtant de les signaler.

Au temps de l'empire, la cité avait eu sa justice propre, qui était rendue par ses magistrats: justice inférieure et presque de tolérance, à côté de la juridiction maîtresse qui appartenait au gouverneur romain, seul armé du *jus gladii*. L'un des traits caractéristiques de cette justice municipale était qu'elle n'avait pu prononcer aucune sentence de mort; toutes ses décisions, d'ailleurs, pouvaient être annulées par le gouverneur. Cette juridiction, qui avait été très faible et presque nulle en droit, mais active et assez puissante en pratique, ne périt pas tout à fait avec l'empire. Même dans la décadence où tombèrent les magistratures et les curies, il resta quelque chose d'elle. Les documents en ont conservé quelques faibles vestiges.

Une formule nous montre une sorte de tribunal qui

est exposée surtout par M. Beauchet, *Organisation judiciaire*, p. 9-17. Cet auteur, trop dominé dans cette partie de son très bon livre par les idées de Sohm, professe que le centenier est élu par le peuple et préside « l'assemblée de tous les hommes libres de la centaine ». Rien de cela n'est conforme aux textes. Il est impossible à l'auteur de prouver que le *tunginus* ou le centenier soit élu par le peuple; il ne peut pas prouver davantage que tous les hommes libres de la centaine se réunissent en assemblée. Ni les lois franques, ni aucune formule mérovingienne, ni aucun récit des écrivains ne signalent pareille chose. Il faudrait pourtant se décider à reconnaître que, parmi plus de cent documents relatifs à la justice, il n'en est pas un seul qui signale la population d'une centaine jugeant un procès ou un crime. — En étudiant l'organisation administrative, nous avons constaté que le centenier est un agent du comte; il est son agent aussi dans l'organisation judiciaire. Si le comte vient tenir le mallus dans un canton, le centenier siège à côté de lui; si le comte est absent, le centenier juge sans lui, mais en son nom et comme son délégué.

se tient à Bourges. Il est composé du *defensor civitatis* qui est le premier magistrat, des membres de la curie, de quelques ecclésiastiques et de quelques habitants notables[1]. Ni le comte, ni aucun fonctionnaire royal n'est nommé. Et la formule débute par l'énoncé de ce principe que « les lois autorisent tout homme qui a souffert un préjudice, soit par la faute d'un adversaire, soit par négligence, à porter sa plainte à la cité »[2].

C'est peut-être un acte de juridiction municipale qui est relaté dans la trente-deuxième formule du recueil de Tours. Elle ne nomme pas, à la vérité, les personnages qui composent le tribunal; mais comme les juges allèguent la loi romaine, et comme ils se contentent d'indiquer que le crime commis est passible de la peine de mort, sans qu'ils prononcent pourtant cette peine, cela me porte à penser qu'il s'agit ici d'une juridiction secondaire, qui est la juridiction municipale[3].

[1] *Formulæ Bituricenses*, 7, Zeumer, p. 174, Rozière n° 404 : *Optimo defensor, vel curia publica seu et cuncto clero Sancti Stephani ac viri magnifici Betoricæ civitatis....*

[2] *Ibidem* : *Consuetudinis legum indulgentia præstat ut quotiescunque, instigante parte adversa, vel per negligentia, aliquis casus fragilitatis contigerit, oportet eum auribus publicis innotesci.* — Nous avons vu plus haut que le mot *publicus*, dans la langue des villes et sur les registres des curies, avait conservé la signification que nous lui voyons au Digeste. *Respublica*, dans la formule d'Anjou n° 52, signifie la cité; ici, *curia publica* désigne aussi la curie municipale, et *auribus publicis innotescere* signifie faire connaître aux chefs de la cité. — La formule 7 des *Bituricenses* ne vise spécialement qu'un *apennis*; mais la réunion du *defensor*, de la *curia*, du clergé et des *viri magnifici* avait certainement d'autres objets qu'un simple enregistrement; et les termes du début impliquent bien que des plaintes contre une partie adverse pouvaient être portées à ce tribunal.

[3] *Formulæ Turonenses*, 32, Rozière n° 465 : *Veniens ille ante illum vel eos qui subter tenentur inserti.... Ipsi viri tale dederunt judicium ut secundum legem romanam pro hac culpa* (il s'agit d'un rapt, crime qui était puni de mort) *ambo pariter vitæ periculum incurrissent vel sententiam mortis ob hoc scelus excepissent.* — Or cet énoncé d'un point de droit n'est pas un jugement exécutoire. La suite montre en effet que

Grégoire de Tours présente deux récits où cette même juridiction se reconnaît. Près de Tours, deux hommes nommés Sichaire et Austrégisile ont eu une querelle où plusieurs meurtres ont été commis. Le comte n'évoque pas l'affaire à lui, quoiqu'il soit présent dans la ville. Les deux adversaires comparaissent ensemble devant ce que Grégoire appelle « le tribunal des citoyens »[1]. Sans doute il ne faut pas entendre par cette expression que tous les citoyens de la vaste cité se soient rassemblés en comices. L'explication la plus naturelle et la plus vraisemblable, je n'ose dire tout à fait certaine, est que ces mots signifient « le tribunal de la cité »; et il n'est pas trop téméraire de se représenter ici les mêmes personnages qu'une formule du même pays appelle « le vénérable défenseur, la curie, les honorés, les principaux », c'est-à-dire les restes de l'ancienne curie et de l'aristocratie locale[2]. Ces hommes s'érigent en tribunal sans qu'aucun fonctionnaire soit au milieu d'eux. Ils examinent l'affaire. Comme ils n'ont pas le droit de condamner à mort, ils ne prononcent pas un jugement définitif. Ils émettent seulement un avis, *præcipiunt;* et cet avis est que le meurtrier Austrégisile mérite d'être

l'affaire se transforme en un *placitum* (nous verrons plus loin le sens de ce mot) devant des *boni homines,* qui prononcent une composition. Dans le droit strict de l'Empire, les juges municipaux auraient dû livrer les coupables au *præses;* on conçoit que ce droit se soit adouci.

[1] Grégoire, VII, 47 : *Cum in judicio civium convenissent.* Grégoire ne dit pas qu'ils aient été mandés, encore moins qu'ils aient été contraints de comparaître.

[2] *Formulæ Turonenses,* 3 : *Turonis civitate, adstante venerabile illo defensore una cum honoratis principalibus suis.* Il faut se rappeler le *defensor,* les *honorati,* les *principales* de l'empire romain. — Comparez : *Turonenses, Additamentum,* 5: *Adstante viro laudabili illo defensore et omni curia publica.... Peto vos, laudabiles curiales atque municipes.* — Marculfe, II, 37 : *Regnante illo rege, in civitate illa, adstante viro laudabili defensore et omni curia illius civitatis.* De même dans les *Senonicæ,* 39 et 40.

condamné suivant la rigueur des lois, autrement dit, mérite la peine de mort[1]. Mais il ne peut pas y avoir ici d'arrêt exécutoire; le meurtrier n'est pas même mis en prison, et une autre procédure commence, comme dans la formule de Tours dont nous parlions tout à l'heure.

Un autre récit de Grégoire nous montre un jugement prononcé à Bourges « par les principaux de la ville »[2], jugement qui n'entraîna d'ailleurs aucune peine corporelle. On doit remarquer enfin que les anciennes cités romaines conservèrent sous les Mérovingiens ce qu'elles continuèrent d'appeler leur *forum publicum*[3]. Que nos formules n'y signalent que l'enregistrement d'actes privés, cela ne prouve pas qu'il ne s'y fît que des écritures. La composition même de l'assemblée qui s'y réunit ne se comprendrait pas pour un simple enregistrement[4], et l'on peut admettre que cette assemblée se faisait juge

[1] Grégoire, *ibidem* : *Cum præceptum esset ut Austregisilus qui homicida erat, censura legali condemnaretur.* L'expression *censura legalis* n'est pas un terme vague; elle appartenait à la langue de la procédure et avait une signification très connue et très arrêtée. Grégoire lui-même l'explique quand il dit, *De gloria confessorum*, 64 : *Judex loci violatorem sepulcri jubet legalis pœnæ sententia condemnari*; et ce qui prouve que c'est là une manière de désigner la peine de mort, c'est que Grégoire ajoute qu'ensuite le juge fit grâce de la vie au coupable. L'expression *censura legalis* signifie donc toute peine légale, et notamment la peine de mort. Elle est employée ainsi dans la Loi des Wisigoths, II, 2, 40; II, 5, 19; VII, 6, 9. Cf. *Vita Eligii*, I, 31 : *Humana corpora quæ judicum censura perimebantur.* — *Edictum Theodorici*, 36 : *Legum censuram non evadet.* — *Vita Leodegarii ab anonymo æquali*, 1 : *Cum mundanæ legis censuram non ignoraret.*

[2] Grégoire, *De gloria martyrum*, 33 (34) : *Decretum est sententia primorum urbis*. Cela se passait entre les années 565 et 580.

[3] *Formulæ Andegavenses*, 32 *in fine* : *In foro publico.* — *Turonenses*, 28 : *In foro publico in ipsa civitate.*

[4] Voyez, par exemple, le n° 6 des *Bituricenses* : *Anno 14 gloriosissimi illius regis, apud virum laudabilem defensorem necnon et ordo curiæ, adstantibus honoratis necnon et qui vicem magistratus agere videntur.*

tout au moins des débats relatifs aux actes qu'elle enregistrait.

Les jugements par arbitres, c'est-à-dire par des juges que les parties en cause choisissaient, existèrent aussi sous les Mérovingiens. Ils avaient été dans les habitudes des populations de l'empire[1]; ils se continuèrent. Aussi trouvons-nous, au sixième et au septième siècle, dans tous les pays qui avaient fait partie de l'empire, des juges choisis par les parties et que l'on appelle *judices electi*. Il en est fait mention fréquemment dans les textes de l'Italie et de l'Espagne wisigothique[2]. Nous ne les trouvons ni dans les lois franques ni dans les formules qui nous sont parvenues; mais ils sont signalés dans les actes du concile d'Orléans de 538, et c'est assez pour croire qu'ils étaient demeurés dans les habitudes des hommes[3]; aussi les voyons-nous mentionnés en-

---

[1] Digeste, IV, 8, 1-3. — Code Justinien, II, 55, 2, loi de 285 : *Apud electum arbitrum.* — Ibidem, II, 3, 29, loi de 531 : *Et ad compromissarios et ad electos arbitros.* — Ibidem, II, 46, 3 : *Compromissarios judices vel arbitros ex communi sententia electos.* — Ibidem, III, 1, 14, § 4 : *Arbitros sive ex compromisso vel aliter datos sive electos.* — Cf. *Corpus inscriptionum latinarum*, IX, n° 2827 : *Arbiter ex compromisso juratus sententiam dixit in hæc verba.*

[2] Pour l'Italie, voyez *Lettres de Grégoire le Grand*, VIII, 15 : *Causa apud delectos a partibus finiatur*; IX, 14 : *Electorum subire judicium*; X, 27 : *Apud electos judices venire*; I, 63 : *In electorum judicio ventiletur contentio*; XI, 41 : *Electorum subeant judicium ut cujus sit proprietas judicantium sententia decernatur*; XI, 37 : *Partes ad eligendum judicem compellantur*; IX, 104 : *Aut in electorum aut in deputatorum a nobis judicio valeat respondere*, X, 30 : *Electorum te cum parte altera necesse est subire judicium*; II, 49 : *Joannem notarium illic direximus qui partes in electorum compellat adesse judicio.* — Pour l'Espagne wisigothique, voyez *Lex Wisigothorum*, II, 1, 14 : *Dirimere causas nulli licebit nisi aut a principibus potestate concessa, aut ex consensu partium electo judice*; II, 1, 26 : *Qui ex consensu partium judices in negotiis eliguntur.*

[3] Troisième concile d'Orléans, a. 538, art. 12, Sirmond, p. 252 : *Per publicum aut electorum judicium revocentur.* Le *publicum judicium* est le tribunal de l'État; le *judicium electorum* est un tribunal constitué par

core dans des textes du huitième et du neuvième siècle[1].

D'autres fois, au lieu de deux ou trois « juges choisis », nous apercevons un véritable tribunal, qui n'est pas le tribunal du comte et semble n'avoir rien de légal, devant lequel pourtant les parties en cause se présentent. En voici un exemple : A Langres, le fils de Silvester prétendait que son père avait été assassiné par le diacre Pierre ; tous les deux convinrent de porter l'affaire à Lyon ; ils comparurent devant un tribunal composé de l'évêque de Lyon, d'un autre évêque, de plusieurs ecclésiastiques et des principaux laïques de la ville[2]. Assurément ce n'était pas là le *mallus* du comte, quoiqu'il ne soit pas impossible que le comte y ait pris place. Ce tribunal prononça l'acquittement de l'accusé.

Ailleurs, Grégoire de Tours nous montre un débat entre des laïques. Le comte Eulalius est en procès avec sa femme Tétradia et un autre comte, Désidérius. Le débat n'est jugé ni par le roi, ni au *mallus* d'un comte ; il est porté devant un tribunal composé de plusieurs évêques et de plusieurs laïques de haut rang[3]. Voici une autre affaire entre des personnes qui paraissent être de race franque. Une femme nommée Bertégunde a reçu un legs de terres de son frère Bertramn ; sa mère In-

les parties. — De même dans le quatrième concile d'Orléans, a. 541, art. 12. On comprend bien que dans tous ces exemples *electi* ne signifie pas élus par le peuple, mais choisis par les parties.

[1] Capitulaire de 794, art. 41, Borétius, p. 77 : *Ut electi judices ab utrisque partibus non spernantur.* — Hincmar, *Expositiones ad Carolum*, I, édition de la *Patrologie*, t. I$^{er}$, col. 1051 : *Ad judicium electorum judicum veniant et eorum judicio causa finiatur.*

[2] Grégoire, V, 5 : *Facto placito* (*placitum* signifie une convention entre les parties, un engagement à comparaître ensemble ; exemples : Grégoire, VII, 23 ; *Formulæ Andegavenses*, 16 : *in præsentia Niceti episcopi Lugduno dirigitur, et ibi Siagrio episcopo coram astante vel aliis sacerdotibus multis cum sæcularium principibus.*

[3] Grégoire, X, 8 : *Conjunctis sacerdotibus et viris magnificis.*

geltrude revendique ces terres pour elle-même. Deux évêques, Grégoire de Tours et Marovée de Poitiers, sont chargés par le roi de juger ce procès. Ils prononcent un jugement; mais ce jugement n'est pas définitif; l'une des deux parties le repousse et porte l'affaire directement au tribunal du roi[1].

L'évêque de Tours s'est trouvé acteur principal dans un autre procès. Cette fois il s'agissait d'un meurtre. Un certain Sichaire avait tué Austrégisile et plusieurs autres. Grégoire, à titre d'évêque diocésain, « envoie vers les deux parties »[2], c'est-à-dire vers Sichaire d'une part, vers la famille d'Austrégisile de l'autre, « et les mande à son tribunal »[3]. Visiblement, ce n'est pas ici le tribunal du comte, quoique le comte soit en cette affaire d'accord avec l'évêque[4]. Notons que l'évêque, en mandant les deux adversaires devant lui, n'annonce pas qu'il jugera ni qu'il prononcera une peine, mais seulement qu'il mettra la paix, qu'il réconciliera[5]. Ils viennent tous les deux. L'évêque n'est pas seul sur son tribunal; il a autour de lui les principaux habitants de la cité[6]. C'est certainement lui qui préside, et, dans son récit, c'est lui

---

[1] Grégoire, IX, 33.

[2] Grégoire, VII, 47 : *Quod nos* (le pluriel *nos* pour *ego*, suivant les habitudes de style du temps) *audientes, vehementer ex hoc molesti... mittimus ad eos legationem ut....*

[3] Ibidem : *In nostri præsentia*. — C'est l'expression ordinaire pour indiquer la comparution à un tribunal; *in præsentia comitis, in præsentia regis*, au tribunal du comte, au tribunal du roi.

[4] C'est ce qu'indiquent les mots : *Adjuncto judice*.

[5] Ibidem : *Ut, accepta ratione, cum pace discederent*.

[6] Ibidem : *Conjunctis civibus*. — Notez que les canons de l'Église défendaient à l'évêque de juger seul; voyez notamment le concile de Carthage de 397, qui déclare qu'une sentence rendue par l'évêque siégeant seul est nulle. L'évêque qui jugeait des clercs devait être entouré de clercs; s'il jugeait des laïques, il devait être entouré de clercs et de laïques. C'est une réunion de cette nature que Grégoire indique par les mots *conjunctis civibus*; il serait puéril d'y voir des comices populaires

seul qui parle. Il parle moins en juge qu'en conciliateur :
« N'allez pas plus loin dans ces crimes, dit-il aux deux
parties; faites la paix entre vous, je vous en conjure;
que celui de vous qui a fait le mal, compose. Il n'est
pas assez riche pour payer ce qu'il faut; mais je lui
donnerai l'argent de l'église pour qu'il se rachète¹. »
Telle est la sentence, ou plutôt ce n'est pas une sentence, c'est une simple proposition de conciliation
faite par l'évêque, et cette proposition est si peu obligatoire qu'une des parties la repousse².

Nous possédons cinq formules d'actes judiciaires qui
nous montrent un tribunal présidé par l'abbé d'un monastère, et où ne siège ni le comte ni aucun fonctionnaire royal. L'abbé, de même que le comte en son mallus, est entouré d'assesseurs. Ceux-ci sont, les uns des
clercs, les autres des laïques d'un rang élevé³. Les questions qu'on y juge sont relatives à la propriété, à l'héritage, au fermage, à l'état civil⁴, mais non au meurtre,
ni au vol, soit parce que la juridiction criminelle est

---

¹ Ibidem : *Ego aio : Nolite, o viri, in sceleribus proficere ne malum in longius extendatur. Estote, quæso, pacifici; et qui malum gessit, stante caritate, componat, ut sitis filii pacifici.... Et si illi qui noxæ subditur minor est facultas, argento ecclesiæ redimetur.*

² Ibidem : *Pars Chramnesindi accipere noluit.* Sur les tribunaux d'évêques, comparez la Loi des Wisigoths, II, 1, 29 : *Episcopus, adjunctis sibi aliis viris honestis, inter eos negotium discutere vel terminare procuret.*

³ *Formulæ Andegavenses*, 10 : *Veniens ante venerabili viro illo abbate vel reliquis viris venerabilibus atque magnificis interpellabat aliquem hominem.* — 29 : *Ante venerabilem abbatem.* — 30 : *Veniens ante illo abbate vel reliquis qui cum eo aderant.* — 47 : *Notitia qualiter Andecavis civitate... ante venerabile viro illo abbate vel reliquis quampluris bonis hominibus qui cum ipso aderant... interpellavit.* — *Turonenses*, 39 : *Ante venerabilem virum suisque auditoribus vel reliquis viris.*

⁴ Dans les *Andegavenses*, les nᵒˢ 10 et 29 sont relatifs à une revendication en servitude, le nᵒ 30 à un fermage, le nᵒ 47 à une propriété. La *Turonensis* 39 concerne une question d'héritage.

interdite à un tribunal où aucun délégué de l'autorité publique ne se trouve, soit parce que les canons de l'Église interdisent aux ecclésiastiques de prendre part à des jugements d'où mort d'homme peut suivre[1]. Les choses, d'ailleurs, se passent ici comme au *mallus* du comte : le jugement est prononcé par le tribunal tout entier, c'est-à-dire par l'abbé et ses assesseurs inséparablement[2]. Sur l'origine et la nature de ce tribunal de l'abbé plusieurs hypothèses peuvent être faites ; mais les documents ne fournissent aucune certitude. Assurément ce n'est pas un pur tribunal d'Église, puisqu'il est composé en partie de laïques. Ce n'est pas non plus, à notre avis, un tribunal d'immunité ; car il n'y a pas un mot dans ces cinq formules qui autorise à croire que les comparants soient des sujets ou des tenanciers de l'abbé[3].

Ce qu'il faut admettre, c'est qu'il y a eu dans l'État mérovingien des juridictions de toute sorte et de nature très diverse. Ce serait se tromper que de se figurer les institutions judiciaires de l'époque comme un système bien ordonné et fixé par une règle absolue. Ce qui est légal, normal, impératif, c'est la justice du roi et de ses fonctionnaires. En pratique, les optimates jugent plus

---

[1] Concile de Mâcon, a. 585, art. 19, Sirmond, I, 388 : *Cognovimus quosdam clericorum ad forales reorum sententias frequenter accedere.... Prohibemus ut ad locum examinationis reorum nullus clericorum accedat neque intersit atrio sauciolo ubi pro reatus sui qualitate quispiam interficiendus est.* — Le concile de Tarragone de 516 prononce aussi que le prêtre peut se mêler à tous les jugements, excepté en matière criminelle (Mansi, VIII, 538).

[2] *Andegarenses*, 10 et 29 : *Visum fuit abbati vel qui cum eo aderant ;* 30 : *Visum fuit abbati ;* 47 : *Ab ipsis viris fuit denuntiatum.* — *Turonenses*, 39 : *Ipsi viri decreverunt judicio.*

[3] Nous ne parlerons pas dans le présent volume des justices d'immunité, bien qu'elles aient existé sous les Mérovingiens ; cette étude trouvera mieux sa place ailleurs.

que le roi, les rachimbourgs plus que le comte; et à côté de ces tribunaux réguliers il existe encore plusieurs catégories de tribunaux inférieurs, mais indépendants, auxquels les hommes s'adressent volontiers. Entre les uns et les autres la distinction essentielle est en ceci que là où est le roi, là où est le comte, le jugement est prononcé par l'autorité publique et exécutoire; les autres tribunaux où n'intervient pas l'État, sont dénués de la puissance coercitive : ce que l'ancien droit appelait *imperium* leur fait défaut. Aussi les décisions qui en émanent peuvent-elles être annulées par le comte. Grégoire de Tours cite de cela un exemple curieux. L'évêque de Lyon avait jugé une affaire; le comte n'en évoqua pas moins l'affaire à lui. Et, comme l'évêque lui faisait dire qu'il désirait qu'on ne revînt pas sur son jugement, le comte s'écria : « Répondez à l'évêque que cette cause et plusieurs autres qui ont été portées devant lui seront jugées définitivement par un autre que lui[1]. » Voilà un récit qui marque à la fois la juridiction de l'évêque et les limites de cette juridiction; n'étant pas légale, elle s'arrêtait là où le roi ou le comte voulait qu'elle s'arrêtât.

### 5° COMPARAISON DES AUTRES ÉTATS GERMAINS.

Nous devons chercher maintenant si la méthode comparative contredira ou confirmera ce que l'analyse des textes francs vient de nous montrer. Regardons les peuples qui ont eu la même origine que les Francs et qui ont fondé sur le territoire de l'ancien empire des États analogues à celui des Mérovingiens : le pouvoir

[1] Grégoire, *Vitæ Patrum*, VIII, 3, édit. Krusch, p. 693.

judiciaire y appartient-il au peuple et aux hommes libres, ou bien appartient-il au roi et aux fonctionnaires royaux? Il est clair que, si les Francs avaient apporté avec eux de la Germanie les traditions d'une justice populaire, les mêmes traditions auraient été apportées aussi par les autres peuples germains.

La Loi des Burgundes n'a pas un seul mot qui se rapporte à une justice populaire ou à un jury d'hommes libres. Or cette loi a été rédigée à une époque où ce peuple n'était pas encore assez éloigné de son ancienne patrie pour en avoir oublié les institutions. Dans ce code du roi Gondebaud il n'y a pas le moindre indice d'un tribunal qui serait composé des hommes du canton ou de la centaine; il n'y en a même pas le souvenir. Le tribunal s'appelle, non pas *mallus* comme dans la Loi salique, mais *judicium* comme dans les textes romains et aussi dans la Loi ripuaire. Là siège un juge qui est toujours nommé seul; c'est le *judex*, au singulier; ce n'est jamais un groupe ni un jury[1]. La loi ne parle même pas d'assesseurs; ni le mot rachimbourgs ni aucun autre semblable ne s'y trouve. D'où il faut conclure, non pas que l'usage des assesseurs en justice ait été inconnu chez les Burgundes, mais que ces assesseurs avaient trop peu d'importance légale pour que le législateur s'occupât d'eux. Le juge dont parle la loi est un comte[2], c'est-à-dire un fonctionnaire

---

[1] *Lex Burgundionum*, præfatio : *Sufficiat integritas judicantis.... Si judex.... Judex mulctabitur.* Ibidem, VII : *Judici tradatur ad pœnam.* VIII, 3 : *Quibus judex jusserit dare sacramenta.* XXXIX, 1 : *Discutiendum judici præsentet.* XLVI in fine : *A judice compellatur solvere.* XLVIII, 4 : *Imminente judice.* De même aux titres XC, CVII, 10, CVIII, édit. Pertz.

[2] *Lex Burgundionum*, XLIX : *Ut locorum comites judicanda cognoscant.* LXXIX, 4 : *Omnes comites... judicare curabunt.* CVII, 10, édit. Binding, p. 133 : *Omnes comites in omnibus judiciis justitiam teneant.*

royal, ou un homme spécialement délégué par le roi, *judex deputatus*[1]. Il est manifeste dans ce code que c'est du roi que toute justice émane.

Les Ostrogoths ont reçu un code de lois dès leur entrée en Italie. On a bientôt fait de dire que cet Édit de Théodoric n'est guère autre chose que la loi romaine; mais ce qui est remarquable, c'est justement qu'un roi ait pu appliquer cette loi à ses barbares, qui étaient certes des hommes libres, qui restaient groupés et qui seuls portaient les armes. Nul ne supposera qu'il ait pu leur enlever par sa seule volonté leur droit et leurs coutumes. S'ils avaient eu quelque habitude de justice populaire, on en trouverait la marque dans ce code. Nous n'y voyons jamais ni une assemblée de canton, ni un jury; il n'y est parlé que d'un seul juge[2]. Son tribunal s'appelle *judicium* ou *prætorium judicis*[3]. Ce juge est un fonctionnaire royal; il représente l'État ou le roi, et c'est pour cela qu'on l'appelle *judex publicus* et son tribunal *judicium publicum*[4]. Le roi lui donne ses instructions comme à un agent, et, en cas de faute, il le destitue[5]. Au-dessus de cette juridiction des comtes royaux, il y a le tribunal du roi. Si le roi ne le préside pas en personne, il est remplacé par le *sacer cognitor*, qui est le représentant du prince en justice, comme dans l'empire romain[6].

[1] *Lex Burgundionum*, XC, Pertz, p. 526, Binding, p. 128: *Judices a nobis deputati*.
[2] *Edictum Theodorici*, 2 : *Si judex pecuniam acceperit*. 3 : *Judex*. 5 : *Ad sollicitudinem judicis pertinet*. 13 : *Apud competentem judicem*. 88 : *Per auctoritatem judicis*. 91 : *Qui judici præmium dederit*. 98 : *Tradat judici puniendum*. 123 : *Judicis auctoritas*.
[3] *Edictum Theodorici*, 58 : *Ante prætorium judicis*.
[4] Ibidem, 12 : *Publico judicio*; 56 : *Judici publico*.
[5] Ibidem, 3 : *Judex, amissa dignitate qua male usus est*.
[6] *Edictum Theodorici*, 55 : *Omnes appellationes suscipiant ii provin-*

La Loi des Wisigoths, dans la forme où elle nous est parvenue, n'a été rédigée qu'au septième siècle. On n'y trouve pas le moindre reste d'une ancienne justice rendue par les hommes libres¹. On y voit la liste des hommes qui sont appelés à juger : ce sont les ducs, les comtes, les vicaires des comtes, les *tiuphadi*, les milléniers et centeniers². Tous ces hommes sont des fonctionnaires du roi. Ce sont les juges ordinaires ; à eux s'ajoutent ceux qui sont délégués spécialement « par un ordre royal »³ ; ceux que la loi appelle *pacis assertores* et qui ont eux aussi une délégation du roi⁴ ; enfin des juges subalternes qui sont délégués par les comtes⁵. Il y a bien encore une justice arbitrale, rendue par des hommes que les deux parties ont choisis⁶. En dehors de cela, toute la justice appartient aux agents ou représentants du roi. Le principe est formulé expressément : « Nul ne peut juger que celui qui en a reçu du roi le pouvoir⁷. » Le code wisigothique ne prononce pas le nom de rachimbourgs ; il montre du moins que le

*ciarum judices a quibus provocari potest.... Dum de appellationis merito sacer possit cognitor judicare.*

¹ Pas un mot non plus dans les formules wisigothiques. Elles ne parlent que d'un seul *judex* qui cite à comparaître, interroge, décide, et rédige le jugement ; *formules wisigothiques*, n° 40, éd. de Rozière, p. 28 ; cf. n° 42 ; *in præsentia judicis.... Per judicis imperium seu judicium.*

² *Lex Wisigothorum*, II, 1, 26 : *Dux, comes, vicarius, tiuphadus, millenarius, centenarius, decanus,... omnes in quantum judicandi potestatem acceperint, judicis nomine censeantur.*

³ Ibidem : *Qui ex regia jussione judices in negotiis eliguntur.*

⁴ Ibidem : *Pacis assertor.* II, 1, 16 : *Pacis assertores non alias dirimant causas nisi quas illis regia deputaverit ordinandi potestas. Pacis autem assertores sunt qui sola faciendæ pacis intentione regali sola destinantur auctoritate.*

⁵ *Lex Wisigothorum*, II, 1, 14 : *Qui per commissoriam comitum vel judicum judiciali potestate utuntur.*

⁶ Ibidem, II, 1, 26 : *Qui ex consensu partium judices eliguntur.*

⁷ Ibidem, II, 1, 14 : *Dirimere causas nulli licebit nisi a principibus potestate concessa.... Qui potestatem judicandi a rege accipiunt.*

juge a auprès de lui des assesseurs, qui sont appelés *honesti viri*[1], notables, ou encore *auditores*; mais c'est le juge lui-même qui les choisit et les appelle à siéger avec lui, et il prend leur avis s'il le veut[2]. Au-dessus de cette juridiction des fonctionnaires s'élève la juridiction du roi[3], qui reçoit les appels et de laquelle nul ne peut appeler.

Les Lombards sont les derniers venus dans l'empire, les derniers sortis de la Germanie. Cherchez dans leurs lois la juridiction de centaine, le jury des hommes libres, vous ne trouvez rien de pareil. Leur code nous montre la justice rendue dans chaque *civitas* par un *judex*[4]. Ce *judex* est toujours mentionné seul[5], et il n'est parlé d'aucune assemblée qui siège à côté de lui. La poursuite, l'enquête et le jugement lui appartiennent[6]. Il est responsable des arrêts rendus[7]. Il doit, dit la loi,

---

[1] *Lex Wisigothorum*, VI, 1, 2 : *Coram judice vel aliis honestis viris.*

[2] Ibidem : *Honestis viris a judice convocatis.* — Ibidem, I, 2, 2 : *Judex, si elegerit auditores secum esse præsentes, aut causam quæ proponitur cum eis conferre voluerit, suæ sit potestatis. Si noluerit, nullus se in audientiam ingerat.*

[3] *Lex Wisigothorum*, II, 1, 12; VI, 1, 2.

[4] *Lex Langobardorum*, Liutprand, 80 : *Judex in civitate.* — Ratchis, 1 : *Unusquisque judex in sua civitate....* — Cela ressort surtout de Liutprand, 27 : *Si quis in aliam civitatem causam habuerit, vadat cum epistola de judice suo ad judicem qui in loco est.*

[5] *Lex Langobard.*, Liutprand, 25 : *Si judex ejus causam dilataverit.* 26 : *Dirigat eos ad judicem.* 28 : *Si judex per legem judicaverit.* 42 : *Si quis judex.* 81 : *Si judex neglectum fecerit.* Ratchis, 11 : *Causam agere in præsentia judicis.*

[6] *Lex Langobard.*, Liutprand, 44 : *Judex potestatem habeat eum inquirendi.* 80 : *De furonibus. Ut judex in civitate faciat carcerem sub terra;... et comprehendat eum et mittat in carcere... judex illum (criminosum) vendat.* 85 : *Si quis judex neglexerit eos exquirere... et eos non condemnaverit.... Si per judicem inquisiti et inventi sint, judex habeat potestatem foris provincia eos vendendi.* 56 : *Si per districtionem a publico furta manifestata fuerint.* 28 : *Si quis causam habuerit et judex ei per legem judicaverit.*

[7] *Lex Langobard.*, Liutprand, 28.

« siéger chaque jour sur son tribunal, rendre bonne justice à tous, se garder de recevoir des présents »[1]. Or ce *judex* des lois lombardes, comme le *judex fiscalis* des Francs, comme le *comes*, est un fonctionnaire royal; aussi l'appelle-t-on *judex publicus*[2]. C'est le roi qui l'a institué[3], et le roi peut le révoquer[4]. Comme il a un ressort assez étendu, la *civitas*, il institue à son tour des délégués, que la loi appelle des noms de *sculdahis*, de centeniers, de lieutenants, et qui jugent à sa place[5]. Au-dessus de la juridiction des comtes et de leurs délégués s'élève le tribunal du roi auquel s'adressent les appels[6].

Regardons chez les peuples germains qui sont restés en Germanie, les Alamans, les Bavarois, les Thuringiens. Il est vrai qu'aucune de leurs législations n'est antérieure au septième siècle. Elles datent de l'époque où ces peuples faisaient partie de l'État Franc. Elles ont été inspirées, souvent même dictées, par les rois des Francs. Lorsque vous y lisez le mot « roi », c'est du roi mérovingien qu'il s'agit. Vous y voyez des ducs, des comtes, des centeniers, parce que les rois francs y ont implanté l'organisation de leur État, de même que

---

[1] *Lex Langobard.*, Ratchis, 1 : *Ut unusquisque judex in sua civitate debeat quotidie in judicium residere... per semetipsum resideat et omnibus justitiam conserret ; de nullo homine præmium accipiat.*

[2] Quelquefois le mot *publicus* est employé tout seul pour désigner le *judex*; Liutprand, 121, 141, 152, etc.

[3] *Lex Langob.*, Rotharis, 23 : *Judex qui in loco ordinatus est a rege.*

[4] *Lex Langob.*, Ratchis, 1 : *Judex qui aliter judicaverit, amittat honorem suum.* — Aistulfus, 4 : *Judex honorem suum amittat.*

[5] *Lex Langob.*, Ratchis, 1 : *Et judices precipiant ad sculdahos suos aut ad centenos aut ad locopositos, vel quos sub se habent ordinatos, ut ipsi similiter faciant (id est, bene judicent).* Sur le *sculdahis*, voyez Liutprand, 25, 26, 28, 83, 85.

[6] *Lex Langob.*, Liutprand, 27 : *Venire in præsentia regis.* 38 : *Si ad regem reclamaverit.* Ratchis, 11 : *Causam agere in præsentia regis.*

l'Église chrétienne y a implanté ses privilèges et son esprit. Ces codes sont curieux à étudier, non pas que nous devions espérer d'y trouver les institutions de la vieille Germanie, mais parce que nous y trouvons une image assez fidèle, sauf la persistance de quelques coutumes locales, de l'organisme mérovingien.

Pour ce qui est du pouvoir judiciaire, la Loi des Alamans ne montre dans chaque circonscription qu'un seul juge ; elle ne parle nulle part d'un jury populaire, d'un peuple rendant des jugements. Cependant le titre 36 de cette loi a servi de prétexte à une singulière erreur. On y lisait que le comte ou son délégué ou le centenier devait tenir un *conventus* dans chaque centaine tous les quinze jours au moins, et que tous les hommes libres du canton devaient se rendre à ce *conventus*[1]. Voilà tout ce qu'on lisait dans la loi ; mais on y a ajouté quelque chose qui n'y est pas, à savoir, que cette population se constituait en tribunal et rendait les jugements. La loi ne dit rien de pareil. Tout au contraire, elle montre bien que cette population ne juge pas. Car, aussitôt après avoir dit que le comte ou le centenier tient son *conventus*, au jour qu'il veut[2], elle ajoute que tout homme a le droit d'en citer un autre à comparaître « devant son juge »[3], « afin que le juge le punisse suivant la loi »[4]. Elle n'a pas un mot qui autorise à penser que ce public rende les arrêts. Le fonctionnaire royal l'a convoqué, il est vrai ; en annon-

---

[1] *Lex Alamannorum*, XXXVI, 1 : *Conventus secundum consuetudinem antiquam fiat in omni centena coram comite aut misso et coram centenario.* — Ce *missus* est appelé quelques lignes plus loin *missus comitis*.

[2] *Ibidem*, 2 : *Quali die comes aut centenarius voluerit.*

[3] *Ibidem*, 3 : *Et si quis alium mallare vult de qualicumque causa, debet mallare ante judicem suum.*

[4] *Ut ille judex eum distringat secundum legem.*

çant à quel jour il tiendrait son tribunal, il a voulu que tous les hommes libres du canton fussent présents devant lui. Mais où voit-on qu'il s'en remette à eux du soin de juger, qu'il les consulte sur les arrêts à rendre, qu'il les fasse délibérer et voter?

La convocation d'une population devant un tribunal surprend un peu nos esprits modernes. Cet usage, que nous déjà vu dans l'empire romain, s'explique fort bien sans qu'il faille lui attribuer un caractère démocratique. Dans les temps où la justice était loin d'être organisée comme aujourd'hui, le magistrat qui se transportait d'un canton à un autre pour juger les procès et les crimes, avait besoin que presque toute la population se réunît devant lui. Ce n'était pas seulement pour donner de l'éclat à ses jugements; c'était pour avoir sous la main tous les plaideurs, tous ceux contre qui il était porté plainte, tous les témoins des faits, tous ceux qui pouvaient attester un usage local. Sans cela, une justice ambulatoire et intermittente n'aurait pas pu fonctionner. Le *præses* romain, le comte franc, n'avaient pas pu procéder autrement. Dans cette population, le magistrat se choisissait quelques assesseurs ou conseillers, qui montaient sur son tribunal. Le reste, au pied du tribunal, était muet et inactif, en attendant que l'un fût appelé comme défendeur, l'autre comme accusé, l'autre comme témoin. Cette population n'était pas réunie là pour juger; elle l'était au contraire pour être jugée.

Loin que la Loi des Alamans nous montre ce public jugeant, elle ne nous parle toujours que « d'un juge »[1].

---

[1] Ibidem, XLI, 3 : *Judicium illius qui ad judicandum est constitutus.* XLI, 1 : *Cognoscat hoc judex.* LXXXVI : *Convictus fuit ante judicem.*

C'est « le juge qui doit rendre bonne justice »[1]. C'est lui qui doit « veiller à ce qu'il ne soit fait aucun tort aux petites gens »; recommandation qui serait bien inutile si le droit de juger avait appartenu à ces mêmes petites gens. Les érudits qui ont prétendu que le comte n'était ici que le président d'un immense jury souverain, qu'il n'était que « l'organe du peuple qui était là »[2], ont dit le contraire de ce qui est dans la loi; et ils ont tiré cette théorie d'une idée préconçue qu'ils avaient dans l'esprit. La loi nous montre simplement un juge qui est le comte ou son subordonné, c'est-à-dire un fonctionnaire royal, qui doit tenir son tribunal tous les quinze jours au moins dans chaque canton, qui chaque fois convoque la population à paraître devant lui, mais qui juge lui-même et décide seul en présence de cette population.

La même législation, un peu plus loin, ne parle encore que d'un seul juge, et elle dit expressément que ce juge est institué par le duc du pays des Alamans : « Que personne n'ose se mêler de juger aucune cause, si ce n'est celui que le duc, dans une assemblée générale, a institué juge pour juger les procès[3]. » La loi par-

---

[1] Ibidem : *Ille (id est, missus comitis aut centenarius) distringat ut neglectum non fiat, nec pauperes patiantur injuriam.*

[2] C'est ce que Waitz soutient encore dans sa troisième édition, t. II, 2ᵉ partie, p. 158. Après avoir reconnu que les textes n'indiquent pas cette participation de la population au jugement, il se refuse pourtant à conclure comme les textes, et il veut, sans la moindre preuve, « que cette participation du peuple au jugement soit hors de doute, et que le juge ne fasse que préparer les arrêts ». De ce juge, qui n'est certainement qu'un fonctionnaire du roi ou du duc, il fait « un représentant et un organe du peuple, lequel exerce par lui son action et peut même l'exercer en dehors de lui ». Toute cette théorie ne s'appuie sur aucun texte, et elle est même contraire aux textes; elle repose uniquement sur une idée de l'esprit; elle appartient à la méthode subjective.

[3] *Lex Alamannorum*, XLI : *Nullus causas audire præsumat nisi qui*

lerait-elle ainsi, si la justice était rendue par des assemblées populaires? Or ce *judex* institué par le duc du pays, c'est visiblement le comte, et, après le comte, le *missus* du comte ou le centenier. Voilà l'homme qui a seul le droit de « juger les causes ». Nous n'affirmons pas qu'il soit seul à juger et qu'il siège sans assesseurs; mais du moins il possède seul le pouvoir judiciaire.

Quand le législateur recommande qu'il soit fait bonne justice, il ne s'adresse pas à une foule, mais à un juge unique : « Que le juge ne soit ni menteur ni parjure et qu'il ne reçoive pas de présents[1]. » Ces défauts ne sont pas ceux que l'on peut craindre d'une assemblée populaire, qui en aurait d'autres; ce sont ceux que l'on peut toujours redouter d'un homme qui se voit seul armé de la puissance judiciaire. « Qu'il juge les procès sans acception de personnes, et qu'il ait dans son cœur la crainte de Dieu; s'il juge avec équité, il recevra de Dieu sa récompense et il jouira d'une bonne renommée parmi les hommes. » C'est ce juge seul aussi qui est responsable des jugements rendus; c'est de lui qu'on

---

a duce per conventionem populi judex constitutus est ut causas judicet (ce *judex* est visiblement le comte ou le centenier). — Waitz traduit *per conventionem populi* par *nach Belieben Volks*, d'après la volonté du peuple (*ibidem*, t. II, 2ᵉ partie, p. 147); c'est une traduction absolument inexacte; le mot *conventio* ne signifie ni volonté ni élection; *conventio populi* n'est pas autre chose que *conventus populi*; c'est la réunion de la population. Apparemment, les comtes et centeniers étaient institués par le duc dans une assemblée solennelle, et les nominations étaient notifiées au public. Cela ne signifie nullement que le peuple eût à exprimer sa volonté. La loi ne dit pas *constitutus a conventu*, mais *constitutus a duce per conventum, id est in conventu*.

[1] *Lex Alamannorum*, XLI, 1 : *Nec mentiosus, nec perjurator, nec munerum acceptor sit, sed causas secundum legem veraciter judicet sine acceptione personarum, et timens Deum sit. Si juste judicaverit, credat se apud Deum mercedem recipere et laudem apud homines bonam possidere.*

appelle. Si son jugement est infirmé, il est condamné à une amende; en revanche, si son jugement est confirmé par d'autres juges, c'est à lui-même que l'amende est payée par l'appelant[1].

Il en est de même dans le Code des Bavarois. Le *judex*[2] a l'obligation de tenir « son plaid » au moins une fois par mois, dans son comté. Il en fixe le jour et le lieu comme il l'entend, et il y appelle tous les hommes libres de la circonscription[3]. Mais il n'est nullement dit que ces hommes jugent. C'est le comte seul qui rend la justice. Seulement, dans chaque localité où il tient son tribunal, il doit avoir auprès de lui le fonctionnaire de cette localité, qu'il soit centenier ou qu'il porte un autre titre[4]. Lorsqu'il s'agit de rendre l'arrêt, la loi ne dit pas au comte de consulter la population qui est présente; elle lui enjoint, ce qui est fort différent, de consulter un livre; car « il doit toujours avoir avec lui le livre des lois, afin de bien juger

---

[1] Ibidem, 2 et 3 : *Si contra legem judicaverit... 12 solidis sit culpabilis cui injuste judicavit.... At si hoc ab aliis judicibus inquisitum fuerit quod juste judicavit, ille contemptor qui judici injuriam fecit, solvat 12 solidos judici illi.*

[2] Noter que la Loi des Bavarois parle toujours du *judex*, comme s'il n'y avait qu'un seul juge. Lex Baiuwariorum, I, 7, 4 : *Judice cogente*; I, 10, 4 : *Judice cogente qui in illa provincia ordinatus est*; I, 2 : *Rege cogente vel principe qui in illa regione judex est*; II, 10, 1 : *Dux populum judicat*; III, 15 : *Ligatum præsentet coram judice*; VIII, 15, 1 : *Ante judicem suum judicetur*; VIII, 16 : *Judex causam bene cognoscat et veraciter inquirat*; XII, 2, 1 : *Judex judicet ei.*

[3] Lex Baiuwariorum, II, 15, 1 : *Ut placita fiant per Kalendas aut post 15 dies, si necesse est, ad causas inquirendas... et omnes liberi conveniant constitutis diebus ubi judex ordinaverit, et nemo sit ausus contemnere venire ad placitum.*

[4] Lex Baiuwariorum, II, 15, 2 : *Comes vero secum habeat judicem qui ibi constitutus est judicare.* — Waitz, t. II, 2ᵉ partie, p. 152, n'explique pas quel est ce *judex*. Il nous semble, par analogie avec tous les textes de la même époque, qu'il est le fonctionnaire subordonné au comte. La Loi des Bavarois ne dit pas quel titre il porte.

sur chaque cause »¹. Il est rétribué, comme tout fonctionnaire, en proportion des arrêts qu'il rend. Il est responsable aussi de ses jugements².

Au fond, ces lois, dans lesquelles les rois francs ont mis la main, s'accordent avec les lois franques. La justice appartient aux fonctionnaires royaux jugeant en présence de la population. Par-dessus cette juridiction du fonctionnaire local, il y a celle du duc³, qui est le chef du pays au nom du roi, et qui est assisté « des grands du pays »⁴, comme le roi sur son tribunal est entouré des *proceres*.

Ainsi, soit que l'on regarde les États germains fondés dans l'empire, soit que l'on regarde les peuples germains restés en Germanie, on n'aperçoit nulle part une justice populaire⁵. La méthode comparative confirme ce que tant de textes nous ont montré dans l'État Franc. Car, dans tous ces États semblables ou analogues, nous voyons avec une pleine évidence que le pouvoir judiciaire appartenait à l'autorité publique.

### 6° LES PROFITS DE LA JUSTICE.

Comme la justice appartenait à la royauté, elle était aussi pour la royauté une source de revenus. Les

---

¹ *Lex Baiuwariorum*, II, 15, 2 : *Comes secum habeat... librum legis ut semper rectum judicium judicet de omni causa.*

² *Lex Baiuwariorum*, II, 16 ; II, 18 ; II, 19.

³ *Lex Alamannorum*, XLIV : *Accusare ad ducem.* XLII : *Si quis interpellatus ante ducem.* — On pouvait même porter un procès devant le roi. Ibidem : *Accusare apud regem.*

⁴ C'est le sens des mots *sicut dux aut principes populi judicaverunt*, de la Loi des Alamans, XXIV.

⁵ Il n'en est pas dit un mot ni dans la Loi des Thuringiens, ni dans celle des Frisons, ni dans celle qu'on appelle la Loi des Francs Chamaves.

amendes judiciaires allaient toutes au trésor royal, et elles étaient nombreuses.

Il y avait d'abord les amendes pour les délits qu'on pouvait supposer commis contre le roi lui-même ou contre l'autorité publique. Si un homme avait refusé de prêter main-forte à un fonctionnaire royal pour l'arrestation d'un malfaiteur, il payait au fisc l'énorme amende de 60 pièces d'or[1]. La Loi salique prononce que l'homme qui aura agi à l'encontre d'une lettre royale payera 200 pièces d'or, somme égale à celle dont serait puni le meurtre d'un homme libre[2]. Celui qui a refusé de recevoir en son logis « un homme voyageant pour le service du roi » paye 60 *solidi*[3]. Si un homme appelé en justice devant le roi refuse de comparaître, tous ses biens lui sont enlevés au profit du fisc[4]. Le meurtre d'un affranchi en patronage du roi donne lieu à une amende de 100 *solidi* au profit du roi[5]. Pour le rapt d'une jeune fille qui est sous la protection royale, le fisc perçoit une amende de 63 *solidi*[6]. Les rois francs prescrivirent d'observer le repos du dimanche; quiconque violait cette règle était puni d'une amende envers le roi[7]. Si

---

[1] *Childeberti decretio*, 9 : *Si quis centenario aut cuilibet judici noluerit ad malefactorem adjurare, 60 solidos condemnetur.*

[2] *Lex Salica*, XIV, 4 : *Si quis de rege habuerit præceptum (alias, cartas), qui contra ordinationem regis testare præsumpserit solidos 200 culpabilis judicetur.*

[3] *Lex Ripuaria*, LXV, 1.

[4] *Lex Salica*, LVI, 2 : *Tunc rex ad quem mannitus est extra sermonem suum ponat eum, et omnes res suæ erunt in fisco aut cui fiscus dare voluerit.*

[5] *Lex Ripuaria*, LXI, 2.

[6] *Lex Salica*, XIII, 6 : *Si puella quæ trahitur in verbum regis fuerit, fretus exinde 2500 dinarios qui faciunt solidos 63.*

[7] *Childeberti decretio*, art. 14 : *Diem dominicum placuit observare... si quis opera alia facere præsumpserit, si francus, solidos 15 componat, si romanus, solidos 7, si servus, solidos 3.*

une femme libre se livrait à son propre esclave, ses biens étaient en entier dévolus au roi[1].

Toute désobéissance à ce qu'on appelait le *bannus*, c'est-à-dire à une volonté quelconque du roi, était frappée d'une amende de 60 pièces d'or[2]. Même amende pour tout retard à se rendre à l'armée[3]. Grégoire de Tours nous montre un évêque, pour avoir agi en matière ecclésiastique contrairement aux ordres du roi, frappé d'une amende de 1000 pièces d'or[4]. Une autre fois, c'est un simple gouverneur de province qui, sur le soupçon d'un vol, condamne un archidiacre à une amende de 4000 pièces[5].

Quant aux crimes auxquels on pouvait appliquer la qualification de lèse-majesté, ils entraînaient toujours la confiscation totale des biens[6]. Les récits de Grégoire de Tours montrent que ces confiscations étaient fréquentes au sixième siècle[7], et la Vie de saint Léger montre la même chose pour le septième. Il semble même que l'accusation de lèse-majesté, chez les Francs comme aux plus mauvais temps de l'empire romain,

---

[1] *Lex Salica, Additamentum*, Behrend, p. 89 : *Si mulier cum servo suo in conjugio copulaverit, omnes res suas fiscus adquirat.*

[2] *Lex Ripuaria*, LXV, 1 : *Si quis, sive in hoste, sive in reliquam utilitatem regis bannitus fuerit et minime adimpleverit, 60 solidos multetur.*

[3] Grégoire, V, 26 ; VII, 42.

[4] Grégoire, IV, 26 : *Leontius, congregatis provinciæ suæ episcopis, Emerium ab episcopatu depulit.... Rex, exactis Leontio episcopo mille aureis, reliquos episcopos juxta possibilitatem condemnavit.*

[5] Grégoire, IV, 44 (43).

[6] *Lex Ripuaria*, LXIX : *Si quis homo regi infidelis extiterit, omnes res suas fisco censeantur.* — Marculfe, I, 32 : *Omnes res ejus sub fisci titulum præcipimus revocare.*

[7] Grégoire, III, 14 : *Quo interfecto, res ejus fisco conlatæ sunt.* III, 24 : *Quæ in fisco suo Theodericus posuerat de rebus Sigivaldi.* V, 17 : *Guntchramnus facultates eorum fisco suo redegit.* Autres exemples V, 25 ; VIII, 11 ; VIII, 36 ; IX, 10.

ait été considérée comme un moyen d'augmenter les terres du fisc et la fortune du prince[1].

Même dans les crimes qui ne touchaient en rien au roi, l'amende trouvait encore sa place. C'est que l'usage des amendes se combinait avec le système des *compositions*. On sait que les délits et crimes contre des particuliers aboutissaient presque toujours à un arrangement pécuniaire. La somme d'argent était naturellement payée à la partie lésée. Mais le roi ne renonçait pas à tous ses droits. Puisqu'il y avait eu faute commise, il devait, lui aussi, être indemnisé[2]. Une partie de la composition lui était due. Cette part du roi s'appelait *fredum*[3]. Elle était calculée sur le chiffre de la composition totale, et ordinairement elle en était le tiers[4]. C'était le comte qui la percevait après l'exécution du jugement, et il la transmettait au trésor royal[5].

On voit qu'avec tout ce système d'amendes, de com-

---

[1] C'est ce que Grégoire dit formellement de Chilpéric, VI, 46 : *Sæpe homines pro facultatibus eorum injuste punivit.* — Frédégaire dit la même chose de Brunehaut, c. 21 : *Ægila patricius instigante Brunichilde interficitur, nullis culpis exstantibus, nisi tantum cupiditatis instinctu ut facultatem ejus fiscus adsumeret.* Ajoutez ce qu'il dit de Protadius, maire du palais, c. 27 : *Fiscum nimium stringens, de rebus personarum vellens fiscum implere*; et plus loin, c. 80, l'allusion qu'il fait à de nombreuses confiscations opérées par Dagobert.

[2] Notons que ce principe était appliqué même dans des cas où il y avait peine de mort. Ainsi, Childebert punit de mort le rapt : *Occidantur, et facultates illorum parentibus legitimis dentur*; mais il ajoute : *Et quod fisco nostro debitum est acquiratur* (Decretio Childeberti, art. 4).

[3] Grégoire, *Miracula S. Martini*, IV, 26 : *Compositionem fisco debitam quam illi fredum vocant.* — Idem, *Hist.*, VI, 23 : *Chilperico filius nascitur; ex hoc jubet rex compositiones fisco debitas non exigi.*

[4] *Lex Salica*, L, 4 : *Duas partes cujus causa est, tertiam partem grafio fredo ad se recolligat.*

[5] *Lex Salica*, LIII, 2 : *Fretus grafioni solvatur.* — *Lex Ripuaria*, LXXXIX : *Nec nullus judex fiscalis de quacumque causa freta non exigat priusquam facinus componatur.* — Decretio Chlotarii, 16 (Borétius, p. 7): *Fretus judici, in cujus provincia est latro, reservetur.*

positions, de *freda*, il n'était pas de crime qui ne comptât en recette au trésor royal. On dirait d'un impôt qui aurait été établi sur toutes les fautes commises dans le royaume.

Même dans les procès civils entre particuliers, l'intervention de la justice royale impliquait une rémunération pour le fisc. C'est ce que nous pouvons voir par quelques chartes et surtout par de nombreuses formules d'actes. Un usage qui venait des Romains était que les contrats fussent terminés par une clause pénale, c'està-dire que les parties convenaient d'avance de la somme à laquelle serait condamnée celle qui romprait la convention. Or la plupart des contrats que nous avons de l'époque mérovingienne établissent que cette somme sera partagée entre la partie lésée et le fisc. C'était un moyen d'intéresser la justice publique à agir pour le maintien des contrats, en un temps où cette justice eût été assez indifférente aux intérêts privés. Ainsi dans des actes de vente, de testament, de partage de succession, de constitution de dot, de donation mutuelle entre époux, de donation à un monastère, de vente d'esclaves, d'affranchissement, nous lisons une phrase conçue dans ces termes : « Si quelque personne prétend agir contre le présent acte, que sa tentative soit nulle et non avenue, et qu'en outre elle paye à la partie lésée et au fisc à la fois tel nombre de livres d'or ou tel poids d'argent[1]. » Cela se trouve dans des actes rédigés en

---

[1] *Formulæ Andegavenses*, 9, formule de vente d'un esclave : *Et si quis, aut ego ipse aut aliquis heredibus meis vel qualibet extranea persona, contra hanc venditionem agere conaverit, inter tibi et fisco solidos tantos componat.* — Ibidem, 37 : *Solidos tantos tibi sociante fisco componat.* — Ibidem, 57, acte de divorce par consentement mutuel ; celle des deux parties qui plus tard voudrait agir contre le présent acte, payera tel nombre de sous à son cocontractant : *Solidos tantos ad parem suum*

Anjou, à Bourges, en Auvergne, à Paris, à Sens. Cela se trouve aussi bien dans des actes qui citent la Loi romaine que dans d'autres actes qui allèguent la Loi salique¹.

Il y avait donc dans chaque crime et même dans chaque procès un profit pour la royauté. Toutes ces sortes d'amendes devaient produire des sommes considérables. Aussi peut-on remarquer dans les diplômes d'immunité que les *freda* sont au premier rang dans l'énumération des charges pécuniaires de la population envers l'État². Il semble que ce soit la principale ressource de la royauté. Or ces usages ont eu de

---

*componat una cum judice intercedente.* — Marculfe, II, 24, pour un échange de terre : *Si quis hoc mutare voluerit, rem quam accepit amittat, et insuper inferat pari suo cum cogente fisco auri unciam unam.* — Senonicæ, 25, constitution de dot : *Et si quis contra hunc libellum dotis venire conaverit, inferat tibi una cum socio fisco auri uncias tantas.* — *Diplomata*, Pardessus, n° 179, 412, 442, actes de partage de biens ou de donation : *Inferat sociante fisco auri decem libras; una cum socio fisco auri libras centum; et insuper cogatur solvere fisco regis auri libras triginta.*

¹ Le *cum socio fisco* ou l'expression analogue se trouve dans le Formulaire d'Anjou, n°˚ 2 et 3, à la fin de l'acte par lequel un homme s'est fait esclave pour se racheter d'un crime; n° 5, à la suite d'un jugement; n° 9, pour une vente d'esclave; n° 27, pour la vente d'une terre; n° 20, pour un échange de terre; n° 37, à la suite d'une donation d'un père à son fils; n°˚ 41-43, à la suite d'un accommodement; n° 46, pour une donation à l'Église; n° 51, pour une constitution de dot; n° 57, dans un acte de divorce entre époux. — Le Formulaire de Tours, au contraire, dans l'énoncé de la *pœna*, ne mentionne pas la part du fisc. — Cette mention se retrouve dans les *Arvernenses*, n° 5, et dans les *Bituricenses*, n°˚ 4, 9, 15, pour une *securitas*, pour un affranchissement et pour une constitution de dot. — Elle est dans dix actes du Formulaire de Marculfe, livre II, actes de donation à l'Église, de donation mutuelle entre époux, de testament, d'affranchissement, etc. — Elle est encore dans douze formules du recueil des *Senonicæ*, pour actes privés de toute sorte. — La formule d'Anjou, 37, cite la *Lex Aquiliana*, les n°˚ 46 et 51 allèguent la *Lex Romana*.

² *Omnes fredos concessos debeat possidere vel quidquid exinde fiscus poterat sperare*, diplôme de Dagobert I, Pertz n° 15. — *Quidquid fiscus aut de freda aut de undecunque poterat sperare*, Marculfe, I, 3.

graves conséquences. En effet, la perception des produits judiciaires s'est conservée, sous des formes diverses, dans les siècles suivants, et il est résulté de là que tout le moyen âge a considéré la justice comme une source de profits. La justice est devenue une sorte de domaine qu'un propriétaire pouvait exploiter ou inféoder à son gré[1].

---

## CHAPITRE XIV

### Comment les hommes étaient jugés.

Nous allons étudier les procédés judiciaires du gouvernement mérovingien. Nous rencontrerons, ici encore, des faits très divers, complexes, en apparence contradictoires. Nous remarquerons surtout que, bien qu'un principe absolument monarchique régnât sur tout l'ordre judiciaire, la royauté y eut moins d'empire que n'en eurent les habitudes et les opinions des hommes.

---

[1] Peut-être faut-il ajouter certains droits de chancellerie. Il arrivait très fréquemment que des particuliers voulussent que leurs contrats fussent confirmés par le roi et portassent sa signature. C'est ce qui est démontré par de nombreux diplômes. Dans ce temps de désordres, on comptait sur le nom du roi pour assurer la validité des actes. Fallait-il payer un droit de sceau? Nous ne saurions l'affirmer; mais il y a dans le recueil de Marculfe, I, 20, une formule qui le donne à penser. C'est un partage de succession où les cohéritiers ont demandé l'intervention du roi; le roi a envoyé un délégué pour faire le partage en son nom, et il est dit que ce délégué a droit à une part proportionnelle de la fortune partagée. Il est donc assez vraisemblable que le roi percevait un droit sur toute transaction privée dans laquelle il intervenait.

### 1° LA PROCÉDURE; CITATION ET POURSUITE.

En matière civile, ce n'était pas le juge qui citait les parties à comparaître. C'était au plaignant à citer son adversaire.

Notons que l'acte de citer en justice était désigné par les trois mots *interpellare, mallare,* ou *mannire.* Le premier de ces termes est celui qui était usité dans le droit romain et dans la pratique de la Gaule romaine; il subsiste dans les formules de tous les recueils, même dans les formulaires francs; il est fréquent dans la Loi ripuaire, rare dans la Loi salique[1]. Le mot *mallare,* appeler au *mallus,* se rencontre dans les formules d'Anjou et dans les deux lois franques[2]. *Mannire* est le plus employé dans les lois; il n'est qu'une fois dans les formules, et les écrivains ne semblent pas le connaître. Les trois termes sont d'ailleurs exactement synonymes, et l'on n'aperçoit entre eux aucune différence de signification[3].

---

[1] Il n'est qu'une fois dans la Loi salique, au titre XL; encore n'est-il pas dans tous les textes. — On le trouve dans la Loi ripuaire, XXX, 1; XXX, 2; XXXI, 3; XXXII, 3; LVIII, 19; LIX, 8; LXXXI. — Il est également dans les formules d'Anjou, 10, 11, 24, 28, 29, 47; dans les *Turonenses,* 39, 41; dans les *Senonicæ,* 20; dans les *Senonenses,* 1, 3, 4, 6; dans les *Merkelianæ,* 28, 29, 30.

[2] *Formulæ Andegavenses,* 5 et 43 : *Aliquis homo aliquem hominem mallavit de res suas.* — *Lex Salica,* XVI, 1; L, 2; LI : *Si eum admallatum non habuerit;* LIII, 1 : *Qui admallatus est.* Manuscrit de Wolfenbuttel, c. 56 : *Qui eum mallavit.* — *Lex Ripuaria,* LVIII, 19 : *Si legitime mallatus fuerit;* XXXII, 3 : *Eum admallatum habet.* — *Edictum Chilperici,* 7 *in fine* : *Qui mallat ipsum.* — *Lex Alamannorum,* XXXVI, 2 : *Qui alium mallare vult.*

[3] La synonymie de *interpellare, mallare, mannire* est bien marquée dans la Loi ripuaire, qui, au titre XXXII, 3, les emploie tous les trois dans la même phrase : elle dit d'abord *qui eum mannit,* puis *qui eum admal-*

Le mode de citation est ainsi indiqué dans la Loi salique : « Celui qui en cite un autre, doit aller avec des témoins à sa maison; si l'homme qu'il cherche est absent, il s'adresse à sa femme ou à quelqu'un de sa famille, afin qu'on lui fasse savoir qu'il est cité en justice[1]. » L'homme ainsi assigné n'a pas à se rendre immédiatement au tribunal; il n'a à comparaître, le plus souvent, que dans sept jours. De plus il lui est accordé deux délais, et la citation est renouvelée deux fois de sept en sept jours[2].

Souvent il arrive que les deux adversaires se mettent d'accord pour comparaître. Ils conviennent ensemble du tribunal où ils se rendront, et du jour. Ils peuvent s'entendre pour se rendre soit au tribunal du roi, soit devant le comte, soit devant l'évêque ou des arbitres. Dans la langue du temps, cet engagement mutuel de comparaître s'appelle un *placitum*[3].

latum habuit (admallavit), enfin qui eum interpellavit, et le sujet des trois verbes est la même personne, le plaignant.

[1] *Lex Salica*, I, 3 : *Ille qui alium mannit, cum testibus ad domum illius ambulare debet, et si præsens non fuerit, uxorem aut quemcunque de familia illius appellat ut illi faciat notum quod ab eo mannitus est.*

[2] *Lex Salica*, LII : *Sic eum debet admallare : cum testibus ad domum illius accedat et sic contestetur... sic ei solem collocet.... Adhuc super septem noctes ei spatium dare debet et ad septem noctes ad eum similiter accedat et contestetur.* Cf. *Lex Ripuaria*, XXXII et XXXIII, et le capitulaire *De antrustione ghamalla*, Behrend, p. 95, 96.

[3] On confond ordinairement *placitum* avec *mallus*; on traduit *placitum* par « plaid » ou par « assemblée judiciaire ». C'est une erreur pour l'époque mérovingienne. Qu'on observe les textes, et l'on reconnaîtra que *placitum* n'a pas ce sens. Ni dans la Loi salique, ni chez Grégoire de Tours, il n'est synonyme de *mallus*. Le mot a plusieurs significations, dont la plus fréquente est celle de jour de comparution, en ce sens que ce jour est fixé par les parties, non par le juge. Citons quelques exemples. Grégoire, VII, 23, dit que les parents d'un juif d'une part, l'ex-vicaire Injuriosus de l'autre, *placitum posuerunt in præsentia Childeberti regis*, c'est-à-dire s'engagèrent à comparaître ensemble au tribunal du roi. — Un abbé écrit qu'il a pris jour avec le patrice Philippus au tribunal du roi : *Placitum habemus cum Philippo patricio ante domino rege; Desi-*

Si, au jour convenu, l'une des parties ne comparaît pas, l'autre attend trois jours au tribunal, puis elle se fait remettre par les juges un acte constatant la non-comparution de l'adversaire. L'acte porte ordinairement que l'une des parties « a gardé son plaid », que l'autre « a négligé son plaid »¹. Ces pratiques sont en usage aussi bien dans la population romaine que dans la population franque; et c'était en effet une ancienne

*derit epistolæ*, liv. II, lett. 2, dans la *Patrologie*, t. LXXXVII, col. 257. — Le fils de Silvester et le diacre Pierre conviennent de faire juger leur débat au tribunal de l'évêque de Lyon, *facto placito in præsentia Nicetii episcopi*, Grégoire de Tours, V, 5. — *Lex Salica*, XL, 7 : *Facere placitum ad septem noctes*, indiquer la comparution à sept jours de date; XL, 8 : *Ad septem alias noctes placitum faciat*, à sept autres jours. — *Lex Salica*, XLVII, 1 : *Et qui agnoscit et apud quem agnoscitur in noctes 40 placitum faciant*, les deux parties doivent se faire engagement de comparution à 40 jours. — *Edictum Chilperici*, 7 : *In 84 noctes placitum intendatur*, que la comparution soit reculée à 84 jours. — Voyez surtout un diplôme de 692, aux Archives nationales, Tardif n° 50 : *Per eorum notitias paricolas ante pontificem placita inter se habuerunt.... Taliter inter se placitum habuerunt initum* — Cf. un acte de jugement de 758, dans la *Patrologie*, t. XCVI, col. 1530 : *Tunc tale placitum statuerunt ut simul ad noctes legitimas concurrerent in palatio et ante regem istam contentionem definire debuissent*. — Le mot *placitum* avait aussi ce sens dans l'Espagne wisigothique; *Lex Wisigoth.*, II, 2, 4 : *Quoties per sponsionem placiti constituendum est tempus quando aut ubi causa dicatur*.

¹ *Formulæ Andegavenses*, 12, Rozière 457 : *Notitia solsadii qualiter ille homo placitum suum adtendit in Andecavis civitate, kalendas illas.... Femina* (la partie adverse) *nec ad placitum advenit nec missum direxit. Propterea necesse fuit ut hanc notitiam facere deberent*. — De même, n° 13. — N° 14 : *Ille ad placitum adfuit, triduum custodivit et solsadivit; ille* (l'autre partie) *nec ad placitum adfuit nec ullam personam ad vicem suam direxit*. — N° 16 : *Ille et germanus suus placitum eorum custodierunt et solsadierunt; propterea necessarium fuit ut ex hoc notitiam accipere deberent*. — Marculfe, I, 37 : *Ille ibi in palatio nostro per triduo seu amplius, ut lex habuit, placitum suum custodivit.... Ille* (l'autre) *placitum suum custodire neglexit*. — Turonenses, 35 : *Ille per triduum placitum custodivit.... Ille non suum placitum adimplevit*. — Senonicæ, 26 : *Ille placitum suum neglexit*. — Grégoire, VII, 23 : *Placitum in regis præsentia posuerunt.... Injuriosus ad placitum in conspectu regis advenit et per triduum usque ad occasum solis observavit*. Ces derniers mots expliquent le *solsadire* de nos formules.

pratique romaine que celle de s'engager mutuellement à comparaître à jour fixe et de s'y attendre[1].

Jusqu'ici il semblerait que l'autorité judiciaire se désintéressât tout à fait de la citation et de la comparution des parties. Il n'en était rien. D'abord, si la loi accordait à l'assigné trois délais de comparution, elle lui faisait payer pour chacun d'eux 3 solidi[2]. — Elle prononçait ailleurs qu'un refus de comparaître était puni d'une forte amende de 15 solidi ou 600 deniers d'argent[3]. Puis, le plaignant, aussitôt que les délais de comparution étaient épuisés, avait le droit de se présenter devant le juge. Celui-ci jugeait l'affaire et pouvait exécuter son jugement par la mainmise sur les biens de la partie qui n'avait pas voulu comparaître[4]. Quelquefois le refus de comparution au tribunal du roi donnait lieu à une lettre royale qui enjoignait au comte d'agir par voie de contrainte[5]. Pour les cas les plus

---

[1] Keller, *Traité des actions*, trad., p. 50.

[2] *Lex Salica*, LII.

[3] *Lex Salica*, I, 1 : *Si quis ad mallum legibus dominicis mannitus fuerit et non venerit, 600 dinarios qui faciunt solidos 15, culpabilis judicetur.* L'expression *legibus dominicis* embarrasse : voyez Waitz, 3ᵉ édit., t. II, 2ᵉ p., p. 170. Mais il faut rapprocher le titre XXXII de la Loi ripuaire : *Si quis legibus ad mallum mannitus fuerit et non venerit, 15 solidos culpabilis judicetur.* Je ne pense pas que le *legibus dominicis* de l'un ait un autre sens que le *legibus* de l'autre ; cela veut dire conformément aux lois, les lois étant d'ailleurs considérées comme l'œuvre du seigneur roi, *dominicæ*. *Legibus* est synonyme de *secundum legem* ou de *legitime* ; cf. *legitime admallatum* dans la *Lex Salica*, I.I, 1 ; et *legitime mannitum habuit, legitime admallatum habet, legitime mallatus*, dans la *Lex Ripuaria*, XXXII, 2-3 ; LVIII, 19.

[4] *Lex Salica*, XLV : *Tunc manniat eum ad mallum.... Et si ille cui testatum est noluerit exire... tunc grafionem roget ut accedat ad locum ut eum inde expellat.* — *Ibidem*, L, 2. — *Lex Ripuaria*, XXXII, 3 : *Si ad septimo mallo non venerit, tunc ille qui eum mannit ante comitem jurare debet... et sic judex ad domum illius accedere debet et legitima strude exinde auferre.*

[5] *Formulæ Turonenses*, 33 ; *Senonicæ*, 26.

graves, la loi prononçait que si un homme refusait de se rendre d'abord au mallus, ensuite au tribunal du roi, le roi le mettait « hors de sa protection »; cela signifiait qu'on pouvait le tuer impunément; la loi ajoutait que ses biens étaient confisqués et que « personne, fût-ce sa femme, ne pouvait le recevoir sous son toit ni lui donner à manger »[1].

En matière criminelle, la poursuite appartenait-elle à la partie lésée ou à l'autorité publique? Aucune de ces deux propositions, si elle était présentée d'une manière absolue, ne serait vraie. Quelques érudits modernes ont soutenu que c'était un principe constant en droit Franc qu'aucun coupable ne pût être poursuivi que par la partie lésée. C'est qu'ils n'ont vu que la moitié des faits et ont négligé systématiquement l'autre moitié[2].

Voici d'abord ceux qui prouvent que l'autorité publique pouvait poursuivre. Nous avons un édit de Childebert qui prescrit au comte, en cas de rapt ou de vol, de se mettre lui-même à la recherche du coupable, de se transporter à son domicile, de l'arrêter dans sa maison, et s'il ne le peut faire à lui seul, de requérir les voisins de lui prêter main-forte, de l'enchaîner enfin pour lui rendre toute fuite impossible[3].

---

[1] *Lex Salica*, LVI, 2 : *Si qui admallatus est ad nullum placitum venire voluerit, tunc rex ad quom mannitus est, extra sermonem suum ponat eum; tunc ipse culpabilis et omnes res suas erunt in fisco aut cui fiscus dare voluerit. Et quicunque cum aut paverit aut hospitalitatem dederit, etiam si uxor sua, solidos 15 culpabilis judicetur.*

[2] Nous n'avons pas à citer ici l'ouvrage de Sohm sur *La procédure de la Loi salique*, puisque l'auteur prétend y décrire un état de choses antérieur à la naissance de l'État Franc. Ce n'est pas ici le lieu de discuter ce livre très ingénieux et très systématique, mais où tout est à vérifier. M. Thévenin l'a traduit (1873) sans avertir les lecteurs de tout ce qui y est inexact ou conjectural.

[3] *Childeberti decretio*, c. 4, Borétius, p. 16-17 : *Judex, collecto solatio, raptorem occidat;* c. 7 : *Si quis judex comprehensum latronem convictus*

Il n'est pas douteux que ce qui était enjoint à l'officier royal en cas de rapt ou de vol ne lui fût aussi commandé en cas de meurtre. Et cela est marqué dans la Loi salique elle-même. On y lit : « S'il arrive qu'un homme ait été tué sur une route ou entre deux villages et qu'on ne connaisse pas le meurtrier, le juge du pays, c'est-à-dire le comte ou son délégué, doit se rendre sur les lieux; il sonne du cor; les habitants du voisinage viennent à cet appel, et le juge leur dit : Voilà un homme qui a été tué sur votre territoire; je vous somme de comparaître à la prochaine séance du tribunal pour répondre sur cet homicide et pour qu'on vous dise ce que vous aurez à faire[1]. » On voit bien ici qu'il y a une initiative de l'autorité publique. Elle n'attend pas que les parents de la victime la mettent en mouvement. Elle voit un meurtre, elle cherche le meurtrier. Suivant un procédé assez grossier, mais efficace, elle rend les voisins provisoirement responsables, afin qu'ils l'aident au moins dans ses recherches. Il y a encore un autre article de la Loi salique qui mentionne le cas où la victime n'a laissé aucun parent; la poursuite a lieu néanmoins et la condamnation est prononcée[2].

---

*fuerit relaxasse...* ; c. 8 : *Judex, criminosum latronem ut audierit, ad casam suam ambulet et ipsum ligare faciat.*

[1] *Lex Salica* : *Si homo juxta strada* (alias, *villa*) *aut inter duas villas fuerit interfectus, ut homicida non appareat, sic debet judex hoc est comes aut grafio ad locum accedere et ibi cornu sonare.... Et debet judex dicere : Homo iste in vestro agro vel vestibulo est occisus; contestor et de homicidio isto vos admallo ut in mallo proximo veniatis et vobis de lege dicatur quid observare debeatis.* — Cet article, qui est rangé par les éditeurs dans les *capita extravagantia*, fait partie de la Loi salique dans le manuscrit de Wolfenbuttel, c. 75, dans le manuscrit de Paris 4404, dans celui de Leyde, Vossianus 119, et plusieurs autres. On le trouvera dans les éditions de Pardessus, p. 332, Hessels, p. 408, Behrend, p. 91.

[2] *Lex Salica*, LXII, 2 : *Quod si de nulla parte paterna seu materna*

Le diplôme de nomination du comte porte qu'il punira les malfaiteurs. Assurément cela ne signifie pas qu'il attendra que les familles des victimes lui adressent leurs plaintes. Nous avons un décret de Clotaire II qui défend à ses comtes de saisir et de condamner un clerc, « si ce n'est pour affaire criminelle et délit manifeste ». Que peut signifier un tel décret, sinon qu'en matière criminelle le comte peut saisir un clerc et à plus forte raison un laïque[1] ?

Prenons les Actes des conciles. Celui de Mâcon, de 581, reconnaît que le comte ou tout représentant de l'État peut arrêter même un clerc « en cas d'homicide, de vol, ou de maléfice »[2]. En 585, un autre concile se tient encore à Mâcon et il se plaint de ce que les comtes, « usant orgueilleusement de leur droit », mettent la main sur des prêtres dans l'atrium même des églises[3]. Ils se plaignent encore de ce qu'ils poursuivent, pour les fautes les plus légères, la veuve et l'orphelin que l'Église a pris sous sa protection[4]. Le concile de Paris de 614, le concile de Reims de 630 demandent, et probablement en vain, que les fonctionnaires de l'État ne puissent arrêter et saisir les clercs sans la permission de l'évêque[5].

*nullus parens non fuerit, illa portio* (c'est-à-dire la *compositio* dont il est parlé à l'article précédent) *in fisco colligatur.*

[1] *Edictum Chlotarii*, c. 4, Borétius, p. 21 : *Ut nullus judicum de quolibet ordine clericum de civilibus causis, præter criminalia negotia, per se distringere aut damnare præsumat, nisi convincitur manifestus.*

[2] Concile de Mâcon, a. 581, c. 7, Sirmond, I, 371-372 : *Quicumque judex clericum, absque causa criminali, id est homicidio, furto, aut maleficio hoc facere (id est distringere) præsumpserit, ab ecclesiæ liminibus arceatur.*

[3] Deuxième concile de Mâcon, a. 585, c. 8 : *Ita ut eos de atriis ecclesiarum violenter abstractos ergastulis publicis addicant. Censemus ut nullus sæcularium fascibus præditus, jure suo contumaciter ac perperam agens, episcopum de ecclesia trahere audeat.*

[4] Ibidem, art. 12.

[5] Concile de Paris, a. 614, c. 4. Concile de Reims, a. 625, c. 6. Sirmond, I, p. 471 et 481 ; Mansi, X, 540, 593.

Les diplômes d'immunité interdisent au comte et à ses subordonnés d'entrer sur les domaines privilégiés « pour y arrêter et saisir les hommes, soit libres, soit esclaves »[1]. C'est donc que le comte a le droit d'arrêter et saisir partout ailleurs. Nous avons en effet des formules de lettres royales enjoignant au comte de saisir un inculpé[2].

Les récits des écrivains, qui nous montrent les choses d'une manière concrète et vivante, confirment ce que disent les lois et les formules. Grégoire de Tours raconte que, dans une querelle entre deux familles, un homme en ayant tué un autre, la poursuite fut dirigée, non par la famille de la victime, mais par le comte, qui fit saisir le meurtrier et le mit en prison[3]. A Noyon, deux accusés « sont conduits au tribunal du comte », sans qu'il y ait là aucune intervention de la partie lésée[4]. A Tournai même, en présence du comte franc Dotto, un accusé est amené au tribunal, non pas par les parents de la victime, mais « par les licteurs du comte »[5].

Il n'est donc pas douteux que l'autorité publique n'eût la faculté de poursuivre en matière criminelle. Il est bien vrai qu'il n'existait pas de magistrats spéciaux

---

[1] Marculfe, I, 4 : *Ut nullus judex publicus ad causas audiendum nec homines de quaslibet causas distringendum ingredi non debeat.* — Archives nationales, Tardif, n° 41 : *Nec homines tam ingenuos quam servientes distringendum.* — *Diplomata*, Pardessus, n°° 242, 258, 291, 417.

[2] *Formulæ Turonenses*, 33 : *Ille rex illi comiti.... Jubemus ut, vobis distringentibus, memoratus ille partibus istius componere et satisfacere non recuset.* — De même dans le n° 26 des *Senonicæ*, où il faut lire *vobis distringentibus* au lieu de *distrahentibus*.

[3] Grégoire, *Vitæ Patrum*, VIII, 7 : *Quod cum judex loci illius comperisset, vinctum virum in carcerem retrudi præcipit.*

[4] *Vita Eligii*, II, 61.

[5] *Vita Amandi*, c. 13, Mabillon, *Acta SS.*, II, 714 : *A lictoribus ante eum præsentatus est quidam reus.*

qui fussent chargés de ce devoir. L'empire romain n'avait pas connu ce que nous appelons le ministère public ; la société mérovingienne ne le connut pas davantage. Mais cela n'implique pas que l'autorité publique se désintéressât des délits et des crimes. Le droit de poursuivre avait été compris dans l'*imperium* du gouverneur de province; il fut compris aussi dans les attributions du comte mérovingien.

Mais, cette vérité établie, il y a une autre vérité à mettre en regard. Si nous observons, parmi les formules de jugements, celles qui sont relatives au cas de meurtre, nous y voyons que la poursuite a été faite par la partie lésée. Ce sont les représentants ou les héritiers de la victime qui ont assigné le meurtrier au tribunal et se sont portés accusateurs.

Nous lisons dans une formule d'Anjou qu'un homme a accusé devant le tribunal du comte et de ses assesseurs une femme qui a fait mourir son père par maléfice. Un plaid a été fixé; l'homme est venu, la femme accusée n'y est pas venue; le comte ne prononce aucun jugement, n'ordonne aucune poursuite. On se contente de remettre à l'accusateur une lettre constatant la non-comparution de l'adversaire[1]. Huit autres formules, appartenant aux recueils les plus divers, marquent le même fait. Dans deux d'entre elles c'est la personne volée qui a assigné son voleur[2]; dans trois, c'est le fils, le père, les parents de la victime qui ont porté l'accusation[3]; dans une autre, ce sont « ses parents et amis »[4]; dans les deux dernières, la victime du meurtre

---

[1] *Formulæ Andegavenses*, 12, Rozière, 457.
[2] *Formulæ Andegavenses*, 39 ; *Bignonianæ*, 27.
[3] *Andegavenses*, 50 ; *Senonicæ*, 11 et 51.
[4] *Merkelianæ*, 32.

étant un esclave ou un homme en dépendance, c'est le maître qui a poursuivi[1].

La Loi salique, sous une forme différente, est d'accord avec ces formules. On y voit, en effet, que pour chaque crime le coupable est condamné à payer une somme d'argent à la famille de la victime[2]. Cela implique que, sauf quelques cas exceptionnels, c'est cette famille qui a mené la poursuite et a été partie aux débats. Même au tribunal du roi, nous ne voyons pas qu'il y ait un magistrat chargé de poursuivre les crimes; l'accusation est portée par un simple particulier[3].

Quelques récits du temps nous font saisir clairement cette pratique. Un certain Injuriosus a assassiné deux juifs et deux chrétiens qui étaient ses créanciers. Il n'est poursuivi ni par le comte ni par le roi. Ce sont les parents des victimes qui prennent l'affaire en main; les deux parties comparaissent au tribunal; mais le tribunal ne peut arriver à démêler la vérité. Les deux parties alors « posent leur plaid » au tribunal du roi, c'est-à-dire s'engagent à y comparaître. Au jour convenu, Injuriosus comparaît seul et les parents des victimes font défaut. Alors, « personne ne se portant accusateur », le roi ni personne ne poursuivant le crime, Injuriosus revient libre chez lui[4].

Des voleurs s'étaient introduits dans l'église de

---

[1] *Bignonianæ*, 9; *Merkelianæ*, 58.

[2] *Lex Salica*, LXII, 1 : *De compositione homicidii. Si cujuscunque pater occisus fuerit, medietatem compositionis filii colligant et aliam medietatem parentes qui proximiores sunt inter se dividant.*

[3] Cela ressort du titre XVIII de la Loi salique, qui punit d'une amende l'homme qui aura faussement accusé un absent devant le roi.

[4] Grégoire, VII, 23 : *Placitum in præsentia regis Childeberti posuerunt.... Injuriosus tamen ad placitum in conspectu regis advenit. Cum hi non venissent, neque de causa hac ab ullo interpellatus fuisset, ad propria rediit.*

Saint-Martin et avaient dérobé des objets sacrés. Le roi Chilpéric, dès qu'il eut connaissance du sacrilège, ordonna d'arrêter les malfaiteurs et de les amener à son tribunal. Mais l'évêque de Tours, craignant qu'il ne les condamnât à mort, lui demanda de ne pas juger les coupables, « puisqu'il ne les accusait pas, lui évêque, à qui le droit de poursuite appartenait en cette affaire ». Le roi accueillit cette singulière réclamation du prélat et relâcha les coupables[1]. On voit dans ce curieux récit un roi franc qui voudrait que l'autorité publique jugeât les crimes, et un évêque gallo-romain qui soutient que la poursuite des crimes n'appartient qu'à la partie lésée.

Voici une autre affaire. Austrégisile a tué plusieurs hommes; le comte de Tours ne le fait pas arrêter. Sichaire tue à son tour Austrégisile; le comte reste encore inactif, et c'est l'évêque qui offre son arbitrage. Après une troisième série de meurtres, le comte se décide enfin à poursuivre l'affaire et à appeler les parties devant lui[2]. Ainsi le comte a pu à son gré poursuivre ou s'abstenir.

Comment expliquerons-nous ces faits si changeants, si arbitraires, si contradictoires? Dirons-nous que cela tient à la différence des races? Poserons-nous ce principe absolu que la poursuite par l'autorité publique est romaine et que la poursuite par la famille de la victime est franque? Mais cela serait démenti par nos documents. Nous venons de voir en effet que la poursuite

---

[1] Grégoire, VI, 10 : *Ego metuens ne homines morerentur, epistolam regi precationis misi, ne, nostris non accusantibus ad quos persecutio pertinebat, hi interficerentur. Quod rex benigne suscipiens, vitæ restituit*

[2] Grégoire, VII, 47: *Partes a judice ad civitatem deductæ.*

par l'autorité publique est dans les décrets des rois francs, dans quelques articles de la Loi salique, et dans des récits qui concernent indistinctement les deux races. De même nous avons trouvé la poursuite par la partie lésée dans les formules toutes romaines du recueil d'Anjou aussi bien que dans le Formulaire de Sens et dans celui de Merkel ; et nous l'avons trouvée aussi dans des récits où il s'agissait de Romains, comme Injuriosus, aussi bien que dans des procès où les parties pouvaient être de race franque, comme Austrégisile ou Chramnisinde. Il est impossible de prouver que le principe de la poursuite par la partie intéressée appartînt plutôt à la race franque, puisque nous le voyons soutenu par un évêque romain, et appliqué à des Romains aussi bien qu'à des Francs.

Ce n'est donc pas la distinction des races qui est la cause de cette diversité dans les règles de procédure. La vraie distinction qu'il faut faire est celle du droit strict et de la pratique, plus souple et plus accommodante que le droit. En principe, le représentant de l'autorité publique doit poursuivre les crimes ; son diplôme de nomination le lui ordonne, et les édits des rois le lui répètent formellement. En pratique, il les poursuit rarement, soit que ses autres occupations ou sa paresse l'en empêchent, soit que l'opinion publique et l'épiscopat lui-même l'en détournent. La prédominance du système de la poursuite par la partie intéressée est un fait indéniable ; peut-être en trouverons-nous l'explication dans d'autres faits que nous observerons tout à l'heure.

## 2° MODES D'ENQUÊTE; LES ÉPREUVES JUDICIAIRES.

Il n'existait pas de tribunaux pour les hommes de race franque et d'autres tribunaux pour ceux de race romaine. Tous se rendaient également au *mallus* du comte, au tribunal du roi, ou devant les évêques. Les juridictions variaient, mais ce n'était pas suivant les races qu'elles variaient.

Quelques érudits ont pensé que le chef du tribunal changeait ses assesseurs suivant que les plaideurs ou les inculpés étaient de l'une ou de l'autre race; les assesseurs auraient été des curiales si les hommes en cause étaient des Romains, des rachimbourgs s'ils étaient des Francs[1]. C'est là une pure hypothèse; les documents ne montrent rien de pareil.

Si nous regardons les dix-neuf procès-verbaux de jugements du tribunal du roi, nous ne trouvons dans aucun d'eux l'indication de la loi suivant laquelle on a jugé. Même remarque sur les quarante et une formules de jugements. Il n'y est jamais dit si les plaideurs ont été jugés d'après la loi romaine ou d'après l'une des lois franques. Le tribunal a prononcé sa sentence sans dire en vertu de quelle législation il la prononçait. On n'y mentionne jamais la race, ni du juge, ni des assesseurs, ni du plaignant, ni du défendeur. Les écrivains nous donnent quatorze récits de jugements assez circonstanciés; dans aucun d'eux ils n'indiquent ni la loi suivant

---

[1] C'est l'opinion soutenue encore par Digot, *Histoire d'Austrasie*, t. III, p. 87 : « Quand le comte avait à juger des Gallo-Romains, il appelait comme assesseurs des curiales; si les justiciables étaient des Francs, il s'entourait de quelques assesseurs de cette nation, auxquels on donnait le nom de rachimbourgs. »

laquelle on a jugé, ni la race à laquelle les plaideurs appartenaient. On pouvait se faire représenter en justice par procureur; nous avons des formules de procuration[1]; pas plus que les actes de jugement, elles n'indiquent la race des personnes ni la législation observée.

Il ne paraît pas que la procédure ait beaucoup varié d'un tribunal à un autre. Prenez les formules de Tours qui sont romaines, les formules d'Anjou qui semblent bien l'être aussi, ou celles des recueils de Bignon et de Merkel qui paraissent être franques et « saliques », vous ne verrez aucune différence sensible. Même mode d'enquête, même jugement, mêmes pénalités.

Les tribunaux jugent, d'abord, sur preuves écrites et dépositions de témoins. C'est sur pièces écrites que le tribunal du roi a prononcé dans presque tous les procès-verbaux qui nous sont parvenus[2]. La Loi ripuaire parle de plaideurs qui apportent au jugement des actes écrits[3]. Elle veut qu'il soit fait, autant que possible, des actes constatant la vente d'un immeuble, l'affranchissement d'un esclave, la donation[4]. C'est visiblement que ces actes étaient présentés en justice dans les procès relatifs à la propriété des biens ou à l'ingénuité des personnes. La Loi salique, code fort incomplet comme

[1] *Formulæ Andegavenses*, 4; *Arvernenses*, 2; *Turonenses*, 20; *Senonicæ*, 13; *Senonenses*, 10. — Cf. d'autres formules qui constatent que l'une des parties *nec venit ad placitum nec missum suum vice sua direxit*, *Andegavenses*, 12, 13; *Senonicæ*, 10.

[2] Archives nationales, Tardif, n°° 14: *Precariam ostendebat, qua relecta inventum est....* 17 : *inquirentes eorum instrumenta, inventum est....* 28 : *Ipsum instrumentum debeat præsentari*. 32, 35, 42: *Instrumenta ostendit relegenda*.

[3] *Lex Ripuaria*, LIX, 5 : *Si carta in judicio... idoneata fuerit*. Cf. l'art. 5, qui a trait à la vérification de l'écriture. — Art. 8 : *Si quis in judicio interpellatus cartam præ manibus habuerit*.

[4] *Lex Ripuaria*, LIX, 1 : *Si quis alteri aliquid vendiderit et emptor testamentum venditionis accipere voluerit, in mallo... testamentum pu-*

on sait, omet ces deux sortes de procès ; cela suffit à expliquer qu'elle n'ait pas à parler de pièces écrites. Les recueils de formules montrent combien ces pièces écrites étaient en usage ; on faisait rédiger des actes pour la vente, pour l'échange, pour le partage de succession, pour l'affranchissement, et c'était assurément pour les exhiber en justice au besoin. On faisait écrire aussi des attestations de jugement, des constats de serment, des « actes de composition », ou des « lettres de sécurité » pour s'en servir en cas de nouvelle assignation¹. Chaque maison avait ses *instrumenta cartarum*, nous dirions son portefeuille, qui contenaient les papiers constatant ventes, achats, donations, échanges, constitutions de dot, obligations, conventions, *sécurités* et jugements². Il existait même, en cas d'incendie ou de vol de ces papiers, une procédure admise pour les reconstituer³.

Quant à l'enquête par témoins, nous la trouvons partout. Dans la Loi salique, les témoins viennent au tribunal et affirment avec serment « qu'ils savent ce qui s'est passé », ou « qu'ils étaient présents », ou encore « qu'ils ont eu connaissance de tel héritage et que le bien en litige appartient légitimement au

---

*blice conscribatur*. La même loi mentionne encore les *instrumenta cartarum* aux titres XXXVII, XLVIII et LVIII.

¹ Ainsi au nº 41 des *Turonenses*, dans un débat relatif à la propriété, le défendeur présente l'attestation d'un jugement antérieur sur la même affaire, et il obtient aussitôt gain de cause.

² *Formulæ Andegavenses*, 31 : *Instrumenta sua plurima, venditionis, dotis, compositionalis, contullitionis, pactis, commutationis, convenientias, securitates, vacuatorias, judicius, et notitias.* — Ibidem, 32. — *Senonicæ*, 38 : *per venditiones, donationes, cessiones, judicia, obnoxiationes, cautiones, commutationes seu per ceteris scripturis.*

³ C'est l'acte qu'on appelait *apennis* (*Andegavenses*, 31 ; 32 ; 33 ; *Turonenses*, 28 ; *Senonicæ*, 38).

plaidour »[1]. De même, dans la Loi ripuaire, les témoins sont appelés en justice et doivent, « après avoir prêté serment, dire ce qu'ils savent »[2]. Le plaignant prouve son droit par témoins ; c'est par témoins, d'après cette même loi, qu'un plaideur est convaincu de son tort et perd son procès[3]. Les témoins ne sont pas convoqués par le juge : ils le sont par les plaideurs ; ils ne peuvent d'ailleurs se dispenser de venir au jour où ils sont mandés, sous peine d'amende[4]. Une amende frappe aussi le refus de témoigner et à plus forte raison le faux témoignage[5].

Mais les pièces écrites et les témoins pouvaient manquer, ou être insuffisants à démontrer la vérité. Si nous faisons attention que ces juges n'étaient pas des magistrats de profession, qu'ils pouvaient ignorer les lois, qu'ils étaient inhabiles aux recherches judiciaires, que d'ailleurs ils n'étaient là qu'en passant et avaient d'autres occupations, nous comprendrons qu'ils n'eussent ni le temps ni l'aptitude nécessaire pour faire des instructions minutieuses. Si la vérité ne se montrait

---

[1] *Lex Salica*, XLIX, 1 : *Ut ea quæ noverint jurati dicant.* Autres textes : *Ut ea quæ sciunt jurantes dicant.* — XLVI, 2 : *debent tres testes jurati dicere quod ibi fuissent.* — LVI, 2 : *tres jurare debent ut ibi fuissent…. Tria testimonia jurare debent.* — *Additamentum*, 1, Behrend, p. 93 : *debet ille tres testimonia mittere quod in alode patris hoc invenisset.*

[2] *Lex Ripuaria*, L : *Ut testimonium quod sciunt jurati dicant.*

[3] *Lex Ripuaria*, LXXII, 6 : *Qui causam prosequitur, cum testibus memorare debet….* LIX, 2 : *A testibus convincatur.* — LX, 1 : *Si testes non potuerit admanire.* — LXXII, 1 : *Cum testibus accedat.*

[4] *Lex Salica*, XLIX : *Si quis testes necesse habuerit ut donet et testes nolunt ad placitum venire, ille qui eos necessarios habet manire eos cum testibus debet ad placitum ut ea quæ noverunt jurati dicant. Si venire noluerint, solidos 15 quisque illorum judicetur.* — *Lex Ripuaria*, L.

[5] *Lex Salica*, XLIX, 3 : *Si vocati in testimonium noluerint ea quæ noverunt jurati dicere…. solidos 15 culp. judicetur.* — *Ibidem*, XLVIII : *Si quis falsum testimonium perhibuerit, solidos 15 culp. judicetur.* — Mêmes dispositions et même peine dans la Loi ripuaire, L, 2.

pas tout de suite à leur esprit, ils avaient recours à Dieu. Dieu la savait, il devait donc la manifester. Le moyen employé pour demander à Dieu son jugement était de soumettre la partie en cause à une épreuve qui, dépassant l'ordre ordinaire de la nature, eût un caractère presque miraculeux.

L'épreuve que nous voyons surtout usitée dans la Loi salique est celle qui consistait à plonger la main dans l'eau bouillante ou à saisir avec la main un fer rougi au feu[1].. Nous lisons dans cette loi que les rachimbourgs peuvent décider qu'un homme aura « ou à aller à l'eau bouillante » ou à payer la composition[2]; cela signifie que les juges, n'étant pas fixés sur la culpabilité, décident que le prévenu se justifiera par l'épreuve[3] ou qu'il portera la peine de la faute commise. Il y est dit encore qu'un homme accusé d'un meurtre devra, pour prouver qu'il n'est pas coupable, « mettre la main à l'eau bouillante »[4]. Il faut entendre qu'il ne sera innocent qu'autant qu'il retirera sa main sans brûlure. « L'homme libre qui est accusé de vol subit l'épreuve, et si sa main est brûlée, il porte la peine de tout ce dont on l'accuse »; ainsi s'exprime un roi mérovingien dans un capitulaire[5]. Voici un homme qui accuse les témoins de son adversaire de faux témoi-

[1] C'est ce que la Loi salique appelle ordinairement *æneum* ou *igneum*. LIII : *Si ad ineum admallatus fuerit*. LVI, 1 : *per æneum*. XIV, 2, texte de Wolfenbuttel : *ad æneum ambulet*. — Cela est appelé *calida (aqua)* dans le manuscrit de Leyde, Vossianus, 119, édit. Holder, p. 48 : *Si quis alterum ad calidam provocaverit*.
[2] *Lex Salica*, LVI, 1 : *Rachimburgius judicavit ut aut ad ineo ambularet aut fidem de compositione faceret*.
[3] D'où ces expressions : *per æneum se educere* (Lex Salica, LVI) et *ad ineum se excusare* (Lex Ripuaria, XXXI, 5).
[4] *Lex Salica*, édit. Behrend, p. 96 : *Manum suam ad æneum mittere*.
[5] *Pactus pro tenore pacis*, 4 : *Si ingenuus in furtum inculpatur et ad ineum manum suam incenderit, de qua extum inculpatus fuerit componat*.

gnage : comment juger qui a raison? L'accusateur est mis à l'épreuve; si sa main reste sans brûlure, la preuve de son bon droit est établie, les témoins ont été incontestablement faux témoins et chacun d'eux doit porter l'amende de 15 solidi pour faux témoignage. Mais si sa main est brûlée, c'est son accusation qui était fausse, et c'est lui qui est condamné à l'amende[1]. La Loi ripuaire est d'accord avec la Loi salique. Si un esclave a commis un délit, son innocence ou sa culpabilité est démontrée par l'épreuve, et si sa main est brûlée, l'esclave étant déclaré coupable, son maître paye le prix du délit[2]. La même loi montre un homme libre qui est forcé, à défaut d'autre moyen, de se justifier par l'épreuve[3].

L'épreuve était redoutable, et l'on sent bien que peu d'hommes osaient l'affronter. Aussi la loi permettait-elle de s'en racheter. L'accusé avait la faculté de « racheter sa main » pour une somme proportionnée au prix auquel était évalué le délit ou le crime dont on l'accusait[4].

[1] *Lex Salica*, manuscrit de Leyde, Vossianus, 119, art. 16, édit. Holder, p. 49 : *Si vero testibus inculpaverit quod falsum testimonium dedissent, manum in ineum mittat; si sana fuerit, mulctam sustineant (testes), si manum suam comburet, 15 solidos damnum sustineat.*

[2] *Lex Ripuaria*, XXX, 1 : *Si quis in judicio pro servo interpellatus fuerit,... dicat : Ego ignoro utrum servus meus culpabilis an innocens ex hoc exstiterit; propterea eum ad igneum repræsento.... Si servus in igneum manum miserit et læsam tulerit, dominus ejus de furto servi culpabilis judicetur.*

*Lex Ripuaria*, XXXI, 5 : *ad igneum seu ad sortem excusare studeat.*

*Lex Salica*, LIII : *Si quis ad igneum admallatus fuerit...., manum suam redimat.... Si talis causa est unde solidos 15 reddere debuerat, solidos 3 manum suam redimat. Si fuerit causa quæ 35 solidos poterat culpabilem judicare, solidos 6 manum suam redimat. Si vero leudem alteri imputaverit et eum ad ineum admallatum habuerit, solidos 30 manum suam redimat.* Ajoutons que ce rachat n'était pas de droit : il fallait que la partie adverse y consentît; cela résulte des mots *si convenit*, qui sont répétés trois fois dans ce même passage.

Ces pratiques, dont on ne saisit pas l'origine, paraissent être venues de l'ancienne Germanie. L'idée qui s'y attachait est bien visible. Les hommes croyaient que Dieu, pour sauver l'innocent, faisait toujours un miracle et garantissait sa main de toute brûlure. L'Église chrétienne ne repoussa ni cette idée ni cette pratique, et nous trouverons, un peu plus tard, les formules par lesquelles le prêtre chrétien bénira l'eau bouillante et invoquera le jugement de Dieu[1].

Il y avait aussi l'épreuve qu'on appelait la croix. On ne la rencontre pas dans la première partie de l'époque mérovingienne; elle n'est signalée dans aucune des deux lois franques ni dans les décrets des rois; elle est décrite dans une formule, dont on ignore la date; Charlemagne dans un diplôme de 775, parle d'elle comme d'un usage ancien.

Il est vraisemblable que l'épreuve par l'eau bouillante était germanique et païenne; l'épreuve par la croix est certainement chrétienne. Elle consistait en ceci : Lorsque les juges n'avaient pu discerner de quel côté était le bon droit, ils décidaient que les deux parties seraient soumises à l'épreuve de la croix. Au jour convenu, les deux hommes entraient dans l'église et se plaçaient vis-à-vis de l'autel les bras étendus. Ils devaient persister dans cette attitude, formant la croix, pendant toute la durée d'une longue messe. Le premier des deux à qui la fatigue faisait tomber les bras, perdait son procès. C'est que l'on croyait que Dieu lui avait refusé la force de subir l'épreuve jusqu'au bout; Dieu l'avait condamné.

De là des jugements comme celui-ci : Deux hommes ont comparu devant le vicaire du comte au sujet d'une

---

[1] Voyez les formules dans le recueil de M. de Rozière, n°⁸ 584-615.

terre que chacun d'eux disait être sienne. Il fut jugé qu'ils devraient, dans quarante-deux jours, « se placer debout en croix pour le jugement de Dieu »[1]. C'est ce qu'ils ont fait. Le défendeur « a eu le dessous à la croix ». En conséquence il devra, outre l'amende, remettre la terre en la possession du demandeur, qui la possédera à perpétuité et héréditairement[2].

Le diplôme de 775, qui allègue une longue coutume, montre bien le caractère religieux de l'épreuve; le roi déclare que, siégeant en son tribunal pour juger un procès, les pièces écrites ont fait défaut ou n'ont pas suffi pour porter la lumière dans son esprit; il recourt donc « aux divins mystères », et il ordonne que les deux hommes « aillent à la croix, et se tiennent debout, pour que Dieu donne son jugement »[3].

### 3° LE SERMENT JUDICIAIRE.

Un autre moyen que les hommes imaginèrent pour forcer la vérité à se révéler, fut le serment. Ce serment est mentionné dans la Loi salique, dans la Loi ripuaire, dans la Loi des Burgundes, dans les édits des rois, chez les écrivains comme Grégoire de Tours, enfin dans un

---

[1] *Formulæ Bignonianæ*, 13 : *Fuit judicatum ut ad crucem ad judicium Dei pro ipsa terra in noctes 42 deberent adstare.*

[2] Ibidem : *Ipse ille* (le demandeur) *ad ipsa cruce illum convincuit.... quod ad ipsa cruce visus fuisset cadisse.... Dum hæc causa sic fuit inventa quod ipse ille qui ad ipsa cruce cadisset solidos tantos ei solvere deberet et de ipsa terra illum legibus revestire.... ut ipse ille tam ipse quam posteritas sua prædictam terram valeat possidere.*

[3] Diplôme de 775, Tardif n° 75 : *Dum per ipsa instrumenta de utraque parte certamen non declaratur, ut ad Dei judicium ad divina mysteria, Christi misericordia conspirante, sicut longa consuetudo exposcit, et ipsi voluntarie consenserunt. jubemus emanare judicium, ut recto tramite ad Dei judicium ad crucem exire et stare debeant.*

grand nombre de formules[1]. Il n'est donc pas douteux qu'il ait été fort en usage durant toute cette époque et dans toutes les parties de la monarchie franque.

Il en faut chercher la nature et la signification. La première chose qui frappe les yeux est que l'homme qui prête serment n'est presque jamais seul ; il est ordinairement accompagné d'hommes que les lois appellent *juratores, conjuratores*, et que nous appellerons des cojureurs. Leur nombre varie suivant la nature du délit ou du crime qui est reproché à l'inculpé. Plusieurs érudits modernes se sont représenté ces cojureurs comme venant au jugement avec l'accusé, l'appuyant de leur présence, et répondant en quelque sorte de son honorabilité devant le tribunal. Cette théorie n'est pas tout à fait conforme aux documents. Pour nous faire une idée exacte du serment, tel qu'il fut pratiqué à l'époque mérovingienne, il est nécessaire de passer tous les textes en revue et de nous les mettre sous les yeux.

Commençons par les lois, sans nous attendre pourtant à y trouver une définition précise du serment. Ces lois franques, qui procèdent toujours par l'énoncé aussi bref que possible de ce qu'il y a à faire dans chaque cas, ne définissent rien. Elles parlent du serment comme d'une chose parfaitement connue dont elles n'ont pas à expliquer la nature.

Nous lisons dans la Loi salique : « Si un Romain est

---

[1] *Lex Salica*, XIV, 2 (texte de Wolfenbuttel); XVI, 2; XXXIX, 2; XLII, 5; LIII; *Additamentum*, 9. — *Lex Ripuaria*, II, III, VI, XI, XII, etc. — *Lex Burgundionum*, VIII, XLV, LII. — *Pactus pro tenore pacis*, 5; *Childeberti decretio*, 7 et 12; *Edictum Chilperici*, 5. — Grégoire de Tours, *Hist.*, V, 50; VII, 23; VIII, 16; VIII, 40; *De gloria martyrum*, 19 (20), 38, 53; *De gloria confessorum*, 93, 94. — *Formulæ Andegavenses*, 10, 11, 14, 24, 28, 29, 30, 50; *Turonenses*, 29, 30, 31, 39; Marculfe, I, 38; *Senonicæ*, 17, 21; *Senonenses*, 1, 2, 3, 5; *Merkelianæ*, 27, 28, 30.

accusé d'avoir dépouillé un Franc, et qu'il n'y ait pas preuve certaine, ce Romain se dégagera de l'accusation par vingt-cinq jureurs ; s'il ne peut trouver de jureurs, qu'il aille à l'épreuve de l'eau bouillante ou qu'il paye le prix du délit¹. » De même, « celui qui est accusé d'avoir enlevé un homme libre et de l'avoir vendu comme esclave, si la preuve certaine n'est pas faite, devra fournir autant de jureurs que pour un homme tué »². Ces derniers mots donnent à entendre qu'il y avait un chiffre de jureurs déterminé pour le meurtre ; mais la Loi salique, si incomplète, a omis de donner ce chiffre. Ailleurs, la loi parle encore de vingt-cinq jureurs pour le cas de vol avec effraction³, et de douze jureurs pour attester qu'un homme « ne possède ni sur terre ni sous terre assez de biens pour payer une amende »⁴. Un meurtre a-t-il été commis sans que l'auteur soit découvert, « les voisins doivent se justifier par soixante-cinq jureurs déclarant que ce n'est pas eux qui ont commis le crime »⁵.

---

¹ *Lex Salica*, XIV, 2, texte de Wolfenbuttel : *Si romanus francum expoliaverit et (probatio) certa non fuerit, per 25 juratores se exsolvat.... Si juratores invenire non potuerit, aut ad ineum ambulet aut solidos 62 culpabilis judicetur. Si certa probatio non fuerit, per 20 juratores se exsolvat.*

² *Lex Salica*, XXXIX, 2 : *Si quis hominem ingenuum plagiaverit (vendiderit* dans d'autres textes) *et probatio certa non fuerit, sicut pro occiso juratores donet.... si juratores non potuit invenire, 200 solidos culpabilis judicetur.*

³ *Lex Salica*, XLII, 5 : *Si quis villam alienam expugnaverit et res ibi invaserit, si tamen probatio certa non fuerit, cum 25 juratores se exsolvat.*

⁴ *Lex Salica*, LVIII : *Duodecim juratores donare debet quod nec super terram nec subtus terram facultatem non habeat unde totam legem compleat.*

⁵ *Lex Salica*, manuscrits de Paris 4404 et de Wolfenbuttel, Behrend, p. 91 : *Vicini illi cum sexagenos quinos se exuant quod nec occidissent nec sciant qui occidisset.*

De ces passages nous pouvons déjà conclure, 1° que le serment n'a lieu que quand les preuves certaines ont fait défaut; 2° qu'il consiste, non pas à assister vaguement un inculpé, mais à énoncer une vérité, à affirmer ou à nier un fait précis; 3° que l'accusé qui l'a prêté avec le nombre voulu de cojureurs est dès lors déchargé de l'accusation, *se exsolvit, se exuit;* 4° que ce moyen de justification est accordé aux Romains aussi bien qu'aux Francs.

Il est vrai que la Loi salique ne nous apprend pas en quel endroit ni de quelle façon ce serment est prononcé. Elle ne dit pas qu'il le soit au tribunal. Elle fait entendre qu'il ne vient qu'après une première procédure où les juges ont cherché « des preuves certaines » et ne les ont pas trouvées. C'est après que le tribunal a déclaré que la preuve manque, que l'accusé devra chercher et trouver, s'il peut, ses cojureurs. Cela implique que le serment a lieu plusieurs jours après la séance du tribunal. Cela montre surtout que les cojureurs ne sont pas venus à l'avance au tribunal, entourant l'inculpé, et pesant sur le jugement. Le premier jugement et le serment sont deux choses distinctes et qui n'ont pas lieu en même temps. Cette vérité, que la Loi salique ne fait qu'indiquer, apparaîtra clairement dans d'autres textes.

La Loi ripuaire est un peu plus explicite. Tandis que la Loi salique n'est guère qu'un tarif de *compositions*, la Loi ripuaire présente une double série de chiffres; elle est à la fois un tarif des sommes à payer et des cojureurs à fournir. « Pour un coup porté à un homme libre, l'inculpé payera 18 solidi, ou, s'il nie, il jurera avec six autres[1]. » Puis, dans tous ses articles, la loi met

---

[1] *Lex Ripuaria,* II: *aut si negaverit, cum sex juret.*

en regard le nombre de *solidi* et le nombre de *juratores*[1]. Toujours les deux chiffres sont proportionnés l'un à l'autre. Pour le plus faible délit, comme un vol de bois, trois jureurs suffisent. Ordinairement il en faut six. Si la somme à laquelle le délit prouvé donnerait lieu est plus élevée, il en faut douze. Et à mesure que la somme monte, le nombre des jureurs monte aussi jusqu'à 36 et à 72[2].

Prenons, par exemple, l'assassinat d'une femme. La loi fait ici toute sorte de distinctions, suivant la condition sociale de la victime et même suivant son âge. Était-elle de condition libre, et d'âge à avoir des enfants, la somme à payer sera de 600 solidi et le nombre des jureurs de 72 ; si elle était trop jeune pour avoir des enfants ou si elle avait passé l'âge d'en avoir, la somme se réduisait à 200 solidi et il ne fallait plus que douze jureurs. Pour une femme en dépendance, serve du roi ou de l'Église, la somme était de 300 solidi et le nombre des jureurs de 36, si elle était en âge d'avoir des enfants ; les deux chiffres s'abaissaient si elle avait passé quarante ans[3].

---

[1] Il est fait mention du serment et du nombre des cojureurs dans 54 articles de la loi, c'est-à-dire dans tous ceux, sauf deux ou trois omissions, où se trouvent aussi des chiffres de composition.

[2] Le chiffre de 72 jureurs se trouve aux titres XI, XII, XV, XVI, XVIII.

[3] *Lex Ripuaria ;* rapprocher les titres XII, XIII, XIV, 1 et 2 : *Si quis feminam ripuariam* (c'est-à-dire une femme de condition libre, par opposition à *femina regia aut ecclesiastica* du titre suivant) *interfecerit, postquam parire cœperit usque ad quadragesimum annum,* 600 *solidos judicetur aut cum* 72 *juret.* XIII : *Si quis puellam* (sous-entendez *aut post quadragesimum annum* d'après l'article précédent) *interfecerit,* 200 *solidis judicetur aut cum* 12 *juret.* — XIV : *Si quis feminam regiam aut ecclesiasticam* (une femme appartenant au roi ou à une église) *parientem* (en âge d'enfanter) *interfecerit,* 300 *solidos judicetur aut cum* 36 *juret. Si puellam aut post quadragesimum annum interfecerit,* 200 *solidos judicetur aut cum* 12 *juret.* — La Loi salique, XXIV, 6-7, fait la même distinction relativement à l'âge de la femme.

Le serment a d'ailleurs dans la Loi ripuaire le même caractère que dans la Loi salique. Il a pour objet de nier ou d'affirmer la réalité d'un fait. S'il s'agit d'un crime, l'accusé jurera qu'il ne l'a pas commis[1]. Mais le serment n'est pas seulement un moyen de justification : il appartient à l'accusateur aussi bien qu'à l'accusé. Un homme peut en arrêter un autre et jurer avec six ou avec douze cojureurs que réellement cet homme a commis un vol[2]. Dans l'un et l'autre cas le serment a la même valeur, c'est-à-dire la valeur d'une preuve irréfutable. L'accusé contre lequel l'accusateur a fait le serment est aussitôt reconnu coupable[3].

Ce serment n'est pas seulement usité en matière criminelle, il l'est aussi bien en matière civile. La Loi ripuaire montre qu'il est pratiqué dans les procès relatifs à l'héritage, c'est-à-dire pour prouver les droits à une succession, et dans les procès relatifs à l'ingénuité, c'est-à-dire pour prouver qu'un homme est né libre ou qu'il est né esclave[4]. Une lettre doit-elle être montrée en justice, c'est par le serment qu'on prouvera qu'elle est authentique[5].

[1] *Lex Ripuaria*, V, 10 : *Ista omnia si negaverit, cum sex juret quod non fecisset.*

[2] *Pactus pro tenore pacis*, 2 : *Si quis ingenuam personam pro furto ligaverit, et* (l'homme arrêté) *negator exstiterit, duodecim juratores dare debet* (celui qui a fait l'arrestation) *quod furtum quod obicit verum sit.* — *Decretio Childeberti*, n° 7 : *Si quinque aut septem bonæ fidei homines... criminosum cum sacramenti interpositione esse dixerint, moriatur.*

[3] C'est ce que la loi appelle *legitime superjuratus*. *Lex Ripuaria*, 79 : *Si quis homo propter furtum comprehensus fuerit et legitime superjuratus.... et pendutus fuerit.*

[4] *Lex Ripuaria*, LXVII, 5 : *Si quis pro hereditate vel pro ingenuitate certare cœperit, cum sex juret. Si non adimpleverit* (s'il n'a pu remplir toute la procédure du serment), *restituat.*

[5] *Lex Ripuaria*, LIX, où il s'agit surtout d'actes de vente, *testamenta venditionis. Si quis hoc* (testamentum) *refragare voluerit vel falsare* (l'arguer de faux), *cancellarius cum sacramenti interpositione cum simili*

En un mot, le serment est pour ces hommes un moyen de faire éclater la vérité. Notons toutefois que les jureurs ne sont pas la même chose que les témoins. La différence entre eux est bien marquée dans un article de cette loi ; dans un procès relatif à la propriété, l'homme qui n'a pas pu amener de témoins au tribunal, pourra revendiquer son bien par un serment avec six jureurs[1]. Je note une autre différence : toutes les fois que les lois franques parlent des témoins, elles disent qu'ils sont appelés au tribunal, et elles emploient les mots *mallati* ou *manniti*. Elles n'emploient jamais ces mots à propos des cojureurs. On assigne des témoins, on n'assigne pas des jureurs. C'est au tribunal que se font les témoignages ; rien ne nous dit que ce soit au tribunal que se font les serments.

Le rédacteur de la Loi ripuaire a pris soin d'indiquer en plusieurs passages quel était le lieu où le serment devait être prononcé. Par malheur, le terme par lequel il a désigné ce lieu, est inintelligible pour nous. C'est l'expression *jurare in haraho* : mot inconnu, dont on ne saura jamais le sens, par la raison qu'il n'est nulle part ailleurs que dans la Loi ripuaire, et que cette loi ne le définit pas, ne l'accompagne même d'aucune épithète qui en détermine la signification. Ce qui est bien certain, c'est que *in haraho* désigne autre chose que le tribunal ; en effet, le tribunal est toujours appelé dans ce code *mallus* ou *judicium* ; si le législateur avait voulu dire qu'on prêterait le serment au tribunal, il aurait dit *in mallo* ou *in judicio* ; s'il se sert d'une autre

---

numero (c'est-à-dire 7 ou 12 cojureurs, suivant les cas) *idoneare studeat*.

[1] *Lex Ripuaria*, LX, 1 : *Si testes non potuerit admannire ut ei testimonium præbeant, cum 6 sive cum 7 cum sacramenti interpositione rem suam studeat evindicare* (texte B).

expression, c'est apparemment qu'il s'agit d'autre chose[1]. Notez que l'expression est répétée sept fois, que pas une fois elle ne s'applique à un jugement, que toutes les fois elle s'applique à un serment. *Jurare in haraho* forme comme une seule expression indivisible. Il y a donc quelque rapport essentiel entre le serment et ce que la loi appelle *harahum*[2]. Notez encore un détail : la loi dit que le serment prononcé *in haraho* doit l'être devant témoins[3]. Il est clair qu'elle n'aurait pas besoin de dire cela s'il était prononcé au tribunal, en présence des juges et du public. Si elle exige des témoins, c'est précisément pour que ces témoins viennent plus tard affirmer au tribunal qu'il a été procédé au serment suivant toutes les règles.

Enfin il se trouve dans le même code deux autres passages où le législateur s'est expliqué en un langage plus clair pour nous. Dans l'un il dit expressément : *in ecclesia conjuret*[4]. L'autre vise le cas où la partie adverse s'oppose au serment; elle doit « éloigner de l'autel

---

[1] M. Sohm professe, au contraire, que *harahum* signifie tribunal, mais sans en donner aucune raison philologique ou autre. C'est que, au lieu de commencer par établir le sens du mot, il part de cette idée préconçue que le serment doit de toute nécessité se prêter au tribunal, et il déduit de là que *harahum* signifie tribunal; mais retirez l'idée préconçue, il n'y a plus de raison pour donner au mot cette signification.

[2] *Lex Ripuaria*, XXX, 2 : *In haraho conjuret;* XXXII, 2 : *In haraho confuraverit;* XXXII, 3: *In haraho jurare debet;* XXXIII, 2 : *In haraho conjuret;* XLI : *Si ei culpam in haraho non adprobavit* (il s'agit ici d'un serment; cf. *Pactus pro tenore pacis*, c. 2); LXXII : *In haraho conjuret;* LXXVII : *In haraho conjuret.*

[3] *Lex Ripuaria*, XXX, 2 : *In haraho conjuret cum tribus testibus.*

[4] *Lex Ripuaria*, LXVII, 5 : *Cum sex in ecclesia conjuret* (texte B). Le texte A porte *in ecclesia conjurata.... conjurare studeat*. La loi ajoute *aut cum 12 ad staflum regis. Staflum* est encore un de ces mots dont le sens est douteux. S'il désigne, comme cela est généralement admis, le tribunal du roi, il faut rapprocher de cet article la formule de Marculfe, I, 38, dont nous parlerons tout à l'heure.

23

la main du jureur » ou encore « lui fermer l'entrée de l'église »¹. Voilà qui est précis; c'est dans une église que les serments sont prononcés.

La Loi des Burgundes a été rédigée avant la Loi ripuaire, à une époque où les Burgundes étaient déjà chrétiens, mais ne vivaient que depuis peu de temps dans l'empire. Rien de plus clair que son titre sur le serment : « Si un homme libre est accusé d'un délit, Burgunde ou Romain, il fera le serment; qu'avec douze jureurs, qui soient sa femme, son fils, son père et sa mère, et ses plus proches parents, il remplisse ce serment; mais la partie adverse peut s'opposer au serment avant qu'il entre dans l'église². » Nous reconnaissons dans ce passage, d'abord que le serment n'est permis qu'aux personnes libres³, puis, qu'il est permis aussi bien aux Romains qu'aux Germains, ensuite, que les cojureurs doivent appartenir autant que possible à la famille du jurant (ce qui n'est pourtant pas une règle

---

¹ *Lex Ripuaria*, LIX, 2 et 4. Il s'agit d'un procès relatif à la propriété d'un bien. Le défendeur présente l'acte écrit qui constate son achat, le demandeur conteste la sincérité de la *carta*. Le défendeur veut alors *idoneare cartam*, c'est-à-dire établir la validité de son acte par un serment. Le demandeur s'y oppose : *si ille qui causam sequitur, manum cancellarii de altario traxerit, aut ante ostium basilicæ manum posuerit*. — A peine est-il besoin de dire que le mot *basilica* n'a plus le sens qu'il avait ou au second siècle; à l'époque mérovingienne il est employé des centaines de fois, et toujours pour désigner une église. — Ces deux titres de la loi qui disent expressément que le serment est prononcé sur un autel et dans une église, peuvent bien faire supposer que les autres titres indiquent la même chose par l'expression inconnue *in haraho*.

² *Lex Burgundionum*, VIII, 1-2 : *Si ingenuus per suspicionem vocatur in culpam, tam barbarus quam romanus, sacramenta præbeat et cum uxore et filiis et propinquis sibi duodecim juret.... cum patre et matre numerum impleat designatum. Si ei sacramentum de manu is cui jurandum est tollere voluerit, antequam ecclesiam ingrediatur.*

³ La même chose est dite implicitement dans la Loi ripuaire; nous y voyons aux titres XVIII, XIX, XX, XXVII, que c'est le maître qui jure pour son esclave : *Dominus juret quod servus ejus hoc non fecisset*.

absolue), enfin, que ce serment est prononcé dans une église, et non pas au tribunal.

Les Codes des Alamans et des Bavarois, qui sont à peu près de même date et de même origine que la Loi ripuaire, et qui sont de source franque, parlent aussi du serment. On y voit que la procédure du serment se passe dans l'église, ou sur un autel, tout au moins sur une châsse contenant des reliques[1]. La loi faussement attribuée aux Francs Chamaves dit aussi qu'on jure « sur les corps saints »[2].

Prenons maintenant les formules d'actes judiciaires, en commençant par celles qui paraissent être les plus anciennes. En voici une du recueil d'Anjou. Il s'agit d'un jugement prononcé par un tribunal d'abbé; le débat porte sur une question d'ingénuité ou de servitude : « Un tel a comparu devant le vénérable abbé et les autres hommes vénérables ou magnifiques qui étaient avec lui; il assignait un tel comme étant son esclave. Celui-ci a nié. Alors l'abbé et ses assesseurs ont décidé que cet homme fera serment avec douze autres, lui treizième, dans la basilique de tel saint, et jurera qu'il n'a jamais été esclave. S'il peut le faire, il sera reconnu homme libre; sinon, il devra se soumettre

[1] *Lex Baiuwariorum*, I, 3, 1 : *Si negare voluerit, secundum qualitatem pecuniæ juret in altari.* — I, 3, 3 : *Si negare voluerit, juret cum 12 sacramentalibus in ipso altare.* — I, 5, 1 : *Si quis servum ecclesiæ occiderit,... si negare voluerit, cum 12 sacramentalibus juret in altare in ecclesia illa cujus servum occidit.* — I, 6, 2 : *cum 24 sacramentalibus juret in altare, evangelio superposito.* — Comparez ibidem, XVI, 5, où un témoin fait d'abord bénir son arme et jure ensuite sur elle. — *Lex Alamannorum*, VI, 7 : *Ista sacramenta debent esse jurata ut illi conjuratores manus suas super capsam ponant, etc.* VII, 2 : *Si negare voluerit, juret cum suis sacramentalibus in ipso altare.* XXIV : *Si jurare voluerit, cum duodecim juret in ecclesia.*

[2] *Lex dicta Chamavorum*, 10 : *Cum 12 hominibus in sanctis juret* (In sanctis, dans le lieu où sont les corps saints, c'est-à-dire à l'autel).

à ce qu'on exige de lui¹. » On remarquera ici que le juge est un ecclésiastique, c'est-à-dire un homme qui suit la loi romaine, que le jugement a lieu dans la ville d'Angers², que les assesseurs sont en partie des ecclésiastiques, *viri venerabiles*, en partie les principaux habitants de la ville, *viri magnifici*³, que le demandeur semble bien être Romain et que le défendeur l'est certainement; car on ne supposera pas qu'un guerrier franc pût être revendiqué en servitude. C'est au milieu de tels plaideurs et de tels juges que nous trouvons la pratique du serment avec les cojureurs.

Dans une autre affaire, il s'agit de meurtre, et la juridiction est celle du comte. « Un tel et son frère, dans la ville d'Angers, ont comparu devant le comte et les autres rachimbourgs qui siégeaient avec lui; ils assignaient un tel comme ayant tué leurs parents. Celui-ci a nié. Alors les juges ont décidé par jugement que, dans quatorze jours, aux calendes de tel mois, avec douze autres, lui treizième, dans la principale église de la ville, il jurera qu'il n'est ni auteur du meurtre ni complice. S'il peut faire cela, il sera toute sa vie quitte de cette accusation; s'il ne le peut, il amendera suivant la loi⁴. » Voilà deux jugements, rendus l'un par le

---

¹ *Formulæ Andegavenses*, 10 : *Veniens ante venerabile viro illo abbate vel reliquis viris venerabilibus atque magnificis, interpellabat aliquem hominem quasi servitium ei redeberit.... Et hoc fortiter denegabat.... Sic visum fuit ipsi abbati vel qui cum eo aderant ut ipse homo apud homines* 12, *manu sua* 13, *in basilica Domni illius in noctes tantas conjurare deberet quod de annis* 30 *servitium ei nunquam redibuit.*

² La seconde partie de la formule, 10 b, porte *Andecavis civitate*.

³ Le titre *vir magnificus* est aussi bien romain que franc; les principaux bourgeois de la ville de Bourges étaient *viri magnifici* (*Formulæ Bituricenses*, 7).

⁴ *Andegavenses*, 50, Zeumer, p. 22, Rozière n° 403 : *Veniens ille et germanus suus Andecavis civitate ante viro industri illo comite vel reliquis raciniburdis qui cum eo aderant, interpellabat... sed hoc fortiter*

comte, l'autre par l'abbé, l'un en matière civile, l'autre en matière criminelle ; ils sont pourtant identiques. Deux choses surtout s'en dégagent bien : l'une, que le serment a lieu dans une église ; l'autre, qu'il est postérieur de plusieurs jours au jugement.

Le recueil de Tours, recueil si visiblement romain, contient une formule de jugement sur une question d'héritage : « Un tel a comparu devant vénérable homme (suit le nom d'un ecclésiastique) et ses assesseurs ; il avait assigné tel autre homme, disant que celui-ci retenait sans droit son héritage. Mais celui-ci a répondu que ce bien lui appartenait, lui ayant été laissé par son père. Alors les juges ont décidé que le défendeur, à tel jour, avec tel nombre de jureurs, dans la basilique de tel saint, jurerait qu'il tenait cet héritage de son père[1]. » Voici maintenant dans le même recueil une affaire criminelle : « Il a été jugé que l'inculpé, dans quarante jours, avec trente-six jureurs qui aient vu et connu les faits, jurerait, dans telle église désignée, qu'il était en état de légitime défense lorsqu'il avait tué la victime[2]. »

*denegabat.... Visum est ad ipsas personas decrevisse judicio ut quatrum in suum* (ces trois mots, qui n'offrent aucun sens, sont visiblement une faute du copiste ; je pense qu'il faut lire, par analogie avec d'autres actes semblables, *quatuordecim in noctes* ou *quadraginta duo in noctes*) *quod evenit kalendas illas, apud homines 12* (*apud*, auprès, a souvent le sens de *cum*), *manu sua 13..., in ecclesia seniore loci, in ipsa civitate, hoc debeat conjurare quod nec eum occisisset nec consentaneus ad hoc faciendum fuisset....*

[1] *Formulæ Turonenses*, 39, Rozière n° 484 : *Veniens ante venerabilem virum illum suisque auditoribus.... Ipsi viri decreverunt judicium ut in noctes tantas, apud homines tantos* (*tantos* dans la formule représente le chiffre précis qui sera écrit dans l'acte), *sua manu tanta* (c'est-à-dire *septima* ou bien *tertia decima*), *in basilica Sancti illius* (ici le nom du saint) *debeat conjurare quod ipsam hereditatem per annos 30 inter ipsum et parentes suos semper tenuissent.... Si hoc ad eum placitum* (à ce jour convenu) *conjurare potuerit, ipsam hereditatem absque repetitione habeat elitigatam atque evindicatam.*

[2] *Turonenses*, 30, *in fine* : *Illi judicatum est ut in noctes 40, apud ho-*

Le serment était pratiqué devant la justice du roi comme dans toutes les autres juridictions. Marculfe nous a laissé la formule d'un jugement rendu par le roi ou en son nom; on reprochait à un inculpé d'avoir volé un esclave et quelques objets mobiliers; « il fut jugé que l'inculpé, avec trois jureurs d'une part et trois jureurs de l'autre, lui septième, dans notre palais, sur la chape de saint Martin où se font tous les serments, jurerait qu'il n'a pas commis le vol. S'il peut le faire, il sera quitte de cette accusation[1]. » Nous possédons, en effet, un diplôme de Thierry III, de l'année 679, où le roi, constatant qu'un certain Amalgaire, ayant avec ses cojureurs « rempli le serment auquel un jugement l'avait obligé », lui donne définitivement gain de cause[2].

Les ecclésiastiques pratiquaient ou ordonnaient le serment aussi bien que les laïques. Nous avons vu dans plusieurs formules d'Anjou le serment prescrit par un abbé. Nous voyons ailleurs un évêque, constitué pour juge entre deux abbés dans un procès relatif à une somme d'argent, juger que l'un d'eux fera le serment avec trois cojureurs[3].

Le formulaire de Sens, les recueils qui portent les noms de Bignon et de Merkel, paraissent être d'origine franque, à la différence des formulaires d'Anjou et de Tours dont nous parlions tout à l'heure. On y trouve le même serment, et avec les mêmes formes. « Dans le *mallus*, le comte et ses assesseurs ont jugé que tel

---

mines 36, *manu sua trigesima septima, in ecclesia illa, conjurare debeat apud homines visores vel cognitores....*

[1] Marculfe, I, 38 : *Fuit judicatum ut ille apud tres et alios tres, sua manu septima, in palatio nostro, super capella Sancti Martini ubi reliqua sacramenta percurrunt, debeat conjurare quod....*

[2] Archives nationales, Tardif n° 22, Pardessus n° 394.

[3] Archives nationales, Tardif n° 30, Pertz n° 60, Pardessus n° 424.

homme devait prêter serment, la main sur l'autel, avec douze autres jureurs, dans quarante-deux jours¹. » Voici un homme qui est réclamé comme colon d'une église et qui se prétend de naissance libre : « Il prêtera serment, dans quarante jours, en telle église où se prononcent les serments, avec douze jureurs qui soient de sa famille, ou bien, s'il n'a plus de parents, avec douze jureurs qui soient hommes libres comme il dit l'être². » Dans les formules de Merkel³, que les érudits appellent « formules saliques » parce que la Loi salique y est quelquefois citée, nous voyons le tribunal juger « que tel homme, avec douze autres de sa condition sociale, jurera dans l'église de tel saint, la main posée sur l'autel »⁴.

Nous possédons ainsi dix-huit formules d'arrêts judiciaires qui prescrivent un serment. Ces dix-huit formules, bien qu'elles appartiennent à des recueils divers et de provinces différentes, se ressemblent pourtant sur ce point. Dans toutes, le serment est ordonné par les juges. Il vient à la suite d'un véritable jugement. Écartons donc cette opinion superficielle d'après laquelle les cojureurs seraient amenés à l'avance par l'accusé pour lui faire cortège devant les juges. Il n'y a serment

---

¹ *Formulæ Senonicæ*, 17 : *In mallo publico ante ipso comite vel aliis bonis hominibus.... Posita manu sua super sacrosancto altare... infra noctes 42... apud tres aloarios et 12 conlaudantes juraverunt.*

² *Senonenses*, 2 : *Tuliter ei fuit judicatum ut apud proximiores parentes suos... et si fermortui sunt, apud duodecim francos tales qualem se esse dixit, in illo castro, in basilica Sancti illius ubi reliqua sacramenta percurrunt, in 40 noctes hoc debeat conjurare.*

³ *Formulæ Merkelianæ*, dans l'édition de Zeumer, p. 241-264. On les appellerait plus justement formules de Rozière, puisque c'est M. de Rozière qui les a le premier trouvées et publiées ; mais l'éditeur allemand a préféré les appeler *Merkelianæ*.

⁴ *Formulæ Merkelianæ*, 27, Rozière n° 486 : *in mallo illo una cum bonis hominibus racineburgis... judicatum fuit ut apud 12 homines, suos consimiles, in basilica Sancti illius hoc conjuraret.. manu missa super altare.*

que si les juges l'ont ordonné. Ce sont les juges qui fixent le jour, le lieu où il y sera procédé, le nombre des cojureurs. Rien n'est laissé à l'arbitraire de la partie en cause.

A la suite des formules qui ordonnent le serment, nous avons celles qui en constatent l'exécution, et qui en décrivent avec précision la procédure. Elles sont toutes rédigées, à quelques mots près, de la même manière. « Attestation de serment. Tel jour, dans la ville d'Angers, tel homme est entré dans l'église, conformément au jugement antérieurement prononcé, avec douze jureurs, lui treizième, et il a dit : Par ce lieu saint et par la protection de tous les saints dont les reliques sont ici, je jure que je n'ai pas tué ni fait tuer cet homme dont on m'impute la mort. Ont signé l'acte tous ceux qui étaient présents et qui ont entendu le serment[1]. » A la suite d'un procès relatif à une propriété, nous lisons : « Est fait savoir comment et en présence de qui Un tel est entré dans la basilique de tel saint où se font les serments, et posant la main sur l'autel a dit : Je jure par ce lieu saint, par Dieu Très-Haut, par la puissance du saint ici présent, que la terre que tel homme réclame contre moi est mon bien par droit; » et les témoins de l'acte ont signé[2]. Ou bien encore :

---

[1] *Formulæ Andegavenses*, 50 b : *Notitia sacramenti qualiter et quibus præsentibus ingressus est homo nomine illo in ecclesia, Andecavis civitate, secundum quod judicium loquitur, apud homines 12, manu sua 13, juratus dixit : Per hunc locum sanctum et divina omnia Sanctorum patrocinia qui hic requiescunt... hominem non occisi nec occidere rogavi.... Ii sunt qui in præsente fuerunt et hunc sacramentum audierunt et hanc notitiam manu eorum subter firmaverunt.* — De même dans les n°° 11 et 15 du même recueil. — De même, sauf quelques mots, dans les *Turonenses*, 31 et 40 : *Juratus dixit : Per hunc sanctum locum et reverentiam Sancti illius.*

[2] *Formulæ Senonicæ*, 24 : *Notitia sacramentalis. Notitia qualiter et quibus præsentibus veniens homo nomine illo in basilica Sancti illius ubi*

« L'homme est entré avec ses jureurs dans la basilique et, la main posée sur l'autel, il a juré ce que l'arrêt des juges lui avait ordonné de jurer¹. »

A côté des dix formules de constatation de serment, il y en a quelques-unes qui constatent un refus. La partie en cause n'avait pas osé jurer ou n'avait pas trouvé de cojureurs et ne s'était pas présentée dans l'église au jour indiqué. Il était donné acte de cela à la partie adverse. L'acte était conçu en ces termes : « Est fait savoir que, le juge et les rachimbourgs ayant jugé qu'Un tel prêterait serment avec douze jureurs, dans telle basilique, à tel jour fixé, cet homme n'est pas venu, et n'a envoyé personne à sa place; en foi de quoi la présente lettre a été écrite². »

Ces deux séries d'actes s'expliquent bien. La sentence des juges avait prononcé une alternative : ou cet homme fera le serment, ou il portera telle peine. L'acte de

---

*plurima sacramenta percurrere videntur, ante viro magnifico illo vel reliquis bonis hominibus qui subter firmaverunt, posita manu sua super sacrosanto altario Sancti illius, juratus dixit : Sic juro per hunc loco sancto et Deo altissimo et virtutes Sancti illius* (*virtutes*, les miracles, la puissance miraculeuse du saint; c'est le sens du mot *virtutes* à cette époque), *terram eorum nunquam porprisi aut pervasi, sed semper exinde fui vestitus.* — De même, dans ce recueil, les n°˚ 17 et 22.

¹ *Formulæ Merkelianæ*, 27 et 28 : *Ingressus in basilica... manu missa super altare... quidquid judicatum fuit de hac causa conjuravit.*

² *Formulæ Merkelianæ*, 30 : *Judicatum fuit prædicto illo ut apud duodecim homines suos consimiles in basilica illius in noctes institutas hæc conjurare debuisset.... Veniens ille* (l'autre partie) *ad eum placitum de mane usque ad vesperum custodivit; sed ipse ille nec ad placitum venit nec missum inspecio suo* (? *vice sua*) *direxit, sed inde jectus apparuit. Proinde oportunum fuit ut talem cartam ille exinde accipere deberet.* — Cf. *Andegavenses*, 14; *Senonenses*, 1 : *ipse homo de ipso sacramento jectivus remansit.* — Voyez encore l'*Additamentum ad Turonenses*, n° 6, Rozière n° 454. — De ce que l'acte porte que la partie absente n'a envoyé personne à sa place, il ne faut pas conclure qu'on pût jurer par procuration. Cela signifie seulement qu'on n'a envoyé personne pour présenter une excuse et pour demander un délai.

prestation du serment lui donnait gain de cause de plein droit; l'acte de refus le condamnait. Il n'était pas besoin pour cela d'un nouveau jugement. La première sentence, au jour fixé pour le serment, devenait définitive dans un sens ou dans l'autre. C'est pour cette raison que le serment devait être prononcé en un lieu public, devant des témoins, et qu'il fallait en faire un acte écrit. La règle ordinaire paraît avoir été qu'il fût prononcé devant le même comte et les mêmes assesseurs qui avaient jugé précédemment[1]. Quelquefois c'était le comte lui-même et ses hommes qui signaient l'acte de serment ou l'acte de refus[2]. De là vient que l'on choisissait ordinairement pour le serment un jour d'audience du tribunal, afin que les juges pussent aisément se transporter dans l'église voisine[3]. Entre le

[1] *Lex Ripuaria*, XXXII, 3 : *Ante comite cum septem rachimburgiis in haraho conjurare debet*; LXXVII : *ante judice conjuret.* — *Formulæ Turonenses*, 31 : *sub præsentia judicis vel (et) bonorum virorum.* — *Merkelianæ*, 27 : *coram ipsis missis et racineburgis*; 28 : *ante ipsum comitem vel reliquos racineburgios.* — *Senonicæ*, 17 : *ante comite vel aliis bonis hominibus*.

[2] *Merkelianæ*, 27, 28 : *bonorum hominum vel comitis manu firmata*.

[3] C'est ce qui explique l'expression *in mallo* que l'on rencontre dans plusieurs actes de constatation de serment. *Senonicæ*, 17 : *in mallo... posita manu super altare*. *Senonenses*, 1 : *in mallo in basilica Sancti illius*. Si l'on traduisait ici *mallus* par tribunal, on ferait un non-sens, puisque la phrase indique expressément que la chose se passe dans une église; or ce n'était jamais dans une église que le tribunal se tenait. C'est que le mot *mallus*, comme nous l'avons dit plus haut, ne désignait pas seulement le lieu du jugement, mais aussi le jour où l'on jugeait. (Exemples : *Loi Ripuaire*, XXXII, 2 et 3. *Pactus pro tenore pacis*, c. 2 : *tribus mallis*, à trois séances. *Edictum Chilperici*, 7 : *in proximo mallo*, à la prochaine séance du tribunal; *per tres mallos*, à trois séances successives.) On ne peut pas expliquer autrement ces mots de la *Senonensis*, 5 : *in altare Sancti illius in proximo mallo quem comes tenet*, ou ceux de la *Senonensis*, 2 : *in proximo mallo post banno resiso*. Il faut bien se garder de conclure des mots *in mallo ante comitem* que le serment eût lieu au tribunal, puisqu'il est dit qu'il a lieu *in basilica Sancti*; mais on y procédait en un jour de séance, en présence du comte.

jugement et le serment il devait s'écouler un intervalle que les juges fixaient, et qui était ordinairement de sept, de quatorze, de quarante ou de quarante-deux jours[1].

Le choix des cojureurs n'était pas abandonné complètement à la fantaisie de la partie en cause. Il eût été trop commode de se procurer qui l'on eût voulu. Quelquefois la loi disait qu'ils devaient être les parents les plus proches de l'inculpé[2]; en ce cas le serment avait pour objet d'engager, non l'individu seul, mais la famille entière, et cela se rapportait visiblement aux vieilles idées que tous les anciens peuples s'étaient faites de la famille et que les Germains avaient gardées plus longtemps que les autres[3]. Cette règle était surtout observée dans les procès où il s'agissait de savoir si un homme était né libre ou esclave[4]; cela s'explique : comme l'esclave ne pouvait pas prêter serment, si douze hommes de la famille du défendeur étaient admis à jurer, c'est qu'ils étaient libres, et cela démontrait que leur parent aussi était né dans l'état de liberté.

---

[1] Ou, pour parler le langage du temps, de 7, 14, 42 nuits. C'était, en effet, un vieil usage commun aux Gaulois (César, VI, 18) et aux Germains (Tacite, *Germanie*, 11) de compter par nuits. *Lex Ripuaria*, XXXIII, 4 : *super 14 noctes conjurare studeat*; LVIII, 20 : *super 7 noctes conjuret*; LXXVII : *40 seu 14 noctes*; LXVI : *super 14 noctes*. — Les formules, devant se prêter à des actes divers, laissent en blanc le nombre des nuits et disent seulement *in noctes tantas* (*Andegavenses*, 10, 24, 28; *Turonenses*, 39) ou *in dies tantos*, dans tant de jours (*Andegavenses*, 14 et 15). Quelquefois elles indiquent le chiffre : *in noctes 40* (*Turonenses*, 30), *infra noctes 42* (*Senonicae*, 17), *infra noctes 40* (*Merkelianae*, 28).

[2] *Lex Burgundionum*, VIII, 1.

[3] Un indice du serment engageant la famille se trouve dans l'article 60 de la *Lex Salica* : *De eo qui se de parentela tollere vult... dicere debet quod de juramento et de hereditate illorum se tollat*; il se retire de l'obligation de jurer aussi bien que du droit d'hériter.

[4] *Formulae Senonenses*, 2 : *ei fuit judicatum ut apud proximiores parentes suos, octo de parte genitoris sui et quatuor de parte genetricis suae... debeat conjurare.* — Ibidem, 5 : *apud 12 parentes suos, octo de patre et quatuor de matre.*

Le plus souvent il suffisait que les cojureurs fussent de la même condition sociale que l'inculpé, ou, comme on disait, « ses semblables »[1]. Quelquefois on exigeait qu'ils « fussent de bonne renommée »[2]. Tantôt on se contentait de demander qu'ils fussent des voisins, appartenant au même canton, domiciliés auprès de celui qui devait faire le serment[3]. Tantôt on voulait qu'ils eussent vu les faits de leurs yeux, qu'ils connussent l'affaire sur laquelle portait le débat[4]. C'est que les cojureurs n'étaient pas seulement des assistants et des témoins ; ils s'engageaient, eux aussi, par le même serment. Dans la même église, sur les mêmes reliques, en invoquant le même saint, ils juraient que le premier jureur avait dit la vérité et que son serment « était vrai et bon »[5].

Aussi n'était-il pas très facile de trouver des cojureurs, c'est-à-dire des hommes qui consentissent à s'engager par un serment si solennel et si sacré. C'est pour cette raison que la loi accordait pour les chercher un délai qui pouvait aller jusqu'à quarante-deux jours. C'est pour cela encore que la loi suppose si souvent que l'inculpé « ne pourra pas trouver de jureurs »[6]. C'est

[1] *Form. Andegavenses*, 50 : *apud homines 12 sibi similes*. — *Turonenses*, 31 : *sibi similes*. — *Merkeliauæ*, 30 : *suos similes*.

[2] *Andegavenses*, 29 : *daret homines tantos bene fidem habentes*.

[3] *Andegavenses*, 28 : *apud homines tantos, vicinos circa manentes, de ipsa condita*. Ibidem, 50 : *vicinos*.

[4] *Turonenses*, 30 : *apud homines visores et cognitores*. — *Andegavenses*, 29 : *qui de præsente fuissent et vidissent*.

[5] *Turonenses*, 31 : *Juratus dixit.... Similiter testes sibi similes, visores et cognitores, post ipsum juraverunt ut quidquid ille de hac causa juravit, verum et idoneum sacramentum dedit*. Ibidem, 40 : *Similiter venientes testes sui per singula jurati dixerunt : quidquid iste de hac causa juravit, verum et idoneum sacramentum juravit*. — *Senonicæ*, 17 : *Juraverunt et de linguas eorum legibus dixerunt*. — Ibidem, 21 : *Juraverunt et de lingua eorum legibus dixerunt*.

[6] *Lex Salica*, XIV, 2, texte de Wolfenbuttel : *si juratores invenire non*

pour cela enfin que les recueils de formules en contenaient une pour le cas, assez fréquent sans doute, où l'homme condamné au serment était dans l'impossibilité « de le remplir »[1].

Tous ces détails nous donnent une idée exacte de ce qu'était le serment. Ce n'était pas précisément un acte judiciaire; c'était plutôt un acte religieux, mais qui faisait foi en justice et qui entraînait de plein droit la justification ou la condamnation.

Cela ne ressemblait pas à notre serment d'aujourd'hui, lequel n'est qu'une affirmation quelque peu solennelle et qui se fait sur l'honneur et la conscience individuelle de chacun. C'était le serment tel que les peuples anciens le comprenaient, c'est-à-dire la prise à partie de la Divinité, l'appel à Dieu et à ses saints réputés présents, pour qu'ils fussent de moitié dans l'affirmation. On ne se jouait pas de telles puissances. Il fallait être bien sûr de soi et bien sûr des faits pour invoquer un saint à l'appui d'un serment. Mais aussi, si le saint acceptait ce serment, s'il n'empêchait pas par quelque moyen les hommes de le prononcer, il en devenait le garant; il prenait sur soi l'affirmation du jureur. Dès lors on ne concevait pas que cette affirmation pût être fausse, et nul n'osait la contester. Les juges n'avaient plus rien à dire après un tel serment.

Celui qui voudrait chercher l'origine du serment religieux devrait remonter très haut. Il a appartenu à tous les anciens peuples, à toutes les anciennes religions.

---

potuerit. XXXIX, 2 (tous les textes) : *si juratores non potuerit invenire.* De même au titre XLII. — *Lex Ripuaria*, XXXI, 5 : *si juratores invenire non potuerit in província Ripuaria.*

[1] *Formulæ Andegavenses*, 14; *Senonenses*, 1; *Merkelianæ*, 30.

Les Romains, les Grecs le pratiquaient[1]. Nous n'avons pas besoin que Tacite l'ait signalé dans l'ancienne Germanie pour penser qu'il y était usité.

Ce qui paraît, à première vue, particulier aux Germains, c'est l'usage des cojureurs. Mais les textes cités plus haut nous ont bien fait voir que cet usage ne modifiait en rien le caractère et l'essence du serment. Il ne faisait que le fortifier, le multiplier, afin d'en assurer la sincérité. Le prévenu avait un tel intérêt dans l'affaire qu'il pouvait bien être tenté d'invoquer Dieu à faux; aussi le législateur et les juges exigeaient-ils que d'autres hommes fussent à côté de lui pour partager ses risques devant Dieu et les saints. Il n'était pas aisé à un coupable de trouver douze hommes qui consentissent à commettre un sacrilège.

Avant l'adoption du christianisme, il est clair que le serment religieux était païen. On pense bien que les Germains ne le prêtaient pas dans un temple, puisqu'ils n'avaient pas de temples, ni sur des reliques, puisqu'ils n'avaient pas de reliques. Ils le prononçaient, paraît-il, sur des épées[2]; mais il faut bien entendre que ces épées avaient été préalablement consacrées à la Divinité[3].

[1] *Est jusjurandum affirmatio religiosa*, dit Cicéron, *De Officiis*, III, 29, et il ajoute: *quod promiseris Deo teste*. — Digeste, III, 2, 6, § 4 : *innocentiam suam jurejurando adprobavit*. — Code Justinien, IV, 1, 11 : *Cum desperavit aliam probationem, tunc ad religionem convolare*.

[2] Un glossateur du dixième siècle a ajouté dans un manuscrit de la Loi salique, Paris 9630, que les anciens Francs, avant d'être chrétiens, *in eorum dextera et arma eorum sacramenta affirmant (affirmabant)*; voyez Behrend, p. 95. Il est certain qu'Ammien dit que les Germains juraient sur leurs épées, XVII, 12, 21; ce même usage est signalé plus tard chez les Saxons : *Gesta Dagoberti*, 31; *Annales Fuldenses*, a. 873 : *Saxones jurabant juxta ritum gentis suæ per arma sua*. De même pour les Danois: *Pax in armis jurata*, Annales d'Éginhard, a. 811; *Pacem per arma juraverunt*, Adam de Brême, c. 30.

[3] *Lex Baiuwariorum*, XVI, 5 : *Donet arma sua ad sacrandum et per ea juret ipsum verbum cum uno sacramentali.* — *Lex Alamannorum*, LXXXIX:

Ces épées représentaient pour eux le dieu invoqué dans le serment[1]. Avec le christianisme, le serment religieux devint un serment chrétien. Je crois voir dans une formule un indice de cette transition : un homme accusé d'un meurtre se disculpe d'abord avec douze cojureurs, lui treizième, en jurant sur la main et sur l'arme du juge, et il est déclaré absous ; puis, le tribunal ou les parties s'étant ravisées, on exige de lui le même serment dans une église[2]. C'est cette sorte de serment, la main sur l'autel ou sur des reliques, qui fut pratiqué durant toute l'époque mérovingienne.

L'idée que les hommes y attachaient apparaît clairement chez les écrivains du temps. Ils croyaient que le saint sur le corps duquel on jurait ne se prêterait pas à un sacrilège, et qu'il se chargerait lui-même de punir le parjure en le frappant de mort. « Au temps du roi Théodebert, en Austrasie, un prêtre et un Franc étaient en procès ; le juge ne discernait pas la vérité : il ordonna

*Juret in arma sua sacramenta* (? *sacrata*). — *Lex Langobardorum*, Rotharis, 359 : *sibi sextus juret ad arma sacrata.* — *Fredegarii Chron.*, 74 : *jurent super arma placata.* — Cf. *Gesta Dagoberti*, 31 : *Saxones, ut eorum mos est, in armis patratis* (? *sacrotis* ou *placatis*) *pactum firmant.*

[1] Cette idée est énergiquement exprimée par Ammien Marcellin, qui a beaucoup connu les Germains : *Quadi, eductis mucronibus quos pro numinibus colunt, juravere* (Ammien, XVII, 12, 21). Tacite a dit qu'un des principaux dieux des Germains avait pour unique symbole une épée.

[2] *Formulæ Turonenses*, 30 : *Dum sic veritas comprobaretur, apprehensam manum vel arma judicis, sicut mos est, apud homines 12, sua manu 13, dextratus vel conjuratus dixit.... Sed postea illi judicatum fuit ut... in ecclesia illa conjurare debeat.* — L'usage de jurer par les armes n'a pas tout à fait disparu ; la Loi ripuaire le mentionne encore, XXXIII, 5, mais comme une simple forme de procédure, et non pas avec le caractère absolu du *sacramentum*. Comparer Fortunatus, *Carmina*, VI, 6 : *Jurare per arma* ; et plus tard, Hincmar qui dit au roi : *Coram Deo et angelis ejus, in fide et dextera vestra per spatam vestram jurantes.* Hincmar, *Expositiones ad Carolum*, III, édit. de la Patrologie, t. I, col. 1066 ; mais ce serment sur la main droite et sur l'épée a un autre caractère que le serment que nous étudions ici ; ce n'est plus le serment judiciaire.

au prêtre de faire le serment sur le tombeau où reposait saint Maximin. Le prêtre, posant la main sur le tombeau sacré, dit : Que je sois écrasé par la puissance de ce saint, si je mens ! Or il mentait. A peine fut-il sorti de l'église, qu'il chancela, tomba à terre et mourut[1]. » Voilà une histoire qu'on raconta à Grégoire de Tours et que tous ses contemporains crurent vraie. Et Grégoire ajoute : « C'est que si un homme ose proférer un faux serment, la vengeance divine le frappe sans retard[2]. » — Un jour un homme accusé de crimes se sentait coupable ; il voulut pourtant affronter le serment : « J'irai, dit-il avec assurance, dans la basilique de saint Martin, je me justifierai par serment et me rendrai innocent. » Mais au moment où il entrait dans l'église, il se sentit comme frappé au cœur, par le saint apparemment, et tout troublé il avoua son crime[3]. — Un autre était accusé d'avoir mis le feu à une maison. J'irai dans l'église de saint Martin, dit-il, et je me justifierai par le serment. Prends garde, lui dit l'évêque, que Dieu et ses saints ne se vengent d'un parjure. Et lui, à peine

---

[1] Grégoire, *De gloria confessorum*, 93 (91) : *Apud urbem Trevericam... tempore Theodeberti regis, Arboastes quidam presbyter cum Franco quodam intendebat rege præsente.... Si vera sunt, inquit rex, quæ prosequeris, hoc super tumulum Maximini sacramento confirma.... Et presbyter ponens manus super sanctum sepulcrum dixit: Hujus Sancti virtute opprimar si aliquid falsi loquor.... Subito delapsus presbyter solo pessumdedit et mortuus est.*

[2] Ibidem, 94 : *Si quis falsum juramentum proferre ausus sit, illico divina ultione corrigitur.* — Grégoire, *De gloria martyrum*, 20 : *Vidi quosdam in loco eo perjurasse qui ita divino judicio condemnati sunt ut in ipsius anni curriculo finirentur a sæculo.*

[3] Grégoire, VIII, 16 : *Ibo ad basilicam Beati Martini et me exuens sacramento innocens reddar.... Ad ostium ruit gravi cordis dolore percussus, confessusque est quæ venerat excusare.* — Notons que ces termes qu'emploie Grégoire, *se exuere sacramento, excusare*, se retrouvent dans la Loi salique (XLVII, 2; *Additamentum*, 9, Behrend, p. 91) et dans la Loi ripuaire (XXXI, 5).

eut-il achevé son serment, qu'il lui sembla que des flammes l'enveloppaient, et il tomba mort[1].

Un habitant de Tours, nommé Pélagius, avait commis beaucoup de vols et plusieurs meurtres. L'évêque le suspendit de la communion : peine sévère alors pour les plus criminels. Pélagius voulut affirmer son innocence par un serment avec douze cojureurs. Il accomplit ce serment, et l'évêque se trouva obligé de le recevoir à la communion. Mais comme il avait commis un parjure, il mourut dans l'année, « et ainsi se manifesta la puissance du saint dans la basilique duquel il avait prononcé un faux serment »[2].

Grégoire de Tours lui-même fut un jour obligé de se soumettre à cette procédure. Il était accusé d'avoir dit du mal de Frédégonde, crime de lèse-majesté. Le roi exigea « qu'après avoir dit la messe sur trois autels, il se justifiât par serment ». L'évêque s'y résolut. Or il place à cet endroit de son récit un détail significatif : le jour du serment venu, la reine Rigonthe, qui était bienveillante pour lui, jeûna et pria avec tous ses serviteurs, afin que le serment réussît. C'est donc que l'épreuve était jugée redoutable, même pour un innocent, même pour un évêque. Le serment fut accompli suivant les règles, « fut rempli », et les prêtres vinrent triomphalement l'annoncer au roi. Aussitôt l'accusation tomba, et ce fut au roi à se justifier à son tour, tant un tel serment avait d'efficacité[3].

---

[1] Grégoire, *ibidem*.

[2] Grégoire, VIII, 40 : *At ille, electis duodecim viris, ut hoc scelus pejeraret advenit.... Ipsius juramentum suscepi, jussique eum recipi in communionem.... Adveniente mense quinto, spiritum exhalavit.... Manifestata est virtus Beatæ Mariæ (alias, sancti Martini) in cujus basilica sacramentum protulit mendax.*

[3] Grégoire, V, 50 (49) : *Restitit ad hoc causa ut, dictis missis in tri-*

Un autre écrivain décrit la procédure du serment au tribunal du roi. Le procès portait sur un domaine qu'un laïque possédait et qu'un abbé réclamait pour son couvent. Le roi jugea d'abord que, si l'abbé pouvait jurer dans le lieu saint que la terre était à lui, elle lui serait restituée. L'abbé, qui n'osait peut-être pas se soumettre à cette épreuve, demanda que le serment fût plutôt prononcé par le laïque. Le tribunal royal y consentit, et décida qu'avec un certain nombre de cojureurs le laïque ferait le serment, c'est-à-dire jurerait que le domaine lui appartenait de plein droit. L'abbé demanda, affectant de craindre que tant d'âmes ne fussent frappées par l'effet d'un parjure, qu'on supprimât les cojureurs, et il l'obtint. Alors le laïque entra dans l'église de Saint-Éloi et s'approcha du tombeau du saint, « jugeant chose légère de jurer, la main posée sur cet objet sacré »; au milieu même de l'énoncé de son serment, un tremblement le prit, il tomba à la renverse et se brisa la tête[1]. — De tels récits caractérisent bien une institution et montrent comment les hommes la comprenaient.

Voici un autre récit du même hagiographe. Un vol avait été commis, dont on accusait deux hommes, le père et le fils; chacun des deux se disait innocent et rejetait le crime, le père sur son fils, le fils sur son père. Les juges étaient le comte de la ville de Noyon et l'évêque. La vérité ne ressortait pas des débats. L'évêque dit au comte : « Nous ne pouvons discerner la vérité; remettons-nous-en au jugement de saint Éloi, dont le

bus altaribus, me exuerem sacramento.... Nec hoc sileo quod Rigunthis regina, condolens doloribus meis, jejunium cum omni domo sua celebravit quousque puer nuntiaret me omnia implesse. Regressi sacerdotes ad regem aiunt : Impleta sunt omnia ab episcopo quæ imperata sunt, o rex; quid nunc ad te, nisi ut communione priveris?

[1] *Vita Eligii*, II, 57.

tombeau est près d'ici. » Et, conduisant les deux accusés au tombeau du saint, ils dirent : « C'est à toi, saint Éloi, que nous remettons le jugement. » Puis ils attendirent, comptant bien que par ce serment « ils sauraient le jugement de Dieu ». En effet, à peine le fils eut-il commencé à proférer les paroles du serment, qu'il tomba à terre et mourut. C'était lui le coupable, incontestablement[1].

Ainsi le serment était une façon de jugement de Dieu. C'était le saint, c'était Dieu lui-même qui prononçait. Sans doute il n'acceptait que le serment de l'innocent; il rejetait celui du coupable et le frappait. Aussi fallait-il que le serment fût proféré à l'endroit où Dieu était particulièrement présent, dans son église, là surtout où il y avait le corps d'un saint, la main sur l'autel où étaient contenues les reliques. On pouvait aussi jurer sur une châsse, mais à condition que les reliques y fussent. Si la châsse était vide, le serment était nul, et le parjure en ce cas était permis. Le saint n'avait pas à punir, puisqu'il n'avait pas été corporellement présent[2].

Ces conceptions de l'esprit et ces pratiques judiciaires ont rempli toute la période mérovingienne. Les lois, les formules de jugements, les récits des écrivains, tous les documents sont d'accord pour montrer qu'elles

---

[1] *Miracula Eligii*, à la suite de la *Vita Eligii*, II, 64, édit. de la Patrologie, t. LXXXVII, p. 582 : *Tandem episcopus cum duce accepto consilio, cum non possent rei veritatem cognoscere, judicio eos committunt Beati Confessoris. Quia, inquiunt, nescimus cui ex his potius credi decernamus, tibi, Sancte Eligi, hoc judicium committimus. Tunc statuentes utrumque coram sepulcro Sancti, exspectabant per sacramentum Dei fore judicium. Et ecce repente dum juramentum cœpisset promere, arreptus juvenis a dæmone collisus est in terram.* — Cf. un autre récit analogue, au chapitre 56.

[2] Voyez ce que raconte le continuateur de Frédégaire, c. 97; cf. *Gesta Dagoberti*, c. 46; chronique de Moissac, dans Bouquet, II, 653.

furent communes aux ecclésiastiques et aux laïques, aux Romains et aux Francs.

Nul ne pouvait être obligé malgré lui à faire le serment. Comme cette épreuve engageait l'âme, il est visible que celui à qui les juges la prescrivaient pouvait se refuser à la subir. Mais ce qui est plus curieux, c'est que l'autre partie elle-même pouvait déclarer qu'elle n'acceptait pas le serment; sur cette seule interdiction, le serment n'avait pas lieu. Grégoire raconte qu'un meurtrier « offrait de se rendre innocent par serment »; mais les parents des victimes « n'y consentirent pas »[1]. La Loi ripuaire parle d'un procès sur une question de propriété; il s'agit de savoir si un acte constatant la vente est authentique ou faux; une des parties doit en établir l'authenticité par le serment, mais l'autre peut s'opposer au serment et « écarter de l'autel la main du jureur »[2]. Quand le serment était ainsi rejeté, les deux parties devaient comparaître au

[1] Grégoire, VII, 23 : *Judicatum est ut se insontem redderet sacramento; sed nec hoc his acquiescentibus, placitum in regis præsentia posuerunt.*

[2] *Lex Ripuaria*, LIX, 4.

#### COMPARAISON DES AUTRES ÉTATS GERMAINS.

Le serment judiciaire est usité dans tous les États germaniques, du sixième au huitième siècle. L'*Edictum Theodorici* le signale, art. 106. Le législateur des Wisigoths dit expressément que si le juge n'obtient pas la preuve des faits par les témoignages et les pièces écrites, il a recours au serment pour connaître la vérité (*Lex Wisigothorum*, II, 1, 22; II, 2, 5). Ce serment est un acte sacré; d'où les expressions qu'emploie le législateur : *sacramento se expiet* (II, 2, 5). Ce serment sauve l'âme ou peut la perdre; II, 2, 9 : *ingenuus conscientiam suam expiet sacramentis*; VI, 1, 2 : *qui pulsatur, suam debeat sacramento conscientiam expiare.* On voit des hommes refuser le serment, *ut animas suas non condemnent* (X, 1, 14); *si quis animam suam perjurio necaverit* (II, 4, 7, Walter, p. 664). Aussi le législateur admet-il que le serment prêté constitue une preuve définitive; l'homme qui a juré devient aussitôt un innocent; VI, 1, 2 : *Si suo se sacramento innocentem reddiderit;* de même, VI, 5, 12.

tribunal du roi ou se soumettre à une autre épreuve dont nous allons parler.

On est convaincu par le serment de l'adversaire; VI, 5, 7 : *sacramento convictus*. Ce serment est prêté devant témoins, VIII, 2, 1; IV, 1, 8; mais la loi ne parle pas de cojureurs.

Dans les lois lombardes, le serment est un des moyens judiciaires les plus puissants; même devant le tribunal du roi et même pour un crime qui serait puni de mort, l'accusé « peut satisfaire par le serment », Rotharis, 9. Par le serment, l'homme « se purifie », *se purificat*, Rotharis, 12, 202, 213; 196 : *liceat eum se purificare si potuerit*. Ce serment a lieu presque toujours sur l'Évangile: ibidem, 359 : *ad Evangelia sancta juret*; Liutprand, 21 : *se purificet ad legem Dei*; 109 : *satisfaciat ei ad Evangelia*. Quelquefois, mais dans des procès de peu d'importance, on se contente de faire jurer sur des armes bénites, *ad arma sacrata*, Rotharis, 359, 365. Il faut avoir des cojureurs; Rotharis, 179 : *se purificare cum duodecim sacramentales*; 359 : *ad Evangelia juret cum duodecim aidos suos, id est sacramentales*. Les cojureurs doivent être, en principe, les parents de celui qui doit jurer; Grimoald, 7 : *præbeat sacramentum cum parentibus suis legitimis sibi duodecimus*. Ils sont désignés non par celui qui prête le serment, mais par la partie adverse, qui lui « nomme » ses parents les plus proches; Rotharis, 360-362 : *Ille qui pulsat proximiores sacramentales qui nascendo sunt debeat nominare*; cf. 359 : *nominentur sex ab illo qui pulsat, et septimus sit ille qui pulsatur, et quinque quales voluerit liberos*. Le cojureur désigné peut refuser de jurer en alléguant qu'il craint pour son âme, *animam suam timendo*, Liutprand, 61.

Chez les Alamans, le serment se fait dans l'église; XXIV : *juret in ecclesia*; sur l'autel, VII, 2 : *juret in ipso altare*; ou bien encore sur une châsse contenant des reliques; VI, 4 : *ista sacramenta debent esse jurata ut conjuratores manus suas super capsam ponant*. — Il y a des serments moins solennels; ainsi, dans un débat portant sur une dot qui ne dépasse pas 12 solidi, la femme peut jurer *per pectus suum*, LVI, 2. — Le nombre des cojureurs varie suivant l'importance de l'objet en litige, *secundum qualitatem pecuniæ*, VII, 2; XXVII; LVI, 1; LXXXIX. — De même que dans l'État Franc, les cojureurs ne se présentent pas à la séance du jugement; mais, après jugement, la partie à laquelle le serment est imposé, *spondet sacramentales et fidejussores præbet ut in constituto die legitime juret*, XXXVI, 3. — Les cojureurs ne sont pas pris à volonté; le plus souvent ils sont choisis par l'adversaire; VI, 3, édit. Pertz, p. 153 : *qui causam prosequitur electionem faciat de conjuratoribus*; mais le jureur a le droit d'en récuser une partie (*ibidem*). Quelquefois ils sont désignés parmi les parents, quelquefois choisis en dehors; XXX : *juret cum duodecim nominatis et aliis duodecim electis*; LIII : *juret cum quinque nominatis et septem advocatis*. Même serment judiciaire chez les Bavarois, VIII, 16; XVI, 5; XVII, 2; chez les Thuringiens, I, II, III, IV, VII; chez les Frisons; la loi de ce dernier peuple porte expressément qu'il a lieu sur les reliques des saints, III, 6; X; XII, 1; XIV, 1

#### 4° LE COMBAT JUDICIAIRE.

Le serment était une forme du jugement de Dieu ; le combat ou duel en était une autre. Par le combat les juges discernaient le bon droit, parce que Dieu lui-même, intervenant dans ce combat, leur manifestait le coupable.

Il est assez curieux que la Loi salique ne parle jamais du combat. Elle ne connaît que deux procédures, celle qu'elle appelle *probatio certa*, c'est-à-dire la preuve par témoins ou par pièces écrites, et l'épreuve judiciaire, qu'elle ne connaît que sous deux formes, l'eau bouillante et le serment. Elle paraît ignorer tout à fait le duel judiciaire. Ce ne peut être ici une pure omission ; car en plusieurs passages elle énumère avec quelque soin tous les modes de justification qu'elle accorde à l'inculpé ou au défendeur, et le combat n'y est jamais compris. Nous ne le trouvons pas davantage dans les capitulaires que nous avons des rois mérovingiens.

La loi des Burgundes est le premier document où le combat judiciaire soit mentionné. Il faut observer de quelle façon il se présente. « Quand un homme doit jurer, si son adversaire veut lui enlever le serment, il faut le faire avant qu'il entre dans l'église ; ceux que les juges avaient désignés pour entendre le serment, doivent déclarer qu'ils ne l'accepteront pas et empêcher qu'il ne soit prononcé ; alors les deux parties seront amenées à notre tribunal pour être livrées au jugement de Dieu[1]. » Plus loin le législateur s'ex-

---

[1] *Lex Burgundionum*, VIII, 2 : *Si ei sacramentum de manu tollere voluerit, antequam ecclesiam ingrediantur, illi qui sacramentum audire*

plique plus clairement encore : « Comme il est venu à notre connaissance qu'il se fait beaucoup de faux serments, nous voulons supprimer cette habitude criminelle, et nous décrétons par la présente loi que si celle des deux parties à laquelle on a offert le serment refuse de l'accepter et préfère convaincre son adversaire par les armes, le combat sera autorisé. En ce cas, l'un des cojureurs sera tenu de combattre dans ce jugement de Dieu ; car, puisqu'il prétendait savoir la vérité et l'affirmer par serment, il ne doit pas craindre de la défendre par le combat[1]. Si la partie qui devait prêter serment est vaincue, ses cojureurs payeront une amende de 300 solidi ; si c'est l'autre partie qui est tuée, le vainqueur prendra sur ses biens neuf fois la somme qui lui était due[2] ; nous prescrivons cela pour que les hommes préfèrent la vérité au parjure[3]. » L'auteur de cette loi est Gondebaud,

---

*jussi sunt (quos a judicibus ternos semper ad sacramentum audiendum præcipimus delegari) contestentur se nolle sacramenta suscipere, et non permittatur is qui juraturus erat post hanc vocem sacramenta præstare; sed ad nos dirigantur, Dei judicio committendi.*

[1] *Lex Burgundionum*, XLV : *Multos in populo nostro ita cognoscimus depravari ut de rebus incertis sacramenta offerre non dubitent et de cognitis perjurare. Cujus sceleris consuetudinem submoventes præsenti lege decernimus ut... si pars ejus cui oblatum fuerit jusjurandum, noluerit sacramenta suscipere, sed adversarium suum veritatis fiducia armis dixerit posse convinci,... pugnandi licentia non negetur. Ita ut unus de testibus qui ad danda convenerant sacramenta, Deo judicante, confligat; quoniam justum est ut si quis veritatem rei scire se dixerit et obtulerit sacramentum, pugnare non dubitet.*

Ibidem : *Si testis* (le champion) *partis ejus quæ obtulerit sacramenta in eo certamine fuerit superatus, omnes testes qui se promiserant juraturos, 300 solidos mulctæ nomine cogantur solvere. Si ille qui renuerit sacramentum fuerit interemptus, quidquid debebat de facultatibus ejus novigildi solutione pars victoris reddatur indemnis.* — Voyez encore, dans le même code, le titre LXXX : *Si ad conflictum causæ descenderint et divino judicio falsus relator pugnans occubuerit, 300 solidos testes ipsius cogantur exsolvere.*

[3] Ibidem : *Ut veritate potius quam perjuriis delectentur.*

et il la date du consulat d'Aviénus, c'est-à-dire de l'année 501[1].

Il semblerait, d'après ces passages, que le combat eût été institué chez les Burgundes à cette date précise de 501, et qu'au lieu d'être une vieille institution populaire il fût une création du roi. Ce qui est plus sûr, d'après ces mêmes articles de loi, c'est que le combat prenait la place du serment. La même idée religieuse s'attachait d'ailleurs à l'un et à l'autre; le combat, lui aussi, était un jugement de Dieu; on combattra, dit la loi, *Deo judicante*.

La Loi ripuaire, écrite un siècle plus tard, ne parle du combat qu'incidemment, comme d'une pratique beaucoup moins usitée que le serment. L'homme qui refuse de se présenter au tribunal après plusieurs sommations devra comparaître devant le roi « pour se défendre par les armes contre son adversaire »[2]. L'homme qui nie l'authenticité d'une charte peut empêcher le possesseur de cette charte d'en établir la validité par le serment, et en ce cas l'un et l'autre doivent se présenter devant le roi « pour combattre »[3]. Dans les procès en matière d'héritage ou d'ingénuité, c'est le serment qui est présenté comme la preuve qui donne gain de cause; la loi admet pourtant, en dehors du serment, un recours aux armes devant le roi[4].

---

[1] Ibidem : *Data sub die sexta Kalendas Junias Lugduno Avieno viro clarissimo consule.*

[2] *Lex Ripuaria*, XXXII, 4 : *Si ipsam strudem contradicere voluerit et ad januam suam cum spata tracta accesserit, tunc judex fidejussores ei exigat ut se ante regem repræsentet et ibidem cum arma sua contra contrarium suum se studeat defensare.*

[3] Ibidem, LIX, 4 : *Tunc ambo constringantur ut se super 14 seu 40 noctes ante rege repræsentare studeant pugnaturi.*

[4] Ibidem, LXVII, 5 : *Si quis pro hereditate vel pro ingenuitate certare cœperit... aut cum arma sua se defensare studeat ante rege.*

Il est à remarquer que dans la Loi ripuaire, comme dans la Loi des Burgundes, le duel n'a pas lieu en un endroit quelconque, au choix des parties. Il n'a lieu que devant un tribunal, et non pas même au simple *mallus* du comte, mais seulement au tribunal du roi. Cela marque le caractère essentiellement judiciaire de ce combat; cela implique aussi qu'au temps où fut rédigée la Loi ripuaire, il n'était pas d'un usage très fréquent.

Il n'est pas douteux qu'il n'ait été pratiqué au sixième siècle; mais les exemples que nous en avons et que nous allons citer donnent à penser qu'il était plutôt usité chez les grands que dans la population. Grégoire de Tours décrit une scène qui se passe entre l'ambassadeur du roi d'Austrasie et le roi Gontran; le roi reproche à l'ambassadeur d'avoir appuyé la révolte de Gondovald. « Je suis innocent de cela, réplique l'Austrasien, et si un de tes grands me reproche ce crime, remets la question au jugement de Dieu; Dieu nous verra combattre et nous jugera[1]. » Une autre fois, un délit de chasse ayant été commis, Chundo, l'un des grands du palais, est traduit en jugement devant le roi. Il nie. Le roi « ordonne par jugement le combat ». Chundo donne un champion qui combat à sa place, en présence du roi, et qui est tué. Sur cela, le roi est convaincu de la culpabilité de Chundo, qu'il aimait pourtant, et il le fait mettre à mort[2].

[1] Grégoire, VII, 14 : *Insontem me de hac causa profiteor; si aliquis est similis mihi qui hoc crimen impingat, Tu, o Rex piissime, ponas hoc in Dei judicio ut Ille discernat, cum nos in campi planitie viderit dimicare.*

[2] Grégoire, X, 10 : *Rex campum dijudicat. Tunc cubicularius (Chundo) dato nepote pro se qui hoc certamen adiret, in campo uterque steterunt.... Ceciderunt ambo* (le neveu de Chundo et l'accusateur) *et mortui sunt.... Chundo comprehensus est, vinctusque ad stipitem, lapidibus est obrutus.*

Un passage de Frédégaire montre cette pratique au septième siècle. Un Franc dit à son roi : « Veux-tu savoir la vérité? Ordonne à deux hommes de s'armer et de combattre : par ce combat, tu connaîtras le jugement de Dieu[1]. » Un hagiographe raconte qu'au sujet d'une charte fausse, le roi, voulant trouver le coupable, « ordonna le combat, afin que l'auteur de la fraude fût révélé par le jugement de Dieu »[2].

De ces textes de lois et de ces récits des écrivains nous pouvons conclure avec certitude, 1° que le duel n'était pas une guerre privée, qu'il ne ressemblait en rien à une lutte entre deux familles ou entre deux individus se poursuivant à leur gré; 2° qu'il était un acte judiciaire ordonné par le juge, c'est-à-dire par le roi, et accompli en sa présence; 3° qu'il était considéré non comme un simple combat, mais comme une épreuve; qu'une idée religieuse s'y attachait; que Dieu y intervenait directement, que c'était Dieu qui donnait la victoire à l'un ou à l'autre, que Dieu était trop juste pour donner la victoire au coupable; que par conséquent il manifestait visiblement de quel côté était le bon droit. C'est pour cette raison que les juges, assistant au combat, n'avaient aucun scrupule à donner gain de cause au vainqueur et à punir sans pitié le vaincu. Comme l'épreuve par l'eau bouillante, comme le serment, le combat avec ses rites était le jugement de Dieu.

Nous n'avons pas à apprécier au nom de la morale

---

[1] *Fredegarii Chronicon*, 51 : *Liberare poteras de blasphemio causam hanc; jube illum hominem armare... et procedat alius... Judicium Dei his duobus confligentibus cognoscatur, utrum hujus culpæ regina sit innocens an culpabilis.*

[2] *Vita Austregisili*, c. 3, Mabillon, *Acta SS.*, II, 96. Voyez un autre exemple dans les *Miracula S. Benedicti*, I, 25.

toute cette procédure; nous n'avons pas à chercher d'après notre raison moderne si elle était raisonnable ni si elle donnait des garanties suffisantes au bon droit. L'historien ne doit chercher que le caractère vrai des faits anciens et les idées qui s'y rattachaient; il ne peut que constater ici que toute cette procédure se trouvait d'accord avec les croyances et les habitudes des hommes [1].

### 5° LA PÉNALITÉ.

Que la peine de mort et les autres peines corporelles aient été appliquées en justice dans l'État Franc, c'est ce qui est marqué par des documents nombreux et clairs : nous avons d'abord une série d'actes législatifs de plusieurs sortes; nous avons ensuite une série de faits qui sont rapportés par les écrivains du temps.

De la première génération après Clovis, il nous est parvenu un capitulaire en dix-huit articles, qui est

---

[1] L'usage du combat judiciaire et le sens de cet usage ne sont nulle part mieux exposés que dans les Lois des Alamans et des Bavarois. Si deux témoins témoignent en sens contraire, « qu'on prenne le jugement de Dieu, que les deux hommes se mesurent au combat; celui à qui Dieu aura donné la victoire est celui dont le témoignage doit être cru » (*Lex Baiuwariorum*, II, 2). Pour une accusation de vol d'un bœuf, l'accusé se justifiera par serment, ou bien « deux champions combattront et celui-là gagnera sa cause à qui Dieu aura donné la force » (*Ibidem*, VIII, 2, 6, édit. Pertz, IX, 2). Deux hommes se prétendent propriétaires de la même terre, « ils vont au combat et le jugement appartient à Dieu » (*Ibidem*, XVII, 2, édit. Pertz, XVIII). Deux familles sont en débat sur les limites de leurs propriétés, et le comte, qui juge, n'a aucun élément de certitude; alors les deux parties, en présence du comte, s'engagent à combattre à tel jour fixé; ce jour venu, les deux parties, l'épée à la main, « prennent à témoin Dieu créateur, afin qu'il donne la victoire à celui dont la cause est la plus juste »; la terre contestée est adjugée au vainqueur, et le vaincu est condamné à une amende (*Lex Alamannorum*, 87).

consacré au droit criminel[1]. On y lit : « Nous décrétons que pour quiconque sera convaincu de vol à main armée, il y aura peine de mort. »[2] Et un peu plus loin : « Le brigand... sera privé de la vie[3]. » Et encore : « Le voleur dans la maison duquel l'objet volé sera trouvé, rachètera le crime de sa vie[4]. » A la génération suivante, un décret de Chilpéric, sans dire formellement que l'autorité publique appliquera la peine de mort, déclare que « le criminel sera mis hors la loi et qu'on pourra le tuer impunément »[5]. L'édit de Childebert II est plus explicite. Il punit de mort le rapt et ordonne à ses comtes de tuer le ravisseur[6]. Il prononce la même peine contre l'homicide, « parce que l'homme qui a su tuer doit savoir mourir »[7]. Même le vol est frappé de mort[8].

---

[1] C'est le *Pactus pro tenore pacis* de Childebert I<sup>er</sup> et de Clotaire I<sup>er</sup>. Il se trouve à la suite de la Loi salique dans les manuscrits de Wolfenbuttel et de Munich, et dans les manuscrits de Paris 4404, 4628 a; Pertz, I, 7; Behrend, p. 101; Borétius, p. 3.

[2] Ibidem, art. 1 : *Id ergo decretum est* (ms. de Munich : *Apud nos majoresque natu Francorum palatii*) *ut apud quemcunque latrocinius comprobatur, vitæ incurrat periculum.* — *Vitæ periculum incurrere* est une expression de l'époque pour indiquer la peine de mort; voyez : *Decretio Childeberti,* 4 : *Vitæ periculo feriatur... eum judex occidat.* — Turonenses, 32 : *ut pro hac culpa vitæ periculum incurrissent vel (et) sententiam mortis excepissent.* Marculfe, II, 18 : *Vitæ periculum incurrere polueras.*

[3] Ibidem, art. 2 : *Latro... vita carebit.*

[4] Ibidem, art. 10 : *Si quis in alterius domum ubi clavis est furtum invenerit, dominus domus de vita componat.*

[5] *Edictum Chilperici,* 10 : *Si fuerit malus homo qui male in pago faciat,. ipsum mittemus foras nostro sermone ut quicunque eum invenerit, interficiat.* — Il s'agit ici d'un criminel que l'on n'a pas pu saisir et qui a été jugé par contumace au tribunal du roi.

[6] *Decretio Childeberti,* 4 : *Quicumque præsumpserit raptum facere, vitæ periculum feriatur.... Judex raptorem occidat.*

[7] Ibidem, 5 : *De homicidiis ita jussimus observari ut quicunque alium sine causa* (sans cause légitime) *occiderit, vitæ periculo feriatur... quia justum est ut qui injuste novit occidere discat juste mori.*

[8] Ibidem, 7 : *De furibus et malefactoribus ita decrevimus observare ut... quomodo sine lege involavit, sine lege moriatur.* — Le *judex* qui relâche un voleur est frappé de la même peine, *vitam amittat.*

Le devoir du fonctionnaire royal est de rechercher le malfaiteur, de l'arrêter à son domicile, de le pendre[1].

La Loi salique prête à un singulier malentendu. Comme elle est surtout un tarif de compositions, ceux qui ne lisent qu'elle, et qui la lisent comme si elle était le seul document historique du temps, sont amenés à penser que la composition était la seule pénalité de cette époque. Mais il faut faire attention que la Loi salique n'est pas un code complet. Elle est fort loin de contenir la législation tout entière. De ce qu'elle ne parle presque que des compositions, on n'est pas en droit de conclure qu'il n'existât pas, à côté des compositions, des peines corporelles, et surtout la peine de mort. Il y a plus. Si on la lit avec un peu de soin, on s'aperçoit que la peine de mort y est plusieurs fois indiquée, surtout dans les plus anciens textes. Le manuscrit de Paris 4404 et celui de Leyde contiennent un article qui punit de mort ceux qui ont facilité le rapt d'une jeune fille, *morte damnentur*[2]. Un autre article laisse bien voir que la peine de mort par pendaison est appliquée, puisqu'il punit celui qui aura, sans permission du comte, enlevé un corps de la fourche ou de l'arbre où il a été pendu[3]. Un manuscrit contient une disposition par laquelle l'auteur d'un méfait « ne doit

---

[1] Ibidem, 8 : *Ut judex, criminosum latronem ut audierit, ad casam suam ambulet et ipsum ligare faciat, ita ut... in loco pendatur.* — Le législateur fait une réserve pour le criminel qui n'est pas une *debilior persona*, qui est un *francus*, c'est-à-dire un homme de condition élevée : celui-là ne sera pas pendu par le *judex*, il sera mené au tribunal du roi. Mais cela ne signifie pas que le roi lui fera grâce de la vie; nous verrons plus loin que le tribunal du roi prononçait des arrêts de mort.

[2] Manuscrit de Paris 4404, tit. 70, folio 195; manuscrit de Leyde, Vossianus 119, publié par Holder, p. 42.

[3] Manuscrit 4404, tit. 67 : *Si quis hominem extra consilium judicis de furca abaterit aut de ramum ubi incrocatur, solidos 30.* Tit. 68 : *Si quis hominem vivum de furca aballere præsumpserit, solidos 100.*

plus habiter parmi les hommes »[1]. Un autre marque la peine de mort pour celui qui a arrêté un homme et l'a fait condamner injustement[2]. D'autres textes disent qu'il y a des crimes « pour lesquels on doit mourir »[3]. Enfin deux articles, qui sont dans tous les manuscrits, signalent la mise hors la loi avec confiscation de tous les biens; et cette peine, qui est prononcée en cas de contumace, ressemble assez à la peine de mort, puisque la loi ajoute que nul ne pourra recevoir le coupable chez soi ni lui donner à manger[4].

Ce ne sont jusqu'ici que de légers indices[5]; mais voici qui est beaucoup plus clair. Il est dit au titre 58 que, si un coupable qui a été condamné à payer la composition, ne possède pas assez de biens pour la payer tout entière, alors « il composera de sa vie », c'est-à-dire sera mis à mort[6]. Or nous devons faire

---

[1] Manuscrits de Paris 4418, tit. 17, et de Varsovie, édit. Hubé, tit. 14: *Parentes defuncti judicem rogare debent ut inter homines non habitet auctor sceleris.* Cf. manuscrit de Montpellier 135, Pardessus, 4ᵉ texte, p. 126.

[2] Pardessus, 3ᵉ texte, p. 91, XXXII, 5 : *Si quis ligatum aut per superbiam aut per virtutem ad graphionem tulerit, de vita sua redimat.*

[3] *Lex Salica*, XVIII, 2 : *Crimen propter quod mori debuisset* (si la culpabilité avait été prouvée); voyez Hessels, col. 106-107.

[4] Ibidem, LV, 2 : *Wargus sit usque in die illa ut illi inter homines liceat accedere.* — LVI, 2 : *Quicumque eum aut paverit aut hospitalitatem dederit, etiam si uxor sua fuerit, solidos 15 culpabilis judicetur.*

[5] La Loi salique mentionne encore la peine de mort, soit pour les fonctionnaires du roi, L, 5, soit pour les esclaves, XIII, 7.

[6] *Lex Salica*, LVIII, 1 et 2 : *Si quis hominem occiderit et tota facultate data non habuerit unde totam legem compleat* (le mot *lex*, ici comme en plusieurs autres passages, signifie la somme fixée pour la composition)... *tunc ille qui eum sub fide habuit* (c'est-à-dire la partie adverse qui a obtenu gain de cause contre le meurtrier et envers qui celui-ci s'est engagé à payer la composition) *in mallo præsentare debet.... per quatuor mallos.... Et si eum* (le meurtrier) *nullus in compositione ad fidem tulerit, hoc est ut redimant, tunc de sua vita componat.* — Cf. *Pactus pro tenore pacis*, 2 : *Si facultas deest, tribus mallis parentibus offeratur, et si non redimitur, vita carebit.* — Le sens de ce rachat est bien expliqué

attention que la composition pour homicide était, suivant la condition de la victime, de 200, de 600, de 1800 solidi ; le meurtre d'une femme variait aussi entre 200, 500, 600, 700 solidi. Et comme ces solidi étaient des sous d'or, valant chacun 40 deniers d'argent, on peut calculer que les sommes valaient, en notre langage actuel, 25 000 francs, 75 000 et même 225 000. Il est clair que le plus grand nombre des assassins n'avaient pas une telle fortune. Supposons qu'une loi moderne déclare qu'un meurtrier payera 60 000 francs ou sera puni de mort ; on peut être sûr que la composition pécuniaire sera le cas le plus rare, et la mort le cas le plus fréquent. Nous devons bien entendre que, dans chacun des articles de la Loi salique où le chiffre de la composition est si élevé, la peine de mort est sous-entendue. Le rédacteur de cette loi, quel qu'il soit et à quelque époque qu'il appartienne, a visé surtout à établir les chiffres des compositions ; mais il n'a pas pour cela supprimé la peine de mort ; il l'a laissée sous chacun de ces chiffres.

Entre les édits des rois qui punissent de mort expressément l'homicide et même le vol, et la Loi salique qui prononce pour les mêmes crimes une somme d'argent à payer, il n'y a pas contradiction. Dans les uns nous voyons un côté de la vérité, dans l'autre nous voyons l'autre côté. Ces édits royaux et la Loi salique ont été également appliqués durant toute l'époque mérovingienne. Aussi les trouve-t-on dans les mêmes manuscrits, à la suite les uns des autres, dans ces *libri legales* que chaque génération écrivit à l'usage des juges,

---

dans un récit de Grégoire de Tours, VI, 36 : *ut aut esset qui redimeret, aut morti addiceretur obnoxius.*

des praticiens et des plaideurs. Ils se conciliaient aisément, parce que la peine de mort et la composition étaient concurremment prononcés par les tribunaux.

Dans le code qui a été écrit par le roi des Burgundes et à l'usage de cette nation bien voisine encore de la Germanie, c'est la peine de mort qui prévaut. Elle est prononcée contre le meurtre[1], contre le rapt, contre l'adultère, contre le brigandage à main armée[2], contre le vol avec effraction, contre le vol de chevaux[3]; et tout cela sans nulle distinction de race : le Burgunde est frappé de mort comme le Romain[4], et le meurtre d'un marchand romain est autant puni que celui d'un Burgunde[5].

Je ne puis pas dire que ce soit l'Église chrétienne qui ait inspiré ces dispositions au législateur burgunde, à Gondebaud, d'abord parce que le clergé catholique et romain avait peu d'influence sur un prince arien, ensuite parce que l'Église chrétienne, comme nous le verrons tout à l'heure, était très hostile à la peine de

---

[1] *Lex Burgundionum*, II, 1 : *Si quis hominem... occidere præsumpserit, non aliter admissum crimen quam sanguinis sui effusione componat.*

[2] Ibidem, LII *in fine* : *Capitis amissione plectantur*; LXVIII : *Si adulterantes inventi fuerint, vir occidatur et femina*; XXIX, 1 : *Si quis latrocinii scelere... occiderit, occidatur.* — Peine de mort aussi contre la jeune fille libre qui s'unit à un esclave, XXXV, 2; la femme qui abandonne son mari meurt plongée dans la boue, XXXIV.

[3] Ibidem, XXIX, 2 : *Effractores omnes qui aut domus aut scrinia exspoliant, jubemus occidi* ; IV, 1 : *Quicumque mancipium, caballum, bovem furto auferre præsumpserit, occidatur.* Le titre XLVII est particulièrement sévère pour le vol de chevaux ou de bœufs; la femme est obligée de dénoncer le mari, et si elle ne le fait pas, elle est réduite à la condition d'esclave, *marito occiso*.

[4] Ibidem, IV, 1 : *Tam Burgundio quam Romanus occidatur*; XLVII : *Tam barbarus quam Romanus.*

[5] Ibidem, XXIX, 1 : *Si quis negotiatorem occiderit, occidatur.* Cf. II, 1 : *Si quis hominem ingenuum cujuslibet nationis occiderit*; X, 1 : *Burgundio et Romanus una conditione teneantur.*

mort; loin de l'introduire dans les codes, elle travaillait à la faire disparaître. Il est donc inexact de soutenir, ainsi qu'on l'a fait, que c'est l'inspiration romaine et chrétienne qui a introduit la peine de mort dans le Code des Burgundes.

La Loi ripuaire ne parle pas plus de la peine de mort que la Loi salique. Elle ne s'occupe que du chiffre des compositions et du chiffre des cojureurs. Mais de ce que les rédacteurs de la loi n'ont en vue que ces deux objets, il ne suit pas qu'ils nient l'existence de la peine de mort. Non seulement ils se trouvent obligés de la signaler quand il s'agit de crimes commis envers le roi[1], mais encore ils y font allusion, presque sans y penser, quand ils disent que la loi ne confisque pas les biens du criminel qui aura été « pendu au tribunal du roi » ou même « pendu à toute autre potence », et que ses biens se transmettent à ses héritiers[2]. Voilà donc un coupable qui avait des biens, qui aurait pu payer la composition, et pourtant le tribunal du roi ou le tribunal du comte l'a condamné à être pendu. La peine de mort existe donc, bien que la Loi ripuaire n'en parle que par rares échappées.

Nos formules judiciaires ne traitent pas de la peine de mort; et la raison de cela se voit bien. La peine de mort ne donnait lieu à aucun acte écrit, au lieu que chaque composition nécessitait la rédaction d'un acte appelé *securitas*. C'est pourquoi nous avons tant de

---

[1] *Lex Ripuaria*, LX, 6 : *Si testamentum regis absque contrario testamento falsum clamaverit, non aliunde quam de vita componat.* LXIX : *Regi infidelis de vita componat.*

[2] *Ibidem.* LXXIX : *Si quis homo propter furtum in judicio principis pendutus fuerit vel in quolibet patibulo vitam finierit, omnes res ejus heredes possideant.* — *In quolibet patibulo* désigne les potences des juges provinciaux, des comtes.

formules sur la composition et nous n'en avons pas une qui soit relative à la peine de mort. Mais voici une *securitas* qui y fait une allusion fort claire. Elle appartient au formulaire de Marculfe, c'est-à-dire du pays de Paris. Le représentant de la victime, s'adressant au meurtrier, commence ainsi : « Tu as tué mon frère, et pour cela tu pouvais être mis à mort [1]; mais les personnages soussignés sont intervenus pour que tu ne le fusses pas, et ils nous ont fait entrer en arrangement [2]. » Il y a donc des jugements où la peine de mort n'a pas été prononcée et où il est pourtant reconnu qu'elle pouvait l'être, qu'elle l'aurait été sans une intervention qui s'est produite, et qu'elle était légale.

Passons maintenant aux faits et à la pratique. Les écrivains du temps, chroniqueurs ou hagiographes, ne ressemblent pas à des historiens de profession qui diraient les choses d'une manière abstraite et générale; ce sont des conteurs. Ils se plaisent à raconter les plus menus faits et à les décrire; or ce sont ces détails mêmes qui nous éclairent le plus. Nous y lisons maintes fois que le tribunal du roi et les tribunaux des comtes prononcent la peine de mort.

Nous avons vu, par exemple, qu'un grand personnage nommé Chundo fut mis à mort par ordre du roi Gontran pour simple délit de chasse : et cela, par jugement régulier, en public, à la vue d'un grand nombre de

---

[1] Marculfe, II, 18 : *Securitas pro homicidio. Dum, instigante adversario* (l'ennemi du genre humain, le démon, instigateur de tous les crimes), *germanum nostrum visus es interfecisse* (*germanus* est le mot le plus usité pour désigner un frère ; *frater* était plutôt employé dans la langue ecclésiastique et au sens moral), *et ob hoc vitæ periculum incurrere potueras*.

[2] Ibidem : *Sed intervenientes sacerdotes et magnifici viri, quorum nomina subter tenentur adnexa, nos ad pacis concordiam visi sunt revocasse ita ut....* — Turonenses, 32 : *Sed, intervenientibus bonis hominibus, ita convenit ut....*

Francs, sans qu'il s'élevât aucune protestation. Voici un autre récit également significatif. L'action se passe en Austrasie. Deux grands du palais, Sunnégisile et Gallomagnus, sont accusés ; on les recherche pour les arrêter ; ils se réfugient dans une église. Or la religion interdisait de faire sortir un criminel de l'asile sacré, autrement qu'en lui faisant grâce de la vie. Le roi se rend lui-même à l'église et dit aux deux hommes : « Sortez de ce lieu et venez au tribunal, afin que nous jugions de la vérité des faits qui vous sont imputés. Vous aurez la vie sauve, quand même vous seriez reconnus coupables, parce que nous sommes chrétiens et qu'il est contraire à la religion de punir ceux qui se sont réfugiés dans une église[1]. » Voilà un langage qui prouve manifestement que le roi peut frapper de mort un criminel ; s'il ne le fait pas ici, c'est uniquement parce que les deux coupables se sont réfugiés dans une église ; c'est « parce qu'il est chrétien » qu'il ne prononcera pas la mort. Les deux accusés sortent de leur asile et se présentent au tribunal du roi, qui les interroge lui-même. Dès qu'ils devinent que la sentence leur sera contraire, ils regagnent l'église, apparemment pour être plus sûrs que le roi tiendra la promesse qu'il leur a faite de la vie. Le roi ne les condamne en effet qu'à la confiscation des biens et à l'emprisonnement[2].

---

[1] Grégoire, IX, 38 : *Sunnegisilum comitem stabuli et Gallomagnum referendarium.... Inquiruntur et ipsi, sed conscientia terrente, latebram infra ecclesiarum sæpta petiere. Ad quos rex ipse procedens : Egredimini in judicium ut cognoscamus de his quæ vobis objiciuntur si vera sint an falsa.... Promissionem habete de vita, etiamsi culpabiles inveniamini; christiani enim sumus ; nefas est vel criminosos ab ecclesia eductos punire.*

[2] *Tunc educti foras, cum rege (coram rege) venerunt in judicium.... Iterum ecclesiam petierunt.... In exsilium retruduntur.* — Le mot *exsilium*, dans la langue mérovingienne, signifie emprisonnement. Cf. Frédégaire, *Chron.*, 51 : *eam in unam turrem exilio trudit.*

Ailleurs, deux Francs d'une grande famille, les deux fils de Waddo, ayant commis plusieurs meurtres, comparurent au tribunal du roi. « Dès que leur culpabilité fut prouvée, le roi les fit charger de chaînes. Le tribunal condamna l'aîné à la mort, l'autre à l'emprisonnement[1]. » Notons que ces hommes avaient de grandes richesses ; ils étaient en état de payer les sommes que la Loi salique marque pour le meurtre[2] ; il ne fut pourtant pas question de composition.

Grégoire de Tours raconte encore l'histoire de Chramnisinde qui, ayant tué Sichaire, court dans une église où se trouve le roi, et, se jetant à ses pieds, lui dit : « Je te supplie que tu me fasses grâce de la vie, ô glorieux roi ; celui que j'ai tué avait tué mes parents[3]. » Ce langage signifie-t-il autre chose sinon que le meurtrier est exposé à la peine de mort si le roi ne consent à lui accorder la vie ? Le tribunal du roi fit grâce, en effet, mais ce fut à la condition « que Chramnisinde prouverait que le meurtre avait été commis dans le cas de légitime défense »[4]. Voilà donc encore un jugement où la peine de mort pouvait être prononcée, et si les juges ne la prononcèrent pas, ce fut en alléguant des circonstances atténuantes qui auraient entouré le

---

[1] Grégoire, X, 21 : *Cum rex hæc scelera ab iis cognovisset manifestissime perpetrata, vinciri eos catenis præcepit ac tormentis subdi.... Seniore capitis plexo, juniorem exsilio damnaverunt.*

[2] Ibidem : *Thesauros patris absconditos revelaverunt.... Directi viri ad inquirendum immensam multitudinem auri argentique repererunt.*

[3] Ibidem, IX, 19 : *Ad regem pergit; ingressus ecclesiam, ad pedes prosternitur regis, dicens : Vitam peto, o gloriose rex, eo quod occiderim homines qui parentibus meis interfectis....*

[4] Ibidem, IX, 19, *in fine : Chramnisindus iterum ad regem abiit, judicatumque est ei ut convinceret super se eum interfecisse; quod ita fecit.* — Sur le sens de *super* dans cette expression *super se*, voyez Turonenses, 30; *super se* est comme *super se adsalientem, super se iruentem* qu'on trouve ailleurs ; il avait tué marchant contre lui, l'attaquant.

meurtre. Les biens de Chramnisinde furent d'ailleurs confisqués.

Tout cela donne à penser que les condamnations à mort n'étaient pas rares au tribunal du roi. L'auteur contemporain qui a écrit la Vie de sainte Radegonde, dit que chaque fois qu'un criminel était condamné à mort par le roi, « ainsi qu'il arrive souvent », la bonne sainte implorait sa grâce[1].

Au siècle suivant, Frédégaire et les hagiographes signalent des condamnations à mort prononcées par le roi en jugement[2]. L'auteur de la Vie d'Eligius dit que ce personnage s'était imposé pour tâche de donner la sépulture à tous ceux que la sévérité du roi avait condamnés au gibet[3]; et l'on peut noter que dans ce passage il s'agit particulièrement de l'Austrasie[4]. L'auteur de la Vie de saint Arnulf parle d'un criminel nommé Noddo; « il fut arrêté, et le glaive royal mit fin à ses crimes et à sa vie »[5].

Il y a quelques raisons de douter que les tribunaux des comtes fussent aussi sévères. Mais il est certain qu'ils prononçaient parfois des condamnations à mort. Grégoire de Tours nous montre un comte qui condamne un coupable à la prison et aux fers[6]; un autre qui fait

---

[1] Fortunatus, *Vita Radegundis*, 10, édit. Krusch, p. 44 : *Si quis pro culpa criminali, ut assolet, a rege deputabatur interfici, Radegundis... ne designatus reus moreretur in gladio.*

[2] *Fredegarii Chronicon*, 24, 28, 43, 54, 58.

[3] *Vita Eligii*, I, 31 : *Eligius hoc apud regem obtinuerat ut omnia humana corpora quæ regis severitate diversis ex causis perimebantur, licentiam haberet sepelire.* Cf. un article de la Loi salique (Behrend, p. 89) qui interdit de décrocher un pendu sans la permission du *judex*.

[4] *Ibidem.* Dans le récit, c'est près de Strasbourg que l'on signale au saint un homme attaché à une potence.

[5] *Vita Arnulfi*, 13, Mabillon, *Acta SS.*, II, 153 : *Noddo deprehensus est, et scelera illius una cum vita regalis gladius amputavit.*

[6] Grégoire, *Miracula Martini*, IV, 16 : *Eum in vincula compactum*

conduire un criminel au gibet[1]. Voici un homme qui a volé un cheval ; le comte de la cité de Vermandois prononce contre lui un arrêt de mort[2]. Un homme a tué un autre homme ; le comte de la cité de Lyon fait arrêter le meurtrier, et dit : « Il est digne de mort celui qui a tué[3]. » Il n'est presque pas de Vies de saints de cette époque où l'on ne voie le saint implorer la grâce des condamnés à mort. L'auteur de la *Vie de Columban* nous montre dans la ville de Besançon une prison pleine de condamnés qui « attendent le jour du supplice »[4]. Eligius, ayant obtenu du roi l'autorisation d'ensevelir les suppliciés, ne distinguait pas entre ceux qui l'avaient été par « la sévérité du roi » et ceux qui l'avaient été par « le jugement des comtes » ; et il allait « par les villes et les villages », partout où se dressaient « les potences, les roues, les instruments de supplice »[5].

En présence de tant de faits, il faut admettre que la

---

*jussit judex retrudi in custodia.* IV, 39 : *Cum culpabiles quosdam judicis sententia carcerali ergastulo conclusisset.* Autre exemple, *ibid.*, I, 21.

[1] Grégoire, *De gloria confessorum*, 101 : *Comes, fure invento..., patibulo condemnari præcepit.*

[2] Grégoire, *De gloria martyrum*, 73 (72) : *Apprehensus et in vincula compactus... patibulo dijudicatur.*

[3] Grégoire, *Vitæ Patrum*, VII, 7 : *Quod cum judex loci illius comperisset, vinctum virum in carcerem retrudi præcepit, dicens : Dignus est letho hic scelestus occumbere qui....* Autre exemple : Grégoire, *Hist.*, VI, 8 : *Patibulo condemnatur.* — *Vita Anstrudis*, 25, Mabillon, *Acta SS.*, II, 981 : *Reus quidam ligatus ducebatur ad necem.* — *Vita Amandi*, 15 : *Fur affixus patibulo est.*

[4] *Vita Columbani*, 34 : *Carcerem plenum damnatorum hominum mortis pœnam exspectantium.* — De même, *Vita Lupi Cabill. episc.*, 7 : *qui in custodia interficiendi servabantur.*

[5] *Vita Eligii*, I, 31 : *Humana corpora quæ vel regis severitate vel judicum censura perimebantur, ubicunque invenire potuisset, sive per civitates, sive per villas, licentiam habebat et de bargis et de rotis et de laqueis deposita sepelire.* — Cf. c. 45 : *Cum vir quidam nexibus constrictus ad supplicium duceretur.*

peine de mort, par le glaive, par le gibet ou par la roue, et la peine de l'emprisonnement ont été fréquemment et légalement appliquées par les tribunaux de l'époque mérovingienne, et aussi bien à l'égard d'hommes de race franque qu'à l'égard de Romains. L'usage de la composition, que nous allons étudier, n'excluait pas la pénalité.

### 6° LA COMPOSITION.

Nous arrivons maintenant à la *composition*; c'est une pratique qui étonne d'abord les esprits modernes et que nous devons essayer de comprendre comme ces anciennes générations la comprenaient. On a bientôt fait de dire : la *composition* est la façon germanique de punir un crime, c'est une amende, une peine pécuniaire. Les opinions hâtives risquent fort d'être superficielles et même inexactes. Il faut chercher la nature de la *composition*, non par des raisonnements et par l'imagination, mais par l'analyse de tous les textes où il est parlé d'elle et par l'observation de toutes les circonstances dont on la trouve entourée. C'est ainsi seu-

---

[1] C'est une opinion fort en vogue que les anciens Germains ne connaissaient que les compositions. Dire cela, c'est ne dire qu'une moitié de la vérité et omettre l'autre moitié. Tacite nous montre, à la fois, les pénalités et les compositions ou satisfactions. Il les distingue si bien, qu'il parle des premières au chapitre XII et des secondes au chapitre XXI. Les premières sont prononcées par l'autorité publique et comprennent la peine de mort et l'amende ; les secondes sont de simples arrangements entre les familles, sans que Tacite dise que l'autorité publique y intervienne. On a supposé aussi que les Germains avaient pour principe de ne punir que les crimes qui portaient atteinte à l'État ; mais c'est là une pure hypothèse ; Tacite ne dit pas un mot de cela, et même plusieurs traits de son chapitre XII le contredisent. Cf. nos *Problèmes d'histoire*, p. 463-465.

lement que l'on a quelque chance d'en apercevoir les caractères précis. Le sujet, d'ailleurs, ne semble facile qu'à ceux qui ne l'ont pas beaucoup étudié.

Si nous regardons d'abord la Loi salique, la composition s'y présente sous cette forme concise et abstraite : « Celui qui a tué un homme libre sera jugé à huit mille deniers d'argent, qui font deux cents solidi[1]. » A ne voir que des articles comme celui-ci, on dirait qu'il s'agit uniformément d'une peine encourue pour un crime commis. Quelques remarques modifient cette première idée. Nous voyons, par exemple, que la composition est prononcée là où il n'existe ni crime ni délit. « Si un animal domestique a causé mort d'homme, le maître de l'animal devra payer la moitié de la composition et donner l'animal pour l'autre moitié[2]. » Il est visible ici que la composition n'est pas une peine, mais une indemnité. C'est le premier caractère de la composition.

Il y a une autre remarque à faire. Quand il arrive au rédacteur de la Loi salique de prononcer une peine corporelle, comme la mort ou la perte d'un membre, elle ajoute aussitôt qu'il est permis de se racheter de cette peine. « Que le coupable reçoive cent vingt coups sur son dos ou qu'il rachète son dos par trois pièces d'or[3]. » Et plus loin : « Qu'il soit châtré ou qu'il paye six solidi[4]. » Ailleurs : « Le coupable perdra la vie, ou bien il se

---

[1] *Lex Salica*, XV : *Si quis hominem occiderit, 8000 dinarios qui faciunt solidos 200 culpabilis judicetur.*

[2] Ibidem, XXXVI : *Si quis homo ex quolibet quadrupede domestico fuerit occisus, medietatem compositionis dominus quadrupedis cogatur exsolvere. Quadrupedem pro alia medietate requirenti restituat.* Cf. *Lex Ripuaria*, XLVI.

[3] Ibidem, XII, 1, manuscrit de Wolfenbuttel : *Solidos tres pro dorso suo reddat.*

[4] Ibidem, XII, 2 : *Aut castretur aut sex solidos reddat.*

rachètera suivant le prix qu'il vaut¹. » « Que le coupable se rachète ou qu'il compose de sa vie². » Ailleurs encore : « Qu'il rachète sa main pour six solidi³. » De même dans la Loi ripuaire, l'homme qui a écrit une charte fausse et que la loi punit de la perte du pouce droit, « peut racheter son pouce au prix de cinquante solidi »⁴.

Le condamné à mort peut se racheter lui-même; il peut aussi être racheté par ses parents; il peut l'être même par un étranger⁵. Seulement, celui qui l'a racheté a droit d'en faire son esclave. Il est rédigé alors un acte de servitude, dont nous avons la formule : « Comme, à l'instigation du démon et par ma propre faiblesse, je suis tombé en faute grave, d'où j'encourais peine de mort, votre bonté m'a racheté de la mort à laquelle j'étais déjà condamné, et vous avez donné pour mes crimes de grandes sommes que je ne puis vous rendre; en conséquence je vous fais abandon de mon état d'homme libre et je me fais votre esclave⁶. » Ainsi la composition est un rachat, non pas rachat du crime commis, mais rachat de la peine encourue, non pas

---

¹ *Lex Salica*, L, 5 : *De vita culpabilis esse debet aut quantum valet se redimat.*

² Ibidem, LI, 2 : *Aut se redimat aut de vita componat.*

³ Ibidem, LIII : *Solidos tres manum suam redimat.*

⁴ *Lex Ripuaria*, LIX, 3 : *Pollex dexter auferatur, aut eum cum 50 solidis redimat.*

⁵ C'est le sens de l'article LVIII, § 2. Cf. *Pactus pro tenore pacis*, 2 : *Si latro redimendi se habet facultatem, se redimat; si facultas deest, tribus mallis parentibus offeratur; et si non redimitur, vita carebit.*

⁶ Marculfe, II, 28 : *Dum, instigante adversario ..., in casus graves cecidi, unde mortis periculum incurrere potueram, sed, dum vestra pietas me jam morte adjudicatum de pecunia vestra redemistis...., pro hoc statum ingenuitatis meæ vobis visus sum obnoxiasse ita ut ab hac die de vestro servitio non discedam* — Formules semblables dans les *Andegavenses*, 3, dans les *Arvernenses*, 5, et dans les *Senonicæ*, appendic, 6.

rachat de la vie de la victime, mais rachat de la vie du coupable. C'est ainsi que la Loi des Alamans prononce qu'un coupable devra « ou se racheter ou perdre la vie »[1]; et la Loi des Frisons dit « qu'un coupable sera frappé de mort ou qu'il rachètera sa vie ce qu'elle vaut »[2]. Tel est le second caractère de la composition: elle est, par un côté, le rachat d'une peine.

La somme payée à titre de composition n'est pas remise aux juges ou aux représentants de l'État; elle est remise à la victime, ou à ses parents, ou à ses héritiers. Ceci constitue le troisième trait caractéristique de la composition. « Si un homme laissant des enfants a été tué, dit la Loi salique, les fils reçoivent la moitié de la composition, et les autres parents dans les deux lignes se partagent l'autre moitié[3]. » Plusieurs autres articles de la loi montrent que les sommes sont payées directement par le coupable à la famille, non pas par l'intermédiaire de l'autorité publique[4]. La composition est donc, par essence, un acte qui se passe plutôt entre deux familles qu'entre l'État et un coupable.

C'est bien ce que signifie le mot qui la désigne. Ce mot est latin. Il signifie un arrangement, un accommodement, un accord. L'idée de peine n'y est pas conte-

---

[1] *Lex Alamannorum*, 24 : *Aut vitam perdat aut se redimat.*
[2] *Lex Frisionum, additio*, I, 3, Pertz, p. 683 : *Si quis caballum furaverit, capitali sententia feriatur aut vitam suam pretio redimat.*
[3] *Lex Salica*, LXII : *Si cujuscumque pater occisus fuerit, medietatem compositionis filii colligant, et aliam medietatem parentes qui proximiores sunt, tam de patre quam de matre, inter se dividant.* — Cf. *Additamentum*, 3 (d'après Wolfenbuttel et Paris 4404) : *Si quis hominem ingenuum occiderit, ad parentibus debeat secundum legem componere media compositione, filius habere debet aliam medietatem.*
[4] *Ibidem*, LV. 2 : *Parentibus componat.* Voyez aussi tout le titre 50, qui vise certainement le cas où un homme s'est engagé à composer; c'est la partie adverse qui s'arrange comme elle peut pour se faire payer; à la fin toutefois, il lui est permis de s'adresser au comte pour opérer la saisie.

nue. Dans toute la langue latine on a dit *componere litem* pour arranger un procès, transiger, se réconcilier, avec ou sans l'intervention du juge, en tous cas sans un arrêt formel et sans aucune pénalité[1]. *Componere*, c'est s'entendre, c'est transiger, à l'aide d'une « satisfaction » donnée à la partie lésée. *Componere* et *satisfacere* sont deux termes à peu près synonymes qui vont ensemble[2]; et en effet nous les trouvons accouplés dans la langue mérovingienne. Dans des actes officiels, la composition se présente sous cette forme : il faut que le coupable « compose et satisfasse » à l'autre partie[3].

Cet accommodement ou cette composition entre les parties n'est pas une pratique particulière à une époque ou à une race. On la trouve chez tous les peuples anciens[4]. Elle est, non le caractère d'une race, mais le caractère d'un état social, de celui où l'autorité publique n'est pas assez forte pour punir elle-même les crimes. Plus vous approchez de l'anarchie, moins l'État poursuivra les crimes, surtout ceux qui ne l'intéresseront pas directement; alors de deux choses l'une, ou la famille se vengera elle-même ou bien elle s'accordera avec le meurtrier, et l'on verra se produire ou la guerre privée ou la composition.

[1] On disait à la fois *componere* et *transigere*, Pline, *Lettres*, V, 1, édit. Keil, p. 120. — *Vel judicio terminata vel transactione composita*, au Digeste, L, 16, 230. — *Componere transactione*, Consultatio veteris jurisconsult., IX, 6. Cf. *Pactione componere*, Lex romana Burgund., IX, 2.

[2] Dans Tacite, la composition est appelée *satisfactio*, Germ., 21. — Sidoine Apollinaire, *Lettres*, V, 19 (V, 7) : *Compositio seu satisfactio*.

[3] *Formulæ Turonenses*, 33 : *Ille partibus istius componere et satisfacere non recuset*. — Marculfe, I, 37 : *Partibus illius componere et satisfacere non recuset*. — Bignonianæ, 27 : *Fuit judicatum ut eam causam contra vos componere et satisfacere debeam, hoc est solidos tantos*.

[4] C'est ce que nous avons établi dans un autre volume (1875) en parlant des anciens Germains; depuis ce livre, on a découvert la Loi de Gortyne en Crète, qui donne un exemple de plus de la vérité que nous avions exprimée.

C'est ce que Tacite a vu chez les anciens Germains. A cette époque, les institutions de famille étaient plus fortes que les institutions d'État. L'autorité publique poursuivait rarement les crimes. Dès lors la famille se vengeait elle-même, rendait meurtre pour meurtre, ou bien elle s'accordait avec le meurtrier « qui lui payait le prix de l'homicide »[1]. Ce qui a surtout frappé Tacite, c'est que ce prix était payé à toute la famille en commun. Nous retrouvons encore quelque chose de cette vieille règle dans les lois franques[2].

Les Romains n'ignoraient pas non plus la composition[3]; seulement, leur législation ne l'autorisait que dans une très faible mesure. On peut voir au titre du Digeste *De pactis* les cas où la partie lésée pouvait s'entendre avec le coupable; ils se réduisent au vol, au dol, à ce que le droit romain appelle l'injure, et enfin à l'incendie[4]. Ces actes donnent lieu à des poursuites criminelles; mais les deux parties ont le droit de s'accorder, soit pour supprimer toute action[5], soit pour substituer une action civile à une action criminelle[6].

---

[1] Tacite, *Germanie*, 21 : *Nec implacabiles durant inimicitiæ; luitur homicidium.*
[2] Ibidem : *Recipit satisfactionem universa domus.* Cf. *Lex Salica*, LXII.
[3] Paul, au *Digeste*, XLVIII, 16, 6 : *Ab accusatione destitit qui cum adversario suo de compositione ejus criminis quod intendebat fuerit locutus.*
[4] Paul, au *Digeste*, II, 14, 17 : *Quædam actiones per pactum ipso jure tolluntur : ut injuriarum, item furti.* — Ulpien, ibidem, 7, § 13 : *Si paciscar ne pro judicati vel incensarum ædium agatur, hoc pactum valet.* — Julianus, au *Digeste*, III, 2, 1 : *Qui furti, vi bonorum raptorum, injuriarum, de dolo malo et fraude pactus erit.* Ce qu'on appelait le délit d'injures comprenait les voies de fait, coups et blessures, mutilation de membre; voyez *Institutes*, IV, 4.
[5] *Extingui injuriarum actionem*, Ulpien, au *Digeste*, XLVII, 10, 7, § 6.
[6] *Institutes*, IV, 4, 10 : *Sciendum est de omni injuria eum qui passus est posse vel criminaliter agere vel civiliter; si civiliter agatur, æstimatione facta secundum quod dictum est, pœna imponitur.*

Cet accommodement était blâmé quand il se faisait en secret; mais il pouvait avoir lieu devant le magistrat, sous sa surveillance et avec son assentiment. Il fixait alors le prix à payer par l'auteur du délit¹. Dans son « estimation », il tenait compte du rang social de la partie lésée². Le prix n'était pas le même s'il s'agissait d'un sénateur ou d'un simple citoyen, d'un affranchi ou de son patron, d'un esclave du premier rang ou d'un esclave du dernier rang³. Le droit romain n'ignorait donc pas absolument « le prix du délit », ni l'estimation de ce prix d'après la valeur sociale de la personne.

La grande différence entre le droit romain et la coutume germanique était que le premier n'autorisait pas la composition en cas de meurtre⁴. La composition ne

---

¹ *Digeste*, III, 2, 1 : *Prætoris verba dicunt : infamia notatur qui furti vi bonorum raptorum, injuriarum, de dolo malo, damnatus pactus ve erit.* — Sur ce texte Ulpien ajoute : *Pactus ve erit : pactum sic accipimus si cum pretio quantocunque pactus est.* Puis le même jurisconsulte fait cette réserve : *Qui jussu prætoris, pretio dato, pactus est, non notatur.* Il y a donc quelquefois accord devant le magistrat et sur son invitation.

² *Institutes*, IV, 4 : *Secundum gradum dignitatis vitæque honestatem crescit aut minuitur æstimatio injuriæ.*

³ Gaius, III, 224-225 : *Permittitur nobis a prætore injuriam æstimare, et judex tanti condemnat. Atrox injuria æstimatur... ex persona, veluti si senatori ab humili persona facta sit injuria.* — *Institutes*, IV, 4, 9 : *Aliter senatoris et patroni, aliter extranei et humilis personæ injuria æstimatur.* — *Ibidem*, IV, 4, 7 : *Aliud in servo actore, aliud in medii actus homine, aliud in vilissimo vel compedito constituitur.* Comparer *Lex romana Burgundionum*, V, 1 : *Si vulnus aut fractura ossium infligatur aut in conviciis atrocibus forte proruperit, solutio vel vindicta facti pro qualitate personæ in judicis arbitrio æstimatione consistit, secundum regulam Gaii.*

⁴ *Consultatio veteris jurisc.*, IV, 2 : *De crimine transigi non potest.* M. Esmein va plus loin que nous : « Le droit romain, dit-il, admettait qu'à l'occasion d'un crime capital une transaction pût intervenir entre l'auteur et la victime (*Mélanges d'histoire du droit*), p. 363. Mais l'unique texte qu'il cite, Code Justinien, II, 4, 18, contient une contradiction qui le rend inintelligible et qui doit inspirer le doute. Notez que, des 42 articles du titre *De transactionibus*, il n'y en a pas un qui se rapporte à un

remplaçait jamais la peine de mort. Tel était du moins l'état légal. Pour la pratique on ne peut rien affirmer. Quiconque étudiera le droit romain avec un esprit vraiment historique, y apercevra souvent l'indice qu'à côté des dispositions légales il existait des pratiques sensiblement différentes, surtout dans les provinces. Bien téméraires sont les juristes qui croient connaître tout le droit romain; nous n'en connaissons que la lettre; les actes de la pratique nous manquent: ils ont tous péri[1]. Qu'on se figure un pays aussi grand que la Gaule où il n'y a que les gouverneurs de provinces qui puissent prononcer légalement des arrêts de mort. Penserons-nous que ces dix-sept grands personnages suffisent à la besogne de punir tous les criminels? Il est vraisemblable que beaucoup de crimes échappaient à ce châtiment de l'autorité publique; et dans ce cas il est visible qu'il se produisait de deux choses l'une, ou la vengeance des familles ou la composition. Il est vrai que les juridictions municipales poursuivaient les criminels, recevaient les plaintes, faisaient l'instruction; mais elles ne pouvaient prononcer la peine capitale. C'est ici que je voudrais avoir les actes de jugement, les registres municipaux, les actes de pratique de ces tribunaux inférieurs. Peut-être nous montreraient-ils plus d'une fois ce juge subalterne prononçant un arrangement, puisqu'il ne peut prononcer la mort. Il est possible que la composition, soit en secret, soit avec la connivence des juges, se soit introduite dans les habitudes des hommes

meurtre ni à aucun crime entraînant peine de mort. De cela on ne trouve aucun exemple dans les textes de droit.

[1] Je dis qu'ils ont tous péri. Pourtant il n'est pas impossible que les formulaires d'Anjou, de Tours, d'Auvergne, de Bourges soient la continuation d'anciens formulaires gallo-romains.

longtemps avant de pénétrer dans leurs lois. Un écrivain du cinquième siècle, qui est tout romain et qui n'a fait aucun emprunt aux idées germaniques, Sidoine Apollinaire, fait allusion à la composition comme à un usage fort bien connu de l'ami à qui il écrit et qui est aussi un Romain. Il s'agit du crime de rapt que la loi punit de mort. Il pourrait poursuivre le coupable qui est un affranchi de son ami; il préfère proposer « une composition ou satisfaction »[1]. Voilà donc un cas où les deux parties s'entendent, s'accordent, pour écarter la peine de mort. Et la manière même dont Sidoine parle de cette « composition » donne à penser qu'elle n'était pas très rare[2].

Le système des compositions avait donc ses germes à la fois dans les vieilles coutumes germaniques et dans quelques habitudes romaines.

Il ne faudrait pourtant pas croire que ce système ait prévalu facilement. Ne supposons pas surtout que les rois germains se soient hâtés d'installer dans leurs nouveaux royaumes une pratique chère à leur race. Ce fut le contraire qui arriva. Le Code de Gondebaud, rédigé pour les Burgundes à la fin du cinquième siècle, n'autorise pas la composition pour le meurtre. Il y est dit expressément que le meurtrier « ne doit composer qu'avec l'effusion de son sang ». La composition pécuniaire n'est admise que pour l'homicide involontaire; et en ce cas elle n'est pas une peine, elle est

---

[1] Sidoine Apollinaire, *Lettres*, V, 19, ad *Pudentem*. Il propose le mariage entre une esclave enlevée et le ravisseur, avec l'affranchissement complet pour tous les deux, et il ajoute : *Hæc sola seu compositio seu satisfactio contumeliam emendat..., ne constringat pœna raptorem.*

[2] Ailleurs encore, VI, 4, ad *Lupum*, le même auteur parle d'une *compositio*; il ne demande pas qu'elle soit prononcée par le juge public; mais elle peut l'être par un évêque agissant comme arbitre.

une indemnité[1]. Il faut faire attention à la manière dont le législateur burgunde parle de la composition : « Il est venu à notre connaissance que les familles font entre elles des compositions en secret à propos de divers crimes; il en résulte que les crimes ne sont plus jugés suivant les lois, et que les populations se permettent toute sorte de violences. Nous interdisons ces compositions; si un juge fait des compositions de cette sorte et refuse de juger suivant les termes exprès des lois, nous le condamnerons à l'amende[2]. » Ce langage implique formellement que la composition n'est pas conforme à l'ordre légal. Le roi ne parle pas d'elle comme d'une vieille loi qu'il abolirait, il dit qu'elle est contraire aux lois. C'est une simple pratique, et il l'interdit. Il dit encore ailleurs que si un homme a été victime d'un vol et qu'au lieu de s'adresser aux juges il aime mieux composer avec le voleur, il encourra la même peine que ce voleur lui-même[3]; le juge qui prononcerait une composition entre ces deux hommes serait puni[4]. Le Code des Ostrogoths, que le roi Théodoric a rédigé pour leur usage, n'autorise pas la composition[5]. Si la com-

---

[1] *Lex Burgundionum*, II, 2; Cf. XLVI. Il y a aussi composition pour le meurtre d'un esclave, titre L; c'est qu'il faut en ce cas payer une indemnité au maître pour son objet de propriété détruit.

[2] Ibidem, édit. Pertz, CVIII, 10, p. 576; édit. Binding, p. 133 : *Illud specialiter præcipimus ut omnes comites tam Burgundiones quam Romani... omnes causas ex legibus judicent.... Nam fieri manifeste cognovimus de diversis sceleribus compositiones inter parentes vestros tacite; causæ legibus non judicantur, ita populus usitatur ut similia præsumant admittere. Si quis compositiones ita facere præsumpserit et ex lege judicare distulerit, mulctam se noverit inlaturum.*

[3] Ibidem, LXXI : *Si quis inconsciis judicibus, de furto quod ipsi factum est, crediderit componendum, pœnam quam fur subiturus erat ipse suscipiat.*

[4] Ibidem : *Si quis locum judicis tenens inter supradictos componere voluerit, inferat mulctæ nomine solidos 12.*

[5] *Edictum Theodorici*, art. 17, 38, 41, 56, 78, 91, 110. Cet *edictum*

position avait été d'ordre légal, on se demande comment le roi Théodoric lui-même aurait été assez hardi pour y substituer de sa propre autorité la peine de mort. Le Code des Wisigoths est du septième siècle; mais il contient des articles plus anciens, qui sont distingués du reste par le mot *antiqua*. Or ces articles anciens prononcent la peine de mort, sans parler de composition[1].

Chez les Francs, le premier capitulaire que nous ayons des rois mérovingiens, prononce d'abord la peine de mort en cas de vol, et ce n'est qu'ensuite qu'il permet le rachat[2]. En tout cas, il condamne sévèrement toute composition faite en secret, par les deux parties, sans la présence du juge[3]. Un édit du roi Childebert II d'Austrasie interdit expressément la composition : « L'auteur du rapt sera frappé de mort.... L'auteur d'un vol perdra la vie.... L'homme qui a su tuer doit apprendre à mourir; nous ne voulons pas qu'il se rachète, nous ne voulons pas qu'il compose[4]. » La prédominance du système des compositions sur le système des pénalités n'était donc pas encore assurée au sixième siècle.

Mais il se produisit alors un événement moral dont

est fait pour les Goths comme pour les Romains, *quæ Barbari Romanique sequi debeant*.

[1] *Lex Wisigothorum*, VI, 5, 2, antiqua : *Si hominem occiderit, moriatur*. VI, 5, 11, antiqua : *Omnis homo, si voluntate, non casu, occiderit hominem, pro homicidio puniatur*. VI, 5, 18, antiqua : *Morte damnetur*. VII, 2, 4, antiqua : *Si capitalia commiserint, morte damnentur*. — La composition est permise en cas de meurtre involontaire.

[2] *Pactus pro tenore pacis*, art. 1 : *Apud quemcunque latrocinius comprobatur, vitæ incurrat periculum*.

[3] Ibidem, 3 : *Si quis furtum vult celare et occulte sine judice compositionem acceperit, latroni similis est*.

[4] *Decretio Childeberti*, 4 : *Quicunque præsumpserit raptum facere, vitæ periculo feriatur. Judex raptorem occidat*. 5 : *Justum est ut qui noverit occidere discat mori. Non de pretio redemptionis se redimat aut componat*.

les modernes historiens du droit n'ont pas tenu compte : c'est que l'Église chrétienne réprouva la peine de mort. Par cela même elle fut favorable au système des compositions. Voyez les conciles du quatrième et du cinquième siècle; ils évitent de parler de la peine de mort, au moment même où les lois impériales la prodiguent. Un évêque fut déposé par ses collègues parce qu'il avait contribué à rendre une sentence de mort contre un coupable[1]. Aux yeux de l'Église, un meurtrier est poussé à son crime par le démon; il est plus malheureux que coupable. Qu'il confesse et fasse pénitence, le crime lui sera pardonné. « A un homicide il ne faut pas donner la communion, dit le concile de Tours de 461, jusqu'à ce qu'il se soit lavé de ses crimes par la pénitence[2]. » Telle est la pensée de l'Église, au moins pour les crimes de droit commun qui ne la touchent pas elle-même. Elle fait servir son droit d'asile surtout à faire disparaître la peine de mort. Le concile d'Arles de 452 déclare que l'homme qui s'est réfugié dans une église n'en doit sortir « qu'avec la promesse d'une intercession », c'est-à-dire d'un arbitrage qui supprime les peines corporelles; « quiconque aura fait subir une peine corporelle à un tel homme, sera l'ennemi de l'Église »[3]. Le concile d'Orléans de 511 prononce que les meurtriers, les adultères, les voleurs

---

[1] Sirmond, *Concilia Galliæ*, I, p. 79.

[2] Concile de Tours, a. 461, c. 7, Sirmond, I, 125; Mansi, VII, 9 : *Homicidis non esse communicandum donec per confessionem pœnitentiæ crimina ipsorum diluantur.* — Ct. 3ᵉ concile de Paris, a. 557, Mansi, IX, 750 : *Si quis homicidium sponte commiserit, usque ad finem vitæ suæ pœniteat.*

[3] Concile d'Arles, a. 452, art. 30, Sirmond, I, 107 : *Eos qui ad ecclesiam confugerint, tradi non oportet; sed eos domini sui promissa intercessione exire persuadeant. Si ab ecclesia exeuntibus pœnale aliquid intulerint, ut ecclesiæ inimici habeantur excommunes.*

qui auront cherché un refuge dans une église, n'en pourront être tirés qu'avec la promesse par serment de ne les frapper ni de mort, ni d'aucune peine corporelle; et il ajoute : « Ils devront seulement convenir d'une composition avec la partie lésée[1]. » De même pour le crime de rapt; les lois impériales le punissent de mort; mais le concile dit que « le ravisseur, s'il s'est réfugié dans une église, ne pourra pas être frappé de mort et aura la faculté de se racheter »[2]. Tout le système de la composition est dans ces deux articles. Or nous avons les noms des évêques qui les ont formulés; ce sont des Gallo-Romains, et il est clair qu'ils n'ont pu encore être pénétrés d'idées germaniques[3]. C'est l'esprit chrétien, non l'esprit germanique, qui parle ici. L'épiscopat ne peut songer encore à faire disparaître complètement la peine de mort; il la supprime au moins dans le cas où, le coupable ayant touché l'église, il a le droit d'intervenir. L'esclave aussi bien que l'homme libre est protégé par lui contre la peine de mort[4].

Les rois burgundes, francs, wisigoths, acceptèrent ce vœu de l'Église et lui donnèrent force de loi. Gondebaud écrivit : « Pour tous les crimes où nous avons prononcé que l'homme serait puni de mort, nous voulons que, si

---

[1] Concile d'Orléans, a. 511, art. 1 : *De homicidis, adulteris et furibus, si ad ecclesiam confugerint... ut ab ecclesiæ atriis non auferantur nisi ad evangelia datis sacramentis de morte, de debilitate* (mutilation d'un membre), *et omni pœnarum genere sint securi, ita ut ei cui reus fuerit criminosus de satisfactione conveniat.* Le mot *satisfactio* est exactement synonyme de *compositio*; ce qui le prouve, c'est que dans le même article la même chose est désignée, trois lignes plus bas, par le verbe *componere*.
[2] Ibidem, art. 2 : *Ut raptor, mortis vel pœnarum impunitate concessa, aut serviendi conditioni subjectus sit aut redimendi se habeat facultatem.*
[3] Les noms des évêques sont dans Sirmond, I, 183.
[4] Concile d'Orléans de 511, art. 3. Concile d'Epaone de 517, art. 38.

le coupable s'est réfugié dans une église, il se rachète pour le prix établi par la partie lésée¹. » Or il ne s'agit pas ici d'un privilège propre aux hommes de race burgunde; il est accordé à tous les sujets de Gondebaud sans distinction. Aussi le retrouve-t-on dans le code qui fut rédigé à l'usage des Romains en Burgundie². Les rois wisigoths, qui punissent de mort l'homicide, suppriment aussi la peine de mort dans le cas où le coupable s'est réfugié dans une église³. Chez les Francs, des dispositions analogues se lisent dans un décret de Clotaire Iᵉʳ : « Que nul n'arrache un criminel d'une église, ainsi que nous en sommes convenus avec les évêques.... Si un esclave a cherché refuge dans une église, il ne pourra être rendu à son maître qu'avec son pardon⁴. » L'idée chrétienne qui s'attache à la composition est bien marquée dans un jugement rendu par le roi Gondebaud : « Aunégilde et Baltamold, dit-il, sont coupables d'un crime qu'ils ne peuvent expier que par la mort; mais *en considération des saints jours de fête*

---

¹ *Lex Burgundionum*, LXX, 2: *De his causis unde hominem mori jussimus, si in ecclesiam fugerit, redimat se secundum formam pretii constituti ab eo cui furtum fecit.*

² *Lex romana Burgundionum*, titres II et IV.

³ *Lex Wisigothorum*, VI, 5, 16 : *Reddito sacramento ne eum sceleratum publicæ mortis pœna condemnet, ille qui eum persequitur comprehendat. Non mortiferas inferat pœnas, sed in potestate parentum contradendus est, ut, excepto mortis periculo, quidquid de eo facere voluerint licentiam habeant.* — Cette dernière disposition implique que le coupable, s'il est riche, composera, et, s'il est pauvre, sera mis en servitude ; c'est aussi ce que disait l'article 2 du concile d'Orléans de 511.

⁴ *Pactus pro tenore pacis*, 14 et 15 : *Nullus latronem vel quemlibet culpabilem, sicut cum episcopis convenit, de atrio ecclesiæ extrahere præsumat.... Si servus ad ecclesiam confugerit, excusatus reddatur.* — Que les rois francs aient adopté le principe formulé par le concile de 511, c'est ce qui ressort de ces mots que Grégoire, IX, 38, met dans la bouche de Childebert : *Promissionem habete de vita; christiani enim sumus; nefas est vel criminosos ab ecclesia eductos punire.*

où nous sommes, nous permettons que les coupables se rachètent; seulement, la composition que notre indulgence accorde aujourd'hui, ne devra engager personne à commettre le même crime, car dorénavant ce crime sera toujours puni de la perte de la vie¹. » La même idée est exprimée mieux encore dans le Code des Bavarois : « Nul crime n'est tellement grave que la vie ne puisse être accordée au coupable pour la crainte de Dieu et le respect des saints; car le Seigneur a dit : Celui qui pardonnera, il lui sera pardonné². »

Cette répugnance de l'Église pour la peine de mort est marquée dans tous les écrits du temps. Il n'est presque pas une Vie de saint qui ne dépeigne un évêque ou un abbé implorant la grâce des condamnés à mort. Il ne s'agissait pas seulement de sauver les innocents; les prêtres avaient le même zèle pour sauver les coupables. « Eligius, dit son biographe, délivrait les prisonniers, aussi bien les coupables que les innocents³. » — Le saint abbé Eparchius ayant appris qu'un criminel, chargé de plusieurs assassinats, allait être jugé, envoya vers le comte un de ses moines « pour obtenir que la vie lui fût conservée »⁴. Ils ne se conten-

---

¹ Ce curieux jugement est inséré dans la *Lex Burgundionum*, dont il forme le titre LII. On y lit : *Non aliter tantum crimen quam sanguinis sui effusione debuerat expiare. Tamen dierum reverentiam* (probablement le jour de Pâques) *præponentes jubemus ut Aunegildis pretium, hoc est 300 solidos, Fridegiselo solvat.... Sanctorum dierum consideratio sic sententiam nostram ab interitu Balthamodi revocavit ut... pretium suum exsolvere non moretur.... Ne quemquam deinceps ad exercendum tanti facinoris ausum permissæ nunc compositionis temperamenta sollicitent jubemus ut... capitis amissione plectantur.*

² *Lex Baiuwariorum*, I, 7, 3 : *Nulla sit culpa tam gravis ut vita non concedatur propter timorem Dei et reverentiam Sanctorum; quia Dominus dixit : Qui dimiserit, dimittetur ei.*

³ *Vita Eligii*, I, 18 : *Sive innocui, sive noxii.*

⁴ Grégoire, VI, 8.

taient pas de demander la grâce; si elle leur était refusée, ils se chargeaient eux-mêmes de délivrer les prisonniers, et chaque fois leur succès passait pour un miracle de Dieu. Ce même Eparchius fit en effet un miracle pour enlever ce meurtrier à la potence. Saint Germain, évêque de Paris, n'obtenant pas du comte la grâce des condamnés, obtint de Dieu qu'un ange vînt briser leurs chaînes et leur ouvrir les portes[1]. L'évêque Albinus « ayant entendu les plaintes de plusieurs prisonniers qu'on destinait au supplice, courut vers le comte, et, n'obtenant pas leur délivrance, il brisa la porte de leur cachot par un miracle et les mit en liberté »[2]. Saint Columban fit sortir de prison les condamnés à mort qui lui promirent de s'amender et de faire pénitence[3]. L'évêque Nicétius « brisa les chaînes de tant de condamnés, que les comtes n'osaient plus prononcer un arrêt de mort »[4]. Pareils exemples sont innombrables[5]. On ne peut douter que cette protestation mille fois répétée des évêques et des saints contre la peine de mort n'ait contribué fortement à faire prévaloir le système de la composition.

On peut faire encore deux remarques dont le rapprochement sera significatif. D'une part, les canons de l'Église défendent aux ecclésiastiques de prendre part à des jugements d'où peut résulter la peine de mort; cela

[1] *Vita Germani a Fortunato*, c. 30.
[2] *Vita Albini a Fortunato*, c. 16.
[3] *Vita Columbani*, c. 34.
[4] Grégoire, *Vitæ Patrum*, VIII, 10.
[5] Voyez, entre autres, Grégoire, *Miracula Martini*, I, 11; III, 53; IV, 35; V, 39; *De gloria confessorum*, 101. — *Vita Germani a Fortunato*, 62, 67. *Vita Mederici*, dans Mabillon, *Acta SS.*, III, 13. — Des faits de cette nature se voyaient déjà dans l'empire romain; les clercs, les moines, les évêques mettaient tout en œuvre pour arracher les criminels au supplice; voyez une loi de 398 au Code Justinien, I, 4, 6.

est dit expressément par les conciles du sixième siècle[1]. D'autre part, nous voyons par les actes et les formules, comme par plusieurs récits des écrivains, qu'à la même époque les ecclésiastiques affluaient dans les tribunaux; l'évêque y siégeait à côté du comte, les *viri venerabiles* à côté des *viri magnifici*[2]; les conciles se plaignent même du trop d'empressement des ecclésiastiques à se mêler aux jugements[3]. De ces deux faits réunis il résulte que les tribunaux où l'élément ecclésiastique prend une part de plus en plus grande, doivent répugner de plus en plus à prononcer la peine de mort.

Habitudes germaniques, pratiques romaines, esprit de l'Église, voilà les trois sources d'où est venue la composition de l'époque mérovingienne. Si elle eût été uniquement germanique, je doute qu'elle eût prévalu, ayant contre elle les rois germains eux-mêmes. Mais il y avait deux autres raisons pour qu'elle l'emportât. Aussi l'histoire montre-t-elle ceci : loin que le système des compositions ait été très vigoureux à l'entrée des barbares et se soit affaibli dans les siècles suivants, la composition fut très contestée au cinquième et au sixième siècle, et grandit ensuite de génération en génération jusqu'au neuvième. C'est sous Charlemagne et

---

[1] *Concilium Tarraconense*, a. 516, art. 4, Mansi, VIII, 538. — *Concilium Autissiodorense*, a. 578, art. 34 : *Non licet presbytero in judicio illo stare unde homo ad mortem tradatur.* — *Concilium Matisconense*, a. 585, art. 19 : *Prohibemus ut ad locum examinationis reorum nullus clericorum accedat ubi pro reatus sui qualitate quispiam interficiendus sit.*

[2] Voyez des exemples de cela dans les formules : *Andegavenses*, 10, 29, 30, 32, 47; *Turonenses*, 29; *Senonenses*, 5, 6. Grégoire de Tours, V, 49; VII, 47; IX, 19. Fortunatus, *Carmina*, IV, 12. *Vita Eligii*, II, 61. *Vita Leodegarii*, 1, dans Mabillon, *Acta SS.*, II, 684.

[3] *Concilium Matisconense*, art. 19 : *Cognovimus quosdam clericorum ad forales reorum sententias frequenter accedere.*

Louis le Pieux que le système des compositions aura toute sa vigueur.

Pour bien saisir le détail de cette pratique sous les Mérovingiens, nous devons nous mettre sous les yeux quelques exemples précis, quelques faits réels et vivants. Voici d'abord un récit de Grégoire de Tours; et ce récit est d'autant plus exact que c'est Grégoire lui-même qui s'est trouvé le principal acteur dans l'affaire. L'évêque de Tours apprend que deux familles de son diocèse sont en querelle; Sichaire a tué Austrégisile et Éberulf; « très affligé de cela, nous dépêchâmes un envoyé aux deux familles pour qu'elles comparussent en notre présence »[1]. Ce n'est pas à dire que l'évêque allait juger le meurtrier et prononcer la peine légale. Aussi fait-il dire seulement aux deux familles « qu'il leur donnera les moyens de retourner chez elles en paix l'une avec l'autre ». Il vise donc, non à une peine, mais à un accommodement. Quand les parties sont devant lui, il dit, s'adressant à toutes les deux à la fois : « Soyez, je vous en conjure, en paix l'un avec l'autre; que celui qui a fait le mal compose, avec un esprit de charité, afin que vous soyez des fils pacifiques de l'Église, dignes d'obtenir le royaume de Dieu[2]. Celui de vous qui, comme coupable, est sous le coup de la loi, se rachètera. S'il n'est pas assez riche, voici l'argent de l'Église pour son rachat. Qu'au moins une vie d'homme ne périsse pas[3]. » Ce langage où tout est chrétien et où

---

[1] Grégoire, VII, 43. Nous avons cité le texte plus haut, p. 380. Ce récit nous a déjà montré ce qu'était un arbitrage épiscopal; nous le reproduisons ici pour montrer comment on entendait la composition.

[2] Ibidem : *Qui malum gessit, stante caritate, componat, ut sitis filii pacifici, qui digni sitis regnum Dei percipere.*

Ibidem : *Anima viri non pereat.* — *Anima viri*, une vie d'homme, et non pas l'âme d'un homme; l'expression est fréquente.

il n'y a pas même une allusion à quelque chose de germanique, nous fait bien voir ce que des hommes du sixième siècle, comme l'évêque Grégoire ou comme Sichaire et Chramnisinde, entendaient par la composition. Ce n'était pas une peine, c'était un accommodement, un accord, une « pacification » entre les parties. Par cet accord, le coupable se rachetait de la mort[1], et la victime ou sa famille recevait une indemnité. Mais cet accord était volontaire, et ce qui le prouve, c'est que, dans le récit de Grégoire de Tours, Chramnisinde refuse de l'accepter.

Tous les traits essentiels de ce récit de l'historien se retrouvent dans une formule de Marculfe. Ici c'est le plus proche parent de la victime qui parle : « Tu as tué mon frère, et pour cela tu pouvais être puni de mort ; mais les prêtres et hauts personnages présents au tribunal ont intercédé pour nous ramener à la concorde, à la condition que tu me payerais tel nombre de pièces d'or ; ce que tu as fait ; en foi de quoi je t'écris la présente lettre[2]. » Ailleurs et pour un autre crime que la loi punissait de la peine capitale, le coupable écrit ceci : « J'ai commis le crime de rapt pour lequel j'encourais la mort ; mais, par l'intervention des prêtres et des *boni homines*, j'ai obtenu la vie, à la condition que je ferais abandon de telle terre qui est ma pro-

---

[1] Je pense, sans oser l'affirmer, que c'est là le sens des mots *anima viri non pereat*. Il est possible qu'ils signifient : que la vie de l'un de vous ne soit pas éteinte par un nouveau meurtre ; mais l'expression *redimi* indique bien le rachat d'une peine, et c'est cette peine qui me paraît marquée par les mots *anima non pereat*.

[2] Marculfe, II, 18 : *Dum, instigante adversario, germanum nostrum interfecisti et ob hoc vitae periculum incurrere potueras, sed intervenientes sacerdotes et magnifici viri nos ad pacis concordiam ob hoc visi sunt revocasse ita ut pro ipsa causa solidos tantos mihi dare debueras ; propterea hanc epistolam nobis conscribere complacuit.*

priété[1]. » Une formule du recueil de Tours est exactement semblable à celle du recueil de Paris et montre aussi que c'est par l'intervention des prêtres et *boni homines* que le coupable a obtenu la vie avec le droit de composer[2]. Nous lisons dans le Formulaire de Sens : « Il était à craindre qu'une grande discorde ne régnât entre un tel et un tel; ils sont venus en présence des *boni homines*, et ceux-ci ont jugé que le meurtrier payerait à l'autre le prix de la victime[3]. »

Cette sorte d'accommodement ou de composition est fort usitée au sixième siècle. Grégoire mentionne un certain Saxon, nommé Childéric, qui, s'étant établi dans le pays de Poitiers, s'y prit de querelle avec un certain Védast et le tua; « il composa sa mort aux fils de Védast[4] ». L'un de ces deux hommes était Germain, l'autre aussi l'était peut-être; mais voici des exemples où les hommes qui composent sont de race romaine. Eulalius, qui appartenait à une riche famille d'Arvernie, avait dans sa vie commis plusieurs crimes. L'autorité publique ne l'avait jamais puni; mais toujours il avait composé. Aussi s'était-il ruiné; « pour ces crimes il avait contracté des dettes nombreuses, jusqu'à engager les bijoux de sa femme[5] ». Voilà donc la composition en grand usage dans l'aristocratie toute romaine de

---

[1] Marculfe, II, 16 : *Vitæ periculum incurrere debui; sed intervenientes sacerdotes vel bonis hominibus, vitam obtinui, sic tamen ut tibi in laudono vel in dotis titulum conferre debueram.... Ideo dono tibi locellum illum cum domibus, vineis, silvis, pratis....*

[2] *Formulæ Turonenses*, 16.

[3] *Formulæ Senonicæ*, 51 : *Non minima sed maxima verteretur discordia inter illum et illum. Venientes ante bonis hominibus.*

[4] Grégoire, VIII, 5 : *Composuit filiis mortem ejus.*

[5] Grégoire, X, 8 : *Pro multis sceleribus debita contraxerat, in quibus ornamenta et aurum uxoris sæpissime evertebat.* — Sur ces dettes contractées en vue d'une composition, comparez le *fidem facere* de la Loi salique, dont nous parlerons plus loin.

l'Arvernie. Un petit détail des mœurs du temps donne à penser que la pratique de la composition n'était pas rare dans les riches familles gallo-romaines; il était ordinaire que chaque famille possédât ce que nous appellerions ses archives ou son portefeuille, c'est-à-dire la collection de ses actes d'achat, de donation, de jugement, de constitution de dot, d'obligation, de créances, en un mot toutes les pièces concernant et assurant les intérêts de la famille[1]; or nous voyons que parmi toutes ces catégories de pièces il s'en trouvait une qu'on appelait les actes de composition, *chartæ compositionales*[2].

Comme la composition était par essence un accord, une transaction, elle n'était pas absolument obligatoire. Il y fallait le consentement des deux parties. Le coupable ne pouvait être contraint à se racheter; la partie lésée elle-même ne pouvait être obligée à accepter l'accord. Nous avons déjà entrevu cette vérité dans le récit de Grégoire de Tours où Chramnisinde refuse la composition de Sichaire. Elle se voit mieux encore dans la plupart des formules relatives à cet acte; il est manifeste que l'accord n'a pas été imposé : ce sont les deux parties qui « se sont pacifiées »[3]; l'accord est une chose « dont elles sont convenues »[4]. Le concile de 511 ne

---

[1] Ce trait de mœurs du temps nous est connu par les formules d'*apennis*. On appelait ainsi l'acte par lequel toutes ces pièces, s'il arrivait qu'elles fussent brûlées ou volées, pouvaient être reconstituées. Voyez *Formulæ Andegavenses*, 31, 32, 33; *Turonenses*, 27, 28; Marculfe, I, 33; *Senonicæ*, 38. Comparez *Lex Wisigothorum*, II, 5, 17 : *In scriniis domesticis instrumenta chartarum.*

[2] *Formulæ Andegavenses*, 31, 32, 33.

[3] De là ce titre de la formule de Marculfe, II, 18 : *Securitas pro homicidio si se pacificaverint.* — Grégoire, VII, 47 : *Estote, quæso, pacifici.*

[4] *Formulæ Turonenses*, 32 : *Eis convenit. Andegavenses*, 6 et 26 : *Juxta quod convenit.* Marculfe, II, 18 : *Juxta quod convenit.*

dit pas : que le coupable compose; il dit : que le coupable « convienne de la composition » avec la partie lésée[1]. La Loi salique et la Loi ripuaire ne disent expressément ni que la composition soit obligatoire, ni qu'elle ne le soit pas; mais il est dit formellement dans la Loi salique que personne n'est tenu d'obéir au jugement par lequel les rachimbourgs ont prononcé une composition[2]. C'est seulement en vertu de capitulaires de Charlemagne et de Louis le Pieux que la composition est devenue tout à fait obligatoire pour les deux parties[3].

A cet accommodement il fallait mettre le prix. De même qu'en cas de coups et blessures on désintéressait le blessé, de même qu'en cas de meurtre d'esclave on désintéressait le maître, de même, lorsqu'on avait tué un homme libre, il fallait désintéresser la famille. La composition était donc un accord moyennant argent. Le prix de l'accord était déterminé par la valeur que l'homme tué avait eue de son vivant; et c'est par ce point que la composition se rapprochait du *wergeld*, quoiqu'elle ne fût pas la même chose[4]. Pour blessure

---

[1] Concile d'Orléans de 511, art. 1 : *Ei cui reus fuerit criminosus de satisfactione conveniat.*

[2] *Lex Salica*, LVI, 1.

[3] Capitulaire de 779, art. 22, Borétius, p. 51 : *Si quis pro faida pretium recipere non vult, ad nos sit transmissus et nos eum dirigamus ubi damnum minime facere possit.* On ne trouve rien de pareil sous les Mérovingiens. — Capitulaire de 802, art. 32, Borétius, p. 97 : *Ut parentes interfecti nequaquam inimicitiam adaugere studeant neque pacem petenti denegare, sed compositionem recipere.* — *Capitula legibus addenda*, 819, art. 13, Borétius, p. 284 : *Si quis homicidium commisit, comes compositionem solvere faciat; si una pars ei ad hoc consentire noluerit, id est aut ille qui homicidium commisit aut is qui compositionem suscipere debet, faciat illum ad præsentiam nostram venire... ut castigetur.*

[4] Nous avons démontré ailleurs par une série de textes que le *wergeld* et la composition étaient choses fort différentes. Le *wergeld* était le prix

faite à un homme libre, on payait la moitié, le tiers ou le quart du prix qu'avait cet homme. Pour le meurtre d'un esclave, on payait son prix suivant la profession que cet esclave exerçait ou suivant son talent, 30 solidi s'il n'était que laboureur, 45 s'il était charpentier, et plus encore s'il était orfèvre¹. Si la victime était un homme libre, la famille réclamait un prix plus élevé; et ce prix variait suivant le rang qu'il avait eu. Le principe était qu'il fallait « payer l'homme »².

Ce ne sont pas des philosophes qui ont imaginé toutes ces règles; je ne pense même pas que ce soient des jurisconsultes. Le principe et presque toutes les règles de la composition me paraissent être l'œuvre directe de la population, c'est-à-dire des hommes agissant suivant leurs idées moyennes et leurs instincts naturels. Or leurs idées moyennes leur disaient que l'accord devait se faire sur la valeur qu'avait eue la victime. Ils sentaient d'instinct que, les conditions sociales étant fort inégales, le meurtre de l'homme libre était un préjudice plus grand que celui de l'affranchi, que celui de l'esclave. Pour la même raison, le meurtre d'un optimate, d'un grand du roi, d'un homme de la truste royale, d'un « convive du roi », était d'un prix bien plus élevé que celui d'un simple homme libre³.

---

de l'homme vivant, *pretium hominis*, disent les textes, c'est-à-dire le prix qui était attribué à chaque homme de son vivant selon la condition sociale où il était né, *secundum nativitatem suam*. Ceux qui appellent la composition « le wergeld » commettent une inexactitude.

¹ *Lex Burgundionum*, X.

² *Solvere leudem* ou *componere leudem*. Il n'y a pas à s'étonner que le verbe *componere*, qui littéralement signifiait s'arranger, s'accorder, comme on le voit encore dans le *Papianus*, V, 1, en soit venu, dans la langue usuelle, à signifier payer. — *Lex Ripuaria*, LXIV : *Werigildum componere*; LXVIII, 5 : *Eum componat*. Ces déviations du sens des mots sont bien connues en philologie.

³ *Lex Burgundionum*, II, 2 : *Medietatem pretii secundum qualitatem*

C'est encore pour cette raison que ces hommes taxèrent le prix du meurtre de la femme suivant son âge ; celle qui avait passé quarante ans avait visiblement pour eux une moindre valeur que celle qui pouvait encore donner des enfants[1].

Le prix de la composition pouvait s'élever aussi suivant les circonstances aggravantes du crime, par exemple si le meurtre avait été commis à l'armée, ou encore si l'assassin avait essayé de dissimuler son crime en jetant sa victime dans un puits. Dès que l'Église put agir sur les lois, elle y inséra des chiffres élevés en faveur des ecclésiastiques, suivant leur rang.

Ces tarifs furent-ils établis à l'origine par l'autorité publique ? Nos textes sont en contradiction sur ce point. Les deux Lois franques présentent des tarifs fixes ; les formules de jugement montrent l'absence de tout tarif.

Dans ces formules le chiffre de la composition est toujours laissé en blanc[2], parce qu'il n'y avait pas de chiffres déterminés d'avance. L'acte réel portait le chiffre sur lequel les deux parties étaient tombées d'accord. Souvent, en effet, il est écrit dans l'acte que les deux parties sont « convenues du prix » ; ou bien, la partie qui

---

personæ cogatur exsolvere : hoc est, si optimatem nobilem occiderit, in medietatem pretii 150 solidos; si aliquem mediocrem, 100; pro minore persona 75 solidos præcipimus numerare. — *Lex Salica*, XV : *Si quis ingenuum occiderit, solidos 200 culpabilis judicetur*; XLI, 3 : *Si vero eum qui in truste dominica fuit occiderit, 600 solidos judicetur*; XLI, 5 : *Si romanum hominem convivam regis occiderit, solidos 300 judicetur*.

[1] *Lex Salica*, XXIV, 6-7 : *Si quis feminam ingenuam, post quam cœperit habere infantes* (c'est-à-dire après l'âge de seize ou dix-huit ans), *occiderit, solidos 600 judicetur. Post quod infantes non potuit habere* (c'est-à-dire après l'âge de quarante ans), *solidos 200 judicetur*. — *Lex Ripuaria*, XII : *Si quis feminam ribuariam usque ad quadragesimum annum interfecerit, 600 solidos judicetur*; XIV, 2 : *Post quam quadragesimum annum habuerit, 200 solidos judicetur*.

[2] Sous cette forme : *Solidos tantos*, tant de pièces d'or.

l'a reçu, écrit « que ce prix lui a plu »[1]. Cette contradiction embarrasse. Devons-nous croire qu'elle tient à la différence des lieux, et que les chiffres, qui étaient fixés dans une province, étaient laissés à l'arbitraire dans une autre? Vaut-il mieux supposer qu'elle tient à la différence des époques, et que les chiffres, qui étaient d'abord laissés à la volonté des parties, furent ensuite fixés par un législateur ou par la coutume? La question pourrait être résolue si nous savions en quel siècle la Loi salique a été rédigée sous la forme où elle nous est parvenue. Les tarifs qui s'y trouvent ne viennent certainement pas de la Germanie; les Germains n'avaient pas de monnaie et ne pouvaient compter ni par deniers d'argent ni par sous d'or. A quel moment les chiffres si élevés de 200, de 600, de 1800 sous d'or ont-ils été établis? Sur ce point il faut rester dans le doute. Savoir ignorer ce que les documents n'enseignent pas, c'est se mettre en mesure de mieux connaître les vérités qu'ils enseignent.

Il n'est pas douteux qu'un intérêt très matériel n'ait contribué à vulgariser le système des compositions. Un homme avait été tué; ses parents pouvaient calculer que la mort du coupable ne leur servirait à rien, et que la composition les enrichirait. Voyez ce Chramnisinde dont nous parlions tout à l'heure. L'évêque l'adjurait d'accepter la composition; mais sa conscience la lui a fait refuser; « il portait plainte de trois assassinats », et apparemment il voulait la mort du coupable, soit par arrêt judiciaire, soit par sa propre vengeance. Et il essaye en effet de se venger. Mais une seconde fois,

---

[1] *Formulæ Turonenses*, 38 : *Sicut mihi bene complacuit* — *Senonicæ*, 14 et 51 : *In quod eis bene complacuit*.

moins intraitable, il accepte la composition. Voilà les deux hommes réconciliés, pacifiés, amis; mais un jour Sichaire lui dit: « Tu dois bien me remercier d'avoir tué tes parents, car la composition t'a rendu riche; sans elle tu serais pauvre et nu[1]. » Alors la honte saisit Chramnisinde, et il tua Sichaire. Mais tous les hommes ne ressemblaient pas à Chramnisinde, et les « lettres de sûreté », dont nous parlerons bientôt, montrent avec quel calme les fils parlaient du meurtre de leur père ou de leur frère et recevaient l'argent du meurtrier.

Un autre motif encore a aidé au succès de la composition. Les comtes, à qui l'on demandait de laisser la vie au coupable, de lui permettre de se racheter et de s'accorder avec la famille, avaient toujours une part de ce rachat et de cet accord. Le *fredum* était « une partie de la composition », ordinairement le tiers[2]. L'autorité publique, à qui un coupable échappait par la composition, réclamait cette sorte d'indemnité, qui se partageait entre le roi et le comte. Pas de composition, pas de *fredum*. La peine de mort ne rapportait rien au roi ni à son fonctionnaire; la composition devenait pour tous les deux une source de revenus.

Un roi burgunde du cinquième siècle reproche à ses comtes « d'obliger les parties à composer pour gagner

---

[1] Grégoire, IX, 19 : *Sicharius, cum post interfectionem parentum Chramnisindi magnam cum eo amicitiam patravisset... dixisse fertur : Magnas mihi debes referre grates quod interfecerim parentes tuos, de quibus accepta compositione aurum argentumque superabundant in domo tua; et nudus nunc esses et egens nisi hæc te causa roborasset.*

[2] Grégoire, *Miracula Martini*, IV, 26 : *Compositionem fisco debitam quam illi fredum vocant.* — *Lex Salica*, L, *in fine* : *Tertia parte freto grafio ad se recolligat.* — *Lex Ripuaria*, LXXXIX : *Judex fiscalis de causa freda non exigat priusquam facinus componatur.*

eux-mêmes de l'argent de cette façon »[1]. La disposition législative qui interdit aux parties de s'accorder hors de la présence du juge, était probablement dictée par l'intérêt de la morale publique; mais l'intérêt pécuniaire des comtes et du roi n'y fut peut-être pas étranger.

Je ne sais pas si la composition était pratiquée au tribunal du roi. Nous n'en avons aucun exemple. La Loi salique mentionne plusieurs fois ce tribunal, mais sans jamais dire qu'il prononce une composition; la Loi ripuaire ne signale qu'une seule peine qui soit prononcée à ce tribunal, et c'est la pendaison[2]. Prenez dans ces deux lois franques tous les articles où se trouve la composition; elle est toujours édictée au mallus et par des rachimbourgs; or il n'y a jamais de rachimbourgs au tribunal du roi, et ce tribunal n'est jamais dans aucun texte appelé du nom de *mallus*[3]. Les deux lois franques sont donc absolument muettes sur la pratique de la composition au tribunal du roi. Si vous regardez les formules judiciaires, vous remarquez que toutes les *chartæ compositionales* et toutes les « lettres de sûreté » sont faites devant le comte et devant les *boni homines*;

[1] *Lex Burgundionum, præfatio Gundebadi* : Il défend à ses optimates et comtes, tant Burgondes que Romains, 1° de recevoir des présents d'une des parties, 2° *nec partes ad compositionem, ut aliquid vel sic accipiant, a judice compellantur*.

[2] *Lex Ripuaria*, LXXIX.

[3] Voyez, dans un sens différent du mien, M. Beauchet, p. 48. L'auteur croit que le tribunal du roi est un *mallus*. Il ne cite sur cela que deux textes, *lex Salica*, 46, et *lex Ripuaria*, 50; mais il se trouve que ces deux textes disent justement le contraire; en effet, tous les deux mentionnent à la fois le tribunal du roi et le *mallus*, et c'est pour les opposer l'un à l'autre. Voilà les termes de la Loi salique : *aut ante regem aut in mallo*. Voici ceux de la Loi ripuaire : *ad mallum ante centenarium vel comitem seu ante ducem vel regem*. Il s'en faut de tout que ces deux textes identifient le tribunal du roi avec le *mallus*. Parmi plus de soixante textes où il est parlé du tribunal du roi, il n'y en a pas un seul où il soit appelé *mallus*. Cette remarque de détail n'est pas sans importance.

nous n'en avons aucune qui ait trait à une composition faite devant le roi ou les grands du palais. Il nous est venu vingt-deux actes de jugements royaux; aucun d'eux ne marque une composition. Enfin nous trouvons dans les récits des écrivains beaucoup d'arrêts rendus par le roi en matière criminelle; la peine qui y est inscrite est toujours ou la mort, ou la confiscation des biens, ou la prison; la composition jamais. Je remarque même que, la plupart du temps, ces accusés sont fort riches et possèdent assez de biens pour payer les chiffres élevés qui sont dans la Loi salique. Chundo, fonctionnaire du palais, serait certainement assez riche pour composer; il est pourtant mis à mort. Les fils de Waddo, qui « ont de l'or et de l'argent à foison », n'obtiennent pourtant pas le bénéfice de la composition, et l'un d'eux est condamné à la mort, l'autre à la prison. Quand Chramnisinde paraît devant le roi, il ne parle pas de composer, et il redoute d'être mis à mort. Le Saxon Childéric serait assez riche pour racheter ses crimes; il est condamné à la peine capitale[1]. Le biographe d'Eligius nous représente « un grand personnage » qui est jugé par le roi, pour une faute qu'il dit être assez légère; le roi ne prononce pas une composition, mais une sentence de mort[2]. De toutes ces observations nous ne sommes pas en droit de conclure qu'il n'y ait jamais eu une seule composition au tribunal du roi; mais nous concluons qu'il n'est nullement certain que la composition y ait été pratiquée, et qu'en tout cas elle n'était pas de droit pour l'accusé.

[1] Grégoire, X, 10; X, 21; IX, 19; X, 22.
[2] *Vita Eligii*, II, 65 : *Vir quidam sæcularis ex nobili genere, culpa vel parva interveniente..., ducitur in palatium; ubi dum sententia mortis ejus definiretur....*

C'est au mallus du comte et des rachimbourgs, ainsi qu'aux tribunaux des évêques, que le système de la composition fut surtout en vigueur. Elle donnait lieu à une procédure particulière, dont nous allons décrire les principaux traits.

1° La poursuite appartenait aux parents de la victime. Nous avons vu ailleurs qu'il n'était pas rare que l'autorité publique, représentée par le fonctionnaire royal, poursuivît elle-même les criminels ; en ce cas l'inculpé, saisi et arrêté préventivement, était amené au tribunal par les gens du comte[1]. Mais il en est tout autrement quand il s'agit d'une composition. L'inculpé est ajourné par le plaignant. Celui-ci est toujours présent au jugement, en personne ou par procureur. Sa présence est indispensable, car c'est lui qui agit, *causam persequitur*[2]. Notons que la partie plaignante n'est pas toujours le fils ou le plus proche parent de la victime ; si l'homme tué était un esclave, c'est son maître[3] ; s'il était un affranchi, c'est son patron ; s'il était un homme libre en dépendance, *in obsequio*, c'est celui dont il dépendait[4] ; s'il était un homme de l'église, c'est l'évêque[5] ; s'il était un homme du roi, c'est l'agent royal, parce que dans tous ces cas c'est le maître, le patron, l'évêque ou le roi qui a fait une perte et qui a droit à une indemnité. En un mot, dans toute composition, la présence du représentant de la victime est nécessaire. Il se porte, ainsi que nous dirions aujourd'hui, partie

---

[1] *A lictoribus comitis*, dit la *Vita Amandi*, c. 12.
[2] *Lex Salica*, LVII, 1 : *Ille qui causam persequitur.* — *Lex Ripuaria*, LXVII, 3 : *Ille qui prosequitur* ; XXXII, 3 : *qui causam sequitur* ; LV : *Si quis causam suam prosequitur.*
[3] *Formulæ Bignonianæ*, 9 ; *Merkelianæ*, 38.
[4] *Lex Ripuaria*, XXXI.
[5] *Ibidem*, LVIII.

civile¹. Et en conséquence le débat prend la forme, non plus d'une affaire criminelle, mais d'un procès entre deux intéressés.

2° Le procès a lieu en présence du fonctionnaire royal. Cette règle est de rigueur. La Loi des Burgondes interdit sévèrement toute composition qui se ferait en secret. La Loi mérovingienne défend aussi de composer « en dehors de la présence du juge »². Cette règle est confirmée implicitement par les deux lois franques, qui ne parlent de composition qu'au mallus. Elle l'est mieux encore par les formules, lesquelles commencent toutes par le nom du comte devant qui la composition s'est faite. C'est par là que la composition, tout en étant par essence un accord privé, est aussi par un côté un acte judiciaire. L'autorité publique ne s'en désintéresse pas ; elle l'autorise au moins par sa présence. Mais le comte, ainsi que nous l'avons vu, n'est jamais seul sur son tribunal. Si quelquefois nous le voyons juger seul, c'est quand il s'agit de frapper de mort un criminel ; ce n'est jamais lorsqu'il s'agit d'une composition. Dans ce second cas, les rachimbourgs sont toujours présents, toujours nommément désignés dans les actes. Il semble que leur présence fût encore plus nécessaire pour l'énoncé d'une composition que pour un arrêt de mort. L'arrêt de mort est l'affaire du fonctionnaire royal ; la composition est l'affaire des rachimbourgs, de l'évêque, des *boni homines*.

3° Si le plaignant demande la composition, ce n'est

---

¹ Cela est bien exprimé dans la formule de Bignon n° 8, Rozière n° 468 : *Ponitur in notitia qualiter homo nomen ille hominem aliquem nomen illum adsallisset et interfecisset ; sed venientes parentes et amici ipsius hominis interfecti ante illo comite, interpellabant ipsum hominem, etc.*

² *Pactus pro tenore pacis*, 3 : *Si quis occulte sine judice compositionem acceperit, latroni similis est.*

pas au comte qu'il s'adresse, c'est aux rachimbourgs[1]. Ce n'est pas non plus le comte qui prononce la composition; les lois franques disent formellement que ce sont les rachimbourgs[2]. Cette vérité est exprimée par les formules de deux manières différentes. Tantôt la formule donne à penser qu'il y a eu deux jugements successifs, l'un qui a prononcé que la peine de mort était méritée, l'autre qui est rendu ensuite par les *boni homines* pour réconcilier les parties et les faire composer[3]. Tantôt cette distinction est omise; mais alors la formule s'exprime ainsi : Devant le comte ont comparu les deux parties... et les *boni homines* ont jugé[4]. C'est que, si le comte a seul le *jus gladii*, les *boni homines* ou rachimbourgs ont le premier rôle en matière de composition. De là cette singularité : lisez les récits de jugements où la peine de mort est prononcée, on dirait que le comte y est seul; lisez les lois et les formules qui parlent de la composition, on dirait que les rachimbourgs y sont seuls sans le comte. C'est que dans un cas comme dans l'autre on ne fait attention qu'à celui qui exerce l'action la plus efficace.

[1] Le titre LVII de la Loi salique vise le cas où les rachimbourgs n'ont pas pris l'initiative de proposer la composition; alors *debet eis dicere is qui causam persequitur : hic ego vos tanco ut legem dicatis secundum legem Salicam.* De ces deux *legem*, le premier ne signifie pas loi, mais désigne le chiffre légal à payer; d'où l'expression *legem solvere, totam legem implere*, XL, 9; LVIII, 1 et 2.

[2] *Lex Salica*, LVI, 1 : *Quod ei a rachineburgiis fuerit judicatum.... Rachineburgius judicavit ut....* — *Lex Ripuaria*, LV : *Raginburgiis recte dicentibus.*

[3] *Formulæ Turonenses*, 32 : *Tale dederunt judicium ut sententiam mortis ob hoc scelus excepissent. Sed intervenientibus bonis hominibus taliter eis convenit ut jamdicti homines pro redemptione vitæ eorum solidos tantos dare deberent.* Marculfe, II, 18 : *Vitæ periculum incurrere potueras; sed intervenientes sacerdotes et magnifici viri nos ad pacis concordiam visi sunt revocasse ita ut solidos tantos mihi dare debueras.*

[4] *Formulæ Senonicæ*, 11 et 51; *Bignonianæ*, 27; *Merkelianæ*, 39.

4° Le principe général est que tous ceux qui jugent sont responsables de leurs jugements. Le comte est responsable, vis-à-vis du roi, du trop de sévérité ou du trop d'indulgence qu'il a montré à l'égard des criminels[1]. Mais en matière de composition ce n'est plus le comte qui est responsable, ce sont les rachimbourgs. S'ils se sont trompés sur le prix de l'accommodement, ils peuvent être poursuivis par la partie qu'ils ont lésée et ils sont passibles d'une amende à son profit[2].

5° Dès qu'il est question de composition, l'autorité publique s'efface. Quand même le coupable aurait avoué les plus grands crimes, elle ne le saisit pas. Il reste libre et retourne chez lui. Le comte ne se fait même pas payer le prix de la composition. Ce prix sera payé directement aux parents de la victime. L'autorité publique a seulement droit au *fredum*, c'est-à-dire qu'en autorisant la composition entre les parties, elle veut avoir pour elle le tiers du prix. Mais encore n'aura-t-elle droit à ce tiers que le jour où la composition entière aura été payée[3].

6° On comprend que le prix de la composition ne pût pas être fourni sur l'heure. Aussi le tribunal ne l'exigeait-il pas. Il suffisait que le coupable s'engageât à payer. C'est ce que la langue de la Loi salique appelle

---

[1] *Edictum Guntramni.* — *Præceptio Chlotarii*, 6 : *Si judex aliquem contra legem damnaverit, in nostri absentia ab episcopis castigetur.* Les mots *in nostri absentia* signifient « si nous ne réformons pas nous-mêmes son jugement », et ils impliquent qu'avant que les évêques interviennent le roi peut intervenir.

[2] *Lex Salica*, LVII, 3. *Lex Ripuaria*, LV. Nous n'avons d'ailleurs aucun acte ni aucune formule qui nous laisse voir comment était vidée cette sorte de procès.

[3] Cela est dit expressément dans la Loi ripuaire, au tit. 89; cela me paraît indiqué aussi au titre L, article 4, de la Loi salique.

*fidem facere*¹. Il présentait aussi des garants ou des gages, ainsi que le montrent les formules². Le délai de payement était assez long pour que l'homme pût vendre des terres ou des meubles afin de se procurer la somme. En attendant, il n'était plus dans la situation d'un coupable, mais dans celle d'un débiteur; de même la partie adverse n'était plus un plaignant, mais un créancier. Si le payement n'était pas fait au jour convenu, le créancier commençait par mettre opposition sur les biens de son débiteur³. Un peu plus tard il s'adressait au comte et l'appelait à faire une saisie des biens. Les biens étaient vendus jusqu'à concurrence du prix à payer⁴. S'il n'y avait pas assez de biens pour « remplir » la composition, si aucun parent ni aucun étranger ne voulait racheter le coupable, alors la composition était annulée de plein droit, et le coupable était mis à mort sans autre jugement⁵.

¹ *Lex Salica*, L, *de fides factas. Si quis alteri fidem fecerit... si noluerit fidem factam solvere.... Si adhuc noluerit componere.... Dicat de qua causa et quantum ei fidem fecerat.* L'article 4 montre qu'il s'agit d'une dette contractée pour la composition, puisque les deux tiers de la somme doivent être payés au plaignant et un tiers au comte à titre de *fredum*.

² *Formulæ Turonenses*, 32 : *Intervenientibus bonis hominibus taliter eis convenit ut wadios suos pro solidos tantos dare deberent.* — Marculfe, II, 18 : *Et in præsenti per wadio tuo visus es transsolvisse.* — *Senonicæ*, 27 : *fuit judicatum ut per wadium meum cum causam contra vos componere debeam.* — *Merkelianæ*, 39 : *Taliter ei judicaverunt ut ipsam leodem ad ipsos parentes rewadiare deberet.* — Cf. *Turonenses*, 32 : *unde et fidejussorem pro ipsos solidos hominem illum obligaverunt.*

³ *Lex Salica*, L, 2.

⁴ *Ibidem*, L, 3 et 4 : *Ille cui fides facta est, ambulet ad grafionem et dicat... securus mitte in fortuna sua manum.... Tunc grafio colligat secum septem rachineburgios idoneos et ad casam illius qui fidem fecit ambulet.... Tunc rachineburgii pretium quantum valuerit debitus de fortuna sua illi tollant.*

⁵ *Ibidem*, LVIII, 1 et 2. — Quelquefois le coupable devenait l'esclave de celui à qui il ne pouvait payer la composition. Voyez *Bignonianæ*, 27 : *Dum ipsos solidos minime habui unde transsolvere debeam, sic mihi aptificavit ut brachium (tuum) in collum (meum) posui... in ea ratione ut in-*

7° Toute composition donnait lieu à la rédaction d'un acte écrit. Mais il ne faut pas se figurer ici un arrêt judiciaire, qui émanerait de l'autorité publique, qui serait rédigé par le comte ou en son nom, et qui se terminerait par un ordre d'exécution. Nous ne trouvons rien de semblable dans nos recueils de formules ; et cela tient apparemment à ce qu'aucun acte de cette nature n'était rédigé par l'autorité publique en matière de composition. L'acte que nous trouvons, au contraire, est de nature toute privée. C'est une lettre écrite par l'une des parties et adressée à l'autre partie. Comme la composition est un simple accord entre deux hommes, il faut bien que cet accord soit assuré par une lettre qui en fasse foi pour l'avenir. Autrement, la famille de la victime aurait pu revenir au tribunal et réclamer justice pour le même crime. En recevant la composition, elle devait s'engager à renoncer à toute poursuite judiciaire. Elle écrivait donc une lettre, que l'on appelait *charta compositionalis*[1] ou *securitas* ; ce dernier terme, dans la langue du droit et de la pratique, signifiait quittance ou décharge[2]. La lettre énonçait toujours trois choses : d'abord le crime commis, puis le prix convenu, enfin l'engagement de la partie qui avait reçu ce prix. Elle était conçue ordinairement en ces termes : « Comme tu as tué mon frère et que pour cela tu encourais peine de mort, l'intervention des prêtres et

---

*terim quod ipsos solidos vestros reddere potuero, servitium vestrum facere et adimplere debeam.*

[1] *Formulæ Andegavenses*, 31, 32.

[2] C'est le sens du mot *securitas* au Digeste, XXVII, 4, 1, § 6, et au Code Théodosien, V, 13, 20 ; XI, 1, 19 ; XI, 26, 2. Il a conservé la même signification dans les formules. Notez que ces formules, dites *securitates*, sont toutes romaines d'idée et de langue. Le mot a encore cette signification dans l'*Edictum Theodorici*, 144.

hauts personnages dont les noms sont écrits ci-dessous nous a rappelés à la concorde à la condition que tu me payerais tel nombre de sous; tu me les as payés et je t'ai déclaré quitte de cette affaire¹. En conséquence, il a été convenu que je t'écrirais la présente lettre de décharge, afin que dans l'avenir ni de moi, ni d'aucun de mes héritiers, ni d'aucun juge, ni de personne au monde, tu n'aies à craindre ni réclamation ni dommage pour la mort de mon frère, et que tu sois quitte et déchargé de cette affaire². » « Je t'écris cette lettre, est-il dit encore dans une autre formule, afin que tu n'aies à redouter aucune poursuite en justice ou réclamation ni de moi, ni de mes héritiers, ni de personne au sujet de cet homicide³. » Il est bon de remarquer que ceux qui écrivent ces lettres ne parlent jamais d'un prétendu droit de guerre privée, suivant la théorie toute moderne que l'on a construite sur le mot *faida*. De cela il n'est pas dit un mot dans nos textes. Il n'est question que de la poursuite judiciaire; c'est à elle que l'on renonce en recevant la composition. On s'engage à ne

---

¹ Marculfe, II, 18 : *Ita ut pro ipsa causa solidos tantos in pagalia mihi dare debueras, quos et in presenti per wadio tuo visus es transsolsisse, et nos ipsa causa per fistuca contra te visi sumus werpisse.* Cf. *Pauli sententiæ*, II, 18, 40, interpr. dans la *Lex romana Wisigothorum*.

² *Propterea, juxta quod convenit, hanc epistolam securitatis in te nobis conscribere complacuit, ut de ipsa morte germani nostri nec a me nec ab heredibus meis aut suis nec de judiciaria potestate nec a quolibet nullo casu nec refragatione aliqua aut damnetale amplius habere non pertimescas, sed in omnibus exinde eductus et absolutus appareas.*

³ *Formulæ Turonenses*, 38 : *Pro integra compositione pro parente meo pro ipsa morte, (mihi) solidos tantos dedisti; ideo hanc epistolam securitatis tibi emittendam decreri, ut neque a me neque ab heredibus meis neque a qualibet persona nullam calumniam neque repetitionem de illo homicidio habere non pertimescas.* Noter que le mot *calumnia*, dans la langue du temps, signifie poursuite en justice (voy. *Lex Burgundionum*, VI, 2), généralement poursuite injuste. — De même, *Andegavenses*, 39.

pas intenter un nouveau procès¹. Souvent même la lettre se termine, suivant un ancien usage romain, par l'énoncé de l'amende que l'homme devra subir s'il lui arrive de violer le présent engagement : « Quiconque t'inquiétera, quiconque t'intentera un nouveau procès, devra te payer tel nombre de pièces d'or². » C'est une contre-composition au cas où la première serait enfreinte. Quelquefois la lettre « de sûreté » était accompagnée d'un serment prêté par les deux parties³.

Avec la lettre de sûreté ou la décharge se terminait toute la procédure de la composition, et, comme disent les textes, « l'action était éteinte »⁴. Même l'autorité publique, qui avait autorisé l'accommodement, ne pouvait plus poursuivre.

Cela est bien marqué encore dans les *Bignonianæ*, n° 9, où il est dit que le coupable n'aura à craindre *nullam remallationem*.
² *Formulæ Turonenses*, 38 : *Si quis aut ego ipse aut ullus... contra hanc securitatem venire aut agere tentaverit,... qui litem intulerit solidos tantos componat.* — Cf. Marculfe, II, 18 ; Senonicæ, 11 et 51.
³ Grégoire, VII, 47 *in fine* : *Tunc dato argento... accepta securitate, componunt, datis sibi invicem sacramentis ut nullo unquam tempore contra alteram pars altera mussitaret.*
⁴ *Turonenses*, 38 : *Sit inter nos calcanda causatio.*

#### COMPARAISON DES AUTRES ÉTATS GERMAINS.

Si nous comparons au droit franc les législations de la même époque, nous voyons d'abord que l'abrégé de code donné par Théodoric à ses sujets sans distinction de race ne contient pas la composition ; il prononce la peine de mort pour le meurtre, art. 99 ; pour le vol d'animaux, 56 ; pour la vente d'un homme libre en servitude, 78 ; pour l'adultère, 38 et 59 ; pour le rapt, 17 ; pour le faux, 41 ; pour l'usurpation de propriété, 47 ; mais, de ce que la composition n'est jamais inscrite dans la loi, de ce qu'elle n'est pas une chose légale, nous ne conclurons pas qu'elle n'ait pas existé dans la pratique. — La Loi des Wisigoths ne l'admet pas non plus comme chose légale ; elle punit de mort le meurtre volontaire ; VI, 5, 11, *antiqua* : *Omnis homo, si voluntate non casu occiderit hominem, pro homicidio puniatur.* Mais à cette sévérité de la loi ancienne l'Église apporte un premier adoucissement ; si le meurtrier a trouvé refuge dans une église, il est livré aux parents de la victime, à la condition qu'ils ne le mettront pas

# CHAPITRE XV

### Rapports des rois avec l'Église.

Les Francs n'ont pas introduit en Gaule leur ancienne religion germanique. A peine entrés dans le pays, ils furent chrétiens. Je ne sais s'il faut faire beaucoup de fond sur la légende qui s'est faite de leur conversion par saint Remi. Ce qui est sûr, c'est que les documents, dès le début du sixième siècle, ne nous

---

mort, VI, 5, 16 et 18. Puis, en dehors même de ce cas, la Loi du roi Chindasuintho établit que le meurtrier, ou bien sera mis à mort, ou bien sera livré aux parents du mort, « qui feront de lui ce qu'ils voudront ». Or il est clair que les parents l'obligeront à se racheter, c'est-à-dire à composer, ou bien que, s'il ne possède rien, ils en feront leur esclave. D'ailleurs, d'après la Loi des Wisigoths, la composition est de droit en cas de meurtre involontaire, parce qu'il y a une indemnité à payer, VI, 5, 4-9; VIII, 4, 16. Il y a aussi la *compositio furti*, V, 5, 3; VII, 5, 5; et la *compositio damni*, VIII, 3, 2; VIII, 4, 2. — La Loi lombarde prononce la peine de mort pour les crimes commis contre l'État (Rotharis, 1, 3, 4, 6), pour le meurtre du mari par la femme (*ibid.*, 203), pour l'adultère de la femme (*ibid.*, 211 et 212). Pour les autres crimes, le coupable doit ou mourir ou composer; *aut moriatur aut componat*, Rotharis, 19; *aut componat 80 solidos aut animæ suæ incurrat periculum*, ibid., 253; *aut occidatur aut redimat animam suam*, ibid., 280. Cf. l'art. 20 de Liutprand qui prononce la confiscation et qui ajoute qu'à cette condition *homicida animam suam liberat*, rachète sa vie. D'autres fois, c'est le roi qui a le choix entre la peine de mort et la composition; Rotharis, 9 : *aut det animam aut qualiter regi placuerit componat*; 36 : *animæ suæ incurrat periculum aut redimat animam suam, si obtinere potuerit a rege*; 163 : *de anima illius homicidæ sit in potestate regis judicare quod illi placuerit*. — La composition prévaut complètement dans les Lois des Alamans et des Bavarois; *Lex Alamann.*, XLIX; *Lex Baiuwar.*, II, III. Elles ne prononcent la peine de mort que pour les crimes commis contre le roi des Francs ou le duc du pays; *Lex Alamann.*, XXIV; *Lex Baiuwar.*, II, 1-4. Encore le duc peut-il permettre au coupable de se racheter, *aut vitam perdat aut se redimat*, Lex Alamann., XXIV; *Lex Baiuwar.*, II, 4, 3. — On reconnaît que tout cela concorde, sauf quelques différences de détail, avec ce que nous avons dit du droit franc.

montrent pas de Francs païens¹. C'est à peine si quelques Vies de saints autorisent à penser qu'il en était resté quelques-uns dans le pays de Tournai² ou de Cologne³. Nous voyons aussi quelques anciennes coutumes païennes qui se conservaient dans les campagnes; mais ce sont de ces coutumes populaires qui persistent chez tous les peuples convertis; elles ne prouvent donc pas que ces Francs ne fussent pas officiellement chrétiens⁴. Jamais il n'est fait mention d'un prêtre païen, d'un sanctuaire païen, de divinités païennes. Les rois sont des chrétiens convaincus et fervents au point de discuter sur le dogme et de vouloir convertir les juifs⁵. Leur cour est toute chrétienne, et aussi bien en Austrasie qu'en Neustrie⁶. Les grands personnages de race

¹ Nous avons une constitution de Childebert I⁸ʳ (Sirmond, I, 300; Pardessus, n° 154, Borétius, p. 2) qui défend de conserver des idoles dans sa maison, une autre de Gontran et une de Childebert II qui enjoignent sous des peines sévères d'observer le repos dominical. On se tromperait beaucoup si l'on regardait ces textes comme des indices de paganisme. Ils prouvent au contraire que les rois ne reconnaissaient pas l'existence d'un culte païen. Ils impliquent même que toute la population était chrétienne, bien que quelques-uns eussent conservé individuellement des amulettes païennes et quelques usages de leurs ancêtres. Qu'on lise ces trois textes, on n'y trouvera pas un mot qui signifie qu'il existât encore une religion païenne.

² Encore ne faut-il pas croire que Tournai soit resté un pays de paganisme; Tournai a eu des évêques dès le début du sixième siècle. En 527, Tournai a été le siège d'un synode, et l'on peut remarquer que ce synode n'a pas eu à travailler contre le paganisme, mais « contre des hérésies qui troublaient le pays » (Labbat, *coll. concil. Galliæ*, col. 929).

³ Grégoire cite encore des idoles païennes à Cologne au temps du roi Thierry I⁸ʳ (*Vitæ patrum*, VI, 2). — En général, il faut se défier quelque peu des hagiographes, qui prêtent volontiers à leurs héros des conversions de païens; voyez par exemple *Vita Radegundis*, II, 2.

⁴ On peut voir ces restes de superstitions énumérés dans un sermon attribué à saint Éloi (*Vita Eligii*, II, 15). L'Église, au moment de la conversion, n'avait pas osé proscrire ces pratiques; elle l'osa cent ans plus tard.

⁵ Grégoire, V, 45; VI, 5.

⁶ La *Decretio Childeberti*, art. 2, déclare exclu du Palais quiconque n'obéira pas à son évêque. C'est donc qu'il n'y a aucun païen dans le Palais.

franque donnent des terres aux églises ; plusieurs d'entre eux se font moines et prêtres.

Ces Francs n'étaient pas ariens, comme les Burgondes et les Goths l'avaient été. Ils prirent la croyance qu'ils trouvèrent chez les populations de la Gaule, c'est-à-dire le catholicisme. Il résulta de là que leurs rapports avec le clergé ne furent pas de la nature de ceux qu'on aurait avec un clergé étranger ou hostile. Dès le premier moment, ils furent vis-à-vis de l'Église dans la situation et l'attitude de fidèles. Le clergé gaulois fut leur clergé ; ils lui furent soumis ; ils le vénérèrent, lui obéirent, l'enrichirent. Les plus grands d'entre eux n'eurent pas d'ambition plus haute que de devenir évêques.

Or l'Église ne connaissait pas la distinction des races ; l'un de ses dogmes repoussait un tel concept de l'esprit. Pour elle, Francs et Romains étaient absolument frères. D'autre part, elle n'avait jamais eu un patriotisme tel, qu'elle eût à détester l'étranger et à maudire l'envahisseur. Elle ne sentit elle-même et elle n'entretint au cœur des laïques aucun sentiment de haine contre les nouveaux venus. Elle les accueillit comme siens dès qu'ils eurent sa foi. Elle leur donna accès dans ses monastères, dans son clergé, même dans son épiscopat.

Le christianisme, à ne regarder que son action sur la politique et sur le gouvernement des sociétés, avait introduit quelque chose de très nouveau dans le monde, la séparation de la religion et de l'État. Dans l'antiquité, ces deux choses avaient été étroitement unies. Chaque État ou cité avait eu sa croyance, son culte propre, et même ses dieux. L'empire romain lui-même ne s'était pas détaché de cette tradition ou de cette nécessité. Ce grand État, qui semble d'un caractère si moderne, avait eu pourtant sa religion propre et intime ; c'était la religion de « Rome et de l'Auguste » : culte dont les modernes peuvent sourire comme de toutes les choses qu'ils ne comprennent plus, mais qui s'explique bien si l'on songe qu'il était dans les traditions de l'humanité de diviniser de quelque manière l'État, de lui incorporer une croyance, de lui attacher un culte.

C'est aussi ce qui explique les persécutions. Les chrétiens furent jugés et condamnés, non parce qu'ils étaient chrétiens, mais parce qu'ils se refusaient à reconnaître cette apothéose de la puissance publique. Les fonctionnaires impériaux les persécutèrent au nom du lien officiel qu'il y avait entre la croyance et l'État. Ce qu'on exigeait d'eux, ce n'était pas précisément qu'ils crussent à Apollon, à Mercure, à Mithra ou à Sérapis, mais qu'ils crussent à l'empire sacré, à la divinité de l'Auguste et de Rome. Les chrétiens luttèrent, sans s'en rendre bien compte, pour la séparation de la croyance et de l'État. Leur triomphe fut le triomphe de ce principe.

Mais alors surgit un autre problème. Entre ces deux choses désormais distinctes le contact était pourtant inévitable ; car l'Église et l'État étaient deux corps qui se composaient des mêmes hommes. Un roi était un fidèle de l'Église, et le peuple se trouvait soumis en même temps à l'Église et au prince. De là vint une complexité dans l'existence privée et dans la vie publique dont les peuples anciens n'avaient pas eu l'idée. L'État était une puissance, l'Église en était une autre, et toutes les deux mêlées, enchaînées, enchevêtrées l'une dans l'autre, sans qu'il fût facile d'assigner à chacune d'elles son terrain propre. La question qui naquit alors fut de savoir si ces deux puissances pourraient vivre tout à fait indépendantes l'une de l'autre, ou, au cas contraire, laquelle des deux aurait le pas sur l'autre.

Pour comprendre ce qui va se passer durant l'époque mérovingienne, il est nécessaire d'observer d'abord quelle était la constitution intime de l'Église chrétienne au moment où les Francs entrèrent en contact avec elle.

### 1° ORGANISATION INTÉRIEURE DE L'ÉGLISE AU CINQUIÈME SIÈCLE.

L'Église du cinquième siècle n'était plus la primitive Église. L'esprit démocratique, la croyance libre et presque personnelle, l'hésitation sur le dogme, tout cela avait disparu. Le dogme était fixé, et l'Église était une société constituée hiérarchiquement. Une première distinction, et la plus radicale, était celle qui séparait les clercs des laïques. Elle n'était pas précisément nouvelle dans le monde. Toutes les religions anciennes avaient mis le prêtre au-dessus du commun des hommes et avaient fait de lui un intermédiaire ou un médiateur entre l'humain et le divin. L'ancienne Grèce et l'ancienne Rome avaient même eu des sacerdoces héréditaires, et d'autres peuples avaient eu des castes sacerdotales. Le christianisme eut d'abord un sacerdoce de nature démocratique. Dans chaque ville, les chrétiens formèrent une communauté, qu'ils appelaient « l'assemblée », ἐκκλησία. Cette petite commune se donna à elle-même ses chefs religieux, qui s'appelèrent, « les plus âgés », πρεσβύτεροι. Elle se donna aussi un « surveillant », ἐπίσκοπος. Elle eut enfin quelques fonctionnaires chargés des services matériels du culte ou de l'administration des biens communs; on les appela serviteurs, διάκονοι. Ainsi furent fondés les « ordres majeurs » des évêques, des prêtres et des diacres. Il s'y ajoutait des sous-diacres, des lecteurs, des chantres ou psalmistes, des martyraires ou gardiens des reliques, des exorcistes. Tous ces hommes n'étaient d'abord que les élus et les serviteurs de la communauté; mais peu à peu leur caractère plus sacré, plus voisin de Dieu, les éleva au-dessus d'elle. Ils se présentèrent aux yeux des hommes comme un corps choisi, κλῆρος, c'est-à-dire choisi de Dieu; et tout ce qui n'était pas eux fut seulement une foule, λαός. Voilà le clergé et les laïques[1].

Ce clergé lui-même avait son organisation intime, sa discipline et sa hiérarchie. Il s'était constitué à une époque où régnait l'empire romain, et naturellement il avait pris modèle sur cet empire. L'Église, en effet, ne lutta contre la société civile qu'aussi longtemps qu'elle ne put pas faire autrement; elle se hâta, dès que cela lui fut possible, de se mettre en accord et en unisson avec elle. L'empire étant divisé en provinces et en cités, l'Église se partagea aussi en provinces et en cités. La cité, qui était l'unité administrative, devint aussi l'unité ecclésiastique. On ne l'appela pas d'abord un diocèse; on l'appela une παροικία, une paroisse. Ce terme se retrouve dans le même sens chez les écrivains du sixième siècle, et notamment chez Grégoire de Tours. Il désignait le ressort tout entier de l'évêque, c'est-à-dire tout le territoire de la cité ecclésiastique. L'évêque

---

[1] C'est un symptôme assez significatif que le terme *peregrinus* soit rentré alors en usage; il ne désigna plus, comme autrefois, ceux qui étaient en dehors de la cité; il désigna ceux qui étaient en dehors du clergé. Voyez concile d'Agde de 506, art. 7 *in fine: Peregrinis vel clericis.* Cf. Ibidem, art. 2: *Peregrina communio.*

conservait son ancien titre, *episcopus*; il y joignit ceux de *sacerdos* et de *pontifex*. Or ces deux termes étaient ceux par lesquels on avait désigné jusque-là, dans la religion païenne de l'empire, les grands-prêtres provinciaux. Les évêques prirent leurs titres en prenant leur place¹.

Les attributions de l'évêque étaient nombreuses et d'un ordre élevé. Il veillait au maintien de la croyance et à l'enseignement du dogme. Il administrait les sacrements; plusieurs, comme la confirmation, la consécration des autels, des églises, des cimetières, ne pouvaient être accomplis que par lui; presque seul encore il donnait le baptême. C'était lui seul qui, en conférant l'ordination, faisait les prêtres et les diacres. Il administrait les biens temporels de son église, exploitait ou affermait les terres, percevait les revenus, en faisait l'emploi, distribuait les traitements aux clercs de tout ordre. Il possédait enfin une juridiction, obligatoire pour les clercs, facultative pour les laïques. De tels pouvoirs faisaient de lui, à l'égard de tous les clercs du diocèse, un véritable souverain.

Au-dessus des évêques s'élevaient les métropolitains. Le titre d'archevêque ne fut usité en Gaule qu'à partir de la fin du septième siècle². Si le mot « métropolitain » est grec, le sens en est romain. On remarquera, en effet, que presque tous les termes de l'organisation ecclésiastique sont grecs, mais que cette organisation est toute romaine. Sous l'empire, on appelait métropole

---

¹ Au sixième siècle, l'évêque est appelé aussi souvent *sacerdos* qu'*episcopus*. Grégoire de Tours, *passim*. Dans le préambule des actes du concile de 511, les évêques se désignent eux-mêmes par le mot *sacerdotes*.

² Je trouve pourtant le terme *archiepiscopus* dans les canons du concile de Mâcon de 581, art. 6, Sirmond, I, p. 371.

celle des cités d'une province qui en était le chef-lieu. Comme cette cité était supérieure administrativement aux autres cités, celui qui en était l'évêque se trouva supérieur aux autres évêques. Ce n'est pas à dire qu'évêques et métropolitains fussent les deux degrés d'un avancement, comme cela se voit de nos jours. On ne passait pas par l'épiscopat pour devenir ensuite métropolitain. Tous étaient évêques avec même titre[1] et mêmes attributions. Seulement, l'évêque de la ville supérieure fut le premier parmi les évêques de la province. Cette prééminence alla se marquant de plus en plus. Elle est déjà bien établie par le concile d'Antioche de 341[2]. On en appelait du jugement de l'évêque à celui du métropolitain. Le métropolitain jugeait les contestations entre les évêques.

Par-dessus les métropolitains, il n'existait pas alors un pouvoir pontifical bien établi. Il semblerait que l'imitation de l'empire romain dût aller jusqu'à l'établissement d'une autorité monarchique dans l'Église. Cela ne se fit pas. Apparemment les empereurs tinrent peu à voir se former à côté d'eux un pareil pouvoir. Il faut songer d'ailleurs qu'à l'époque même où les princes et la société entière se firent chrétiens, il se trouva que l'empire eut deux capitales; dans l'Occident même, un peu plus tard, Milan et Ravenne furent la résidence du pouvoir. Rome, cessant d'être capitale de l'empire, ne

---

[1] Le vrai titre de celui que nous appelons archevêque était *episcopus*. Ainsi, dans les actes du concile de Turin de 397, art. 2, les archevêques d'Arles et de Vienne sont appelés *episcopi*, Sirmond, I, 28. Pour distinguer, on disait *episcopus metropolitanus*, ce qui ne signifiait pas autre chose que évêque de la ville métropole. Voyez une lettre du pape Innocent I<sup>er</sup>, dans Sirmond, I, 39; deuxième concile d'Orléans, 533, art. 7, Sirmond, I, 229.

[2] Cf. concile d'Antioche de 341, c. 9, dans Héfélé, I, 508.

devint pas non plus capitale de l'Église, ni l'évêque de Rome son chef universel. Elle eut du moins pour elle le prestige qui continua de s'attacher à son nom, la légende de Pierre qui lui assurait la prééminence, et surtout l'esprit de suite et l'habileté patiente de ses papes. C'en fut assez pour lui donner, à défaut de l'autorité légale, une autorité morale que nul ne contesta.

Au-dessous de l'épiscopat, il existait alors des chorévêques. Ce terme signifie évêque ou inspecteur de la campagne, χώρας ἐπίσκοπος. La cité, *civitas*, qui comprenait une grande ville et un grand territoire où l'on trouvait d'autres villes et beaucoup de villages, était trop étendue pour que l'évêque pût tout inspecter de ses yeux. Résidant dans la ville, il dut avoir une sorte d'évêque du dehors, un évêque pour le territoire rural, que l'on appela *visitator*, *circuitor*, ou chorévêque. Ce dignitaire n'était d'ailleurs qu'un subordonné de l'évêque, son délégué, son lieutenant choisi par lui[1]. A partir du septième siècle, le pouvoir des chorévêques parut trop grand; les conciles s'attachèrent à le réduire[2]. Ils disparurent au dixième siècle.

Les archiprêtres et archidiacres subsistèrent plus longtemps. Il est fait mention des archiprêtres dans les écrivains chrétiens du cinquième siècle[3], ainsi que dans les actes des conciles de Tours, d'Auxerre, de Reims[4].

---

[1] Voyez saint Basile, lettres 181 et 418; Athanase, *Apologétique*; concile d'Antioche, art. 10; concile d'Ancyre, art. 13; et pour l'Occident, Isidore de Séville, *De officiis ecclesiasticis*, II, 6, dans la *Patrologie*, t. LXXXIII, col. 786, 787.

[2] Deuxième concile de Séville, art. 7.

[3] Saint Jérôme, *ad Rusticum*; saint Léon, épître 57, *ad Dorum*; Cf. Socrate, *Hist. eccles.*, VI, 9; Sozomène, VIII, 12.

[4] Deuxième concile de Tours, a. 567, art. 7 et 19, Sirmond, I, 331 et

On ne saurait dire avec précision quelles étaient les attributions de l'archiprêtre. Elles ne paraissent pas avoir été fixées avec rigueur. Elles varièrent suivant les temps, suivant les lieux, peut-être suivant la volonté de chaque évêque. Quelquefois l'archiprêtre était simplement le premier des prêtres du diocèse. D'autres fois il y avait plusieurs archiprêtres; chacun d'eux était placé au-dessus d'une portion du diocèse, par exemple dans une petite ville, et il l'administrait avec autorité sur les prêtres inférieurs de la circonscription. C'est ainsi que Grégoire de Tours nous montre, dans le diocèse de Langres, un archiprêtre « qui régit la ville de Tonnerre[1] ».

L'archidiacre avait la haute main sur tous les services du culte, sur la discipline des clercs, sur la distribution des revenus et des traitements. L'évêque le choisissait à son gré; il pouvait le destituer[2], ou tout au moins, en lui laissant son titre, donner sa fonction à un autre[3]. Il paraît que sa fonction était de celles qui exigeaient le plus d'attention et d'intelligence[4]. Comme son rang de diacre le tenait trop loin de l'évêque pour lui porter ombrage, l'évêque ne craignit pas de lui confier un grand pouvoir. Il acquit la juridiction, au

---

335. Concile d'Auxerre, a. 578, art. 43, *ibidem*, p. 366. Concile de Reims, 630, art. 40, *ibidem*, p. 483. Concile de Chalon, a. 650, art. 11.

[1] Grégoire, V, 5 : *Ternodorensem castrum ut archipresbyter regeret.*

[2] Grégoire, IX, 37, parle d'un archidiacre de Soissons qui est destitué par un évêque.

[3] C'est ce que recommande le concile d'Agde de 506, art. 23 : *Si officium archidiaconatus implere nequiverit, ille loci sui nomen teneat, et ordinationi ecclesiæ præponatur quem elegerit episcopus.*

[4] Cela ressort, 1° de ce que Sidoine Apollinaire, *Lettres*, IV, 25, dit en parlant d'un archidiacre : *In quo gradu multum retentus propter industriam;* 2° de cet article du concile d'Agde où il est parlé d'archidiacres qui ne peuvent remplir leurs fonctions *propter simpliciorem naturam.*

nom de l'évêque, sur tous les clercs[1], et eut ainsi une autorité supérieure à celle de l'archiprêtre.

Ce que nous appelons des cures ou des paroisses n'existait pas ou existait peu dans les premiers siècles. Le christianisme avait commencé dans les villes, surtout dans les grandes villes, et il n'avait connu d'abord qu'un organisme urbain. A mesure que se fit la lente conversion des campagnes, il fallut établir des églises rurales. Cela se fit peu à peu. On en voit dès le quatrième siècle[2]. Elles deviennent plus nombreuses au cinquième. Grégoire montre des évêques de Tours créant successivement quelques paroisses dans les bourgs les plus importants de leur diocèse[3], et l'on peut penser que tous les évêques firent comme ceux de Tours[4]. Les prêtres de ces paroisses étaient nommés et délégués par

---

[1] Voyez quatrième concile d'Orléans, a. 541; concile d'Auxerre, 578, art. 45; surtout le concile de Mâcon de 581, art. 8, Sirmond, I, 372. — L'archidiacre avait la surveillance des prisons; cinquième concile d'Orléans, a. 549, art. 20. — A la mort de l'évêque, il avait la garde et l'administration des biens; concile de Paris de 614, art. 7. — Sidoine Apollinaire, dans la lettre que nous citons plus haut, appelle la fonction d'archidiacre une *potestas* en même temps qu'une *dignitas*. — Sur la juridiction de l'archidiacre au septième siècle, il y a un texte capital dans la *Vita Leodegarii ab Ursino*, 2, ab anonymo, 1-2.

[2] Sulpice Sévère, *Dialogi*, 1, 4. — Cf. *Epistola Innocentii Papæ ad Decentium*, 5.

[3] Grégoire, X, 31, 3: *S. Martinus.... in vicis Alingaviensi, Solonacensi, Ambaciensi, Condatensi, Tornomagensi, destructis delubris, ecclesias ædificavit.* — X, 31, 4: *Briccius instituit ecclesias per vicos Calatonaum, Briccam, Rotomagum, Briotreidem, Cainonem.* — *Eustochius instituit ecclesias per vicos Brixis, Iciodorum, Luccas, Do!us.* — X, 31, 6: *Tempore Perpetui ædificatæ sunt ecclesiæ in vicis Evina, Mediconno, Berrao, Vernado.* — X, 31, 18: *Tempore Eufronii Tauriaco, Cerata, Orbiniaco vicis ecclesiæ ædificatæ sunt.* — X, 31, 19: *In multis locis ecclesias et oratoria dedicavi.*

[4] Sidoine Apollinaire parle de *rusticæ parochiæ* dans le midi de la Gaule; *Epistolæ*, VII, 6. — Grégoire de Tours appelle souvent ces paroisses du nom de *diœcesis*, réservant le mot *parochia* pour le diocèse; IV, 15; IV, 18; V, 5, etc. D'autres fois la paroisse est appelée *plebs*.

l'évêque ; ils restaient sous sa surveillance, ils dépendaient de lui, non seulement pour la discipline ecclésiastique, mais aussi pour la jouissance des biens temporels ; car il était rare alors que ces paroisses eussent des revenus propres ; l'évêque était seul légalement propriétaire de tous les biens de l'église.

Ce qui était plus nombreux que les paroisses rurales, c'étaient les oratoires des domaines privés. Au cinquième, au sixième, au septième siècle, il existait peu de villages semblables à nos villages modernes, c'est-à-dire peu d'agglomérations de petits propriétaires libres. Le plus souvent, un grand domaine appelé *villa*, comprenant toute l'étendue qui forme aujourd'hui le territoire d'une commune, appartenait à un seul propriétaire. Il renfermait aussi toute la population d'un village ; mais ces paysans étaient de simples tenanciers, les uns libres, les autres colons ou serfs, tous occupant la terre du maître à charge de redevances et de services[1]. Dans ce domaine ainsi constitué, il se trouvait ordinairement un oratoire[2]. Il appartenait au propriétaire, et il servait aux besoins religieux de tous ses serviteurs et paysans[3]. Le propriétaire était tenu d'attacher à cet oratoire une terre et un revenu suffisants pour l'entretien d'un ecclé-

---

[1] Nous décrirons ces conditions sociales dans un volume suivant.
[2] Loi de 398 au Code Théodosien, XVI, 2, 33 : *Ecclesiis quæ in possessionibus, ut assolet, diversorum... sunt constitutæ*. C'est ce que le concile d'Epaone de 517, art. 25, appelle *oratoria villaria*, et le concile d'Agde de 506, art. 21, *Oratoria in agro*, le mot *agro* signifiant ici propriété rurale, domaine. Cf. concile d'Orléans de 541, art. 26 et 33 : *Si quis in agro suo habet diœcesim*. Concile de Chalon, 650, art. 14 : *oratoria per villas potentum constructa*.
[3] Concile d'Agde, de 506, art. 21 : *Si quis etiam extra parochias oratorium in agro habere voluerit, ut ibi missas teneat, propter fatigationem familiæ, permittimus*. Il n'est sans doute pas nécessaire d'avertir que dans cette phrase le mot *familiæ* signifie l'ensemble des serviteurs, c'est-à-dire la population du domaine.

siastique¹. Il devait aussi fournir le prêtre et les clercs, en les prenant ordinairement parmi les hommes de son domaine²; mais il ne les choisissait qu'avec l'aveu et l'assentiment de l'évêque³. Ces clercs, qui étaient « les hommes » du propriétaire, n'en étaient pas moins subordonnés à l'évêque pour tout ce qui touchait à la croyance, aux sacrements et à la discipline, et ils étaient placés sous la juridiction de l'archidiacre⁴. C'est de ces oratoires des domaines privés que sont venus les trois quarts de nos cures de villages. De même que le village moderne est dérivé, le plus souvent, d'un ancien domaine, de même l'église paroissiale est dérivée très souvent de la chapelle privée d'un grand propriétaire. C'est une vérité dont il faudra nous souvenir lorsque nous arriverons au régime féodal.

Il reste à dire quelques mots des monastères. La vie solitaire, inconnue dans les premiers temps de l'Église, devint fort en honneur au quatrième siècle, surtout en Orient. Mais la pure solitude fut toujours une exception. Elle était peu goûtée des chefs de l'Église et de tous ceux qui avaient le souci de ses grands intérêts. Il arriva donc de bonne heure que les solitaires se groupèrent entre eux. Les moines devinrent des cénobites. Ces deux mots, moine et cénobite, qui au sens littéral signifient le contraire l'un de l'autre, furent synonymes; cela tint sans doute à ce que les deux idées s'associaient;

---

[1] Concile d'Orléans de 511, art. 33 : *Si quis in agro suo habet diœcesim aut postulat habere, primum terras ei deputet sufficienter...*

[2] Ibidem: *Deputet et clericos qui ibidem sua officia impleant.*

[3] Ibidem, art. 7 : *Ut in oratoriis domini prædiorum minime contra votum episcopi peregrinos clericos intromittant, nisi quos probatos districtio pontificis observare præceperit.*

[4] Concile de Chalon, de 650, art. 14, Sirmond, I, 492. — On exigeait que pour les grandes fêtes de l'année la population se transportât à l'église de la ville; concile d'Agde de 506, art. 21.

les mêmes hommes étaient cénobites entre eux, puisqu'ils vivaient en communauté, mais ils étaient solitaires à l'égard du monde extérieur. Un monastère et un couvent (*conventus*) furent une même chose.

En Gaule il y eut toujours fort peu de vrais solitaires ou de reclus, bien que Grégoire de Tours en mentionne quelques-uns. Mais il y eut d'assez bonne heure des solitaires associés en communauté. Les principaux monastères furent : celui que saint Martin fonda vers 360 à Ligugé, près de Poitiers¹, celui de Marmoutiers²; celui de Lérins fondé par saint Honorat; celui d'Agaune ou de Saint-Maurice établi ou agrandi par le roi burgonde Sigismond, 507-517; celui d'Anisola ou Saint-Calais, dans le diocèse du Mans³; celui de Sainte-Croix, près de Poitiers, fondé par la reine Radegonde vers 558⁴. Saint Benoît ayant établi son ordre au Mont-Cassin en Italie, un de ses disciples, saint Maur, fut envoyé par lui en Gaule et fonda le monastère de Saint Maur-sur-Loire vers 544. Saint Columban fonda celui de Luxeuil vers 590.

Ce n'étaient pas les évêques, du moins le plus souvent, qui instituaient les monastères. Ils n'étaient pas fondés non plus en vertu d'une volonté générale de l'Église. Ils naissaient spontanément. Tantôt c'était un riche propriétaire qui par piété bâtissait un couvent sur ses propres terres, lui faisait donation d'un de ses domaines, et souvent le remplissait de ses propres serviteurs et paysans; c'est l'histoire du monastère de

---

[1] Grégoire, *Mirac. S. Martini*, IV, 30 : *Monasterium Locociagense quo congregatam monachorum catervam locaverat vir beatus.*
[2] Sulpice Sévère, *Vita Martini*, 10.
[3] Il en est fait mention par Grégoire de Tours, V, 14.
[4] Grégoire, III, 7; VI, 29; IX, 42; X, 16; *Gloria martyrum*, 5.

Saint-Yrier, dans le diocèse de Limoges[1]. Tantôt c'était un homme sans fortune qui demandait un domaine au roi pour y réunir des moines; ainsi furent fondés les monastères de Saint-Mesmin de Mici, de Saint-Calais d'Anisola et beaucoup d'autres. Pour établir un monastère, il fallait d'abord avoir des terres; il fallait aussi posséder des reliques[2]. Ces deux conditions remplies, il était facile de trouver des hommes pour peupler le monastère : Francs et Romains, libres et serfs, étaient également admis[3].

Les monastères étaient indépendants les uns des autres. Il n'existait pas encore d'ordres monastiques. Chacun d'eux avait ses biens propres. Chacun d'eux avait aussi son chef, revêtu du titre de *pater* ou d'*abbas*. Mais il était de règle que tous les monastères d'un diocèse fussent soumis à l'évêque. « Les monastères, dit le cinquième concile d'Arles, et la discipline des moines appartiennent à l'évêque du diocèse[4]. » Les abbés étaient le plus souvent élus par les moines[5];

[1] Grégoire, X, 29 : *Ex familia propria instituit monachos cœnobiumque fundavit.* — Comparer ce que le même écrivain dit de Grégoire le Grand, qui, étant encore simple particulier, fonda sept monastères sur ses propriétés, X, 1. — De même un citoyen d'Angers, Licinius, fonda un monastère *in possessione sua* (Grégoire, X, 31, 9).

[2] Ibidem, X, 29. *Miracula Martyrum*, 33. 39. *De gloria confessorum*, 50. — Souvent c'était le corps du fondateur canonisé qui devenait la principale relique.

[3] Les monastères acceptaient des esclaves, mais esclaves rachetés, ou avec l'autorisation du maître. Grégoire, X, 29 : *Aredius ex familia propria tonsuratos instituit monachos.* — *Vita Bathildis*, 9 : *Captivos redemit... et in monasteria intromisit.* — *Vita Eligii*, I, 17 : *Usque ad trecentarum numerum, tam ex ancillis suis quam ex nobilibus matronis congregavit.* — *Vita Bercharii*, 14, Mabillon, *Acta SS.*, II, 840 : *Pretio suscepit captivas puellas octo quas Deo dicatas ibi manere constituit.*

[4] Concile d'Arles de 554, art. 2 : *Ut monasteria vel monachorum disciplina ad eum pertineant episcopum in cujus sunt territorio constituta.*

[5] Concile d'Arles de 455, Sirmond, I, 121 : *Abbatis quem sibi congregatio elegerit.*

mais l'évêque avait sur ces abbés un droit de juridiction et de coercition[1]. Le principe était que les moines devaient une obéissance absolue à l'abbé, l'abbé à l'évêque[2].

Si nous résumons et embrassons d'un regard tous les traits que nous venons de présenter, nous y reconnaissons deux choses : d'abord, le clergé chrétien forme un puissant organisme à côté et en dehors de l'État ; ensuite, dans cet organisme, c'est l'épiscopat qui est l'organe principal et l'autorité maîtresse.

L'Église chrétienne, à cette époque, n'était pas un corps centralisé. Il n'y existait pas de monarchie commune. Rome avait une prééminence, non un pouvoir. La monarchie était dans chaque diocèse. Là l'évêque commandait à tous, et lui-même n'avait à obéir à personne, sauf la déférence due au métropolitain. La société chrétienne était une confédération de cités épiscopales. On sentait vivement le besoin d'unité en matière de doctrine; cette unité était maintenue, non par un pouvoir suprême, mais par la tenue d'assemblées ou de conciles, les uns régionaux, les autres œcuméniques, et qui n'étaient tous, à vrai dire, que des congrès d'évêques. Ce qui résume toute la consti-

---

[1] Concile d'Orléans de 511, art. 19 : *Ut abbates pro humilitate religiosi in episcoporum potestate consistant, et si quid extra regulam fecerint, ab episcopis corrigantur.* — Concile d'Orléans de 533 : *Abbates qui episcoporum præcepta despiciunt, ad communionem non admittantur.* — L'évêque peut faire sortir un abbé de son monastère et l'enfermer comme moine dans un autre; concile d'Auxerre de 578, art. 23 et 26.

[2] Il n'est pas même permis à l'abbé de se rendre auprès du roi sans la permission de son évêque. Concile d'Orléans de 511, art. 7. — Les choses ont changé à partir du septième siècle. Il y eut alors un entraînement général à affranchir les abbayes des évêques. Les évêques mêmes cédèrent à cet entraînement; voyez les chartes d'Emmon de Sens, d'Audomer de Thérouenne, de Bertefried d'Amiens, de Nivard de Reims, de Vindicianus de Cambrai; Pardessus, n°° 333, 340, 341, 346, 391.

tution de l'Église à cette époque, c'est la puissance de l'épiscopat. On peut même noter que, dans la langue du temps, le mot « église » est rarement employé pour désigner le corps chrétien tout entier ; il désigne le plus souvent un diocèse, c'est-à-dire l'ensemble des fidèles auxquels préside un évêque. Les biens et les terres n'appartiennent pas à l'Église universelle, mais à chaque église épiscopale. L'évêque administre seul les biens, seul il régit tout le clergé, seul il gouverne toutes les âmes. Le christianisme est une fédération de cités-églises, dont chacune est une petite monarchie.

Il faut partir de cette vérité si l'on veut comprendre les rapports que la royauté mérovingienne pourra avoir avec le clergé, surtout avec l'épiscopat.

### 2° LES RÈGLES CANONIQUES EN MATIÈRE D'ÉLECTIONS ÉPISCOPALES.

Comme la vraie autorité dans l'Église était l'épiscopat, le mode de nomination des évêques avait une singulière importance. Suivant la manière dont ils seraient choisis, l'Église pouvait devenir un corps aristocratique, ou démocratique, ou même féodal. Le mode d'élection pouvait faire encore, ou que l'Église fût dépendante ou qu'elle fût libre, ou qu'elle dominât l'État ou que l'État la dominât.

On croirait tout d'abord que les règles de l'élection dussent se trouver dans les documents des quatre premiers siècles, dans les écrits des Pères, dans les actes des conciles. Mais si on les cherche, on s'aperçoit bientôt qu'il n'y avait pas alors de règles bien précises sur la matière. C'est une opinion très accréditée que, dans les premiers siècles de l'Église, l'évêque était élu par le peuple de la cité. Cette opinion n'est pas entièrement fausse, mais elle est exagérée; on peut même dire qu'exprimée en des termes si absolus elle est inexacte. On ne trouve ni dans les Évangiles, ni dans les écrits des Pères, ni dans les actes des premiers conciles, que l'évêque dût être nommé par les suffrages du peuple. Les fondateurs du christianisme n'ont jamais exprimé cette idée, n'ont jamais formulé cette règle.

Il paraît bien que les évêques des premiers temps furent choisis par une sorte de cooptation. Le principe fut que nul ne pût être fait évêque que par un autre évêque. C'est le même principe qui avait régné dans quelques autres religions anciennes; on avait cru volontiers que le caractère sacré ne pouvait être conféré que par un homme qui possédât déjà en sa personne ce caractère sacré. Le texte qui dut inspirer la coutume, fut probablement celui-ci : « C'est l'Esprit-Saint qui vous a établis évêques[1]. » Le texte dit « l'Esprit-Saint », il ne dit pas « le peuple », il ne dit pas « la communauté ». Le Christ avait institué les apôtres; les apôtres avaient institué les premiers évêques; ceux-ci en avaient institué d'autres, et l'Esprit-Saint s'était ainsi transmis. De cette façon chaque évêque avait reçu son caractère sacré d'un autre évêque et pouvait faire remonter la genèse de son sacerdoce à un apôtre dont il tenait la place[2]. En vertu de cette conception de l'esprit, il fallait que chaque nouvel évêque fût consacré par un autre évêque. Telle est la seule règle que l'on trouve établie d'une manière formelle, rigoureuse, incontestée dans les quatre premiers siècles. Plus tard, on a distingué nettement l'élection épiscopale de la consécration;

---

[1] Actes des Apôtres, XX, 28 : ὑμᾶς τὸ πνεῦμα τὸ ἅγιον ἔθετο ἐπισκόπους.
[2] Cette idée est exprimée par Justinien, Code, I, 3, 41, § 1.

mais il n'est pas sûr que l'esprit des premiers chrétiens ait fait cette distinction¹.

Mais à côté de ce principe, qui était inflexible parce qu'il était d'ordre spirituel, il y avait un fait dont il était impossible de ne pas tenir compte. Dans chaque cité, nous l'avons vu, la communauté ou *fraternité* chrétienne formait un corps indépendant. La règle spirituelle qui voulait que son évêque tînt son pouvoir sacré d'un autre évêque, aurait eu pour conséquence, si on l'eût appliquée sans aucun tempérament, que toute cité aurait reçu son chef du dehors. C'est apparemment contre une telle conséquence que s'établit une autre règle, à savoir, que la cité fût toujours consultée sur l'homme dont on allait faire son évêque, et qu'avant toute consécration elle donnât son avis. Aucune autorité n'avait le droit ni le pouvoir de lui imposer un chef dont elle ne voulût pas.

Cette double condition pour la nomination des évêques s'aperçoit déjà dans un texte de Clément d'Alexandrie. Il montre l'évêque d'une communauté établi par des évêques du dehors, mais il ajoute que la communauté est consentante².

¹ Il faut faire attention, en effet, que les textes du quatrième et du cinquième siècle, lorsqu'ils parlent des évêques faisant un nouvel évêque, emploient rarement le mot *consecrare*, et presque toujours le verbe *ordinare*. Or ce mot *ordinare*, dans la langue du temps, n'avait nullement le sens spécial qui s'est attaché depuis au mot « ordination ». *Ordinare* était le terme propre et officiel pour signifier qu'on instituait un magistrat. Exemples : Suétone, *César*, 76; *Vespasien*, 23; *Domitien*, 4; Digeste, *passim*. *Ordinare* se disait aussi des fonctionnaires que l'empereur nommait, *Code Théodosien*, I, 9, 1, ou de ceux que les corps municipaux établissaient, *Code Théodosien*, XI, 7, 20. C'est en ce sens qu'il est employé dans les textes qui concernent les évêques. Quand on dit du métropolitain *ordinat episcopum*, cela ne veut pas dire qu'il consacre seulement un évêque que d'autres ont choisi; cela veut dire qu'il l'institue et le fait évêque.

² Saint Clément, *Epist. ad Corinthios*, I, 44, dans l'édition des Pères

Saint Cyprien est plus explicite. D'une part, il dit très énergiquement que l'évêque est l'élu de Dieu, que c'est Dieu qui l'établit ; telle est la première règle, et elle prime tout[1]. Mais ensuite il formule la seconde. « La communauté, dit-il, a le pouvoir de choisir son évêque ou de rejeter celui qui lui est imposé[2]. » Aussi faut-il que le nouvel évêque soit choisi « en présence du peuple », « sous les yeux de tous »[3]. Remarquez qu'il ne dit pas « par tous », et qu'il ne parle pas de votes émis par le peuple, ni de volonté exprimée par lui. Il dit seulement que le choix doit avoir lieu en présence du peuple, « afin que le peuple atteste que l'homme est digne de remplir sa charge »[4]. Il ajoute : « Voici ce qui se passe en Afrique et dans presque toutes les provinces de l'empire, quand il s'agit d'instituer un évêque ; les évêques de la même province, au moins les plus voisins de la cité à pourvoir, se réunissent dans cette cité, et l'évêque est choisi en présence du peuple[5]. » Il est choisi, visiblement, par les évêques ; mais il faut que le peuple soit présent. « On ne peut faire aucune institution d'évêque qu'avec l'assistance et le concours moral du peuple[6]. » Il y a loin de là à dire que l'élection popu-

---

apostoliques de Héfélé, t. III, p. 116 : συνευδοκησάσης τῆς ἐκκλησίας πάσης.

[1] Saint Cyprien, édition de 1726, in-folio, p. 68, lettre 52 : *Ad hunc locum divinitus eliguntur.* Lettre 68, p. 118 : *Jubet Deus constitui sacerdotem....* Ibidem, p. 119 : *De traditione divina et apostolica observatione.*

[2] Ibidem, Lettre 68, p. 118 : *Ipsa plebs* (plebs est la communauté) *habet potestatem vel eligendi dignos sacerdotes, vel indignos recusandi.*

[3] Ibidem : *Idipsum videmus de divina auctoritate descendere ut sacerdos* (nous avons vu que sacerdos est le titre de l'évêque) *plebe præsente sub omnium oculis deligatur.*

[4] *Ut dignus et idoneus publico judicio et testimonio comprobetur.*

[5] Ibidem, p. 119 : *Apud nos quoque et fere per provincias universas tenetur ut ad ordinationes rite celebrandas ad eam plebem, cui præpositus ordinatur, episcopi ejusdem provinciæ proximi quique conveniant et episcopus deligatur, plebe præsente.*

[6] Ibidem, p. 118 : *Coram omni synagoga jubet Deus constitui sacer-*

laire soit la source du pouvoir épiscopal ; saint Cyprien ne dit rien de pareil ; il explique seulement la nécessité de la présence du peuple par ce motif que le peuple de la ville, d'où l'élu est ordinairement tiré, connaît mieux que les évêques étrangers la conduite et le caractère de l'élu ; il peut en conséquence témoigner de son mérite ou dénoncer son indignité[1]. Le public est là, non pour voter, mais pour porter témoignage. L'auteur termine en disant qu'en Espagne les choses se passent de même ; l'évêque est institué « sur la recommandation de la communauté[2] », et « par le jugement des évêques »[3]. Il faut donc pour faire un évêque le concours de deux choses : d'une part l'expression du désir de la population, de l'autre la décision des évêques de la province.

Saint Cyprien ajoute encore un détail caractéristique. « L'épiscopat, dit-il, est conféré par le jugement des évêques, non seulement de ceux qui ont été présents, mais aussi des absents qui ont envoyé leurs lettres[4]. » Cela implique que pour la désignation de l'élu on a

*dotem, id est, ostendit ordinationes sacerdotales non nisi sub populi assistentis conscientia fieri oportere.*

[1] Saint Cyprien, p. 118 : *Ut detegantur malorum crimina vel bonorum merita prædicentur.* P. 119 : *Plebe præsente, quæ singulorum vitam plenissime novit et cujusque actum de ejus conversatione prospexit.*

[2] Ibidem, p. 119 : *Universæ fraternitatis suffragio.* L'on se tromperait beaucoup si l'on traduisait *suffragio* par suffrages, comme si l'auteur avait écrit *suffragiis. Suffragium*, surtout au singulier, est un terme très employé sous l'Empire pour indiquer tout autre chose qu'un vote. On le trouve très souvent dans les codes pour désigner la recommandation par laquelle un homme influent appuie un individu auprès du prince pour lui faire obtenir une place ou une faveur.

[3] Ibidem : *Et de episcoporum judicio.* — Il n'est pas douteux que dans la langue et les habitudes d'esprit de cette époque le mot *judicium* n'indiquât quelque chose de plus fort que le mot *suffragium*. Le *suffragium* est la manifestation d'un désir ; le *judicium* est la vraie décision.

[4] Ibidem : *Episcoporum qui in præsentia venerant et qui de eo ad vos litteras fecerant.*

compté les voix des évêques, tandis que saint Cyprien ne dit pas qu'on ait compté celles du peuple. Comme d'ailleurs quelques évêques ont pu donner leur opinion par lettre, cela implique encore que l'opinion des évêques est indépendante de celle du peuple, puisque ces évêques ne connaissaient pas l'opinion du peuple au moment où ils ont écrit. L'opinion des évêques, au moins de ceux qui l'ont donnée par lettre, précède celle du peuple, et celle-ci ne paraît être qu'un assentiment. Nous verrons bientôt ces usages se modifier, mais telle est bien la procédure qu'indique saint Cyprien. La décision des évêques paraît être encore l'élément principal. La participation du peuple est hautement reconnue en principe, mais elle est encore vague et indécise en pratique.

Si nous passons au quatrième siècle, nous lisons dans les actes du concile d'Ancyre de 314 « qu'il est possible qu'un homme ait été institué évêque et qu'il ne soit pas reçu comme tel par le diocèse pour lequel on l'a nommé »[1]. Il est bien visible ici que l'évêque n'a pas été nommé par le peuple du diocèse, qui au contraire refuse de l'accepter. Il a été nommé par des évêques du dehors. Le principe de la participation du peuple a été oublié. Si la cité accepte l'élu, nulle difficulté; mais si elle le repousse et lui ferme ses portes, une question de droit se pose. Les Pères du concile d'Ancyre, appelés à la résoudre, déclarent qu'ils ne connaissent aucune règle qui oblige une cité à recevoir un évêque dont elle ne veut pas.

Si nous cherchons dans les actes du concile de Nicée de 325 les règles relatives à l'élection, nous ne trou-

---

[1] Concile d'Ancyre de 314, art. 18 : εἴ τινες ἐπίσκοποι κατασταθέντες κα. μὴ δεχθέντες ὑπὸ τῆς παροικίας ἐκείνης εἰς ἣν ὠνομάσθησαν.

vons que ceci : « L'évêque doit être institué par tous les évêques de la même province, ou au moins par trois d'entre eux si la distance est trop grande pour qu'il en vienne un plus grand nombre; mais ceux qui ne peuvent pas venir doivent voter par lettre; on doit compter les voix des évêques présents et absents; la ratification ou confirmation de ce qui s'est fait appartient au métropolitain[1]. » Ici il n'est pas dit un seul mot du peuple. Il y a un vote, ψῆφος, χειροτονία; mais ce vote n'est qu'entre les évêques. Je crois bien que la présence du peuple est sous-entendue, mais son rôle est bien effacé, puisque le concile ne pense pas à en parler[2].

Le concile de Laodicée, tenu vers 372, prononce expressément que l'évêque doit être institué par le choix du métropolitain et des évêques comprovinciaux[3]. Il ajoute « qu'il ne faut pas laisser à la foule le choix du futur évêque »[4].

Mais il restait toujours qu'un évêque ne pouvait pas être imposé à une communauté malgré elle. C'est ce que répète, après le concile d'Ancyre, celui d'Antioche[5]. C'est ce que dit encore expressément le pape Célestin I<sup>er</sup> dans une lettre adressée à des évêques de la Gaule

---

[1] Concile de Nicée, art. 4 : Ἐπίσκοπον προσήκει ὑπὸ πάντων τῶν ἐν τῇ ἐπαρχίᾳ καθίστασθαι. Εἰ δὲ δυσχερὲς εἴη τὸ τοιοῦτο, ἢ διὰ κατεπείγουσαν ἀνάγκην ἢ διὰ μῆκον ὁδοῦ, ἐξάπαντος τρεῖς ἐπὶ τὸ αὐτὸ συναγομένους, συμψήφων γινομένων καὶ τῶν ἀπόντων καὶ συντιθεμένων διὰ γραμμάτων, τότε τὴν χειροτονίαν ποιεῖσθαι, τὸ δὲ κῦρος τῶν γινομένων δίδοσθαι τῷ μητροπολίτῃ.

[2] A l'article 6, il est dit que « si deux ou trois se mettent en opposition avec le vote commun, c'est la majorité qui l'emportera ». Ces deux ou trois ne sont pas une partie du peuple, ce sont deux ou trois évêques; et par cette « majorité » il faut entendre celle des évêques.

[3] Concile de Laodicée, art. 12 : τοὺς ἐπισκόπους κρίσει τῶν μητροπολιτῶν καὶ τῶν πέριξ ἐπισκόπων καθίστασθαι εἰς τὴν ἐκκλησιαστικὴν ἀρχήν.

[4] Ibidem, art. 13 : μὴ τοῖς ὄχλοις ἐπιτρέπειν τὰς ἐκλογὰς ποιεῖσθαι τῶν μελλόντων καθίστασθαι εἰς ἱερατεῖον.

[5] Concile d'Antioche de 341, art. 18.

en 428 : « Qu'aucun évêque ne soit donné à une population malgré elle¹. » Le sens de cette phrase et de tout l'article qui suit n'est pas que le peuple choisisse son évêque. Cela implique plutôt que l'élection vient d'ailleurs, *episcopus detur*. L'évêque est donné à la cité par le métropolitain et les évêques; seulement, le pape veut que les évêques tiennent grand compte du désir ou de l'antipathie de cette cité, afin qu'on ne lui donne pas un évêque malgré elle. Aussi le pape ajoute-t-il qu'on devra demander au clergé de la cité, au peuple et à l'ordre des décurions leur assentiment et l'expression de leur désir².

Un peu plus tard, en 445, le pape Léon Iᵉʳ écrit aux évêques de la province Viennoise pour leur rappeler les règles de l'élection. Il ressort de toute sa lettre que ce sont eux qui élisent chaque nouvel évêque. Il leur reproche seulement d'abuser de leur droit en choisissant des évêques « qui sont inconnus aux diocèses qu'ils doivent gouverner »; il en résulte que leurs diocèses ne veulent pas d'eux; « ils ne peuvent entrer dans leur ville épiscopale qu'accompagnés de soldats, et ils s'y installent par la force »³. Cela ne devra plus se renou-

---

¹ *Nullus invitis detur episcopus* (*Epistola Celestini papæ*, dans Sirmond, I, 57, Labbe, IV, 480, Pardessus, *Diplomata*, n° 9).

² Ibidem : *Cleri, plebis et ordinis consensus et desiderium requirantur.*

³ *Leonis papæ epistola*, dans Sirmond, I, 84 : *Militaris manus per provincias sequitur sacerdotem ad invadendas ecclesias quæ proprios amiserint sacerdotes. Trahuntur accipiendi, his quibus præficiendi sunt civitatibus ignorati... per vim imponuntur.* — On pourrait supposer à première vue que le pape fait allusion à des violences de l'autorité publique, surtout à des violences des rois barbares; ce serait une erreur. Dans cette lettre écrite par le pape en 445 il n'y a pas un mot qui se rapporte aux rois barbares. L'affaire dont il est question concerne l'archevêque d'Arles Hilarius, et l'évêque de Die, Projectus; or, en 445, ni Arles ni Die n'avaient cessé d'être villes romaines. La *manus militaris* dont parle le pape est une petite troupe armée dont ces évêques s'entouraient pour entrer dans un diocèse qui ne voulait pas d'eux. Cela est bien marqué

voler. En cas de vacance d'un siége, le futur évêque doit « être demandé » par la cité[1]. Il est bien vrai que ce sont les évêques et le métropolitain qui font l'évêque; mais encore doivent-ils « attendre les vœux des citoyens, les témoignages de la population »; ils doivent « s'enquérir de l'opinion des citoyens du premier rang », « chercher sur qui se porte le choix des clercs »; car « telle est la coutume de ceux qui connaissent les règles des Pères »[2].

En tout cela le pape ne dit pas que l'élection appartienne au peuple; il ne dit pas qu'on doive le consulter officiellement, ni surtout le faire voter. Il se garde d'expressions si nettes. Des vœux, des témoignages, des opinions, voilà les termes dont il se sert, et s'il emploie le terme un plus peu net de *electio*, c'est pour l'appliquer seulement aux clercs. La décision appartient toujours aux évêques. La cité peut bien « demander » son évêque, c'est-à-dire recommander un candidat à la nomination des prélats. Ceux-ci doivent tenir compte « de la lettre et des signatures des clercs, du témoignage des principaux habitants, de l'assentiment de la curie, de celui du peuple »[3]; mais ce seront toujours les évêques qui feront la nomination. Le pape termine en disant que de cette façon « l'évêque, qui doit être

dans une Novelle de Valentinien relative aux mêmes faits, édit. Hænel, p. 174; l'empereur reproche au métropolitain d'Arles *quod episcopos invitis et repugnantibus civibus ordinavit*; et il ajoute que ces nouveaux évêques, pour pouvoir entrer dans leur cité épiscopale, *manum sibi contrahebant armatam*.

[1] Ibidem : *Per pacem petitur.... Sacerdos postuletur.*
[2] Ibidem, c. 2 : *Exspectarentur certe vota civium, testimonia populorum; quæreretur honoratorum arbitrium, electio clericorum; quæ in sacerdotum ordinationibus solent ab his qui noscunt Patrum regulas custodiri.*
[3] Ibidem : *Teneantur subscriptio clericorum, honoratorum testimonium, ordinis consensus et plebis.*

au-dessus de tous, aura été choisi par tous »[1]. Mais il faut faire attention que ces mots, venant après tout ce que nous venons de voir, ne signifient nullement qu'il y ait une élection formelle. On voit bien par toute la lettre du pape qu'il n'y a ni scrutin régulièrement ouvert, ni suffrages exactement comptés. Qui est-ce qui nomme? Ce sont les évêques. Et qui est-ce qui apprécie les vœux et les désirs de la population? Ce sont encore ces mêmes évêques. Le plus que puisse faire la cité, c'est « une demande ». Elle n'a aucune décision. Son droit est bien reconnu en théorie, mais il est fort restreint en pratique.

Le concile d'Arles de 452 règle les élections épiscopales d'une manière assez inattendue : « Lorsqu'il s'agit d'établir un évêque, trois candidats doivent être désignés par les évêques comprovinciaux ; puis les clercs et les citoyens du diocèse ont la faculté de choisir l'un des trois[2]. » C'est précisément le contraire de la règle qui fut établie un peu plus tard dans l'Église d'Orient : en cas de vacance d'un siège, la cité présentait une liste de trois personnages, parmi lesquels les évêques et le métropolitain choisissaient[3].

---

[1] Ibidem : *Qui præfuturus est omnibus, ab omnibus eligatur.* — Cette phrase est souvent citée isolément et à contresens ; il ne faut pas y voir une élection dans le sens que nous donnons aujourd'hui à ce mot.

[2] Concile d'Arles, a. 452, art. 54, Sirmond, I, 110 ; Mansi, VII, 885 : *Placuit in ordinatione episcopi hunc ordinem custodiri ut... tres ab episcopis nominentur, de quibus clerici vel (et) cives unum eligendi habeant potestatem.* — Le mot *nominare*, dans la langue de l'Empire, ne signifiait pas ce que nous appelons nommer un magistrat : il signifiait désigner à l'élection, produire un nom et le recommander ; voyez sur cela tous les textes des codes relatifs à l'élection des magistrats municipaux.

[3] Code Justinien, I, 3, 41 (42), *proœmium : Quoties in qualibet civitate sedem sacerdotalem* (le grec porte ἱερατικὸν θρόνον, c'est le siège épiscopal) *vacare contigerit, ab iis qui in ea civitate habitant decretum fiat de tribus personis de quarum recta fide, vita honesta, reliquisque virtutibus*

Des faits que nous venons d'exposer il ressort, d'abord, que l'Église avait une règle bien arrêtée au sujet de l'action des évêques comprovinciaux, ensuite, qu'elle n'en avait pas de précise au sujet de la participation du peuple. Elle ne variait pas sur ce principe que c'étaient les évêques qui devaient établir le nouvel évêque. Elle acceptait aussi sans hésitation la nécessité théorique de l'assentiment des fidèles ; mais sur l'application de ce second principe elle variait beaucoup et se tenait volontiers dans le vague. Elle n'a jamais eu une règle nettement formulée au sujet de l'élection populaire. Jamais elle n'a constitué un ensemble de procédés par lesquels le droit populaire pût s'exercer avec régularité et efficacité. L'Église ne pensa jamais que la prépondérance dût appartenir à la seule supériorité du nombre.

Nous ne voyons jamais que l'Église de cette époque ait reconnu aux empereurs, aux chefs d'État, le droit de choisir les évêques. Elle n'a même pas eu à lutter contre cette ingérence de l'autorité publique, à laquelle personne encore ne songeait. Mais l'Église ne voulait pas non plus que ses chefs lui vinssent du peuple. Ni d'en haut, ni d'en bas. L'Église ne voulait pas plus dépendre des caprices de la foule que de la politique des souverains. Sa grande préoccupation au quatrième et au cinquième siècle fut de se faire forte. Elle eût été faible si elle se fût subordonnée aux princes ; elle eût été faible si elle se fût subordonnée au peuple. Son

*constet, ut ex his qui magis idoneus sit ad episcopatum promoveatur.* — Voyez aussi la Novelle 123 (155 dans l'édit. Zachariæ); on y observe que les clercs et les *primates* de la cité désignent trois hommes, et attestent que tous les trois remplissent les conditions canoniques ; puis le métropolitain et les évêques choisissent un des trois.

idéal, à cette époque, fut de se constituer, par un système de cooptation, en un grand corps aristocratique.

### 5° DE LA PRATIQUE EN MATIÈRE D'ÉLECTIONS ÉPISCOPALES AVANT LES FRANCS.

Les faits ne répondirent pas exactement à cet idéal que l'Église s'était proposé. L'élection populaire se fit une grande place et ne se régla pas toujours au gré de l'Église. Pour comprendre l'histoire de l'épiscopat chrétien, il est bon de jeter les yeux sur quelques sacerdoces païens auxquels cet épiscopat s'est substitué. Parmi les religions d'alors il y en avait une qui avait tous les caractères d'une religion d'État : c'était le culte de Rome et de l'Auguste. Au milieu des autres cultes très divers, sans lien entre eux, et rivaux, cette religion officielle était alors la seule qui fût fortement constituée et régulièrement organisée comme un réseau qui couvrait tout l'empire. C'était elle que les premiers chrétiens avaient le plus constamment combattue, et c'était elle qui les avait persécutés. Le long duel pour la domination avait été surtout entre eux et elle. Le christianisme vainqueur prit exactement la place qu'elle avait occupée.

Or ce paganisme officiel avait un clergé, et même une sorte d'épiscopat ; chaque province, chaque cité avait son chef du culte, sous le nom de *pontifex* ou de *sacerdos*. Le jour où la cité tout entière devint chrétienne, l'évêque remplaça ce chef du culte, et prit même son titre. Ce fait modifia sensiblement les habitudes de la communauté chrétienne. Elle cessa d'être le petit groupe obscur d'autrefois, le groupe des pauvres et des « frères ». Elle se confondit avec la cité; elle en prit l'organisme; elle eut dans son sein les magistrats municipaux, les curiales, et le corps des *honorati*. La nouvelle cité ne fut plus aussi démocratique que l'avait été la « fraternité » chrétienne. Elle ne fut pas non plus aussi aristocratique que l'était devenue la cité impériale du troisième siècle. Les deux éléments se rapprochèrent, se mêlèrent, non sans quelque trouble. Cette cité avait encore des traditions d'élection. Elle y tenait peu quand il s'agissait de magistrats municipaux qui lui devenaient de plus en plus indifférents; elle y tint beaucoup le jour où il s'agit de son chef religieux auquel s'attachaient les intérêts et les sentiments qui tenaient alors le plus de place dans l'âme humaine. Il se trouvait justement que le chef de l'ancien culte païen, ce même *pontifex* ou *sacerdos* auquel l'évêque succédait, avait toujours été élu par la cité[1]. Sa place avait même été le plus haut objet d'ambition des plus grandes familles. Les mêmes habitudes d'élection s'appliquèrent naturellement à l'évêque, comme les mêmes ambitions aspirèrent dès lors à l'épiscopat.

Dans cette nouvelle situation, l'Église chrétienne, sans se transformer, subit des modifications sensibles. C'est ainsi qu'à partir de ce moment l'élection par la cité prit une part plus grande dans l'institution de l'évêque. Il arriva aussi que l'épiscopat devint, comme le sacerdoce de l'époque précédente, l'apanage ordinaire des grandes familles. On peut remarquer que, dans les cent cinquante dernières années de l'empire, l'usage le plus fréquent fut de conférer l'épiscopat aux membres les plus riches et les plus influents de la cité, souvent

---

[1] *Pauli Sententiæ*, V, 30; Code Théodosien, XII, 1, 75; XII, 1, 148.

aux mêmes hommes qui avaient rempli les hautes charges de l'empire. Mais il arriva en même temps que l'épiscopat fut un objet de brigues et de luttes.

En Gaule surtout, l'intervention de la population dans le choix de ses évêques paraît avoir été fort active. Sulpice Sévère raconte comment saint Martin devint évêque de Tours. Les prélats comprovinciaux, c'est-à-dire ceux de la Troisième Lyonnaise dont Tours était la métropole, se réunirent dans la ville et voulurent procéder au choix du nouveau pontife en présence du peuple; mais ce fut le peuple lui-même qui les obligea à choisir saint Martin[1]. En vain les évêques objectèrent-ils que Martin était « un trop petit personnage, pauvre et mal vêtu, indigne de l'épiscopat »[2]; il fallut le nommer. Nous avons dans ce récit à la fois le droit et le fait. Le droit est que les évêques nomment leur élu moyennant qu'ils aient l'assentiment général; le fait est que la population impose son choix aux évêques.

Nous lisons de même dans la *Vie de saint Germain d'Auxerre* qu'en 418 « tous les clercs, les nobles, les simples fidèles, ceux de la campagne comme ceux de la ville, furent unanimes à choisir Germain pour évêque »[3]. Ici l'hagiographe oublie même de parler des prélats comprovinciaux.

Grégoire de Tours raconte, et d'une manière très vivante, plusieurs élections qui eurent lieu en Gaule

---

[1] Sulpice Sévère, *Vita Martini*, 9 : *Mirum in modum incredibilis multitudo, non solum ex illo oppido, sed etiam ex vicinis urbibus ad suffragia ferenda convenerat. Una omnium voluntas, eadem sententia Martinum episcopatu esse dignissimum, felicem fore tali ecclesiam sacerdote.*

[2] *Nonnulli ex episcopis qui ad constituendum antistitem fuerant evocati, repugnabant, dicentes contemptibilem esse personam, indignum esse episcopatu, veste sordidum.*

[3] *Vita Germani*, 1, 2, Bollandistes, 31 juillet.

avant l'arrivée des Francs. Brice fut nommé évêque de Tours « par l'assentiment général des citoyens »[1]. Plus tard, ces mêmes citoyens le renversèrent, nommèrent successivement deux autres évêques, Justinianus et Armentarius, et finalement le rétablirent[2]. Dans toutes ces péripéties, les prélats comprovinciaux parurent si peu, que l'historien n'en parle pas. Ailleurs, dans la cité d'Auvergne, le siège épiscopal étant devenu vacant par la mort de Vénérandus, l'historien nous montre les évêques de la province se réunissant dans la ville, un dimanche[3]. Avant de rien prononcer, ils attendent que la foule des citoyens ait marqué son choix. Mais cette foule est partagée entre plusieurs candidats[4] et les évêques n'osent rien décider. Enfin un prêtre nommé Rusticus, qui vient à traverser la foule, est acclamé par tous, on croit voir en lui « le choix de Dieu »; on crie de toutes parts : Voilà celui qui est digne de l'épiscopat. Et Rusticus est aussitôt nommé évêque[5].

Sidoine Apollinaire, qui dans ses lettres à ses amis rapporte ce qu'il a sous les yeux, montre bien que le peuple intervenait dans les élections, et qu'il y possédait même l'action prépondérante. Deux exemples sur-

---

[1] Grégoire, II, 1 : *Adeptus consentientibus civibus episcopatus officium.*
[2] Ibidem, II, 1 : *Hoc ejecto, Justinianum in episcopatu constituunt.... Armentarium in ejus loco constituunt.... Septimo anno Briccius in cathedram suam regressus est.* — Cf. X, 31, 4 : *Briccio crimen adulterii est impactum a civibus Turonicis, expulsoque eo, Justinianum episcopum ordinaverunt.*
[3] Ibidem, II, 13 : *Residentibus episcopis, die dominica.*
[4] Ibidem : *Fœda apud cives pro episcopatu intentio vertebatur; cumque partes inter se divisæ alium aliumque erigere vellent, magna conlisio erat populis.*
[5] Ibidem : *Subito Rusticus advenit. Quo viso, mulier ait : En ipsum quem elegit Dominus; hic ordinetur episcopus. Omnis populus clamavit dignum ac justum esse. Qui in cathedra positus, pontificatus honorem populo gaudente suscepit.*

tout sont caractéristiques. L'évêché de Chalon devient vacant en 470 ; aussitôt le métropolitain, qui est l'évêque de Lyon, et les autres évêques comprovinciaux se rendent à Chalon pour procéder à l'élection du successeur[1]. Ils ne commencent pas par le désigner eux-mêmes. Ils rassemblent le peuple de la cité. Mais alors ils se trouvent en présence d'une foule très divisée, *variæ voluntates*. Il y avait eu des brigues, *studia privata*, et trois compétiteurs se présentaient. Aucun des trois, à vrai dire, n'était digne de l'épiscopat. L'un n'avait pour lui que « la noblesse de ses ancêtres » ; le second n'avait d'autre mérite que le luxe de sa table « et les nombreux amis de sa cuisine » ; quant au troisième, il s'était fait des partisans en promettant de leur distribuer l'argent et les terres de l'église. Le métropolitain et les évêques ne voulaient d'aucun de ces trois candidats. Ils se tirèrent de la difficulté par un coup d'audace. Brusquement, sans consulter le peuple, ils portèrent leur choix sur un quatrième personnage qui n'était pas candidat, et ils le déclarèrent évêque. A cette proclamation inattendue, la foule fut d'abord surprise, puis mécontente et furieuse ; mais les évêques tinrent bon ; et comme cette foule était divisée, comme chacun des trois partis se réjouissait de l'échec des deux autres, sa colère tomba bien vite, et elle accepta le choix des évêques. Cette élection, malgré son caractère exceptionnel, laisse bien voir quel est l'usage ordinaire : le peuple de la cité aurait dû indiquer sa préférence aux évêques ; c'est parce que le peuple était trop divisé et les intrigues trop évidentes que les évêques ont fait un acte d'autorité, qui pour cette fois a réussi.

[1] Sidoine, *Lettres*, IV, 25.

L'autre exemple se présente à Bourges vers 472[1]. Bourges est une ville métropolitaine; elle est le chef-lieu de la province qu'on appelle Seconde Aquitaine. Or, quand un siège métropolitain devenait vacant, la règle était que les évêques de la province, assistés du métropolitain d'une province voisine, se réunissent dans la ville pour procéder à la nomination. Sidoine Apollinaire, qui est évêque de Clermont, et par conséquent suffragant de Bourges, se rend donc dans cette ville. En même temps il écrit au métropolitain de Sens pour le prier de venir présider à l'élection. Nous avons sa lettre; il y rend compte de la situation. « Je suis venu à Bourges, écrit-il, appelé par le décret des citoyens[2]. » Ces derniers mots nous montrent l'un des premiers actes de la procédure usitée; c'était la cité elle-même qui, par un décret municipal, avertissait les évêques comprovinciaux de la vacance du siège et les invitait à venir y pourvoir. Sidoine continue : « Le peuple est agité et partagé en factions contraires; les candidats sont nombreux; peu de titres sérieux et de vrai mérite, beaucoup de fausseté et d'impudence. Il en est qui ne craignent pas d'offrir de l'argent pour obtenir ce poste sacré. L'épiscopat serait mis aux enchères si les vendeurs étaient aussi déterminés que les acheteurs. » « Venez donc, ajoute l'évêque de Clermont à l'archevêque de Sens; nous ne sommes pas assez nombreux, nous les évêques de la Première Aquitaine, pour instituer le pontife de cette cité; nous avons besoin de votre présence. Nous vous avons réservé le droit de voter le premier[3]; nous n'avons encore désigné personne;

---

[1] Sidoine, *Lettres*, VII, 5, *ad Agrœcium*.
[2] *Decreto civium petitus.*
[3] Ibidem : *Quod ad vestram special prærogativam*

nous attendons votre choix. » Telle est sa lettre; nous y voyons tout un côté de la procédure, celui qui concerne l'action des évêques; il y a entre eux un vote régulier. Si nous n'avions que cette lettre, nous pourrions croire que c'est à eux que l'élection appartient.

Mais voici une autre lettre, écrite quelques jours plus tard, et au sujet de la même affaire[1]. « Tel était le nombre des compétiteurs, que tous ces candidats à un seul fauteuil n'auraient pu tenir sur deux bancs. Quant à nous, les évêques, nous ne savions que faire, et nous ne pouvions venir à bout d'une telle difficulté. Par bonheur, le peuple, renonçant à sa première idée, déclara tout à coup qu'il s'en rapportait au jugement des évêques. » Quelques candidats réclamèrent; mais la foule persista dans cette volonté de s'abstenir et elle décida que le choix serait remis à l'évêque de Clermont. Sidoine, en homme d'expérience, ne se contenta pas d'une déclaration verbale. Il se fit remettre en mains, nous dit-il, la *pagina decretalis*[2], c'est-à-dire la lettre de nomination que la cité devait adresser aux pouvoirs publics, lettre où le nom de l'élu était laissé en blanc pour qu'il l'écrivît lui-même. Il voulut aussi que le peuple s'engageât par serment à reconnaître et à accepter le choix qu'il ferait. Enfin il demanda quelques jours pour réfléchir.

Après ce délai, il convoqua de nouveau le peuple dans l'église de Bourges, et, en présence des évêques, il notifia le choix qu'il avait fait. Il s'était décidé en faveur d'un laïque nommé Simplicius. On sait que l'élévation d'un laïque à l'épiscopat n'était pas défendue par

---

[1] Sidoine, *Lettres*, VII, 9, *ad Perpetuum*.
[2] *Ibidem : Paginæ decretalis oblatu pontificis eligendi mandastis arbitrium.*

l'Église. Quelques conciles, à la vérité, en avaient parlé comme d'un fait regrettable, mais sans l'interdire formellement[1]. Sidoine n'étonna donc personne en présentant Simplicius. Il fit la longue énumération de ses titres : c'était d'abord la noblesse de sa famille, sa richesse; c'étaient ensuite les talents d'administrateur dont il avait fait preuve dans sa carrière laïque; c'étaient enfin ses vertus chrétiennes et la pureté de sa foi. Notons ces trois points; ils nous montrent les conditions très diverses qui étaient ordinairement requises du nouvel évêque. Il se trouvait d'ailleurs que Simplicius était marié; ce n'était pas un obstacle. L'Église n'exigeait pas encore le célibat; si elle interdisait à l'évêque une fois élu de se marier, elle ne défendait pas à l'homme déjà marié d'être élu évêque[2]. Sidoine fit, après l'éloge de Simplicius, l'éloge de sa femme. Enfin il termina son long discours au peuple de Bourges par cette déclaration : « Comme vous avez juré de reconnaître et d'accepter mon choix, au nom du Père, du Fils, du Saint-Esprit, Simplicius est celui que je déclare être évêque de cette cité. Vous, suivant le serment que vous avez fait, approuvez mon choix par vos acclama-

---

[1] L'Église admettait qu'un laïque fût nommé évêque à la condition qu'il prît un intervalle de quelques mois pour se faire instruire comme clerc. *Novelles de Justinien*, 123; 5e concile d'Orléans, art. 9, dans Labbe, V, 390 : *Nullus ex laicis absque anni conversione præmissa ordinetur episcopus*. — Il est bien entendu que le laïque nommé évêque ne demeurait pas laïque. Personne ne songeait à une chose qui aurait produit une immense révolution dans le corps épiscopal. L'Église exigeait que cet homme reçût préalablement la série des ordres sacrés : *habemus scriptum in canonibus*, dit Grégoire de Tours, VI, 15, *non posse quemquam ad episcopatum accedere nisi prius ecclesiasticos gradus regulariter sortiatur*. Il cite en effet deux exemples où des laïques nommés évêques reçoivent la cléricature avant de prendre possession de leur siège (V, 37; VI, 39).

[2] Voyez d'autres exemples d'évêques mariés dans Grégoire, II, 17, rapproché de II, 18; II, 22; VIII, 39.

tions. » C'est ce qui fut fait, et Simplicius occupa le siège épiscopal.

Dans ce récit, c'est encore une élection exceptionnelle et singulière qui nous est racontée; nous y discernons pourtant quelles étaient les règles générales. La règle canonique était que le nouvel évêque fût institué par d'autres évêques en présence du peuple. La règle laïque était que le peuple indiquât d'abord son choix et que l'évêque fût son élu. Ces deux règles ou ces deux prétentions n'étaient pas toujours faciles à concilier. Si le peuple était d'accord, il est visible que son choix s'imposait aux évêques. Mais s'il était divisé, il pouvait arriver, comme dans l'élection de Chalon, que la sagesse des évêques s'imposât au peuple, ou bien, comme dans l'élection de Bourges, que le peuple eût lui-même assez de sagesse pour s'en remettre à la décision des évêques.

Il y avait d'ailleurs en tout cela beaucoup d'indécision, d'imprévu, de contradiction. Ces récits nous parlent « du peuple »; mais nous voudrions savoir avec précision ce qu'il faut entendre par ce mot. Il est vrai que plusieurs textes décomposent ce peuple en trois parties, *clerus, ordo, plebs;* c'est le clergé d'abord, c'est ensuite l'ordre des décurions ou l'aristocratie municipale, c'est enfin la foule des hommes libres. Est-ce à dire pourtant que nous ayons devant les yeux une réunion tout à fait démocratique, une assemblée générale de la population? Il y a quelques raisons d'en douter. On sait que dans la langue indécise de ce temps toute réunion s'appelait peuple. Le vrai peuple de la *civitas*, ville et campagne, aurait formé une assemblée infiniment nombreuse. Où se serait-elle tenue? D'après les exemples que nous connaissons, la réunion avait lieu dans une église. Mais les églises, surtout celles de ce temps-là, ne pouvaient pas contenir toute la population d'une *civitas*. Nous devons donc penser qu'il s'en fallait de beaucoup que tout le peuple fût présent. Il est impossible de savoir avec exactitude quelle était la composition d'une telle assemblée. Nous ne pouvons dire combien il y avait d'hommes du *clerus*, combien de l'*ordo*, combien de la *plebs*, ni quelle était la proportion entre les clercs et les laïques, entre les laïques riches et ceux des classes inférieures. Il n'y avait pas de règles sur ce sujet.

Il n'y en avait pas non plus sur la manière dont cette assemblée pouvait exprimer sa volonté. On ne votait certainement pas par écrit; nous n'apercevons même pas qu'on votât par main levée. Il est parlé d'acclamations, jamais de vote; jamais il n'est dit qu'on ait compté les voix du peuple. Or un peuple qui possède le droit d'élire, sans avoir en même temps des procédés réguliers d'élection, ne possède rien. De là ces surprises dont nous venons de voir deux exemples frappants.

Lors donc que nous lisons que l'évêque est élu par le peuple de la cité, il faut bien se garder de prendre cette expression dans le sens que le mot élection présente à nos esprits modernes. Il n'y a là ni un vrai peuple, ni une élection véritable. La réunion se compose surtout des prêtres, des diacres, des *clerici*, puis des principaux habitants, des plus zélés parmi les fidèles; on y voit même des femmes, de celles surtout qui se sont vouées à l'église[1]. Tous s'assemblaient dans un lieu sacré et sous les yeux des évêques. Ils pouvaient accla-

[1] Voyez, par exemple, dans l'élection de Clermont, la *mulier velata atque devota Deo* qui intervient, s'adresse aux évêques, leur fait des injonctions. Grégoire, II, 13.

mer tel ou tel candidat, et c'étaient les évêques qui interprétaient et mesuraient leurs acclamations.

En tout cas, et si les évêques se trouvaient quelquefois plus faibles que le peuple, il leur restait la consécration, c'est-à-dire ce qui faisait réellement l'évêque. Sur ce point, nulle indécision ; la règle canonique était certaine, ferme, inflexible. Il résultait de là que, si les prélats ne pouvaient guère instituer un évêque malgré le peuple, le peuple pouvait encore moins s'en donner un malgré les prélats.

Ce mode de nomination à double face, avec ses incertitudes et ses contradictions, produisait les résultats les plus divers. Quelquefois l'élu était un saint ecclésiastique. D'autres fois il était un clerc ambitieux. Parfois encore le choix se portait sur un laïque riche. Mais il était rare que la cité fût d'accord pour faire son choix. Les convoitises étaient ardentes, les intrigues sans scrupules. Les mêmes passions qui s'étaient manifestées autrefois dans la poursuite des magistratures municipales ou des hautes fonctions de l'empire, se portaient maintenant à la recherche de ces magistratures religieuses qui étaient devenues plus brillantes et plus puissantes que toutes les dignités laïques.

#### 4° LES ÉLECTIONS ÉPISCOPALES DANS L'ÉTAT FRANC.

Les rois francs trouvèrent en Gaule un épiscopat déjà fortement constitué, puissant sur les âmes, étroitement lié à l'organisme de la cité, plus vénéré et plus influent que les magistratures municipales ; il était indépendant vis-à-vis du pouvoir impérial, qui mettait rarement la main dans ses affaires ; il n'avait enfin d'autres difficultés que celles qui lui venaient parfois du peuple, soit que le caprice de la foule prétendît choisir le nouvel évêque, soit qu'un autre caprice de la même foule prétendît destituer l'évêque élu[1].

Les nouveaux maîtres du pays n'eurent aucun esprit d'hostilité contre cet épiscopat. Clovis, avant même d'être chrétien, traitait avec les évêques; chrétien, il affecta de les consulter. Entre eux et lui il se fit un échange de services[2]; surtout il les enrichit d'une partie des terres que ses victoires lui avaient données. On n'aperçoit pas que ni lui ni ses fils aient eu une politique dirigée contre l'épiscopat. Ici, comme en toutes choses, ils laissèrent subsister ce qui avait par soi-même la force de vivre.

Nous allons voir pourtant une innovation assez grave se produire : c'est que l'Église va se lier à la monarchie franque bien plus étroitement qu'elle ne s'était liée à l'empire; et la royauté, s'emparant à peu près de l'élection des évêques, dominera l'épiscopat ou paraîtra le dominer. Tel est le fait que nous avons à observer et à étudier, en nous servant des actes des conciles, des récits de Grégoire de Tours, de ceux des hagiographes, enfin de quelques formules et diplômes.

Cela ne se fit pas tout de suite après la conquête. Il s'est tenu en Gaule un assez bon nombre de conciles au sixième siècle. Les actes de celui d'Orléans de 511 ne contiennent aucun article sur le sujet qui nous occupe. Dans ceux du second concile d'Orléans de 533, nous lisons que le métropolitain « doit être choisi par le

---

[1] Voyez l'histoire de Briccius, évêque de Tours, dans Grégoire, X, 31.
[2] Voyez la lettre écrite par Clovis aux évêques en 507, dans les *Diplomata* de Pardessus, n° 77. Il leur expose ce qu'il vient de faire dans sa campagne contre les Goths, les mesures qu'il a prises pour protéger les biens ecclésiastiques; il termine en disant qu'il remet à leur décision le sort de tous ceux des prisonniers qui dépendaient d'une église.

clergé et par le peuple et institué par les évêques comprovinciaux »[1]. C'est le maintien des règles du siècle précédent. Cela est encore mieux marqué, cinq ans plus tard, par le troisième concile d'Orléans : « Le métropolitain doit être choisi par les évêques de la même province, avec l'adhésion du clergé et du peuple de la cité; pour le simple évêque, on doit chercher le choix et la volonté du clergé et du peuple, ainsi que l'adhésion du métropolitain[2]. »

Mais dans le cinquième concile d'Orléans, de 549, nous rencontrons quelque chose de nouveau : « Que nul n'obtienne la dignité épiscopale à prix d'argent; que l'évêque soit, avec la volonté du roi, suivant le choix du clergé et du peuple, consacré par le métropolitain et les autres évêques de la province[3]. » Ce qui est important ici, c'est cette intervention de la volonté royale. D'ailleurs, quand les Pères du concile parlent ainsi, ils ne veulent pas dire que le roi nommera les évêques; ils entendent seulement qu'aux deux règles de la consécration par le métropolitain et du choix par le peuple s'ajoutera désormais une troisième condition, l'assentiment du roi. Ils acceptent qu'on ne puisse pas être nommé évêque malgré lui; ils n'accordent pas encore davantage.

---

[1] Concile d'Orléans, a. 533, art. 7 : *Metropolitanus episcopus a comprovincialibus episcopis, clericis, vel populis electus, congregatis in unum omnibus comprovincialibus episcopis ordinetur.*
[2] Ibidem, a. 538, art. 3 : *Metropolitanus a comprovincialibus episcopis, cum consensu cleri vel civium, eligatur; de comprovincialibus vero episcopis ordinandis, cum consensu metropolitani, cleri et civium electio et voluntas requirantur.*
[3] Ibidem, a. 549, art. 10, Sirmond, I, 280 : *Ut nulli liceat episcopatum præmiis adipisci; sed, cum voluntate regis, juxta electionem cleri ac plebis, a metropolitano cum comprovincialibus pontifex consecretur.*

Il semble même que l'Église essaye bientôt de retirer la concession qu'elle a faite. Le concile de Paris de 557 prononce « que les règles anciennes seront remises en pratique », et il explique cela en disant : « Que nul ne soit établi évêque malgré la cité; celui-là doit être évêque que le choix spontané du peuple et du clergé est allé chercher, non pas celui qui est imposé par le commandement du roi ou contre la volonté des évêques de la province; si un homme usurpe la dignité d'évêque en vertu d'un ordre royal, que les autres évêques ne le reçoivent pas[1]. »

Ce qui se passe au concile de 614 est encore plus significatif. D'une part, les évêques écrivent : « Au décès d'un évêque, on devra instituer à sa place celui qui aura été choisi par le métropolitain, par les évêques, par le clergé et le peuple de la cité[2]. » Ils ne mentionnent même pas la volonté du roi. Mais, d'autre part, ces vœux des conciles ne deviennent des lois que si le roi les transforme en édits, et c'est ce que fait ici Clotaire II; or comparez l'article du concile à l'article correspondant de l'édit royal, et vous voyez que le roi a modifié le texte : « Au décès d'un évêque, son successeur sera choisi par les évêques de la province, par le clergé et le peuple de la cité, et, si l'élu nous semble digne, il sera, en vertu d'un ordre royal, institué évêque[3]. » Le

[1] Concile de Paris, a. 557, art. 8, Sirmond, I, 316 : *Nullus civibus invitis ordinetur episcopus, nisi (sed) quem populi et clericorum electio plenissima quæsierit, non principis imperio.... Si per ordinationem regiam honoris istius culmen pervadere aliquis præsumpserit, a comprovincialibus loci ipsius recipi non mereatur.*
[2] Ibidem, a. 614, art. 1, Sirmond, I, 471 : *Ut, decedente episcopo, debeat ordinari quem metropolitanus cum provincialibus suis, clerus vel populus civitatis elegerint.*
[3] *Edictum Chlotarii*, a. 614, Sirmond, I, 475; Diplomata, Pardessus, n° 229; Boretius, p. 21 : *Episcopo decedente, in loco ipsius, qui a metro-*

concile avait oublié le droit du roi; l'édit se hâte de le rétablir. Nul ne sera institué évêque sans un ordre du roi. Le roi ajoute même que les hommes « du Palais », c'est-à-dire ses chapelains et même ses courtisans, pourront être élus et ordonnés « pour le mérite de leur personne et de leur foi[1] ».

Légalement, le pouvoir royal entrait en partage dans la nomination des évêques. Il faut voir ce qu'était la pratique.

Voici d'abord une élection qui eut lieu en 515, c'est-à-dire peu de temps après la constitution de l'État Franc. Le fait se passe en Auvergne, c'est-à-dire au milieu d'une population qui est toute romaine, mais qui obéit au roi d'Austrasie. « L'évêque Eufrasius étant mort, le peuple choisit Quintianus[2]; » mais un autre Arverne, riche et de grande famille, se rendit en hâte auprès du roi, se présenta comme s'il était l'élu, « lui offrit force présents, et obtint du roi Thierry l'épiscopat »[3]. Ce qui me frappe d'abord en ce récit, c'est qu'il était obligatoire, même pour celui que la population entière avait choisi, d'obtenir le consentement du roi. Quintianus ne s'étant pas assez hâté, ce fut Apollinaris qui arriva le premier, et c'est à lui que le roi donna l'évêché. Les présents l'avaient sans doute empêché de voir la fraude. Il ne se produisit aucune protestation dans la cité; elle accepta pour évêque, au lieu de celui qu'elle avait élu, celui que le roi désignait.

---

politano ordinari debet cum provincialibus, a clero et populo eligatur; et si persona condigna fuerit, per ordinationem principis ordinetur.

[1] *Edictum Chlotarii : Si de palatio eligitur, per meritum personæ et doctrinæ ordinetur.*

[2] Grégoire, III, 2 : *Cum populus Quintianum elegisset.*

[3] Ibidem : *Apollinarem ad regem dirigunt; qui abiens, oblatis multis muneribus, in episcopatu successit.*

Ce même Apollinaris mourut quatre mois plus tard; cette fois le roi exigea que Quintianus fût évêque. « Il donna l'ordre d'instituer Quintianus et de lui donner le gouvernement de l'église d'Auvergne[1]. » Aussitôt des envoyés du roi arrivèrent en Arvernie, « convoquèrent les évêques comprovinciaux et le peuple, et placèrent Quintianus sur le siège épiscopal »[2]. Cette fois, s'il y a eu vraiment une élection, elle a eu lieu devant les envoyés du roi, et les électeurs savaient à l'avance qui ils devaient élire.

Un autre récit, beaucoup plus court, n'est pas moins caractéristique. En 527, en Austrasie, l'évêque de Trèves étant mort, « le roi ordonna que Nicétius fût élevé à l'épiscopat »; le peuple fit l'élection en l'absence du personnage; le roi rédigea le décret de nomination, et c'est alors seulement que Nicétius se dirigea vers Trèves pour se faire consacrer par les évêques[3]. Il y a ici quatre actes successifs : la volonté du roi vient d'abord, puis l'élection par le peuple, ensuite un diplôme royal ou décret de nomination, et enfin la consécration par les évêques. Deux de ces actes émanent du roi, et ce sont les plus importants.

En 532, le siège d'Auvergne devient vacant; Gallus y est nommé « par la faveur du roi »[4]. Ces mots de Grégoire de Tours ne sont pas un blâme dans sa bouche, car il est le neveu de saint Gall et son admirateur;

[1] Grégoire, III, 2 : *Cum hæc Theodorico nuntiata fuissent, jussit inibi Quintianum constitui, et omnem ei potestatem ecclesiæ tradi.*
[2] Ibidem : *Et statim directi nuntii, convocatis pontificibus et populo, eum in cathedram Arvernæ ecclesiæ locaverunt.*
[3] Grégoire, *Vitæ Patrum*, XVII, 1 : *Decedente Trevericæ urbis sacerdote, Theodericus Nicetium ad episcopatum jussit accersiri; cumque, dato consensu populi et decreto regis, ad ordinandum adducebatur.*
[4] Grégoire, IV, 5 : *Quum Quintianus ab hoc mundo migrasset, sanctus Gallus in ejus cathedram, rege opitulante, substitutus est.*

Grégoire ne pense aucunement que la faveur du roi amoindrisse le personnage.

Vingt années plus tard, le même siège redevient vacant; mais il se trouve que le roi d'Austrasie est un enfant, Théodebald, et l'on essaye de faire l'élection sans lui. Le clergé de la cité se prononce en faveur d'un vieux prêtre nommé Caton[1], et il semble que le peuple soit pour lui. Alors les évêques comprovinciaux, réunis dans la ville, disent à Caton : « Nous voyons bien que la plus grande partie du peuple porte son choix sur toi; nous allons donc procéder à ta consécration[2]. » Mais les prélats sentent bien qu'une manière d'agir si hâtive est contraire aux règles nouvelles, car ils ajoutent : « Le roi est un enfant; nous n'avons pas besoin de nous adresser à lui; d'ailleurs nous répondons de tout; si l'on attaque ta nomination, nous prendrons ta défense auprès des grands du roi; si tu encours quelque amende, nous te la rembourserons de nos propres biens[3]. » Un tel langage montre assez qu'il n'était pas très sûr de négliger la prérogative royale. C'est ce que comprit le prêtre Caton; il ne voulut pas devoir sa nomination à une surprise, et il préféra attendre que le roi se fût prononcé[4]. Mais, dans l'intervalle, l'archidiacre Cautinus le

[1] Grégoire, IV, 5 : *Cato presbyter continuo a clericis de episcopatu laudes accepit.*
[2] Ibidem, IV, 6 : *Videmus quia te elegit pars maxima populorum; veni et benedicentes consecramus te ad episcopatum.*
[3] Ibidem : *Rex parvulus est, et si qua tibi adscribitur culpa, nos suscipientes te sub defensione nostra, cum proceribus et primis regis agemus ne tibi ulla excitetur injuria. In tantum crede ut spondeamus pro te omnia, si damni aliquid supervenerit, de nostris propriis facultatibus id reddituros.*
[4] Grégoire est très défavorable à ce vieux prêtre, qui sans doute ne sortait pas comme lui d'une grande famille et qui s'était élevé lentement dans les divers degrés de la cléricature. Il l'accuse d'orgueil. C'est par orgueil, à l'en croire, que Caton aurait refusé la consécration des évêques. Il est

dovança auprès du roi; il courut à Metz et y apporta le premier la nouvelle que le siège d'Auvergne était vacant. Sur cela, le roi et ses grands convoquèrent à Metz les évêques de la province de Bourges : violation formelle des règles canoniques, qui exigeaient que la réunion des évêques comprovinciaux eût lieu dans la cité qu'il fallait pourvoir. Puis, soit que ces évêques eussent perdu la mémoire de ce qu'ils venaient de faire en Auvergne, soit que le gouvernement imposât sa volonté, ce fut Cautinus qui fut nommé. Les envoyés de Caton arrivèrent trop tard; Cautinus était déjà évêque[1].

Clotaire Ier agit comme les rois d'Austrasie. Le siège de Tours étant vacant, il voulut que ce même Caton, fort inconnu dans cette ville, en devînt évêque. Les députés du clergé de Tours se rendirent donc en hâte auprès de Caton et « lui firent connaître la volonté du roi ». Comme Caton se montrait hésitant, ils lui dirent : « Ce n'est pas par notre volonté que nous t'appelons à être évêque, c'est par un ordre exprès du roi[2]. » Caton refusa pourtant[3]. Alors le clergé et les citoyens de Tours, libres d'agir, procédèrent à une élection suivant les règles anciennes, et leur accord se porta sur un prêtre

certain que Caton se préoccupait du consentement du roi; cela ressort des paroles que lui dit Cautinus, c. 7 : *Tibi beneficium præstabo, ad regem pergam, et episcopatum tibi obtinebo.* Caton n'envoya pourtant pas Cautinus vers le roi, parce qu'il se défiait de lui.

[1] Grégoire, IV, 7 : *Cautinus... Theodebaldum regem petiit, adnuntians transitum Galli. Quod ille audiens vel qui cum eo erant, convocatis sacerdotibus apud Mettensem civitatem, Cautinus episcopus ordinatur. Cum autem venissent nuntii Catonis, Cautinus jam episcopus erat.*

[2] Ibidem, IV, 11 : *Clerici Arvernum properarunt; cum Catoni regis voluntatem patefecissent.... Dicunt : Non nostra te voluntate expetivimus, sed regis præceptione.* — Nous avons vu plus haut que *præceptum* ou *præceptio* est un ordre écrit.

[3] Suivant Grégoire, il préférait avoir l'évêché d'Auvergne.

nommé Eufronius[1]. Mais ils ne se crurent pas dispensés de soumettre leur choix au roi, et leurs députés lui portèrent la lettre qu'on appelait *suggestio*, par laquelle ils lui demandaient de leur accorder Eufronius comme évêque[2]. Le roi reçut la députation, prit en main la lettre, mais, ayant lu le nom d'Eufronius, il s'écria : « Ce n'est pas celui-là que j'avais ordonné de nommer ; pourquoi n'a-t-on pas obéi à mon ordre[3] ? » Les gens de Tours répondirent que Caton avait refusé. Alors le roi se fit donner quelques renseignements sur Eufronius ; satisfait de ce qu'on lui apprit, il confirma l'élection, et donna un décret pour qu'Eufronius fût institué.

Ce même roi Clotaire nomma évêque de Saintes un certain Émérius. Les règles canoniques ne furent pas observées, et nous ne voyons même pas qu'il y ait eu un semblant d'élection. Un simple décret royal enjoignit de consacrer Émérius, et le métropolitain ne fut ni consulté, ni même présent à la cérémonie[4]. Aucune protestation ne se fit entendre tant que vécut Clotaire Ier. Ce ne fut qu'après sa mort qu'on essaya de repousser l'élu du roi. Le métropolitain de Bordeaux, réunissant les évêques de sa province, déclara Émérius déchu de l'épiscopat. Il fit procéder à une élection régulière dans la ville de Saintes, et l'accord se fit sur le nom d'un prêtre nommé Héraclius. Un acte de l'élection fut rédigé ; cet acte s'appelait un *consensus* ; signé des prêtres, il fut porté par l'élu lui-même au nouveau roi Caribert

---

[1] Grégoire, IV, 15 : *Turonici, facto consensu in Eufronium.*
[2] Ibidem : *Ad regem pergunt, dataque suggestione....*
[3] *Præceperam ut Cato illic ordinaretur ; cur est spreta jussio nostra ?*
[4] Grégoire, IV, 26 : *Emerium non canonice hoc honore donatum. Decretum enim regis habuerat ut absque metropolitani consilio benediceretur qui non erat præsens.*

pour obtenir sa sanction[1]. On reconnaissait donc tout au moins la nécessité de l'assentiment royal. Mais le roi reçut fort mal le nouvel élu : « Penses-tu donc, lui dit-il, que le roi Clotaire n'ait pas laissé de fils ? T'imagines-tu que nous ne maintiendrons pas les actes de notre père, et que je souffrirai que ces gens-là dépouillent de l'épiscopat celui que sa volonté avait choisi pour évêque ? » Et, chassant le prêtre humilié, il envoya des gens qui rétablirent Émérius dans la chaire épiscopale; il condamna même le métropolitain de Bordeaux à une amende de mille pièces d'or. Sur tout cela Grégoire de Tours fait cette seule réflexion : « Il punit ainsi l'oubli des droits du roi[2]. »

Nous pourrions citer d'autres exemples pareils, pris dans Grégoire de Tours. Les hagiographes présentent des faits de même nature. La volonté royale y paraît toujours en même temps que l'élection, quelquefois avant elle. Dans la cité de Vaison, il ne suffit pas à Quinidius « d'être désiré unanimement par le clergé et par le peuple »; il fallut encore « que ce vœu et cette demande du peuple fussent portés au roi Childebert et qu'il les confirmât par un décret signé de lui et de ses grands »[3]. Cette fois, la volonté royale n'est venue qu'après; ici, elle précède tout : « L'évêque de Chartres

---

[1] Grégoire : *Consensum fecere in Heraclium presbyterum; quod subscriptum propriis manibus regi Cariberto per nuncupatum presbyterum transmiserunt.*

[2] *Et sic principis est ultus injuriam.*

[3] *Vita Quinidii*, c. 6, dans les Bollandistes, février, II, 831 : *Nullus de clero, nullus de plebe contradicere.... Volum et petitio populi ad Childebertum regem dirigitur. Accipit ecclesiæ preces; dat sua auctoritate favorem, proceres ipsius roborant.* — Noter les mots *petitio* et *preces* pour désigner le résultat de l'élection, qui n'est qu'une simple demande. Quant au mot *auctoritas*, il désigne un acte écrit, un décret royal; *proceres roborant*, les grands signent l'acte suivant l'usage.

étant mort, Dieu, qui tient le cœur des rois dans sa main, inspira à Childebert la pensée de faire un décret pour que Léobin fût élu évêque; le peuple entier adhéra à cette élection, s'écriant d'une seule voix que c'était le choix du roi et de Dieu¹. »

Le siège d'Angers étant vacant, un grand nombre de citoyens se réunirent et déclarèrent qu'ils choisissaient Licinius pour être leur évêque. Voilà l'élection; mais elle ne suffisait pas. L'hagiographe ajoute qu'il fallut que les grands du palais soutinssent auprès du roi la présentation faite par le peuple, et que ce ne fut qu'après une enquête et de bons témoignages que la « demande » de la cité fut ratifiée par le roi Clotaire II et que le peuple « obtint » ce qu'il désirait. Licinius devint donc évêque d'Angers « par l'ordre du roi »². Ailleurs, la ville de Bourges est divisée en deux partis; chaque parti envoie au roi son candidat avec une lettre de *consensus*, c'est-à-dire comme si chacun d'eux était l'élu de tous. C'est le roi qui prononce entre eux suivant sa volonté³. L'évêque de Rouen étant mort en 689, les citoyens « envoient une demande au roi Thierry »; et « avec sa permission et par son décret ils élisent Ansbert »⁴.

---

¹ *Vita Leobini*, c. 14, dans Bouquet, III, 431 : *Cum de successore varia esset inquisitio, Deus Childeberti regis cor ita inflexit ut de Leobino monacho eligendo regale daret decretum. Universi qui aderant Leobinum non solum a rege, sed a Deo esse electum conclamare cœperunt.... In hac ergo electione cum universus assentiret populus....*

² *Vita Licinii*, c. 11-12, Bollandistes, février, II, 679 : *Copiosa multitudo virorum consona voce Licinium pontificem sibi fore eligere disponebant. Optimates vero atque viri illustrissimi qui rectores palatii videlantur, Clotario regi famam beati viri innotescunt, et testimonium perhibent dignum pontificem fieri.... Quorum petitio effectum obtinuit libenterque impetraverunt.... Cum regis imperio subrogatus est Licinius ut præesset ecclesiæ Andegavensi.*

³ *Vita Sulpicii Bituric. episc.*, c. 13, Bollandistes, janvier, II, 533.

⁴ *Vita Ansberti*, c. 22, Bollandistes, février, II, 352 : *Cives missa pe-*

Ailleurs, c'est le comte de la cité qui harangue l'assemblée des citoyens et leur conseille « de demander au roi » qu'il leur donne Præjectus pour évêque. Sur cela, les citoyens élisent bien vite Præjectus, envoient leur lettre au roi, et obtiennent un décret « qui leur accorde l'évêque qu'ils demandent »¹. Saint Bonitus avait été désigné à l'avance par son prédécesseur « avec l'accord de la cité »; un rapport est adressé au Palais « pour obtenir le décret royal », et le *consensus* du peuple est confirmé « par un ordre du roi »².

Toute cette procédure complexe, qui est indiquée assez nettement par les écrivains, est encore mieux marquée dans les formules du temps. Le recueil de Marculfe contient un spécimen de la lettre que le peuple d'une cité adressait au roi : « A très pieux et excellent seigneur le roi, nous, vos serviteurs et vos solliciteurs. Comme l'évêque de notre cité, de sainte mémoire, a quitté ce monde, afin que les brebis ne restent pas sans pasteur, nous vous demandons humblement de daigner établir pour son successeur sur le siège épiscopal Un Tel (ici le nom de l'élu), en qui résident une haute distinction, une naissance parfaitement libre, une élégance brillante, et les vertus de chasteté, de charité, de richesse de cœur. En foi de quoi nous avons signé cet acte de *consensus*³. »

---

*titione ad Theodoricum regem, cum ejus permissu et auctoritate Ansbertum elegerunt sibi consecrari antistitem. Quorum electioni congaudens rex, eorum annuens petitioni....*

¹ *Vita Præjecti*, c. 12, Bollandistes, janvier, III, 248 : *Genesius comes concionatur ad cives ut Præjectum a rege peterent. Tunc favore vulgi concordante, Præjectum elegerunt antistitem; decreto etiam regis populi petitionibus annuente, sublimatus in cathedra.*

² *Vita Boniti*, c. 5, Bollandistes, janvier, II, 353 : *Cum relationem pro auctoritate regia adipiscenda direxissent.... meruerunt ut ex regio jussu ejusque præcepto idem roboraretur consensus.*

³ Marculfe, I, 7 : *Consensus civium pro episcopatu. Suggerendo (de*

Voici maintenant la réponse du roi, c'est-à-dire le décret par lequel il nomme l'évêque et ordonne au métropolitain de le consacrer. « Tel roi à Tel évêque homme apostolique. De tous les soins de notre gouvernement aucun n'est plus digne de nous occuper que celui qui consiste à confier la dignité épiscopale aux meilleurs, en vue du salut des âmes. Ayant donc appris que l'évêque Un Tel, de sainte mémoire, a été rappelé à Dieu, nous nous sommes occupé avec sollicitude, de concert avec les évêques et les grands de notre Palais, de lui donner un successeur, et nous avons décidé de confier la dignité pontificale de cette cité à Un Tel, qui se recommande à nous par une conduite éprouvée, par la noblesse de sa naissance, par la pureté de ses mœurs, par sa prudence et son honorabilité. En conséquence nous vous ordonnons, ainsi qu'à vos suffragants, de procéder à la bénédiction et consécration de ce nouvel évêque, afin qu'il gouverne l'église qui lui est confiée par la volonté de Dieu[1]. » Dans ce diplôme officiel, le

là vient que la lettre s'appelait aussi *suggestio*) *piissimo ac præcellentissimo domno illi regi.... Quoniam sanctæ memoriæ vir apostolicus ille, illius urbis episcopus, ab hac luce migravit, ne destitutæ sint oves pastore, in loco ejus suppliciter postulamus ut instituere dignetis..., in quo est præspicuitas sublimis, ingenuitas nationis, elegantia refulgens, diligentia castitatis, caritatis locuples.... Hunc consensum decrevimus roborare.* — On remarquera que dans cette formule le nom de l'élu laissé en blanc est remplacé par deux qualificatifs : *Instituere dignetis inlustrem virum illum aut venerabilem illum.* De ces deux qualificatifs, l'un appartient aux laïques, l'autre aux ecclésiastiques. La formule est à deux fins, car une cité peut élire évêque un laïque du Palais, *inlustrem virum*, aussi bien qu'un clerc, *venerabilem virum*.

[1] Marculfe, I, 5 : *Ille rex viro apostolico illi episcopo. Nihil tam principe dignum est ut, cum a pastorali oberrat plebs destituta-presidio, pro salute animarum, personis locis celsioribus pontificalem prespiciat committere dignitatem.... De cujus successore sollicitudinem congruam una cum pontificibus vel proceribus nostris plenius pertractantes decrevimus... quem actio probata commendat et nobilitatis ordo sublimat ac morum probitas vel mansuetudinis et prudentiæ honestas exornat.... Ordinamus*

roi ne prend même pas la peine de mentionner l'élection populaire; sa volonté semble décider seule. Le métropolitain même n'est pas libre; il doit accomplir la consécration sur l'ordre du roi[1].

En résumé, on voit comment se faisait la nomination des évêques dans la monarchie mérovingienne. La vieille règle canonique qui voulait que l'évêque ne fût institué que par la consécration du métropolitain, restait théoriquement hors d'atteinte; seulement, c'était le roi qui donnait au métropolitain l'ordre de consacrer. L'autre règle qui voulait que le clergé et le peuple de la cité fussent consultés et indiquassent leur choix, restait écrite dans les canons de l'Église et n'était pas contestée officiellement par l'État; on l'appliquait même assez souvent; seulement cette élection pouvait avoir lieu après que le roi avait désigné l'homme de son choix; et, si elle se faisait sans cette désignation, elle n'aboutissait qu'à une sorte de présentation dont le roi était juge. La lettre d'accord, *consensus*, lui était envoyée[2]. Cette lettre n'était au fond qu'une

---

*ut ipsum benedici vestra industria studeat....* — Voyez aussi la formule n° 6. — Une autre, Zeumer, p. 109, Rozière n° 516, mentionne la *petitio cleri et pagensium;* pour le reste elle est semblable aux précédentes.

[1] Nous avons deux diplômes de Dagobert Ier relatifs à l'élection de Désidérius comme évêque de Cahors. On les trouvera soit dans la *Vita Desiderii*, soit dans les *Diplomata*, édit. Pardessus, n°° 246 et 251. Ils diffèrent beaucoup, pour la rédaction, de la formule de Marculfe; le fond est le même : c'est le roi qui nomme l'évêque, c'est lui qui ordonne au métropolitain de le consacrer. L'élection est encore signalée dans la *Vita Eremberti*, Mabillon, *Acta SS.*, II, 605; *Vita Filiberti*, ibidem, II, 818; *Vita Ansberti*, 18 et 22, ibidem, II, 1053 et 1054; mais en même temps la volonté du roi est toujours marquée.

[2] Il faut se garder de prendre toujours les termes de la langue mérovingienne dans leur sens littéral. Le mot *consensus* donne d'abord l'idée d'un vote général; en réalité, il pouvait être l'œuvre de quelques hommes seulement, et même d'un seul homme. Par exemple, Grégoire, VI, 15, parle

simple *suggestio*, une proposition, moins encore, une demande, *petitio*, une supplique, *preces*¹. Le roi pouvait à son gré l'accepter ou la rejeter². C'était proprement son *decretum* qui faisait l'évêque.

Aussi remarquons-nous que Grégoire de Tours ne parle presque jamais d'un évêque sans dire qu'il a été nommé par le roi. Ommatius fut institué évêque de Tours « par l'ordre du roi Clodomir »³. Pascentius fut évêque de Poitiers « par l'ordre du roi Caribert »⁴. Jovinus « reçut du roi son diplôme de nomination d'évêque »⁵. Clotaire Iᵉʳ donna l'évêché du Mans à Dumnolus pour le récompenser des services qu'il avait reçus de lui dans ses querelles avec son frère⁶. Nonnichius devint évêque de Nantes par le commandement du roi⁷. Sulpicius fut choisi évêque de Bourges « par la faveur du roi Gontran »; et Grégoire de Tours ne dit pas cela par blâme, car il explique que Sulpicius était le meilleur des candidats en présence⁸. A Vienne, Virus fut évêque par « le choix » du roi Gontran⁹. La cité de Bordeaux par son *consensus* demandait pour évêque le diacre Waddon; c'est à Gundégisile que le roi donna

d'un évêque qui voulait que son neveu lui succédât; il rédigea lui-même un *consensus* et supplia ensuite quelques évêques de le souscrire.

¹ De là des expressions comme celles-ci : *Clerici, a pastore destituti, Mundericum expetunt* (Grégoire, V, 5); *Lingonici episcopum flagitantes Pappolum accipiunt* (ibidem).

² Voici un exemple de rejet d'un *consensus*, Grégoire, VIII, 22 : *Diaconus cum consensu civium ad regem properat, sed nihil obtinuit; rex data præceptione, jussit Gundegisilum episcopum ordinari.*

³ Grégoire, III, 17 : *Ex jussu Chlodomeris regis.*

⁴ Ibidem, IV, 18 : *Ex jussu regis Chariberti.*

⁵ Ibidem, VI, 7 : *Jovinus regium de episcopatu præceptum accipit.*

⁶ Ibidem, VI, 9.

⁷ Ibidem, VI, 15.

⁸ Ibidem, VI, 39 : *Sulpicius ad sacerdotium, rege favente, præligitur.*

⁹ Ibidem, VIII, 39 : *Virus, rege eligente, substituitur.*

l'évêché¹. En Burgundie, un « pauvre homme » qui avait donné asile à Brunehaut dans sa chaumière, fut nommé d'emblée évêque d'Auxerre².

Ceux qui croient volontiers à une antipathie des deux races, supposeront peut-être que la politique des rois francs visa à mettre des Germains à la tête des évêchés, et que ce fut pour empêcher la population romaine de nommer toujours des évêques de sa race qu'ils s'emparèrent du droit de nomination. Ce serait une erreur. Outre que Grégoire de Tours n'a pas un seul mot qui attribue aux rois une telle politique, nous voyons, par les nombreux exemples qu'il donne, que ces rois nommaient plus souvent des évêques romains que des évêques francs. Dans les compétitions qui nous sont fréquemment signalées, il n'y a pas un seul indice que la question de race ait été pour quelque chose. Nous voyons parfois des familles rivales, mais il se trouve qu'elles appartiennent à la même race, le plus souvent à la race romaine³. Il est manifeste que les rois n'éprouvent aucune répugnance à nommer des Romains. Ils s'enquièrent volontiers de la naissance du candidat, mais ce n'est pas pour savoir s'il est Romain ou Franc, c'est pour s'assurer s'il est d'une famille parfaitement libre et ingénue⁴; ils paraissent même tenir beaucoup à ce qu'il soit d'une famille riche et noble. S'ils apprennent, par exemple, que le candidat appartient aux Gregorii, « c'est une très bonne famille, diront-ils, il aura

---

¹ Grégoire, VIII, 22.
² *Fredegarii Chronicon*, c. 19.
³ Exemples : Compétition entre Eufrasius, Avitus et Firminus (Grégoire, IV, 35); entre Albinus, Jovinus et Marcellus (Grégoire, VI, 7); entre Cautinus et Caton (Grégoire, IV, 7). Cf. Compétition entre Waddo et Gundégisile (Grégoire, VIII, 22).
⁴ Voyez Marculfe, I, 7 : *Ingenuitas nationis*, naissance ingénue.

l'évêché »¹. C'est ainsi que nous voyons au sixième siècle le siège de Limoges occupé successivement par deux membres de la riche famille Ruricia, branche des Anicii, et celui de Bordeaux par deux Léontius². De même encore, Gontran, ayant à pourvoir au siège de Bourges, choisit parmi plusieurs candidats celui qui est de la plus haute famille, un Sulpicius³.

Il faut avouer que le choix des rois était souvent déterminé par les présents qu'on leur offrait. Apollinaire fut nommé par le roi évêque d'Auvergne, *oblatis muneribus*⁴. C'était l'usage que le candidat élu par le peuple, lorsqu'il portait au roi l'acte de *consensus*, portât en même temps des présents⁵. Le roi Gontran peut bien protester, pour une fois, que ce n'est pas sa coutume de vendre l'épiscopat : tout le monde le croit si peu, que tout le monde lui fait des présents pour obtenir cette dignité⁶. Et bien souvent, en effet, sinon toujours, c'est par des présents qu'un candidat emportait la place⁷. En vain les papes se plaignirent-ils dans leurs

---

¹ Grégoire, IV, 15 : *Dixerunt eum nepotem esse beati Gregorii; respondit rex : Prima hæc est et magna generatio; electio compleatur.*

² Fortunatus, *Carmina*, IV, 5; I, 15.

³ Grégoire, VI, 39 : *Vir valde nobilis et de primis senatoribus Galliarum.* — On peut remarquer dans les œuvres de Fortunatus que tous les évêques à qui il écrit appartiennent à de grandes familles. Lui-même paraît avoir fait exception.

⁴ Ibidem, III, 2.

⁵ Ibidem, IV, 35 : *Plerique intendebant propter episcopatum, offerentes multa.... Eufrasius susceptas a Judæis species magnas regi misit ut episcopatum præmiis obtineret.* Les amis de Firminus promettaient au roi 1000 pièces d'or. — VIII, 22 : *Waddo cum muneribus et consensu civium ad regem properat.* — X, 26 : *Eusebius, datis multis muneribus, in episcopatum subrogatus est.* — *Vita Sulpicii*, c. 13 : *cum infinitis auri argentique ponderibus regi intulerunt consensum.* — *Vita Præjecti*, 11, Mabillon, III, 248 : *episcopatum usurpavit per præmium.*

⁶ Ibidem, VI, 39 : *Cum multi munera offerrent....*

⁷ Ibidem, VI, 7 : *muneribus vicit.* — Cf. Grégoire, *Vitæ Patrum*, V,

lettres aux princes francs que l'épiscopat fût donné à prix d'argent¹. La simonie, dit un hagiographe du septième siècle, pullule dans le royaume des Francs². Un autre, quand le roi nomme des évêques, le représente « infecté du poison de la cupidité et se portant toujours du côté de la plus grosse somme d'argent »³.

Si, en dehors du caprice et de la cupidité, on peut entrevoir chez ces rois une visée politique, ce fut uniquement celle de placer dans les évêchés leurs amis, leurs courtisans, leurs fonctionnaires⁴. Pour quelques prêtres qui n'eurent de recommandation auprès d'eux que leur vertu ou leur science, nous trouvons un bien plus grand nombre qui étaient des laïques et qui n'avaient mérité l'épiscopat que par des services militaires ou administratifs. Grégorius, évêque de Langres, est un ancien comte d'Autun⁵. Baudinus, évêque de Tours, a été *domesticus* de Clotaire Iᵉʳ⁶. Jovinus, évêque d'Uzès, a d'abord été recteur de Provence⁷. Badégisile, évêque du Mans, a été maire de la maison du roi⁸. Innocentius, évêque de Rodez, a été comte du Gévaudan⁹. Nicétius a été comte de la cité d'Acqs avant d'être évêque de la même cité¹⁰. Eusébius, que le roi fit évêque de

---

3 : *Jam tunc germen illud iniquum cœperat fructificare ut sacerdotium aut venderetur a regibus aut compararetur a clericis.*

¹ *Cum datione pecuniæ*, lettres de Grégoire le Grand à Brunehaut, à Théodebert, à Clotaire II, Bouquet, IV, p. 25-28.

² *Vita Eligii*, II, 1.

³ *Vita Sulpicii*, c. 12, Bollandistes, 17 janvier : *Regem cupiditatis veneno infectum, ad copiosam illatam pecuniam inflexum.*

⁴ Roth a déjà fait cette remarque, *Geschichte des Beneficialwesens*, p. 269.

⁵ Grégoire, *Vitæ Patrum*, VII, 1-2. — Fortunatus, *Carmina*, IV, 2.

⁶ Ibidem, IV, 3; cf. X, 31, 16.

⁷ Ibidem, VI, 7.

⁸ Ibidem, VI, 9.

⁹ Ibidem, VI, 37-38.

¹⁰ Ibidem, VII, 51, et VIII, 20.

Paris, n'était qu'un négociant, et l'historien ne dit pas par quel mérite il avait déterminé le choix du roi[1]. Carietto, officier de Gontran, reçut l'évêché de Genève pour avoir dénoncé la trahison de Mummolus[2]. Licérius, qui fut évêque d'Arles, avait été référendaire du roi Gontran[3], comme Charimer, évêque de Verdun, avait été référendaire de Childebert[4]. Gundégisile était comte de Saintes lorsque le roi le fit évêque de Bordeaux[5]. Marachaire fut successivement comte et évêque d'Angoulême[6].

Le roi Clotaire II, dans son édit de 614, écrivit expressément qu'il avait le droit de conférer l'épiscopat à des dignitaires du Palais, à la seule condition qu'ils en fussent dignes par leur conduite et par la connaissance de la doctrine[7]. Aussi le Palais fournit-il beaucoup d'évêques, et même de saints évêques. Saint Didier de Cahors avait été trésorier ; saint Éloi de Noyon avait été maître des monnaies, saint Ouen de Rouen chancelier, et saint Arnoul chef du Palais ; saint Bonitus avait été successivement échanson, référendaire et gouverneur d'une province[8]. Ainsi l'épiscopat devenait la récompense des fonctionnaires royaux. Grégoire de Tours avait déjà fait cette remarque qu'au temps de Chilpéric « peu de clercs parvenaient à l'épiscopat »[9].

---

[1] Grégoire, X, 26.
[2] *Historia epitomata*, c. 89.
[3] Grégoire, VIII, 39.
[4] Ibidem, IX, 23 ; *de Gloria confessorum*, 95.
[5] Ibidem, VIII, 22.
[6] Ibidem, V, 37.
[7] *Edictum Chlotarii*, 1.
[8] *Vita Boniti*, Mabillon, *Acta SS.*, III, 90.
[9] Grégoire, VI, 46. — Il est bon de remarquer qu'en Espagne aussi les rois wisigoths s'emparèrent du droit de nommer les évêques. Voyez notamment le concile de Tolède de 681.

Telle fut la toute-puissance des rois en matière d'élections épiscopales. Ils voulurent aussi avoir la haute main sur la tenue des conciles. Ces grandes assemblées auraient été plus fortes que la royauté, si la royauté n'y avait pris garde. Les Mérovingiens eurent soin qu'aucun concile ne pût se réunir sans leur autorisation. Nous avons une lettre de Sigebert II qui, apprenant que les évêques veulent se réunir sans se soumettre à cette règle, se hâte de leur écrire : « Nous avons appris que vous vous prépariez à vous rassembler aux calendes de septembre; comme ce projet n'a pas été d'abord porté à notre connaissance, nous décidons que cette assemblée n'aura pas lieu et qu'aucun synode d'évêques de notre royaume ne se tiendra aux calendes de septembre. Plus tard, au temps que nous jugerons convenable, si l'on nous en fait la demande à l'avance, et si nous voyons que cela soit utile à l'Église ou à l'État, nous ne refuserons pas à un concile la permission de s'assembler. Pour cette fois, nous vous interdisons de vous rendre à la réunion projetée[1]. » Voilà comment Sigebert II, qui se trouve être le plus dévot des rois mérovingiens, écrit aux évêques et défend son droit royal.

Beaucoup de conciles se sont tenus à cette époque, mais toujours « par l'autorisation » ou « par l'ordre » des rois. Les actes mêmes des conciles en font foi. Regardez le concile de 511; les évêques font précéder leurs articles d'une lettre ainsi conçue : « A notre seigneur le glorieux roi Clovis, nous les évêques réunis par son ordre. Mû par votre zèle pour la religion catholique, vous avez ordonné aux évêques de s'occuper des choses

[1] La lettre est dans Dom Bouquet, IV, 47, et dans les *Diplomata* de Pardessus, n° 308.

nécessaires pour répondre à la consultation de votre volonté, sur les sujets que vous nous avez indiqués; voici les réponses que nous vous présentons, souhaitant que, si nos décisions vous paraissent droites et sont approuvées par votre jugement, l'avis des évêques soit confirmé par l'autorité d'un si grand roi[1]. » Suivent trente et un articles qui sont des réponses aux questions posées par le roi. Non seulement c'est le roi qui a convoqué le concile, mais il semble même que ce soit lui qui ait réglé les sujets de délibération.

De même, dans les actes du concile d'Orléans de 533, du concile d'Auvergne de 535, du concile d'Orléans de 549, du concile de Paris de 557, du concile de Mâcon de 581, du concile de Valence de 584, du concile de Paris de 614, les évêques ne manquent pas de déclarer qu'ils se sont réunis avec l'autorisation du roi, sur son ordre, sur sa convocation expresse[2].

---

[1] Concile d'Orléans de 511, Sirmond, I, 177 : *Domino Chlodovecho gloriosissimo regi, omnes sacerdotes quos ad concilium venire jussistis. Quia... sacerdotes de rebus necessariis tractaturos in unum colligi jusseritis, secundum voluntatis vestræ consultationem et titulos quos dedistis,... respondemus.* — La règle avait été la même sous les rois wisigoths; les actes du concile d'Agde, 506, sont précédés d'un préambule où nous lisons : *Cum ex permissu domni nostri regis synodus convenisset.*

[2] Deuxième concile d'Orléans, 533, Sirmond, I, 228 : *Cum ex præceptione gloriosissimorum regum in Aurelianensem urbem convenissemus.* — Concile d'Auvergne, 535, Sirmond, I, 241 : *Cum, consentiente domino nostro gloriosissimo rege Theodeberto, in Arverna urbe sancta synodus convenisset,... qui nobis congregationis tribueret potestatem.* — Le 3º et le 4º concile d'Orléans omettent la mention de l'autorisation royale; mais elle se retrouve en tête du 5º concile : *Cum domnus Childebertus rex in Aurelianensi urbe congregasset in unum sacerdotes.* — Le concile de Toul, de 550, se tient aussi *jussu Theodobaldi regis*, Sirmond, I, 292. — 3º concile de Paris, 557, Sirmond, I, 301 : *Cum ad invitationem domni regis Childeberti venissemus.* — 2º concile de Tours, 567, Sirmond, I, 330 : *Juxta conniventiam gloriosissimi domni Cariberti regis coadunati.* — Concile de Mâcon, 581 : *Cum ex evocatione gloriosissimi domni Gunthramni regis, tam pro causis publicis quam pro necessitatibus pauperum nostra mediocritas convenisset.* — Concile de Valence, de 584 : *Juxta*

Grégoire de Tours, qui, comme évêque, connaissait bien les règles en vigueur, donne à entendre que c'est en vertu d'un ordre royal que les évêques s'assemblaient dans la ville que le roi leur désignait[1].

Il n'est guère douteux que dans ces assemblées la liberté des délibérations ne fût complète. Mais ces conciles ne faisaient pas de lois. Leurs articles étaient présentés à l'autorité royale et n'acquéraient une valeur légale que s'ils étaient approuvés et confirmés par elle[2].

Toutes ces règles n'ont pas d'ailleurs été imaginées par les rois francs. Elles avaient été déjà établies par les empereurs[3]. Les Mérovingiens n'eurent qu'à les conserver, et les évêques s'y plièrent sans peine.

Il est donc vrai de dire que la royauté franque a voulu gouverner l'Église aussi bien que la société civile. Il ne faut sans doute pas tenir grand compte d'un caprice de Chilpéric qui prétendit se faire juge des

---

*imperium Gunthramni regis.* — Concile de Paris de 614 : *Cum in urbe Parisius ex evocatione gloriosissimi principis Chlotarii regis in synodali concilio convenissemus.*

[1] Grégoire, V, 28 : *Synodus acta est ex jussu principis Gunthramni.* — V, 21 : *Rex Gunthramnus congregari synodum apud urbem Lugdunensem jussit.* — VIII, 20 : *Ex jussu regis Gunthramni apud Matiscensem urbem collecti sunt.* — Fredegarii Chron., 1 : *Synodum 40 episcoporum rex fieri præcepit.* — *Vita Eligii,* I, 35 : *Quum ex jussu principis concilium sacerdotale apud urbem Aurelianensem congregaretur.* — *Vita Desiderali,* Bollandistes, 8 mai : *Rex Childebertus ecclesiarum præsules jussit apud urbem Aurelianensem convenire.*

[2] Cette règle est formellement énoncée dans le préambule du concile de 511. — On la voit appliquée en 585 et en 614, et l'on peut noter que le roi modifie en certains points les articles du concile. — Les actes du concile de Bordeaux de 660 sont suivis de la confirmation du roi Childéric II : *Per jussionem gloriosi principis Childerici hæc omnia quæ superius habentur inserta in omnibus conservari convenit* (Diplomata, édit. Pardessus, t. II, p. 130).

[3] Voyez, dans le recueil de Labbe, les lettres de jussion des sept premiers conciles. — Cf. Socrate, *Hist. eccles.,* I, 5 ; II, 16 ; II, 29 ; Eusèbe, *Vita Constantini,* IV, 29 et 42 ; voyez aussi la lettre des Pères du concile de Constantinople adressée à Théodose.

questions de dogme et de foi[1]. C'est là une exception sans portée. Mais ce qui fut un principe général, ce fut que l'Église n'échappât pas plus qu'aucune autre classe de la société à l'autorité royale. Ces rois dotaient les monastères, enrichissaient les évêchés, mais ils voulaient régner sur l'Église. Nous allons chercher, en observant d'autres faits, s'ils y réussirent autant qu'ils le souhaitèrent.

### 5° LA PUISSANCE DE L'ÉPISCOPAT.

Les rois francs, uniquement occupés à s'emparer de la nomination des évêques, ne pensèrent pas à arrêter les grands progrès de l'épiscopat.

Les causes de la puissance croissante du corps épiscopal sont nombreuses et diverses. La première doit être cherchée dans l'état des âmes. Tout homme, à cette époque, était un croyant. La croyance, pour la masse des laïques, n'était ni très étendue ni très élevée, peu réfléchie, nullement abstraite ni métaphysique ; elle n'en avait que plus de force sur l'esprit et sur la volonté. Elle se résumait en ceci, que la plus grande affaire de chacun en ce monde était de se préparer une place dans un autre monde. Intérêts privés et intérêts publics, personnalité, famille, cité, État, tout s'inclinait et cédait devant cette conception de l'esprit. Dès qu'un tel but était assigné à l'existence, l'Église devenait nécessairement toute-puissante; car c'était elle qui, par ses actes sacramentaux, par ses prières, par l'intercession de ses saints, assurait l'autre vie. Elle disposait de la destinée

---

[1] Grégoire de Tours, V, 45 (44 dans l'édit. Arndt).

éternelle de chaque homme. Aussi n'avait-elle pas à retenir ses fidèles par la contrainte, par la persuasion, ou par de molles concessions. Personne n'osait penser à se détacher d'elle. Être écarté d'elle, fût-ce momentanément, était la peine la plus terrible, et pour rentrer dans son sein on subissait les pénitences les plus rigoureuses. Un esprit moderne est d'abord porté à croire que l'effet le plus redouté de l'excommunication était d'être mis à l'écart de la société civile. Mais lisez les actes des conciles et les récits des hagiographes ou de Grégoire de Tours, et vous y voyez que, dans la pensée des hommes de ce temps-là, le châtiment horrible et insupportable était de perdre sa place au temple, son droit à la prière, et sa part de l'hostie consacrée. Grégoire de Tours nous montre des personnages aussi criminels qu'on puisse l'être, aussi passionnés, aussi cupides, aussi chargés de fautes qu'on l'ait été à aucune époque; mais tous ces grands scélérats restent d'ardents chrétiens; leur plus grande crainte est d'être séparés de l'Église; leur plus ardent désir est de communier avec les autres[1]. Si l'Église les écarte, ils se soumettront à tout pour être « réconciliés »[2]. On pouvait se passer de sens moral, on ne pouvait se passer des prières et des actes de l'Église. L'Église tenait l'homme par ses fautes mêmes. Elle seule pouvait effacer le remords et régénérer l'âme. Elle régnait sur la vie de chaque jour. Il n'y avait de fêtes qu'en elle.

---

[1] Voyez, entre autres, l'histoire d'Eulalius, Grégoire, X, 8; celle de Nantbinus, Grégoire, V, 36. — Sur la gravité de la peine de la *suspensio communionis*, voyez *ibid.*, V, 37; VIII, 40; IX, 41, 43; *Vitæ Patrum*, XVII, 2.

[2] La pénitence était chose fort rigoureuse; voyez à l'article 15 du concile d'Agde de 506 le *cilicium in capite*, la *depositio comæ*, la *vestimenti mutatio*, etc.; voy. aussi concile d'Épaone de 517, art. 29.

L'éclat de ses cérémonies saisissait l'imagination. Rien alors d'austère ni de sec; avec ses tentures, ses lumières, ses fleurs, ses parfums, le culte charmait les sens. Sa messe était un drame; ses hymnes, chantées par tous et dont la langue était encore comprise, formaient tout le théâtre et toute la musique du temps. Ses grandes solennités de Noël et de Pâques étaient les deux plus grandes joies de l'existence humaine.

Nulle tiédeur n'était possible. La population donnait plus de zèle et de foi qu'on ne lui en demandait. La crédulité n'avait pas de limites. C'était trop peu de croire à Dieu et au Christ, on voulait croire aux saints. Or ce culte des saints tenait l'âme encore plus étroitement que le culte du Dieu suprême n'eût pu faire. C'était une religion fort grossière et matérielle. Un jour, saint Colomban apprend qu'on a volé son bien dans le moment même où il était en prières au tombeau de saint Martin; il retourne à ce tombeau et s'adressant au saint : « Crois-tu donc que je sois venu prier sur tes reliques pour qu'on me vole mon bien. » Et le saint se crut tenu de faire découvrir le voleur et de faire restituer les objets dérobés[1]. Un vol avait été commis dans l'église de Sainte-Colombe à Paris; Éloi court au sanctuaire et dit : « Écoute bien ce que j'ai à te dire, sainte Colombe; si tu ne me fais pas rapporter ici ce qui a été volé, je ferai fermer la porte de ton église avec des tas d'épines, et il n'y aura plus de culte pour toi. » Le lendemain, les objets volés étaient rapportés[2]. Chaque saint avait une puissance surhumaine, et il devait la mettre au service de ses adorateurs. Le culte était un marché. Donnant donnant. Mais notons bien que, plus une reli-

---

[1] *Vita Columbani*, c. 44.
[2] *Vita Eligii*, I, 30.

gion est grossière, plus elle a d'empire sur l'âme grossière de la masse du genre humain. Gardez-vous d'épurer l'idée religieuse si vous voulez qu'elle règne dans les couches profondes. Il y avait le christianisme de quelques grands esprits; mais il y avait en même temps le christianisme de la foule, au niveau d'esprit des plus humbles, au niveau de caractère des plus intéressés. Peu d'idéal, mais beaucoup de reliques. Ce n'était pas tant l'âme du saint qu'on invoquait; pour que la prière fût efficace, il était bon de la faire sur son corps, sur son tombeau, ou tout au moins sur quelque châsse contenant un fragment de ses os[1]. Il n'y avait pas de lieu vraiment sacré sans quelque corps[2], et c'était du saint tombeau qu'émanaient tous les miracles[3]. Les fidèles faisaient de longs voyages pour visiter les corps saints. Rien n'était plus précieux ni plus recherché que des reliques[4]. On peut voir par de nombreuses anecdotes du temps quels efforts, quels sacrifices on faisait pour s'en procurer. On voit des villes se disputer le corps d'un saint comme le plus grand des trésors[5]. C'est que ce corps guérira les malades, défendra l'église et la ville. Nous avons vu plus haut que, dans la justice du

---

[1] Grégoire, X, 29 : *Construxit templa Dei in honore Sanctorum expetiit que eorum pignora.* Cf. Ibidem, IX, 40; X, 1; *Miracula martyrum*, 50.

[2] Voyez une lettre de Grégoire le Grand, V, 50.

[3] Grégoire, IV, 36 : *Nicetius nunc magna miracula ad tumulum suum exorantibus præstat.* — Ibidem, IV, 19; V, 22; VII, 12; VII, 42; VIII, 16; *de Gloria confessorum*, 50 et 57; *Miracula Martini*, I, 12, 23, 25, etc. — *Fredegarii Chronicon*, 22 : *Ad sepulcrum illum sanctum miræ virtutes ostenduntur.* — Cette vertu attribuée au tombeau d'un saint explique la phrase qui revient si souvent dans les chartes : *Ubi ipse pretiosus requiescit in corpore.*

[4] Sur l'idée de puissance qui s'attachait aux moindres reliques, voyez deux passages de Grégoire de Tours, VIII, 15, et *Gloria martyrum*, 84.

[5] Grégoire, *Vitæ Patrum*, XIII, 5. *Vita Eligii*, II, 36. *Miracula S. Benedicti*, I, 16, p. 39, 40.

temps, c'était le corps saint qui sauvait l'innocent et frappait le coupable. L'Église n'avait pas le glaive; mais combien ces reliques étaient plus fortes que le glaive! Les plus intrépides tremblaient devant elles. Nous voyons les hommes les plus hardis, si on les met en présence de reliques et si leur conscience n'est pas absolument pure, se troubler, s'agenouiller, faire tous les aveux, quelquefois tomber à la renverse et expirer, frappés par le saint ou frappés par leur propre terreur. Pour opérer des miracles, il n'était besoin ni de la toute-puissance de Dieu ni des efforts des prêtres. Remarquez de quelle nature sont les innombrables miracles de cette époque : malades guéris, coupables châtiés, innocents sauvés, toujours ils sont de ceux que l'âme peut opérer elle-même, ou par sa foi ou par sa peur.

Ne disons pas que cette disposition des âmes fût surtout propre aux Germains. Ne parlons pas de société plus jeune, plus naïve, plus facile à duper. Tout cela serait démenti par l'étude des textes : Francs et Romains avaient la même intensité de foi, la même propension à croire, la même ingénuité d'esprit, la même soumission aveugle.

Dans cette Église si puissante, ce qu'il y avait de plus puissant, c'était l'évêque. Suivant les idées de ces hommes, l'évêque n'était pas seulement un chef du culte, un administrateur, un dignitaire, il était un être sacré. Du jour où il avait reçu la consécration d'un autre évêque, il était devenu un successeur des apôtres, un apôtre lui-même, ou tout au moins, comme l'appelait la langue du temps, un homme apostolique, *vir apostolicus*[1]. Il semblait tenir la place du Christ. Il

---

[1] C'est le titre qu'on donne aux évêques dans tous les diplômes. — La chaire épiscopale était appelée *sedes apostolica*, Grégoire, IX, 41 et 42.

était l'intermédiaire entre Dieu et l'homme. C'étaient ses prières qui, exaucées de Dieu, assuraient le salut du peuple[1]. Les actes sacramentaux ne pouvaient s'opérer que par sa main ; longtemps il fut seul à conférer le baptême et, si quelques prêtres le conférèrent ensuite, ce fut par sa délégation. C'était donc par lui qu'on était admis dans la sainte société qui sauvait les âmes. Par lui aussi on pouvait en être exclu ; l'arme terrible de l'excommunication était dans sa main. Il disposait donc du bonheur de l'homme dans cette vie et dans l'autre. Plus bienfaisant et plus redoutable que tous les rois de la terre, le tout de l'homme était acquis par ses mérites ou perdu par ses rigueurs[2].

Aussi l'évêque était-il un être sacré ; de son vivant même, les populations le regardaient comme un saint, et la foi qu'elles avaient en lui, lui faisait accomplir des miracles. Voyez la *Vie de saint Germain, évêque de Paris* (555-566) : c'est à lui que tous les malades demandent leur guérison, quoique cette société ne manque pas de médecins. Un personnage nommé Ulfus, mourant, se fait transporter à ses pieds et exige qu'il le guérisse par un miracle ; car visiblement il le peut ; s'il

---

[1] Concile de Tours, a. 461, c. 1.
[2] Il y a de menus faits que l'histoire ne néglige pourtant pas, parce qu'ils révèlent le fond de pensée des hommes. Un évêque de Tours voit tout son diocèse s'insurger contre lui ; pourquoi ? Parce qu'on le soupçonne de s'être approché d'une femme. Et sur ce seul motif la population le dépose et le chasse (Grégoire, II, 1). Cela signifie que les populations ne veulent pas avoir un évêque qui serait en état de péché ; elles croient que ses prières seraient inefficaces, que ses actes sacramentaux seraient entachés de nullité. C'est ce que dit le concile de Tours de 461, art. 1 : *Ut, corporis puritatem servantes (episcopi), pro plebe supplicaturi preces suas ad divinum introire mereantur auditum.* Voyez encore, pour l'expression des mêmes idées, une histoire racontée par Grégoire de Tours, VI, 36. Si les populations tenaient tant à la chasteté de leurs évêques, c'est qu'elles attribuaient à leurs mérites et à leurs vertus le salut du diocèse.

ne le fait pas, c'est qu'il ne veut pas : « Si tu ne me guéris, ma mort retombera sur toi, le roi et ma famille t'en demanderont compte »; et l'évêque le guérit[1]. Il en guérit beaucoup d'autres. Recevoir de sa main un signe de croix, toucher son vêtement, boire l'eau que présente sa main, posséder une paille d'un lit sur lequel il s'est reposé, boire une infusion d'un papier portant son écriture, voilà ce qu'on croit qui guérit[2]. Si l'évêque ne faisait pas de miracles de son vivant, on était presque assuré, tant l'usage était ordinaire, qu'il en ferait après sa mort.

C'est dans cet état des âmes que l'épiscopat a poussé les fortes racines de sa puissance. Mais ce qui fut bien remarquable, c'est qu'en même temps il ne se détacha pas du monde. Il ne se confina pas dans son caractère sacré, dans sa sphère surhumaine. Il voulut être de la société qui vivait et agissait. Et dans cette société il voulut être puissant. Dans l'intérêt même de sa religion, il prétendit posséder la force, et il eut une merveilleuse intelligence des conditions qui sont requises dans l'humanité pour être fort.

Il commença par se rendre maître absolu dans son église. Il ne lui suffit pas que tout le clergé du diocèse lui fût subordonné en principe; il le plia à l'obéissance. L'évêque seul donnait l'ordination, d'où il résultait que nul n'était prêtre que par lui. Or il prit soin d'assez bonne heure que nul ne pût être ordonné prêtre que dans le diocèse où il était né ou de l'aveu de son évêque. Les prêtres n'étaient que ses délégués; ils

---

[1] *Vita Germani* a Fortunato, c. 21, édit. Krusch.
[2] *Ibidem*, c. 46, 49, 58; Cf. c. 27, 33, 34, 44, 61. — Voyez pareilles guérisons dans la *Vita Melanii*, Bollandistes, janvier, I, 330, et plusieurs autres exemples dans Grégoire de Tours, notamment IX, 4.

n'avaient de saint chrême que celui qu'ils avaient reçu de ses mains, et il fallait lui en demander chaque année. A côté de cette dépendance spirituelle, il y avait la surveillance des actes de discipline ou de conduite. L'évêque avait un droit de juridiction et de coercition sur tous ses prêtres. Un prêtre ne pouvait sortir de sa paroisse sans la permission de son évêque, ni du diocèse sans une lettre de lui[1]. Il fallait surtout l'autorisation de l'évêque pour qu'un prêtre se permît de comparaître devant un juge laïque ou osât se présenter devant le roi[2]. Il était presque impossible à l'inférieur de porter une plainte contre son supérieur. Même pour les intérêts les plus matériels, les prêtres se trouvaient sous la main de l'évêque; car ils ne recevaient de l'État aucun traitement et n'avaient presque jamais de dotation. C'était l'évêque qui rétribuait tout son clergé[3], donnant à chacun suivant le rang qu'il occupait, et aussi suivant sa propre volonté. Le partage fixe des menses n'existait pas d'abord et ne s'opéra que peu à peu dans la période mérovingienne. L'évêque était ainsi par tous les côtés le maître de son clergé. On peut donc dire que le clergé d'un diocèse formait une société absolument monarchique. Les forces ne s'éparpillaient, ne se contrariaient pas, mais plutôt se doublaient par la discipline. Concentrées dans une seule main, mues

[1] Concile de Tours de 461, art. 12. — Concile d'Épaone de 517, art. 6.
[2] Concile d'Angers de 453, art. 1 : *Ut contra episcopale judicium clericis non liceat prosilire neque inconsciis sacerdotibus suis sæcularia judicta expetere.* — Concile d'Orléans, 511, art. 7 : *Abbatibus, presbyteris, sine commendatione episcopi pro petendis beneficiis ad Domnos venire non liceat.* — *Edictum Chlotarii*, 615, art 3 : *Si quis clericus, contempto episcopo suo, ad principem ambulare elegerit, non recipiatur.*
[3] Concile d'Agde, 506, art. 63 : *Clerici omnes qui ecclesiæ deserviunt, stipendia sanctis laboribus debita, secundum servitii sui meritum, a sacerdotibus consequantur.* Concile d'Orléans de 511, art. 14 et 15.

par une seule volonté, elles pouvaient agir sur le dehors avec la plus grande intensité de puissance.

En même temps l'épiscopat se préoccupa d'être riche, comme du plus sûr moyen d'agir sur les hommes d'une manière continue. Nous avons vu ailleurs que dans la société de l'empire romain le principal élément de force était la propriété foncière. Sous le despotisme plus apparent que réel d'un seul homme, c'était la classe des grands propriétaires qui gouvernait la société. Nous verrons dans nos études ultérieures que l'entrée des Germains n'a pas beaucoup modifié cette situation. Dans des siècles où la terre avait tout pouvoir, l'épiscopat voulut avoir la terre. Au lieu de se perdre dans un idéal de pauvreté et d'abnégation, il tint à compter parmi les grands propriétaires du pays[1]. Aussitôt que l'Église fut reconnue, elle se fit assurer par le législateur le droit de recevoir des legs[2], celui d'acquérir à titre d'achat ou de donation[3]. Quand les barbares furent les maîtres, elle se fit reconnaître les mêmes droits dans leurs codes[4].

Les donations furent nombreuses. Elles avaient leur source dans l'état des esprits et des âmes. Ici encore l'Église n'avait pas d'efforts à faire. Il ne lui était pas

---

[1] Déjà la plupart des sacerdoces païens avaient été propriétaires fonciers. Cf. Code Justinien, VII, 38, 2; XI, 61 et 65; Hygin dans les *Gromatici*, p. 117, etc.

[2] Code Théodosien, XVI, 2, 4, loi de 321. Code Justinien, I, 2, 1 et 13.

[3] Code Justinien, I, 2, 14.

[4] *Chlotarii Constitutio*, Pardessus, n° 165; Borétius, p. 19; art. 10 : *Ut oblationes defunctorum ecclesiis deputatæ nullorum compelitionibus auferantur.* Art. 13 : *Quidquid ecclesiæ... per triginta annos inconcusso jure possedisse probantur, in eorum ditione permaneat.* — *Lex Alamannorum*, I : *Si quis liber res suas ad ecclesiam tradere voluerit, nullus habeat licentiam contradicere ei.* — *Lex Baiuwariorum*, I, 1 : *Si quis liber dederit res suas ad ecclesiam pro redemptione animæ suæ, licentiam habeat.*

nécessaire d'assiéger le lit des mourants. Dès que l'homme croyait fermement à un bonheur à venir qui devait être une récompense, l'idée lui venait spontanément d'employer tout ou partie de ses biens à se procurer ce bonheur. Le mourant calculait que le salut de son âme valait bien une terre. Il supputait ses fautes, et il les payait d'une partie de sa fortune. Nos générations modernes ont des délicatesses de sens moral qui étaient inconnues en ce temps-là. Nous avons peine à comprendre qu'une faute se rachète par de l'argent ou de la terre. Cette idée était tout à fait familière aux hommes de cette époque. Regardez en quel style sont rédigées presque toutes ces donations. Le donateur déclare qu'il veut « racheter son âme », qu'il donne une terre « en vue de son salut », « pour la rémission de ses péchés », « pour obtenir l'éternelle rétribution »[1]. On voit par là que, dans la pensée de ces hommes, la donation n'était pas gratuite. Elle était un échange, un don contre un don; donnez, était-il dit, et il vous sera donné, *date et dabitur*[2]. Proprement, c'était l'échange d'un bien terrestre contre un bonheur céleste:

[1] Marculfe, II, 4 : *Pro remedio animæ meæ et remissione peccatorum nostrorum*; II, 6 : *Pro remissione peccatorum, ut veniam delictis meis consequi merear.* — Charta Haregarii, Pardessus n° 108 : *Pro remedio animæ meæ et remissione peccatorum.* — Charta Godini et Lantrudis, n° 186 : *Pro ablatione peccatorum nostrorum et pro amore Dei.* — Charta Theodetrudis, n° 241 : *Ut pro anima laboremus.* — Charta Vandemiris, n° 412 : *Unde in futurum veniam misericordiæ animis nostris mereamur.* — Charta Hedeni, n° 458 : *Pro amore Christi et remissione peccatorum et mercede futura.* — Diploma Sigismundi, n° 104 : *Pro remedio animæ meæ.* — Diploma Gunthramni, n° 191 : *Culpis exigentibus.* — Lex Baiuwariorum, I, 1 : *Pro redemptione animæ suæ.* — Marculfe, II, 1 : *Ego ille reus flagitiis, sceleribus... pro remissione peccatorum vel pro diluenda meorum mole peccaminum.* Ibid., II, 3 : *Quia gravamur sarcina peccatorum.* — Charta Theodechildis, Pardessus n° 177 : *Pro facinorum meorum abluenda discrimina.*

[2] *Testamentum Leodegarii*, Pardessus n° 382.

*Dono vobis parva pro magnis, terrena pro cœlestibus*. N'oublions pas non plus que ces hommes entendaient faire leur donation, non à un prêtre, mais à un saint, c'est-à-dire au saint particulièrement honoré dans le diocèse ou qui avait son tombeau dans la basilique[1]. C'était le saint qu'ils faisaient propriétaire. Souvent la charte portait que les revenus devaient être employés « au luminaire du saint », c'est-à-dire à l'éclat de son culte. Par là, le saint était tenu d'intercéder auprès de Dieu pour son donateur; le clergé était tenu aussi d'inscrire le donateur sur le registre de ses prières. Ainsi le mourant, en donnant un immeuble, s'assurait une sorte de rente perpétuelle de prières ici-bas, d'intercession là-haut.

On peut distinguer trois classes de donateurs : les évêques, les rois, les particuliers. Il paraît certain qu'une très grande part des richesses des églises leur est venue des évêques eux-mêmes. Ils commencèrent par décider dans leurs conciles que tout ce qu'ils acquéraient pendant la durée de leur épiscopat devait être laissé à leur église et que chacun d'eux ne pourrait léguer à ses parents que ses biens patrimoniaux[3]. Telle était la règle stricte, le minimum d'obligation. Mais cela était ordinairement dépassé dans la pratique. Nous voyons en effet beaucoup d'évêques léguer à leur

---

[1] *Charta Eligii*, Pardessus n° 254. Cf. *Diploma Dagoberti*, n° 271 : *Ut de caducis rebus mercemur æterna.*

[2] *Formulæ Turonenses*, 37, Rozière n° 214 : *Reverentia Sancti illius civitatis, ubi ipse pretiosus in corpore requiescit... ad sacrosanctam basilicam Sancti illius dono... ut ad basilicam proficiat in augmentum.*

[3] Concile de Carthage de 419, Mansi, IV, 432. — Code Justinien, I, 2. 14, loi de 470. — Concile d'Agde de 506, art. 6 et 48, Sirmond, I, 162, 170; Mansi, VIII, 533. — Aussi faisait-on une distinction bien marquée entre les biens propres de l'évêque et les biens de l'église: Grégoire, VII, 27 *in fine* : *res ejus tam proprias quam ecclesiæ.*

église leurs biens propres et patrimoniaux. C'est ce que Grégoire a noté pour beaucoup d'évêques de Tours. « Perpétuus, dit-il, était d'une famille sénatoriale ; très riche, il possédait des domaines dans beaucoup de diocèses ; il légua à chacun d'eux les terres qu'il possédait dans le ressort, et laissa en particulier de grandes richesses à l'église de Tours[1]. » « L'évêque Vérus laissa ses biens aux églises[2]. » « Dinifius laissa le meilleur de ses biens à son église[3]. » « Ommatius, de famille sénatoriale, très riche en terres, distribua ses biens par testament à plusieurs églises[4]. » « L'évêque Francilio, de famille sénatoriale, et sa femme Clara, grands propriétaires de biens-fonds, laissèrent presque toutes leurs terres à la basilique de Saint-Martin[5]. » Nous possédons les testaments de saint Remi, de Césaire d'Arles, d'Elaphius de Châlons, de Dumnolus du Mans, de Désidérius de Cahors, d'Annemundus de Lyon, de Palladius d'Auxerre, de Bertramn du Mans, d'Amandus de Maestricht, de Vigilius d'Auxerre, de Léodger

[1] Grégoire, X, 31, § 6 : *Ordinatur Perpetuus, de genere senatorio, dives valde et per multas civitates habens possessiones.... Condidit testamentum, et deputavit per singulas civitates quod possidebat in eis ipsis scilicet ecclesiis, non modicam et Turonicæ tribuens facultatem.* — Nous avons un testament de Perpétuus, non original, et peu authentique dans la forme ; je ne vais pourtant pas jusqu'à croire, avec M. Julien Havet, que cette pièce ait été fabriquée au dix-septième siècle. Il est bien vrai qu'elle ne concorde pas de tout point avec ce que dit Grégoire de Tours. Le vrai testament devait être beaucoup plus long, puisqu'il contenait de nombreux legs à diverses églises ; ce que nous avons n'est qu'un extrait concernant l'église de Tours et les parents ou amis du testateur.

[2] Ibidem, X, 31, 8 : *Facultates suas ecclesiis... dereliquit.*

[3] Ibidem, X, 31, 11 : *Ecclesiæ suæ quod fuit melius reliquit.*

[4] Ibidem, X, 31, 12 : *Duodecimus episcopus Ommatius, de senatoribus Arvernis, valde dives in prædiis... condito testamento, per ecclesias urbium in quibus possidebat, facultates suas distribuit.*

[5] Ibidem, X, 31, 14 : *Francilio, ex senatoribus, ordinatur episcopus, habens conjugem Claram nomine..., ambo divites valde in agris, quos maxime S. Martini basilicæ contulerunt.*

d'Autun, et plusieurs autres. On peut juger par ces testaments qui nous sont parvenus de la grande fortune territoriale que chaque génération d'évêques laissa à son église. On s'explique aussi par là la propension qu'avaient les églises, lorsqu'elles pouvaient choisir elles-mêmes leurs prélats, à se donner des évêques de riche famille. Un évêque riche enrichissait l'église, et l'on pouvait dire de lui : « Tu as épousé ton église, et la riche dot que tu lui as apportée la met dans l'abondance[1]. » Avec le régime de grande propriété qui régnait alors, la fortune léguée par un évêque pouvait être énorme. On peut compter dans le testament de l'évêque Bertramn trente-cinq domaines donnés par lui à l'église du Mans[2]; saint Didier en lègue trente à l'église de Cahors[3]. Un abbé de Saint-Aniane lègue à son monastère dix-huit domaines, dont chacun comprend maisons, champs, vignes, prés, forêts[4]. A ces grandes donations des prélats il faut ajouter les donations plus modestes, mais innombrables, de la foule anonyme des prêtres, des diacres, des moines.

Viennent ensuite les donations des riches laïques. Nous pouvons juger qu'elles furent nombreuses, et souvent considérables. Nous avons les chartes de donation de Harégaire et de sa femme Truda, de Godinus et de sa femme, de Girart et de sa femme, de Théodétrude, de Vandemir, d'Ermentrude, d'Engelwara, de

---

[1] C'est ce que dit Fortunatus de l'évêque Félix (*Carmina*, III, 8, v. 30). Ailleurs, il parle de ces évêques qui, étant riches, donnaient beaucoup aux pauvres, *plurima pauperibus tribuentes divite censu*, IV, 5.

[2] *Testamentum Bertramni*, dans Pardessus, n° 230.

[3] *Vita Desiderii*, c. 17, édit. de la *Patrologie*, t. LXXXVII, p. 234, 235.

[4] *Diplomata*, édit. Pardessus, n° 358. Cf. les donations de l'abbé Ephibius, n° 434, de l'abbesse Irmina, n° 448.

plusieurs autres¹. Grégoire de Tours loue un certain Gundulfe d'avoir donné de son vivant tous ses biens à saint Martin². Le poète Fortunat vante la générosité du duc Launebode en faveur des saints. Les Vies de saints sont remplies de pareilles donations³, ainsi que les annales des monastères⁴. « Saint Didier, dit son biographe, augmenta de beaucoup les richesses de l'église de Cahors ; il sut attirer à lui beaucoup d'hommes de la haute classe, beaucoup de la classe moyenne, et par eux son église acquit un grand nombre de domaines. Des propriétaires nommés Paulus, Agilénus, Dido, Badigenus, Sévérus, Matrigésilus, Nicasius, Dadinus, Abulna, Abremundus, Félix, Gaurétredes, Orontia, Nicétia, Afrania, et beaucoup d'autres, donnèrent spontanément leurs biens à l'église. Une dame de famille sénatoriale, Bobila, lui donna à elle seule quatre domaines, qui s'appellent les *villæ* Venestria, Vinestri, Lingius et Mauringius⁵. » Quelquefois la donation se faisait sous forme de vente. Par exemple, Nizézius et sa femme Irmentrude, en 680, déclarent vendre à un monastère vingt-sept domaines entiers dont ils donnent les noms ; ils ont reçu le prix convenu de 900 pièces d'or, mais ils rendent aussitôt cette même somme à l'abbé « pour le remède de leur âme »⁶.

Les rois étant les plus riches propriétaires du pays furent naturellement les plus généreux donateurs. Nous

---

¹ *Diplomata*, nᵒˢ 108, 186, 196, 241, 442, 452, 457, etc.
² Grégoire, *Miracula Martini*, III, 15.
³ Voyez, entre autres, la *Vita Marculfi*, c. 18 et 19, dans Bouquet, III, 426 ; la *Vita Melanii* ; la *Vita Agili*, c. 4, dans Mabillon, II, 318.
⁴ Voyez la liste des donateurs de Fontenelle, dans les *Annales Fontanellenses*, Bouquet, II, 658.
⁵ *Vita Desiderii*, c. 17.
⁶ *Diplomata*, édit. Pardessus, nᵒ 393.

savons les dons de terre faits par Clovis à Saint-Remi, à Saint-Martin, à Saint-Hilaire de Poitiers¹, ceux de Childebert Iᵉʳ à l'église de Paris, ceux mêmes de Chilpéric², ceux de Gontran à beaucoup d'églises et particulièrement à Saint-Marcel de Chalon³. « Ce que Dagobert donna de propriétés à la basilique de Saint-Denis, en plusieurs provinces, est merveilleux⁴. » Clovis II fit comme lui, et Sigebert II en Austrasie⁵. La régente Bathilde donna au monastère de Jumièges une grande forêt et de nombreux pâturages, à celui de Corbie un grand domaine et beaucoup d'argent, à celui de Luxeuil plusieurs grandes terres, à l'église de Paris de nombreux domaines⁶. Il serait long d'énumérer toutes les donations que nous trouvons dans ceux des diplômes qui nous sont parvenus⁷. Ce qu'il importe de remarquer, c'est qu'il s'agit toujours de donations à titre complet et perpétuel. Nul doute n'est possible, puisqu'on lit dans tous ces diplômes des phrases comme celle-ci⁸ : « Nous

---

[1] *Vita Remigii ab Hincmaro*, dans Bouquet, III, 377 : *Baptizatus rex cum gente plurimas possessiones per diversas provincias sancto Remigio tam ipse quam Franci potentes dederunt.* Grégoire, II, 37 *in fine* : *multa sanctæ basilicæ S. Martini munera offerens.* — Cf. *Diplomata*, n°ˢ 87, 88, 91. — Concile d'Orléans de 511, art. 5 : *De agris quos domnus noster rex ecclesiis conferre dignatus est.*

[2] Grégoire, V, 35 : *Multa postea Chilpericus ecclesiis est largitus.*

[3] *Fredegarii Chronicon*, 1 : *Ipsam ecclesiam rebus plurimis ditavit.* Cf. *Diplomata*, Pardessus, n° 101.

[4] Ibidem, 79 : *Tantæ opes ab eo et villæ et possessiones per plurima loca ibidem sunt conlatæ ut miraretur a plurimis.*

[5] *Gesta Dagoberti*, 52. *Vita Sigiberti*, 14.

[6] *Vita Balthildis*, c. 8.

[7] Voyez dans le recueil de Pardessus les n°ˢ 91, 104, 162, 163, 164, 191, 241, 269, 271, 272, 276, etc.

[8] *Diplomata*, édit. Pardessus, n° 269 : *Donamus donatumque in perpetuum esse volumus villam nostram....* — N° 271 : *In perpetuum.* — N° 280 : *Ut tam ipse pontifex quam qui ei successerint perpetualiter habeant.* — N° 340 : *Ut pontifex habendi, tenendi, dandi, commutandi vel quidquid elegerit faciendi liberam et firmissimam habeat potestatem.* —

donnons à perpétuité telle terre, afin que l'évêque et ses successeurs la tiennent et possèdent à toujours avec le droit de la donner, de l'échanger, d'en faire tout ce qu'ils voudront. » De concession temporaire ou conditionnelle à titre de bénéfice il n'est jamais question¹.

Pour que ces richesses immobilières allassent toujours en augmentant, sans diminution possible, l'Église s'était interdit la faculté d'aliéner. Le quatrième concile de Carthage, de l'année 398, défend à l'évêque de rien distraire du domaine de l'église sans une absolue nécessité². Le concile d'Agde, de 506, déclare tout d'abord que l'évêque ne peut ni vendre, ni aliéner par aucune sorte de contrat; si une nécessité absolue l'obligeait à quelque vente, il ne pourrait la faire qu'avec l'approbation de trois autres évêques de la même province³. Ce que l'évêque pouvait faire, c'était de concéder la terre en usufruit, de manière que son droit de propriété restât hors d'atteinte. On peut dire, sauf de très rares exceptions, que la propriété foncière, une fois dans les mains de l'Église, n'en sortait plus. La vente, la donation, le testament existaient en sa faveur; mais de sa

---

N° 104 : *Ut habeant, teneant atque possideant et quidquid exinde facere voluerint libero perfruantur arbitrio.* Tardif, nᵒˢ 1, 2, 7, 13, etc.

¹ Qu'il fût d'usage de faire confirmer à chaque nouveau règne les donations des règnes précédents, cela ne saurait prouver que ces donations fussent temporaires. Ces diplômes renouvelés ne constituaient pas une donation nouvelle, mais une simple confirmation. Or cette confirmation était de règle. Il suffit d'en observer le style pour se convaincre que les rois n'entendaient pas du tout qu'ils eussent le droit de reprendre la terre. Voyez notamment la formule du recueil de Rozière, 154.

² Quatrième concile de Carthage, art. 31, 32, Mansi, III, 953, 954, 969. Héfélé conteste l'existence de ce concile; mais il admet l'authenticité des canons qui lui sont attribués, et il les regarde comme très anciens — Cf. *Epistola Hilarii papæ ad episcopos Galliæ*, c. 5, dans Sirmond

³ Concile d'Agde, a. 506, c. 7, Sirmond, I, 161; Mansi, VIII, 325. — De même, dans la Loi des Alamans, XX.

part il n'y avait plus ni vente, ni donation, ni testament.

Quand nous voyons que des terres sont données à l'Église, cela ne signifie pas qu'elles appartiennent désormais au vaste corps de l'Église universelle. L'Église universelle n'était pas une personne civile et ne pouvait pas posséder. Ces donations sont toujours faites à une église, c'est-à-dire à un diocèse, ou bien à un monastère. Une église pouvait posséder des terres en dehors même de son ressort territorial. Par exemple, l'église de Lyon possédait des domaines dans l'Arvernie[1]. L'église de Paris était propriétaire de terres en Provence[2]. Le monastère de Saint-Denis avait des domaines dans la Brie, dans le Vexin, dans l'Amiénois, dans le Beauvaisis, dans le Maine, dans le Berri, et jusqu'en Angleterre[3]. Saint-Germain des Prés était propriétaire dans le Parisis, dans les pays d'Étampes, de Chartres, d'Orléans, de Blois, de Sens, de Beauvais, de Besançon, en Anjou, en Aquitaine[4].

Quand des terres sont données à une église, il ne faut pas nous figurer qu'elles soient mises en commun entre les ecclésiastiques ou entre les moines. Quelques phrases vagues où le donateur dit qu'il fait ce don en faveur des pauvres, ne doivent pas non plus nous faire supposer que les terres fussent mises en commun entre les pauvres[5]. L'Église chrétienne ne pratiqua jamais la

---

[1] Grégoire de Tours, II, 36.

[2] Diplôme de Childebert Ier, a. 528, dans Tardif n° 1.

[3] Voyez un jugement de Pépin en faveur de l'abbaye, de l'année 751, Archives nationales, Tardif, n° 54. — Cf. Ibidem, n° 88.

[4] Polyptyque de Saint-Germain des Prés, prolégomènes de Guérard, p. 36-38. — C'est ainsi que l'église de Milan avait des propriétés en Sicile (Cassiodore, *Lettres*, II, 29), et l'église de Rome en Gaule.

[5] Notre observation s'applique même aux terres qui ont été concédées

communauté des terres. Elle ne prêcha jamais que le sol dût être indivis. On peut même dire qu'elle n'eut jamais la pensée de cette indivision. Elle conçut la propriété comme tout le monde alors la concevait. Elle n'émit sur la tenure du sol aucune théorie nouvelle, aucune utopie. Avec son esprit pratique, elle ne comprit que la propriété privée, c'est-à-dire chaque terre attachée à une personne humaine. Par suite de cette idée, le vrai propriétaire de toutes les terres d'une église fut l'évêque, et le propriétaire des terres d'un couvent fut l'abbé. C'était l'évêque ou l'abbé qui gérait les domaines, qui passait les actes, qui défendait les droits en justice, et qui jouissait des revenus. Les conciles déclarent expressément que la propriété est toute dans les mains de l'évêque[1].

Il est vrai que les évêques dans leurs conciles s'obligèrent eux-mêmes à faire quatre parts de leurs revenus. Ils ne devaient disposer pour eux-mêmes et leur maison que d'un quart. Un quart devait être donné aux pauvres; un autre quart servait à l'entretien des ecclésiastiques du diocèse. Le reste devait être employé aux réparations des églises et aux constructions nouvelles. Si l'on compare ce temps au nôtre, on pourra dire que le trésor épiscopal devait fournir ce que nous appelons le budget des cultes, l'assistance publique, et presque tout le budget des travaux publics. Il est certain que

---

spécialement aux *Matricularii*, comme nous voyons dans un diplôme de Dagobert, Pardessus n° 268, et dans un autre de Clotaire III, n° 330. Il faut entendre que les revenus de ces terres étaient à l'usage spécial des *Matricularii*, mais non pas qu'ils en eussent la propriété et la gestion.

[1] Concile d'Orléans, a. 511, art. 14 : *Prædiis in episcoporum potestate durantibus*; art. 15 : *De his quæ parochiis in terris, vineis, mancipiis atque peculiis quicumque fideles obtulerint, antiquorum canonum statuta serventur ut omnia in episcopi potestate consistant.*

les évêques du sixième siècle dépensèrent beaucoup en constructions. Je ne pense pas qu'à aucune autre époque on ait élevé autant d'églises; et, pour quelques-unes qui furent bâties par les rois, la plupart le furent par les évêques et à leurs frais[1]. Un trait rapporté par Grégoire de Tours nous donne une idée de la bonne gestion de ces finances épiscopales. Un évêque de Tours, après avoir beaucoup construit, laissa dans le trésor de l'église plus de 20 000 pièces d'or[2].

La propriété foncière, constituée comme elle l'était alors, ne donnait pas seulement la terre et ses fruits; elle donnait aussi des hommes. Chaque domaine contenait une population qui ne pouvait pas s'en détacher; serfs ou colons, tous les cultivateurs, à peu d'exceptions près, faisaient partie intégrante de la propriété. Posséder trente domaines, c'était posséder la population de trente villages, c'était avoir quinze ou vingt mille sujets. Tous ces hommes obéissaient au propriétaire, non à l'État.

---

[1] Voyez dans Grégoire, X, 31, la série des évêques de Tours : *Martinus ecclesias ædificavit.... Briccius basilicam super corpus S. Martini ædificavit... Eustochius ecclesiam condidit... Perpetuus ædificavit basilicam ampliorem... et basilicam S. Petri et basilicam S. Laurentii ipse construxit.... Volusianus basilicam S. Johannis.... Ommatius exaltavit ecclesiam sanctorum Gervasii atque Protasii et basilicam sanctæ Mariæ.... Tempore Euphronii, basilica S. Vincentii ædificata est..., ecclesiæ ædificatæ sunt.* Puis Grégoire dit de lui-même : *in multis locis ecclesias et oratoria dedicavi.* — Il cite ailleurs d'autres évêques grands constructeurs, par exemple Agricola de Chalon : *Multa ædificia fecit, domus composuit, ecclesiam fabricavit quam columnis fulcivit, variavit marmore, moseno depinxit* (V, 46). Marachaire d'Angoulême, *ecclesias vel ecclesiæ domos erigens et componens,* V, 57. Autres exemples, VII, 10; *de Gloria conf.,* 66 et 84. — Voyez encore ce que dit le biographe de saint Didier de Cahors : *Basilicam quadris lapidibus ædificavit, geminas porticus adjiciens* (*Vita Desiderii,* 17). — On pourrait faire, rien qu'avec les écrits de Fortunatus, une très longue liste des églises, baptistères, palais épiscopaux, couvents, qui s'élevèrent de son temps par les soins et l'argent des évêques. Les Vies de saints sont remplies des mêmes faits.

[2] Grégoire, X, 31, 15-16. Pareille chose ressort de la *Vita Desiderii.*

Par eux, l'évêque était déjà un petit souverain, le chef d'un petit peuple.

Beaucoup d'autres catégories d'hommes venaient d'elles-mêmes se placer sous son autorité.

C'était d'abord la foule de ceux que l'on appelait les *clerici*[1]. Au-dessous des prêtres, des diacres, des sous-diacres il y avait dans chaque cité épiscopale un nombre indéterminé d'hommes qui étaient rattachés à l'église et qui avaient quelque chose du caractère sacré. Pourtant la plupart d'entre eux continuaient à vivre dans la société civile. Plutôt serviteurs de l'église qu'ecclésiastiques, ils se mariaient, ils avaient une famille[2]. Beaucoup parmi eux faisaient le commerce et tenaient boutique[3], tout en servant l'église à certains jours. L'empire leur avait accordé plusieurs immunités pécuniaires qui en faisaient des marchands privilégiés ; il les avait surtout exemptés des charges municipales[4]. On ne peut douter que de telles faveurs n'eussent fait rechercher cette situation, et que le nombre de ces clercs ne fût

---

[1] Le mot *clerici*, dans son sens le plus large, se dit de tous les ecclésiastiques sans distinction de rang ; dans son sens plus restreint, il se dit de ceux qui sont au-dessous du sous-diaconat. Voyez *Lex Ripuaria*, XXXVI, 5, opposé à XXXVI, 6-8.

[2] Code Théodosien, XVI, 2, 14, loi de 357, § 4 : *conjugia clericorum ac liberi.* — Lettre du pape Innocent I$^{er}$, dans Sirmond, I, 31. — Concile de Tours de 461, art. 4. — Il était seulement défendu aux *clerici* de se remarier ou d'épouser une veuve.

[3] Code Théodosien, XVI, 2, 10, loi de 353 : *Quæstus quos ex tabernis atque ergasteriis colligunt clerici.* — Concile d'Orléans de 538, art. 27 : *Ut clericus, a diaconatu et supra, pecuniam non commodet ad usuras, neve in exercendis negotiis, ut publici qui ad populi responsum negotiatores observant, turpis lucri cupiditate versetur.* Si le concile défend cela aux clercs à partir du diaconat et au-dessus, c'est qu'il le permet aux sous-diacres et au-dessous ; ces clercs inférieurs pouvaient donc prêter à intérêt et faire le commerce. — Le concile d'Arles, de 452, art. 14, avait été plus sévère.

[4] Code Théodosien, XVI, 2, 8 et 9 ; XVI, 2, 36.

très grand. C'étaient en général de petites gens. L'empire avait eu soin que les curiales, au moins ceux qui avaient quelque fortune, ne pussent entrer dans ce corps[1]; autrement les curies se seraient vidées et tout l'organisme municipal aurait disparu. Les rois Francs paraissent avoir pris, autant qu'ils purent, la même précaution[2]. Ces clercs formaient donc une petite plèbe inférieure[3], qui se rattachait à l'église. Ils étaient soumis à la juridiction de l'évêque. Les canons de l'Église et les lois de l'État voulaient qu'ils ne fussent jugés que par lui[4]. Il avait sur eux un droit de coercition et de punition[5]. Il exerçait ce droit même sur leurs enfants[6]. Ces hommes ne pouvaient renoncer d'eux-mêmes à la cléricature; mais l'évêque pouvait les en dépouiller en punition d'une faute, et ils perdaient alors tous leurs privilèges[7]. Tous ces hommes étaient réellement les sujets de l'évêque, et comme ils avaient un pied dans l'église et un pied dans

[1] Code Théodosien, XVI, 2, 3, 6, 15, 19, 21. Cf. Novelles de Valentinien, tit. III; le curiale qui se fait *clericus* doit présenter quelqu'un qui supporte les charges municipales à sa place.

[2] Concile d'Orléans de 511, c. 4 : *Ut nullus sæcularium ad clericatus officium nisi regis jussione aut cum judicis voluntate præsumatur*. Cette règle fut-elle observée? C'est ce qu'il est impossible de dire.

[3] On peut voir dans la Loi ripuaire, XXXVI, 5, combien cette classe était mêlée; d'après les manuscrits du texte B, elle comprenait des esclaves, des hommes du roi, des lites, des ingénus. D'après les manuscrits du texte A, ces *clerici* n'auraient eu tous que le *wergeld* des affranchis.

[4] Code Théodosien, XVI, 2, 41 : *Clericos non nisi apud episcopos accusari convenit*. XVI, 2, 47 : *Clericos episcopali audientiæ reservamus.* — Concile d'Arles de 452, art. 31, Sirmond, I, 107. — Concile de Vannes de 465, art. 9. — Concile de Mâcon de 581, art. 8. — Concile de Reims de 630 (625), art. 6. — *Edictum Chlotarii*, a. 614, art. 4.

[5] Concile d'Agde de 506, art. 2, Sirmond, I, 162 et 171. 2ᵉ concile d'Orléans, art. 14. 3ᵉ concile d'Orléans, art. 9 et 19.

[6] Concile d'Orléans de 511, art. 4 : *Filii clericorum in episcoporum potestate ac districtione consistant*.

[7] Code Théodosien, XVI, 2, 39.

la société laïque, l'évêque pouvait tirer d'eux un grand parti.

Après la corporation des *clerici* venait la multitude des pauvres. Les évêques avaient l'obligation stricte de les nourrir et de les vêtir[1]. Or ces pauvres qui vivaient de l'église, se groupaient naturellement autour d'elle. Il y avait habituellement à côté de chaque église une sorte de corporation de pauvres. Ils étaient inscrits sur le registre de l'église; ce registre s'appelait *matricula*; le même mot s'appliqua à cette réunion de pauvres, on l'appela aussi *matricula* et ses membres *matricularii*[2]. Le Saint du lieu les nourrissait, c'est-à-dire que l'église leur donnait des secours réguliers; en outre, les offrandes des fidèles étaient mises en commun et partagées entre eux[3]; enfin il arrivait quelquefois qu'un donateur affectât spécialement une terre à leur usage et ils se trouvaient ainsi avoir des fondations en immeubles[4]. Ces *matricularii* formaient corps entre eux et avec l'église. L'évêque avait tout pouvoir sur eux. Ils étaient ses hommes. Au besoin ils formaient une petite

---

[1] Concile d'Orléans de 511, art. 16 : *Episcopus pauperibus vel infirmis qui non possunt suis manibus laborare, victum et vestitum largiatur.*

[2] *Testamentum Remigii*, Pardessus, I, p. 82 : *Pauperes in matricula positi ante fores ecclesiæ exspectantes stipem.* — Grégoire, *Miracula Martini*, I, 31 : *Ad matriculam illam quam Sanctus pascit.*

[3] Voyez l'anecdote racontée par Grégoire, *Mirac. Martini*, I, 31.

[4] *Diplomata*, édit. Pardessus, n° 208, charte de Dagobert qui fait don d'une villa *ad alendos pauperes... ad matricularios S. Dionysii qui ad ipsam basilicam vel infra ejus atrio ad matriculas residere videntur.* — Diplôme de Clotaire III, aux Archives nationales, Tardif n° 13, Pardessus n° 330 : *Ad matrigolarios sanctæ basilicæ Dionysii.* — *Charta Ansberti*, Pardessus n° 437 : *Quatuor matricularios qui ad ipsum oratorium de Leodegario deservient instituimus ut totum victum atque vestitum de suprascriptis rebus habeant qualiter et alii matricularii qui ad basilicam S. Symphoriani deservire videntur.* — *Gesta Dagoberti*, 29 : *Dagobertus et matriculam ibi instituit ut pauperes utriusque sexus... ipsius eleemosynis sustentati, qui vellent, in servitio ecclesiæ permanerent.*

armée pour le défendre. Cela n'est pas sans exemple. Grégoire de Tours raconte que la basilique de Saint-Martin ayant été violée par un envoyé du roi, les *matricularii* et les pauvres, armés de pierres et de bâtons, se ruèrent sur les soldats et vengèrent l'injure faite à l'Église[1].

Venait ensuite la classe des affranchis. Ici quelques explications sont nécessaires. L'Église chrétienne n'avait pas d'opinion au sujet des institutions sociales. Jamais par conséquent elle ne combattit l'esclavage. Elle releva l'âme de l'esclave; elle recommanda au maître d'adoucir sa situation matérielle. Mais jamais elle ne se posa en adversaire de l'institution d'esclavage. Elle reconnut formellement le droit acquis des maîtres. Si un esclave fuyant son maître se réfugiait dans une église, l'Église ne se croyait pas le droit de le garder; elle le rendait, en intercédant seulement auprès du maître pour qu'il pardonnât[2]. Elle avait elle-même des esclaves, et si elle en affranchit un certain nombre individuellement[3], elle se garda bien de les affranchir en masse, car elle eût rendu ses terres désertes. Mais si elle n'affranchit pas ses serfs, elle fit deux choses qui furent bonnes pour l'humanité. D'abord elle racheta de ses deniers un grand nombre d'esclaves d'autrui. Nous voyons, par exemple, les évêques du concile de 511 s'engager à employer une partie de leurs

---

[1] Grégoire, VII, 29 : *Nonnulli etiam matriculariorum et reliquorum pauperum, pro scelere commisso...., et energumeni ac diversi egeni cum petris et fustibus ad ulciscendam basilicæ violentiam proficiscuntur.*

[2] Concile d'Orléans de 511, art. 3.

[3] Il ne faut pas dire, comme on l'a fait récemment, que l'Église n'ait jamais affranchi d'esclaves à elle; c'est une grande erreur; voyez concile d'Agde de 506, art. 7 et 49. Flodoard, *Hist. Rem. Eccl.*, II, 4. Ces affranchis restaient d'ailleurs sous la protection et l'autorité de l'Église.

revenus au rachat des captifs[1], et les récits du temps nous montrent, en effet, de nombreux achats d'esclaves accomplis par les évêques ou les prêtres[2]. Or ils ne les rachetaient pas pour les transporter sur leurs propres terres et les employer à leur usage, mais pour les rendre libres[3]. De beaucoup d'entre eux ils firent des moines[4], de quelques-uns des prêtres[5]. La seconde chose fut que l'Église encouragea les laïques à affranchir leurs esclaves. Elle présenta l'affranchissement comme une œuvre agréable à Dieu et qui rachetait le péché. Il résulta de là que beaucoup de maîtres affranchirent l'esclave « pour le salut de leur âme »[6]. Ce fut autant de gagné pour la liberté.

Mais cela eut encore une autre conséquence. Dès que

---

[1] Concile d'Orléans de 511, art. 5 : *In redemptionibus captivorum.*

[2] Grégoire, VII, 1 *in fine.* — *Vita Germani* a Fortunato, c. 72 : *Unde sunt contiguæ gentes in testimonium, Hispanus, Scotus, Brito, Vasco, Saxo, Burgundio, cum ad nomen Beati viri concurrerent liberandi jugo servitii.* Ailleurs, un esclave nommé Æsarius se réfugie près du saint et se dit maltraité par son maître, *supplicans ut quolibet pretio cum de insolentis domini servitio liberaret*; Germain rachète cet homme avec sa femme et son fils pour 80 *solidi* (*Vita Germani*, c. 10). — *Vita Eligii*, c. 10 : *Ex diversis gentibus venientes pariter liberabat, Romanorum scilicet, Gallorum atque Britannorum, et Maurorum, sed præcipue ex genere Saxonum.* — *Vita Licinii,* 13 : *Licinius captivos redimens....* — *Vita Albini* a Fortunato, c. 9 : *Ita se præbuit in redemptione captivorum ut....*

[3] Grégoire, VII, 1 : *Captivos libertati pristinæ restauravit.*

[4] *Vita Balthildis*, 9 : *Captivos redemit et in monasteria intromisit.* *Vita Bercharii*, 14 : *Pretio suscepit captivas puellas octo quas Deo dicavit.* — Cf. Grégoire, X, 29 : *Aredius ex familia instituit monachos.*

[5] *Formulæ Merkelianæ*, 44.

[6] Cette idée est nettement exprimée dans cette formule d'affranchissement, Marculfe, II, 32 : *Qui relaxat servitium, mercedem apud Dominum sibi retribuere confidat. Igitur ego et conjux mea pro remedio animæ nostræ vel retributione æterna....* — *Ibidem,* II, 33 : *Pro remissione peccatorum meorum te a vinculo servitutis absolvo.* — De même, *Formulæ Turonenses,* 12, et *Andegavenses,* 23. — *Senonicæ,* 1 : *Pro peccatis meis minuendis... servum juris mei relaxavi.* — *Bignonianæ,* 2 : *Pro Dei intuitu vel pro animæ meæ redemptione.* — *Lex Ripuaria*, LVIII, 1 : *Si quis servum suum pro animæ suæ remedio liberare voluerit.*

l'affranchissement devenait une œuvre pie, il était naturel qu'il eût lieu dans l'église. Dès 321, l'empereur Constantin avait autorisé le maître à affranchir son esclave « par esprit religieux, dans le sein de l'église », et il avait attaché à ce mode de manumission les mêmes effets légaux qu'aux anciens modes « solennels »[1]. Le maître conduisait donc son esclave devant l'autel, et, en présence de l'évêque ou de son représentant, il le faisait libre[2]. Tantôt il rédigeait lui-même la lettre d'affranchissement[3], tantôt il laissait à l'évêque ou à l'archidiacre le soin de l'écrire[4]. Mais dans cet affranchissement pieux il ne devait y avoir ni arrière-pensée ni réserve. Affranchir son esclave en gardant sur lui l'autorité de patron n'eût été qu'à moitié agréable à Dieu. Aussi arriva-t-il par une pente naturelle que, dans cette sorte d'affranchissement, le maître renonça à ses droits de patronage[5]. Ce fut l'église qui les prit. Le maître écrivit dans la charte d'affranchissement que son ancien esclave n'aurait plus aucun devoir envers lui ni envers ses héritiers, et qu'il ne devrait obéir « qu'à Dieu et à la basilique du saint »[6]. Le mettre

[1] Code Théodosien, IV, 7, 1 : *Qui religiosa mente in ecclesiæ gremio servulis suis concesserint libertatem, eamdem eodem jure donasse videantur quo civitas romana solemnitatibus decursis dari consuevit.*

[2] *Lex Ripuaria*, LVIII, 1 : *Qualiscumque servum suum pro animæ suæ remedio liberare voluerit ut in ecclesia coram presbyteris, diaconibus seu cuncto clero et plebe, in manu episcopi servum tradat.* — *Formulæ Turonenses*, 19 : *In ecclesia Sancti illius, ante cornu altaris.*

[3] *Formulæ Andegavenses*, 23; *Turonenses*, 12; Marculfe, II, 32.

[4] *Lex Ripuaria*, LVIII, 1 : *Episcopus archidiacono jubeat ut ei tabulas scribere faciat.*

[5] Nous espérons traiter plus complètement ce sujet de l'affranchissement et du patronage dans un autre volume. Nous ne devons en dire ici que ce qui est nécessaire pour expliquer la puissance de l'épiscopat.

[6] *Formulæ Andegavenses*, 23 : *Nullum obsequium heredum ac proheredum meorum te redebere cognoscas, nisi sub defensione sanctæ basilicæ Domni illius præbeas obsequium.* — *Turonenses*, 12 : *Nulli debeat*

sous le patronage de cette église, c'était confier à l'église, c'est-à-dire à l'évêque, le soin de défendre le nouvel homme libre en justice contre toute réclamation¹; mais c'était en même temps le soumettre à l'autorité de cette église; c'était transporter à l'évêque tous les pouvoirs dont l'ancien Droit armait le patron. Nous n'avons pas la formule qui était employée lorsque c'était l'archidiacre qui écrivait la charte d'affranchissement au nom de l'évêque. Mais on ne peut douter qu'en ce cas le futur patronage de l'évêque à l'égard du nouvel affranchi ne fût très nettement marqué. En effet, la Loi franque elle-même reconnaît que cet affranchi « sera désormais sous la protection de cette église, qu'il lui devra la redevance annuelle et les services que lui doivent ses affranchis, que ses enfants seront à tout jamais dans la même situation vis-à-vis de la même église; qu'ils lui devront la même redevance annuelle; et que tous enfin n'auront d'autre juge que cette même église où ils ont été affranchis »². Il est assez visible que tous les affranchis de cette catégorie, et ce fut certainement la plus nombreuse, devenaient les sujets de l'évêque, à perpétuité, de père en fils.

Il faut encore ajouter à tout cela plusieurs séries de personnes libres, qui d'elles-mêmes se donnaient à une

---

*servitutis nec libertinitatis obsequium, nisi soli Deo, pro cujus amore ipsum devotus obtuli.* — Marculfe, II, 32 : *Nulli servitium impendas nec libertinitatis obsequium debeas, nisi soli Deo.* — Bignonianæ, 2 : *Mundeburdum vel defensionem ad basilicam Sancti illius se habere cognoscat.*

¹ Concile d'Orange de 441, c. 7, Mansi, VI, 437. Concile d'Agde de 506, c. 29. Concile de Mâcon de 585, c. 7. *Edictum Chlotarii*, 614, art. 7.

² *Lex Ripuaria*, LVIII, 1 : *Et tam ipse quam et omnis procreatio ejus... sub tuitione ecclesiæ consistant, vel (et) omnem redditum status aut servitium tabularii eorum ecclesiæ reddant.... Et non aliubi quam ad ecclesiam ubi relaxati sunt, mallum teneant.* Nous avons expliqué plus haut le sens de l'expression *mallum tenere*.

église. C'étaient les veuves, qui prenaient le voile et vivaient sous la protection et l'autorité de l'évêque[1]; c'étaient les malades que le saint de la basilique avait guéris et qui, par reconnaissance, se donnaient corps et biens à ce saint, c'est-à-dire à l'évêque, et devenaient, eux et leur postérité, ses serviteurs et ses tributaires[2]. C'étaient les malades de l'âme, qui, ayant commis un crime, étaient sauvés de la mort par l'intercession de l'évêque ou par un miracle du saint, et qui dès lors appartenaient à l'église, soit comme pénitents, soit comme serviteurs. C'était enfin la foule des petites gens, des faibles, des timides, qui, dans cette époque troublée, avaient plus de confiance dans la protection d'un évêque que dans celle des lois[3].

Pour toutes ces raisons, les hommes se mettaient sous l'autorité d'un évêque. Chef des clercs, propriétaire de milliers de colons, soutien des pauvres, patron

[1] Concile d'Orange de 441, art. 27 : *Viduitatis servandæ professionem coram episcopo in secretario habitam, imposita ab episcopo veste viduali induendam.* — Concile de Mâcon de 585, art. 12 : *Quoniam provisioni nostræ* (ce sont les évêques qui parlent), *Deo auctore, causæ viduarum sunt commissæ... decernimus ut judices non prius viduas conveniant quam episcopo nuntiarint cujus sub velamine degunt.* — *Vita Licinii*, c. 13 : *Licinius episcopus... viduarum præ omnibus curam gerens.*

[2] *Vita Germani* a Fortunato, c. 11 : *Destaria sanata... singulis annis tribulum vitæ solvit.* — *Vita Melanii*, Bollandistes, janvier, 1, 330 : *Qui, sanitate recepta, cum omnibus suis, S. Melanii se tradidit obsequiis atque ejus servitio inhæsit.* — Ibidem : *Qui, cum se per merita Sancti viri intellexisset sanatum, se pontificis tradidit obsequiis ejusque cunctis diebus vitæ suæ se commisit servitio.* — Grégoire de Tours, de Gloria confessorum, 101 (103) : *Qui cum sanitatem recipiunt, statim se tributarios loco illi faciunt et quotannis tributa solvunt.* Comparer Beaumanoir, chap. 45, § 19 : « Servitutes de corps si sont venues parce que el tans cha en arière, par grant devotion moult se donoient eux et lor oirs et lor cozes as sains et as saintes. »

[3] Nous verrons ailleurs que beaucoup de propriétaires virent un intérêt à donner leur terre à une église en la reprenant comme tenanciers. Cela se rattache à une série de faits que nous étudierons. — C'est ailleurs aussi que nous parlerons des immunités accordées aux terres d'église.

des affranchis, appui des faibles, il groupait autour de lui des populations. Les hommes échappaient en foule aux autorités publiques pour se soumettre à l'évêque. Il devenait, qu'il le voulût ou non, le chef d'innombrables sujets. Je ne parle pas seulement d'une sujétion spirituelle, qui s'étendait sur tous, mais d'une sujétion matérielle, vers laquelle beaucoup venaient d'eux-mêmes. L'évêque était un souverain temporel, non pas encore sur un territoire entier, mais sur une foule d'hommes de chaque territoire. Nous n'avons pas de chiffres qui puissent servir de fondement à une statistique; mais on en est à se demander si, dans une cité, il y avait plus d'hommes qui fussent sujets du roi et de son fonctionnaire, ou s'il y avait plus d'hommes qui fussent sujets de l'évêque.

Revenons maintenant à la nomination des évêques par le roi, et voyons si elle porta préjudice à l'épiscopat. Un premier point à noter, c'est que les documents ne marquent pas que ces évêques nommés par le roi fussent de mauvais évêques. Grégoire de Tours fait, à peu d'exceptions près, leur éloge. Beaucoup d'entre eux sont devenus des saints. Les récits des hagiographes, qui sont ordinairement le reflet des impressions populaires, montrent que la population ne s'étonnait pas de recevoir des évêques de la main des rois. C'était un temps où la foi était la même chez les laïques et chez les clercs, chez les Francs et chez les Romains, et où il n'y avait pas une très grande distance entre les pratiques de l'Église et les pratiques du Palais[1].

---

[1] Voyez, par exemple, dans la Chronique de Frédégaire, c. 78, l'anecdote relative au Breton Judicaël et au référendaire Dado. La plupart des hagiographes nous montrent leur personnage vivant dans le Palais *sicut clericus, sicut sacerdos*.

Il arriva donc que les évêques sortis du Palais ne furent ni plus ni moins vertueux, ni plus ni moins instruits que ceux que le clergé et le peuple auraient pu choisir.

Dès que le nouvel évêque était consacré, le caractère sacerdotal était complet en lui, et l'on n'avait égard ni à son passé ni à la manière dont il avait acquis son siège. Qu'il y eût élection populaire ou nomination royale, l'évêque ne fut jamais considéré ni comme un délégué du peuple ni comme un agent du roi. Ce qu'on voyait en lui, c'était un homme sacré, un successeur des apôtres. Ce caractère primait tout, et faisait bien vite oublier à tous et à lui-même à qui il devait sa nomination.

Aussi cet évêque ne manquait-il ni d'indépendance ni de fierté vis-à-vis du roi. Il est vrai qu'il usait avec lui des formules reçues; il l'appelait « mon seigneur », il disait « Votre Gloire »[1]; mais en retour le roi l'appelait « Votre Sainteté », et ne lui écrivait jamais sans lui demander ses « prières »[2]. Il reconnaissait le roi comme souverain sans conteste et sans limites; mais il régnait sur la conscience de ce même roi. Il lui reprochait hautement ses fautes et le suspendait de la communion[3]. Il n'attendait du roi ni son avancement à venir, ni son traitement annuel. Il avait pu être nommé par le roi, mais il ne pouvait pas être révoqué par lui. Supposez même que l'évêque eût commis une faute, un crime, tel qu'un complot ou une

---

[1] Voyez Sirmond *Concilia Galliæ*, I, 244 : *Domino nostro regi*; I, 245 : *cultores vestri, episcopi*; I, 258 : *Celsitudo Vestra.... Gloria Vestra.*

[2] Voyez la lettre de Sigebert citée plus haut : *Ut pro nobis orare dignemini.*

[3] Voyez un exemple de cela dans Grégoire, *Vitæ Patrum*, XVII, 2 et 5.

trahison, ce n'était ni le roi ni le tribunal du roi qui le jugeait. Il ne pouvait être jugé que par les évêques[1].

Ainsi, la nomination royale n'amoindrit en rien l'épiscopat. J'incline plutôt à penser que cette nomination, en un temps où l'autorité royale était universellement redoutée et respectée, fut plutôt un élément de force. Car, d'une part, dans ses conflits incessants avec le comte, l'évêque pouvait montrer son diplôme de nomination qui émanait d'une source aussi haute que celui du comte. D'autre part, il est vraisemblable que le clergé et le peuple auraient été moins dociles à l'évêque si l'élection avait toujours dépendu d'eux; apparemment chaque élection aurait laissé deux partis en présence, et, dans ces divisions, l'autorité de l'évêque eût été compromise ou diminuée. La nomination par un pouvoir étranger et éloigné assurait l'empire de l'évêque sur son clergé et sa cité.

Beaucoup d'évêques, avons-nous dit, sortaient du Palais. Ils avaient passé une partie de leur vie dans les fonctions de référendaire ou de comte. Ce n'était pas un mal, car ils avaient acquis au service du roi ces qualités pratiques qu'ils allaient mettre au service de leur église. Ils connaissaient l'administration, ils avaient l'habitude des affaires, la science du commandement. Ils étaient des hommes de gouvernement et ils allaient le prouver dans leur diocèse. Ajoutez que, sortis du Palais, ils y conservaient des amis, des relations,

---

[1] Voyez l'histoire de Prætextatus de Rouen, accusé par le roi de crime contre l'État, Grégoire, V, 19; celle d'Egidius de Reims, accusé et convaincu de complot, X, 19; celle de l'évêque Chramlin, jugé par le concile de Marly en 677, *Diplomata*, Pardessus n° 388. L'histoire même de Désidérius, évêque de Vienne, confirme ce que nous disons. Brunehaut ne put le faire mourir qu'après qu'il eut été déposé de l'épiscopat par un synode d'évêques, Frédégaire, *Chron.*, c. 24 et 32.

une influence. Ils pouvaient obtenir aisément pour leur église des faveurs, des immunités, des dons de terre. Il y avait grand avantage pour un diocèse à ce que son évêque lui vînt du Palais. L'hagiographe ne nous trompe peut-être pas quand il nous dit que « toute une cité demandait à avoir pour évêque un *domestique et conseiller du roi* »[1]. L'évêque, issu de la cour et qui y revenait, qui siégait dans les plaids royaux, qui était parfois consulté sur les affaires publiques, se trouvait joindre à sa puissance d'évêque celle de « grand du roi ».

Tout concourait ainsi à fortifier l'épiscopat. En sorte que dans le même temps où les rois pensaient se l'assujettir, son pouvoir sur les âmes et même sur les existences temporelles grandissait. Il ne luttait pas contre l'État[2]. Il ne protestait pas contre son ingérence. Mais, sans conflit et sans bruit, par un travail intérieur et latent, chaque évêque enracinait et affermissait son autorité au point d'être un petit souverain.

Aussi voyons-nous sans cesse, durant cette époque, les évêques faire acte de souverains temporels. Ils rendent la justice, et la population les voit siéger sur un tribunal aussi souvent pour le moins que les comtes royaux. Les textes les représentent volontiers comme de grands justiciers[3]. Nous avons vu qu'ils construisaient

---

[1] *Vita Arnulfi*, dans la Patrologie latine, t. XCV, col. 755.
[2] Grégoire, X, 19 : *Episcopi præceptioni regiæ obsistere nequiverunt.*
[3] Ibidem, IV, 35 : *Avitus, accepto episcopatu, magnum se in omnibus tribuit, justitiam populis tribuens, pauperibus opem, viduis solatium.* — V, 45 : *Fuit Maurilio... in judiciis justus.* — L'évêque Mélanius *justitiam per populos exercebat* (*Vita Melanii*, Bouquet, III, 395). — Fortunatus, IV, 12 : *Justitiam tribuens populis examine recto.* — La justice séculière rendue, au nom de l'évêque, par l'archidiacre est bien décrite dans la *Vita Leodegarii*, ab anonymo æquali, c. 1 : *Cum mundanæ legis censuram non ignoraret, sæcularium terribilis judex fuit.* — Cf. Præceptio

beaucoup d'églises. Ils réparaient même et au besoin relevaient les fortifications des villes[1]. S'il y avait des routes à tracer, des digues à construire contre les inondations, c'était l'évêque qui dirigeait le travail et en faisait les frais[2]. Aucun des intérêts matériels de la cité ne leur était étranger. S'il y avait une réclamation à faire sur l'excès des contributions, c'était l'évêque qui en son nom propre la portait au roi[3]. La ville de Verdun, ruinée par les guerres, a besoin d'un emprunt; ce n'est pas la curie, c'est l'évêque qui le négocie et c'est lui qui ramène la richesse dans la ville[4]. Au sixième siècle, les évêques usent avec quelque ménagement de leur pouvoir et se contentent de surveiller et de contrecarrer le pouvoir des comtes, surtout en prenant contre eux la défense des faibles[5]. Au septième siècle, ils apparaissent comme de véritables chefs politiques, sans concurrents dans leur cité. Il est visible dans la Vie de saint Léger d'Autun que toute la ville lui obéit. Si elle est assiégée, c'est l'évêque qui dirige

---

*Chlotarii*, 6, Borétius, p. 19 : *Si judex* (le comte) *aliquem contra legem injuste damnaverit... ab episcopis castigetur.* Ce dernier mot doit être entendu dans le sens d'un jugement d'appel rendu par l'évêque. — Noter ce mot du roi Chilpéric à l'évêque Grégoire : *O episcope, justitiam cunctis largiri debes*, Grég., V. 19.

[1] *Vita Desiderii*, c. 9 : *Castellum Cadurcum munitione ampliavit ac firmavit..., portas, turres murorum ambitu ac quadratorum lapidum compactione munivit.* — Ibidem, c. 17 : *Quis dicere valeat quam singulari studio mœnia urbis suo labore struxerit ?*

[2] Voyez l'histoire de l'évêque Félix, dans Fortunatus, *Carmina*, III, 8; celle des deux Ruricius, le grand-père et le petit-fils, successivement évêques de Limoges, tous les deux grands constructeurs, *ibidem*, IV, 5.

[3] Grégoire de Tours, IX, 30. — *Vita Aridii*, Bouquet, III, 413. — *Vita Sulpicii Bituricensis*, 24-25, Bollandistes, 17 janvier. — *Vita Eligii*, I, 32. — *Miracula Austregisili*, dans Mabillon, *Acta SS.*, II, 99 et 100.

[4] Grégoire de Tours, III, 34.

[5] Grégoire, V, 43 : *Defendens pauperes ecclesiæ suæ de manu malorum judicum.* — Fortunatus, *Vita Albini*, 9 : *Ita se præbuit in defensione civium ut....*

la défense. A Metz, au septième siècle, il n'y a pas d'autre chef politique ni d'autre administrateur que l'évêque[1]. Partout les évêques ont réduit à l'impuissance les anciennes magistratures municipales, dont on ne parle même plus. Les rois francs ne les ont ni supprimées, ni affaiblies; mais tout ce qu'elles avaient d'attributions et de forces s'en est allé du côté de l'évêque. Partout aussi les évêques se sont fait une place à côté des comtes; ils ont réduit le nombre de leurs justiciables et le terrain de leur action. Ils partagent l'autorité publique avec les fonctionnaires du roi.

## CHAPITRE XVI

#### Le *conventus* ou la réunion générale du peuple.

##### 1° QUE CETTE INSTITUTION N'EXISTAIT PAS ENCORE AU SIXIÈME SIÈCLE.

Pour terminer l'étude du régime politique de l'époque mérovingienne, il nous reste à parler d'une institution singulière, que la langue du temps appelait *conventus generalis populi*, réunion générale du peuple. Il la faut observer de près; suivant ce que nous trouverons dans les textes, nous devrons dire si elle était une assemblée nationale et souveraine, si elle faisait les lois, si elle dirigeait la politique des rois.

---

[1] *Vita Arnulfi*, c. 8 : *Urbem ad gubernandum suscepit.* — Cf. Grégoire, *de Gloria martyrum*, I, 33 : *Bertramno qui tunc in episcopatu urbem regebat.* — *Diplomata*, Pardessus, II, p. 299 : *Oppido Divione quo apostolicus vir Assoricus tenet regimen.*

Essayons d'abord d'en voir l'origine et de la placer à sa vraie date. Si nous regardons dans les documents du sixième siècle, nous sommes forcés de constater que cette institution n'y figure jamais. Grégoire de Tours ne la mentionne pas une seule fois. Il avait signalé, au cinquième siècle, au début du règne de Clovis, un champ de Mars, qu'il avait décrit comme une simple revue militaire et une inspection d'armes. A partir de là, il ne parle plus une seule fois de champ de Mars. Or, comme il signale très fréquemment des réunions de troupes en vue d'une guerre, sans signaler en même temps un champ de Mars, on peut conclure de ce silence que l'institution du champ de Mars n'existait plus au sixième siècle. Il nous fait maintes fois et en termes des plus clairs la description d'une armée mérovingienne, et il est parfaitement certain qu'une telle armée n'était jamais consultée et ne se transformait jamais en un « champ de Mars ». Nous avons vu la nature de ces armées, elle est incompatible avec toute idée d'assemblée politique.

Quant à l'expression de *conventus generalis*, on ne la trouve pas une seule fois dans les nombreux ouvrages de Grégoire, non plus qu'aucune expression qui en puisse être l'équivalent. Jamais il ne montre la population se transportant en masse auprès du roi. Si une telle coutume avait existé, Grégoire de Tours, qui décrit si vivement tous les incidents de la vie publique et privée, aurait été amené vingt fois à parler d'elle. Une telle agglomération d'hommes ne pouvait passer inaperçue de lui. Les actes divers dont elle aurait été l'occasion auraient fourni matière à ses récits. Il y a plus : si cette réunion d'hommes avait été dans les usages d'alors telle que nous la verrons très nettement au siècle suivant, Grégoire de Tours en aurait fait partie. Il y aurait été convoqué des premiers, à titre d'évêque. Il n'aurait pu se dispenser d'y venir, et il n'aurait pas manqué de noter ce qu'il y aurait dit ou fait et ce qu'il y aurait vu. Pas un mot de tout cela. Nous pouvons suivre année par année son existence; nous connaissons chacun de ses déplacements, chacune de ses missions auprès des rois. Jamais nous ne le voyons prendre part à une assemblée générale. Visiblement, cette assemblée n'existait pas encore au sixième siècle.

Dans le demi-siècle qui suit, nous avons la curieuse et importante chronique que l'on met sous le nom de Frédégaire. Pas une seule fois l'auteur ne mentionne un *conventus generalis*, une réunion du peuple, ni un champ de Mars. Jamais il ne décrit rien qui ressemble à une assemblée de cette nature.

C'est seulement dans la seconde moitié du septième siècle, à l'année 684, que les textes signalent « une réunion générale du peuple ». Ce ne sont d'abord que des textes hagiographiques, de peu de précision par conséquent et d'une médiocre autorité. L'auteur de la Vie de saint Ansbert écrit que son personnage fut nommé évêque en un moment où le roi résidait dans sa villa de Clichy et tenait une grande réunion de ses peuples, *habens conventum magnum populorum*[1]. Nous

---

[1] *Vita Ansberti*, c. 22, Bollandistes, février, II, 352 : *Rex* (Thierry III, 673-691) *in villa Clipiaco morabatur, ubi conventum magnum populorum habens de utilitate et tutela regni tractabat.* — Nous ne devons tenir aucun compte des mots *in generali conventu* qui se lisent à la fin d'un diplôme de Chilpéric, Pardessus n° 190. Ce diplôme n'est qu'une copie; ceux qui l'admettent comme vrai sont forcés de reconnaître que la formule finale est fausse, ne serait-ce que parce qu'on donne la date de l'Incarnation 608 pour une année du règne de Chilpéric, mort en 584; et c'est justement dans cette formule finale que se lisent les mots *in generali conventu*.

trouvons aussi cette « réunion générale » mentionnée dans une charte de 680[1]. A partir de là, elle apparaît comme chose habituelle. La Chronique de Fontenelle, écrite plus tard, parle de « l'usage de réunir les peuples des Francs en champ de Mars chaque année »[2]. Au huitième siècle un continuateur de Frédégaire[3], au neuvième Eginhard et les Annales de Fulde, décrivent cette assemblée avec une sorte de complaisance et comme un usage constant et régulier[4].

De cela on peut déjà conclure que l'institution n'est pas très ancienne. Elle n'apparaît qu'au septième siècle et va grandissant au huitième. Elle ne date que des derniers temps de la monarchie. On ne dira pas que ce *conventus* dérive des anciens *conventus* de l'empire romain; nous allons voir qu'il ne leur ressemble en rien. On ne dira pas non plus qu'il dérive de la Germanie; il est séparé de la Germanie par un intervalle

---

[1] *Charta Vindiciani*, a. 680, dans Pardessus n° 391 : *Noverint omnes fideles quia dominus noster rex Theodoricus in generali placito habito in Compendio palatio in conventu....* Cette charte n'est pas authentique. Elle paraît avoir été fabriquée deux ou trois siècles plus tard, pour remplacer l'original perdu. Il ne faut donc pas faire grand fonds sur les expressions qu'elle emploie.

[2] *Chronicon Fontanellense*, Bouquet, II, 658 : *Compendio palatio, calendarum Martiarum die, congregatis Francorum populis in campo Martio, ubi omnibus annis convenire soliti erant.* Cette chronique a été rédigée à l'époque carolingienne.

[3] *Fredegarii continuatio*, a. 754, Bouquet, V, 2 : *Evoluto anno, rex ad calendas Martias omnes Francos, sicut mos Francorum est, Bernaco villa publica ad se venire præcepit.* Dans cette phrase, les mots *omnes Francos* désignent tous les hommes libres du royaume, ainsi que nous le constaterons plus loin, sans distinction de race. Les mots *sicut mos Francorum est*, dans un texte du huitième siècle, ne peuvent signifier que « comme c'est l'usage dans le royaume des Francs ». Il ne se peut agir de la race franque primitive, qui alors ne se reconnaissait plus.

[4] Einhardi *Vita Caroli*, 1 : *Ad publicum populi sui conventum qui annuatim celebrabatur, ire solebant.* — *Annales Fuldenses*, a. 752. *Ann. Laurissenses minores. Ann. Mettenses*, Pertz, I, 116, 130.

de plusieurs siècles ; et aussi verrons-nous bientôt qu'il ne ressemble pas aux assemblées que Tacite décrivait. Nous avons affaire ici à une institution qui s'est formée pendant l'époque mérovingienne. Elle n'a pas été établie brusquement, en un jour, par la volonté d'un législateur; et c'est pour cela que les textes ne nous disent ni l'auteur ni la date de sa fondation. Elle s'est formée peu à peu, insensiblement, et comme d'elle-même. Pour en apercevoir les premiers germes et la genèse, nous n'avons qu'un moyen : c'est de passer en revue la série des faits d'ordre politique, tels que les documents nous les présentent. C'est là seulement que nous verrons cette institution naître, grandir et s'étendre.

### 2° LES GRANDS ET LE TRAITÉ D'ANDELOT.

Si nous ne rencontrons aucun champ de Mars pendant le sixième siècle, aucune réunion de guerriers exerçant quelque semblant de droits politiques, aucun peuple se formant en assemblée, nous trouvons en revanche, autour du roi Franc, des assemblées de grands. En 595, un roi d'Austrasie, Childebert II, promulgue un acte législatif en quatorze articles, et il commence par déclarer qu'il les a préparés « alors qu'il traitait les affaires avec ses grands à toutes les calendes de mars »[1]. Puis il énonce une série de lois qui ont été résolues dans ces assemblées, tenues successivement à Attigny, à Maestricht, à Cologne[2]. Nous avons vu dans nos études

---

[1] *Decretio Childeberti*, Pardessus n° 205, Borétius p. 15 : *Cum in Dei nomine nos omnes kalendas Martias de quibuscumque conditionibus cum nostris optimatibus pertractavimus.*

[2] Ibidem, 1 : *Attiniaco calendis Martiis convenit ut....* Au lieu de At-

antérieures quels étaient les hommes que le roi appelait « ses optimates ». Ce n'était ni un peuple, ni une aristocratie. Les optimates du roi étaient les dignitaires de son Palais. C'est donc avec « ses hauts dignitaires », avec « ses grands », que le roi traitait les affaires et faisait les lois.

C'était surtout aux calendes de mars qu'avaient lieu les délibérations du roi avec ses grands. L'expression calendes de mars peut rappeler de loin les anciens champs de Mars, mais ne désigne pas la même chose. Il n'y a ici nulle réunion de guerriers. Les calendes de mars sont une simple date. L'expression ne doit pas être prise au sens strict du premier jour du mois. Dans un sens plus large on appelait calendes de mars tous les jours, depuis le 14 février, que l'on désignait par les divers numéros des calendes de mars. Et comme les délibérations ne s'arrêtaient pas nécessairement à un jour fixe, nous pouvons admettre que les calendes de mars étaient un espace de trois ou quatre semaines avant et après le 1ᵉʳ mars. C'est dans cet espace de temps que, chaque année, le roi « traitait les affaires avec ses optimates ». Nous touchons ici à une habitude que nous verrons se continuer sous les Mérovingiens. D'ordinaire ils donnaient l'automne et l'hiver à la chasse, le printemps et l'été à la guerre. Entre ces deux périodes, ils consacraient quelques semaines au gouvernement, aux choses de la paix, aux jugements importants, à la confection des lois. Ces semaines, et le travail même qui les remplissait, étaient appelés les calendes de mars.

*tiniaco*, Borétius écrit Antonaco; il s'agit alors de la ville d'Andernach. 2 : *In sequenti hoc convenit una cum leudibus nostris.* 3 : *Similiter Trajecti convenit nobis.* 4 : *Convenit calendis Martiis omnibus nobis adunatis.* 8 : *Calendis Martiis Coloniæ convenit ut....*

Dans tout ce travail, le roi mérovingien voulait avoir ses grands autour de lui. Ils étaient ses conseillers naturels. Ils ressemblaient à ce qu'on appela plus tard le conseil du roi, à ce qu'on avait appelé auparavant le *consistorium* de l'empereur.

Cette réunion du roi avec ses grands est plusieurs fois mentionnée par Grégoire de Tours, et l'on peut voir par les exemples qu'il donne, que les rois n'aimaient pas à prendre une décision importante sans avoir ces conseillers auprès d'eux. Un jour que les ambassadeurs de Childebert se présentent inopinément devant Gontran pour lui faire une proposition, Gontran répond qu'il ne décidera rien sur l'heure; « c'est dans la réunion que nous avons l'habitude de tenir que nous décidons toutes choses après avoir discuté ce qu'il faut faire »[1]. Ailleurs nous voyons Childebert « se réunir avec ses grands en un plaid », et délibérer avec eux sur deux affaires, l'une qui est d'ordre international, l'autre qui est d'ordre judiciaire[2]. Un peu plus tard, le roi Gontran convoque une réunion de même nature à Paris; cette réunion, que Grégoire appelle du nom de *placitum*, est composée « de quelques évêques que le roi a voulu appeler » et surtout « de beaucoup de *domestici* et de *comites* », c'est-à-dire d'agents royaux[3].

---

[1] Grégoire, VII, 7 : *In placito quod habemus, omnia decernimus, tractantes quid oporteat fieri.* Le mot *placitum* signifie proprement conférence, rendez-vous, et, par suite, réunion d'hommes convoqués.

[2] Grégoire, VIII, 21 : *Childebertus.... cum suis conjungitur..., ad placitum..., cum proceribus suis convenit.* On s'occupe d'abord de l'affaire d'Ingonde, sœur du roi, mariée à un roi d'Espagne et maltraitée. Brunehaut siège et parle en faveur de sa fille; mais le roi et les grands goûtent peu son avis. L'autre affaire concerne Gontran Boson, accusé de violation de sépulture.

[3] Grégoire, X, 28 : *Rex, commotis* (convoqués) *episcopis, Ætherio Lugdunensi, Siagrio Augustodunensi, Flavio Cabillonensi, et reliquis*

Je rencontre ici, chez les historiens modernes, une opinion dont je suis forcé de montrer l'inexactitude, parce qu'elle a altéré et faussé toute l'histoire mérovingienne. Ils ont supposé une longue lutte entre les grands et les rois, entre l'aristocratie et le pouvoir monarchique. Mais aucun historien de ce temps-là, aucun chroniqueur ne parle d'une semblable lutte. Vous ne trouvez ni dans Grégoire de Tours, ni dans Frédégaire, ni chez les hagiographes, une seule ligne qui y fasse seulement allusion. Voilà des écrivains qui ont dépeint en traits vivants et précis la vie publique du temps. Ils ne disent pas un mot d'une longue querelle qui, au dire des historiens modernes, aurait rempli l'existence de quatre ou cinq générations d'hommes. Ils nous décrivent dans le plus grand détail les luttes des rois entre eux ; ils n'ont pas la moindre mention d'une lutte infiniment plus grave entre les grands et les rois. L'historien ne doit dire que ce qui est dans les documents. Ces grands ou optimates étaient les « grands du palais », ou « les grands du roi », ses comtes du palais, ses connétables, ses chambellans et ses référendaires. Nul d'entre eux n'était grand par soi-même. Ils n'avaient de grandeur que celle que le roi leur avait conférée et qu'il pouvait leur retirer en les excluant de son palais. Il n'y a qu'à voir, par vingt exemples, comment le roi les traitait, comment il les mettait à mort de sa propre autorité, comment il les dépouillait de leurs biens et de leur titre[1]. Ces hommes, dont les uns appartenaient

---

*quos voluit, Parisius accedere jubet. Fuerunt etiam ad hoc placitum multi tam domestici quam comites.*

[1] Voyez dans Grégoire de Tours l'histoire de Sigivald, III, 23; celle de Grindion et Cruciolène, V, 19; celle d'Ébérulf, VII, 21 et 29; celle des fils de Magnachaire, V, 17; celle de Gontran Boson, IX, 10; celle de Rauching et Berteffied, IX, 9, et Frédégaire, 8 ; celle de Chundo, X, 10.

à la race franque et les autres à la race romaine, étaient les serviteurs du roi par intérêt et par profession. Indépendants, ils pouvaient l'être par caractère; ils pouvaient parler librement et contredire un roi; mais comment auraient-ils pensé à combattre la royauté? Ils étaient eux-mêmes l'émanation du pouvoir royal; ils en étaient l'instrument. Les meilleurs profits de la royauté étaient pour eux. Ils étaient inséparables d'elle. Elle ne faisait rien sans eux; ils n'étaient rien sans elle. On n'aperçoit à aucun signe que ces grands eussent d'autres idées politiques que les rois; ils n'avaient pas non plus d'autres intérêts. Il est bien vrai que dans les querelles des rois on voit quelques-uns d'entre eux quitter un roi pour un autre; mais ils sont toujours attachés à un roi. Ils servent toujours la royauté. L'idée d'une longue et implacable lutte entre le corps des grands et les rois est une idée toute moderne, dont on n'aperçoit pas le moindre vestige dans les documents.

Ceux qui ont dit que le traité d'Andelot avait été imposé à la royauté et marquait une victoire des grands, n'avaient pas lu apparemment le texte de ce traité qui nous a été conservé[1]. C'est ce texte qu'il faut étudier. On y remarque tout d'abord que l'acte d'Andelot n'est nullement un traité entre un roi et les grands, et aussi

— Voyez, dans Frédégaire, l'histoire d'Egyla, c. 21; celle de Wolf, c. 29; celle de Godin, c. 54; celle d'Uncélène, c. 28, et tant d'autres.

[1] Le roi Gontran montra le texte du traité, *exemplar pactionis*, à Grégoire de Tours, qui en prit copie; il l'a inséré dans son *Histoire*, IX, 20. Il avait donné, quelques chapitres plus haut, IX, 11, le résumé de ce traité. — Voici encore un résumé du même acte dans la Chronique de Frédégaire, c. 7 : *Guntramnus se cum Childeberto pacem firmant, dum Andelao conjunxit inibi mater et soror et conjux Childeberti regis pariterque fuerunt, ibique specialis convenientia inter dommum Guntramnum et Childebertum fuit conventum ut regnum Gunthramni post ejus discessum Childebertus assumeret*. — On voit bien qu'il n'y a là aucun indice ni d'assemblée de grands, ni de concession faite aux grands.

n'a-t-il aucun des caractères d'une charte d'État ; il est une simple convention, *pactio*, entre deux rois, le roi Gontran et le roi Childebert[1]. Cela est nettement marqué dans le préambule : « Au nom du Christ, les très excellents seigneurs Gontran et Childebert rois, ainsi que la glorieuse dame Brunehaut reine, se sont réunis à Andelot par esprit de charité et d'amour, pour mettre fin avec une pleine sagesse à toutes les questions qui avaient pu engendrer querelle entre eux. Et là, en présence d'évêques et de grands, et en présence de Dieu, il a été décidé et convenu entre eux que, tant qu'ils vivraient, ils conserveraient la foi et l'amour l'un envers l'autre en toute pureté et simplicité[2]. » Nulle mention d'un accord ou d'un traité avec les grands.

Analysons cet accord entre les deux rois. Il porte d'abord sur une question qui les divisait depuis longtemps, à savoir la possession d'une part de l'ancien royaume de Caribert qu'ils se disputaient. Ils conviennent d'un partage d'après lequel les cités de Paris, de Châteaudun, de Vendôme, d'Étampes, de Chartres, sont adjugées à Gontran, tandis que les cités de Meaux, Senlis, Tours, Poitiers, Avranches, Aire, Conserans, Laburdum et Albi appartiendront à Childebert.

Par un second article, les deux rois se font mutuelle-

---

[1] Grégoire, IX, 11 : *Rex Guntchramnus cum nepote suo ac reginis pacem firmavit..., conscriptis pactionibus, se osculantes, regressus est unusquisque ad civitatem suam.* — IX, 20 : *Exemplar pactionis.*

[2] *Cum in Christi nomine præcellentissimi domni Guntchramnus et Childebertus reges, et gloriosissima domna Brunichildis regina, Andelaum caritatis studio convenissent ut omnia quæ inter ipsos scandalum* (ce mot, dans la langue du temps, signifie querelle ; Cf. Grégoire, III, 6 ; VI, 10, etc.) *poterant generare, pleniori consilio definirent ; id inter eos, mediantibus sacerdotibus atque proceribus, Deo medio, caritatis studio sedit, complacuit atque convenit ut.... fidem et caritatem puram et simplicem sibi debeant conservare.*

ment legs de leur royaume. Remarquons qu'ils ne disent pas qu'avant de prendre une décision si importante ils aient consulté l'assemblée de leurs sujets. Ils décident souverainement, et entre eux seuls, qu'en cas de mort de l'un d'eux les Austrasiens auront à obéir à Gontran ou les Burgondes à Childebert[1].

Par un troisième article, les deux rois se promettent mutuellement, en cas de mort de l'un d'eux, Childebert de prendre sous sa protection la fille de Gontran, Gontran de prendre sous sa tutelle les fils de Childebert, ainsi que sa sœur et sa veuve.

Une cinquième disposition est relative à l'ancienne dot de Galswinthe, dont Brunehaut était l'héritière, et que Gontran avait gardée en sa possession. Cette dot comprenait les cités de Bordeaux, Limoges, Cahors, Benarnum et Tarbes. Les deux rois décident que la cité de Cahors sera remise sans délai à Brunehaut, et que les autres lui appartiendront au décès de Gontran.

Vient ensuite une clause relative à des hommes qui précédemment avaient quitté l'un des deux rois pour suivre l'autre, en violant leur premier serment. Les deux rois s'engagent à se les rendre l'un à l'autre[2].

[1] Cette clause était surtout avantageuse à Childebert, qui avait deux enfants, lesquels écartaient naturellement son oncle. Voici l'article du traité : *Ut quem Deus de ipsis regibus superstitem esse præceperit, regnum illius qui absque filiis migraverit, ad se in integritatem jure perpetuo debeat revocare et posteris suis relinquere.*

[2] *Ut leudes illi qui domno Gunthramno post transitum domni Clotacharii sacramenta primitus præbuerunt, et si postea convincuntur se in parte alia tradidisse, de locis ubi commanere videntur, convenit ut debeant removeri. Similiter et qui....* — Il faut noter que les principaux parmi ces personnages étaient Dynamius, ancien recteur de Provence, et Lupus, ancien duc de Champagne ; tous les deux avaient quitté Childebert pour Gontran ; tous les deux furent ramenés à Childebert (Grégoire, IX, 14). On a donc fait une singulière erreur sur ce texte quand on a imaginé d'y voir une vieille institution franque ; il s'agit de deux fonctionnaires, dont l'un est certainement Romain, et l'autre paraît l'être aussi.

Une autre disposition vise les donations faites antérieurement par les rois aux églises ou aux particuliers. Mais notons bien qu'il ne s'agit pas ici de concessions bénéficiales. Il n'y a dans le texte aucun des mots qui s'appliquent aux bénéfices ; tous les termes sont ceux qui dans les diplômes des rois désignent les donations en pleine propriété et à titre perpétuel[1]. Il était arrivé dans les troubles civils que beaucoup de ces donations fussent révoquées ; on conçoit en effet qu'au milieu des guerres entre les deux rois maint donataire ait pu être dépossédé, soit par son propre roi s'il avait cessé de plaire, soit par l'autre roi devenu maître de la province où était sa propriété. Par le traité d'Andelot, les deux rois s'engagent à ne jamais révoquer ces donations et même à restituer celles qui ont été confisquées[2]. Quelques historiens modernes ont supposé qu'il s'agissait ici d'une transformation des bénéfices en donations perpétuelles. Il n'y a rien de pareil dans le texte. Le traité d'Andelot ne dit pas un mot des bénéfices, ni d'une transformation de ces bénéfices en alleux. Il s'agit uniquement de donations perpétuelles, qui étaient dans les usages des rois mérovingiens (nous le constaterons dans des études ultérieures), mais qui s'étaient trouvées atteintes par l'effet des guerres civiles[3]. Il n'y a pas là

---

[1] *Quidquid antefati reges ecclesiis aut fidelibus suis contulerunt, aut adhuc conferre cum justitia voluerint, stabiliter conservetur.*

[2] *Et quod exinde fidelibus personis ablatum est, de præsenti recipiat.*

[3] *Et de eo quod per munificentias præcedentium regum unusquisque usque ad transitum domni Chlotacharii regis possedit, cum securitate possideat.* — Le terme *munificentia* s'applique fréquemment aux donations des rois en propre. Notez que cet article vise des terres possédées avant la mort de Clotaire Ier et par donation des rois précédents ; il s'agit donc de terres données sinon par Clovis, au moins par ses fils, 511-560 ; or le traité d'Andelot est de 587. Ces terres sont donc possédées depuis un temps qui varie entre 27 et 76 ans. Il est visible que cela ne peut se rap-

cette révolution territoriale que quelques esprits ont imaginée. Remarquons d'ailleurs que, dans cet article comme dans tous les autres, les rois ne s'engagent pas vis-à-vis des grands, mais vis-à-vis l'un de l'autre. C'est que chacun d'eux a surtout à restituer des terres qu'il a prises à des sujets de l'autre.

Par un dernier article les rois s'engagent à ne pas s'enlever l'un à l'autre leurs fidèles[1]. Ce dernier point se rattache à des usages que nous n'avons pas à étudier en ce moment. Qu'il nous suffise d'observer que cette clause était défavorable aux grands, dont elle restreignait la liberté; ce n'est pas eux qui l'ont introduite dans le traité.

Tel est ce traité d'Andelot. Qu'on lise tout ce texte avec quelque peu d'attention, on n'y trouvera pas une ligne qui marque que les grands aient imposé leur volonté aux rois; on n'y trouvera pas non plus une seule clause qui soit favorable à une aristocratie. C'est une simple convention entre deux rois. Et ces deux rois disposent souverainement de leurs royaumes, de leurs cités et de leurs hommes.

Il y a toutefois dans le préambule une expression qu'il ne faut pas négliger. Les deux rois déclarent qu'ils traitent entre eux « en présence d'évêques et de grands et en présence de Dieu »[2]. Cela signifie, d'abord, que

porter à des bénéfices. D'ailleurs nous reviendrons plus tard sur cette question, et nous montrerons que les Mérovingiens donnèrent en propre bien plus qu'en bénéfice, et qu'ils ne transformèrent jamais les bénéfices en alleux. Les systèmes qu'on a faits sur cela sont de pure imagination.

[1] *Ut nullus alterius leudes nec sollicitet nec venientes excipiat.*
[2] *Mediantibus sacerdotibus atque proceribus, Deo medio.* — Le terme *mediantibus*, dans la langue du temps, ne contient nullement l'idée que nous mettons aujourd'hui dans le mot médiation ou médiateur. Il signifie simplement « étant au milieu », c'est-à-dire « étant présents ». *Mediantibus*

chacun d'eux, avant de traiter avec l'autre, a consulté les évêques et les grands qui forment son conseil. Cela signifie, ensuite, que ces évêques et ces grands des deux rois assistent au traité et qu'ils sont témoins, comme Dieu lui-même, des engagements des deux rois. Il est même possible qu'ils aient signé l'acte après le roi, suivant une habitude qui existait même pour les diplômes d'ordre privé[1]. Mais cela ne signifie nullement que le traité d'Andelot ait été conclu, ainsi qu'on l'a dit, par une assemblée étrangère aux deux rois, par une « assemblée générale », qui aurait obligé les deux rois à le signer[2]. Les deux rois l'ont conclu spontanément, souverainement, la teneur tout entière du traité en est la preuve; suivant l'usage, chacun d'eux s'est entouré de ses conseillers, évêques ou grands du Palais. Mais cette union de chaque roi avec ses conseillers est le contraire de ce que serait une aristocratie imposant sa volonté au roi. En tout cas, si nous trouvons ici quelques grands autour des rois, nous ne trouvons pas

a le même sens que *medio* appliqué à *Deo*, et *Deo medio* explique le *mediantibus sacerdotibus*. La formule *mediantibus sacerdotibus et proceribus* ne signifie pas autre chose que la formule *una cum sacerdotibus et proceribus* que nous trouvons dans tant de diplômes mérovingiens.

[1] Cela peut se déduire d'exemples analogues. Ainsi, précédemment, Childebert ayant fait une *pactio* avec Chilpéric, Gontran, qui s'en est procuré le texte, dit aux ambassadeurs de son neveu : *Ecce pactiones, ecce manus vestræ suscriptiones quibus hanc conventiam confirmastis* (Grégoire, VII, 6).

[2] C'est ce que dit Waitz : « Le traité fut conclu sous la médiation des évêques et des grands laïques », 3ᵉ édit., t. II, 2ᵉ partie, p. 197 et 232. *Mediantibus* n'a pas ce sens. — Remarquez que *sacerdotibus et proceribus* ne signifie pas tous les évêques et tous les grands. La preuve que tous les évêques n'étaient pas là, c'est que Grégoire, qui était pourtant l'un des plus intéressés comme évêque de Tours, n'y était pas. Si l'on avait voulu dire « tous les grands », on aurait dit *universis proceribus regnorum*. Il s'agit donc seulement de quelques grands et de quelques évêques, comme les rois en avaient toujours autour d'eux.

une assemblée générale, un *conventus populi*. Cela n'existe pas encore[1].

### 3° L'ÉDIT DE 614

Vingt-sept années se passent durant lesquelles les documents ne signalent aucune querelle entre l'aristocratie et les rois. Nous apercevons bien en Austrasie des haines assez vives entre quelques grands du Palais et la reine Brunehaut ; mais rien n'indique qu'il y ait là autre chose que des rivalités d'influence ou des querelles personnelles. Prétendre que ce fût une lutte entre deux systèmes politiques est une simple hypothèse. Ici encore les historiens modernes ont trop complaisamment arrangé les faits. Pour agrandir ces événements et ces personnages, ils ont transformé des haines individuelles en une lutte de partis et en un noble conflit d'idées. Ils se sont figuré, d'une part, Brunehaut travaillant à établir un régime monarchique, de l'autre une aristocratie luttant pour ses libertés[2]. Mais les contemporains ont-ils dit quelque chose de cela? Ni Grégoire de Tours, qui a bien connu Brunehaut et qui lui est favorable, ni Frédégaire, qui a reçu ses inspirations des adversaires de la reine, ni les auteurs de la Vie de saint Columban et de celle de saint Didier de Vienne, qui lui sont très hostiles, ne disent qu'elle ait eu des idées

---

[1] Pourtant M. Waitz soutient (*ibidem*, p. 199, note) que le traité d'Andelot « a été préparé et fait dans une grande assemblée générale ». Ni Grégoire, IX, 11, ni Frédégaire, 7, ni le texte même du traité, ne font mention d'une assemblée générale. Le peuple n'est pas nommé une seule fois.

[2] Ainsi pensent Michelet, Henri Martin, Huguenin, *Hist. d'Austrasie*; Lehuërou, Fahlbeck, p. 211.

politiques nouvelles. Ils ne disent pas non plus que
ses ennemis aient eu la pensée d'un régime politique
opposé au sien. La vérité est que Brunehaut n'eut pas
à introduire la monarchie en Austrasie, parce que
cette monarchie y était déjà. Le Palais y était organisé
depuis un demi-siècle; l'administration royale y fonc-
tionnait, l'impôt y était perçu avant l'arrivée de la
reine. Quant à une opposition systématique des grands,
elle n'apparaît nulle part[1].

Viennent ensuite les événements des années 613 et
614. Ils sont assez clairement racontés par les contemporains pour qu'on s'en tienne à leurs récits sans y
rien ajouter[2]. On y remarque d'abord que dans les
années précédentes les rois n'avaient jamais cessé de
se faire la guerre entre eux. En 596, Clotaire II de
Neustrie avait vaincu à Latofao ses deux cousins Théodebert d'Austrasie et Thierry de Bourgogne. En 600,
ce sont Théodebert et Thierry qui sont vainqueurs de
Clotaire II à Dormelles. Nouvelle guerre en 604. Puis,
en 611, Thierry s'unit à Clotaire contre Théodebert; il
envahit le royaume de son frère, et bat une première
fois une armée d'Austrasiens, une seconde fois une

---

[1] Le complot de Rauching, Ursio et Bertefried est bien décrit par Grégoire de Tours, qui n'y voit que l'effet d'ambitions personnelles, IX, 9. —
On a représenté le maire Protadius comme le type du ministre qui écrase
la noblesse pour fortifier le pouvoir royal. L'historien contemporain le présente tout autrement: « il abaissait tout ce qui était grand, afin que personne
ne fût en état de lui enlever sa fonction de maire et de se mettre à sa
place » (Frédégaire, 27). Rien ne nous montre que Protadius ait eu des
idées politiques d'un ordre particulier, ni ses ennemis d'autres idées. —
Que, plus tard, Brunehaut ait été chassée d'Austrasie par les grands du
palais de Théodebert, qu'elle ait ensuite fait une guerre acharnée à ce
fils, je vois en tout cela des luttes d'intérêt, d'influence, de passion, mais
je ne vois pas une lutte entre deux systèmes politiques.

[2] *Fredegarii Chronicon*, du chap. 37 au chap. 42. — Cf. *Vita Columbani*; *Vita Desiderii Viennensis*; *Appendix ad Marii Chronicon*.

armée de Thuringiens et de Saxons[1]. Quel est le mobile de ces luttes ? Tous les chroniqueurs en indiquent un seul, et toujours le même, la convoitise personnelle de chaque roi voulant conquérir les États de son voisin. Nulle trace d'aucune idée politique. Ce sont luttes d'ambitions qui ne représentent nullement une diversité de conceptions gouvernementales ou un conflit entre régimes opposés. Nous avons constaté plus haut que les deux institutions fondamentales, le Palais et l'administration, étaient les mêmes dans les trois royaumes.

La même lutte entre les rois recommence en 613; c'est que Thierry de Bourgogne, dès qu'il est maître de l'Austrasie, veut régner aussi sur la Neustrie. Une brusque maladie l'emporte au moment où le très petit royaume de Neustrie semblait près de disparaître, et il ne laisse que de jeunes enfants. C'est alors Clotaire II qui veut s'emparer de royaumes presque vacants. Il est matériellement trop faible; mais il noue des intelligences avec quelques grands d'Austrasie et de Bourgogne; Arnulf, Pépin et d'autres s'entendent secrètement avec lui, et lui ouvrent l'Austrasie[2]. Les deux armées se rencontrent; mais, la plupart des chefs d'Austrasie et de Bourgogne étant dans le complot, leur armée se débande sans combat et Brunehaut est livrée à Clotaire[3]. Clotaire, « ayant grande haine contre Brunehaut », la fait mettre à mort[4]. Tels sont les faits. En tout cela

[1] *Fredegarii Chronicon*, c. 17, 20, 26, 27, 37, 38.
[2] Ibidem, 40 : *Chlotarius factione Arnulfi et Pippini vel ceteris proceribus Auster ingreditur.*
[3] Ibidem, 41, 42 : *Burgundæfarones tam episcopi quam ceteri leudes timentes Brunichildem et odium in eam habentes, Warnachario consilium ineuntes.... Chlotarius obviam cum exercitu venit, multos de Austrasiis secum habens, factione Warnacharii, consentientibus Aletheo patricio, Roccone, Sigoaldo, Theudilane ducibus.*
[4] Ibidem, 42 : *Chlotarius cum odium contra ipsam nimium haberet..*

nous voyons des convoitises et des haines, mais nul système politique. Il n'y a pas d'indice que Brunehaut et Clotaire II représentassent deux régimes différents. Il ne nous est pas dit non plus que les grands qui quittèrent Brunehaut pour son ennemi aient eu d'autre visée que leur intérêt personnel. Cette trahison fit la fortune de Pépin, d'Arnulf et de Warnachaire. Warnachaire ne prêta son concours au nouveau roi qu'en recevant de lui la mairie du palais, avec serment de ne jamais être révoqué[1].

Au milieu de ces événements, les documents ne signalent pas une seule assemblée générale qui soit intervenue dans ces sanglantes querelles[2].

---

*jubet eam camello sedentem... ad velocissimum equum caudam ligare....* On voit que c'est Clotaire seul qui ordonne la mort et qui choisit le supplice. Pourtant Waitz dit que Brunehaut fut condamnée par un jugement de l'assemblée des Francs (Waitz, 3ᵉ édit., t. II, 2ᵉ partie, p. 198). Il y a contre son opinion, non seulement le texte de Frédégaire, mais aussi le continuateur de Marius (Bouquet, II, 19) et la *Vita Columbani*, c. 58. Les *Gesta Francorum*, c. 40, ne disent pas non plus qu'il y ait eu un jugement de l'assemblée franque ; au contraire, ils disent que ce fut le roi qui ordonna la mort, *jubente rege* ; ils ajoutent seulement que l'armée qui était présente, poussa des acclamations de haine contre Brunehaut. L'auteur de la Vie de saint Didier de Vienne dit que le roi, ayant réuni ses optimates, prononça l'arrêt de mort. Ces optimates sont le tribunal ordinaire du roi ; ils ne sont pas une assemblée du peuple.

[1] *Fredeg. Chron.*, 42 *in fine* : *Sacramentum a Chlotario acceptum ne unquam vitæ suæ temporibus degradaretur.*

[2] C'est avec surprise que je vois Waitz affirmer qu'il y eut deux assemblées générales, *Versammlungen*, à cette époque, l'une *inter Coleriense et Sointense*, l'autre à Seltz (Waitz, 3ᵉ édition, t. II, 2ᵉ partie, p. 197 et 198). Il cite deux textes de Frédégaire ; mais l'observation attentive de ces deux textes montre qu'il les a interprétés inexactement. C'est qu'il attribue au mot *placitum* un sens qu'il n'a jamais dans aucun des textes du sixième siècle, celui d'assemblée populaire ; ce terme avait alors, le plus souvent, le sens de convention, conférence, prise de rendez-vous entre deux hommes, surtout entre deux rois. Exemples : Grégoire, VI, 34, où le mot est répété trois fois en ce sens ; VIII, 13 : *Placitum fuerat ut Trecas de utroque regno conjungerent*, il avait été convenu que des deux royaumes on se réunirait à Troyes. Frédégaire, 85 : *Placitus institui-*

L'année 614 serait, suivant plusieurs historiens modernes, la date d'une révolution dans le régime politique du royaume Franc. Suivant eux, une grande

fur, les deux rois conviennent que.... Voici le passage de Frédégaire où Waitz a cru voir une assemblée générale (Chron., 35) : *Cum Theudebertus Bilichildem habebat uxorem quam Brunichildis a negotiatoribus mercaverat, et sæpius per legatos Brunichildis (eam) despiceret quod ancilla Brunichildis fuisset, his et aliis verbis legatis discurrentibus ab invicem vexarentur, placitus inter Colerinse et Sointense fitur ut has duas reginas pro pace inter Theudoricum et Theudebertum conjungerent conloquendum; sed Bilichildis consilio Austrasiis ibi venire distulit.* La traduction littérale est : « Theudebert, roi d'Austrasie, avait épousé Blichilde que Brunehaut avait achetée à des marchands d'esclaves; Brunehaut, alors en Bourgogne, insultait Blichilde par ses envoyés, lui rappelant qu'elle avait été son esclave; les deux reines se blessant mutuellement avec de telles paroles par leurs envoyés, il fut convenu que, pour rétablir la paix, un colloque aurait lieu entre les lieux appelés *Colorinsis* et *Sointensis*, et que les deux reines s'y réuniraient *ad colloquendum*; mais, par le conseil des Austrasiens, Blichilde refusa d'y venir. » On voit bien qu'il n'est question ici que d'une conférence entre les deux rois et les deux reines, et apparemment quelques grands; mais il n'est nullement question d'une assemblée, d'une *Versammlung*. — L'autre texte allégué par Waitz est au chap. 37 de la même chronique : *Theodebert ayant envahi une province de Thierry, placitus inter hos duos reges ut Francorum judicio finiretur Saloissa castro instituunt, ibique Theudericus cum decem millia accessit, Theudebertus vero cum magno exercitu Austrasiorum aggreditur*; « les deux rois conviennent de finir la querelle par le jugement des guerriers (sur le sens de l'expression convenue *judicium Francorum*, voir ce que nous avons dit dans nos *Problèmes d'histoire*, p. 517-519) près de la ville de Selz; ils y arrivèrent, Thierry avec seulement 10 000 guerriers choisis, Théodebert avec une grande armée d'Austrasiens; Théodebert voulait livrer bataille, mais Thierry, saisi de crainte, traita de la paix. » On voit bien qu'il n'y a ici ni assemblée nationale ni aucun jugement; ce *placitum* est un rendez-vous de guerre; le lieu du combat est d'avance fixé à Selz, et deux armées s'y rendent; mais l'infériorité numérique de l'une d'elles fait que l'un des deux rois renonce à la bataille et se soumet à tout. — Ainsi, dans le premier exemple, Waitz prend une conférence entre deux rois et deux reines pour une assemblée nationale; et, dans le second, il prend un rendez-vous de bataille pour une assemblée judiciaire. Il serait bon qu'on observât le sens du mot *placitum* dans plus de cent cinquante exemples qu'on en a de l'époque mérovingienne; on éviterait ainsi la singulière erreur qui consiste à traduire légèrement *placitum* par assemblée. La vérité est que, dans toute la Chronique de Frédégaire, il n'y a pas une seule mention d'un peuple assemblé soit pour juger, soit pour tout autre objet.

assemblée d'évêques et de laïques se serait réunie pour dicter ses volontés au roi Clotaire II, et l'aurait obligé à promulguer un édit qui leur donnât satisfaction. « L'assemblée de Paris de 614, dit Waitz, fut très importante; composée d'ecclésiastiques et de laïques, elle affirma la victoire de l'aristocratie sur la royauté, et, en présentant au roi une série de dispositions qu'il ne put que ratifier, elle assura l'indépendance et les intérêts de cette aristocratie pour l'avenir. » Fahlbeck présente la même théorie : « Clotaire, dit-il, se soumet sans résistance à signer un acte qui diminue son pouvoir[1]. » Mais que l'on vérifie cette théorie dans les documents, on n'y trouvera pas un mot qui la justifie.

Pour que cette théorie eût quelque vérité, il faudrait montrer au moins qu'il y ait eu en cette année une assemblée générale. Et c'est cela même qu'on ne peut pas montrer. Ni Frédégaire, ni aucun annaliste, ni aucun hagiographe ne mentionne une assemblée en 614. Nous signalent-ils au moins qu'il se soit opéré à cette époque quelque grand changement, que le roi Clotaire ait été de quelque façon humilié et affaibli[2]? Pas un mot de cela, pas une allusion. Ainsi les historiens modernes ont placé en 614 « une révolution », dont il est impossible de trouver la moindre trace dans les documents du temps.

L'erreur est d'autant plus surprenante que nous possédons deux textes très clairs de cette année 614 : l'un est la série des articles d'un concile; l'autre est

---

[1] Waitz, *Verfassungsgeschichte*, 3ᵉ édition, t. II, 2ᵉ partie, p. 215. — Fahlbeck, *La royauté et le droit francs*, édition française, p. 267. — Cette même théorie avait déjà été soutenue en France par Michelet, Lehuérou et Henri Martin.

un édit du roi. Il suffit de les analyser avec simplicité et mot à mot pour se convaincre qu'il n'y a aucune lutte entre le roi et les grands, et surtout qu'il n'y a aucune victoire des grands sur le roi.

Les évêques se sont réunis, par l'ordre du roi[1]. Ils étaient au nombre de 70; leurs séances se sont tenues à Paris, dans l'église de Saint-Pierre[2]; c'est un concile comme tous ceux de l'époque. Ils ont rédigé quinze articles. Ces quinze articles ne concernent que l'Église et ne contiennent pas un mot sur le gouvernement. On peut encore remarquer que sur ces quinze articles il n'en est pas un seul qui ne se trouve déjà dans des conciles antérieurs, pas un seul qui ait un caractère d'innovation. Ils portent que l'élection des évêques aura lieu conformément aux anciennes règles, sans brigues ni présents de la part des candidats[3]; que les clercs de chaque diocèse devront une obéissance absolue à leur évêque; qu'aucun juge séculier ne jugera un clerc sans prévenir d'abord son évêque[4]; que les affranchis seront défendus en justice par le chef de l'église où ils ont été affranchis[5]; que

---

[1] Concile de Paris, *præfatio* : *Cum ex evocatione gloriosissimi domni Chlotarii regis in urbe Parisius in synodali concilio convenissemus.*

[2] C'est ce que rappelle le concile de Reims de 630, art. 5, Sirmond, p. 480 : *Parisiis in generali synodo in basilica sancti Petri Clotarii regis studio congregata.*

[3] *Ut decedente episcopo, in loco ipsius ille debeat ordinari quem metropolitanus cum provincialibus suis, clerus vel populus civitatis, absque datione pecuniæ elegerint.*

[4] Art. 4 : *Ut nullus judicum neque presbyterum neque diaconum vel clericum ullum aut juniores ecclesiæ sine scientia pontificis per se distringat aut damnare præsumat. Quod si fecerit, ab ecclesia sit sequestratus.* Cette règle existait depuis près de deux siècles; Cf. Code Théodosien, XVI, 2, 41; XVI, 2, 47; Concile d'Orléans de 541, art. 20; Concile de Mâcon de 581, art. 7.

[5] Ibidem, art. 5. — Cette règle n'est pas nouvelle; nous la trouvons déjà

les procès entre évêques seront jugés par le métropolitain. Puis vient une série de dispositions sur les réparations d'églises, sur les biens des évêques décédés, sur les abbés et les moines, sur les veuves et les orphelins, sur les mariages prohibés pour cause de parenté, sur les juifs. Cherchez un article qui soit dirigé contre le pouvoir royal, vous n'en trouvez pas un.

Les actes du concile de 614 sont suivis d'un édit royal, de même que, trente années auparavant, les actes du concile de Mâcon avaient été suivis d'un édit du roi Gontran. C'est que les articles d'un concile n'avaient de valeur légale que si un édit du roi les confirmait.

Sur les vingt et un articles de l'édit royal, il y en a sept seulement qui correspondent à ceux du concile[1]. Encore faut-il faire attention qu'ils ne les reproduisent pas exactement. Comparez, par exemple, l'article 1ᵉʳ dans les deux rédactions. Dans celle des évêques, il n'est parlé que du droit du métropolitain, de l'élection par le clergé et le peuple. Dans la sienne, le roi ajoute « que l'élu ne pourra être institué qu'en vertu d'un ordre du roi » et « si le roi juge que cet élu est digne de l'épiscopat »; il ajoute encore que le nouvel évêque « pourra être pris dans le Palais »[2]. Tout cela signifie que Clotaire II ne renonce à aucune des prétentions que les rois avaient en matière d'élections épiscopales. De même pour l'article 3: les évêques avaient demandé qu'aucun clerc ne pût se présenter au

---

dans le concile d'Orange de 441, art. 7: dans le concile d'Agde de 506, art. 29; dans le concile de Mâcon de 585, art. 7.

[1] Ce sont les articles 1, 2, 3, 4, 7, 10, 18; ils correspondent aux articles du concile 1, 2, 3, 4, 5, 15 et 13.

[2] *Edictum Chlotarii*, édit. Borétius, p. 21.

roi sans la permission de son évêque; Clotaire II ajoute que si un clerc s'est pourtant présenté devant le roi et a obtenu une lettre de grâce, son évêque devra le recevoir sans lui infliger aucune peine¹. De même encore pour l'article 4; les évêques ont dit que les juges laïques ne pourraient ni arrêter ni condamner aucun clerc; le roi fait une réserve pour les clercs surpris en flagrant délit. Par contre, il donne plus de force à la défense que les évêques avaient prononcée d'épouser une fille ou une veuve qui aurait fait vœu de religion, car il ajoute qu'il interdit un tel mariage, même au cas où l'homme aurait obtenu du roi par surprise une permission de le contracter². Toutes ces différences, qui sont graves, suffisent à montrer que le roi n'a pas signé aveuglément une ordonnance présentée par les évêques. Il n'est pas vrai de dire que les évêques aient imposé la loi au roi. Aussi n'aperçoit-on pas une seule concession que l'Église lui ait arrachée³.

Les quatorze autres articles appartiennent à l'ordre civil. Le sixième rappelle le vieux principe du droit romain d'après lequel, à défaut de testament, les parents héritent⁴. Le huitième maintient le système

---

¹ *Edictum Chlotarii*: *Si pro qualibet causa clericus principem expetierit, et cum principis epistola ad episcopum suum fuerit reversus, excusatus recipiatur.* — Cette clause avait dans la pratique une grande importance.

² Ibidem, art. 18: *Nec per præceptum nostrum.... Si quis exinde præceptum elicuerit, nullum sortiatur effectum.* Il s'agit sans doute d'un ordre obtenu du roi en le trompant sur la qualité de la personne.

³ L'article qui concerne les juifs semble, à première vue, une diminution des droits du roi, puisqu'il déclare que les juifs ne pourront exercer aucune fonction publique sur les chrétiens; mais il faut noter que cette interdiction était ancienne; on la trouve déjà dans une novelle de Valentinien, édit. Hænel, col. 456. On la retrouve dans le concile d'Auvergne de 535, art. 9, Sirmond, p. 243, et dans le concile de Mâcon de 581, art. 13.

⁴ *Edictum Chlotarii*, art. 6 : *Cuicunque defuncto, si intestatus decesserit, propinqui absque contrarietate judicum in ejus facultate juxta*

des impôts directs, en faisant une réserve au sujet de quelques récents accroissements « sur lesquels le roi fera faire une enquête bienveillante, et corrigera ce qui sera à corriger ». Le neuvième maintient les impôts indirects, les péages, tels qu'ils existaient sous les règnes précédents. Le onzième est ainsi conçu : « Nous voulons que l'ordre et la discipline règnent toujours dans notre royaume, que toute rébellion et insolence d'hommes malintentionnés soit sévèrement réprimée »[1].

Le douzième article est moins aisé à comprendre. Il porte « qu'aucun juge d'autres provinces ou régions ne sera établi en autres lieux ». Cette disposition passablement obscure est faiblement éclaircie par ce motif qu'en donne le législateur : « afin que si le juge fait quelque mal en quelque matière que ce soit, il restitue sur sa fortune propre ce qu'il aura enlevé sans droit[2]. » A première vue, et à ne regarder les mots qu'à la surface, cela a paru clair. On a cru que le roi s'engageait à ne nommer aucun comte d'une province dans une autre, c'est-à-dire à choisir toujours comme comte d'une *civitas* un homme qui fût domicilié dans cette *civitas* et qui y fût déjà propriétaire[3]. Et sur cette interprétation on a construit tout un système, d'après lequel

---

*legem succedant.* — La même disposition était déjà dans la *Constitutio Chlotarii,* art. 2.

[1] *Ut pax et disciplina in regno nostro sit perpetua, rebellio vel insolentia malorum hominum severissime reprimatur.*

[2] *Edictum Chlotarii,* 12 : *Nullus judex de aliis provinciis aut regionibus in alia loca ordinetur, ut si aliquid mali de quibuslibet conditionibus perpetraverit, de suis propriis rebus exinde quod male abstulerit juxta legis ordinem debeat restaurare.*

[3] Cette théorie a été soutenue par Michelet, Henri Martin, Lehuërou, par Waitz implicitement. Fahlbeck s'exprime ainsi, p. 223 : « Il est statué par l'article 12 que les hommes riches domiciliés dans la province peuvent seuls être nommés comtes. » Cela est loin du texte.

le roi aurait presque renoncé à la nomination des fonctionnaires administratifs, et une féodalité terrienne se serait tout de suite établie. Mais regardez les faits, ils sont absolument opposés à cette théorie. En effet, nous voyons nettement par Frédégaire, par les *Gesta*, par la Vie de saint Léger, comment les comtes ont été nommés par Clotaire II lui-même et par ses successeurs; jamais ils n'appartiennent à la province qu'ils administrent; toujours ils sont nommés par le roi, et ils sortent du Palais; quelquefois ils sont déplacés et passent d'une province dans une autre. Il n'est donc pas possible que notre article 12 ait le sens qu'on lui a attribué. Ajoutons que cet article, s'il présentait un tel sens, aurait été absolument à l'encontre des intérêts des grands, lesquels n'étaient alors, nous l'avons vu, qu'une sorte de noblesse palatine. Par cet article, l'aristocratie palatine se serait dépossédée elle-même des fonctions de comte et de tous les bénéfices de l'administration provinciale. Or, comme les faits qui vont suivre démontrent le contraire, nous sommes bien obligés de reconnaître que l'interprétation qu'on donne à cet article est inexacte, et qu'à plus forte raison le système qu'on édifie sur cette interprétation est sans fondement.

Il faut lui chercher une autre explication. On peut noter que le terme *judex* ne signifie pas nécessairement un comte; il s'applique aussi aux fonctionnaires inférieurs, tels que les vicaires et les centeniers. Nous avons vu plus haut que ces hommes n'étaient pas nommés par le roi: ils l'étaient par le comte. Si c'est d'eux qu'il s'agit ici, l'article se comprend aisément; le roi qui nomme lui-même les comtes n'a pas à parler de leur nomination; mais il interdit à ses comtes d'établir des fonctionnaires locaux qui soient étrangers au pays. Ce qui donne une grande vraisemblance à cette explication, c'est que, par l'article 19, le roi impose une règle analogue aux évêques et à tous les grands; eux aussi, ils ne devront choisir pour leurs *judices* que des hommes du pays[1]. Ici le mot *judices*, visiblement, ne signifie pas des comtes; il désigne les fonctionnaires inférieurs qui régissent les propriétés des évêques et des grands. Les deux articles 12 et 19 se correspondent: ils visent l'un et l'autre à mettre un peu d'ordre dans les provinces; ils ne permettent plus que les agents qui sont en rapport direct avec la population, soient des étrangers et des inconnus pour elle; le premier s'applique aux agents nommés par les comtes, le second aux agents nommés par les évêques et les grands sur leurs propres terres. Ni l'un ni l'autre ne visent ni les comtes ni les évêques. Comtes et évêques continueront à être choisis par le roi, et presque toujours en dehors du pays ou du diocèse à gouverner.

Viennent ensuite trois articles qui sont presque effacés dans les manuscrits, et dont la lecture est tout à fait douteuse: l'un rappelle le respect dû à tous les ordres du roi[2]; un autre paraît être relatif aux immunités, et aussi à la protection que tous fonctionnaires publics doivent aux églises et aux pauvres; le troisième paraît concerner les tribunaux mixtes où comparaissent les hommes des églises et des grands[3]. En tout cela,

---

[1] *Edictum Chlotarii*, 19 : *Episcopi vero vel potentes, qui in aliis possident regionibus, judices vel missos discursores de aliis provinciis non instituant, nisi de loco, qui justitiam percipiant et aliis reddant.* — On ne peut s'empêcher de reconnaître combien les termes de cet article 19 correspondent à ceux de l'article 12.

[2] *Præceptiones nostræ in omnibus impleantur.*

[3] Ibidem, dans Borétius, p. 22.

rien de nouveau, rien qui ne se trouve déjà dans des lois antérieures.

L'article 16 confirme les donations déjà faites par Clotaire ou par ses prédécesseurs. L'article 17 restitue à ceux qui sont restés fidèles à leur roi légitime, c'est-à-dire à Clotaire, les biens qui leur ont été enlevés dans les guerres civiles des dernières années[1]. L'article 20 réprime les abus que commettaient les agents des comtes et des grands. Les articles 21 et 23 sont relatifs aux forêts des évêques, des particuliers ou du roi, ainsi qu'à la glandée. L'article 22 rappelle les lois qui interdisent de condamner un coupable sans jugement régulier.

Puis vient la formule de clôture. Elle est en tout conforme à l'usage mérovingien. Clotaire II déclare « qu'il a pris la présente décision étant en concile avec les évêques et avec ses très grands optimates ou fidèles »[2]. Ces mots peuvent-ils signifier que cette décision lui ait été imposée ? En aucune façon. Ils sont d'usage et pour ainsi dire de style dans tous les actes législatifs des Mérovingiens, et ils ont ici la même signification que partout ailleurs. Ils marquent que le roi s'est entouré de son conseil. Ils sont là pour donner plus de force à la volonté royale, non pas pour l'affai-

---

[1] *Quæ unus de fidelibus ac leodibus, suam fidem servando domino legitimo, interregno faciente, visus est perdidisse, generaliter absque ullo incommodo de rebus sibi juste debitis præcipimus revestiri.* — Notons qu'il n'est pas parlé ici de bénéfices ; les restitutions dont il s'agit sont des restitutions de propres. Plusieurs passages du testament de Bertramn (Pardessus n° 230) expliquent cet article. Il est visible d'ailleurs que l'article n'est pas dirigé contre le roi, puisqu'il est au contraire en faveur des fidèles du roi.

[2] *Edictum Chlotarii*, 24 : *Quicumque hanc deliberationem quam cum pontificibus vel tam magnis viris optimatibus aut fidelibus nostris in synodali concilio instituimus....*

blir. Le roi termine en disant que celui qui osera désobéir à sa présente ordonnance sera puni de mort[1]. Pareille menace termine ordinairement les décrets des Mérovingiens[2].

Tel est l'édit de 614. Il ne contient aucune concession d'ordre politique. Il réprime d'assez nombreux abus ; mais qu'on y regarde de près, il s'agit d'abus commis par les grands. On n'a pas fait assez attention à ce point. Quand le roi rappelle que l'héritage d'un défunt intestat appartient à ses parents, il condamne la tendance des fonctionnaires publics à s'emparer des héritages pour eux-mêmes ; c'est le sens des mots *absque contrarietate judicum*. Quand il dit qu'il fera une revision des cens et tonlieus, il explique bien qu'il ne supprimera pas les impôts et tonlieus royaux, mais les surtaxes nouvellement établies par les comtes ou les *telonarii*. Quand il dit qu'il réprimera sévèrement toute rébellion et qu'il fera régner l'ordre et la discipline dans son royaume, ce ne sont pas les grands qui lui dictent cela ; mais plutôt il semble menacer quelques-uns d'entre eux. Les articles qui enjoignent aux comtes, aux évêques et aux grands de choisir pour subordonnés et agents des hommes du pays, alors qu'eux-mêmes n'en sont pas, me paraissent des mesures prises surtout contre les grands et les évêques. Si le roi est sévère pour ses agents, il l'est encore plus pour les agents des évêques et des grands[3]. L'article qui interdit de con-

---

[1] *Edictum Chlotarii*, 24 : *Quicumque... temerare præsumpserit, in ipsum capitali sententia judicetur, qualiter alii non debeant similia perpetrare.*

[2] Comparer le *Pactus pro tenore pacis*, art. 8 : *Si quis ex judicibus hunc decretum violare præsumpserit, vitæ periculum se subjacere cognoscat.* Voyez aussi les menaces contenues dans l'édit de Gontran de 585.

[3] *Edictum Chlotarii*, art. 20 : *Agentes episcoporum aut potentum per*

damner à mort sans jugement, ne vise certainement pas le tribunal du roi et ne s'adresse qu'aux comtes. Les immunités et les tribunaux mixtes dont il est parlé dans deux articles, sont encore la limitation du pouvoir des comtes, non du pouvoir du roi. Pas une ligne de cet édit n'est une concession de la royauté. Comme plusieurs autres édits des rois mérovingiens, il a pour but de reprimer les abus et excès de pouvoir des fonctionnaires publics. Si l'édit était dirigé contre quelqu'un, ce serait contre les grands et non pas contre le roi. Avec plus de vérité, l'on peut dire qu'il n'est dirigé spécialement contre personne, et qu'il n'est qu'une ordonnance de bonne et sage police.

Cet édit ressemble d'ailleurs trait pour trait à d'autres édits qui nous sont parvenus des rois francs. Comparez-le au *Pactus pro tenore pacis* de Childebert I<sup>er</sup> et de Clotaire I<sup>er</sup>, à la *constitutio* de ce même Clotaire I<sup>er</sup>, à l'édit de Gontran de 585, au décret de Childebert II de 595; vous reconnaissez les mêmes principes, les mêmes règles, toujours les mêmes formules, souvent les mêmes mots. Le roi parle en 614 exactement comme le roi parlait en 550[1].

*potestatem nullius rei collecta solatia nec auferant nec cujuscunque contemptum per se facere non præsumant.*

[1] Un point de comparaison qui est surtout curieux est la *constitutio Chlotarii* de 558-561; elle est dans Pardessus n° 165, dans Borétius, p. 18. Ce dernier éditeur l'attribue à Clotaire II. Il est vrai que les deux manuscrits qui la contiennent donnent pour seul titre *Chlotarius rex*, sans dire quel est ce Clotaire; or trois Clotaire ont régné. Mais l'article 11 porte une indication très précise : l'auteur parle des églises et des clercs *qui avi vel genitoris aut germani nostri immunitatem meruerunt*. L'un des deux manuscrits a omis les trois mots *aut germani nostri*; mais ce qui prouve qu'il y a une lacune, c'est l'absence du mot *nostri*, qui serait en tout cas nécessaire avec *genitoris*. Tous les érudits sont donc d'accord pour admettre les trois mots *aut germani nostri*. Or le mot *germanus* est le terme le plus employé à cette époque pour signifier frère; il est plus fré-

Il y a un abîme entre la lecture toute simple et toute littérale de cet édit de 614 et les systèmes qu'on a édifiés sur lui. On est allé jusqu'à dire qu'il était « la grande charte » arrachée à la royauté par les grands[1]. Elle aurait inauguré une ère de libertés publiques, et marqué la fin de la monarchie franque. Tout cela ne s'appuie pas sur un seul mot. Si cet édit est un changement dans les institutions, cherchez d'abord quelle institution existante il supprime, cherchez ensuite quelle institution nouvelle il crée. Il ne supprime ni l'organisme du Palais, ni l'administration des provinces par des fonctionnaires royaux, ni le système des impôts

quent que *frater*, lequel signifie plus souvent « frère en Jésus-Christ ». Il résulte de ces mots que le Clotaire qui a fait cet acte législatif est un Clotaire qui avait un frère, un frère ayant régné avant lui, puisqu'il confirme ses concessions. Des trois Clotaire, il n'en est qu'un qui ait eu un frère et qui lui ait succédé : c'est Clotaire I*er*, qui, pour une partie au moins du royaume Franc, succéda à son frère Childebert I*er* en 558. — On a été embarrassé, il est vrai, par les mots *avi nostri*; le grand-père de Clotaire I*er* était Childéric; on a dit qu'il n'était pas logique que le païen Childéric eût fait des concessions « aux églises et aux clercs ». C'est là un raisonnement sans valeur ; il est au contraire très conforme à la vraisemblance que Childéric, qui eut beaucoup de relations avec les populations gallo-romaines, ait fait des concessions aux églises. Il n'était pas nécessaire pour cela d'être chrétien. La politique pouvait produire les mêmes effets que la piété. Nous pensons donc, d'accord avec Baluze, Pertz, Pardessus, que cette *constitutio* est de Clotaire I*er*. Or elle ressemble, non pas pour la forme, mais pour le fond, à l'édit de 614; plusieurs dispositions sont absolument semblables ; l'esprit et le ton sont les mêmes. — M. Fahlbeck, qui a des raisons de tenir à ce que cette loi soit de Clotaire II, présente un singulier argument. Il dit que *germani* doit avoir signifié oncle ou cousin et s'applique à Childebert II. Jamais le mot *germanus* ne signifie autre chose que frère. Le même auteur ajoute que *germanus* indique la fraternité religieuse, et, cherchant un exemple de cela, il ne cite qu'une phrase où justement *germanus* ne se trouve pas. Si M. Fahlbeck avait lu les textes de cette époque avant d'édifier son système, il se serait aperçu que *frater* a très souvent le sens de fraternité morale, mais que *germanus* ne s'applique qu'à la fraternité du sang.

[1] L'expression était déjà dans Lehuërou. Elle se retrouve dans Fahlbeck, p. 218, qui, avec son abus des idées modernes, appelle cet acte « une véritable révolution dans le droit constitutionnel », p. 219.

directs et indirects, ni l'obligation du service militaire. Il ne crée ni une assemblée nationale périodique, ni un système d'assemblées locales, ni l'élection des rois, ni l'élection des comtes, ni un nouveau mode de justice. Il n'introduit aucune liberté ni pour les grands ni pour le peuple. Il ne diminue aucune des prérogatives du roi. Il n'abolit même pas le *crimen majestatis*, dont les rois se servaient pour frapper les grands et les dépouiller, et dont ils ont continué à se servir.

Pour se convaincre que l'édit de 614 n'a nullement inauguré un nouveau régime, il n'y a qu'à regarder les actes de Clotaire II après cette date. En 615, le chroniqueur nous le montre parcourant une partie de l'Austrasie en justicier sévère; « il remet l'ordre, s'attaque aux hommes injustes et les fait périr par le glaive »[1]. En cette même année, il mande auprès de lui le plus grand seigneur de la Burgundie, et, « siégeant sur son tribunal avec ses grands, l'ayant reconnu coupable, il donne l'ordre qu'il périsse par le glaive »[2]. Plus tard, nous le voyons poursuivre de sa haine Godin, fils de Warnachaire, quoique ce Godin ne puisse être accusé d'aucune révolte; le roi veut qu'il meure. En vain Godin fuit par tout le royaume, cherche un refuge dans plusieurs églises, invoque tous les saints à son secours; le roi réussit à le faire tuer, et cela sans aucun jugement; et loin que les grands s'indignent du meurtre d'un des leurs, ce sont trois des plus grands du royaume qui se sont chargés de tuer celui qui était

---

[1] *Fredegarii Chron.*, 45 : *Chlotarius cum in Alsacios accesserat, pacem sectans, multos inique agentes gladio trucidavit.* — Sur le sens du mot *pacem*, cf. *Edictum Chlotarii*, art. 11.

[2] Ibidem, 44 : *Chlotarius Masolaco villa cum proceribus residens Aletheum patricium ad se venire præcepit, gladio trucidare jussit.*

l'objet de la haine du roi¹. En 626, il chasse un évêque de sa ville épiscopale ; il fait mettre à mort Boson, fils d'Audolène, et c'est le duc Arnbert qui exécute sa volonté². De même, Dagobert fait tuer un des plus grands d'Austrasie, Chrodoald³. Il parcourt la Burgundie, rend la justice personnellement, « et frappe de terreur les évêques et les grands »⁴. Il fait tuer Brodulf sans aucun motif avouable et trouve trois ducs assez dociles pour se faire les meurtriers de cet homme⁵. Personne ne peut l'empêcher « d'augmenter ses trésors aux dépens des églises et des leudes »⁶. Il dépouille beaucoup d'hommes de leurs biens contre tout droit et toute justice⁷, et « ses sujets ne peuvent que gémir de sa méchanceté »⁸. Le même prince ordonne des levées militaires sans consulter personne, porte la guerre où il veut, fait des conquêtes ou des traités comme il veut. — Tout cela est-il le fait d'une royauté qui aurait été amoindrie, d'une royauté à laquelle on aurait imposé « une charte », d'une royauté que les grands auraient prise en tutelle ? Si la famille mérovingienne s'affaiblit, ce ne fut que plus tard et pour d'autres causes. Les règnes de Clotaire II et de Dagobert Ier, de 613 à 638, sont la période où le pouvoir royal a été le plus fort au dedans, et où l'État Franc s'est le plus étendu au

---

¹ Il faut voir cette histoire dans Frédégaire, c. 54.
² *Fredegarii Chron.*, 54.
³ Ibidem, 52 : *Chrodoaldus jussu Dagoberti interfectus est.*
⁴ Ibidem, 58 : *Tanto timore pontificibus et proceribus in regno Burgundiæ consistentibus... adventus Dagoberti concusserat....*
⁵ Ibidem : *Brodulfum, avunculum Cariberti, interficere jussit, qui ab Amalgario et Arneberto ducibus et Willibado patricio interfectus est.*
⁶ Ibidem, 60 : *Cupiditatis instinctu, super rebus ecclesiarum et leudibus, cùm vellet omnibus undique exspoliis novos implere thesauros.*
⁷ Ibidem, 80 : *Facultates plurimorum jussu Dagoberti inlicite fuerant usurpatæ et fisci ditionibus contra justitiam redactæ.*
⁸ Ibidem, 61 : *Cùm leudes sui ejus nequitiæ gemerent.*

dehors. Cela prouve assez qu'aucune révolution anti-monarchique ne s'est accomplie en 614.

### 4° LA NATURE DU CONVENTUS GENERALIS AU SEPTIÈME SIÈCLE.

Pour comprendre avec exactitude les faits qui vont suivre, il faut d'abord écarter de notre esprit quelques idées toutes modernes. Nous sommes habitués, depuis trois ou quatre générations d'hommes, à considérer toute espèce d'assemblée comme l'adversaire naturel du pouvoir royal. Nous avons peine à penser que la royauté convoque des assemblées sans y être contrainte. Nous n'imaginons pas que ces assemblées une fois réunies ne s'appliquent pas à combattre ou au moins à limiter la royauté. Ces idées modernes ne sont pas applicables aux temps dont nous parlons. Il faut donc les éloigner de notre esprit et observer simplement les documents et les chroniques. Nous y verrons comment l'assemblée générale s'est formée peu à peu, naturellement, sans conflit, et aussi sans nul esprit d'opposition.

Si nous cherchons une véritable assemblée générale, un *conventus generalis*, sous Clotaire II, sous Dagobert I<sup>er</sup>, sous Clovis II et Clotaire III, nous n'en trouvons pas. Nous constatons qu'en 616 un traité est conclu avec les Lombards sans qu'aucune assemblée intervienne[1]. Quand Clotaire II fait son fils roi d'Austrasie, nous ne voyons pas qu'il ait convoqué un peuple[2]. Quelques années

---

[1] Cela est visible dans le récit très circonstancié de Frédégaire, c. 45. Le roi agit comme il l'entend, il ne paraît prendre conseil que de trois de ses plus intimes conseillers, lesquels avaient reçu de l'argent des Lombards pour l'engager à faire la paix.

[2] *Fredegarii Chron.*, 47 : *Chlotarius Dagobertum filium suum consortem regni facit eumque super Austrasios regem instituit, retinens sibi quod Ardenna et Vosagus versus Neuster et Burgundiam excludebant.* — Les

après, quand le père et le fils ont un débat au sujet des limites des deux royaumes, ce n'est pas une assemblée générale qui tranche ce débat, ce sont douze arbitres choisis par les deux rois[1].

Mais ce que nous voyons plusieurs fois durant ces trois règnes, ce sont des réunions aristocratiques. En 616, tous les évêques et grands de Burgundie sont appelés à Bonneuil. En 626, les mêmes personnages sont réunis à Troyes. En 627, les évêques et tous les grands, tant de Neustrie que de Burgundie, s'assemblent à Clichy. En 628, une réunion pareille a lieu à Soissons. En 632, réunion des évêques et grands de l'Austrasie à Metz. En 641, « les seigneurs, les évêques, les ducs et tous les grands de Burgundie sont réunis à Orléans », et une assemblée pareille a lieu en 642 à Autun[2]. Ce sont autant d'assemblées de grands, non pas des assemblées populaires. Le mot *populus* n'apparaît pas encore.

Nous devons remarquer aussi, dans tous ces exemples, qu'aucune de ces réunions ne s'est formée que par un ordre formel du roi, ni ailleurs que dans le lieu que le

---

*Gesta regum Francorum*, écrits plus tard, s'expriment autrement, c. 41 : *Austrasii Franci superiores congregati in unum Dagobertum super se regem statuunt.* Mais cela est dit de la cérémonie d'installation, non pas de l'acte par lequel Clotaire II fit son fils roi.

[1] *Fredegarii Chron.*, c. 53 : *Electis a duobus regibus duodecim Francis ut eorum disceptatione hæc finiretur intentio.*

[2] *Ibidem*, 44 : *Universis pontificibus Burgundiæ seu et Burgundiæ faronis.* — 54 : *Cum proceribus et leudibus Burgundiæ Trecassis.....* — 55 : *Cum pontificibus et universis proceribus regni sui tam de Neuster quam de Burgundia Clippiaco....* — 56 : *Suessionas... omnes pontifices et leudes de regno Burgundiæ.... Neustrasiæ pontifices et proceres.* — 75 : *Mettis urbem veniens Dagobertus cum consilio pontificum et procerum omnesque primates regni sui....* — 76 : *Austrasiorum omnes primates, pontifices, ceterique leudes.* — 89 : *Omnes seniores, pontifices, duces et primates de regno Burgundiæ.* — 90 : *Collectis secum pontificibus et ducibus.*

roi lui a indiqué[1]. Ce ne sont pas des réunions contre la royauté ; nulle apparence de révolte ni même d'opposition. Le roi a convoqué chacune d'elles pour s'occuper des affaires publiques avec ses conseillers. C'est la suite et comme la continuation de ces conseils d'optimates que nous avons vus autour du roi au siècle précédent.

Il y a pourtant ici un changement. Au siècle précédent, le roi n'avait auprès de lui que ses optimates, c'est-à-dire les plus hauts dignitaires de son palais avec quelques évêques spécialement appelés. Ici ce sont tous les grands du royaume et tous les évêques qui sont réunis. Ce n'est plus le Palais seul qui prend part aux affaires. Les grands du septième siècle forment un corps bien plus nombreux que les optimates du sixième. Leur assemblée peut s'appeler une assemblée générale, *conventus generalis*, puisqu'on y vient de toutes les parties du royaume.

Mais quels sont ces grands ? Le chroniqueur les appelle de divers noms : *duces, proceres, primates*; ces termes ont une signification bien précise : les ducs, à cette époque, sont encore incontestablement des fonctionnaires royaux; ils sont nommés par le roi, administrent en son nom, et peuvent être révoqués par lui. Les *proceres* et les *primates* sont les grands du roi, les dignitaires et hauts fonctionnaires royaux. Quelquefois le chroniqueur, qui est bourguignon, emploie les termes *leudes* et *farones;* mais ces leudes sont les hommes du

---

[1] *Fredegarii Chron.*, 44 : *Chlotarius... ad se venire præcipit.* — 54 : *Clotarius cum proceribus Trecassis conjungitur.* — 89 : *Nanthildis regina omnes seniores, pontifices, duces ad se venire præcipit.* — Cela ressort aussi des chapitres 55, 56, 75, 76. — En 642, l'assemblée est convoquée par le maire au nom du roi, c. 90.

roi, ses fidèles et serviteurs spéciaux, et le mot *farones*
n'a pas d'autre sens[1]. Tous ces *leudes* et *farones* ne sont
peut-être pas d'un rang aussi élevé que ceux qu'on
appelle *proceres* ; mais tous, à des degrés inégaux, dépendent du roi ; ils sont ou ses fonctionnaires ou ses
bénéficiaires ; ils lui doivent leur situation et leur fortune. Le chroniqueur cite un certain nombre de membres de ces assemblées et nous dit leur nom et leur
qualité ; qui trouvons-nous ? D'abord les maires du
palais Warnachaire, Flaochat, Erchinoald ; un gouverneur du palais, Ermenaire ; le comte du palais Berthaire ; l'optimate Ægyna, le patrice Willibad, les ducs
Amalgaire et Chramnelène, le duc Vandelbert, le comte
Gyson, le *domesticus* Ermenric, enfin « tous les ducs
de Burgundie », « tous les ducs de Neustrie »[2]. Ainsi
les hommes que nous connaissons dans ces assemblées
sont tous des fonctionnaires royaux. Nous ne voyons pas
un homme qui soit indépendant du roi. Nous n'apercevons pas un homme qui soit un grand autrement que
par une fonction royale. Rien n'indique la présence
de grands propriétaires locaux, ni d'une classe riche ou

[1] Le terme *farones* ou *Burgundefarones* est employé trois fois dans
la Chronique de Frédégaire. La signification du mot ressort du rapprochement de plusieurs phrases de cet auteur. 41 : *Burgundæ farones
tam episcopi quam ceteri leudes* ; 44 : *Universis pontificibus Burgundiæ
et Burgundæ faronibus* ; 56 : *Omnes pontifices et leudes de regno Burgundiæ* ; 54 : *Cum proceribus et leudibus Burgundiæ* ; 55 : *Universi proceres regni sui.... Chlotarius jubet ad Burgundefarones* ; 79 : *Omnes
leudes de Neuster et Burgundia* ; 89 : *Omnes seniores, duces et primates
de regno Burgundiæ* ; 90 : *Pontificibus et ducibus de regno Burgundiæ*.
Si l'on compare entre elles toutes ces phrases, on remarquera que, sous
des formes diverses, elles présentent le même sens, elles indiquent les
mêmes catégories d'hommes. Or ces hommes sont désignés, dans les
unes par le mot *farones*, dans les autres par le mot *leudes*, et même par
le mot *primates*. C'est que ces termes à peu près synonymes s'appliquaient
aux mêmes hommes ; les *farones* étaient les grands, les leudes du pays.
[2] *Fredegarii Chron.*, c. 89 et 90.

noble par elle-même. Cette assemblée ne diffère de l'ancien conseil des optimates que par le nombre de ses membres ; elle n'en diffère pas par nature.

Au lieu de quelques évêques, elle renferme tous les évêques. Ce n'est pas qu'ils possèdent un droit constitutionnel d'en faire partie ; mais le roi les a appelés. Il les a convoqués au même titre que les ducs et les comtes, pour travailler ensemble et concourir aux mêmes actes. Rien ne paraissait plus naturel. Ces évêques, nous l'avons vu, étaient devenus des chefs de peuples ; ils étaient des juges et des administrateurs. Chacun d'eux était le souverain de plusieurs milliers de sujets dans son diocèse. Par là ils ressemblaient aux comtes et pouvaient être convoqués aussi bien qu'eux.

S'ils avaient été élus par le clergé et par le peuple, s'ils avaient formé une corporation en dehors de l'État, il est probable que le roi ne les eût pas appelés. Mais ils étaient nommés par le roi ; en ce point ils ressemblaient aux comtes, et par ce côté ils paraissaient être des fonctionnaires royaux. Le roi n'éprouvait donc aucun scrupule à les appeler auprès de lui, comme ses conseillers obligés. Beaucoup d'entre eux sortaient du Palais ; ils avaient été référendaires ou comtes. Ils avaient donné des preuves de leur attachement à la royauté et de leur expérience des affaires. La nomination des évêques par le roi avait produit ce résultat que l'épiscopat, au lieu de former un corps à part, avait été rattaché à la société politique et ne faisait qu'un avec l'État. Pour toutes ces raisons, on ne s'étonnait pas de voir les évêques figurer dans les assemblées générales.

Mais à côté de ces grands et de ces évêques nous

apercevons encore dans ces assemblées un troisième élément. Il est bien vrai que le roi n'a convoqué que les évêques et les grands; mais d'autres hommes sont venus. Reprenons les récits de l'écrivain contemporain. En 627, Clotaire II a réuni les grands à Clichy; deux de ces grands ont une querelle et l'un est tué par les gens de l'autre; alors « un grand carnage aurait suivi », si le roi ne s'était interposé. Le meurtrier, qui était un optimate, « ayant avec lui un grand nombre de combattants », alla se poster sur les hauteurs de Montmartre[1]; un autre avait aussi avec lui une armée et voulait se ruer sur le premier. Pour empêcher une bataille, le roi s'adressa à plusieurs chefs bourguignons, qui avaient aussi des soldats avec eux, et leur fit promettre qu'ils combattraient celui des deux adversaires qui attaquerait l'autre le premier. Grâce à cette mesure, il n'y eut pas de bataille[2]. — Plus tard, en 642, une assemblée de grands et d'évêques a été convoquée à Autun; mais il se trouve qu'une haine profonde sépare deux de ces grands, le maire Flaochat et le patrice Willibad. Chacun est à la tête d'une troupe. Chacun a aussi des amis, comtes ou évêques, qui ont des soldats derrière eux. L'assemblée se partage en deux armées ennemies, et il s'engage une bataille sanglante. Ce n'est pas que des idées politiques divisent ces hommes. Ni les uns, ni les autres ne combattent la royauté, ni ne la servent. Ils s'égorgent pour satisfaire la haine de deux chefs[3].

---

[1] *Fredegarii Chron.*, 55: *Ægina in monte Mercuri resedit, plurimam secum habens multitudinem pugnatorum.*
[2] *Ibidem*: *Avunculus Cariberti exercitum colligens super ipsum volebat inruere. Chlotarius ad Burgunde farones jybet ut...*
[3] Voyez tout le long récit de Frédégaire, c. 90.

De tels faits marquent nettement la physionomie des assemblées. Elles ne sont, en principe et par la nature même de la convocation, que la réunion des grands du roi et de ses évêques. Mais chacun de ces grands et de ces évêques est accompagné d'une suite. Le duc a derrière lui ses comtes; le comte a derrière lui ses centeniers et beaucoup de ses administrés, la plupart en armes. L'évêque a quelques-uns de ses ecclésiastiques, et un plus grand nombre de ses laïques, qui peuvent être armés aussi. Chacun, pour sa sûreté ou pour la dignité de sa personne, a amené le plus d'hommes qu'il a pu. Le roi ne convoquait que les comtes et les évêques; mais c'est presque tout le comté qui est venu avec le comte, c'est presque tout le diocèse qui est venu avec l'évêque.

Aussi cette réunion peut-elle s'appeler la réunion générale des populations, *conventus generalis populorum*. Nous ne savons pas si cette expression eut d'abord un caractère officiel; ce n'est pas dans les textes officiels que nous la rencontrons. Mais elle était si naturelle, elle venait si bien à l'esprit dès qu'on avait sous les yeux cette grande agglomération d'hommes, que la langue des écrivains l'emploie à partir du dernier quart du septième siècle. Un hagiographe veut-il rapporter qu'en 684 Ansbert a été nommé évêque par le roi en son conseil, il dira que « le roi tenait alors la réunion générale des populations ».

Quelques documents appellent cette assemblée un champ de Mars. Mais j'ai ici quelque doute. D'abord, aucun des documents écrits au septième siècle ne lui donne ce nom. Ensuite, aucun écrivain ne dit que cette assemblée se tînt au mois de mars; au contraire, les réunions dont la date nous est connue se sont tenues au mois au mai[1]. Enfin ces réunions, telles que les décrit l'historien contemporain, n'ont jamais un caractère militaire et ne sont jamais convoquées en vue d'une guerre. C'est seulement l'annaliste de Fulde, celui de Fontenelle et celui de Lorsch, qui, écrivant au temps des Carolingiens, ont attribué à ces assemblées le nom de champ de Mars[2]. Or nous devons faire attention qu'entre l'époque dont nous nous occupons ici et l'époque carolingienne il s'est écoulé une soixantaine d'années, qui sont remplies par l'histoire des maires de la famille des Pépins. Durant cette période une modification grave a été apportée à l'assemblée générale : elle est devenue une institution militaire, et, comme les guerres furent alors presque annuelles, l'assemblée ne fut presque pas autre chose que la réunion des guerriers en vue d'une campagne à entreprendre. Elle fut alors convoquée au mois de mars, et, soit à cause de cette date, soit à cause de son objet, la vieille expression de champ de Mars revint en usage. Quand les annalistes de Fulde, de Fontenelle, de Lorsch parlaient des assemblées mérovingiennes, c'était surtout ces dernières assemblées qu'ils connaissaient, les seules apparemment dont on eût gardé le souvenir[3]. Mais celles du septième siècle n'avaient pas le même caractère, et nous

[1] *Fredegarii Chron.*, 90 : *mense madio*. — *Charta Vindiciani*, Pardessus, t. II, p. 181 et 182 : *In generali placito Compendio palatio.... Data kal. Maii, Compendio palatio*. — *Gesta Dagoberti*, 39.

[2] *Annales Fuldenses*, a. 751 : *In Martis campum*. — *Annales Laurissenses minores*, Pertz, I, 116 : *in Martis campo*. — Cf. *Einhardi Vita Caroli*, 1. — *Chronicon Fontanellense*, Bouquet, II, 658 : *Compendio palatio, kalendarum Martiarum die, congregatis Francorum populis in campo Martio*. — Tous ces écrits sont du neuvième siècle. — Le continuateur de Frédégaire, a. 754, dit seulement *ad calendas Martias*.

[3] Les mots *secundum antiquam consuetudinem* des *Annales Laurissenses* impliquent une époque assez lointaine pour l'annaliste; mais jusqu'où remontent les souvenirs de ces annalistes?

ne pensons pas pouvoir leur attribuer le nom de champ de Mars que les contemporains ne leur donnent pas. Le *conventus generalis* du septième siècle n'était pas l'armée du roi, quoiqu'il s'y trouvât beaucoup de troupes armées. Il n'était pas convoqué en vue d'une guerre. Il ne se portait pas immédiatement contre l'ennemi, comme on le verra dans l'âge suivant. C'est une réunion toute pacifique, convoquée en vue d'affaires intérieures. Elle se compose, non pas précisément de la population directement appelée, mais des grands et des évêques amenant chacun leur suite avec soi.

On voit bien, par la suite des faits, comment s'est formée cette grande assemblée. Elle est née de l'assemblée générale des grands, qui elle-même était née du conseil des optimates. Pourquoi le peuple y figure-t-il? Ce n'est pas que le peuple ait exigé cela des rois; nulle trace d'aucune revendication démocratique durant ces siècles-là. Ce n'est pas non plus que les rois aient imaginé de faire surgir cette démocratie pour l'opposer aux grands; nul indice d'une politique pareille. Ce sont les grands eux-mêmes qui, individuellement, ont amené le peuple derrière soi. En sorte que ce *conventus generalis populorum* n'est pas autre chose que l'extension et le développement naturel de l'assemblée des grands.

Telle est la genèse de l'assemblée générale; observons-en maintenant le caractère et les fonctions.

En premier lieu, elle ne se réunit que si le roi la convoque. Il n'y a pas d'exemple qu'elle se soit jamais réunie d'elle-même et spontanément[1]. Se tenait-elle

---

[1] La *Vita Leodegarii* mentionne des grands se réunissant une fois d'eux-mêmes; mais c'est là un fait de guerre civile, fait exceptionnel et unique; d'ailleurs cette assemblée n'est pas appelée un *conventus generalis*.

tous les ans! Quelques écrivains, postérieurs d'un siècle et demi, le disent[1]; mais il y a lieu de douter. Ni Frédégaire, ni les auteurs de la Vie de saint Léger ne parlent de cette périodicité; et les assemblées qu'ils mentionnent sont trop peu nombreuses pour que nous pensions qu'il y en ait eu chaque année. Aucune loi n'obligeait le roi à les convoquer.

En second lieu, cette convocation se présente toujours sous la forme d'un ordre. Le roi « commande à chaque grand et à chaque évêque de venir vers lui »[2]. Cela ne ressemble pas à ce que serait la convocation en masse d'une assemblée. C'est un ordre individuel, adressé personnellement à chacun, et auquel chacun doit se rendre, par obéissance au roi et pour son service.

C'est toujours auprès du roi que se tient la réunion. Nous ne voyons jamais un *conventus* là où le roi n'est pas. Le lieu de réunion n'est pas déterminé par une règle fixe. On pourrait supposer qu'elle se tenait dans les capitales des trois royaumes, à Paris, à Metz, à Orléans. Il n'en est rien. L'assemblée se tient à l'endroit que le roi indique chaque fois à son gré. Cet endroit n'est presque jamais une ville[3]. Ce n'est pas non plus une plaine consacrée à cet usage. Vous ne trouvez, ni pour l'État Franc tout entier, ni pour chacun des trois royaumes, une plaine qui soit le rendez-vous de l'assemblée. Elle se tient d'ordinaire dans une villa royale, à Bonneuil, à Clichy, à Compiègne. Et il se pré-

---

[1] *Annales Fuldenses : Semel in anno.* — Einhardi *Vita Caroli*, 1; *Chronicon Fontanellense : Omnibus annis.*

[2] *Ad se venire præcipit* (Frédégaire, 54, 89, 90).

[3] Frédégaire parle une fois d'Orléans, une fois d'Autun; mais il faut entendre auprès d'Orléans, auprès d'Autun, cette foule ne pouvant guère entrer dans une ville.

sente ici une observation qui a son importance : l'assemblée se tient sur la terre privée du roi. Elle n'est pas chez elle, sur terre publique ou sur les champs des sujets, elle est chez le roi.

Quand cette assemblée est réunie, un premier trait de caractère s'en dégage. Elle n'est pas spécialement franque. Aussi l'institution ne vient-elle pas des anciens Francs et n'est-elle pas en relation avec le droit Franc, qui ne la mentionne jamais et n'y fait même pas allusion. Formée au septième siècle, à une époque où les races étaient absolument mêlées, elle comprend des hommes de toute race. Les ducs et comtes peuvent être aussi bien Romains que Francs. Les évêques sont moins souvent Francs que Romains. Quant aux hommes qui suivent chaque évêque ou chaque comte, il est fort douteux qu'ils sachent à quelle race ils appartiennent.

Un autre trait de caractère est que ces réunions, que la langue appelle « réunions générales du peuple », ne sont pourtant pas des assemblées populaires. Dans une assemblée populaire tous les membres seraient égaux et figureraient au même titre. Ici les populations ne sont venues que sous les ordres de leurs chefs locaux, comtes ou évêques. Ces hommes ne sont pas venus comme citoyens, mais comme dépendant chacun d'un autre homme. Ils ne figurent pas comme membres de l'État, mais comme cortège d'un évêque, d'un duc, d'un comte. Le roi n'avait convoqué que les chefs; ce sont les chefs qui ont amené chacun leurs hommes. Ce n'est ici ni une foule en désordre, ni un peuple organisé; c'est une série de petites troupes dont chacune obéit à l'un des grands et n'a marché que par son ordre. Ce qu'on appelle ici le *populus* n'est pas un peuple souverain ; c'est une foule inférieure et subordonnée.

Aussi ne joue-t-elle pas le même rôle que les grands. Cette population reste campée dans la plaine qui entoure la demeure royale. Seuls les grands et les évêques entrent dans cette demeure. Or c'est dans l'intérieur de la maison royale, et non pas dans la plaine, que les délibérations ont lieu. Aucun des documents qui parlent de ces assemblées ne nous montre que le peuple ait délibéré sur quelque objet que ce soit. Notez que ce ne peut pas être ici une pure omission des chroniqueurs. Si une telle agglomération d'hommes avait eu à discuter et à délibérer sur les affaires publiques, l'assemblée aurait été si bruyante, si agitée, quelquefois si violente, elle eût produit tant de trouble ou exercé une action si décisive, que les chroniqueurs n'auraient pas pu n'en pas parler. Au contraire, l'assemblée est ordinairement d'un tel calme, d'une telle inertie, que les écrivains ne font pas attention à elle, ne la voient pas. Quand parfois ces petites troupes se mettent en mouvement, ce n'est que pour soutenir les querelles de leurs chefs particuliers, et ces querelles n'ont jamais pour objet les affaires publiques.

C'étaient les grands et les évêques seuls qui étaient en relation avec le roi et traitaient les affaires avec lui, dans l'intérieur de son palais, assez loin de cette foule. Or nous ne devons pas oublier ce qu'étaient ces grands. Ils étaient les dignitaires du palais, les ducs et les comtes des provinces, tous fonctionnaires royaux. Ils pouvaient, à la vérité, faire valoir les intérêts des populations; mais ils n'étaient ni les élus, ni les mandataires de ces populations. Qu'on se figure un royaume représenté par ses fonctionnaires et ses administrateurs. Ces hommes n'étaient en principe et en fait que les agents et les serviteurs du roi. Tout le reste de l'année, ils étaient les organes et les instruments de son autorité; pendant ces deux ou trois semaines, ils étaient son conseil et travaillaient avec lui. La formule de convocation portait qu'ils devaient se rendre auprès du roi, « pour traiter des intérêts du roi et du bien du pays »[1].

Les évêques aussi étaient, par un côté, des administrateurs de quelques parties du royaume, et ils l'étaient un peu au nom du roi, ou paraissaient l'être, puisqu'ils avaient été choisis et nommés par lui. Cette réunion des ducs et des évêques à côté du roi ne ressemblait donc pas à ce que nous appellerions aujourd'hui une assemblée nationale. Il n'y avait pas là un pouvoir public qui fût indépendant du roi et qui fût placé vis-à-vis de lui pour limiter son action. Il se peut fort bien que dans la réalité le roi ait été plusieurs fois en désaccord avec ses grands, comme tout monarque peut l'être avec son conseil d'État. Mais, en principe et dans l'usage normal, le roi et les grands n'étaient pas deux forces en présence; ils étaient une seule et même force. Ils formaient un seul faisceau, un seul corps; ils agissaient ensemble et inséparablement. C'est pour cela que nous ne trouvons jamais un acte qui émane directement de ces grands. Tous les actes émanent du roi en conseil de ses grands.

Quelles sont les affaires qui se traitaient dans ces réunions? Voici celles que signalent les écrivains : « En 616, le roi Clotaire II ordonna au maire de Burgundie, à tous les évêques et aux grands du même pays de

---

[1] Frédégaire, 55 : *Pro utilitate regia et salute patriæ*. Ibidem, 90 : *Pro utilitate patriæ tractandum*. Vita Ansberti, 22 : *De utilitate et tutela regni tractabat*. Noter que dans cette phrase le sujet de *tractabat* n'est pas *populus*, mais *rex*; et personne ne supposera que *tutela regni* signifie la tutelle du royaume; Thierry III n'était pas un enfant.

venir auprès de lui, dans la villa de Bonneuil; là, il accorda toutes les demandes justes qu'ils lui firent et les confirma par des diplômes¹. » Quelles étaient ces demandes ? Nous l'ignorons. Visaient-elles des intérêts généraux ou simplement des intérêts privés ? Nous ne savons. Il est possible que Clotaire II, qui ne possédait le royaume de Burgundie que depuis deux ans et demi, y ait introduit quelques réformes à la demande de son maire et des grands. Il est possible aussi qu'il ne s'agisse que de confirmation d'anciennes donations, comme nous en voyons à chaque commencement de règne. Quoi qu'il en soit, la manière dont s'exprime le chroniqueur ne permet de croire ni à un conflit entre le roi et ces grands, ni à des concessions d'ordre politique. En tout cas, le chroniqueur ne parle que des grands; il ne nomme même pas le peuple.

En 626, « le roi Clotaire tint une réunion avec les grands de Burgundie à Troyes; il était soucieux de savoir d'eux s'ils voulaient, Warnachaire étant mort, qu'un autre fût élevé à la même dignité; mais tous furent unanimes à dire qu'ils ne voulaient pas qu'on choisît un nouveau maire du palais, et ils demandèrent instamment qu'il leur fût permis de traiter directement avec le roi »². Cette demande n'était en elle-même ni

---

¹ Frédégaire, 44 : *Warnacharium majorem domus cum universis pontificibus Burgundiæ seu et Burgundæfarones Bonogilo villa ad se venire præcepit, ibique cunctis illorum justis petitionibus annuens præceptionibus roboravit.* — Aucun autre document ne mentionne cette assemblée.

² Voici le latin incorrect et obscur de la Chronique de Frédégaire, c. 54 : *Chlotarius cum proceribus et leudibus Burgundiæ Trecassis conjungitur, cum eorum esset sollicitus si vellint, decesso jam Warnachario, alium ejus honoris gradum sublimare; sed omnes unanimiter denegantes nequidquam se velle majorem domus eligere, regis gratiam obnixe petentes cum rege transagere.* — Ce passage ne signifie nullement, ainsi qu'on l'a interprété, que le roi invite les grands à élire eux-mêmes leur maire. Il

favorable, ni contraire à la royauté. Nos études antérieures nous ont montré que le maire était le premier serviteur du roi, et que tous les fonctionnaires publics dépendaient de lui. Ici, les grands de Burgundie préfèrent n'avoir plus au-dessus d'eux ce chef qui s'interposait entre eux et le roi. Ils veulent désormais traiter directement avec le roi, recevoir directement ses faveurs, ses dignités, ses bénéfices, lui rendre leurs comptes à lui-même, en un mot dépendre de lui immédiatement. Il est fort possible que cette pensée fût conforme à la politique de Clotaire II.

L'assemblée des grands à Soissons, en 628, a pour unique objet de reconnaître Dagobert pour roi et de lui prêter le serment d'usage¹. Dagobert ne réunit les grands et les évêques d'Austrasie, en 632, que pour élever au trône son fils Sigebert encore enfant. Le récit de l'historien ne permet pas de croire que les grands aient usé d'un droit d'élection ; mais le roi prit leur avis ; il leur demanda leur adhésion, et tous la donnèrent². En 633, le même roi veut faire d'avance le partage de ses États et fixer les limites des deux nouveaux royaumes. Pour un acte si grave, ce n'est pas le peuple qu'il convoque ; ce sont seulement les grands d'Austrasie et de Neustrie. Il fait jurer à chacun des deux groupes de respecter à l'avenir le partage qu'il a lui-même établi.

---

ne reconnaît en aucune façon que la mairie soit élective. Il leur demande s'ils veulent qu'il y ait un maire pour la Burgundie. *Sublimare* et *eligere* ne se rapportent pas nécessairement aux grands ; c'est ici l'infinitif impersonnel. La question n'est pas de savoir qui est-ce qui *sublimabit* ou *eliget* ; elle est de savoir si « l'on élèvera », si « l'on choisira » un maire. Les grands de Burgundie répondent par la négative.

¹ *Fredegarii Chron.*, c. 56.
² Ibidem, 75 : *Dagobertus Mettis urbem veniens cum consilio pontificum seu et procerum omnibusque primatibus regni sui consentientibus, Sigibertum filium suum regem sublimavit.*

Qu'il ait pris l'avis des grands, qu'il les ait laissés délibérer avec liberté, cela n'est pas très sûr; car l'historien dit que les Austrasiens furent « contraints de jurer bon gré, mal gré ». Ces assemblées n'avaient donc pas toujours une liberté complète[1]. En 641, la reine Nanthilde, tutrice de Clovis II, veut rétablir la mairie du palais en Burgundie. Elle amène le petit roi à Orléans, et, en même temps, donne l'ordre aux évêques et grands de Burgundie de se rendre dans cette ville. Là, elle obtient de chacun d'eux que Flaochat soit élevé à la dignité de maire. On sent bien ici que le roi est un enfant et que sa mère n'a aucun pouvoir légal. Nanthilde n'impose pas sa volonté. Elle a déjà choisi Flaochat, mais elle veut avoir l'assentiment de tous les grands. Dire qu'ici les grands aient élu le maire serait beaucoup trop dire; ce qui est vrai, c'est que chacun d'eux a adhéré individuellement au choix de la reine[2]. En 680 et en 684, deux documents signalent la tenue « d'une réunion générale du peuple », mais les seuls actes qu'ils indiquent sont, en 684, la nomination d'un évêque, en 680 la concession d'un privilège à un monastère.

Que devons-nous conclure de tous ces exemples? D'abord nous ne voyons jamais le roi mettre en délibération un système d'impôts, ou un système administratif, moins encore un régime politique; tout cela paraît

---

[1] *Fredegarii Chron.*, 76 : *Has pactiones Austrasii terrore Dagoberti coacti vellent nollent firmasse visi sunt.*

[2] *Ibidem*, 89 : *Cum Nantechildis cum Chlodoveo rege Aurelianis venisset, ibi omnes seniores pontifices, duces et primates de regno Burgundiæ ad se venire præcepit, ibique cunctos Nantechildis singillatim attrahens, Flaochatus genere francus majordomus in regno Burgundiæ electione pontificum et ducum a Nantechilde in hunc gradum honoris stabilitur.* Tout le contexte montre que Flaochat était précisément celui que Nanthilde voulait avoir pour maire.

être en dehors et au-dessus des discussions. Mais, s'il y a un nouveau roi, les grands sont appelés à lui faire acte d'adhésion. Pour mettre à leur tête un nouveau maire, le roi veut obtenir leur assentiment. Nous ne doutons pas d'ailleurs que beaucoup d'autres questions, plus secondaires, ne fussent mises en délibération. C'est dans la réunion des grands et en prenant leur avis, que le roi nommait les évêques[1]. C'était là qu'il signait ses diplômes les plus importants. C'était là enfin qu'il jugeait les procès les plus difficiles ou les crimes intéressant l'État. On ne voit pas que les derniers Mérovingiens aient fait beaucoup de lois nouvelles ; mais, s'ils en firent, ce ne fut sans doute qu'au milieu de leurs grands et après avoir pris leur avis.

Au milieu de tout cela on ne voit pas une seule fois l'action du peuple. Il est tout près des délibérations, mais jamais il ne délibère. Aucune question ne lui est soumise. Il reste campé dans la plaine et il attend. Quand le roi a pris toutes ses décisions avec ses grands, il pense alors au peuple qui est là, et il se montre à lui. C'est la séance de clôture, et elle est solennelle. Elle a été décrite par des annalistes, qui écrivaient à la vérité au neuvième siècle[2] ; mais plusieurs traits du tableau qu'ils tracent peuvent se rapporter aux temps qui nous occupent. Sur une estrade qui dominait la foule, on voyait le roi ; assis sur son trône, « il se montrait à ses peuples » ; à côté de lui se tenait debout son maire du palais, qui était, légalement, l'organe de ses volontés

---

[1] *Vita Ansberti*, 22. De même la *Vita Landeberti*, c. 3, dans Bouquet, III, 70, montre que d'habitude le roi prenait l'avis des grands pour la nomination des évêques.

[2] *Annales Fuldenses*, a. 751 ; Einhardi *Vita Caroli*, 1 ; *Annales Laurissenses minores*, Pertz, I, 116 ; *Annales Mettenses*, Pertz, I, 320.

et l'instrument de son pouvoir[1]. Le peuple offrait au roi les dons annuels[2]. Puis le maire, prenant la parole au nom du roi, transmettait ses ordres au peuple, c'est-à-dire lui notifiait « ce qu'il aurait à faire cette année-là »[3]. C'étaient les décisions prises par le roi avec ses grands dans les réunions des jours précédents qui étaient alors portées à la connaissance du peuple[4]. Il n'avait pas à les discuter; mais peut-être l'usage était-il qu'il les approuvât par ses acclamations. Le maire indiquait ensuite au peuple s'il aurait à faire campagne ou s'il passerait l'année en paix[5]. Enfin il paraît qu'il était assez dans les habitudes que le roi, ou le maire en son nom, fît une harangue au peuple. Cette harangue avait un caractère moral, non politique; elle rappelait aux hommes les règles du bon ordre et de la police, le respect dû aux églises et aux faibles, et l'interdiction du rapt ou de quelque autre crime[6]. Après

---

[1] *Rex in loco eminente sedens, semel in anno populis visus, stante coram majore domus* (Ann. Fuldenses). — *Ipse rex sedebat in sella regia... et major domus coram eo* (Ann. Laurissenses). — Je laisse de côté quelques traits, tels que *bobus trahentibus, submissa barba,* traits auxquels se complaisent les annalistes carolingiens, mais qui ne peuvent être vrais de Clotaire II, de Dagobert Ier, de Clovis II, ni même de Clotaire III.

[2] *Rex... publica dona solemniter sibi oblata accipiebat* (Ann. Fuldenses). — *Dona illis regibus a populo offerebantur* (Ann. Laurissenses). — *Donariis acceptis* (Ann. Mettenses).

[3] *Majore domus quæ deinceps eo anno agenda essent populis adnuntiante* (Ann. Fuldenses). — Ann. Laurissenses : *Major domus populo præcipiebat quidquid....*

[4] Ann. Laurissenses min. : *Major domus præcipiebat quidquid a Francis decretum erat.* Les mots *a Francis* désignent visiblement la réunion des grands, *franci* étant ici, comme dans plusieurs autres exemples, synonyme de *optimates*. Le maire *præcipit populo*, ordonne, enjoint, notifie comme règle à la population ce que les grands ont décidé. L'annaliste omet *a rege*, parce qu'il veut mettre en relief la nullité des rois; mais il est clair que dans l'état normal nous devons tenir compte du roi.

[5] Annales Mettenses : *Exercitui præcepto dato ut qua die illis denuntiaretur parati essent in partem quam ipse disponeret proficisci.*

[6] Ibidem : *Verbo pro pace facto* (pax signifie l'ordre public, le bon

cela, le roi rentrait dans sa demeure; l'assemblée se séparait, et chaque petite troupe faisait cortège à son chef au retour, comme elle lui avait fait cortège à l'aller.

Tel est le *conventus generalis* du septième siècle. Il est hors de doute que cette réunion d'hommes puissants et l'agglomération de cette foule purent être, dans des temps troublés, un élément d'agitation et un moyen de guerre civile. Mais ici nous étudions l'institution dans l'état normal, telle qu'elle a été pratiquée de 616 à 687. Ce *conventus* n'a aucun caractère de ce que nous appelons aujourd'hui une assemblée nationale ou une assemblée populaire. Il est une réunion des grands, dont chacun est accompagné d'une suite. Ces ducs et comtes qui sont des agents royaux, ces évêques que le roi a nommés et qu'il connaît, sont convoqués par lui, pour son service. Il les consulte sur certaines affaires difficiles. Il travaille avec eux. Avec eux il discute. Avec eux il juge et fait les lois. Puis il profite de la réunion des populations pour se montrer à elles, pour faire acte de roi, et surtout pour lui notifier ses décisions. Ces assemblées ne sont pas une institution de liberté établie contre les rois. Dérivées de l'ancien conseil des optimates, elles sont le rendez-vous de tous ceux qui ont part au gouvernement avec le roi. Elles sont l'un des organes par lesquels le roi gouverne.

ordre) *et pro defensione ecclesiarum et pupillorum, raptu feminarum interdicto.*

# CONCLUSION

Nous remettons à un autre volume l'étude du régime de la propriété durant ces deux siècles. Nous remettons aussi la recherche des causes qui ont amené la chute de la famille mérovingienne. Nous arrêtant ici, après avoir analysé l'une après l'autre toutes les institutions d'ordre politique et tous les organes de ce gouvernement, nous pouvons essayer la synthèse de cet organisme.

L'institution dominante et maîtresse pendant ces deux siècles est manifestement la royauté. Tout lui est subordonné. Il n'existe en face d'elle ni une noblesse indépendante, ni un peuple. Nous ne trouvons ni privilèges de noblesse, ni droit populaire. Rien qui ressemble à une assemblée nationale ne s'aperçoit dans les documents. La seule institution qui ait vigueur est la royauté.

Le Droit ne vient pas tout entier d'elle, parce que le Droit n'est pas chose qui dépende de la volonté des gouvernants ; il a ses racines dans les coutumes d'un long passé et dans des conceptions d'esprit qui ne changent que lentement. Cette royauté peut pourtant quelquefois modifier le Droit, et toute nouvelle loi est son œuvre.

Les organes par lesquels elle agit sont, d'abord le Palais, c'est-à-dire le groupe des ministres, des dignitaires, des bureaux; ensuite l'ensemble des fonctionnaires, ducs, comtes, vicaires, centeniers, qui se répandent sur tout le pays. Toute administration dérive d'elle. Tous les chefs locaux sont ses agents, nommés, déplacés, révoqués par elle. Nous n'avons aperçu aucun chef élu par les populations. Nous n'avons trouvé non plus aucune assemblée provinciale ou cantonale qui surveille ou limite l'action du fonctionnaire.

Toute justice, à très peu d'exceptions près, émane d'elle. Les jugements sont rendus, au premier degré, par ces mêmes fonctionnaires entourés d'assesseurs, au degré supérieur, par le roi lui-même entouré des dignitaires de son palais. Elle lève des impôts autant qu'elle en peut lever sans nulle intervention d'assemblée. Tous les hommes sont soldats, dès qu'elle exige qu'ils fassent la guerre. L'Église garde son indépendance, à cause de sa nature propre, et pourtant elle se soumet à ce que ses chefs soient choisis par la royauté, et les conciles ne se réunissent qu'avec la permission des rois.

C'est donc le régime monarchique qui gouverne la Gaule. Ce régime vient-il de la Germanie? Assurément il n'était pas inconnu des Germains; la race germanique ne paraît avoir eu à aucune époque de son histoire aucune prévention contre lui. Toutefois l'observation du détail nous a montré beaucoup plus d'institutions empruntées à l'empire romain que d'institutions qui aient pu être apportées de la Germanie. Le gouvernement mérovingien est, pour plus des trois quarts, la continuation de celui que l'empire romain avait donné à la Gaule. Les rois francs ont pris le pouvoir, non pas tel que l'exerçaient Auguste et les premiers empereurs, mais tel que les empereurs du quatrième siècle l'avaient constitué. Ils ont la même cour, la même langue de chancellerie, les mêmes bureaux, les mêmes comtes, la même administration avec moins d'ordre, les mêmes impôts avec plus de difficulté dans la perception, et presque la même organisation judiciaire. L'organisme romain n'a pas disparu quand les gouverneurs romains s'en sont allés. La vie publique a été se troublant de plus en plus, mais sans se transformer. Les modifications que chaque siècle y a apportées, sont de celles que les désordres du temps produisent peu à peu, non de celles que créerait en un jour une révolution brusque.

Ainsi l'invasion germanique, qui a éliminé de la Gaule la puissance impériale, n'a pourtant pas fondé un régime nouveau. Elle n'a pas introduit une nouvelle façon de gouverner les hommes, de les administrer, de les juger. D'une part, nous n'apercevons pas qu'elle ait amené avec elle une seule institution de liberté. D'autre part, nous ne voyons pas non plus qu'elle ait introduit un régime féodal. Rien n'est féodal dans le gouvernement des Mérovingiens.

Ce n'est pas que l'on ne puisse constater, et nous le ferons plus tard, que le régime féodal avait déjà quelques-uns de ses germes au milieu de cette société. Ce gouvernement qui n'avait à côté de lui aucune liberté nationale ou populaire, avait en lui-même ou à côté de lui quelques éléments féodaux. Mais ce que nous devons conclure de notre présente étude, c'est qu'il n'existait rien de féodal dans l'ordre politique.

# TABLE DES MATIÈRES

Chapitre I. Les documents. . . . . . . . . . . . . . . . . 1
        1° Les œuvres historiques. . . . . . . . . . . 1
        2° Les lois. . . . . . . . . . . . . . . . . . . . 15
        3° Les chartes. . . . . . . . . . . . . . . . . . 19
— II. La royauté. . . . . . . . . . . . . . . . . . . . . 33
        1° La royauté était-elle élective ? . . . . . . 33
        2° De l'élévation sur le pavois. . . . . . . . 50
        3° Du serment au roi. . . . . . . . . . . . . . 55
— III. Existait-il des assemblées du peuple franc ? . . . 63
— IV. Existait-il une noblesse franque ? Les leûdes, les antrustions, les optimates. . . . . . . . . . . . 76
— V. Du conseil des rois mérovingiens. . . . . . . . . 87
— VI. Du pouvoir législatif. . . . . . . . . . . . . . . 99
— VII. Étendue du pouvoir royal. . . . . . . . . . . . . 118
— VIII. Le palais. . . . . . . . . . . . . . . . . . . . . . 135
— IX. Le maire du palais. . . . . . . . . . . . . . . . 166
— X. L'administration provinciale. . . . . . . . . . . 183
        1° Les circonscriptions administratives. . . . 183
        2° Les comtes des cités. . . . . . . . . . . . 196
        3° Les ducs. . . . . . . . . . . . . . . . . . . 216
        4° Les *vicarii* et *centenarii*. . . . . . . . . 220
        5° Pas d'assemblées locales. . . . . . . . . . 229
        Comparaison des autres États germains. . . . 238
— XI. Les impôts. . . . . . . . . . . . . . . . . . . . . 242
        1° Les idées des Francs en matière d'impôts. . 243
        2° Les impôts romains ; impôts indirects. . . . 257
        3° L'impôt foncier. . . . . . . . . . . . . . . 264
        4° Les Francs payaient-ils l'impôt ? . . . . . 277

## TABLE DES MATIÈRES.

| | | |
|---|---|---|
| Chapitre XII. | Le service militaire. | 288 |
| — XIII. | Le pouvoir judiciaire. | 304 |
| | 1° A qui appartient le droit de juger. | 305 |
| | 2° Le tribunal du roi. | 331 |
| | 3° Le tribunal du comte; les assesseurs; les rachimbourgs. | 350 |
| | 4° De quelques autres juridictions. | 378 |
| | 5° Comparaison des autres États germains. | 389 |
| | 6° Les profits de la justice. | 400 |
| — XIV. | Comment les hommes étaient jugés. | 406 |
| | 1° La procédure; citation et poursuite. | 407 |
| | 2° Modes d'enquête; les épreuves judiciaires. | 419 |
| | 3° Le serment judiciaire. | 426 |
| | 4° Le combat judiciaire. | 453 |
| | 5° La pénalité. | 459 |
| | 6° La composition. | 471 |
| — XV. | Rapports des rois avec l'Église. | 507 |
| | 1° Organisation intérieure de l'Église au cinquième siècle. | 511 |
| | 2° Les règles canoniques en matière d'élections épiscopales. | 523 |
| | 3° La pratique en matière d'élections épiscopales avant les Francs. | 534 |
| | 4° Les élections épiscopales dans l'État Franc. | 544 |
| | 5° La puissance de l'épiscopat. | 566 |
| — XVI. | Le *conventus* ou la réunion générale du peuple. | 598 |
| | 1° Que cette institution n'existait pas encore au sixième siècle. | 598 |
| | 2° Les grands et le traité d'Andelot. | 602 |
| | 3° L'édit de 614. | 612 |
| | 4° La nature du *conventus* au septième siècle. | 630 |
| Conclusion. | | 649 |

# ERRATA ET OMISSIONS

Page 4, note 2, ajouter : L'abréviateur de Grégoire de Tours n'appelle pas son livre *Historia Francorum*, mais *Chronica* (voyez manuscrit de Paris 10910, f. 85).

Page 16, note 2, ajouter : Une autre édition de la *Lex Burgundionum* a été donnée, en 1883, par Binding, dans les *Fontes rerum Bernensium*, t. I, p. 91-134.

Page 40, note 2, ajouter : Grégoire, IX, 42 : *principes quos Deus pro gubernatione populi superesse præcepit* (édit. Arndt, p. 403). Noter que ce n'est pas Grégoire qui parle ici ; il cite une lettre d'une femme germaine.

Page 252, ligne 2 et note 1 : Le *Wicus portus*, que Pardessus et K. Pertz placent *in pago Parisiaco*, est plutôt Quentovic à l'embouchure de la Canche : cela me paraît avoir été démontré par M. de Rozière, *Formules*, t. I, p. 46 ; voyez aussi Guérard, *Prolégomènes au Polyptyque d'Irminon*, p. 780 ; M. Longnon adhère à cette opinion.

Imp. Fernand Soussens, Montrouge (Seine).

1902

PARIS. — IMPRIMERIE F. SCHMIDT
20, rue du Dragon, 20.